湖北统计年鉴

HUBEI STATISTICAL YEARBOOK

1996

湖北省统计局 编

中国统计出版社

（京）新登字 041 号

图书在版编目（C I P）数据

湖北统计年鉴　1996/湖北省统计局编。—北京：中国统计出版社，1996.7

ISBN　7—5037—2119—7

Ⅰ.湖…

Ⅱ.湖…

Ⅲ.统计资料—中国—湖北—1996—年鉴

Ⅳ.C832.63—54

中国统计出版社出版

（北京复外三里河月坛南街 38 号）

湖北省统计局印刷厂印刷

*

787×1092 毫米　16 开本　30 印张　12 彩页　100 万字

1996 年 7 月第一版　　1996 年 7 月武汉第一次印刷

印数：1—1800 册

*

定价：98.00 元

编 辑 说 明

一、《湖北统计年鉴—1996》是一本全面、系统、准确地反映“八五”时期湖北经济和社会发展概况的资料工具书。该书在综合资料上，突出列了“八五”时期各年份的分行业资料，指标细分组，地、市、州的资料，主要指标均列了1978年以来的各年份资料。开辟了“开发区”专栏，首次向社会宣传湖北省国家级和省级开发区以及其他少数卓有成就的开发区改革开放以来，不断发展壮大的辉煌成就。

二、本年鉴内容共分两大部分：第一部分为专文。包括湖北经济综述、开发区专文；第二部分为统计表。包括综合、人口、从业人员和职工工资、固定资产投资、能源生产和消费、财政、物价指数、人民生活、城市概况、农业、工业、建筑业、运输和邮电、国内外贸易、对外经济和旅游、金融和保险业、教育、科技和文化、体育、卫生、社会福利和其他，地、市、州主要指标等十几个部分。为便于读者正确地使用本年鉴资料，各类资料后面附有新的统计指标解释，随着统计报表的方法制度的改革，我们对统计指标及其解释作了修正。

三、截止1995年12月底止，湖北行政区划有所变化，原黄冈地区改为黄冈市，原黄州市划分为黄州区和团风县。原武汉市的武昌县改为江夏区，原荆沙市的松滋县改为松滋市，原襄樊市宜城县改为宜城市，为此，本年鉴中所有地、市、州的有关统计资料均作了调整。

四、本年鉴对过去发表的统计资料重新予以修正，凡与本年鉴资料有出入的，均以本年鉴为准。

五、年鉴中符号使用说明：“…”表示数据不足本表最小单位数；“空格”表示该项统计数据不详或无数据；“＃”表示其中项。

六、《湖北统计年鉴》公开出版以来，受到国内外读者的爱护与支持，对本年鉴的内容和编辑工作提出了许多宝贵意见，为此，我们特表谢意。由于水平有限，编辑工作中难免有疏误之处，竭诚欢迎读者批评指正。

《湖北统计年鉴》编委会和编辑人员名单

回首风雨路　再创新里程

黄石市南湖渔场简介

黄石市南湖渔场创建于一九五三年，现有职工550人，养殖水面6500亩，资产总额4500万元，是具有独立法人资格的副县级国有企业，法人代表、党委书记、场长王继清。

●南湖渔场场长王继清

在“八五”时期，该场面对高起点和因兼并原市渔工商综合公司而产生的：人员增加一倍、新增负债628万元、带来亏损292万元的严峻局面，确定了“以渔业为主体，积极发展优质高产、高效渔产品，巩固加强工、副业和商业，大力发展第三产业”的企业发展方针，发扬吃苦耐劳、艰苦创业、开拓进取、务实求真的工作作风。“八五”时期末，成鱼产量达到380万斤，比“七五”期末的240.2万斤增长58%，企业总产值2200万元，比“七五”期末的1000.7万元增长1.2倍，利税205万元，比“七五”期末的178万元增长15%，固定资产现值2050万元，比“七五”期末的600万元增长2.4倍，实现了企业主要经济指标的再次飞跃，被湖北省人民政府授予“八五”时期《全省水产先进集体》光荣称号。

●南湖渔场怡神画舫

●南湖渔场淀粉厂

经过40年的建设，渔场现有渔业养殖公司、特种水产公司、水产供销公司、淀粉厂等四个专业公司。拥有年产量5000吨的淀粉厂一个，容量350吨的多功能冷库一座，遍布全市的商业网点十四个，固定资产2000万元。一九九五年生产成鱼364万斤，总产值3100万元，实现利税125.8万元，职工年收入4500元。近年又建起了具有江南园林建筑风格的住宅楼群，大部分职工喜迁新居。改建的办公楼与之呼应，为磁湖又新添一景。

坚持发展的硬道理，走开放开发道路，该场充分利用地理、自然条件等优势，先后与港商包佩文女士和黄建总公司联合组建了“明珠房地产公司”，与台商李蒙卿先生合资经营“金泉沙龙娱乐有限公司”，独资兴建了“怡神画舫”水上娱乐城，还开放了大湖和精养鱼池的钓鱼活动，为企业的发展壮大、提高经济效益起到了积极作用，为黄石的繁荣作出了贡献。

进入第“九个”五年计划时期，渔场坚持贯彻十四届五中全会精神，根据国家翻两番和实施两个具有全局意义的根本性转变的总体要求，制订了到“九五”末实现水产品总量达到500万斤，淀粉产量5000吨，产值5000万元，利税500万元，实现两个大发展（即：名特优产品大发展和游钓业大发展），三个超千万（即：淀粉产值商业销售收入和旅游服务业收入）四个翻一番（即：企业总产值、利税、职工收入、住房面积，均比“八五”期末翻一番），争创全省渔业战线第一场。

湖北嘉鱼化肥厂

湖北省嘉鱼县化肥厂地处鱼岳镇茶庵岭。占地面积21万平方米，是以生产“三湖”牌碳酸氢铵为主要产品的中型化工企业。

●庄厂长在现场指导工作

我厂1975年6月建成投产。经过二十年的建设和发展，年生产合成氨能力发展到现在的35000吨，年生产碳铵近10万吨。拥有固定资产近3000万元，职工720人，其中专业技术人员128人。1995年生产碳酸氢铵89040吨，完成产值3550万元，实现利润185万元。1987年我厂与县煤气公司合作，建成了鱼岳镇管理生活煤气系统，现长年向近5000户居民供应生活煤气。现我厂在咸宁地区同行业中名列前茅，在全省同行业中属先进水平。

●工厂设备

●工厂设备

为进一步发展壮大企业，我们以“立足当前，解放思想，开拓发展”为工作方针，利用紧靠长江，近邻京广铁路和107国道交通便利的条件，进行年产四万吨尿素扩改工程和与湖北长江和平实业股份有限公司合作兴建甲醇项目。两项工程建成投产后，可形成上亿元的固定资产，年产值将近亿元，利税2000余万元，不久的将来，我厂将成为一个以合成氨生产为中心，多种化工产品齐头发展的综合型化工企业。

地　　址：嘉鱼县鱼岳镇沙阳大道1号
电　　话：(07256)323503　　322836
邮　　编：437202

武汉善昌房地产开发有限公司

武汉善昌房地产开发有限公司系由武汉市武昌区房地产公司与澳门嘉联华投资有限公司共同组建的合资企业，注册资金250万美元。设行政办公室、财务部、开发部、工程部、动迁部、信息交易部，专业从事房地产开发、商品房销售，并提供建筑材料配套服务。拥有可用于房地产开发的土地约46亩，本公司已建成及正在建的项目有：白云商厦（总建面5000平方米），幸福里小区（总建面13.6万平方米），中北路商住楼（总建面7435平方米）。

本公司将以一流的设计、建筑及服务向各位客户提供经济、实用、美观的商业和居住用房，同时欢迎各方客商与本公司洽谈项目的开发合作。

法人代表：董事长明建刚

●善昌房地产公司办公楼

总经理：周鸿　副总经理：姚铁桥、程晖

地　址：武昌区中山路312－1号

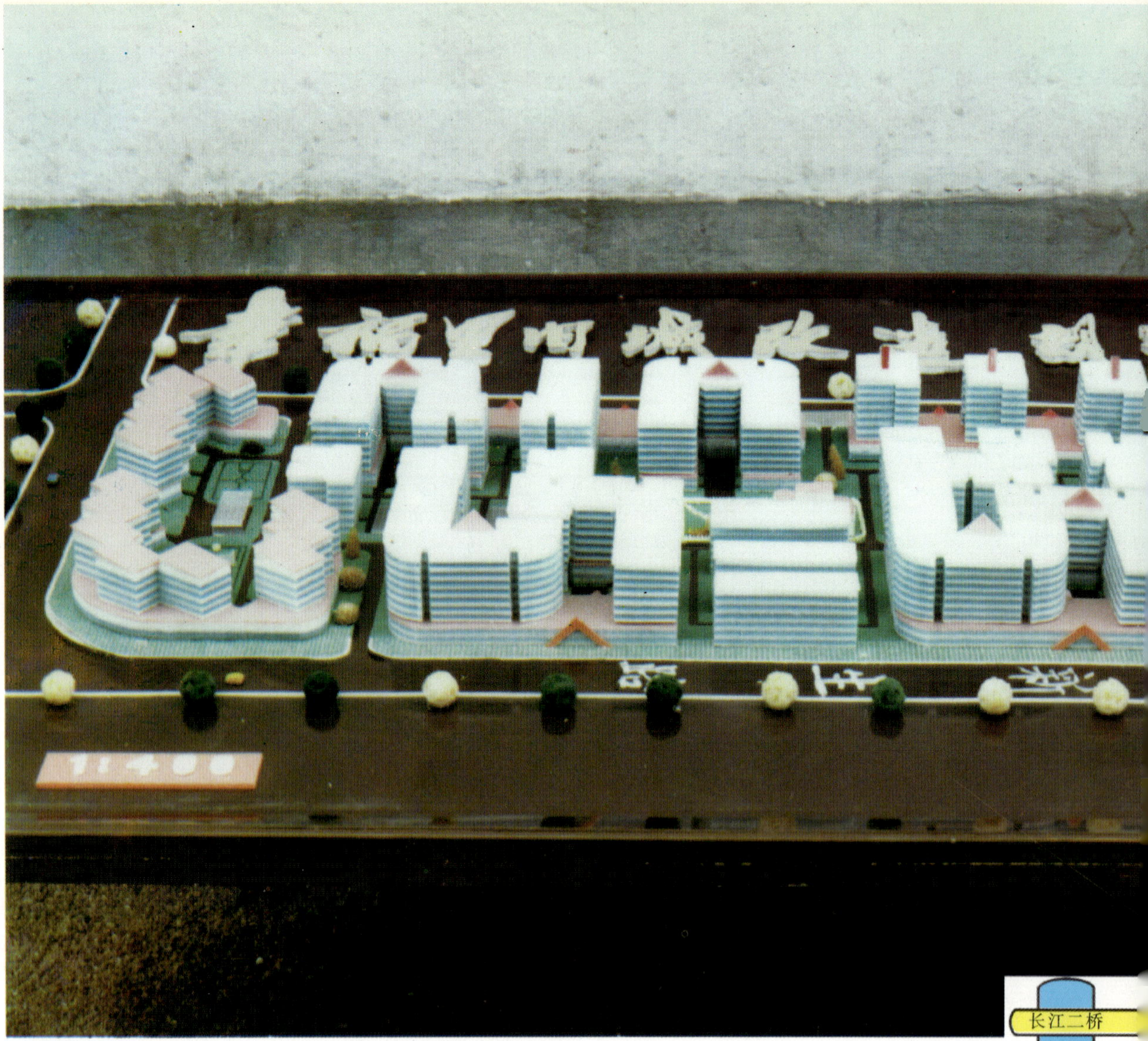

● 幸福里小区

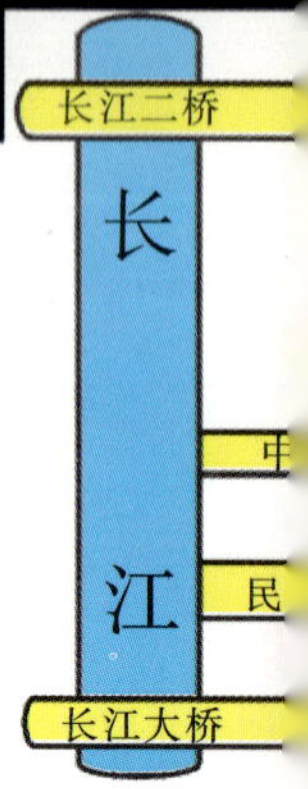

中北路综合楼地处新兴的金融、商贸、科技一条街，位于武昌中北路 129－7 号，斜对武汉重型机床厂。占地面积为 2300 平方米，总建筑面积 7435 平方米，一楼为商场，二至八楼为住宅及写字间，欢迎各界人士洽购及合作。

白云商厦地处黄鹤楼旁，白云阁下，位于武昌闹市区繁华地带，是本公司已建成投入使用的项目。白云商厦共有建筑面积 5000 多平方米，地下室为停车场 500 平方米，底层商场 740 平方米、二层商场 1060 平方米、三至七层为写字楼 2700 平方米。

古琴台享誉天下，乃武汉著名风景旅游胜地，它建在繁华的闹市中心，坐落于幽静的湖边深处，古琴台画廊位于古琴台内。古琴台画廊主要以经营字画、文房四宝、玉器、玩石、紫砂等工艺品为主。我国的民族工艺品犹如一颗颗璀灿的明珠，无一不精妙至极。其中最突出的是荟萃了我省一批卓有才华，技艺超群的著名老、中、青书画家的珍品，还陈列了一批驰名中外的玉垫及玉枕，不仅工艺琢磨精湛细腻，装饰纹路质朴明丽，且能治病防病尤以对高血压，腰椎损伤具有显著的疗效作用，也是馈赠亲友的理想佳品。

武汉善昌房地产开发

幸福里小区位于武昌三层楼，和平大道（即拟将建设的主干道通城大道）与沙湖（规划路）、新生路、健康路之间，毗邻武昌工人文化宫。有上十条线路的公汽、专线及巴士从此经过，并在就近设站，交通极为方便。小区总占地面积40余亩，总建筑面积13万平方米。临和平大道（通城大道）街面将建设一栋32层和一栋26层的高层综合商住楼，其后为数十栋住宅楼。小区还将配套建设商场、娱乐城、花坛、幼儿园、学校、停车棚等。这里将是环境优雅的理想住所和经营场所，小区现已开工约五万平方米商住楼，各种户型的住宅将投入市场销售，欢迎各界人士洽购及合作。

● 白云商厦

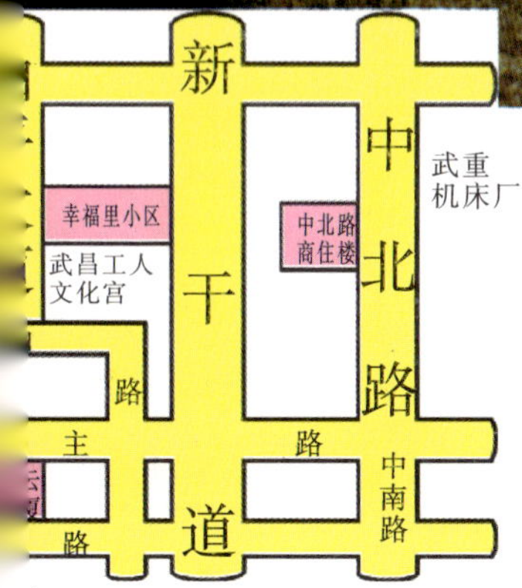

● 中北路综合楼

限公司

地址：武昌区中山路312－1号　传真：027－8840100
电话：8840100　邮编：430061
8914775
8845793

一颗灿烂的明珠

——湖北中天集团开元有限公司

●美丽的厂区景色

湖北中天集团开元有限公司（原荆门市第一化肥厂）位于湖北省荆门市沙洋区。东靠汉江，西临荆（门）潜（江）路，北与汉（口）宜（昌）公路相连，水陆交通便利。

该公司1966年开始动工兴建，1970年正式投产，经过30年的不断改造发展，合成氨生产能力已发展到8万吨，企业规模发展到拥有化肥厂、复混肥厂、化工厂、通宝实业公司、劳动服务公司、汽车运输公司等6个独立核算单位、共30多个产品的综合型化工企业。公司占地15万多平方米，现有在册职工1200人，拥有固定资产6800万元，1995年创产值5100万元（不变价），销售收入7866万元，实现利税1030万元。企业综合实力在全省56家小氮肥行业中名列第4名。

该公司主产品除碳铵、精甲醇、复合肥外，还生产经营高效盐酸洗缓蚀剂、驱油剂、助排剂、铁离子稳定剂、针刺地毯胶、正电胶、环氧氯烃等产品。同时公司还承担汽车营运、住宿、小型会议、印刷等业务。

1982年，公司被省政府授予“湖北省先进集体”，1994年被省科委授予“湖北省星火示范企业”，被省石化厅评为“全省节能先进企业”，并于94、95两年连续被评为“全省化肥生产先进企业”，前不久，还被评为“湖北省优秀企业”。

一九九六年生产经营目标：全厂计划实现工业总产值8000万元（不变价），力争1亿元；利税2500万元，力争3000万元；销售收入1.2亿元，力争1.4亿元。

在“九五”期间，该公司将继续走开发新产品，扩大生产规模的发展道路，力争在“九五”末实现总资产3亿元，产值5亿元，销售收入7亿元，利税1亿元的“3571”工程，成为大化工企业集团。

●总经理杨希林在车间巡视

公司总经理：杨希林　党委书记：陈信忠
电话：(0724)562502　562503　561505
传真：(0724)563685　电挂：3148
邮编：448200
开户行：荆门市沙洋建行
帐号：261010049
地址：湖北省荆门市沙洋区汉津大道71号

湖北双环化工集团公司

HU BEI SHUAN GHAN CHEMI CAL GROUP

总经理：何光安

省委书记贾志杰视察双环化工集团公司

湖北双环化工集团公司生产区一角

签字仪式

湖北双环化工集团公司为全国八大纯碱企业之一。公司下设氨、碱、盐、电、氯碱、复混肥、机械制造等七个系列生产装置及建筑安装、规划设计、产品开发等生产辅助和设计研究单位，现有职工 5600 余人，其中科技等各类专业人员 1120 人，拥有固定资产 7 亿元，主要产品生产能力为：合成氨 13 万吨，纯碱、氯化铵各 30 万吨，复混肥 5 万吨，氯化纳盐 52 万吨，烧碱 2 万吨，以及工业氯化铵、盐酸乙脒、小苏打、碳黑等一批小产品。1995 年实现销售收入 6.1 亿元，利税 8755 万元。为中国 500 家最大工业企业，中国化工百强企业。

湖北双环化工集团公司地处云应盐矿区，地下岩盐资源丰富。生产实行采卤、制盐、制碱一体，工艺先进，效益显著，发展前景广阔。

公司地址：湖北省应城市东马坊

邮　　编：432407

电　　话：(0712)3591222

传　　真：(0712)3591188

电　　挂：0533

神州板栗第一镇

——京山县三阳镇

●板栗丛林怀抱中的三阳镇

三阳镇地处大洪山南麓，鄂中的最中部，是京山县北部一个山镇，革命老根据地。全镇版图面积 35.07 万亩，其中山林 24.78 万亩，有丰富的板栗、香菇、银杏、杜仲和天麻等林特资源。全镇板栗面积达 10.5 万亩，平均每个农户达 137 亩，1995 年人均板栗收入 733 元，占全部收入 48.3%，三阳板栗以其色泽鲜艳、口味香甜、营养丰富、成熟早等享誉海内外，成为市场的抢手货；三阳“燕牌”香菇，先后于 1976 年、1977 年、1979 年被中商部评为“香菇品质第一名”，小阜管理区 8 个村，每户平均香菇收入 5000 元，其中金桥村 84 户，年均收入达 8000 元。

几年来，三阳镇采取科技兴栗战略，先后请华中农业大学、南京林业大学、湖北社科院著名专家教授课 18 次，放映板栗栽培技术 86 场次，培训栗民 1.8 万人，现在已建立起土洋专家相结合的科技网络，是湖北省林业厅板栗科研基地。

●一望无际的板栗丛林

●优质的三阳板栗

三阳镇人民政府办公室：电话号码(07269)521234

三阳镇党委书记高永学：电话号码：(07269)521277

三阳镇镇长杜家荣：电话号码：(07269)521384

三阳镇副镇长赵文博：电话号码：(07269)521333

邮政编码：431803

法人代表总经理　肖树森
Xiao Shusen, General Manager

武汉地质勘察基础工程公司

武汉地质勘察基础工程总公司一九八五年由湖北省地质矿产局所属地勘单位联合组建，是国家地质矿产部批准成立的第一家以基础工程施工、软地基处理、特种基础加固和找水打井、工程勘察为主的施工企业。具有国家建设部颁发的一级施工资质。现有上海、武汉、海南、珠海、南方五个分公司和三峡岩土工程公司、特种基础工程合资公司、商品混凝土供应公司。共有员工 2681 人，含各类技术人员 560 人，其中高级职称 48 人，中级职称 156 人，拥有固定资产 6200 万元，各类技术装备 569 台套，包括从意大利引进的九十年找国际先进水平的液压旋挖钻机和连续墙等施工设备，年产值超二亿元、年利税超千万元。

本公司曾出色完成了三峡大坝、丹江水库、葛洲坝等大型水利水电项目工程勘察。近几年来，采用钻孔椿、喷粉椿、树根椿、锚杆、夯扩椿、压力注浆等新工艺，完成大中型基础施工项目300 多项，不仅创造了良好的经济效益，而且为地方经济建设做出了较大贡献，享有良好的社会信誉。历年来总公司的主要经济技术指标，始终保持在地矿部同类企业的前列，工程质量合格率 100%，优良率 58%，一批科研成果获得部、省级奖励，安全文明施工成效显著。一九九二年，建设部授予"全国先进施工企业"称号；一九九五年，湖北省安全生产委员会授予总公司"安全文明生产红旗单位"称号。

本公司将进一步深化改革，更好地适应社会主义市场经济体制的要求，继续以优良的质量、可靠的信誉，加深与用户的感情和合作，共同为加快国家和地方经济建设再创新的辉煌。

COMPANY INTRODUCTION

Wuhan Geological Prospecting & Foundation Engineering CO(WFEC). is first construction compang which approved by Ministry of Geology and Mineral Resources, established in 1985. WFEC take the foundation engineering, disposal of soft foundation, consolidation of special foundation as dominatoin factors. It's possesses first class construction certification that issued by Ministry of construction. There are five branches in Shanghai, Wuhan, Hainan, Zhuhai and Shenzhen, and a join venture in special foundation engineering, a Pty Ltd. It haf 2681 staffs including 560 technicans with 48 senior engineers and 156 engineers. WFEC possesses fised assets of 62. 00 million yuan RMB. and has 569 sets various technical equipiments including nineties international advance hydraulic rotary drilling rig from Italy.

Our company are completed the three cave bank, Danjing bank, Gezhou bank ect, water dectritcial engineer reconnaissance. WFEC completed more than 300 foundation engineering projects with good economical benifit and enjoyed good social reputation. Recent year, the main economical norms of company always keep third in this field of Ministry of Geology and Mineral Resources.

The qualified rate of engineering is 100%, which 58% of projects reach the excellent. The series of achievements in scientific research were awarded prizes by Ministry and Province separatly. In 1992, the company wasawarded " National advanced construction enterprise" by Ministry of Construction.

Our comany will continuous cooperate with our elient with excellent quality, reliable credit for the brilliant furture.

总公司领导在一起商讨发展大计
Leading group discuss development plan.

地址：武汉市解放大道 342 号
电话：(027)5853111
传真：(027)5853111
邮编：430022

湖北大江城市信用社

法人代表　周训和

位于“天下第一街”——武汉市汉正街的湖北大江城市信用社是 1993 年 4 月 18 经中国人民银行湖北省分行批准组建的股份制金融企业，服务商号由国家工商行政管理局登记注册。

建社三年来，该社在法人代表、总经理周训和的领导下，以“三九管理机制”为基础，积极推行“效益管理”、“末日管理”等新的管理办法，探索出了一套适应社会主义市场经济体制的经营、管理机制，在同行业中产生了示范和轰动效应，并取得了良好的经济效益和社会效益。三年来，在该社开立帐户的有 11800 多户，资产负债、现金净回笼量等均居于全省同行业榜首，为集聚资金，搞活流通，繁荣市场，抑制通货膨胀，发展市场经济做出了积极的贡献。同时，该社十分重视企业文化和企业精神建设，树立起了良好的大江形象和企业商信，受到了省、市领导的好评。在湖北省 1995 年企业资信评估中，该社被评为 AAA 级资信企业，同年 9 月，经湖北省国有资产管理局评估，该社的无形资产（商誉）评估值为 2510 万元（截至 1995 年 9 月 30 日）。

地址：武汉市江正街利济南大夹街 25 号
邮编：430031
电话：(027)5894268　　5894228

湖北天门金田纺织工业有限公司

GINTIAN

金田（集团）董事、副总裁兼天门金田公司法人代表、董事长、总经理：陈远豪

湖北天门金田纺织工业有限公司是由中国金田实业（集团）股份有限公司、天门吉来棉纺厂、香港合定公司共同合资经营的一家现代化大型纺织企业。公司于 1992 年 4 月成立，现有 9 万纱锭，年产各种规格的 OE、精梳、普梳纯棉纱 14000 吨，各种规格的牛仔布、纯棉坯布 1000 万米，产品质量优良，深受国内外客户欢迎，90% 的产品销往深圳、香港及其他国家和地区。公司以得天独厚的发展优势迅猛发展，被国内外经济界人士誉为“中国纺织工业的新星”。

丰富的棉花资源　公司地处全国最大的产棉县——天门市，座落在年产 100 万担棉花的棉田之中。天门棉花纤维长、拉力强、色泽白，被誉为原棉配纺“钢筋”，年平均出口棉花 20 余万担。天门以棉花产量高、品质好被列为全国优质棉生产基地，皮棉年产量曾十超百万担（5 万吨），最高年产量达 126 万担。

先进的技术设备　现有的 4 台气流纺纱机和 3 万锭精梳纱生产线设备是九十年代从西德、瑞士全程引进的，130 台剑杆织机是从日本引进的，都具有九十年代国际先进水平，其他配套设备也都具有九十年代国内先进水平。

现代化的管理　公司采用中国著名上市公司——金田实业（集团）股份有限公司的经营机制和管理模式，同时，公司以“用一流的待遇吸引一流的人才；用一流的人才建设一流的企业；用一流的企业创造一流的效益；用一流的效益提供一流的待遇“作为创办一流企业的经营原则，先后从全国同行业的先进企业中高薪聘请了 30 多名高级管理专家和高级专业技术专家，管理和技术力量雄厚。

良好的经济效益　自 92 年公司成立以来，产值和销售收入平均每年分别以 125% 和 132% 的速度增长，94 年以来，公司总产值、销售收入、利税总额、职工人均收入连创天门市工业企业“四个第一”，其中：劳动生产率、工业产值增加值率、人均利税额率等三项指标居湖北省同行业第一，并居全国同行业前列。

94 和 95 年，公司连续两年被评为：“湖北省经营效益最好的纺织工业企业”、“湖北省十佳三资企业”、“全国外商投资双优企业”，95 年还被评为“中国经营十强企业”，被中国农业银行湖北省分行评为“特级信用企业”。公司总经理陈远豪先后被评为“天门市十大新闻人物”、“荆州地区优秀企业家”、“湖北省杰出企业家”、“中国十大杰出经营者”、“世界优秀华人企业家”。

广阔的发展前景　天门市发展棉纺工业的特有优势极大地鼓舞了投资者的信心。金田集团拟对天门金田公司扩大投资 3 亿元，建设现代化的纺织工业城，重点发展以纯棉为原料、以出口为主的牛仔布、牛仔服装、针织布、针织服装、针织袜等系列产品。天门市将为天门金田公司划出 30 万亩高产棉田定向种棉，保证原棉供应。公司将按照“五个一体化”的方向发展，即：集先进的技术设备于一体；集科学的管理方法于一体；集优秀的技术管理人才于一体；集种棉、纺纱、织布、印花、染色、服装一条龙生产于一体；集农、工、商多元化经营于一体。目前，天门金田公司已被列为湖北省“九五”期间年产值超 10 亿元的重点企业，正朝着纺、织、印、染、服装一体化的纺织工业城发展，向多元化经营的农、工、商集团迈进。

巨大的国际合作潜力　天门金田公司以其先进的设备、先进的管理、先进的经营机制、廉价的原材料、廉价的制造成本优势和金田集团拥有的全国进出口报关权优势，其产品在国际市场上具有强大的竞争力，是国际上纺织品生产商和经营商最理想的纺织品生产基地，国际合作潜力巨大。天门金田公司与国际名牌纺织品生产商、经销商的合作，不仅将为天门金田的更大发展插上翅膀，而且将为国际合作各方带来巨额的经济效益。因此，天门金田公司愿与国际名牌纺织品生产商、经销商大力合作，共创新的辉煌！

企业名称：湖北天门金田纺织工业有限公司
地　　址：天门市东湖
电　　话：07261－224696
传　　真：225093
邮　　编：431700

虎爪山林场

●法人代表严明学

湖北省京山县虎爪山林场位于湖北省京山县西部，与钟祥毗连。林场始建于 1965 年。现总经营面积 53930 亩，其中林业用地 52490 亩，有林地面积 45260 亩，森林覆盖率 87.5%，活林总蓄积量 36 万立方米，林价总值 2.2 亿元。林场下设两个林业分场和木材加工厂，木质地板厂，林业汽车运输公司，城关综合开发公司，木材经销公司等 16 个二级单位，现有职工 365 人，专业技术人员 45 人。

建场以来，林场按照"以林为主，种、养、加工并举，林、工、商一体"的发展思路进行开发建设。目前已建成一个风景秀丽，气候宜人，资源丰富，融林业生产、林产品加工、林业科研、技术培训与推广于一体的生态、经济、社会效益明显的多种经营企业。1993 年该场被评为全国林场综合实力 500 强；1994 年又被评为全国"百佳林场"之一；1995 年被确立为省级森林公园、国家林业部林木良种繁育中心及日援项目基地；1995 年全场共创产值 1050 万元，利税 250 万元。

●杉山竹海

从建场初期开始，林场就本着适地适树的原则，采取块状混交、针阔混交的科学方法高标准、高质量整地，营造一片、成林一片、丰产一片。主要经营树种杉木的生长量达到了全国杉木中心产区的丰产水平。全场年蓄积总生长量 2.2 万立方米，年增值 1200 万元，年产商品材 1.2 万立方米，是京山县最大的木材生产基地。

●虎爪山美食娱乐城

九十年代以来，林场在坚持抓好用材林生产的同时，突破性发展多种经营，林场现已建成以板栗、银杏、杜仲为主的经济林总面积 11000 亩，养殖业和特产生产也同步进行。林场还瞄准市场，不断调整经营方向，狠抓第二、三产业的发展，利用丰富的林木资源兴办加工厂，生产木质拼花地板，木制家俱等系列产品，年创产值 300 多万元，利税 50 万元。城关综合开发公司是林场新近成立的一个二级单位，兼美食娱乐、美容美发、建筑装璜、林特产品、日用百货等经营项目，是林场走出山门，跳出林业跨行业的经营典范。

虎爪山林场法人代表
虎爪山林场场长兼党支部书记 严明学
联系电话： 07269－812272（办）
07269－221552（宅）
BP **机号码：** 029－8574491

目　录

专　文

统计资料

四、固定资产投资

五、能源生产和消费

十八、体育、卫生、社会福利和其他

十九、地、市、州主要指标

附　　录

CONTENTS

专　文

经济综述

’95国民经济稳定增长　宏观调控成效显著
’96积极推进两个转变　促进经济再上台阶

一、国民经济平稳快速运行
宏观调控接近预期目标

1995年，全省宏观调控和改革开放取得明显成效，宏观经济主要调控目标已基本实现，全年经济景气综合评分基本处于正常的“黄灯区”下限和“绿灯区”上限之间，宏观经济运行基本正常。

1、经济保持稳定增长

1995年在国家偏紧的宏观调控政策以及经济周期规律的作用下，全省经济增长进一步趋向稳定。全年国内生产总值达2 391.42亿元，增长14.6%，比全国平均水平高4.4个百分点。“八五”时期年均增长12.9%，比全国平均水平高1个百分点。

——农村经济全面发展，实现“三个丰收、一个增加”。1995年在省委、省政府一系列重农政策的推动下，农民的积极性得到了充分的调动，农业投入显著增加，农业科技推广力度加大，多灾之年获得了大丰收，对缓解农产品供求平衡压力和稳定市场价格起到了积极的作用。全年农业总产值988.53亿元，增长14.1%。粮棉油夺得全面丰收：粮食产量达2 463.8万吨（492.7亿斤），比上年增产41.7万吨（8.3亿斤）；棉花、油料产量分别达58.6万吨和189.4万吨，增长30.2%和37.5%。肉类、鲜蛋、水产品、水果、蔬菜等主要农副产品产量创历史最高水平。乡镇企业继续保持快速发展态势。农民人平纯收入达1 511元，比上年增加341元。

——工业持续增长，效益高于全国平均水平。1995年全省认真贯彻以国有大中型企业为重点、以提高经济效益为中心、加大发展力度的方针，工业生产增幅和效益水平高于全国平均值。全省乡及乡以上工业总产值为2 785.71亿元，增长17.0%。工业结构调整加快，轻工业增长继续快于重工业，国有工业保持了平稳增长。全省独立核算工业经济效益综合指数为91.26，比全国平均值高1.24个百分点。

——第三产业稳定增长。在产业结构变动规律和重点产业政策的影响下，全省第三产业呈现持续稳定增长的好势头。交通运输等“瓶颈产业”对经济发展的制约有所缓解，邮电通讯业迅速发展，一些新型服务产业和要素市场不断涌现并趋于成熟。全省第三产业增加值达741.80亿元，比上年增长12.7%，占国内生产总值的31%。

2、宏观调控和改革开放取得明显成效

针对连续两年的物价高涨幅和投资高增长，全省积极贯彻国家各项宏观调控政策，使物价和投资增幅平稳回落，财政、金融形势较好。

——通货膨胀得到初步抑制，物价涨幅明显回落。把物价涨幅控制在15%左右，是全省1995年工作的首要任务。为实现这一目标，全省各地采取了多种措施。一是突出抓好“米袋子”、“菜篮子”，增加有效供给，保证市场供应；二是加强工资和银行现金管理，使消费基金的增长保持在适度范围内；三是实行领导责任制，普遍加强对物价的监督与管理。经过努力，物价涨幅明显回落。全年零售物价涨幅由上年的24.6%回落到16.6%，基本接近控制目标。居民消费价格涨幅由上年的25.3%回落到20.0%。

——固定资产投资稳步增长，重点建设进展顺利。1995年以来，全省认真贯彻国务院关于加强投资调控的精神，继续加大对重点建设和技术改造的投入力度，取得积极成效，投资在平稳回落中仍保持较高速度增长。全年全社会共完成投资826.5亿元，增长39.4%，比上年同期回落15.4个百分点。虽然投资总量增幅回落，但国家重点项目的投资继续加强。1995年9个国家重点项目和16个省重点项目共完成投资205.2亿元，占全省基建投资的56.7%。京九铁路、武汉长江公路桥、宜黄公路等一批重点项目相继建成并投入使用，三峡工程、武钢三炼钢工程等国家重点项目建设进展顺利。

——财政收入稳定增长，金融形势正常。改革后的新财税体制在1995年收到了积极成效，全省累计完成财政收入180.46亿元，增长20.7%，财政支出增长18.2%。金融部门执行从紧货币政策的同时，大力调整信贷结构，货币投放少于上年。1995年全省银行累计新增存款274.99亿元，新增贷款350.41亿元，货币净投放44.76亿元，比上年同期少投22.89亿元。

——对外经济进一步发展。全年外贸完成出口23.30亿美元，增长11.1%。利用外资取得新进展，外商投资开始从规模扩张向结构调整转变，当年外商实际直接投资达6.23亿美元，比上年增长3.4%。继武汉之后，宜昌、黄石已成为外商投资热点。

3、市场趋向活跃，居民收入稳定增长

在供给和需求平稳增长的格局下，全省消费品市场稳中趋活。1995年全省社会消费品零售总额累计达931.80亿元，增长28.7%，扣除价格因素，实际增长10.4%。全省市场商品货源充裕，95%的商品处于供求平衡或供大于求状态。

在经济稳定增长、农业全面丰收的同时，城乡居民收入明显增加。全年农民人平纯收入达1511元，扣除物价因素实际增长8.6%。城镇居民人均生活费收入3606元，比上年增加600元。居民储蓄存款增加较快，全年城镇居民新增储蓄存款180.12亿元，比上年同期多增加16.50亿元。

劳动就业形势比较稳定，失业率和停产、半停产企业人数受到控制，就业人员保持一定增长。

总的来看，1995年经济总量方面的矛盾得到明显缓解，全年供需差率控制在±5%的警戒线内，一二三产业之间的增长比例趋向协调，为顺利实现第九个五年计划创造了较好的宏观环境。但也应看到经济生活中的一些深层次矛盾还没有得到根本缓解，经济发展中还存在一些亟待解决的困难和问题，宏观经济健康发展的任务依然艰巨。

二、宏观经济健康发展的基础需进一步巩固存在问题不容忽视

1、农业的基础仍然不稳

在我国，农业问题实际上包括两个方面，一是农副产品的供给问题，二是农民的收入问题。就农业生产来讲，尽管1995年全省在多灾之年夺得了大丰收，但农业的基础仍然不稳：一方面农业基础设施依然薄弱，遇不利气候成灾面积较大，基本上还是靠天吃饭。1995年农业丰收的一个重要原因是后期风调雨顺，秋粮增产较多，弥补了夏粮欠收造成的损失。另一方面农业生产的不利因素较为突出：一是农资价格猛涨的势头并未得到有效控制，加大了农民的生产支出。据统计，1995年全省农资价格比上年平均上涨29.0%。二是农副产品收购问题仍然突出，粮食收购平议差价大，部分地方收购资金有缺口，存在变相“打白条”现象，这是导致粮棉主产区增产与增收矛盾扩大的重要因素。三是农民负担有加重趋势，增加农民收入的工作还需常抓不懈。

2、物价总体水平仍然较高，回落的基础不牢

1995年物价涨幅虽然明显回落，但仍处于较高水平。全省零售物价涨幅为16.6%，比全国平均水平高1.8个百分点；居民消费价格涨幅仍达20.0%。1995年物价涨幅的回落，在一定程度上是实行领导责任制、延缓价格改革、增加价格补贴等行政手段实现的。农业基础不牢导致农产品供应偏紧、历史上形成的不合理价格关系尚未完全理顺、利益主体多元化及居民收入刚性增长等导致通货膨胀的深层次矛盾尚未根本解决，其中任何一方面的变动都可能使物价再度爬高。

3、经济运行的质量和效益不高，微观经济困难程度未见缓解

根据年初确定的指导思想，1995年全省经济工作的重心已开始向提高效益方面转换，但由于传统经济增长方式的惯性作用，经济增长的质量和效益并未出现转机，微观经济困难仍然较多。具体表现：

一是工业总体经济效益水平下降；二是产销衔接仍不理想，部分产品库存上升较快；三是企业盈利水平下降，部分国有企业经营困难。

三、1996年宏观调控建议

1995年全省宏观经济运行基本接近宏观调控目标值。1996年要继续巩固宏观调控成效，坚持“稳定总量、调整结构、深化改革、提高效益”的方针，保持经济适度增长，为逐步实现经济增长方式转变创造条件。具体应注意以下几个问题：

——以经济效益为中心，加速经济增长方式的转变步伐。近几年来，湖北经济发展速度快、效益低的反差特征越来越突出，经济效益低下不仅浪费大量资源、导致财政困难，而且会进一步影响国民经济的发展速度和后劲。因此，1996年乃至今后的经济工作应始终把提高经济效益、转变经济增长方式作为重中之重。在工业发展中，切实把注意力放在调整产品结构、提高产品质量、加速资金周转、增加经济效益上来，突出抓好精品名牌战略的实施和支柱产业的建设。在农业发展中，下大力调

整农村经济结构，发展农副产品的深、精加工，努力提高农业生产的质量和效益。

——把物价涨幅控制在一个适度范围内。1995年物价涨幅虽然明显回落，但物价水平依然较高，特别是与群众关系密切的生活必需品价格涨幅还很高。1996年控制物价存在许多有利因素，但不利因素也十分突出。一是新的涨价冲动较大，部分产品和服务的提价方案排队等待出台；二是企业开工不足等经济回落过程中的一些矛盾逐步显现，各方面期盼松动调控力度，需求扩张压力较大；三是市场秩序方面的问题仍很突出，特别是市场交易行为不规范、竞争不充分可能给市场物价带来的冲击力不容忽视。因此，1996年应继续巩固物价回落的好势头，积极地抑制和消除不利因素，把物价涨幅控制在一个适度的水平之内，为经济持续、稳定、健康发展创造良好的环境。具体要注意以下几个方面：一是要抓好农副产品的生产，增加有效供给；二是尽量控制或延缓价格改革措施出台，以免引起价格的连锁上涨；三是继续加强对物价的监督和管理，以法律、行政等多种手段打击哄抬物价、滥涨价的不法行为。

——加强农业的基础地位。农业是经济发展和社会稳定的基础，不论从全国大局出发还是从湖北经济发展的实际分析，继续加强农业对于整个国民经济的协调发展和保持社会的稳定具有十分重要的意义。发展农业"一靠政策、二靠科技、三靠投入"。1996年全省要继续把落实农村政策作为头等大事来抓，重点是落实农副产品收购、减轻农民负担、抑制农资涨价等政策，保护和调动农民的积极性。其次是要以提高复种指数为重点，扩大粮食种植面积，继续抓好商品粮棉大县和"两高一优"农业示范区建设，依靠科技提高单产、增加总产。三是要多渠道增加对农业的投入，进一步加强农业基础设施建设，提高抗灾能力。

——在调整结构中加大地方投资力度。投资在经济增长中起着重要的作用，"八五"时期全省投资规模保持强劲增长势头，增幅高于全国平均水平，为"九五"时期的经济发展打下了良好的基础；但近几年全省投资领域的问题也十分突出：一是地方投资规模偏小，对湖北地方经济发展和财力增加的拉力不够；二是投资建设中不顾效益盲目铺新摊子的现象仍然严重，技术改造投资增长乏力，部分重点项目资金短缺，降低了投资的整体效果。因此，为培植全省"九五"乃至更长时期的发展后劲，增强地方经济实力，实现经济增长方式由粗放型向集约型转变，"九五"前几年全省地方投资的增长率应保持较高水平，同时要通过结构调整及时收缩战线，迅速提高技改投资的比重，使经济增长方式转变有一个良好的开端。

开发区专文

阔步迈进的襄樊高新技术产业开发区

襄樊高新技术产业开发区委员会书记
襄樊高新技术产业开发区管理委员会主任 陈玉国

襄樊高新技术产业开发区是全国五十二个国家级高新技术产业开发区之一。自成立以来高举"团结、创新、廉洁、务实、高效"大旗，弘扬"艰苦奋斗是创业之本，敢闯敢冒是开发之力"的开发区精神，坚持以改革总揽全局，大力发展高新技术产业和外向型经济，为区域经济的深度发展奠定了坚实的基础。

一、襄樊高新技术开发区历史沿革

为积极响应国家关于开发高新技术产业的战略部署，迅速贯彻落实国家科委制定的"火炬计划"，襄樊市于1988年成立了高新技术产业管理局，负责全市火炬计划的管理与高新技术产业开发区的前期筹备工作。1992年2月，襄樊市委、市政府批准成立襄樊高新技术园；同年5月，湖北省人民政府批准其为首家省级高新技术产业开发区；1992年12月，国务院批准建立国家开发区，并授权国家科委于1993年3月检查验收，正式为襄樊国家高新技术产业开发区授牌。在国家、省、市各级领导的关心、指导下，开发区环境有了较大改善，具备了全面起步条件。

二、开发区发展概况

襄樊高新技术开发区位于襄樊市城区的中北部，是襄樊市2 010年城市规划发展的中心。开发区所辖区域46平方公里，经国务院批准的政策区面积7.5平方公里，起步区3.5平方公里。开发区现有各类科研机构25家；大中专院校6所；中小学校15所；区内总人数39 400人，从业人员25 140人，大中专以上学历者6 180人。1995年全区完成社会总产值12.9亿元，比上年增长96%；实现工业总产值10亿元，比上年增长92%；实现科工贸总收入10.8亿元，比上年增长82.5%，实现利税7 860万元，比上年增长56%，开发区总体经济的发展以平均80%以上的递增速度迅猛增长，呈现出跳跃式发展的良好态势。

(一)高新技术产业正在崛起。

1995年,区内注册企业290多家,其中认定的高新技术企业17家,累计实现高新技术产品产值13.7亿元,1995年实现高新技术产品产值9.3亿元,已占区内工业总产值的93%,5家企业产值过亿元,13家企业产值过千万元。有5家高新技术企业被列入襄樊市"九五"期间的十大重点企业。1995年开发区申报批准省以上火炬计划项目4项,其中国家级2项,攻关计划项目2项,项目总投资4项,其中国家级2项,攻关计划项目2项,项目总投资5 596万元;报批1996年国家级火炬计划4项,项目总投资4 152.5万元,立项总数占全省40%,高新技术产业在经济总量中的比重逐年提高,进一步壮大了我区新材料、机电一体化、精细化工、汽车配套产业技术等支柱产业。对外开放稳步发展,1995年开发区引进了三资企业5家,引进外资285.75万美元,外商投资结构进一步优化,1995年出口创汇493.6万美元,是上年的3.8倍。为了充分发挥对外开放的窗口作用,高新区与美、日、法及港台等十多个国家和地区建立了经济科技联系,国际间交往与合作日趋活跃,为外向型经济的实际运行奠定了一定的基础。

(二)硬软环境建设先行,奠定了现代化新城区的发展基础。

1995年开发区全年审批建设用地158.48亩,审批基建项目42个,其中正式计划项目18个,建设开工面积20.54万平方米,竣工面积17.48万平方米,建成区面积250万平方米,完成总投资8 473万元。一批重点工程项目进展顺利,长虹北路全线贯通;科工贸大厦进入主体攻坚阶段,已完成投资976万元;海关大楼三个月内已进入第五层主体施工阶段;110KV变电站取得高压配网计划,已列入1996年市政府6件大事之一;316国道2.5公里已完成基础建设工程,预计"十一"修竣通车;金岗路已完成前期踏勘设计;华光"特种光学玻璃生产中心"一期工程验收合格;"科工贸"一条街上规划的"地税大厦"、"华阳大厦"、"泰鑫机电大楼"、"华光理化实验大楼"、"邮电大楼"、"分拣中心"、"供销大厦"、"余岗商贸大厦"、"物贸大厦"等项目的各项基础工作已相继到位,为整个开发区形成联动开发,大干快上的格局奠定了基础条件。

在注重硬环境建设的同时,开发区政策法规、支撑服务等软环境建设也得到相应改善,封闭式管理的格局已基本形成。1995年开发区共出台规范性政策文件17份,其中《襄樊高新区管理办法》已通过市法制办的审核,"九五"期间将正式发布实施;创业服务中心已投入正式运作,在不到半年的时间内,已完成了制定发展政策、建立孵化基地等项工作,目前进入中心孵化的项目已达10个;开发区公安分局、法庭正式成立,为消除开发区建设环节中的阻滞和症结,提供了有效的法律保障;开发区土地咨询中心,华炬会计师事务所、开发区规划管理站、招投标办公室、建设质量监督站、建筑市场管理站等支撑服务部门相继成立,并投入运行,为开发区进区建设单位和区内企业营造了良好的发展环境。

(三)农村经济日趋活跃,人民生活不断改善。

开发区一直把农村工作作为区域经济发展的重要环节来抓,农村各项事业取得可喜成绩,农村基础地位不断加强。1995年开发区辖区七个村合计实现农业总产值8 555万元, 比上年增长21.4%,农民人均纯收入1 550元,比上年增长2.4%; 二期农业开发工程共完成2 500亩中低产田的改造,被市政府授予先进单位。一、二、三产业的配置日趋合理,为农村向城市化的过渡和农业科技化的深度发展打下了良好的基础。

(四)社会事业难中求进,精神文明建设扎实有效。

高新开发区在抓好经济工作为中心的同时,注重两个文明建设一起抓。社会治安综合治理顺利通过市委政法委的检查验收,破案率、查处率、民事纠纷调处率和成功率均达100%,计划生育工作在认真贯彻执行中央关于计划生育五条要求和省委的八条标准的基础上,一级抓一级,层层抓落实,全区人口出生率为12.74‰。双基教育在全市考证中圆满达标,建立健全了卫生管理机构和城市管理机构,在创建省级文明城市和全国卫生城市三大战役中达标。有四家单位被申报市级文明单位,在市级各项精神文明建设活动中,我区共有26人次获奖。以开发区为主体成立了襄樊市社会学学会,并积极开展多项社会活动,开发区良好的社区文化环境日臻完善。

三、襄樊高新区"九五"发展的构想

高新区决心按照"资源配置国际化、产业定向高新化、规模发展集团化,科研、生产、销售一体化"的路子,强化措施,鼓足干劲,以大开放、大开发、大建设、大发展为目标,力争"九五"末实现技工贸总收入120亿元,工业总产值实现104.5亿元,培植高新企业100家,实现利税12亿元,实现出口创汇3 000万美元,财政收入5 000万元,固定资产投资30亿元,实现一、二、三产业的协调发展。

展望未来,随着国家经济建设重心逐步向中西部转移,襄樊高新区将抓住机遇,深化改革,扩大开放,务实创新,开拓进取,发挥她得天独厚的区位优势和雄厚的科技经济实力，为襄樊的经济发展和向现代化大城市迈进再创辉煌。

电话：3220246
邮编：441003

中国二十佳投资区
——葛店经济技术开发区

葛店经济技术开发区管理委员会主任　张振二

葛店经济技术开发区是1990年7月省委、省政府批准设立的全省第一家省级开发区。第一期开发面积5.34平方公里。经过5年建设，开发区完成了近3平方公里范围内的“六通一平”，各项基础设施齐全配套，并已全面启动，区内管理服务体系健全完善，已经具备了大规模吸引外资，兴办实业的良好投资环境。1995年9月，葛店开发区被新华社《经济参考报》作为全国二十佳投资区之一对外宣传报道。

一、举招商之旗，全方位出击——投资热持续升温

葛店开发区坚持以工业为主，以吸引外资为主，以开发高科技产品及替代进口产品为主的发展方针，推行“全员、全力、全方位招商”策略，制订出台了一系列鼓励外商投资的优惠政策和激励全员招商的奖励措施。几年来，开发区外引内联，全方位出走，对外出访美国、加拿大、南韩、日本、香港、澳门等国家和地区，在内接待了国际国内客商6 000多人次，储备项目信息460项，已批准项目90个，合同总投资额26 195万美元，设计年产值规模68.7亿元。尤其是在国家宏观政策持续偏紧、开发区发展面临严峻挑战的1995年，葛店开发区洽谈项目179个，意向协议投资额达5.6亿美元，是1994年的两倍以上，其中批准项目25个，合同总投资额12 183万美元，设计年产值33.5亿元，招商取得了突破性成效。在新的条件下，葛店开发区的招商形势还出现了新的特点。其一，来区洽谈投资的国际大财团、大公司增多，如全球最大的容器集团之一美国波尔公司、化学工业的巨子德国赫思特公司以及日本第一电工株式会社、台湾统一食品集团等纷纷来区洽谈项目。其二，项目投资额越来越大，至1995年底，已进区的投资额达到千万元或数千万美元的项目就有12个，还有美国波尔公司投资2.6亿美元的铝卷材项目正在洽谈。其三，外商投资比例不断增大，合资方向朝外方控股或独资转变。1995年引进的25个项目，利用外资和区外国内企业资金平均占注册资本的90%，如富特波尔项目外商出资90%，兴达食品项目由台商独资。目前，开发区已经投产或进入建设期的年产值过亿的项目就有10多个，招商的巨大成果和喜人势头，展示了葛店开发区持续升温的投资热。

二、走市场经济之路，机制先行——现代企业运行模式初显格局

党的十四届五中全会提出“九五”时期至2 010年，在我国初步建立社会主义市场经济体制，作为改革开放的前沿阵地，葛店开发区勇于开拓，率先起步，已经显示了未来市场经济体制的框架。首先，开发区初步建立了与市场经济相配套的管理运行机制。开发区管委会机构高效、精简，体现了“小机构、大社会、全功能”的原则，管委会所属二室、五局等职能部门，享受相当省级或地市级的审批管理权限。开发区制订出台了一系列管理办法和规章，以切实维护企业自主经营，控制一切不合理收费，在葛店开发区，外商既享受国民待遇，又获得多种政策优惠和服务优先，外商投资有法可依，有章可循，有利可图。葛店开发区还拥有一大批掌握国际惯例，熟悉外经外贸、市场经济等多方面知识、思想开放的年轻的外向型管理人才，为市场经济体制的深入推进，提供了高素质的人才保证。第二，开发区推行现代企业制度。进区客商可以自由选择投资经营方式和产品行业，新办企业一开始就跻身于市场经济的轨道；开发区着重引进外商控股或独资企业，积极发展民营和股份合作制企业，管委会只对企业实行属地管理和提供协调服务，开发区还建立了较完善的社会劳动保障体系，企业除依法纳税外，只对投资者承担经济责任，企业内部管理完全自主，人才录用引进择优招聘、竞争上岗机制，区内企业初步具备了产权清晰、权责明确、政企分开、管理科学的现代企业制度基本特征；开发区坚持发展才是硬道理，引进优胜劣汰机制，扶持有竞争能力的企业，淘汰丧失活力的企业，在葛店开发区，无论国有、民营还是中外合资企业，都是名副其实的自主经营、自负盈亏、自我约束的法人实体和市场竞争主体。

三、创良好效益，促滚动发展——葛店开发区蓄势待发

经过五年建设，开发区管委会以实际负债1.7亿元的投入，换来了7.68亿元的实际总投入，投入与引进资金比约为1：4，投入与资产现值比约为1：8，实际形成

的资产现值约13亿元，开发面积由起步区的1.2平方公里滚动开发至近3平方公里，收到了以资产换资本，以存量换增量的良好开发效果。区内企业经济效益来势看好，昌裕童车厂生产的高级童车100%出口美国和澳大利亚，在国际上享有一定知名度；中鄂制漆有限公司以其"长颈鹿牌"高级轿车漆打入华中、华东、华南市场，且声誉日益提高；富特波尔容器公司尚未正式投产，订单即已超过了该公司今年的生产量，还有太阳绒系列服装等均在国内外市场十分走俏。目前开发区已初步形成一批市场前景可观，有相当竞争力的优势企业和"拳头"产品。1996年，随着富特波尔容器、兴达食品、中原带钢、人诚和生物工程、江裕塑料等大中型企业的正式投产，工业总产值预计可突破10亿元，葛店开发区正在形成化工、轻工、食品等支柱产业，具备了自我积累、滚动发展潜力。正如湖北省副省长张洪祥视察开发区后所评价的那样：葛店开发区初步建起了一批符合国家产业政策、符合经济规律、上档次上规模的经济细胞和产业实体，进入了蓄势待发的阶段。

最近，国家有关部门正把葛店开发区列为国家级台商功能区之一进行规划。根据开发区"九五"及2 010年远景规划，至"九五"期末和2 010年，开发区国民生产总值将达到8亿元和36.6亿元，工业总产值达到50亿元和121.69亿元，可望达到80亿元和200亿元，开发区的经济规模、商品零售总额、出口创汇、人民生活水平、社会发展、精神文明等各项指标，将在同类型开发区中居于较前列的地位，葛店开发区正在绘制一个跨世纪新兴工业城市的宏伟蓝图。

地址：葛店开发区八号公寓
电话：(0711)　811201
邮编：436070

十载创业铸辉煌

孝感市新产业开发开放试验区委员会书记 邓昌德
孝感市新产业开发开放试验区管理委员会主任 曹世佑

孝感市新产业开发开放试验区，是1985年开始创建、1989年经湖北省人民政府批准建立的，规划面积33平方公里。十年来，孝感市新产业开发开放试验区依托老城，开发新区、引鸟筑巢、滚动发展，开发建设成效显著。昔日的黄土地上，矗立起一片20平方公里的新区，高新技术企业替代了传统农业和手工业，现代市场经济的谐和韵律替代了小农经济的田园牧歌，成为镶嵌在中原腹地的一颗明珠。

孝感市新产业开发开放试验区位于环水之畔，与孝感市区 融为一体，离"九省通衢"的武汉市中心仅60公里。水路可走府河、行汉水、通长江，东去上海，西达重庆；公路有北京至深圳、乌鲁木齐到福州两条国道和四条省级公路在此交汇；铁路至北京、广州各约1 000公里，火车运行时间均不超过20小时，附近还有连接京广线与汉丹、襄渝线的安卫铁路；在70公里半径范围内有4座机场，离武汉天河国际机场仅32公里。

开发区土地一马平川，道路纵横有致，管线交错有序，高楼拔地耸立。水、电、讯、路等各项基础设施和生活服务设施一应俱全。区内主次干道18条，全长60余公里；自来水厂2座，日供水量10万吨；排水管网布置合理，疏密得当；22万伏、11万伏变电站和110千伏开关站各一座，120万千瓦火力发电厂有专线直供开发区；3.5万门程控电话与国际国内联网，图文传真、移动电话、电视电话、无线寻呼等现代通讯手段齐备；大中型商场和集贸市场及良好的教学、医疗、文娱、体育等生活服务设施可提供一流服务。

良好的环境，引百鸟来栖。一大批中国军工企业的骄子，从遥远的深山老林中迁出，落户在这片神奇的热土之上；香港的、台湾的、澳门的同胞千里迢迢归来，把满腔的热情与真诚奉献给家园故土；法国的、德国的、美国的、日本的……客商也越过烟波浩淼的大洋，同样把技术先进的项目选点在这里。截至1995年底，孝感市新产业开发开放试验区引进三线军工企业12家，投资总额12亿元。与外商签订意向性外资项目200多个，协议利用外资3.5亿美元；兴办"三资"企业69家，总投资26亿元，合同利用外资1.8亿美元，实际利用外资1.4亿美元。

企业的迁入，项目的落户，带来了8 181台(套)精良设备，输入了4 229名专业技术人才，开发了51项高新技术产品，大功率速调管、磁控管、微型放电管、压电陶瓷、光栅系列产品、激光系列产品和"塔菲克""天霸"轻型汽车等还获得过部级以上嘉奖的殊荣。1994年3月，法国雷诺汽车公司，这个世界著名的汽车制造企业，与中国三江航天集团合资的轻型汽车项目成为中国航天系统最大的合资项目，也是中国第一个与外商合资兴办的轻型汽车项目，在开发区找到了落点。随之，一批与

"塔菲克"配套美国公司 UTA 等企业亦纷纷而至，从而使孝感市新产业开发开放试验区成为湖北省"武汉——十堰"五百公里汽车工业走廊上的重要组成部分。以汽车工业为主导，以机、电、光和建材工业为两翼，容纳各种产业成份，构成孝感市新产业开发开放试验区工业交响乐中主题突出，层次分明的乐章。1995 年，孝感市新产业开发开放试验区社会总产值达到 27.6 亿元，比上年增长 41.9%；其中工业产值 14.66 亿元，比上年增长 58.9%，工业企业实现利税 8 830 万元，比上年增长 21%。

到 2 000 年，孝感市新产业开发开放试验区工业总产值将达到 156 亿元，销售收入将达到 168 亿元，利税将达到 17 亿元，建成机、电、光和建材工业为两翼，高科技、高效益和外资、外经、外贸相结合的高新技术产业群。

地址：孝感市车站街黃陂西路
电话：2824254
邮编：432100

襄樊汽车产业开发区

襄樊汽车产业开发区党委书记　胡梦元
襄樊汽车产业开发区管委会主任　陈玉国

襄樊汽车产业开发区是 1992 年元月经省政府批准成立的全国唯一一家以汽车产业冠名的省级开发区。全区控制面积 48 平方公里，现已开发 9.55 平方公里。全区总人口 3.6 万人，其中农业人口 1.4 万人。区内行政单位 27 个，事业单位 40 个，市驻开发区单位 14 个。

汽车产业开发区位于襄樊建设大城市重点发展区域之内，城市配套设施既与老城区紧密相连又与东风公司襄樊基地融为一体。且东距襄樊机场 10 公里，南离汉江 5 公里，西距襄樊火车站 4.2 公里，316 国道和襄(樊)——新(野)跨省公路穿境而过，焦柳、汉丹、襄渝 3 条铁路干线在区内交汇，交接处的襄北铁路编组站是全国 11 个路网级大型编组站之一。水、陆、空立体交通网络四通八达，十分便捷。

建区 4 年来，我们充分借助上述有利条件，在省、市委、政府的高度重视与关怀下，在省开发区管理办公室和省、市直有关部门的及时指导与支持下，坚持以特色理论为指针，以服务"东风"为宗旨，以招商引资为重点，着力改善软硬环境，两个文明建设同重并举，促进了经济建设和各项事业的全面发展，"走出了一条内陆开发区的特色之路"。

——汽车产业初具规模，经济总量快速增长。

目前，东风公司已在本区内形成了年产 1 万辆富康轿车，年产 6 万台 B 系列柴油发动机、年产 3 万吨汽车铸件的能力，年产 15 万辆轻型车的总装厂已经投产，年产 40 万台轿车发动机的神龙公司襄樊机加工厂已进入设备安装阶段。汽车产业的大开发、大建设，对我区经济发展产生了巨大的牵引力。至 1995 年底，国内生产总值达 3.26 亿元，比 1991 年 2 139 万元增长 15.2 倍，4 年年均递增 97.6%；工农业总产值达 12.22 亿元，比 1991 年的 9 953 万元增长 11.3 倍，4 年年均递增 87.2%(其中：工业 12.1 亿元，比 1991 年的 7 840 万元增长 15.4 倍，4 年年均递增 98.1%)；财政收入 6 356.7 万元，比 1991 年的 433.56 万元增长 12.8 倍，4 年年均递增 92.9%；4 年完成固定资产投资 32.23 亿元。

——硬件建设日趋完善，投资环境明显改观。

4 年完成基础设施投资 2.2 亿元，加上基地自建部分，辖区内已具备日供水 10 万吨，年供电 1.5 亿度的能力，开通了 7 000 门程控电话，新修了从老城区通往开发区的 5.5 公里二级公路和总长近 15 公里的 8 条区内干道，完成了第三产业区和工业起步区的场地平整工程。并按照现代化城市功能的综合要求，美化了开发区的"南大门"——2 公里车城大道。这些基础设施为招商引资、项目兴区奠定了基础。

——发展思路正式确立，招商引资喜结硕果。

我们在几年的开发建设中，深感内陆开发区一缺资金、二缺技术、三缺管理人才，要想实现大的跨越，必须充分发挥自身优势，扬长避短，独辟蹊径。基于此，我们通过辩证思维、审时度势，逐步确立了以"不图所有，只求所在；借助外力，发展自己"为核心内容的项目兴区发展战略。究其实质，就是借助三大优势(产业优势、区位优势、与东风公司的关系优势)从东风公司争取项目，制定优惠政策，广泛寻求国内外有资金、有技术、有管理实力的客商到开发区投资建厂，以项目促开发。实践证明，这个思路既符合开发区的实际，又适应市场经济规律，一经运作，效果即佳。至 1995 年底，全区共兴办外资企业 24 家，已开业 12 家，累计合同引进外资 15 706 万美元，已到位外资 8 874 万美元。这些外资企业涉及法国、马来西亚、加拿大、台湾、香港等国家和地区；引进内资项目 83 个，计划总投资 17.24 亿元，已完成投资 7.56 亿元。正在办理手续，近期可望开工建设的 9 个，总投资达 1.6

亿元。如今，具有国际先进水平的国家级高新技术产业项目——铜铅合金滑动轴承材料项目已经进区落户，该产品不仅填补了国内的一项空白，且将成为进口替代产品；国家一级、明星企业——洛阳浮法玻璃集团公司一期投资6 000万元与我区合作生产汽车风挡玻璃项目，目前正在加紧筹建之中。

——农村经济稳步发展，群众生活普遍提高。

1995年，全区在耕地面积仅有15 786亩的情况下，农业总产值达到3 230.3万元，与去年基本持平。粮、棉、油、肉、蔬菜、禽蛋人均产量及占有量分别达到666公斤、11公斤、94公斤、45公斤、544公斤、11公斤；村办企业总产值和利润分别达到1 596万元和89万元。农民在耕地比1991年减少18.8%的情况下，人均纯收入净增729元，年均递增14.65%；比上年增长12.55%。目前，全区仅村民就拥有汽车25辆、拖拉机300多台，兴办个体饭店、私营商店70余家，小型工程队15个，有700多人从事装卸。26.95%以上的强壮劳力都在工、商、运、建、服等各个行业大显身手，呈现出农民工人化的可喜局面。

——社会事业协调推进，两个文明同步发展。

一、计划生育工作连创佳绩。1995年的人口出生率为10.5‰，比市政府限定的指标低5.4个千分点，其它指标均呈下降趋势，在全市计划生育检查中获得满分；二、综合治理榜上有名。通过开展专项治理，加强防范，加大民调力度，区内治安案件大幅下降，民事纠纷大为减少，刑事犯罪得到遏制，社会风气明显好转，受到上级的高度赞扬；三、教育“双基”达标合格。我区在财政十分吃紧的情况下，筹资120万元，与湖北钢丝厂联合新建了襄樊市第34中学，改善了第28中的办学条件，全区适龄儿童、适龄少年的入学率和中、小学生毕业率分别达到100%、98%、95%和100%。中考综合指数在市区中学的位次年年向前进位；此外，统计、物价、交通、环保、文化、卫生、民政、优抚以及文化市场管理、食品卫生监督等各项社会事业都有新的发展，人们的物质文化生活及精神面貌、工作环境都得到较大的改善。

地址：襄樊汽车产业开发区车城大道1号
电话：(0710)　3311854
邮编：441004

武当山旅游经济开发区

武当山旅游经济开发区管委会主任　郭天林

武当山旅游经济开发区位于丹江口市境内，我国著名的道教圣地武当山下，东邻历史文化名城襄樊市，南靠神农架原始森林，西连我国最大的汽车工业生产基地十堰市城区，北临汉水与丹江水库。襄樊、十堰两大工业城市东西相连，又处于湖北省建立500公里汽车工业走廊源头。汉十公路、丹土公路、襄渝铁路、汉江航道穿区而过，东端距老河口机场20多公里，是华中地区进入鄂、陕、川的重要门户，在鄂西北的旅游经济圈中占居中心地位。

武当山旅游经济开发区成立以来，按照“一体两翼”的发展格局，即以充分开发武当山旅游资源加快发展第三产业为主体，以发展为东汽公司配套的机械加工工业，开发旅游系列产品和发展旅游观光业为两翼，把旅游资源与经济资源结合起来开发，走“他中有我，我中有他”的发展新路子，力争跨入国家级开发区行列。坚持以项目带开发的原则，突出汽车工业、旅游经济、扶贫开发三大特色，紧紧围绕基础设施建设，对外招商引资和自办经济实体等重点开展工作，改革开放和经济建设取得了一定的成就。1995年全区实现国内生产总值12.32亿元，比上年增长43.62%，其中第一产业产值1.5亿元，第二产业产值8.7亿元，第三产业产值2.12亿元，分别比上年增长36.36%、56.19%、11.57%。

基础设施建设得到了很大的改善，到1995年全区已累计投入基础设施建设资金2.44亿元，基本实现了“五通一平”。特别是蒿口工业园在完成了367亩土地平整和720m×25m的主干道工程后，又完成了10 000m² 标准厂房、公寓楼、综合楼主体工程以及支干道的铺设工程，供水、供电、通讯均已开通，排水工程基本解决。省供电局投资7 000万元的变电站已动工兴建。有效地改善了投资硬环境，为招商引资创造了良好的条件。

招商引资工作取得了一定效果。为了搞好区内软环境建设，吸引海内外客商投资，加快开发步伐，出台了《关于郧阳地区各县市及地直单位来开发区投资办企业的优惠政策》，制定了《武当山旅游经济开发区建设有关十条优惠政策》和《鼓励东汽公司投资建设、协作开发优惠政策》等，大力开展了招商引资活动，取得了很大的进展。目前，全区累计在建和建成项目总计143个，计划投资11亿元，已投资4.8亿元。其中有11个外资企业，43

个与东汽公司配套的加工企业，15个十堰市内的县乡独资合资企业。

武当山旅游经济开发区地处国家级风景名胜区，1994年12月武当山被联合国教科文组织列入世界文化遗产名录，具有很大的旅游开发前景。建区以来，新开辟了玉虚岩、椰梅祠、真武迷宫等旅游景点，在草店码头新建的“水上乐园”也已营业；金花树旅游度假区、武当山索道工程等一批游乐项目正在开发建设之中。区内加工生产的武当山旅游品、古文物复制品、刀剑、刀杖、手帕、毛巾、导游图等纪念品很受中外游客欢迎。区内建立的优质高效的茶叶、柑桔、蔬菜等一批农副产品基地，既有较高的经济效益，又有较好的观赏价值。所生产的茶叶、柑桔分别被评为部优、省优名牌产品。挖掘整理了大量的武当拳、武当剑、武当气功等方面的历史文化遗产。并于1993年成功地举办了中国武当武术邀请赛、武术散打擂台赛，开办了13所武当武术学校，培训学员上千余人次，湖北省最大的武当武术训练基地——武当武术院正在建设中，总投资2 900万元。加强了区内旅游配套设施建设，为中外旅客提供了导游、食宿、交通等便利条件。1995年全区接待中外游客100余万人次。

武当山旅游经济开发区在管理体制上，按照“一条龙”服务的要求，本着“精简、效能、统一”的原则，成立了武当山旅游经济开发区党委、管委会，作为丹江口市委、政府的派出机构，驻武当山镇。目前，开发区内设的职能部门除省已明确授权外，均享受市(县)级业务管理部门的管理权限。1994年12月被湖北省体改委、人事厅授予“改革先进单位”荣誉称号。1995年1月又受到了省开发区管理办公室的通报表彰。

地址：丹江口市武当山镇
电话：(07292)6655576、665569
邮编：441914

宜昌枝江经济技术开发区

枝江经济技术开发区管委会主任
枝江经济技术开发总公司总经理　董维新

枝江开发区滨临长江，位于长江中游之首，是宜昌市的东大门。枝江经济技术开发区于1992年11月设立，1994年8月15日省政府正式批准为省级开发区。开发区规划控制区域18.8平方公里，近期开发面积8.8平方公里。

科学规划，确定发展方略

枝江开发区作为三峡经济战略区不可分割的一个重要组成部分，在总体规划上，按照正确处理重点与全局、当前规划与长远规划、开发区与老城区、经济效益与社会环境效益相统一的原则，确定以中高科技水平的工业为主体，二、三产业协调发展的外向型经济技术开发区；规划一年起步，三年打基础，五年大发展，到下世纪初全面建成。实现国民生产总值达到25亿元，社会总产值80亿元以上，其中工业产值达55亿元以上，产业技术水平70%达到九十年代先进水平，外向型经济成分占50%以上，社会事业同步发展，区域人口达15万人左右，整个开发区连同老城区的基础设施达到中等城市水平，成为宜昌市的一个经济繁荣、人民富裕、文化进步、环境优美的中等卫星城市。

业主开发，营造投资环境

开发区的开发建设从一开始就避开了由政府包干搞开发的办法，形成了政府统一定政策，业主承包搞开发的格局，开发总公司充当开发区建设的总业主，动员职能部门作为承包单位工程的大业主，围绕“五通一平”，开展大规模的基础设施建设，完成基础设施投资2亿多元，新建道路10多条，近30公里，全部按中等城市道路标准建设，形成以迎宾大道、江汉大道、友谊大道、沿江大道、团结路、公园路、石碑山路、南岗路为骨架的起步区道路网络。建设排水工程5处，铺设排水管道近30公里，排水能力达到40万吨/日。新建和扩建的供水工程2处，新增供水能力8万吨，整个区域综合供水能力达20万吨。新建220KV变电站、35KV变电站各一座，开发区新区内输变电能力已达10万千瓦以上，整个规划区内的供电能力可同时满足50亿元产值的工业生产和15万人口的生活需求。建成30 000门国际程控电话工程和无线电话工程。新建开发区至宜黄公路的接线路4.5公里，贯通开发区的318国道全面扩建升级全部达二级标准，长江客运中心码头工程按日客运量1万人次设计建设，现已建成投入使用，综合货运码头二期扩建配套工程，正在抓紧施工。与“五通一平”基础设施相配备的文化、教育、体育、卫生、商业、市场、旅游、居民住宅等第三产业的基础设施建设也通过新建和改扩建，扩大了规模，提高了档次，目前，开发区形成高标准工商业产业用地6平方公里。在基础设施建设的同时，报请县委、县政府研究制定了对外投资者在建设用地、税费征收、社会服务、办事程序等方面一系列优惠政策，以及对引进技术、项目、资金的奖励政策，开发区已基本具备了大规模吸收投资的硬软环境。

项目驱动，开创全新格局

开发区在取得基础设施建设的同时，根据内陆开发区的特点，坚持立足于内，着眼于外的原则，狠抓招商引资上项目工作。首先是积极争取，支持国家重点项目的布点建设，为国家重点项目提供用地和社会服务，目前鄂肥扩能改造工程，棉花“121”工程等大中型工程已开工建设；其次是依靠大专院校、科研单位，引进技术、发展高新技术产业，利用南化集团的技术新办年产500吨对苯二酚项目已竣工投产，利用武大技术，新办年产1 000万只镍氢电池项目已实现300万只的生产能力，利用湖北化工研究院技术扩建1 000吨甘氨酸项目已动工建设；第三是利用外资、利用先进技术、搞好老、小企业的嫁接改造，一批外商投资项目已安家落户，鄂台合资的2万吨硫酸钾等项目已即将建成投产，一大批企业素质得到提高；第四是通过广泛的招商引资形式，储备了一大批开发项目，有的项目已进入前期准备阶段。三年来，在开发区安家落户的工商企业70多个，投资总规模达27亿元，已完成产业总投资6.5亿元，其中，高新技术企业10个，出口创汇型企业11个，三资企业10个。一九九五年，全区实现社会总产值16.9亿元，工业总产值10.9亿元，分别比上年增长49%、41%，实现利税9 000多万元，区级预算收入1 000多万元，投入、引进、产出比达到1∶4∶15，出口产品销售额占销售总额的30%以上，当年新开工的工业项目中高新技术项目达到57%。开发区现有项目全部建成以后，将形成化工、纺织、轻工、建材、机电五大支柱产业，成为宜昌市的农化工业、医化工业、化学电源、造纸工业、食品工业、纺织工业基地。随着三峡工程的全面建设，国家生产力布局的西移，枝江开发区以其优越的投资环境和自身的功能，必将作为宜昌三峡地区对外开放开发的窗口，以崭新的姿态出现在宜昌的东大门。

地址：湖北枝江马家店镇迎宾大道西段
传真：(07274)　213748
电话：(07274)　213415

舞活八龙　再造南平

公安南平经济技术开发区管委会主任　汤光泽
公安南平经济技术开发区总公司总经理　任长明

我们南平经济技术开发区是省政府1991年7月批准建立的全省第一批开发区之一，这是省委、省政府为加速荆江分洪区大后方的建设，探索边远地区经济发展之路，培植农村新的经济生长点所实施的特殊战略，给南平发展带来了一个千载难逢的机遇。我们以开发区建设为契机，创造条件，向外拓展，经过三年多时间的努力，顺利实现了第一步开发——再造南平的目的。

——面积翻番。开发区规划面积10平方公里，现已开发3平方公里，包括改造老城区1.5平方公里，开辟新区1.5平方公里，城区面积扩大一倍。

——居民翻番。开发区内现有居民2万人，流动人口4.5万人，分别是开发区建立前的1.1倍和3.5倍。

——投入翻番。共投入建设资金2.6亿元，其中产业投入9 000亿元，基础设施投入1.2亿元，引进外资折合人民币5 000万元，三年的投入相当于开发区建立前15年的投入总和；工业企业固定资产达到19 566万元，比1991年增长104%。

——企业翻番。在开发区落户的企业达到352家，是1991年的2.2倍，工业产品新开发142个，总数达到610个。

——产出翻番。1995年，开发区社会总产值达到8.5亿元，其中工业产值达到4.5亿元，分别比1991年增长156.3%和116%，平均年递增37%；外贸出口交货值达到6 500万元，比1991年净增5 000万元。

现在，南平这个弹丸小镇的整体素质发生了根本的变化，从1992年起，我们就是全省出口创汇先进镇，近两年，《人民日报》、《湖北日报》等报刊曾冠以“八龙游大海”、“三鸟飞天下”、“江汉平原飞起一条龙”，对南平区域经济予以追踪报道，省、市(原地区)的领导多次亲临南平指导工作，对南平开发区发展的路子给予了充分的肯定和鼓励。

南平开发区在建立之前，这里的工业发展便自成体系，近30家工业企业可分畜禽加工、粮油食品、服装、纺织、机械汽配、化工、塑料、建材等8个门类，每一门类的生产、加工、销售相配套，人称“八条龙”。根据“沿边性、自费式、袖珍型”的特点，我们没有贪大求洋、规模圈地，没有另觅项目、舍本求末，而是紧紧抓住“八条龙”作文章，制定了“立足小城镇、发展八条龙、开发大市场、联合工贸农”的发展战略，使“八条龙”龙头伸出了国门外，龙尾摆进了千万家。

一、强龙头

培植龙头企业 经过分析比较，我们选择高效、外向型企业10家为“八条龙”的龙头企业，并投入大量资金搞技改嫁接、扩批增量。计划投入10 600万元上项目14个，现已投入4 150万元建成项目10个。1、缸套厂新建缸套活塞组合生产线，计划投入1 500万元，现已投入650万元；2、车轿厂与江铃汽车集团合营，已投资700万元，新建了五十铃后轿生产线，还准备投入2 500万元与二汽配套上锻造项目，目前部分资金已到位；3、肉联厂经国家计委作牵引，计划以申请国外贷款的形式，投入200万美元上猪、牛皮制革项目，目前项目已报批；4、洗绒厂与台商合资兴办盛安毛纺织有限公司，已投入960万元建成兔羊毛混纺生产线，计划再投入400万元扩大规模；5、中和服装厂已投入560万元建成出口服装生产线；6、鹅业公司投入340万元新建鹅肥肝生产线；7、生化厂投入300万元，开发出新产品亮氨酸，增2条胱氨酸生产线；8、毛纺厂投资120万元新建800锭精纺毛线生产线；9、新建金钢石厂，投资360万元建成金钢石片生产线；10、新建长江天然饮料厂，投资160万元，建成了拥有瓶装和塑料等真空包装的饮料生产线。现在这十家企业成了开发区的支柱和领头雁。

强化技术优势 我们狠抓高精尖技术的开发与利用。1992年，开发区内七家企业与五所高等院校的有关系、所科技联姻，建立了五个科技转化为生产力的前沿阵地，创办了五个实用技术开发区。此外，还与中南矿冶学校、沙市服装研究所等院校和科研单位建立了合作关系。通过科技联姻，我们共引进和利用高新技术19项，全开发区高科技、高附加值、高效益产品达到52项，其中鹅肥肝、防水材料等产品率先填补了省内、市内空白。这样，我们在工业同行业中抢占了技术这个制高点，可以在市场经济的大潮中使八条龙保持强劲的竞技状态，立于不败之地。

拓展新的市场 我们在沿海开放城市、内地发达地区、边贸地区共办窗口企业6家。我们还努力将“八条龙”的触角伸向国外，现兴办“三资企业”5家， 注册资本2 020万元，正在签订合同、章程待批的5家。1996年还准备出境办第一家境外企业。我们还积极争取产品打入国际市场，现牲猪、鹅肥肝、胱胺酸、羽绒、兔羊毛纱、餐巾纸等6大系列产品已争取直接出口，率先进入国际经济大循环。

二、壮龙身

全面改造国有、集体企业 我们共投入开发、技改资金达6 080万元，使原有30家企业扩展为55家，规模扩大，档次明显提高。重点抓了“三个一批”：1、发展一批。通过开发新产品、合资、办窗口企业等，一厂派生出多厂。2、改制一批。55家企业中，20家改建为股份制经营，10家改为租赁经营，15家为资产抵押承包；3、破产一批。三年来对区内5家资不抵债，扭亏无望的企业进行了破产拍卖，使资源得以重新配置和利用。

大力发展私营经济 我们南平虽不背靠大城市，亦无矿产资源，但交通发达，是湘鄂边界方圆百里的区域中心，开发区建立以后，一些在商品经济大潮中走南闯北的农民和商人，在开发区优惠政策的感召下纷纷涌入南平，要求办实业，呈现“众星拱月”之势。我们开发区管委会因势利导，成立了私营企业办公室，并组织私营企业主125人次到温州、广州考察，牵线达成意向性合作项目138个，并在用电指标单列、信贷、费税减免上与国有、集体企业一视同仁，促进了私营企业铺天盖地的发展。现在，全镇私营企业达到1 300家，从业人员6 000多人，其中工业企业由开发区建立前的55家发展为152家，固定资产达到1 850万元，其中百万元规模的6家。主要生产经营塑料制品、化工原料、皮革、服装、电子元件、机械配件等12个门类65种产品。1995年，开发区私营工业企业创产值10 000万元，占开发区工业总产值的30%，壮大了“八条龙”，成为开发区建设的一支生力军，形成南平的特色之一。

积极组建“联合舰队” 开发区企业之间、企业与外界之间开展了广泛的经济联合，我们先后与县内外250家企业结成松散式的联盟，其中挂靠国有大中型企业和职能部门办的经营性大公司100家，网点遍及全国，“八条龙”成为了八支联合舰队。开发区畜禽加工一条龙，现有企业15家，经过三年来的技改投入，现在可年加工50万只鸡鸭鹅、2 000万枚鸡蛋、1 000吨羽毛、100万件羽绒制品，贩运鲜蛋3 200公斤，宰杀牲猪30万头，具有3亿元的农副产品深加工能力。这条龙原来长期“吃不饱”，1994年与外界结成联盟后，情况大有好转，年产值在1993年基础上翻了一番，达到2.1亿元。

努力改善投资环境 要使“八条龙”发展壮大，必须有良好的投资与运作环境，管委会在积极开展招商引资工作的同时，苦练内功，致力于环境的改善。在硬环境方面，我们依托老城区，按照需要，分期规划，开发新区，现

在老城区改造基本完成，2.5平方公里的新区框架基本形成。我们三年来共投入6 800万元用于硬件建设，修建了220KV变电站，拉通、升级了10条道路，开通了2千门程控电话，办起了电视台，区内初步达到了“四通一平”的要求。在软环境方面，我们出台了优惠政策，成立了5个职能分局和4家支行，建立和逐步健全了开发区管理机构，并给各方投资者提供优质服务。三年多来，管委会共接待港、澳、台和日本、韩国、澳大利亚、东南亚等国家和地区的客商团体40多批、250人次，签订意向性合同42个，协议资金8 800多万元，招待国内投资者的咨询达3 500多人次。我们将继续实行“筑巢引鸟”和“引鸟筑巢”并举，让南平成为实业家的乐园、开放开发的热土，让“八条龙”不断发展壮大。

三、活龙尾

活农村　“八条龙”的兴起，特别是畜禽加工一条龙的发展，带动了农村的繁荣。开发区企业为了批量生产的需要，与县内农村的农民签订了收购农副产品的合同，并在农村建立生产基地，提供配套服务。这样农村成了工厂的原料仓库和生产的第一车间，成为了龙的一个组成部分。开发区的繁荣，也带动了农村村办企业、联户企业的发展，他们积极组织生产工厂所需的物资，走上了致富之路。农民的介入使“八条龙”真正形成了上联大中城市、下接千家万户的格局。

活流通　“八条龙”发展后，对各类物资的需求增大，同时各类产品也丰富起来。一些有识之士看准这一点，国家、集体、单位抢着建市场。按照总体发展规划，开发区共计划建专业市场五座，包括农贸市场、小商品市场、工业品市场、土特产品市场、大宗农副产品交易市场。短短三年间，现已建成4座，总投资1 000万元，包括农民集资150万元兴建的农民街、乡办企业投资150万元修建的蛋品市场、县工商局投资300万元新建的商贸城、电影院采取中外合资形式投资400万元修建的影视娱乐城，在二零七国道南平段及其复线的叉口地带建成了市场群。现在，南平成为了湘鄂边界临近六县市(公安石首、松滋、江陵、安乡、澧县)和农副产品集散地，集贸成交额1995年达到1.5亿元。在南平畜禽生产、加工、销售一条龙中，销售这个龙尾“玩活”了，是外界所公认的。

活城镇　“八条龙”的落脚点在南平，它的兴旺发达带动了龙尾——南平各方面事业的发展。三年多来，开发区共上缴税金1 280万元，为地方增加财政收入550万元，1995年地方财政收入达到1 000万元，三年共解决区内待业人员8 000余人，城镇居民人均纯收入由1991年的1 780万元增加到2 800万元，城镇整体功能逐步完善，南平的地位在荆沙地区明显上升。

四、促龙飞

管理举措　管委会是开发区的舞龙人，为发展“八龙”采取了一系列措施。一是实行封闭式管理。我们成立了管委会、工作委员会和总公司，三位一体，统管开发区内行政经济事务。管委会现有工作人员20人，下设一室三部，开发区各职能分局在管委会集中办公，履行职能。二是实行业主开发。开发区总公司是开发区的业主，具有法人资格，主要职责是筹集发展资金、实施基础设施建设项目、组织集团性营销工作，公司现下设有房地产开发公司、市政建设公司、羊业、信息咨询公司等子公司和企业单位15个，总公司已投入股金450万元。已转卖农转非户口400多个。推出招商引资项目195个，其中已建成45个，正在立项报批的项目25个。总公司将采取广泛入股、参股的形式，参与区内企业的生产和经营活动，支持企业发展，获取发展资金。三是实行土地滚动开发。新辟开发区的土地由管委会统一一次性向农民预定征用，对土地一级市场实行垄断，通过土地出让的形式，督导开发区按城镇规划发展，推动开发滚动。由于实行这种办法，我们开发区没有造成土地的闲置和浪费，城镇建设得以稳步发展。在土地征用费的分配方式上，我们借鉴京山“八里途”的办法：征地费由总公司统一管理。10%作养老基金；10%作用于待业安置。10%用于农业基础设计建设；70%作为股金投入开发区建设。四是大胆实行改革。我们对区内企业全面推行年薪制，最大限度地提高职工、特别是企业负责人的收益水平，对招商引资中的中介人、经济工作能人、科技人员予以重奖，给予优厚待遇，极大地调动了全社会参与发展“八条龙”的积极性。

下段规划　目前，南平开发区已渡过起步阶段，进入联片开发时期，管委会计划到1996年把南平建成十亿元乡镇，使南平开发区的综合实力和素质再上一个档次。一是建六大功能区。在原有省测绘局规划的基础上，按现代城镇建设的标准，合理布局、协调发展，建立农副产品加工区、医药化工区、机械加工区、商贸区、科技园区。拟定以二零七国道为主线，连结新城、金马、鲍关三个村，建成一线串珠的十里经济走廊。二是搞外引内联。动员和组织开发区有识之士开展第二次创业，掀起规模投入的热潮。1997年前建成4家亿元企业，办10家“三资”企业和20家内联企业，50家私营企业，争取总投入1亿元。三是继续搞好土地滚动开发，加速硬件建设的进程。四是重新制定优惠政策，增加吸引力。通过2—3年努力，让开发区外向型经济的成份达到40—50%，“八条龙”真正腾飞。

地址：湖北省公安县南平镇
电话：(07265) 818030
传真：818090
邮编：434318

充满希望的投资热土——胡集开发区

钟祥胡集开发区管委会主任 何 海
钟祥胡集开发区管委会副主任 田 鹏 徐永明

湖北省钟祥胡集经济技术开发区位于荆沙市最北部，北与襄樊市接镶，南与荆门市毗邻，东临汉江，西依荆山余脉。1992年2月，经原荆州地委、荆州地区行署批准建立，1994年8月，经湖北省人民政府批准为省级开发区，总体规划面积7平方公里。

开发区有着独特的开发优势：区位优越，交通便捷。开发区地处南北一线的荆沙、荆门、襄樊、十堰等城市带中间，是城市经济辐射的必经之地，焦枝铁路、二零七国道、汉江水路呈“川”字型纵贯南北。矿产丰富，可开采量大。初步探明具有开采价值的矿产资源达16种，其中磷矿石总储量为4亿吨、石灰石5亿吨、白云石10亿吨，还有铝、铁、硅、钾页岩、叶钠石等都具有较高的开采价值。设施良好，功能齐全。开通了3 000门程控电话，建立了大哥大，BP机寻呼台，扩建了一座日产3万吨的自来水公司，境内有一座220千伏的变电站和10座35千伏的变电站，可保证供电质量。劳力富余，现有农村劳力1.8万人，可向非农产业输送一万多名具有初中以上文化程度的劳动力。

“抓住机遇、发展经济”是胡集开发区发展的基本思路。在开发区建设的过程中，我们十分注意捕捉机遇，善于抢抓机遇，加速经济开发。

胡集开发区地处“中原磷都”，是全国一流的磷化工业基地。随着中央关于重视农业、保护农业、发展农业等政策的出台，我们敏锐地意识到，农业升温不仅会给农副产品市场带来繁荣，而且会给开发区支柱行业——磷化工业的发展提供新的机遇。为此，我们狠抓了现有“磷”字企业的满负荷生产和技术改造，最大限度地满足磷肥市场的需求。市钙镁磷肥厂通过对国内磷肥市场行情的分析，大胆决策，筹集资金1 200万元，新上了一条年产10万吨钙镁磷肥的生产线。这个企业已形成了年产钙镁磷肥18万吨的生产能力，年创产值4 000万元，销售收入6 300万元，实现利税1 280万元。

在办好现有磷化工企业的基础上，我们积极同大专院校、科研单位开展经济技术合作，加速磷化工产品的深度开发。“鱼特利”是一所国家重点大学的最新科研成果，是取代磷肥、碳酸氢氨的新型渔用肥料。获取这一信息后，我们组织专班，三赴该校进行洽谈，达成了合作协议。由于合作双方共同努力，该项目进展非常顺利，仅用三个月时间就开发出高效渔用肥料——鱼特利(Ⅱ)型产品，被国家科委确定为1995年度星火计划项目。

到目前为止，开发区共开发出高效磷肥，磷脂肥化工产品、食品级添加剂和精细化工四个系列18种产品，形成了年产钙镁磷肥30万吨，过磷酸钙10万吨，高浓度复合肥5万吨，鱼特利5万吨，磷酸氢钙2万吨，氟硅酸钠1 000吨的规模，产品畅销全国20多个省、市、自治区。

在突出发展开发区特色工业的同时，我们还充分利用大峪口矿肥结合工程建设和湖北汽车工业走廊建设的机遇，积极发展为大工程服务的建材工业和机械工业。新建了一条年产220万片的彩色水泥生产线和一条年产5万平方米的彩板门窗生产线，扩建改造了年产4.4万吨的水泥厂，与东汽电气公司联营兴建的荆桥机械厂开发了汽车发动机分流块、转子总成、摩擦片、精密铸件等10多个产品。通过三年的发展，机械工业和建材工业在开发区工业经济中的份额不断扩大，年产值达到1.5亿元，年创利税1 800多万元。

发展外向型经济一直是我们工作的着力点。胡集开发区招商引资条件虽然比不上沿海地区，但是我们不囿于内陆的小圈子，积极创造条件，加大对外开放力度，走出了一条与国际市场对接的外向型经济之路。

从内联项目起步。开发区按照自身特定的区域条件，提出了“以内引外”的招商引资思路。鼓励企业与东部地区、沿海地区开展经济技术合作，联营办企业，共吸引内资8 500多万元，创办内联企业28家。内联企业合作成功带来了外向型经济的发展，先后有美国、法国、罗马尼亚、新加坡、香港等十多个国家和地区的客商到开发区考察，洽谈投资事宜，共签订意向协议26份，兴办“三资”企业12家，引进外资1 820万美元。

靠名优产品跨步。开发区有没有生命力，关键是有没有一批高新技术产品驱动。近几年，我们加大了高新技术产品开发的力度，新上了一批产品档次高、技术含量高、附加值高、市场占有率高、在国际市场有发展前景的项目。重点开发了苯乙酸、氯乙酸、氢化苄、二磷酸甲脂、热法磷酸、保温棉、枸杞酒等十个高新技术产品，其中利用液体发酵酿酒新工艺生产的枸杞酒，1994年4月在全国专利技术博览会上荣获食品行业金奖。这些产品大部分已进入美国、日本、菲律宾、香港等国家和地区。1995年，开发区出口创汇总额达到1 580万美元。

凭优生优育抢步。在项目选择上，我们力戒来者不拒的作法。变“饥不择食”为择优筛选，优生优育。中外合资湖北宏利化工有限公司开发的左旋苯基甘氨酸项目，就是从十多个外资项目中精心挑选出来的。该项目已被国家科委列为国家级星火计划项目，总投资2 500万元，其中外资1 000万元人民币，这种产品将改变人体注射青霉素先做皮试的历史。产品投放市场后，不仅迅速抢占了国内医药化工的制高点，而且成为开发区出口创汇的主导产品。一期工程(年产200吨)已建成投产，年创产值2 800万元，实现利税360万元。项目全部建成后，可形成年产值1亿元，利税1 200万元的规模。

全方位的开放开发促进了区域经济结构的优化，开发区的区位优势，资源优势逐步转化为经济优势。1995年，开发区完成工业产值54 680万元、比上年增长38%，完成销售收入36 847万元、比上年增长48%，实现利税5 438万元、比上年增长53%，完成财政收入1 406万元、比上年增长24%。胡集开发区这块充满希望的投资热土正焕发出勃勃生机，已成为全市重要的经济增长点。我们热忱欢迎国内外客商来开发区投资兴业。

地址：钟祥市胡集襄沙大道97号
电话：(07268)　848400
邮编：431911

创业的理想园地　生财的最佳场所
——大冶市城北经济技术开发区

大冶城北经济技术开发区管委会书记　周化民
大冶城北经济技术开发区管委会主任　冯声家

早在三千年前，我们的祖先就在一个位于长江中下游南岸、江湖其表、山川苍络、遍长满铜花草的地方，掘井采矿、竖炉炼铜。从此，黄巢筑炉、岳飞铸剑、朱元璋置铁冶所、张之洞创汉冶萍，几千年炉火不熄。这块开创了人类古矿冶先河，写下了人类灿烂青铜文化史的宝地，就是湖北省大冶市。

大冶市以矿产资源丰富而闻名于世，素有“百里黄金地，无处不是宝”之美称，是全国重要的原材料工业和重工业基地。这里铁矿石储量达34 650万吨，是全国十一个重点铁矿石生产基地之一，铜矿石和粗铜产量居全国六大铜基地行列，黄金、白银均在全国占有重要位置；现已探明的金属矿还有锰、钨、钴、钼、铅、锌等10余种；非金属矿有硫、煤、石灰石、硅灰石、大理石、花岗石、石墨、石英石、富碱玻璃矿等36种，其中，硅灰石储量位居世界第二。大冶人民依靠资源的合理开发和利用，使资源优势变为经济优势，经济得到迅猛发展。全市已形成了年产矿石100万吨(不含中央、省矿山企业矿石产量)、煤100万吨、水泥100万吨的生产规模；是全国首批实现农村电气化市(县)之一，全国著名的“万两黄金市”。几千年炉火不灭的古矿冶之乡正在发展成为长江流域的新型工业城市。

大冶市城北经济技术开发区正位于这座古老而又具有多功能城市的北边。这里具有优越的区位优势，交通十分便利，已经形成了公路、铁路、航运三大运输网络。铁路有：武(汉)大(冶)线南起开发区的南端边缘，与京广线接轨；大(冶)沙(九江沙河)铁路东起大冶，南通江西南昌，成为连接华中、华东的大动脉，在开发区可直抵上海、福州等地。“黄金水道”长江上的黄石5 000吨级外贸码头距开发区仅15公里。公路有：北京至福州的106国道，武南公路、武泉公路贯穿开发区，把大冶城北开发区与赣、豫、湘、皖四省紧连在一起；武(汉)黄(石)一级公路及其延伸线将开发区与武汉国际机场的路程缩短到90公里。除了不可多得的交通优势外，开发区的万门程控电话已与宁汉渝光缆联网运行，开通了国际长途电话、自动漫游移动电话、无线寻呼以及分组交换、电子信箱、电视会议电话，构成了光缆、微波、无线、程控等多种现代通讯手段兼备、四通八达的通讯网络。

大冶城北开发区经过几年的建设，宾馆、学校、幼儿园、医院、娱乐场等一批重点配套设施已投入使用；起步区的供排水、电、讯、路、土地平整等“四通一平”已基本完成；区内的11万伏输变电站正在施工之中；各种金融机构和服务设施正在配套建设，一个创业者大展鸿图，投资者生利发财的理想环境已基本形成。

大冶城北开发区从建区之日起，就本着“互利互惠、共同开发”的原则，制订了系列优惠政策，对来开发区投资兴办实业者，在土地使用、税收等方面给予最大的优惠。在提高办事效率，简化办事程序方面，采取“一栋楼办公，一个窗口对外，一次性收费，一支笔审批，一条龙服务”的方式，服务投资者。

大冶城北开发区主要依托老城，建设新区，造城兴市，发展科技。整个开发区分为：行政文化生活区，交通金融商服区，教育卫生科技信息区，食品仓储加工区，机械轻工纺织区，医药电子工业区等六大功能区。通过坚持靠优惠政策启动，出让土地起步，基础设施先行，招商引资带活，发展商贸和兴办产业致富，边建设边招商，招商促开发，使开发区产业开发方兴未艾，一个以食品开发、科研、加工为主体，以机电、轻纺等系列开发为辅助的产业结构正逐步形成。

目前，我国正将改革开放和发展的重点转移到长江流域，并正在实施以浦东为龙头的长江开放开发战略，加之三峡工程的正式上马，为处在长江流域的大冶城北经济技术开发区提供了千载难逢的发展机遇。为抓住这一历史性机遇，大冶城北开发区将进一步解决思想，扩大对外开放，在开发区范围内，创造性地、灵活地运用各项政策，坚持发展就是硬道理，大胆地闯、大胆地试，到本世纪末，使之发展成为大冶市对外开放的窗口、深化改革的试验田、外向型经济的基地、高新技术的示范区和新的经济增长点；使之发展成为一个功能布局合理、基础设施齐全、环境质量较优、综合效益显著、能容纳6—8万城市人口的现代化新城区。

古城溢金波，新区展鸿图。大冶市城北经济技术开发区热忱欢迎海内外各界朋友前来观光、投资。理想的创业园地，最佳的生财场所定能使您大有作为，一展雄才。

地址：湖北省大冶市城北经济技术开发区
电传：(0714)　715437
电话：(0714)　715437　902226
邮编：435100

十堰市柳陂开发区概况

十堰柳陂开发区管委会书记　任新龙
十堰柳陂开发区管委会主任　陈　军

一、地理位置：

柳陂开发区地处十堰市北部20公里处，北与号称“亚洲第一”的郧阳汉江公路大桥相连。地跨东经110°41′—110°48′，北纬32°42′—32°51′，南北长30余公里，东西宽10余公里，总面积91.6平方公里(137 300亩)；其中耕地25 054亩，山林49 469亩，荒山1 157亩，水面35 443亩(可控开发优质水面9 200亩)，道路、村庄、河流占26 117亩。

二、政区划分

柳陂开发区现有柳陂、中社、黄坪、罗公、沙洲五个管理区，二十八个村民委员会，一百六十六个村民小组，共计38 000余人；其中非农业人口3 400余人。

开发区管理委员会下辖钢铁、机械、建筑、农业等不同行业、各种经济类型企业50余个，从业人员4 259人。

开发区管委会所在的埡子居委会已发展成为拥有五千余人的中心集镇。

三、自然气候条件

柳陂开发区地处低山丘陵地带，最高点大尖山海拔726.6米，最低点丹江库区淹没线157米，地势由西南向东北倾斜，既有地平坡缓、水土条件较好的平川，也有层峦叠嶂的博大山场，还有适宜养殖和旅游渡假的广阔水面。气候温和，生态平衡，年平均气温在16℃左右，冬季平均气温在3℃左右，夏季平均气温在28℃左右，无霜期为250天，年降雨量为800毫米。解放后，特别是近二十年来，柳陂人民大兴水利。区内现有大型水库四座，加上汉江流经辖区20余华里，水资源极为丰富，不仅为当地农业生产提供了坚实的保障，也为在辖区内办企业者解决了后顾之忧。

四、资源条件

(一)*矿产资源*。据考古，柳陂曾是汉江故道，如今的柳陂是历经数千年冲积演变而来，地质构造复杂，矿产资源丰富。目前已探明有多种矿产，其中以金矿和钛矿最为丰富，现已发现砂金矿10余处，主要分布在汉江沿岸及集镇周围，总储量15吨以上，占全县储量的四分之一，已开发的秦家沟金矿年产黄金在38 000—45 000克之间。已探明钛矿两处，C、D级储量为1.972万吨，其中C级储量为0.972万吨，平均品位Tio：32.54—2 865.4克/立方米。另外，柳陂还有大量石灰石、硅砂、型砂等大量建筑、铸造材料正开发运用。

(二)*土地资源*。柳陂素有鄂西北小平原之称，十万亩总面积，五万亩平川。柳陂原有耕地四万余亩，丹江一期工程完工后淹没了柳陂一万余亩良田，现有耕地25 000余亩，加上消落地、开荒地实有耕地三万余亩，川、岗地占全部耕地的80%，土层深厚、结构松散、质地适中、光照充足、能排能灌、旱涝保收，多为两熟和三熟制，亩产粮食一般在800公斤以上，十堰市7 000亩蔬菜基地多为三熟四熟制。

柳陂现有林地49 469亩，森林覆盖率为36.34%，其中用材林29 627亩、经济林16 361亩、薪炭林2 324亩。全区木材总积蓄量为62 148立方米，森林树种80余种，经济林以柑桔、柿子、桃子为主，用材林以松杉、柏杨为主。柳陂以"万亩松杉、万亩桔、万亩瓜菜、万亩鱼、万亩粮田、万亩草"之称享誉鄂西北。

（三）*水电资源*。水利是国民经济命脉，丰富的水电资源为辖区经济建设提供了可靠的物质保障。境内江河横贯，塘库，渠堰密布，挖断岗，白鹤铺、罗中水库、南湖、北湖、围堤总库容1亿多立方米，不仅可确保工农业用水，还可提供9 200亩。稳定纯洁的水面供养殖和旅游开发。1987年投资开发以来，已累计创产值1 000余万元。1995年仅南湖就产鲜鱼300余吨。

随着开发区内企业的增多，柳陂的电力需求日益增大，1995年用电量2 000万度，现有的35千伏线路已难满足区内多种工业生产需求，现正着手架设11万伏线路，以满足开发区建设所需。

（四）*旅游资源*。柳陂开发区北与郧县县城一桥相连，南与车城十堰接壤，远望汉江如一条蜿蜒的玉带缠绕着柳陂开阔的原野。区内有号称"亚洲第一，世界第二"的地锚式、铁索斜拉郧阳汉江公路大桥，有鄂西北唯一的林业、旅游两用机场，有鄂西北唯一的天然湖"柳陂湖"，有总面积6 500亩、既可养殖又能供旅游开发的南湖，有距今7 000万—1亿年、震惊世界考古界的青龙山恐龙蛋化石群，有保存完整距今上千年的古堡杨土寨，有罗公庙、老军庙、石佛寺、白玉庙、玉帝庙、神仙洞、六宝山、天马崖等多处景点，每一景点不仅有一段美丽传说，并有实物供考证。人们游武当、逛车城、看大桥之余可乘兴来柳陂旅游区江边垂钓、湖内荡舟、山上围猎、园里采果，尽情享受鄂西北大山里的江南美景。区内山光水色，绿树红楼，人面桃花，煞是迷人的自然景观俯仰皆是。

五、经济现状

党的十一届三中全会以来，特别是柳陂成立开发区以来，经济建设成绩显著，工、农、商、交各业齐头并进，改革不断深入。依托市场，服务城市的城郊经济正逐步壮大，财政税收稳步增长，人民生活水平逐步提高。

近年来，柳陂不仅加强对农业的管理与投入，还注重区内企业的发展。采取各种政策，利用区内得天独厚的自然优势和人文优势，招商引资，努力实现以工补农、以工保农、工农共荣。在区内50余家企业中年产值在100万元以上的就有22家，6家企业与东风汽车集团联姻，1995年辖区实现产值3.1亿元。

柳陂对农业的管理思路是在不放松粮食生产的同时狠抓以瓜菜、水果为主的多种经营生产，推广科学种田，典型引路，现有各类瓜果、蔬菜基地2.4万亩，其中柑桔1.1万亩，年产柑桔5 000余吨，西、香瓜3 000余亩，产量3 000余吨。为满足车城和郧县县城人民生活需要，已建成高标准蔬菜基地5 000余亩，年产鲜菜四万余吨。

区内农民利用紧邻十堰的优势发展畜牧业和养殖业。每年向车城提供牲猪15 000余头，鲜蛋200余吨，鲜鱼600余吨。柳陂已成为十堰、郧县两大城镇居民副食品供应的重要基地。

柳陂开发区在抓经济建设的同时还不放松生活服务、社会教育等配套设施建设。区内现有初中2所，小学28所，校舍全部实现楼房化，已实现省提出的"一无两有"和"八配套目标"，教学质量名列全县前茅。

区内现有文化活动中心一所，电影院一所，录像、电影放映点多处，卫星电视接收系统6处， 闭路电视用户3 000余个。辖区卫生服务体系逐步完善，现有32个医疗单位、医务人员127人、病床46张，拥有医疗设备104台（套），已具有外科手术、防疫保健、医疗抢救等多种功能。

六、整体规划

柳陂开发区已进入一个大引进、大开发、大发展、大开放时期，区内人民思想统一、条块统一、相互协调已成气候。柳陂的人文环境极适应工业、商业、旅游等方面人士前来开发，我们将在不违背国家政策前提下，加大改革开放力度，拓宽开放领域，创造小气候，适应大环境，抓住机遇，实现柳陂资源的深度开发，拓宽流通领域，优化产业结构，实现速度、效益、后劲的有机结合。

1、发挥地理优势和209国道优势，扩建十里商贸服务一条街。

2、深度开发南湖旅游资源，加大南湖资金投入，使十堰人吃、逛、钓、玩有理想去处。

3、狠抓工业企业发展，使之与国有大中型企业联姻，扩大规模创名牌、创效益。

4、大力发展以砖、砂、石、板为主的建筑建材工业，满足百公里汽车走廊建设需要。

5、柳陂本着广招天下客，诚引天下才的思想，热忱欢迎国内外有识之士来柳陂开发兴办实体，欢迎各行业专家学者来柳陂考察工作。所有来柳陂工作的人员，开发区管委会将努力帮助解决后顾之忧，来去自由。对兴办实体者我们将在税收、土地等方面给予最大限度优惠。我们相信，只要开发区内人民有诚心，各类有识之士一定会来柳陂这块宝地开发，为繁荣柳陂增添光彩。

电话：(07291)　475111

欢迎您到金松开发区来

松滋金松开发区工委书记、管委会主任
松滋金松开发总公司总经理、高级经济师　王序爽

湖北省松滋市金松经济技术开发区是鄂中南第一个省管经济技术开发区，东邻荆沙、西靠宜昌，南连武陵，北枕襄樊，是鄂中南、湘北、江汉平原的结合部，又是长江中游地区工业走廊的重要部位和通道，也是长江通往“八百里洞庭”的黄金水道。长江顺流而下，焦柳铁路纵贯其间，等级公路四通八达，自然资源十分丰富。

随着三峡工程上马，荆沙长江大桥的新建及焦柳铁路襄樊至石门段复线建设工程的动工，松滋火车站经铁道部批准，投资数千万元，增铺轨道、扩建站台、新建货场、提升等级，为松滋经济发展提供了历史性机遇。市委、市政府为了抓住机遇，建立新的经济支撑点，决心以火车站建设为龙头，以国家重点工程为依托，以社会大市场为舞台，将开发区建设成为具有现代风范的新型城区，使之成为焦柳铁路线上的明星重镇，相当范围内的物资集散中心、集市贸易中心、旅游服务中心；形成松滋市的新城区、新支点、新格局；焦柳铁路在荆沙市与长江联袂的经济通道、交通通道、旅游通道。开发区占地面积2.7平方公里，区内设置招商区、工业区、仓储区等各种经济小区以及森林公园区、自然狩猎区、别墅区等，是投资经营的极好区域。境内外有识之士纷纷看好开发区。

1995年湖北省委书记贾志杰、省长蒋祝平、荆沙市委书记卢孝云、市长张道桓先后到开发区视察，并给予了很高评价。

目前基础设施建设取得了突破性的进展，新型城市框架基本形成，投资环境十分优越；产业建设发展态势很好，区内工业门类齐全，基本形成了化工、纺织、轻工、建材、医药等一批骨干企业；城市综合功能全面启动。市政府还根据国家关于开放开发的一系列优惠政策增定了若干具体意见，为开发投资者创造了舒适、宽松的投资环境。金松开发区将以自己的独特优势，积极引进资金、技术和人才，发展高新技术产业和外向型经济，努力把开发区建设成为拥有优良的结构，现代的企业，公园式的环境，全新运行机制的新型开发区。

金松开发区将以优质、高效的服务，竭诚欢迎海内外各界人士来开发区独资、合资兴办实业，以求共同发展，共同繁荣。

地址：湖北省松滋市金松经济技术开发区
电话：(07266)　221113
邮编：434200

江汉平原的一方投资热土

荆沙市玉桥经济/高新技术开发区管委会书记
荆沙市玉桥经济/高新技术开发区管委会主任　王泽洪

荆沙市玉桥经济技术开发区是1992年8月被省政府批准的省级开发区，1994年11月经省政府批准，在该区内又设立了玉桥高新技术产业开发区，享受湖北省人民政府关于省级高新技术产业开发区的各项优惠政策。

荆沙市为湖北省省辖市，位于湖北省中南部，在长江中游武汉与宜昌之间。荆沙市玉桥经济技术开发区(高新技术产业开发区)位于荆沙市城区东端，距市中心5公里，辖区面积37平方公里，首期开发面积6.54平方公里，人口1.5万人。开发区内有220KV周家岭变电站，可升降波音737客机的民航二级机场，荆沙地方铁路货运站，日供水能力25万吨的水厂和正在兴建的长江外运码头。区内配设煤气厂、排污站、邮电分局、客运中心。区内已经建成的城市主干道有江津东路、三湾路、豉湖路、北京路东段和沙市至岑河、沙市至洪湖的过境公路。宜昌—荆沙—黄石一级公路的荆沙市段入口处正处在开发区内。区内交通、通讯、供水、供电、供气等设施齐全。

荆沙市玉桥开发区的总体构想是：积极引进高新技术企业、调整和优化产业结构，重点发展化工、电子、轻纺等产业，走“高科技、外向型、大规模、集团化”的发展道路。

荆沙市玉桥经济技术开发区(高新技术产业开发区)管理委员会是荆沙市人民政府的派出机构，代表政府在开发区行使规划、土地、工商、劳动人事、财政、项目审批、外事管理等经济和行政管理权限，实行“一站式”

办公，为前来投资的中外客商提供便捷、周到、可靠的“一条龙”服务”。

地址：湖北省荆沙市玉桥小区B区17号楼
电话：(0716)　318840
传真：(0716)　318234
邮编：434000

鼓实劲　办实事　求实效
努力起好“九五”计划的第一步

中共温泉开发区工委书记
温泉开发区管委会主任　胡嗣祥

一、一九九五年的工作情况

1995年温泉开发区在省体改委、省开发区管理办公室、地委、行署的直接领导和地直有关部门的大力支持下，经济建设和社会事业在困难中仍保持了较高的发展速度。工农业总产值6.95亿元，增长40.1%。接待游客32.5万人次，收入1 653万元；农村人平纯收入达到1 899元，增加466元；人口自然增长率控制在9.45‰以内，比上年下降2.34个千分点。温泉街道办事处被评为全省社会经济综合实力十强街道办事处和全地区综合实力十强乡镇。

1、招商领域有了新的拓宽。1995年新批各类项目48个，计划投资总额23 836万元。当年已实现基础设施建设投入资金5 824万元，产业总投入16 540万元。

2、旅游开发有了新的突破。我们充分利用咸宁、温泉境内独具特色的楠竹、桂花、溶洞、地热水和社会文化资源，集中力量开发建设月亮湾万景园游乐城、星星竹海风景区和桂花旅游区。经过一年的奋力拼搏，三大景区和旅游企业建设取得突破性进展。

3、乡镇企业有了新的增长。全年完成总产值4.3亿元，比上年增长63%。

4、私营经济有了新的飞跃。1995年，开发区个体私营经济从业人员达5 034人，产值营业额达1.66亿元，分别增长95%、66%。

5、扭亏增盈有了新的起色。商贸9家企业上缴税收124.2万元，比上年增加49万元，增长65.1%。

6、理顺关系有了新的进展。目前财税体制已与咸宁市划断，建立了开发区的一级财政，与地直主要职能部门的关系基本理顺。

7、市政建设有了新的提高。一是基础设施建设加大投入。二是市政管理加强力度。三是创建宣传加大声势。

8、社会事业有了新的进步。一是计划生育得到巩固。二是科教文卫得到发展。三是土地管理得到加强。四是社会保障得到完善。

目前开发区的经济发展还存在比较突出的问题。一是经济发展速度不快。二是招商引资渠道不宽。

二、一九九六年的工作思路、目标

(一)指导思想

以邓小平特色理论和党的十四届五中全会精神为指导，以经济建设为中心，以实行两个根本转变为目标，以创建中等城市为契机，以改革开放为动力，加快开发、狠抓引进、争上项目、加强管理、提高效益，大力发展旅游业、工业，突破性发展乡镇企业、个体私营经济，加强“菜篮子”工程建设，控制物价涨幅，促进开发区经济持续、快速、健康发展和社会全面进步，为第九个五年计划的顺利实施创造良好的开端。

(二)奋斗目标

工农业总产值计划目标9.6亿元，增长38%；财政收入计划增长20%，工作目标增长25%；乡镇企业产值计划67 263万元，增长55%；农民人均纯收入2 299元，增加400元；人口计划生育率计划目标96%，提高1个百分点；接待游客45万人次，收入2 150万元；零售物价涨幅控制在12%以内。

(三)发展思路

“一个目标”：把温泉建设成经济发达、市场繁荣、环境优美的新兴中等城市。

“两个转变”：一是经济体制从传统的计划经济体制向社会主义市场经济体制转变；二是经济增长方式从粗放型向集约型转变。

“三大机遇”：一是省里正式把温泉开发区列为旅游开发区，地委把温泉作为全地区四大旅游区的龙头加以发展。二是地区把以温泉为基础的“创建中等市”作为“九五”发展重点。三是省十运会将在温泉举行。

“四大优势”：一是区位优势。温泉位于武汉、岳阳、九江的“金三角”地带，易受大城市幅射；二是交通优势。温泉交通四通八达，有107国道，京广铁路、潘家湾码头，并靠近大城市；三是资源优势。温泉是鄂南的政治经济文化中心，既具有丰富的自然资源，又具有各方面的人才资源；四是政策优势。温泉是省级开发区，享受国家和省地的有关优惠政策。

"五个结合":开发与管理相结合,发展旅游大项目与工业大项目相结合,引进内资项目与引进外资项目相结合,改造老企业与创办新企业相结合,改造老城区与建设新城区相结合。

"六个力度":加大改革开放、招商引资、综合治理、组织建设、廉政建设、检查督办的力度。

"七个突破":在树立形象上突破,在抓大放小上突破,在乡镇企业上突破,在私营经济上突破,在科技投入上突破,在盘活资金上突破,在市政管理上突破。

"八大指标":国内生产总值、工农业总产值、财政收入、乡镇企业产值、农民人均纯收入、接待游客人次、人口自然增长率、物价指数。

三、一九九六年工作重点

(一)全方位招商,在引进项目,树立形象上突破

(二)深化企业改革,在乡镇企业发展上突破

(三)营造宽松环境,在个体私营经济上突破

(四)加强财源建设,在财政增实力、群众增收入上突破

(五)综合治理,在创建文明卫生城市上突破

(六)执行三大国策,在经济和社会协调发展上突破

(七)加大科技投入,在科技与经济的结合上突破

(八)狠抓落实,在转变工作作风上突破

地址:湖北省咸宁市温泉十六潭路1号
电话:(0715) 252486 255746
传真:(0715) 255829

黄州科技经济开发区简介

黄州科技经济开发区党组书记
黄州科技经济开发区管委会主任 王礼端

黄州科技经济开发区创办于1990年6月,1992年6月经湖北省政府批准为省级开发区。开发区规划开发面积为16.05平方公里,内设10个功能区,即港区、工业区、科技园区、金融区、商业区、风景游乐区、高效农业区、私营经济投资区、居民区、行政服务区。1995年,开发区与创办之前相比,工业企业由原来的12家增加到62家,社会总产值由原来的2 700万元增加到10亿元,工业产值由2 300万元增加到8亿元,利税由214万元增加到8 500万元,都是创办之前的十几倍、二十几倍。开发区现有注册登记的"三资"企业28家,协议资金4.2亿元,其中外资占51.7%。已建成的三资企业,普遍效益较高,投资得到了较好的回报。

黄州开发区紧靠长江黄金水道,具有优越的区位优势。距京九大动脉仅有17公里,距武汉国际航空港78公里,距已经动工的沪蓉高速公路60公里,交通十分便利。开发区位于黄冈市城区一侧,可以充分利用城市优势,聚集资金、人才、技术、信息。开发区内日趋完善的基础设施,为投资者提供了良好条件。10.25公里的主干道全线贯通,与之垂直的6条支干道正在完善;22万伏和11万伏输变电站已投入使用,供排水设施基本配套,程控电话直通世界各地。可停靠5 000吨船舶、年吞吐量100万吨的综合码头一期工程已投入使用;各金融机构和服务设施正在配套建设;宾馆、学校、幼儿园、医院、购物中心和娱乐场所等一批重点配套设施营运正常。

黄州开发区从建区之日起,就按照使外商"有利可图、互惠互利"的原则,制定了一系列的优惠政策。在国家税制改革以后,仍然坚持了税收"两免三减"的优惠政策。同时,对有关费用也实行减免。建设用地实行统一征用、统一平整、统一规划、统一出让;对来开发区投资办企业实行联合办公,集中审批,"一站式"服务,一次性办完各项手续;对来开发区参与建设的、有突出贡献者给予重奖;坚持依法治区,社会秩序良好,能够有效地保证投资者的合法权益。

黄州开发区以产业开发为重点,坚持项目起步,效益开发,滚动发展,边建设边招商,以招商促开发。经过五年努力,已经形成铝业、机电、森工、石材、医药化工、轻纺六大产业重点和系列开发的特点。目前,围绕铝系列开发,在已经形成1.5万吨电解铝生产能力的基础上,与外商合资建设的投资4 800万元的铝型材项目已经投产,投资3 000万元的铝合金水管项目正在兴建,年内可以竣工投产,还正在与外商谈判合资建设投资800万美元的铝塑复合装饰板项目和投资1.6亿元的铝板带材项目;围绕机电产品开发,已经形成的有与台湾合资年产20万台摩托车发动机、10万台微型盘式电机、20万台电话机生产线,与台商合资兴建的投资160万美元的摩托车启动电机项目即将投产,还有准备与外商共同投资超亿元的摩托车整车项目;围绕森工产品系列开发,已经形成的有与外商合资的拼木地板项目、细木工板项目,准备与外商合资建设的有投资2亿元的水泥刨花板项目;围绕石材产品系列开发, 已经形成的有供出口的年产2 000套墓碑、墓前灯等和园林建筑材料项目,以及10万平方米板材项目,正在与外商新建和扩建一批石材

开发项目；围绕医药化工产品系列开发，已经建成的有饲用级金霉素、盐酸金霉素项目、高浓度亚磷酸三乙脂项目，准备与外商合资建设的有叶绿素酮纳盐、香豆素、水杨醛、对苯二酚等项目；围绕轻纺系列开发，已经建成的有电动玩具、仿瓷餐具、不锈钢茶具、丝绸服装、塑料薄膜等项目，还有正在与外商合资建设的投资 1 300 万美元的双向拉伸膜项目和新型墨精项目等。此外，投资近 9 000 万元的第三自来水厂项目，投资近亿元的精炼油项目，投资 5 000 万元的万亩高效农业小区项目，投资 6 000 万元的集装箱码头项目，投资 10 亿元的鄂黄大桥项目等，也都在与外商洽谈，有的已达成合作意向。“九五”期间，围绕现有产业优势，重点建设铝业、森工、机电、医药化工四大产业支柱，在领导、资金、政策上实行倾斜，形成黄冈龙头经济的龙头。

黄冈地改市后，黄州科技经济开发区正朝着高起点、多功能、现代化的新城区迈进，新的开发热潮正在兴起。1996 年的目标是：在上年的基础上，实现社会总产值、工业总产值、利税、出口创汇“四个翻一番”；新办一批投资 5 000 万元以上的工业项目及“三资”企业；完成 10 项基础设施建设项目；铝业、森工、机电、医药化工四大产业支柱进一步扩大规模；新老城区实现全面对接；城区功能比较完善；争取申报国家级开发区。随着地改市、京九铁路的贯通、鄂黄长江大桥的修建和 240 万千瓦火力发电厂的建设，黄州开发区将面临着千载难逢的发展机遇，在黄冈龙头经济中的地位更为明显。到本世纪末，将发展成为“三高”(高起点、高科技、高效益)“三外”(外资、外经、外贸)的重要基地。一座现代化的新城区将屹立在长江之滨。

地址：黄冈市新港大道 1 号
电话：(0713)　357340　381048
传真：(0713)　358989
邮编：436100

统　计　资　料

综　　合　1

资料整理人员：夏席珍　陶　红　刘艳丽

1—1 土地面积与行政区划

项目	单位	1990年	1991年	1992年	1993年	1994年	1995年
全省人口	万人	5 439.29	5 512.33	5 579.85	5 653.48	5 718.81	5 772.07
土地面积	万平方公里	18.59	18.59	18.59	18.59	18.59	18.59
耕地面积	千公顷	3 476.77	3 458.46	3 421.57	3 392.74	3 375.60	3 358.01
行政区划							
省辖市	个	8	8	8	9	9	10
地区	个	6	6	5	4	2	1
自治州	个	1	1	1	1	1	1
林区	个	1	1	1	1	1	1
县级市	个	22	22	23	22	22	24
# 省辖行政单位	个					4	4
县	个	48	48	47	47	46	43
乡政府	个	1 121	1 120	1 091	1 069	1 060	1 040
镇政府	个	844	845	848	848	853	861
村民委员会	个	32 765	32 790	32 740	32 848	32 804	32 802
村民小组	个	260 847	261 355	261 122	261 354	261 026	260 641

1—2 地、市、州行政区划

(1995年底)

单位:个

地区	县级市	县	乡政府	镇政府	村民委员会	村民小组
合计	**24**	**43**	**1 040**	**861**	**32 802**	**260 641**
武汉市		2	35	65	2 067	18 604
黄石市	1		13	16	507	4 711
十堰市	1	5	95	53	3 102	18 542
荆沙市	4	3	36	121	3 922	31 112
宜昌市	2	7	64	65	3 191	22 890
襄樊市	3	4	37	99	3 014	19 669
鄂州市			12	14	315	4 053
荆门市			11	18	608	4 735
孝感市	3	4	35	85	3 533	28 248
黄冈市	2	7	95	92	4 292	39 356
咸宁地区	2	5	65	76	2 286	18 359
恩施自治州	2	6	511	82	3 065	28 919
随州市	1		6	24	973	6 673
仙桃市	1		6	19	688	4 783
天门市	1		6	18	787	6 797
潜江市	1		1	11	332	2 672
神农架林区			12	3	120	518

1—3 国民经济主要指标

指　　　标	单位	1978年	1980年	1985年	1990年	1994年	1995年
一、人　　口							
年末总人口数	万人	4 574.91	4 684.45	4 980.19	5 439.29	5 718.81	5 772.07
二、从业人员	**万人**	**1 910.37**	**1 986.94**	**2 238.12**	**2 478.83**	**2 561.80**	**2 593.84**
#职工人数	万人	457.34	504.32	615.50	698.55	737.33	742.38
三、工农业总产值	**亿元**	**251.67**	**322.97**	**659.54**	**1 410.43**	**3 811.56**	**5 091.12**
四、国内生产总值	**亿元**	**151.00**	**199.38**	**396.26**	**824.38**	**1 878.65**	**2 391.42**
五、农业生产							
1. 农业总产值	亿元	84.46	94.95	192.32	402.23	786.84	988.53
2. 主要农产品产量							
粮　　食	万吨	1 725.65	1 536.45	2 216.13	2 475.03	2 422.10	2 463.84
棉　　花	万吨	36.67	31.63	49.22	51.73	45.00	58.60
油　　料	万吨	23.71	20.58	72.98	95.75	137.77	189.44
麻　　类	万吨	1.74	4.13	31.35	12.27	6.75	8.14
烟　　叶	万吨	5.37	2.28	9.70	10.74	10.78	11.11
茶　　叶	万吨	1.74	1.73	2.27	2.84	3.59	3.90
水　　果	万吨	10.27	11.39	21.73	26.89	68.41	114.70
肉　　类	万吨		55.40	101.63	146.83	234.79	279.40
水 产 品	万吨	11.00	13.57	37.49	70.98	129.41	150.91
六、工业生产							
1. 工业总产值	亿元	167.21	228.02	467.22	1 008.19	3 024.72	4 102.59
轻 工 业	亿元	78.71	110.14	216.47	476.75	1 360.78	2 059.11
重 工 业	亿元	88.50	117.88	250.75	513.44	1 663.94	2 043.48
2. 主要工业产品产量							
布	亿米	6.70	10.62	11.29	14.09	21.74	23.24
机制纸及纸板	万吨	11.00	16.34	34.61	43.03	56.07	97.53
缝 纫 机	万架	8.88	28.59	17.01	11.21	4.39	1.05
自 行 车	万辆	13.12	31.32	115.17	125.41	126.00	79.94
手　　表	万只	10.40	35.03	90.02	100.67	74.00	73.52
家用电冰箱	万台		0.04	7.33	2.75	1.19	
家用洗衣机	万台		1.31	35.55	28.03	20.54	20.90
电 视 机	万台	0.95	4.36	34.16	41.10	25.00	10.80
照 像 机	万架	…	0.33	2.85	0.30	0.50	0.40

注:本表价值指标均按当年价格计算。

1—3 续表1

指　　　　标	单位	1978年	1980年	1985年	1990年	1994年	1995年
原　　煤	万吨	644.01	383.52	885.98	924.26	1 150	1 546.96
原　　油	万吨	105.70	104.13	102.41	83.04	87.00	85.03
发 电 量	亿千瓦小时	91.64	131.00	220.54	340.39	426.41	452.74
钢	万吨	307.97	363.74	515.15	629.25	721.73	711.57
成品钢材	万吨	184.63	246.96	437.51	533.07	652.35	661.34
汽　　车	万辆	0.80	3.90	8.95	11.38	17.97	15.52
水　　泥	万吨	328.65	427.78	736.03	987.00	1 522.00	1 838.25
3. 国有经济独立核算工业企业主要财务指标							
年末固定资产原价	亿元	149.66	204.63	325.35	548.72	1 063.31	1 382.74
资金总额	亿元	159.40	216.57	323.04	570.44	1 439.24	1 627.77
固定资产净值年平均余额	亿元	111.27	157.06	234.81	375.33	616.43	724.28
流动资产年平均余额	亿元	48.13	59.51	88.23	195.11	822.81	903.49
利润和税金总额	亿元	25.41	36.41	70.03	79.79	132.37	109.80
七、运输邮电							
1. 货物周转量	亿吨公里	281.09	326.85	507.57	670.53	743.21	776.44
铁　　路	亿吨公里	191.72	206.14	320.37	415.17	505.57	544.40
公　　路	亿吨公里	9.22	9.85	16.59	14.72	10.23	9.62
水　　运	亿吨公里	80.15	110.85	169.94	235.04	222.32	222.20
空　　运	亿吨公里	0.004	0.010	0.021	0.006	0.17	0.21
2. 旅客周转量	亿人公里	69.38	95.88	185.25	225.85	283.98	285.29
铁　　路	亿人公里	30.72	41.79	84.00	82.83	121.91	129.47
公　　路	亿人公里	24.85	36.20	81.33	112.83	121.40	117.76
水　　运	亿人公里	13.64	17.52	19.40	29.28	28.71	22.71
民　　航	亿人公里	0.17	0.37	0.52	0.91	11.96	15.35
3. 邮电业务总量	亿元	0.56	0.81	1.20	4.80	19.91	29.80
函　　件	亿件	1.18	1.38	1.92	2.39	3.68	4.13
报刊期发数	万份	3 001.0	873.3	1 357.2	1 397.8	980.45	1 007.69
八、国有经济固定资产投资							
固定资产投资总额	亿元	33.19	34.18	61.67	100.35	401.16	518.76
# 基本建设投资总额	亿元	31.15	29.44	40.73	56.78	249.53	333.05

注：流动资金平均余额1990年以前为定额流动资金平均余额。固定资产净值年平均余额1991年以前为固定资产净值年末数。

1—3 续表2

指标	单位	1978年	1980年	1985年	1990年	1994年	1995年
新增固定资产	亿元	18.19	33.84	43.16	80.76	238.04	322.2
固定资产交付使用率	%	57.8	99.0	70.0	80.5	59.3	62.1
九、国内商业							
社会消费品零售总额	亿元	59.84	81.91	181.07	326.36	723.75	931.80
十、对外贸易							
进出口总额	万美元	17 333	26 669	68 943	118 969	284 844	369 941
出口额	万美元	15 901	25 109	52 985	107 180	209 714	232 999
进口额	万美元	1 432	1 560	15 958	11 789	75 130	136 942
十一、财政							
财政收入	亿元	31.37	34.01	50.26	77.85	77.46	99.69
财政支出	亿元	29.98	26.53	43.60	84.82	137.20	162.43
十二、物价指数(上年=100)							
全省零售物价总指数	%	100.5	104.6	107.5	102.9	124.6	116.6
城市居民消费价格总指数	%	100.3	106.8	110.3	103.1	127.0	115.1
农产品收购价格总指数	%	102.8	105.8	104.5	99.1	147.2	115.7
十三、职工工资							
职工工资总额	亿元	25.80	35.22	61.67	131.24	295.62	345.63
职工年平均货币工资	元	579	719	1 049	1 903	4 050	4 685
十四、教育文化							
高等学校数	所	53	57	61	63	61	57
高等学校在校学生数	万人	4.94	6.53	11.11	13.04	17.01	18.27
中等专业学校在校学生数	万人	5.36	6.63	8.28	14.58	23.66	29.93
普通中学在校学生数	万人	372.38	319.55	244.43	211.56	236.89	247.59
小学在校学生数	万人	765.73	755.85	672.05	623.06	646.16	674.16
报刊出版数量	万份	19 706	31 290	72 016	62 382	63 517	72 159
杂志出版数量	万册	926	989	8 278	7 346	9 256	11 389
图书出版数量	万册	16 200	16 998	24 239	40 252	33 000	35 207
十五、卫生							
医院病床数	万张	10.34	11.22	11.52	13.16	13.40	13.08
卫生技术人员	万人	14.06	15.59	18.48	20.92	22.84	23.20
#医生	万人	5.82	6.32	7.27	8.68	9.38	9.58

注:1994年开始,全国实行分税制财政体制,收入口径有所变化。

1—4 国民经济主要指标发展速度

指标	1995年为下列各年(%)					平均每年增长(%)		
	1978年	1980年	1985年	1990年	1994年	1979—1995年	1986—1995年	1991—1995年
一、人口								
年末总人口数	126.2	123.2	115.9	106.1	100.9	1.4	1.5	1.2
二、从业人员	**135.8**	**130.5**	**115.9**	**104.6**	**101.3**	**1.8**	**1.5**	**0.9**
#职工人数	162.3	147.2	120.6	106.3	100.7	2.9	1.9	1.2
三、工农业总产值	**838.3**	**674.4**	**361.8**	**236.9**	**123.9**	**13.3**	**13.7**	**18.8**
四、国内生产总值	**542.5**	**441.1**	**248.5**	**183.6**	**114.6**	**10.5**	**9.5**	**12.9**
五、农业生产								
1. 农业总产值	259.9	267.1	164.8	141.9	114.1	5.8	5.1	7.3
2. 主要农产品产量								
粮食	142.8	160.4	111.2	99.5	101.7	2.1	1.1	−0.1
棉花	159.8	185.3	119.1	113.3	130.2	2.8	1.8	2.5
油料	799.0	920.5	259.6	197.8	137.5	13.0	10.0	14.6
麻类	467.8	197.1	26.0	66.3	120.6	9.5	−12.6	−7.9
烟叶	206.9	487.3	114.5	103.4	103.1	4.4	1.4	0.7
茶叶	224.1	225.4	171.8	137.3	108.6	4.9	5.6	6.5
水果	1 116.8	1 007.0	527.8	426.6	167.7	15.3	18.1	33.7
肉类		504.3	274.9	190.3	119.0		10.6	13.7
水产品	1 371.9	1 112.1	402.5	212.6	116.6	16.7	14.9	16.3
六、工业生产								
1. 工业总产值	1 221.3	892.1	452.0	272.8	126.0	15.9	16.3	22.2
轻工业	1 393.5	986.3	495.1	293.3	135.4	16.8	17.3	24.0
重工业	1 083.1	814.3	416.7	255.4	117.6	15.0	15.3	20.6
2. 主要工业产品产量								
布	346.9	218.8	205.8	164.9	106.9	7.6	7.5	10.5
机制纸及纸板	886.6	596.9	281.8	226.7	173.9	13.7	10.9	17.8
缝纫机	11.8	3.7	6.2	9.4	23.9	−11.8	−24.3	−37.7
自行车	609.3	255.2	69.4	63.7	63.4	11.2	−3.6	−8.6
手表	706.9	209.9	81.7	73.0	99.4	12.2	−2.0	−6.1
家用电冰箱								
家用洗衣机		1 595.4	58.8	74.6	101.8		−5.2	−5.7
电视机	1 143.2	279.1	31.8	26.4	43.4	15.4	−10.8	−23.4
照像机		121.2	14.0	133.3	80.0		−17.8	5.9

注:本表价值指标速度均按可比价格计算。

1—4 续表1

指标	1995年为下列各年(%)					平均每年增长(%)		
	1978年	1980年	1985年	1990年	1994年	1979—1995年	1986—1995年	1991—1995年
原煤	240.2	403.4	174.6	167.4	134.5	5.3	5.7	10.9
原油	80.4	81.7	83.0	102.4	97.7	—1.3	—1.8	0.5
发电量	494.0	345.6	205.3	133.0	106.2	9.9	7.5	5.9
钢	231.1	195.6	138.1	113.1	98.6	5.0	3.3	2.5
成品钢材	358.2	267.8	151.2	124.1	101.4	7.8	4.2	4.4
汽车	1 940.0	397.9	173.4	136.4	86.4	19.1	5.7	6.4
水泥	559.3	429.7	249.8	186.2	120.8	10.7	9.6	13.2
3. 国有经济独立核算工业企业主要财务指标								
年末固定资产原价	923.9	675.7	425.0	252.0	130.0	14.0	15.6	20.3
资金总额	1 021.2	751.2	503.9	285.4	113.1	14.6	17.6	23.3
固定资产净值年平均余额	650.9	461.1	308.5	193.0	117.5	11.6	11.9	14.1
流动资产年平均余额	1 877.2	1 518.2	1 024.0	463.1	109.8	18.8	26.2	35.9
利润和税金总额	432.1	301.6	156.8	137.6	80.9	9.0	4.6	6.6
七、运输邮电								
1. 货物周转量	276.2	237.6	153.0	115.8	104.5	6.2	4.3	3.0
铁路	284.0	264.1	169.9	131.1	107.7	6.3	5.4	5.6
公路	104.3	97.7	58.0	65.4	94.0	0.2	—5.3	—8.2
水运	277.2	200.5	130.8	94.5	99.9	6.2	2.7	—1.1
空运	5 250.0	2 100.0	1 000.0	3 500.0	123.5	26.2	25.9	103.6
2. 旅客周转量	411.2	297.5	154.0	126.3	100.5	8.7	4.4	4.8
铁路	421.5	309.8	154.1	156.3	106.2	8.8	4.4	9.3
公路	473.9	325.3	144.8	104.4	97.0	9.6	3.8	0.9
水运	166.5	129.6	117.1	77.6	79.1	3.0	1.6	—5.0
民航	9 029.4	4 148.6	2 951.9	1 686.8	128.3	30.3	40.3	76.0
3. 邮电业务总量	5 354.0	3 665.5	2 482.0	621.4	149.7	26.4	37.9	44.1
函件	350.0	299.3	215.1	172.8	112.2	7.6	8.0	11.6
报刊期发数	33.6	115.4	74.2	72.1	102.8	—6.2	—2.9	—6.3
八、国有经济固定资产投资								
固定资产投资总额	1 563.0	1 517.7	841.2	517.0	129.3	31.9	15.7	39.0
# 基本建设投资总额	1 069.2	1 131.3	817.7	586.6	133.5	28.1	14.7	42.8

注:流动资金平均余额1990年以前为定额流动资金平均余额。固定资产净值年平均余额1991年以前为固定资产净值年末数。

1—4 续表 2

指标	1995年为下列各年(%)					平均每年增长(%)		
	1978年	1980年	1985年	1990年	1994年	1979—1995年	1986—1995年	1991—1995年
新增固定资产	1 771.3	952.1	746.5	399.0	135.4	33.2	13.9	29.8
九、国内商业								
社会消费品零售总额	1 557.2	1 137.6	514.6	285.5	128.7	17.5	17.8	23.3
十、对外贸易								
进出口总额	2 134.3	1 387.2	536.6	311.0	129.9	19.7	18.3	25.5
出口额	1 465.3	928.0	439.7	217.4	111.1	17.1	16.0	16.8
进口额	9 563.0	8 778.3	858.1	1 161.6	182.3	30.8	24.0	63.3
十一、财政								
财政收入					128.7			
财政支出	541.8	612.3	372.5	191.5	118.4	10.5	14.1	13.9
十二、物价指数								
零售物价总指数	365.7	344.7	300.7	186.4	116.6	7.9	11.6	13.3
职工生活费用价格总指数	439.2	400.9	337.1	212.6	120.1	9.1	12.9	16.3
农产品收购价格总指数	514.9	393.7	311.8	191.3	115.7	10.1	12.0	13.9
十三、职工工资								
职工工资总额	1 339.7	981.3	560.5	263.4	116.9	16.5	18.8	21.4
职工年平均货币工资	809.2	651.6	446.6	246.2	115.7	13.1	16.1	19.7
十四、教育文化								
高等学校数	107.5	100.0	93.4	90.5	93.4	0.4	—0.7	—2.0
高等学校在校学生数	369.8	279.8	164.4	140.1	107.4	8.0	5.1	7.0
中等专业学校在校学生数	558.4	451.4	361.5	205.3	126.5	10.6	13.7	15.5
普通中学在校学生数	66.5	77.5	101.3	117.0	104.5	—2.4	0.1	3.2
小学在校学生数	88.1	89.2	100.3	108.3	104.4	—0.7	0.03	1.6
报刊出版数量	366.2	230.6	100.2	115.7	113.6	7.9	0.02	3.0
杂志出版数量	1 229.9	1 151.6	137.6	155.0	123.0	15.9	3.2	9.2
图书出版数量	217.3	207.1	145.2	87.5	106.7	4.7	3.8	—2.6
十五、卫生								
医院病床数	156.5	116.6	113.5	99.4	97.6	2.7	1.3	—0.1
卫生技术人员	165.0	148.8	125.5	110.9	101.6	3.0	2.3	2.1
# 医生	164.6	151.6	131.8	110.4	102.1	3.0	2.8	2.0

1—5 国民经济主要比例关系

单位：%

指　　　　　标	1985年	1990年	1991年	1992年	1993年	1994年	1995年
一、工农业总产值中农轻重比例							
农　　业	29.2	28.5	26.3	24.1	20.1	20.6	19.4
轻 工 业	32.8	33.8	34.5	33.4	30.9	35.7	40.5
重 工 业	38.0	37.7	39.2	42.5	49.0	43.6	40.1
二、工业总产值中轻重工业比例							
轻 工 业	46.3	47.3	46.8	44.1	38.7	45.0	50.2
重 工 业	53.7	52.7	53.2	55.9	61.3	55.0	49.8
三、农业总产值中农林牧副渔比例							
农　　业	67.4	62.9	61.0	61.0	60.3	61.2	61.9
林　　业	4.2	3.5	4.2	4.0	4.5	3.4	2.9
牧　　业	20.3	24.4	25.2	25.3	26.7	27.9	27.1
渔　　业	4.3	5.9	6.2	6.3	8.5	7.5	8.1
四、国有固定资产投资中生产性与非生产性比例							
生产性投资	62.3	74.8	74.1	73.9	70.7	75.0	75.6
非生产性投资	37.7	25.2	25.9	26.1	29.3	25.0	24.4
五、国有固定资产投资中农轻重投资比例							
农　　业	3.5	4.1	3.5	3.2	0.9	1.3	1.6
轻 工 业	12.6	10.6	10.0	11.2	8.8	5.0	4.9
重 工 业	45.3	47.1	45.1	46.4	43.1	50.4	52.2
六、国有固定资产投资中能源交通投资比例							
能源工业	16.9	18.1	15.5	16.6	18.5	28.0	28.1
交通邮电业	7.0	14.5	14.6	13.3	19.9	17.6	15.7
七、基建拨款占财政支出的比例	**10.0**	**6.6**	**5.8**	**6.5**	**5.8**	**4.7**	**3.9**
八、文教卫科学事业费占财政支出的比例	**26.8**	**24.0**	**22.2**	**26.8**	**27.7**	**31.6**	**29.5**

注：本表价值量指标均按当年价格计算（下表同）。

1—6 按经济类型分的国民经济主要比例关系

单位:%

指 标	1985年	1990年	1991年	1992年	1993年	1994年	1995年
全社会劳动者人数比例							
国有经济单位	20.4	21.1	21.5	22.0	21.8	22.0	21.9
城镇集体经济单位	7.1	7.0	6.9	6.8	6.4	5.7	5.3
其他经济类型单位	…	…	0.1	0.2	0.7	1.1	1.4
城镇私营和个体从业人员	1.0	1.1	1.0	1.2	1.7	3.5	5.4
乡村劳动力	71.5	70.7	70.5	69.8	68.6	67.0	65.4
全社会固定资产投资额比例							
国有经济单位	59.9	69.5	70.8	76.0	72.0	67.6	62.8
集体经济单位	17.0	10.8	11.6	9.3	8.0	7.6	8.8
其他经济单位					9.5	15.3	12.1
城乡个人	23.1	19.7	17.6	14.7	10.5	9.5	16.3
农业经济纯收入分配比例							
国家税金	4.6	5.4	5.6	6.5	6.9	7.2	7.6
集体提留	7.1	7.8	8.3	9.6	8.5	7.8	9.4
个人所得	88.3	86.8	86.1	83.9	84.6	85.0	83.0
工业总产值比例							
国有经济单位	68.8	62.3	63.2	62.6	57.4	44.4	38.1
集体经济单位	28.7	32.6	31.4	30.6	30.8	35.8	37.0
城乡个体	2.2	4.4	4.3	4.8	7.2	12.6	15.0
其他经济类型单位	0.3	0.7	1.1	2.0	4.6	7.2	9.9
社会消费品零售总额比例							
国有经济					36.1	29.3	27.9
集体经济					20.5	18.7	17.8
私营经济					0.7	1.4	3.2
个体经济					19.0	27.5	30.0
联营经济					0.2	0.1	0.1
股份制经济					7.4	7.4	7.2
外商、港澳台投资经济					0.3	0.3	0.3
其他经济					15.8	15.3	13.5

1—7 主要指标人均水平

指　　　　　标	单　位	1985年	1990年	1991年	1992年	1993年	1994年	1995年
一、国内生产总值(当年价格)	**元**	**808**	**1 556**	**1 689**	**1 986**	**2 565**	**3 341**	**4 162**
二、工农业总产值(当年价格)	**元**	**1 345.03**	**2 661.83**	**2 848.44**	**3 301.10**	**4 491.09**	**6 738.05**	**8 861.15**
农业总产值	元	392.21	759.11	748.85	794.53	902.67	1 390.97	1 720.55
工业总产值	元	952.83	1 902.72	2 099.78	2 506.57	3 588.42	5 347.08	7 140.60
三、财政收入	**元**	**102.50**	**146.92**	**175.76**	**171.78**	**205.83**	**136.93**	**173.51**
四、主要农产品产量								
粮　　食	公斤	451.95	467.10	414.79	442.79	416.01	430.70	428.83
棉　　花	公斤	10.04	9.76	9.08	11.13	7.60	7.96	10.20
油　　料	公斤	14.88	18.07	19.65	18.20	19.99	24.35	32.97
麻　　类	公斤	6.39	2.32	1.26	1.26	1.57	1.19	1.42
烟　　叶	公斤	1.98	2.03	2.68	3.13	2.65	1.91	1.93
茶　　叶	公斤	0.46	0.54	0.55	0.56	0.61	0.63	0.68
水　　果	公斤	4.43	5.07	8.59	6.17	10.09	12.09	19.96
肉类总产量	公斤	20.73	27.71	29.28	31.93	35.27	41.75	48.63
水产品	公斤	7.65	13.40	12.90	14.89	18.12	22.88	26.27
五、主要工业产品产量								
布	米	23.02	26.59	26.10	27.66	24.24	38.43	40.45
自行车	辆	0.02	0.02	0.03	0.04	0.03	0.02	0.01
家用电冰箱	台	0.001	0.001	0.001	0.0004	…	0.0002	…
电视机	台	0.007	0.008	0.005	0.004	…	0.004	0.002
原　　煤	公斤	180.68	174.43	149.80	161.46	176.52	203.30	269.30
发电量	千瓦小时	449.76	639.62	645.98	670.04	720.75	753.80	788.00
成品钢材	公斤	89.22	100.60	99.13	108.50	117.84	115.32	115.10

注:1994年因全国实行分税制财政体制,财政收入口径有所变化,故人平财政收入也有所变化(下表同)。

1—8 平均每天创造的财富

指标	单位	1985年	1990年	1991年	1992年	1993年	1994年	1995年
国内生产总值	万元	10 856	22 586	25 024	29 819	39 024	51 470	65 518
工农业总产值	万元	18 070	38 642	4 221	49 564	68 315	104 426	139 483
农业总产值	万元	5 269	11 020	11 097	11 929	13 731	21 557	27 083
工业总产值	万元	12 801	27 622	31 124	37 635	54 584	82 869	112 400
地方财政收入	万元	1 377	2 133	2 605	2 579	3 153	2 122	2 731
交通部门铁路货运量	万吨	10.02	10.69	10.84	11.01	11.04	10.86	10.92
交通部门公路货运量	万吨	10.55	8.06	8.22	7.75	7.49	7.30	7.12
港口吞吐量	万吨	18.08	18.22	21.09	21.78	8.40	8.28	9.28
全社会竣工房屋建筑面积	万平方米	18.90	11.42	11.54	12.66	11.10	13.47	15.35
主要工业产品产量								
钢	吨	14 114	17 240	16 955	18 611	19 715	19 773	19 495
成品钢材	吨	11 987	14 605	14 694	16 291	18 048	17 873	18 119
水泥	吨	20 165	27 041	30 762	34 607	37 362	41 699	50 363
原油	吨	2 806	2 275	2 010	2 096	2 219	2 384	2 330
原盐	吨	2 167	3 902	4 078	4 286	4 654	4 576	4 853
原煤	吨	24 273	25 322	22 204	24 242	27 037	31 507	42 382
发电量	万千瓦小时	6 042	9 326	9 575	10 060	11 039	11 682	12 404
汽车	辆	245	312	355	414	527	492	425
电视机	台	936	1 126	749	619	559	685	296
自行车	辆	3 155	3 436	4 591	5 325	4 701	3 452	2 190
手表	只	2 466	2 758	2 599	2 781	2 178	2 027	2 014
布	万米	309	386	387	415	371	596	637
主要农产品产量								
粮食	吨	60 716	67 808	61 482	66 482	63 718	66 359	67 502
棉花	吨	1 348	1 417	1 345	1 671	1 164	1 233	1 605
油料	吨	1 999	2 623	2 912	2 733	3 061	3 775	5 190
肉类	吨	2 784	4 023	4 340	4 794	5 403	6 433	7 655
鲜蛋	吨	1 098	1 421	1 519	1 734	1 917	2 165	2 409
蔬菜	吨		26 746	26 905	29 114	33 609	39 385	45 572
水果	吨	595	737	1 273	926	1 545	1 874	3 142
水产品	吨	1 027	1 945	1 908	2 236	2 775	3 545	4 135

注:本表价值指标均按当年价格计算。

1—9 国内生产总值和构成

（按当年价格计算）

年份	国内生产总值（亿元）	第一产业	第二产业	第三产业	构成（%）	第一产业	第二产业	第三产业	人平国内生产总值（元）
1978	151.00	61.11	63.71	26.18	100	40.5	42.2	17.3	332
1979	188.46	85.15	73.03	30.28	100	45.2	38.7	16.1	409
1980	199.38	71.22	91.67	36.49	100	35.7	46.0	18.3	428
1981	219.75	87.00	92.85	39.90	100	39.5	42.3	18.2	466
1982	241.55	101.73	94.97	44.85	100	42.1	39.3	18.6	506
1983	262.58	105.40	106.50	50.68	100	40.1	40.6	19.3	549
1984	328.22	126.36	136.50	65.36	100	38.5	41.6	19.9	676
1985	396.26	144.44	174.35	77.47	100	36.5	44.0	19.5	808
1986	442.04	163.61	187.96	90.47	100	37.0	42.5	20.5	891
1987	517.77	183.99	224.53	109.25	100	35.5	43.4	21.1	1 031
1988	626.52	214.66	271.25	140.61	100	34.3	43.3	22.4	1 228
1989	717.08	239.07	300.46	177.55	100	33.3	41.9	24.8	1 383
1990	824.38	289.45	313.39	221.54	100	35.1	38.0	26.9	1 556
1991	913.38	279.30	359.86	274.22	100	30.6	39.4	30.0	1 689
1992	1 088.39	303.00	444.61	340.78	100	27.8	40.9	31.3	1 986
1993	1 424.38	346.39	627.69	450.30	100	24.3	44.1	31.6	2 565
1994	1 878.65	501.44	812.56	564.65	100	26.7	43.2	30.1	3 341
1995	2 391.42	619.77	1 029.85	741.80	100	25.9	43.1	31.0	4 162

注：此表系第三产业普查口径调整的数字（下表同）。

1—10 国内生产总值指数

单位：%

年份	（上年＝100）总指数	第一产业	第二产业	第三产业	（1978年＝100）总指数	第一产业	第二产业	第三产业
1978	113.5	103.4	128.4	107.4	100	100	100	100
1979	115.6	118.9	113.1	114.4	115.6	118.9	113.1	114.4
1980	106.4	86.9	123.5	111.0	123.0	103.3	139.7	127.0
1981	106.5	113.3	101.5	104.9	131.1	117.1	141.8	133.2
1982	112.1	115.7	104.7	121.6	146.7	135.5	148.4	161.9
1983	105.8	99.6	109.9	111.5	155.4	135.0	163.2	180.5
1984	120.9	114.4	125.0	125.2	187.9	154.4	204.0	225.9
1985	116.2	108.3	124.7	112.4	218.3	167.2	254.3	254.0
1986	105.5	103.3	105.2	110.2	230.4	172.6	267.6	279.8
1987	108.4	103.1	111.3	110.7	249.8	178.0	298.0	309.8
1988	107.8	94.9	113.7	114.3	269.3	168.9	338.7	354.0
1989	104.5	105.2	102.1	109.3	281.4	177.6	346.0	386.7
1990	105.0	107.5	99.0	114.8	295.5	190.6	342.5	443.8
1991	106.6	95.1	111.1	115.4	315.1	181.5	380.6	512.2
1992	114.1	108.2	116.6	116.9	359.5	196.3	443.9	598.9
1993	114.3	105.8	119.6	115.3	410.8	207.6	530.8	690.5
1994	115.2	107.1	122.1	112.6	473.4	222.3	648.2	777.2
1995	114.6	108.9	118.9	112.7	542.5	242.1	770.5	875.6

1—11 分项目、分行业国内生产总值

单位:亿元

项　　　　　目	1985 年	1990 年	1991 年	1992 年	1993 年	1994 年	1995 年
一、增加值的项目构成	**396.26**	**824.38**	**913.38**	**1 088.39**	**1 424.38**	**1 878.65**	**2 391.42**
劳动者报酬	223.45	498.23	543.76	551.05	708.66	948.39	1 291.82
固定资产折旧	29.26	97.92	122.35	152.36	137.74	170.66	283.65
生产税净额	26.51	84.45	101.14	130.54	169.60	239.07	325.76
营业盈余	117.04	143.78	146.13	254.44	408.38	520.53	490.19
二、分行业的国内生产总值	**396.26**	**824.38**	**913.38**	**1 088.39**	**1 424.38**	**1 878.65**	**2 391.42**
第一产业	144.44	289.45	279.30	303.00	346.39	501.44	619.77
农　　业	144.44	289.45	279.30	303.00	346.39	501.44	619.77
第二产业	174.35	313.39	359.86	444.61	627.69	812.56	1 029.85
工　　业	152.88	284.15	327.50	402.59	564.54	733.25	925.75
建 筑 业	21.47	29.24	32.36	42.02	63.15	79.31	104.10
第三产业	77.47	221.54	274.22	340.78	450.30	564.65	741.80
农林牧渔服务业	0.23	0.97	1.54	1.87	2.29	2.92	3.28
地质勘探水利业	0.36	1.78	1.94	2.53	3.12	3.58	4.14
运输仓储和邮电业	14.77	37.25	47.37	56.53	68.85	87.46	114.92
批发零售贸易餐饮业	30.16	69.35	86.66	112.25	149.98	175.32	239.16
金融、保险业	10.71	33.77	40.30	48.07	63.42	86.68	107.01
房地产业	4.61	11.38	13.61	17.22	25.23	36.69	40.15
社会服务业	3.09	10.26	14.02	18.95	35.26	39.33	55.49
卫生、体育和社会福利事业	2.95	9.41	11.68	14.52	18.55	23.44	30.67
教育文艺广播电视事业	5.16	16.58	19.17	22.65	24.66	34.50	48.23
科学研究和综合技术服务业	0.97	4.63	5.86	7.40	9.09	10.09	15.68
党政机关和社会团体	4.34	25.16	29.93	36.24	46.81	61.59	79.02
其　　他	0.12	1.00	2.14	2.54	3.04	3.05	4.05

注:本表按当年价格计算。

1—12 三次产业增长速度比较

年份	国民生产总值平均每年增长%	第一产业	第二产业	第三产业	一、二、三产业增长速度之比（以第一产业为1）
1952	13.8	9.6	27.4	18.5	1∶2.85∶1.93
1957	7.4	6.4	15.3	2.6	1∶2.39∶0.41
1965	18.1	11.5	32.5	14.9	1∶2.83∶1.30
1970	26.9	12.2	61.2	11.3	1∶5.02∶0.93
1975	11.4	−5.5	39.0	16.0	
1978	13.5	3.4	28.4	7.4	1∶8.35∶2.18
1980	6.4	−13.1	23.5	11.0	
1985	16.2	8.3	24.7	12.4	1∶2.98∶1.49
1986	5.5	3.3	5.2	10.2	1∶1.58∶3.09
1987	8.4	3.1	11.3	10.7	1∶3.65∶3.45
1988	7.8	−5.1	13.7	14.3	
1989	4.5	5.2	2.1	9.3	1∶0.40∶1.79
1990	5.0	7.5	−1.0	14.8	
1991	6.6	−4.9	11.1	15.4	
1992	14.1	8.2	16.6	16.9	1∶2.02∶2.06
1993	14.3	5.8	19.6	15.3	1∶3.38∶2.64
1994	15.2	7.1	22.1	12.6	1∶3.11∶1.77
1995	14.6	8.9	18.9	12.7	1∶2.12∶1.43

1—13 第三产业构成

单位：%

项目	1978年	1980年	1985年	1990年	1991年	1992年	1993年	1994年	1995年
合计	**100**	**100**	**100**	**100**	**100**	**100**	**100**	**100**	**100**
农、林、牧、渔服务业	0.4	0.4	0.3	0.4	0.6	0.5	0.5	0.5	0.4
地质勘探水利业	0.6	0.6	0.5	0.8	0.7	0.7	0.7	0.6	0.6
运输仓储和邮电业	16.4	13.3	19.1	16.8	17.3	16.6	15.3	15.5	15.5
批发零售贸易餐饮业	37.0	38.6	38.9	31.3	31.6	32.9	33.3	31.0	32.2
金融、保险业	17.3	15.1	13.8	15.2	14.7	14.1	14.1	15.4	14.4
房地产业	5.4	7.8	6.0	5.1	5.0	5.1	5.6	6.5	5.4
社会服务业	5.4	5.9	4.0	4.6	5.1	5.6	7.8	7.0	7.5
卫生、体育和社会福利事业	2.5	2.3	3.8	4.3	4.3	4.3	4.1	4.1	4.1
教育文艺广播电视事业	7.6	7.2	6.7	7.5	7.0	6.7	5.5	6.1	6.5
科学研究和综合技术服务业	1.6	1.5	1.1	2.1	2.0	2.2	2.0	6.1	2.1
党政机关和社会团体	5.5	7.1	5.6	11.4	10.9	10.6	10.4	10.9	10.7
其他	0.3	0.3	0.2	0.5	0.8	0.7	0.7	0.6	0.6

1—14 总投资及总消费

单位:亿元

项目	1994年	1995年	项目	1994年	1995年
总投资	**746.91**	**987.03**	固定资产形成	66.43	99.33
固定资产形成	571.68	778.25	库存增加	38.84	52.05
库存增加	175.23	208.78	4. 城乡居民个人固定资产投资	56.62	99.90
1. 国有单位	521.56	661.18	城镇居民	15.08	41.23
固定资产形成	415.71	545.37	农村居民	41.54	58.67
库存增加	105.85	115.81	**总消费**	**1 058.13**	**1 333.82**
2. 集体单位	63.46	74.57	一、居民消费	858.77	1 122.60
固定资产形成	32.92	33.65	1. 农业居民	445.95	564.83
库存增加	30.54	40.92	2. 非农业居民	412.82	557.77
3. 其他单位	105.27	151.38	二、社会消费	199.36	211.22

注:本表按当年价格计算。

1—15 总消费和总投资指数

(按可比价格计算,1978年=100)

年份	总消费			总投资		
		居民消费	社会消费		固定资产形成	库存增加
1978	100	100	100	100	100	100
1979	120.7	115.1	180.0	107.8	91.4	151.6
1980	124.0	117.7	191.3	81.0	91.0	54.1
1981	141.1	134.7	209.8	95.1	82.9	127.8
1982	163.8	156.7	239.2	128.3	122.7	143.5
1983	183.1	172.6	293.9	137.1	142.7	122.3
1984	213.4	197.2	385.4	188.6	187.0	192.8
1985	235.0	219.1	404.1	239.3	225.9	275.4
1986	273.6	254.0	481.9	239.9	222.6	286.4
1987	286.6	264.1	529.9	255.4	261.9	237.9
1988	301.2	269.9	633.8	281.4	265.4	324.0
1989	309.1	279.9	618.6	267.7	231.2	365.5
1990	320.4	291.8	625.1	305.4	247.4	461.0
1991	341.9	305.4	722.2	316.3	282.7	414.1
1992	372.2	325.2	853.1	364.3	344.8	431.1
1993	399.0	343.2	964.9	441.2	444.2	458.9
1994	446.5	388.7	1 036.8	558.3	589.2	515.8
1995	491.6	434.7	1 080.2	673.8	710.4	624.4

1—16 全省行政、事业服务业全额单位财务状况

(1995年)

单位:万元

行业	经费实际支出	预算外支出	专用基金支出	专项资金支出	年末固定资产原值
合计	**1 022 850.0**	**330 344.0**	**40 440.8**	**76 467.5**	**2 705 827.3**
卫生	39 030.0	3 380.4	3 162.8	1 222.5	45 698.6
体育	3 945.1	369.9	17.7	450.1	7 824.3
社会福利保障业	7 400.7	1 447.0	319.5	451.3	17 900.4
教育	397 053.8	188 033.6	14 558.2	25 771.3	1 290 587.9
文化艺术业	8 105.3	2 295.0	327.0	1 150.6	26 429.8
广播电影电视业	14 451.0	8 950.9	1 349.2	508.0	37 198.3
科学研究业	26 303.9	3 838.3	4 575.6	2 108.4	82 751.8
综合技术服务业	10 236.0	1 832.5	730.2	1 168.7	23 970.6
国家机关	463 953.2	115 859.5	14 085.3	41 096.3	1 038 081.6
政党机关	44 768.2	3 662.8	1 072.8	1 948.6	126 407.7
社会团体	7 602.8	674.1	242.5	591.2	8 976.2

1—17 差额、自收自支事业单位财务状况

(1995年底)

单位:亿元

行业	上年结余(收益)结转本年数	本年收入合计	业务(事业)收入	本年支出合计	业务(事业)支出	本年拨入的差额补助费	业务(事业)收支结余	专用基金支出	专项资金支出	年末固定资产原值
合计	**2.65**	**86.86**	**58.85**	**82.20**	**68.23**	**5.59**	**12.90**	**8.60**	**2.30**	**95.80**
居民服务业	0.07	1.06	0.73	0.82	0.69	0.03	0.35	0.11	0.01	0.78
卫生	−1.58	41.54	32.26	40.94	36.98	2.99	2.01	5.79	0.71	37.39
体育	(16.7)	(967.1)	0.07	0.12	0.11	0.02	(37.1)	(2.5)	(14.5)	1.69
社会福利保障业	0.18	0.83	0.63	0.77	0.70	0.04	0.27	0.03	(84.5)	1.12
教育	0.30	0.46	2.52	4.61	3.51	0.34	0.58	0.12	0.18	7.25
文化艺术业	1.57	4.43	2.00	4.06	2.13	0.35	2.29	0.08	0.03	5.92
广播电影电视业	0.03	2.03	1.35	1.99	1.68	0.05	0.12	0.11	0.03	3.63
科学研究业	2.05	9.74	6.75	7.76	5.49	0.36	4.39	1.27	0.20	7.78
综合技术服务业	0.20	4.03	2.71	4.23	3.60	0.20	0.20	0.60	0.07	6.12
# 差额单位	0.40	64.79	45.95	62.04	53.17	5.22	8.38	7.52	1.77	69.52

注:括号内数字为万元。

1—18 服务企业和企业化管理的事业单位

（1995年）

单位：万元

按经济类型行业分	资本金合计	流动资产合计	固定资产合计	资产总计	流动负债合计	长期负债合计	主营业务收入
合计	**271 404.1**	**284 236.8**	**364 908.4**	**725 510.5**	**329 148.3**	**154 592.9**	**261 957.1**
事业单位	35 162.4	44 412.8	45 754.0	97 258.7	49 739.5	14 267.4	33 987.4
一、按经济类型分							
国有经济	201 310.3	204 155.4	267 837.0	535 761.1	240 587.9	103 571.1	194 603.8
城镇集体经济	19 482.0	24 377.8	20 855.8	49 785.8	18 430.4	8 326.1	23 023.7
其他经济	50 611.8	55 703.6	76 214.7	166 963.6	70 130.0	42 695.7	44 329.6
二、按国民经济行业分							
居民服务业	7 449.6	10 772.3	8 290.2	20 974.8	9 923.4	2 551.8	11 416.0
卫生	2 499.2	2 288.9	2 958.5	5 377.6	2 209.9	1 913.3	4 840.0
体育							
社会福利保障业	1 290.2	1 226.3	929.3	2 221.6	1 346.7	252.2	1 885.4
教育	911.6	1 031.6	2 497.0	3 534.2	1 161.1	1 704.7	503.5
文化艺术业	1 448.9	9 809.7	5 863.1	19 069.4	8 996.8	1 906.2	11 286.4
广播电影电视业	6 242.9	4 742.6	11 070.1	17 178.3	5 060.8	1 815.0	5 622.9
科学研究业	758.5	252.1	1 213.1	1 579.3	477.3	21.5	486.5
综合技术服务业	23 711.6	56 394.0	49 557.0	121 959.6	60 212.1	36 196.3	31 884.3

按经济类型行业分	营业成本	主营业务利润	利润总额	应交所得税	应付利润	本年应付工资	本年应付福利费
合计	**154 368.0**	**37 897.4**	**−7 795.0**	**2 561.1**	**3 918.2**	**46 334.6**	**11 476.3**
事业单位	18 603.6	6 808.3	2 978.1	986.9	783.2	4 318.4	711.7
一、按经济类型分							
国有经济	129 398.7	18 930.0	−10 136.0	1 317.1	1 503.2	37 605.8	10 232.3
城镇集体经济	12 602.3	3 542.1	570.3	105.4	72.1	3 460.5	579.9
其他经济	12 367.0	15 425.3	1 770.5	1 138.6	2 342.9	5 268.3	664.1
二、按国民经济行业分							
居民服务业	6 839.7	1 438.0	438.5	50.2	0.8	2 058.4	338.4
卫生	3 816.5	115.5	−165.6		2.3	600.5	86.0
体育							
社会福利保障业	1 225.2	135.1	105.6		1.2	100.8	12.6
教育	439.4	35.7	−793.2			449.5	61.3
文化艺术业	6 089.6	1 736.6	2 239.2	816.2	25.0	664.6	113.8
广播电影电视业	2 349.8	1 202.4	258.9	52.2	228.8	1 121.1	286.6
科学研究业	502.1	−129.3	128.5			201.3	88.6
综合技术服务业	23 696.0	5 304.2	2 455.7	226.0	27.6	2 217.8	325.4

1—19 工农业总产值

年份	工农业总产值（亿元）	农业	工业		占工农业总产值比重（%）		
			轻工业	重工业	农业	轻工业	重工业
1978	251.67	84.46	167.21	78.71	88.50	33.6	31.3	35.1
1979	310.67	109.85	200.82	93.45	107.37	35.3	30.1	34.6
1980	322.97	94.95	228.02	110.14	117.88	29.4	34.1	36.5
1981	361.40	111.68	249.72	131.13	118.59	30.9	36.3	32.8
1982	400.43	128.35	272.08	137.66	134.42	32.0	34.4	33.6
1983	453.30	134.09	319.21	157.33	161.88	29.6	34.7	35.7
1984	541.13	169.20	371.93	182.57	189.36	31.3	33.7	35.0
1985	659.54	192.32	467.22	216.47	250.75	29.2	32.8	38.0
1986	757.38	219.10	538.28	256.06	282.22	28.9	33.8	37.3
1987	908.87	249.68	659.19	315.49	343.70	27.5	34.7	37.8
1988	1 132.35	297.51	834.84	405.13	429.71	26.3	35.8	37.9
1989	1 311.97	335.04	976.93	463.35	513.58	25.5	35.3	39.2
1990	1 410.43	402.23	1 008.19	476.75	531.44	28.5	33.8	37.7
1991	1 541.06	405.04	1 136.02	531.26	604.76	26.3	34.5	39.2
1992	1 809.08	435.42	1 373.66	605.11	768.55	24.1	33.4	42.5
1993	2 493.48	501.17	1 992.31	770.20	1 222.11	20.1	30.9	49.0
1994	3 811.56	786.84	3 024.72	1 360.78	1 663.94	20.6	35.7	43.6
1995	5 091.12	988.53	4 102.59	2 059.11	2 043.48	19.4	40.5	40.1

注：本表按当年价格计算。

1—20 工农业总产值指数

（1978年=100）

单位：%

年份	工农业总产值	农业总产值	工业总产值		
				轻工业总产值	重工业总产值
1979	115.1	109.6	117.7	116.6	118.6
1980	124.3	97.3	136.9	141.3	133.0
1981	137.0	108.2	150.4	168.9	134.1
1982	153.2	122.6	167.4	181.5	154.8
1983	169.3	122.7	192.9	205.1	181.7
1984	200.4	148.4	226.4	238.6	215.5
1985	231.7	157.7	270.2	281.5	259.9
1986	252.5	163.1	299.6	321.2	280.7
1987	283.6	167.5	346.0	371.3	324.3
1988	323.6	162.9	412.1	444.1	384.2
1989	344.1	171.0	439.7	466.8	416.1
1990	353.8	183.1	447.7	475.2	424.0
1991	376.5	181.7	488.4	521.7	460.5
1992	428.6	194.4	567.5	591.6	547.1
1993	522.1	207.5	718.5	721.2	715.6
1994	676.7	227.8	969.2	1 029.2	921.0
1995	838.3	259.9	1 221.2	1 393.5	1 083.1

主要统计指标解释

【总产出】 是一定时期内生产的所有货物和服务的价值。他是货物和服务的全部价值，包括转移价值和新增价值两部分，即等于中间投入与增加值之和。

【中间投入】 是常住单位在生产或提供货物与服务过程中消耗和使用的所有非固定资产货物和服务价值。中间投入也称为中间消耗，分为物质产品投入和非物质性服务投入。

【国内生产总值和净值】 国内生产总值是按市场价格计算的国内生产总值的简称，他是我国所有常住单位中一定时期内生产活动的最终成果。国内生产总值有三种表现形态，即价值形态、收入形态和产品形态。从价值形态看，他是所有常住单位在一定时期内所生产的全部货物和服务价值超过同期投入的全部非固定资产货物和服务价值的差额，即所有常住单位的增加值之和；从收入形态看，他是所有常住单位在一定时期内所创造并分配给我们常住单位和非常住单位的初次分配收入之和，即固定资产折旧、劳动者报酬、生产税净额和营业盈余之和；从产品形态看，他是最终使用的货物和服务减去进口货物和服务，等于总消费、总投资与净出口之和。在核算中，国内生产总值的三种表现为三种计算方法，即生产法、收入法和支出法。三种方法分别从不同的侧面反映国内生产总值及其构成。所谓常住单位是指一经济单位在我国的经济领土上具有经济利益中心，则称之为我国的常住经济单位。经济利益中心则是指一经济单位在我国经济领土范围内具有一定的场所，如住房、厂房或其它建筑物，从事一定规模的经济活动并超过一定时期(一般以一年为操作准则)，则说该经济单位在我国具有经济利益中心。

国内生产净值是按市场价格计算的国内生产净值的简称，他等于国内生产总值减去所有常住单位的固定资产折旧。

【国民生产总值和净值】 国民生产总值的按市场价格计算的国民生产总值的简称。他是我国所有常住单位在一定时期内收入初次分配的最终成果。他等于国内生产总值加上来自国外的劳动者报酬和财政收入，减去支付给国外的劳动者报酬和财政收入。与国民生产总值不同，国内生产总值是一个生产概念，而国民生产总值是个收入概念。

国民生产净值是按市场价格计算的国民生产净值的简称，他等于国民生产总值减所有常住单位的固定资产折旧。

【总消费】 是指常住单位在一定时期内对于货物和服务的全部最终消费，也就是常住单位为满足人们物质、文化和精神生活需要，从本国经济领土或外国购买的货物和服务。不包括非常住居民在本国经济领土内的消费。总消费分为居民消费和社会消费。

居民消费是指常住居民在核算期内对于货物和服务的全部最终消费。包括居民以货币直接购买的用于生活消费的各种货物，既有各种耐用消费品又有非耐用消费品，不包括居民购买的房屋和用于生产目的的支出；居民直接购买的用于生活消费的各种服务支出，如交通费、学杂费、房租、洗理、日用修理、医疗保健（自己直接支付）、教育、文化、家庭保姆等支出；居民自产自用的计入核算期社会产品中的货物；自有住房的虚拟消费；居民以实物工资获得的各种生活消费包括免费和低于市场价格获得的各种货物和服务；职工从单位享受的公费医疗和集体福利设施及补贴。

居民消费不包括居民销售旧货、废品、废料得到的净收入。

社会消费指政府部门的总产出扣除销售收入后的价值。换句话讲，就是指社会公共服务部门将其生产活动总成果提供给政府，由政府部门购买并提供给全社会享用的消费品和劳务。

【总投资】 是指常住单位在核算期内对固定资产和库存的投资支出合计，分为固定资产形成和库存增加两项。固定资产形成是生产过程中生产的，在其他生产过程中反复使用一年以上的有形和无形资产。固定资产形成是指常住单位在核算期内购置、转入和为自用而生产的固定资产，扣除已有固定资产的销售和转出后的价值。有形固定资产形成包括建筑工程、安装工程、设备与工具器具购置和其他费用四部分，不包括拥有的耐用消费品和作为纯军事目的而使用的耐用品。无形固定资产形成包括矿藏的勘探、计算机软件、娱乐、文学艺术品原件等。

库存增加即存货变动，是指常住单位在核算期内库存实物量变动的市场价值。期初与期末差额为正值，表示库存增加；负值表示库存减少。具体包括：一是生产单位从其他单位购买的原材料、燃料和各种储备物资等。这部分购买入库的商品应按本期购买者价格估计。二是生产单位生产的各种产成品、在制品、半成品等。生产单位生产入库和各种产成品应按本期生产者价格估价。

【净出口】 是指出口与进口的差额，即出口减进口。出口是指常住单位向非常住单位出售或无偿转让的货物和服务总值;进口是指常住单位从非常住单位购买或无偿得到的货物和服务总值。

国内生产总值使用中的进出口由物质产品进出口和服务进出口两部分组成。

【当年价格】 指报告期的实际价格，如工厂的出厂价格，农产品的收购价格，商业的零售价格等。按当年价格计算，是指一些以货币表现的物量指标，如工农业总产值、国民生产总值等,按照当年实际价格来计算总量。使用当年价格计算的数字,是为了使国民经济各项指标互相衔接,便于考察当年经济效益,便于生产和流通、生产和分配、生产和消费进行经济核算和综合平衡。

按当年价格计算的价值指标,在不同年份之间进行对比时，因为包含有各年价格变动的因素，不能确切地反映物量的增减变动。必须消除价格变动因素后，才能真实反映经济发展动态。因此，在计算增长速度时都使用按可比价格计算的数字。

【可比价格】 指在不同时期的价格指标对比时,扣除了价格变动的因素，以确切表示实物量的变化。按可比价格计算有两种方法:一种是直接按产品产量和其不变价格计算；一种是用物价指数换算。

【不变价格】 用某一时期的同类产品的平均价格作为固定价格,来计算各个时期的产品价格。新中国成立后，随着工农业产品价格水平的变化,国家统计局先后五次制定了全国统一的工业产品不变价格和农业产品不变价格，从 1949 年到 1957 年使用 1952 年工（农）业产品不变价格，从 1957 年到 1971 年使用 1957 年不变价格，从 1971 年到 1981 年使用 1970 年不变价格，从 1981 年到 1991 年使用 1980 年不变价格，从 1991 年开始使用 1990 年不变价格。

【国民经济指标的指数】 如“国民生产总值指数”，是按可比价格计算的。如计算有关年份产值增长情况，可用指数直接进行对比。

【平均每年增长速度】 在我国计算平均增长速度有两种方法，一种是习惯上经常使用的“水平法”,又称几何平均法,是以间隔期最后一年的水平同基期水平对比来计算平均每年增长（或下降）速度。另一种是“累计法”,又称代数平均法或方程法,是以间隔期内各年水平的总和同基期水平对比来计算平均每年增长（或下降）速度。

在一般正常情况下,两种方法计算的平均每年增长速度比较接近,但在经济发展不平衡,出现大起大落时，两种方法计算的结果差别较大。

【资本金合计】 指企业在工商行政管理部门登记的注册资金合计。企业资本金按投资主体可分为国家资本金、法人资本金、个人资本金和外商资本金等，某些企业注册的资本金可能是由单一投资主体形成的,也可能是由多种投资主体形成的。资本金合计应包括企业各种投资主体注册的全部资本金。

【国家资本金】 指有权代表国家投资的政府部门或机构以国有资产投入企业形成的资本金。

【外商资本金】 指外国投资者以及我国香港、澳门和台湾地区投资者投入企业形成的资本金。

【流动资产合计】 指企业可以在一年内或者超过一年的一个生产周期内变现或者耗用的资产合计,包括现金及各种存款、短期投资、应收及预付款项、存货等。

【存货】 指企业在生产经营过程中为销售或耗用而储备和各种资产。包括原料、周转材料、包装物、低值易耗品、在产品、自制半产品、产成品等。

【固定资产合计】 指企业固定资产净值、固定资产清理、在建工程、待处理固定资产净损失所占用的资金合计。

【固定资产原价】 指企业在建造、购置、安装、改建、扩建、技术改造某项固定资产时所支出的全部货币总额。

【生产经营用】 生产经营用固定资产指直接用于企业生产、经营的各种固定资产。

【累计折旧】 指企业在报告期末提取的各年固定资产折旧累计数。

【本年折旧】 指企业在本年度内累计提取的固定资产折旧。

【资产合计】 指企业拥有或控制的全部资产。包括流动资产合计、长期资产、固定资产合计、无形及递延资产合计、其他长期资产。

【流动负债合计】 指企业在一年内或超过一年的一个营业周期内偿还的债务,其中包括短期借款、应付款项、预付货款、应付工资、应交税金和应交利润等。

【长期负债合计】 指偿还期在一年以上或者超过一年的一个营业周期以上的债务，其中包括长期借款、应付债务、长期应付款项等。

【所有者权益合计】 指企业投资入对企业净资产的所有权。企业净资产等于企业全部资产减去全部负后的余额,其中包括企业投资人对企业的最初投入以及资本公积金、盈余公积金和未分配利润。对股份制企业，所有者权益即为股东权益。

【股本】 指股份制企业以发行股票的方式筹集的资本，反映企业发行股票时按股票面值收到的股票本金。

【主营业务收入】 指企业从事某种主要生产、经营活动所取得的营业收入。工业企业是指“产品销售收入”；交通运输企业是指“营运业务收入”；建筑企业是指“工程结算收入”;批发零售贸易企业是指“商品销售收入”;其他服务企业是指“经营（营业收入”。

【主营业务成本】 指企业从事主营业务活动而发生的

成本。工业企业是指“产品销售成本”交通运输企业是指“营运业务成本”；建筑企业是指“工程结算成本”；批发零售贸易企业是指“商品销售成本”；其他服务企业是指“营业（经营）成本”。

【营业费用】 指企业在销售商品过程中所发生的费用。工业是指“产品销售费用”；批发零售贸易业是指“经营费用”；其他服务业是指“营业费用”或“销售费用”。

【业务税金及附加】 指企业因从事生产经营活动按税法规定交纳的应从主营业务收入中抵扣的税金和附加，包括产品税、消费税、营业税、城市维护建设税、资源税和教育费附加等。工业企业是指“产品销售税金及附加”；交通运输企业是指“营业税金及附加”；建筑业指“工程结算税金及附加”；批发零售贸易企业是指“商品销售税金及附加”；其他服务企业是指营业（经营）税金及附加。

【主营业务利润】 指企业从事某种主要生产、经营活动所取得的利润。工业企业是指“产品销售利润”；交通运输企业是指“主营业务利润”；建筑企业是指“工程结算利润”；批发零售贸易企业是指“主营业务利润”；其他服务企业是指“经营利润”。该指标根据会计“损益表”中相对应项目的本年累计数填列。

【管理费用】 指企业行政管理部门为组织和管理生产经营活动而发生的各项费用。

【税金】 指企业按规定从管理费用中支付的各种税金，包括房产税、车船使用税、土地使用税和印花税等。

【劳动、待业保险费】 指企业支付的劳动保险费和待业保险费。劳动保险费包括支付给离退休职工的退休金、价格补贴、医药费、退职金、抚恤金和企业按规定支付给离休干部的各项经费等；待业保险费是指企业按国家规定交纳的待业保险基金。

【利润总额】 指企业在一定时期内实现的盈亏总额，反映企业最终的财务成果。

【应交所得税】 指企业按税法规定从生产经营所得和其他所得中交纳的所得税。

【转作奖金的利润】 指企业按规定从利润中提取转作奖金的部分。企业在提取时，作为应付工资的组成部分。

【应付利润】 指企业年度内应付给投资者或者其他单位和个人的利润。

【已分配股利】 指股份制企业（公司）根据股东所拥有的本公司股份（票）已分配给股东的股息和红利的累计数。

【本年应付工资总额】 指企业在报告期内支付给职工的全部劳动报酬，他反映企业本期累计提取的应付工资总额，而不是会计报表中的应付工资的余额。

【本年应付福利费总额】 指企业在报告期内累计提取的职工福利费总额。同应付工资总额一样，应付福利费总额反映的也是本期应储福利费的全部发生额，而不是期末余额。

【全额单位】 指经费来源主要是财政预算拨款的单位。

【差额单位】 指以收抵支实行差额预算管理的预算内事业单位。

【自收自支单位】 指实行自收自支预算管理的事业单位。

【经费支出】 指全额预算单位本年经费实际支出合计。包括工资，补助工资，职工福利费，离、退休人员费用，人民助学金，公务费，设备购置费，修缮费，业务费，差额补助费，主要付食品价格补贴及其他费用（以十二项支出口径与国家预算支出目级科目的规定相同）。

【预算外支出】 指全额单位本年用预算外资金开支的实际支出合计。

【专用基金支出】 指全额单位本年用专用基金开支的实际支出合计。

【专项资金支出】 指全额单位本年用同级财政机关和上级部门拨入的事业经费以外的专项资金开支的实际支出合计。

【年末固定资产原值】 指全额单位在购入固定资产时所形成的帐面原价合计，或通过固定资产重新估价所确定的固定资产重置价值合计。

【上年结余（收益）结转本年数】 指差额（自收自支）单位上年的各项收支结余（结益）结转本年的数额。

【本年收入合计】 指差额（自收自支）单位本年各项收入之和，包括业务（事业）收入、调剂收入及其他收入。其中需要单独填报“业务（事业）收入”。

【业务（事业）收入】 指差额（自收自支）单位本年业务收入和事业收入之和。业务收入是指差额单位本年从事专业业务活动按标准向服务对象收取的服务费收入合计。如医院的医疗收入、药品收入、制剂收入；剧院的演出收入、其他业务收入；科学研究单位的科研成果收入、技术转让收入等。事业收入是指自收自支单位本从事服务活动而取的经营收入合计。

【本年支出合计】 指差额（自收自支）单位本年各项支出总和。包括业务（事业）支出、税金、上交上级支出和其他支出。

【业务（事业）支出合计】 指差额（自收自支）单位本年发生的事业费及各项实际支出合计。包括工资，补助工资，职工福利费，离、退休人员费用，公务费，设备购置费，修缮费，业务费，主要副食品价格补贴及其他费用（以上十项支出口径同国家预算支出目级科目中的相应科目）。

【税金】 指差额（自收自支）单位本年除业务（事业）费以外向国家交纳的营业税、城市维护建设税、印花税等。不包括从业务（事业）费中付的税金，以及从收支结余中支付的所得税等。

【上交上级支出】 指差额（自收自支）单位本年收入大于支出按规定向主管部门或上级单位上交的分成支出合计。

【其他支出】 指差额（自收自支）单位本年除业务（事业）支出、税金、上交上级支出以外的业务活动支出合计。

【本年拨入的差额补助费】 指差额单位按照经费报领关系由同级财政机关或上级部门领来的本年差额预算补助费合计（此项只限差额单位填报）。实行差额上缴的单位，此项为本年差额上缴数，并以负数表示。

【业务（事业）收支结余】 指差额（自收自支）单位本年各项收支相抵后的余额。计算公式为：

差额单位的业务收支结余＝上年结余结转本年数＋本年收入合计－本年支出合计＋拨入差额补助费

自收自支单位的事业收支结余＝上年收益结转本年数＋本年收入合计－本年支出合计

【专用基金支出】 指差额（自收自支）单位本年从专用基金中实际支出合计。

【专项资金支出】 指差额（自收自支）单位本年用拨入专项资金开支的实际支出合计。

【年末固定资产原值】 指差额和自收自支单位固定资产在购入时形成的帐面原值，或通过重新估价确定的重置价值。其中需要单独填报已提折旧的固定资产原值。

人　口　2

资料整理人员：唐惠蓉

2—1 总　人　口

（年底数）　　　　单位:万人

年　份	总人口	男	女	农业人口	非农业人口
1952	2 751.20	1 427.30	1 323.90	2 435.65	315.55
1957	3 062.41	1 579.69	1 482.72	2 640.73	421.68
1965	3 504.54	1 793.37	1 711.17	3 014.58	489.96
1970	4 026.83	2 060.10	1 966.73	3 506.54	520.29
1975	4 408.15	2 261.64	2 146.51	3 807.31	600.84
1978	4 574.91	2 348.22	2 226.69	3 905.73	669.18
1980	4 684.45	2 401.74	2 282.71	3 936.60	747.85
1985	4 980.19	2 565.32	2 414.87	3 921.30	1 058.89
1986	5 047.83	2 603.60	2 444.23	3 954.64	1 093.19
1987	5 120.27	2 640.76	2 479.51	3 995.83	1 124.44
1988	5 184.94	2 673.09	2 511.85	4 027.75	1 157.19
1989	5 258.83	2 712.57	2 546.26	4 066.97	1 191.86
1990	5 439.29	2 805.46	2 633.83	4 223.94	1 215.35
1991	5 512.33	2 839.16	2 673.17	4 264.27	1 248.06
1992	5 579.85	2 875.36	2 704.49	4 283.14	1 296.71
1993	5 653.48	2 913.30	2 740.18	4 308.48	1 345.00
1994	5 718.81	2 947.57	2 771.24	4 265.75	1 453.06
1995	5 772.07	2 959.55	2 812.52	4 257.83	1 514.24

注:1985年及以后总人口为抽样调查推算数。1995年总人口和以上两项分组均为抽样调查推算数。

2—2 人口出生率、死亡率、自然增长率

年　份	人口变动数(万人)			变动系数(‰)		
	出生数	死亡数	自然增长数	出生率	死亡率	自然增长率
1965	121.48	34.75	86.73	35.10	10.04	25.06
1970	118.90	30.60	88.30	29.92	7.70	22.22
1975	90.80	34.52	56.28	20.74	7.88	12.86
1978	84.91	32.12	52.79	18.67	7.06	11.61
1980	94.84	32.59	62.25	20.36	7.00	13.36
1985				19.95	7.62	12.33
1986				21.01	7.74	13.27
1987				21.43	7.13	14.30
1988				19.08	6.44	12.64
1989				21.09	6.94	14.15
1990				21.60	7.30	14.30
1991				20.70	7.36	13.34
1992				19.05	6.87	12.18
1993				20.04	6.93	13.11
1994				18.17	6.68	11.49
1995	92.96	39.70	53.26	16.18	6.91	9.27

注:1985－1995年人口变动系数为人口抽样调整数,其余为公安年报数。

2—3 分年龄性别人口数

（1995年1%人口抽样调查数）

单位：人

年龄别（岁）	总人口	男	女	性别比（女=100）	年龄别（岁）	总人口	男	女	性别比（女=100）
总计	**497 237**	**254 922**	**242 315**	**105.20**	40—44	35 437	18 160	17 277	105.11
0—4	40 476	22 467	18 009	124.75	45—49	27 238	13 900	13 338	104.21
5—9	60 419	31 640	28 779	109.94	50—54	21 177	10 973	10 204	107.54
10—14	44 703	23 279	21 424	108.66	55—59	17 923	9 375	8 548	109.67
15—19	32 453	17 100	15 353	111.38	60—64	16 449	8 530	7 919	107.72
20—24	38 581	19 105	19 476	98.10	65—69	12 123	6 086	6 037	100.81
25—29	50 395	25 135	25 260	99.51	70—74	9 841	4 551	5 290	86.03
30—34	46 662	23 407	23 255	100.65	75—79	5 035	2 070	2 965	69.81
35—39	35 036	18 001	17 035	105.67	80岁及以上	3 289	1 143	2 146	53.26

2—4 分年龄人口死亡状况

（1995年1%人口抽样调查数）

单位：人、‰

年龄别（岁）	死亡人数	男	女	死亡率	男	女
总计	**3 465**	**1 903**	**1 562**	**6.97**	**7.47**	**6.45**
0—4	297	152	145	7.40	6.83	8.12
5—9	55	35	20	0.91	1.11	0.69
10—14	32	22	10	0.72	0.94	0.47
15—19	25	17	8	0.77	0.99	0.52
20—24	66	33	33	1.71	1.73	1.69
25—29	83	43	40	1.64	1.71	1.58
30—34	88	45	43	1.88	1.92	1.85
35—39	63	44	19	1.80	2.44	1.11
40—44	96	55	41	2.70	3.02	2.37
45—49	114	68	46	4.17	4.87	3.44
50—54	130	75	55	6.11	6.80	5.37
55—59	202	133	69	11.17	14.04	8.02
60—64	321	203	118	19.23	23.37	14.74
65—69	408	248	160	32.86	39.56	26.03
70—74	565	345	220	55.11	71.99	40.29
75—79	431	205	226	80.58	92.26	72.27
80岁及以上	489	180	309	134.38	140.30	131.15

2—5 人口年龄构成

年龄分组	1990年		1991年		1992年	
	人数（人）	占总人数（%）	人数（人）	占总人数（%）	人数（人）	占总人数（%）
婴儿组(0岁)	1 479	2.10	1 444	2.02	1 134	1.85
幼儿组(1—3岁)	4 743	6.72	4 810	6.72	3 871	6.30
学龄前儿童组(4—6岁)	3 931	5.57	4 648	6.49	4 314	7.03
小学年龄组(7—12岁)	6 943	9.84	7 592	10.60	6 372	10.38
初中年龄组(13—15岁)	3 342	4.74	3 407	4.76	2 897	4.72
高中年龄组(16—18岁)	3 886	5.51	3 475	4.85	2 806	4.57
少年组(0—14岁)	19 307	27.36	20 734	28.96	17 704	28.83
老年组(65岁及以上)	3 996	5.66	3 937	5.50	3 868	6.30
劳动年龄组(男16—59岁,女16—54岁)	42 796	60.65	42 387	59.21	35 975	58.59
劳动年龄组(15—59岁)	45 221	64.09	44 850	62.65	38 007	61.90
选龄组(18岁及以上)	47 689	67.59	47 386	66.19	4 937	66.67
法定婚龄起点组(男22岁,女20岁)	1 747	2.48	1 568	2.19	1 294	2.11

年龄分组	1993年		1994年		1995年	
	人数（人）	占总人数（%）	人数（人）	占总人数（%）	人数（人）	占总人数（%）
婴儿组(0岁)	761	1.90	635	1.59	7 331	1.47
幼儿组(1—3岁)	2 209	5.51	2 011	5.03	23 370	4.70
学龄前儿童组(4—6岁)	2 829	7.06	2 775	6.94	34 677	6.97
小学年龄组(7—12岁)	4 420	11.02	4 649	11.63	63 827	12.83
初中年龄组(13—15岁)	1 957	4.88	1 996	4.99	24 002	4.83
高中年龄组(16—18岁)	1 720	4.29	1 726	4.32	19 150	3.85
少年组(0—14岁)	11 584	28.89	11 353	28.41	145 598	29.28
老年组(65岁及以上)	2 306	5.75	2 455	6.14	30 288	6.09
劳动年龄组(男16—59岁,女16—54岁)	23 675	59.05	23 405	58.56	288 745	58.07
劳动年龄组(15—59岁)	24 972	62.28	24 819	62.11	304 902	61.32
选龄组(18岁及以上)	26 781	66.79	26 762	66.97	330 312	66.43
法定婚龄起点组(男22岁,女20岁)	777	1.94	731	1.83	6 666	1.34

注:1990—1994年为人口变动抽样调查资料,1995年为1%人口变动抽样调查数。

2—6 15岁及以上分年龄未工作状况

（1995年1%人口抽样调查数）　　单位：人

年龄别	合计	企业停产	在校学生	料理家务	离退休	丧失劳动力	其他
总计	**74 774**	**1 382**	**12 258**	**27 456**	**11 820**	**13 448**	**8 410**
15—19岁	**16 035**	**30**	**11 765**	**786**		**116**	**3 338**
15	5 807		4 847	255		26	679
16	4 580	3	3 528	239		30	780
17	2 663	4	1 876	133		17	633
18	1 703	11	947	74		21	650
19	1 282	12	567	85		22	596
20—24岁	**3 366**	**146**	**468**	**919**		**160**	**1 673**
20	886	23	249	111		23	480
21	733	19	122	165		28	399
22	637	33	55	206		25	318
23	583	32	28	209		47	267
24	527	39	14	228		37	209
25—29岁	**2 397**	**222**	**16**	**1 279**		**163**	**717**
25	553	48	4	267		28	206
26	487	52	5	238		38	154
27	551	52	3	308		38	150
28	382	39	3	215		30	95
29	424	31	1	251		29	112
30—34岁	**2 013**	**310**	**7**	**1 048**		**218**	**430**
30	404	45	3	226		43	87
31	399	55	1	199		52	92
32	562	95	2	288		52	125
33	420	72		211		57	80
34	228	43	1	124		14	46
35—39岁	**1 467**	**296**	**1**	**709**		**165**	**296**
35	241	63		101		19	58
36	241	42		113		32	54
37	313	59		152		37	65
38	366	71		190		38	67
39	306	61	1	153		39	52
40—44岁	**1 723**	**228**		**930**	**165**	**228**	**172**
45—49岁	**2 409**	**104**		**1 296**	**653**	**248**	**108**
50—54岁	**3 871**	**29**		**2 090**	**1 366**	**295**	**91**
55—59岁	**6 330**	**12**		**3 219**	**2 360**	**585**	**154**
60—64岁	**9 450**	**2**		**4 756**	**3 053**	**1 386**	**253**
65岁及以上	**25 713**	**3**	**1**	**10 424**	**4 223**	**9 884**	**1 178**

2—7 育龄妇女分年龄生育胎次

单位:人

年龄组(岁)	育龄妇女人数	未生	一胎	二胎	三胎及以上
1991年	**19 559**	**18 081**	**759**	**480**	**239**
15—19	2 960	2 923	37		
20—24	3 945	3 191	522	202	30
25—29	3 949	3 393	188	234	134
30—34	2 466	2 380	9	30	47
35—39	2 720	2 682	3	13	22
40—44	2 033	2 026		1	6
45—49	1 486	1 486			
1992年	**16 499**	**15 344**	**644**	**372**	**139**
15—19	2 290	2 259	27	4	
20—24	3 266	2 616	487	150	13
25—29	3 070	2 698	117	186	69
30—34	2 234	2 158	10	23	43
35—39	2 369	2 345	1	9	14
40—44	1 875	1 873	2		
45—49	1 395	1 395			
1993年	**10 726**	**9 946**	**420**	**261**	**99**
15—19	1 481	1 463	18		
20—24	2 104	1 719	280	98	7
25—29	2 043	1 760	113	127	43
30—34	1 463	1 390	9	30	34
35—39	1 552	1 535		5	12
40—44	1 188	1 186		1	1
45—49	895	893			2
1994年	**10 636**	**9 986**	**398**	**197**	**55**
15—19	1 461	1 449	10	2	
20—24	1 896	1 578	251	62	5
25—29	2 012	1 736	130	112	34
30—34	1 579	1 547	5	17	10
35—39	1 460	1 454	2	3	1
40—44	1 242	1 236		1	5
45—49	986	986			
1995年	**130 260**	**123 077**	**4 733**	**1 917**	**533**
15—19	14 989	14 764	210	14	1
20—24	20 570	16 601	3 341	572	56
25—29	25 074	22 672	1 092	1 044	266
30—34	22 053	21 581	76	249	147
35—39	17 748	17 664	9	29	46
40—44	16 744	16 721	5	8	10
45—49	13 082	13 074		1	7

注:1991—1994年均为人口变动抽样调查数,1995年为1%人口抽样调查数。

2—8 6岁及以上人口文化状况

（1995年1%人口抽样调查数）　　单位：人

年龄别（岁）	6岁及以上人口数			大专及以上			高中		
	合计	男	女	小计	男	女	小计	男	女
总计	**444 237**	**225 904**	**218 333**	**8 697**	**5 880**	**2 817**	**43 431**	**26 625**	**16 806**
6—9	47 895	25 089	22 806						
10—14	44 703	23 279	21 424				261	133	128
15—19	32 453	17 100	15 353	366	181	185	6 672	3 792	2 880
20—24	38 581	19 105	19 476	1 207	669	538	5 132	2 854	2 278
25—29	50 395	25 135	25 260	1 501	895	606	5 181	3 104	2 077
30—34	46 662	23 407	23 255	1 458	1 032	426	10 097	6 139	3 958
35—39	35 036	18 001	17 035	947	676	271	7 842	4 975	2 867
40—44	35 437	18 160	17 277	876	626	250	3 422	2 277	1 145
45—49	27 238	13 900	13 338	617	466	151	1 655	1 096	559
50—54	21 177	10 973	10 204	508	369	139	1 307	863	444
55—59	17 923	9 375	8 548	565	442	123	869	621	248
60—64	16 449	8 530	7 919	329	254	75	477	369	108
65岁及以上	30 288	13 850	16 438	323	270	53	512	401	111

年龄别（岁）	初中			小学			其他		
	小计	男	女	小计	男	女	小计	男	女
总计	**129 734**	**77 983**	**51 751**	**192 881**	**96 768**	**96 113**	**69 494**	**18 648**	**50 846**
6—9	60	33	27	45 691	24 045	21 646	2 140	1 010	1 130
10—14	14 150	7 875	6 275	29 979	15 153	14 826	313	118	195
15—19	17 121	9 912	7 209	7 948	3 083	4 865	346	132	214
20—24	18 547	10 289	8 258	12 961	5 096	7 865	734	197	537
25—29	23 919	13 484	10 435	18 339	7367	10 972	1 455	285	1 170
30—34	20 940	11 742	9 198	11 962	4 144	7 818	2 205	350	1 855
35—39	11 303	7 506	3 797	11 098	4 306	6 792	3 846	538	3 308
40—44	9 698	6 713	2 985	15 507	7 569	7 938	5 934	975	4 959
45—49	5 489	3 846	1 643	13 386	7 278	6 108	6 091	1 214	4 877
50—54	4 073	2 987	1 086	8 471	5 177	3 294	6 818	1 577	5 241
55—59	1 838	1 383	455	6 520	4 649	1 871	8 131	2 280	5 851
60—64	1 225	1 034	191	4 877	3 856	1 021	9 541	3 017	6 524
65岁及以上	1 371	1 179	192	6 142	5 045	1 097	21 940	6 955	14 985

2—9 15岁及以上分年龄人口行业状况

（1995年1%人口抽样调查数）　　单位：人

年龄别（岁）	在业人口	农、林、牧、渔业	采掘业	制造业	电力、煤气及水的生产和供应业	建筑业	地质勘查业、水利管理业	交通运输、仓储及邮电通信业	批发和零售贸易、餐饮业
总计	**276 865**	**201 805**	**763**	**25 223**	**1 512**	**4 970**	**171**	**5 789**	**16 395**
15—19	16 418	12 640	29	1 608	44	286	2	190	675
20—24	35 215	24 643	111	3 737	260	706	21	750	2 195
25—29	47 998	34 846	145	4 611	270	960	31	1 023	3 001
30—34	44 649	31 291	139	4 526	258	904	28	1 210	3 082
35—39	33 569	23 055	98	3 521	230	638	28	988	2 297
40—44	33 714	23 692	95	3 404	210	632	19	837	2 063
45—49	24 829	18 214	64	2 147	121	490	21	447	1 319
50—54	17 306	13 610	44	923	70	205	12	216	755
55—59	11 593	9 561	20	479	41	105	5	93	421
60—64	6 999	6 261	12	157	6	30	2	16	292
65岁及以上	4 575	3 992	6	110	2	14	2	19	295

年龄别（岁）	金融、保险业	房地产业	社会服务业	卫生、体育和社会福利业	教育、文化艺术及广播电影电视业	科学研究和综合技术服务业	国家机关、政党机关和社会团体	其他行业
总计	**1381**	**275**	**3 544**	**2 479**	**5 952**	**585**	**5 636**	**385**
15—19	60	12	408	63	250	3	138	10
20—24	251	34	607	398	751	53	660	38
25—29	321	40	613	381	819	82	809	46
30—34	284	47	502	318	925	88	981	66
35—39	183	47	414	308	824	73	802	63
40—44	118	37	394	398	806	62	894	53
45—49	84	31	295	284	641	62	567	42
50—54	48	18	120	188	576	58	424	39
55—59	22	7	89	92	293	80	265	20
60—64	7	1	50	35	46	23	55	6
65岁及以上	3	1	52	14	21	1	41	2

2—10　15岁及以上分年龄职业人口状况

（1995年1%人口抽样调查数）　单位：人

年龄别（岁）	在业人口	各类专业技术人员	国家机关党群组织、企事业单位负责人	办事人员和有关人员	商业工作人员	服务性工作人员	农、林、牧、渔劳动者	生产工人、运输工人和有关人员	不便分类的其他劳动者
总计	**276 865**	**14 054**	**5 859**	**4 876**	**13 011**	**7 133**	**201 029**	**30 902**	**1**
15—19	16 418	458	6	170	444	656	12 613	2 071	
20—24	35 215	2 082	98	710	1 749	947	24 552	5 077	
25—29	47 998	2 427	329	770	2 555	1 029	34 729	6 158	1
30—34	44 649	2 467	857	841	2 573	997	31 162	5 752	
35—39	33 569	1 902	990	659	1 886	908	22 943	4 281	
40—44	33 714	1 763	1 336	725	1 578	977	23 558	3 777	
45—49	24 829	1 298	1 065	481	934	701	18 146	2 204	
50—54	17 306	981	694	306	501	366	13 553	905	
55—59	1 1593	542	389	164	285	251	9 527	435	
60—64	6 999	90	72	30	255	149	6 255	148	
65岁及以上	4 575	44	23	20	251	152	3 991	94	

2—11　15岁及以上分职业文化状况

（1995年1%人口抽样调查数）　单位：人

受教育程度	在业人口	各类专业技术人员	国家机关党群组织、企事业单位负责人	办事人员和有关人员	商业工作人员	服务性工作人员	农、林、牧、渔劳动者	生产工人、运输工人和有关人员	不便分类的其他劳动者
总计	**276 865**	**14 054**	**5 859**	**4 876**	**13 011**	**7 133**	**2010 29**	**30 902**	**1**
#大专以上	7 229	3 748	1 620	957	254	62	52	536	
高中	33 875	6 853	2 399	2 218	3 439	1 239	10 115	7 612	
初中	98 520	3 029	1 488	1 401	6 191	3 345	67 055	16 010	1
小学	102 370	400	329	274	2 556	2 014	90 721	6 076	

主要统计指标解释

【总户数】 指家庭户、集体户之和。

【家庭户】 指有家庭成员关系人口（或者还有其他人口）居住并生活在一起的作为一个家庭户。单身独居的也作为一个家庭户。

【集体户】 指户内没有家庭成员关系，单身居住在某一个单位集体宿舍的人口，视为一个集体户。

【总人口】 年度统计人口数均为12月31日的常住人口和未落常住户口的人（包括持出生、迁移、复员转业、释放解除劳教等证件的未落常住户口和定居一年以上的流动人口），以及被注销户口的在押犯、劳改、劳教人员。总人口中不包括现役军人（含人民武装警察）。

【非农业人口】 指城乡中常年从事第二、三产业的人口及其所抚养的那部分人口，包括吃国家定量粮的人口，集镇自理口粮常住人口。

【性别比】 指以女性人口为100时所对应的男性人口数。计算公式为：

$$性别比=\frac{男性人数}{女性人数}\times100$$

【出生率】 指一年内出生人数与年平均人数之比。计算公式为：

$$出生率=\frac{年出生人数}{年平均人数}\times1000‰$$

$$年平均人数=\frac{年初人数+年末人数}{2}$$

【死亡率】 指一年内死亡人数与年平均人数之比。计算公式为：

$$出生率=\frac{年死亡人数}{年平均人数}\times1000‰$$

【自然增长率】 指一年内人口的自然增加数（出生人数减死亡人数）与年平均人数之比。计算公式为：

$$自然增长率=\frac{年出生人数-年死亡人数}{年平均人数}\times1000‰$$

【文化程度】 指6岁及6岁以上的，所取得的最高学历或与现有的文化水平所相当的学历。“大学毕业”，指是有教育部所承认的大学毕业文凭及获得硕士、博士学位和正在攻读硕士、博士学位的人；“大学肄业或在校”，指正在大学学习和曾在大学学习而未取得毕业证书的人；“高中”，指正在高中和相当于高中的中专、职业高中等有关学校学习，或已毕业和肄业的人；“初中”、“小学”，分别指正在“初中”、“小学”学习或已经毕业和肄业的人。

【文盲半文盲】 指15岁及15岁以上人口中不识字或识字不足1 500个，不能阅读通俗书报、不能写便条的人。

【婚姻】 指15岁及15岁以上人口的实际婚姻状况。包括：“未婚”，指从未结过婚；“有配偶”，包括曾丧偶或离婚后再婚的人；“丧偶”，指夫妻一方丧亡，尚未再婚的人；“离婚”，指已经离婚尚未再婚的人。

【活产数】 指胎儿脱离母体（不管怀孕月数）有过呼吸或其他生命现象的总数。

【存活数】 妇女活产子女中还存活的子女数。

【育龄妇女】 指处于生育年龄的妇女。人口统计中一般以15—49岁定为妇女生育年龄。

【行业】 是一种经济活动部门的分类，指在业人口所属基层单位的经济活动的种类。

【职业】 是指在业人口本人所从事工作的种类。

从业人员和职工工资　3

资料整理人员：何志华

3—1 从 业 人 员

(年底数)　　　　　　　　　　　　　　　　　　　　　　　　　　单位:万人

年 份	合 计	按经济类型分						按产业分		
		职 工	国有经济单位	城镇集体经济单位	其他经济单位	城镇私营和个体从业人员	乡村劳动力	第一产业	第二产业	第三产业
1952	1 020.26	113.26	48.34	17.85	47.07	28.30	878.70			
1957	1 139.90	170.96	103.11	62.17	5.67	2.63	966.32			
1965	1 404.23	214.62	156.22	58.41		8.02	1 181.58			
1970	1 618.77	278.02	222.57	55.45			1 340.75			
1975	1 802.48	381.40	310.38	71.02		0.25	1 420.83			
1978	1 910.37	457.34	371.56	85.78		0.70	1 452.33	1 470.60	269.00	170.77
1980	1 986.94	504.32	404.21	100.11		2.88	1 479.74	1 453.65	286.30	246.99
1985	2 238.12	615.50	457.32	157.83	0.35	22.10	1 600.52	1 383.25	485.41	369.46
1986	2 292.92	638.81	471.83	166.42	0.56	21.60	1 632.51	1 395.57	506.44	390.91
1987	2 345.53	658.73	487.59	170.49	0.56	24.03	1 662.77	1 417.17	517.84	410.52
1988	2 400.12	677.04	503.89	172.34	0.81	26.45	1 696.63	1 442.96	527.27	429.89
1989	2 432.82	684.05	510.41	172.45	1.19	27.35	1 721.42	1 481.06	514.77	436.99
1990	2 478.83	698.55	524.12	172.91	1.52	27.09	1 753.19	1 516.17	512.45	450.22
1991	2 515.36	716.09	539.92	173.08	3.09	25.41	1 773.60	1 548.16	508.38	458.82
1992	2 524.39	731.86	556.42	170.95	4.49	30.04	1 762.49	1 512.96	526.85	484.58
1993	2 547.20	739.42	557.49	163.93	18.00	42.12	1 746.82	1 467.33	552.15	527.72
1994	2 561.80	737.33	563.65	146.28	27.40	90.58	1 716.82	1 410.75	574.71	576.34
1995	2 593.84	742.38	569.12	137.88	35.38	139.15	1 697.17	1 361.73	596.68	635.43

注:1.1978 年以来乡村劳动力不包括外出合同工、临时工。2.1993 年以来从业人员合计数包括城镇各单位的其他从业人员。
3.1994 年以来从业人员数不包括 16 岁以下实际参加社会劳动的人数。

3—2 分行业职工人数

(年底数)　　　　　　　　　　　　　　　　　　　　　　　　　　单位:万人

行 业	1994年			1995年		
	国有经济单位	城镇集体经济单位	其他经济单位	国有经济单位	城镇集体经济单位	其他经济单位
总 计	**563.65**	**146.28**	**27.40**	**569.12**	**137.88**	**35.38**
农、林、牧、渔业	49.53	1.45		49.21	1.29	0.01
采掘业	11.45	0.64	0.01	15.73	0.57	0.05
制造业	186.58	76.12	21.83	184.92	71.06	27.97
电力、煤气及水的生产和供应业	10.87	0.13	0.03	11.31	0.18	0.15
建筑业	30.05	13.51	0.06	29.46	12.19	0.17
地质勘查业、水利管理业	9.58	0.04		8.64	0.04	
交通运输、仓储及邮电通信业	34.87	8.80	0.26	35.99	7.50	0.40
批发和零售贸易、餐饮业	62.77	36.30	4.20	62.63	36.68	4.77
金融、保险业	10.69	2.37	0.09	10.55	2.49	0.12
房地产业	2.38	0.18	0.28	2.57	0.21	0.54
社会服务业	13.62	3.44	0.62	14.16	3.03	1.15
卫生、体育和社会福利业	23.24	1.80		24.41	1.61	
教育、文化艺术及广播电影电视业	57.81	0.40		62.12	0.46	
科学研究和综合技术服务业	7.41	0.08	0.02	7.57	0.05	0.04
国家机关、政党机关和社会团体	51.17	0.13		48.60	0.04	
其他行业	1.63	0.88		1.26	0.47	

3—3 分行业合同制职工人数

（年底数）

单位：人

行　　业	1994年			1995年		
	国有经济单位	城镇集体经济单位	其他经济单位	国有经济单位	城镇集体经济单位	其他经济单位
总　　计	**1 158 739**	**204 060**	**78 899**	**2 317 545**	**601 943**	**221 742**
农、林、牧、渔、业	28 849	1 672		138 047	2 871	17
采 掘 业	32 467	1 001	54	87 323	3 895	350
制 造 业	554 430	104 801	60 821	10 847 40	289 673	182 211
电力、煤气及水的生产和供应业	31 804	236	166	77 518	1 177	540
建 筑 业	50 348	19 721	87	132 876	56 406	422
地质勘查业、水利管理业	21 067	88		23 047	74	
交通运输、仓储及邮电通信业	68 114	6 503	451	168 957	38 430	1 989
批发和零售贸易、餐饮业	185 528	58 752	14 076	378 949	185 838	26 206
金融、保险业	13 280	6 371	196	30 789	10 893	437
房地产业	5 036	139	817	8 164	929	2 012
社会服务业	32 101	2 383	2 140	45 111	7 108	7 322
卫生、体育和社会福利业	29 945	1 228		33 677	1 871	
教育、文化艺术及广播电影电视业	40 954	382		44 369	2 276	6
科学研究和综合技术服务业	7 090	69	91	8 303	143	230
国家机关、政党机关和社会团体	55 577	56		54 015	28	
其他行业	2 149	655		1 660	331	

3—4 分行业女职工人数

（年底数）

单位：万人

行　　业	1994年			1995年		
	国有经济单位	城镇集体经济单位	其他经济单位	国有经济单位	城镇集体经济单位	其他经济单位
总　　计	**213.65**	**68.13**	**13.04**	**219.42**	**65.18**	**16.90**
农、林、牧、渔业	21.45	0.27		20.65	0.27	0.00
采 掘 业	3.00	0.26		4.63	0.16	0.01
制 造 业	78.19	40.69	10.02	78.52	38.65	13.10
电力、煤气及水的生产和供应业	3.75	0.06	0.01	3.87	0.08	0.05
建 筑 业	7.75	2.58	0.01	7.62	2.56	0.02
地质勘查业、水利管理业	2.76	0.01		2.47	0.01	
交通运输、仓储及邮电通信业	9.86	2.39	0.08	10.58	1.97	0.09
批发和零售贸易、餐饮业	28.64	17.45		29.26	17.55	2.86
金融、保险业	4.22	0.98	0.04	4.28	1.01	0.05
房地产业	0.92	0.03	0.08	1.00	0.03	0.19
社会服务业	6.52	1.87	0.30	6.95	1.68	0.51
卫生、体育和社会福利业	12.19	0.87		13.13	0.76	
教育、文化艺术及广播电影电视业	20.32	0.25		22.62	0.25	
科学研究和综合技术服务业	2.55	0.03	0.01	2.61	0.02	0.02
国家机关、政党机关和社会团体	11.10	0.05		10.82	0.03	
其他行业	0.45	0.34		0.41	0.14	

3—5　城镇分行业私营企业和个体从业人员

（年底数）

单位：万人

行　　业	1985年	1990年	1991年	1992年	1993年	1994年	1995年
总　　计	**22.00**	**27.09**	**25.1**	**30.04**	**42.12**	**90.58**	**139.15**
农、林、牧、渔业						11.30	3.21
工　业	2.70	3.58	3.38	3.82	6.56	17.32	24.14
建筑业	0.21	0.13	0.13	0.21	0.40	1.74	2.44
交通运输、仓储及邮电通信业	0.86	0.96	0.96	1.13	1.93	6.63	9.16
批发和零售贸易、餐饮业	15.0	19.01	17.78	21.11	27.69	52.78	82.84
社会服务业	2.78	3.24	2.90	3.28	4.49	8.50	14.45
教育、文化艺术及广播电影电视业		0.04	0.04	0.06	0.11	0.36	
科学研究和综合技术服务业			0.04	0.19	0.54	0.85	
其他行业	0.35	0.13	0.18	0.24	0.40	1.10	2.91

注：本表为工商行政管理部门统计数字。

3—6　城镇失业人员安置情况

单位：万人

行　　业	1985年	1990年	1991年	1992年	1993年	1994年	1995年
一、全年安置人数	**17.80**	**17.31**	**18.56**	**20.94**	**22.46**	**21.36**	**24.35**
国有经济单位	6.88	6.51	6.90	6.96	8.48	7.56	7.65
城镇集体经济单位	7.42	5.87	6.30	6.53	6.18	4.98	6.90
其他各种经济单位			0.20	0.36	0.42	1.94	1.26
城镇个体劳动者	1.62	0.56	0.81	1.57	2.21	2.61	3.11
临时性工作	1.88	4.37	4.35	5.52	5.17	4.26	5.43
二、年末失业人数	**7.31**	**12.67**	**14.20**	**16.89**	**17.96**	**21.06**	**24.45**
# 失业青年	6.52	11.30	12.29	14.30	15.04	17.79	16.10

3—7 职工工资总额及指数

年份	工资总额（万元）	国有经济单位	城镇集体经济单位	其他经济单位	指数（上年=100）	国有经济单位	城镇集体经济单位	其他经济单位
1978	257 956	214 856	43 400		111.4	110.4	116.7	
1979	289 400	241 219	48 241		112.2	112.3	111.9	
1980	350 160	292 641	59 519		121.7	121.3	123.4	
1981	369 922	303 230	66 692		105.0	103.6	112.1	
1982	399 517	324 784	74 733		108.0	107.1	112.1	
1983	421 553	342 496	79 057		105.5	105.5	105.8	
1984	508 586	397 018	110 316	1 252	120.6	115.9	139.5	100.0
1985	616 697	484 164	132 192	31	121.6	122.0	119.8	27.2
1986	731 574	574 270	156 682	622	118.6	118.6	118.5	182.4
1987	828 617	652 609	175 036	972	113.3	113.6	111.7	156.3
1988	1 049 282	834 292	213 609	1 381	126.6	127.8	122.0	142.1
1989	1 162 759	928 412	232 090	2 257	110.8	111.3	108.7	163.4
1990	1 312 364	1 059 543	249 568	3 253	112.9	114.1	107.5	144.1
1991	1 470 068	1 180 487	282 923	6 658	112.0	111.4	113.4	204.7
1992	1 713 903	1 393 633	309 370	10 900	116.6	118.1	109.3	163.7
1993	2 143 354	1 736 689	349 001	57 664	125.4	124.6	112.8	529.0
1994	2 956 225	2 428 056	411 220	116 948	137.9	139.8	117.8	202.8
1995	3 456 323	2 827 480	451 406	177 437	116.9	116.5	109.8	151.7

注：从1988年开始工资总额中含肉类价格补贴。从1994年开始工资总额中含上下班交通费补贴和洗理卫生费。

3—8 分行业职工工资总额

单位：万人

行业	1994年			1995年		
	国有经济单位	城镇集体经济单位	其他经济单位	国有经济单位	城镇集体经济单位	其他经济单位
总计	**2 428 056**	**411 220**	**116 948**	**2 827 480**	**451 406**	**177 437**
农、林、牧、渔业	142 895	4 268		175 538	4 514	38
采掘业	43 733	1 610	53	82 902	1 796	186
制造业	772 202	204 324	89 431	909 612	220 035	133 517
电力、煤气及水的生产和供应业	65 528	351	60	83 211	703	1 223
建筑业	157 907	41 457	259	178 724	43 670	1 015
地质勘查业、水利管理业	48 859	147		43 820	133	
交通运输、仓储及邮电通信业	183 013	24 246	1 554	225 545	22 193	2 201
批发和零售贸易、餐饮业	185 927	96 622	19 157	224 946	118 368	24 290
金融、保险业	66 009	13 744	704	67 355	14 542	967
房地产业	11 540	471	1 971	13 203	697	5 116
社会服务业	51 351	11 218	3 661	66 298	12 809	8 700
卫生、体育和社会福利业	117 652	6 905		133 689	6 843	
教育、文化艺术及广播电影电视业	283 542	1 646		319 374	2 120	16
科学研究和综合技术服务业	44 605	321	98	47 200	207	167
国家机关、政党机关和社会团体	245 246	510		249 373	142	
其他行业	8 047	3 380		6 693	2 637	

3—9 国有经济单位分行业职工工资总额构成

单位：万元

行业	1994年			1995年		
	工资总额	#奖金和计件超额工资	#津贴和补贴	工资总额	#奖金和计件超额工资	#津贴和补贴
总计	**2 428 056**	**322 157**	**743 994**	**2 827 480**	**320 832**	**688 939**
农、林、牧、渔业	142 895	9 456	34 033	175 538	8 126	26 484
采掘业	43 733	5 785	12 705	82 902	8 213	23 134
制造业	772 202	133 867	168 140	909 612	131 556	174 309
电力、煤气及水的生产和供应业	65 528	11 336	14 482	83 211	13 178	14 653
建筑业	157 907	3 731	43 613	178 724	38 044	41 087
地质勘查业、水利管理业	48 859	3 061	23 316	43 820	2 417	18 737
交通运输、仓储及邮电通信业	183 013	35 419	54 253	225 545	46 515	54 124
批发和零售贸易、餐饮业	185 927	20 395	50 066	224 946	17 216	49 164
金融、保险业	66 099	4 631	27 204	67 355	3 550	27 578
房地产业	11 540	1 512	4 177	13 203	1 510	3 686
社会服务业	51 351	6 735	18 576	66 298	7 077	17 273
卫生、体育和社会福利业	117 652	10 062	60 673	133 689	10 875	48 275
教育、文化艺术及广播电影电视业	283 542	24 167	139 843	319 374	17 894	104 757
科学研究和综合技术服务业	44 605	4 130	19 590	47 200	3 840	17 878
国家机关、政党机关和社会团体	245 246	13 604	70 887	249 373	10 464	65 759
其他行业	8 047	566	2 436	6 693	356	2 040

3—10 城镇集体经济单位分行业职工工资总额构成

单位：万元

行业	1994年			1995年		
	工资总额	#奖金和计件超额工资	#津贴和补贴	工资总额	#奖金和计件超额工资	#津贴和补贴
总计	**411 220**	**39 834**	**88 951**	**451 406**	**33 016**	**89 363**
农、林、牧、渔业	4 268	292	860	4 514	71	1 101
采掘业	1 610	86	170	1 796	96	270
制造业	204 324	22 443	42 217	220 035	18 179	42 446
电力、煤气及水的生产和供应业	351	36	71	703	82	85
建筑业	41 457	4 428	6 546	43 670	3 244	7 426
地质勘查业、水利管理业	147	17	32	133	5	28
交通运输、仓储及邮电通信业	24 246	2 902	4 300	22 193	1 991	3 737
批发和零售贸易、餐饮业	96 622	637	24 013	118 368	5 885	24 459
金融、保险业	13 744	816	4 908	14 542	716	3 855
房地产业	471	38	73	697	58	102
社会服务业	11 218	1 578	2 628	12 809	1 975	2 772
卫生、体育和社会福利业	6 905	450	1 618	6 843	311	1 780
教育、文化艺术及广播电影电视业	1 646	122	473	2 120	147	583
科学研究和综合技术服务业	321	23	80	207	13	51
国家机关、政党机关和社会团体	510	41	116	142	8	29
其他行业	3 380	225	846	2 637	236	640

3—11 职工平均工资及指数

年份	平均货币工资（元）合计	平均货币工资（元）国有经济单位	平均货币工资（元）城镇集体经济单位	平均货币工资（元）其他经济单位	指数（上年=100）货币工资	指数（上年=100）国有经济单位	指数（上年=100）城镇集体经济单位	指数（上年=100）其他经济单位	指数（上年=100）实际工资	指数（上年=100）国有经济单位	指数（上年=100）城镇集体经济单位	指数（上年=100）其他经济单位
1978	581	592	532		104.5	104.5	106.4		104.2	103.9	106.1	
1979	620	642	532		106.7	108.4	100.0		104.0	105.7	97.5	
1980	719	744	619		116.0	115.9	116.4		108.6	108.5	109.0	
1981	717	739	633		99.7	99.3	102.3		97.6	97.3	100.2	
1982	739	760	657		103.1	102.8	103.8		102.2	101.9	102.9	
1983	759	781	677		102.7	102.8	103.8		101.0	101.9	102.9	
1984	889	930	768		117.1	119.1	113.4		113.8	115.7	110.2	
1985	1 027	1 082	867	988	115.5	116.3	112.9		104.7	105.4	102.4	
1986	1 170	1 241	969	1 168	113.9	114.7	111.8	118.2	107.5	108.2	105.5	111.5
1987	1 284	1 364	1 054	1 525	109.7	109.9	108.8	130.6	100.9	101.1	100.1	120.1
1988	1 580	1 683	1 273	1 842	123.1	123.4	120.8	120.8	102.2	102.4	100.2	100.2
1989	1 713	1 830	1 363	2 110	108.4	108.7	107.1	114.5	95.0	95.3	93.9	100.4
1990	1 903	2 045	1 467	2 259	111.7	107.6	107.1	107.1	107.8	108.3	104.4	103.9
1991	2 081	2 213	1 662	2 363	109.4	108.2	113.3	104.6	103.0	101.9	106.7	98.5
1992	2 370	2 532	1 837	2 575	113.9	114.4	110.5	109.0	103.1	103.5	100.0	98.7
1993	2 933	3 141	2 183	3 248	123.8	124.1	118.8	126.1	106.6	106.8	102.3	108.6
1994	4 050	4 348	2 845	4 352	138.1	138.4	130.3	134.0	108.7	109.0	102.6	105.5
1995	4 685	4 991	3 308	5 093	115.7	114.8	116.3	117.0	96.3	95.6	96.8	97.4

3—12 分行业职工平均工资

单位：元

行业	1994年 国有经济单位	1994年 城镇集体经济单位	1994年 其他经济单位	1995年 国有经济单位	1995年 城镇集体经济单位	1995年 其他经济单位
总计	**4 348**	**2 845**	**4 352**	**4 991**	**3 308**	**5 093**
农、林、牧、渔业	2 894	2 975		3 559	3 478	4 602
采掘业	3 860	2 552	4 750	5 313	3 225	4 396
制造业	4 175	2 716	4 172	4 938	3 129	4 858
电力、煤气及水的生产和供应业	6 126	2 648	2 157	7 539	3 894	7 957
建筑业	5 343	3 155	4 281	6 112	3 652	5 933
地质勘查业、水利管理业	5 104	3 442		5 060	3 541	
交通运输、仓储及邮电通信业	5 287	2 779	5 994	6 259	2 988	5 946
批发和零售贸易、餐饮业	2 997	2 686	4 662	3 599	3 253	5 181
金融、保险业	6 296	5 839	8 527	6 441	5 926	8 509
房地产业	4 949	2 628	7 211	5 237	3 332	9 270
社会服务业	3 805	3 833	6 084	4 717	4 245	7 170
卫生、体育和社会福利业	5 123	3 833		5 538	4 254	
教育、文化艺术及广播电影电视业	4 949	4 019		5 181	4 562	3 444
科学研究和综合技术服务业	6 222	3 936	6 649	6 208	4 349	3 971
国家机关、政党机关和社会团体	4 839	4 099		5 173	3 545	
其他行业	4 964	3 816		5 331	5 626	

3—13 职工及离(退)休、退职人员保险福利费用及构成

单位:万元

行业	1990年	1991年	1992年	1993年	1994	1995年
总计	**402 893**	**463 158**	**514 072**	**659 664**	**703 270**	**966 965**
一、国有经济单位合计	**336 999**	**391 611**	**435 092**	**557 889**	**592 073**	**835 231**
职工	185 046	203 815	220 450	278 213	265 335	295 956
医疗卫生费	81 197	90 454	96 898	120 822	137 200	145 339
丧葬抚恤救济费	2 760	3 260	3 516	4 494	5 281	7 136
生活困难补助	4 329	3 998	4 271	6 064	5 784	6 310
文体宣传费	5 256	5 697	6 161	7 483	9 145	12 141
集体福利事业补贴费	18 491	16 627	17 643	21 523	53 748	58 156
集体福利设施费	13 721	15 199	15 350	21 213		
计划生育补贴	6 039	6 150	6 473	7 070	7 878	7 276
上下班交通费补贴	7 764	7 877	9 318	14 428		
洗理卫生费	24 171	25 972	29 399	37 811		
其他	21 318	28 581	31 421	37 304	47 299	59 598
离(退)休、退职人员	151 953	187 796	214 632	279 676	324 434	539 275
离休金	11 297	12 893	15 021	19 608	26 492	37 846
退休金	85 717	102 435	118 359	149 992	210 437	383 877
退职生活费	1 829	2 108	2 304	2 825	3 747	5 787
医疗卫生费	24 729	32 303	36 664	47 493	54 804	66 110
护理费	664	885	1 003	1 236		
生活补贴	11 261	12 443	13 888	18 447		
交通费补贴	949	1 349	1 181	1 809	2 782	5 124
丧葬抚恤救济费	2 419	3 161	3 361	4 702	5 562	9 809
其他	13 088	20 219	22 851	33 564	20 610	30 722
二、城镇集体经济单位合计	**65 437**	**70 169**	**77 335**	**93 641**	**91 941**	**105 912**
离休、退休、退职费	24 855	29 580	32 785	43 261	49 292	59 975
医疗卫生费	16 273	17 130	18 318	21 388	22 342	25 117
各种福利费	24 309	23 459	26 230	28 992	20 307	20 820
三、其他各种经济单位合计	**457**	**1 378**	**1 655**	**8 135**	**19 256**	**25 822**
离休、退休、退职费	101	470	590	1 715	8 538	11 562
医疗卫生费	138	325	429	2 336	5 383	7 592
各种福利费	218	583	636	4 084	5 335	6 668

注:1994年开始上下班交费补贴和洗理卫生费计入工资。

主要统计指标解释

【劳动力资源总数】 指在劳动年龄内（16 岁以上），具有劳动能力，在正常情况下，可能或实际参加社会劳动的人口数。包括从业人员、城镇失业人员和其他在劳动年龄内有劳动能力的人口数。但不包括劳动年龄内的在押犯人、丧失劳动能力的人员和 16 岁以下实际参加社会劳动的人员。

【经济活动人口】 指劳动年龄内，有劳动能力，参加或要求参加社会经济活动的人口。包括从业人员和失业人员。

【从业人员】 指从事一定社会劳动并取得劳动报酬或经营收入的人员。按就业身份分组包括：

①职工

②再就业的离退休人员

③私营业主

④个体户主

⑤私营企业和个体从业人员

⑥乡镇企业从业人员

⑦农村从业人员

⑧其他从业人员

这一指标反映了一定时期内全部劳动力资源的实际利用情况，是研究我国基本国情国力的重要指标。

各单位从业人员是指在各级国家机关、政党机关、社会团体及企业、事业单位中工作，并取得劳动报酬的全部人员。包括职工、再就业的离退休人员、民办教师以及在各单位中工作的外方人员和港、澳、台方人员。

目前全社会从业人员的资料来源于：

①城镇单位全部职工和其他从业人员

②城镇私营企业和个体从业人员

③乡村劳动力

【使用的农村劳动力】 指国有经济、城镇的集体经济、联营经济、股份制经济、外商和港、澳、台投资经济、其他经济单位的从业人员中，现仍保留农村户籍关系的人员。

【职工】 指在国有经济、城镇的集体经济、联营经济、股份制经济、外商和港、澳、台投资经济、其他经济单位及其附属机构中工作，并由其支付工资的各类人员。不包括城镇私营企业和乡镇企业从业人员。

【合同制职工】 指单位根据国务院国发（1986）77 号文件和国务院令第 99 号的规定，通过签订有固定期限劳动合同、无固定期限劳动合同和以完成一项工作为期限的劳动合同所使用的职工。包括实行全员劳动合同制单位的全部职工。

【正式职工】 指在机关和事业单位中，经国家有关部门分配、安排或批准招收录用的职工。包括原固定职工和使用期限在一年以上的合同制职工。

【长期职工】 指用工期限在一年以上（含一年）的职工。包括原固定职工、合同制职工、长期临时工以及国有单位使用的城镇集体经济单位的人员和其他使用期限在一年以上的原计划外用工。

【临时职工】 指用工期限不超过一年的职工。包括各单位根据国家有关规定招用的，签订一年以内的劳动合同或使用期限不超过一年的临时性、季节性用工。

【国有经济单位职工】 指在各级国有经济单位工作，并由其支付工资的各类人员。

【城镇集体经济单位职工】 指在城镇集体经济单位及其管理部门中工作，并由其支付工资的各类人员。

【其他各种经济类型单位职工】 指在城镇的联营经济、股份制经济、外商投资经济、港、澳、台投资经济及其他经济单位工作，并由其付工资的人员。

【其他从业人员】 各单位其他从业人员是指劳动统计制度规定不作职工统计，但实际参加各单位生产或工作并取得劳动报酬的人员。包括再就业的离退休人员、民办教师以及在各单位中工作的外方人员和港、澳、台方人员。全社会其他从业人员还包括宗教职业者。

【城镇私营企业和个体从业人员】 指在工商行政管理部门登记和批准并领取营业执照的城镇私营企业或个体经营者所经营的机构中劳动并领取劳动报酬的帮工、学徒、雇佣人员，以及直接参加生产经营管理活动，并从生产经营的盈利中取得劳动收入的私营业主和个体户主。包括离退休后在私营企业从业或从事个体劳动的人员，但不包括个体经营者所经营的机构中户口在农村的人员。

【乡村劳动力】 指劳动年龄内的乡村人口中实际参加各种行业劳动并取得实物或货币收入的劳动力人数。包括在农村从事个体劳动，以及在私营企业、乡镇企业工作的人员，但不包括外出合同工、临时工。

【城镇失业人员】 指有非农业户口，在劳动年龄以内，有劳动能力无业而要求就业，并在当地就业服务机构进行求职登记的人员。包括失业青年、失业职工和其他失业人员。

【城镇失业率】 是城镇失业人数同城镇从业人数加城镇失业人数之比。计算公式为：

$$\text{城镇失业率}=\frac{\text{城镇失业人数}}{\text{城镇从业人数}+\text{城镇失业人数}}\times 100\%$$

这一指标反映了一定时期内城镇可能参加社会劳动的人数中，实际失业人数的比重。

【非经济活动人口】 指劳动年龄内，有劳动能力，未参加或不要求参加社会经济活动的人口。包括16岁以上在校学生、待学人员、离退休后不再要求就业的人员，家务劳动者，无就业愿望的其他人员。

【从业人员劳动报酬】 指各单位在一定时期内直接支付给本单位全部从业人员的劳动报酬总额。包括职工工资总额和本单位其他从业人员劳动报酬两部分。

【职工工资总额】 指各单位在一定时期内直接支付给本单位全部职工的劳动报酬总额。包括：计时工资、计件工资、奖金、津贴和补贴、加班加点工资和其他工资。

职工工资总额的计算原则应以直接支付给职工的全部劳动报酬为依据。各单位支付给职工的劳动报酬以及其他根据有关规定支付的工资，不论是计入成本的还是不计入成本的，不论是以货币形式支付的还是以实物形式支付的，均应列入工资总额的计算范围。

【计时工资】 指按计时工资标准和工作时间支付给个人的劳动报酬，以及根据国家法律、法规和政策规定，因病、工伤、产假、计划生育假、婚丧假、事假、探亲假、定期休假、停工学习、执行国家或社会义务等原因按计时工资标准或计时工资标准的一定比例支付的工资。

【计件标准工资】 指实行计件工资制的单位，按照批准的计件单价和规定的劳动定额或工作量支付给计件工人的劳动报酬。

【奖金】 指支付给职工的超额劳动报酬和增收节支的劳动报酬。包括生产（业务）奖、节约奖、劳动竞赛奖、机关事业单位各类人员的年终一次性奖金、机关工人的奖金、体育运动员的平时训练奖、其他奖金等。

【计件超额工资】 指计件工人超额完成定额任务后所得的工资。即计件工人实得的全部计件工资减去应得的计件标准工资后的数额。某些企业的工人由于从事生产的工作物等级高于本人工资等级，因而其计件标准工资高于本人标准工资，其计件超额工资也应是全部工资减去应得的计件标准工资后的数额。

【津贴和补贴】 指为了补偿职工特殊或额外的劳动消耗和因其他特殊原因支付给职工的津贴，以及为了保证职工工资水平不受物价影响支付给职工的物价补贴。

【年功性津贴】 包括工龄工资、工龄津贴、教龄津贴和护士工龄津贴。

【物价补贴】 指为保证职工工资水平不受物价上涨或变动影响而支付的各种补贴，如副食品价格补贴（含肉类等价格补贴）、粮油、蔬菜等价格补贴、煤价补贴、房贴、水电贴、房改补贴以及提高煤炭价格后，部分地区实行的民有燃料和照明电价格补贴等。

【加班加点工资】 指对法定节假日和公休假日工作的职工以及在正常工作日以外延长工作时间的职工按规定支付的加班工资和加点工资。

【其他工资】 指其他根据国家规定支付的工资。如附加工资、保留工资以及调整工资补发的上年工资等。

【职工平均工资】 指企业、事业、机关单位的职工在一定时期内平均每人所得的货币工资总额。它表明一定时期职工工资收入的高低程度，是反映职工工资水平的主要指标。计算公式为：

$$\text{职工平均工资} = \frac{\text{报告期实际支付的全部职工工资总额}}{\text{报告期全部职工平均人数}}$$

【职工平均实际工资】 指扣除物价变动因素后的职工平均工资。计算公式：

$$\text{职工平均实际工资} = \frac{\text{报告期职工平均工资}}{\text{报告期城镇居民消费价格指数}}$$

【其他从业人员劳动报酬】 指各单位在一定时期内直接支付给本单位其他从业人员的全部劳动报酬。

【职工保险福利费用】 指企业、事业、机关单位在工资以外支付给职工个人以及用于集体的劳动保险和福利费用的总称。不包括用于职工的劳动保护费用，由保险福利费用开支的医务人员的工资，集体福利机构工作人员和病伤休息满六个月以上人员的工资。

【医疗卫生费】 指实行医疗保险企业的职工及供养的直系亲属的医疗费、医务经费、职工因工负伤就医路费以及住院伙食补助费等；卫生部门开支的机关事业单位职工的公费医疗经费；未实行医疗保险企业和未参加公费医疗的机关事业单位职工的医疗费。

【丧葬抚恤救济费】 指职工死亡的丧葬费、丧葬补助费和所遗供养直系亲属的抚恤费、救济费、生活补助费以及职工供养直系亲属死亡时的丧葬补助费等。

【职工生活困难补助】 指单位对于因各种原因造成的生活困难的职工，在经济上给予临时的或定期的补助，以保证其基本生活需要的一种福利制度。

【文体宣传费】 指企业、事业和机关单位实际支付的文娱体育宣传费，不包括学习费。

【集体福利事业设施费和集体福利事业补贴】 指对职工浴室、理发室、洗衣房、哺乳室、托儿所等集体福利设施各项支出与收入相抵后的差额补助费，以及职工所在单位为满足本单位职工的共同物质生活需要，按照国家规定开支的集体福利设施费用，如职工食堂炊事用具的购置费、修理费，职工宿舍的修缮费用等，但不包括由企业、事业、机关单位自筹经费开支的职工福利设施的基本建设费用。

【计划生育补贴】 指发给职工的独生子女补贴、保健费。

【冬季取暖补贴】 指按有关规定发给职工的冬季取暖补贴费。

【其他保险福利费】 指上述费用以外用于职工保险福利的支出，如防暑降温费、支付职工的探亲路费等。

【离休、退休、退职人员保险福利费用】 指社会保险管理机构或企业、事业、机关单位实际支付给离休、退休、退职人员的保险福利费用的总称。

【离休费】 指发给离休人员的工资和按1982年国务院发布的“关于老干部离职休养制度的几项规定”发给符合规定的离休干部相当1—2个月标准工资的生活补贴、1988年增发的生活补贴费以及发给离休人员的生活补贴和物价补贴。

【退休费】 指按照国家有关规定发给退休人员的退休费和1988年增发的生活补贴费以及发给退休人员的生活补贴和物价补贴。

【退职生活费】 指按照1978年国务院《关于工人退休退职的暂行办法》发给退职人员的生活费用和1988年增发的生活补贴费以及发给退职人员的生活补贴和物价补贴。

【医疗卫生费】 指离休、退休、退职人员的医疗费、住院费以及住院伙食补助等费用。

【交通费补贴】 指按月发给离休人员的交通费补贴。

【丧葬抚恤救济费】 指离休、退休、退职人员死亡的丧葬费、丧葬补助费和所遗供养直系亲属的抚恤费、救济费、生活补助费以及供养直系亲属死亡时的丧葬补助费等。

【其他保险福利费】 指上述费用以外，支付给离休、退休、退职人员的保险福利费，包括易地安置的离休、退休、退职人员的安家补贴费，离休、退休、退职人员的生活困难补助费以及护理费、书报费、洗理费、少数民族补贴和老干部活动经费开支的旅游费用等。

固定资产投资 4

资料整理人员：王兴华

4—1 全社会固定资产投资

单位:亿元

年份	总计	国有经济单位	基建	技改	房地产	专项及其他	其他经济单位
1978	33.58	33.19	31.15	2.04			
1979	31.53	30.86	27.42	3.44			
1980	35.50	34.19	29.44	4.75			
“六五”时期	**315.82**	**207.57**	**141.92**	**65.65**			
1981	33.48	29.51	23.05	6.46			
1982	48.83	34.46	25.46	9.00			
1983	56.13	36.69	24.47	12.00			
1984	74.47	45.25	28.21	14.65		2.39	
1985	102.91	61.66	40.73	18.36		2.58	
“七五”时期	**680.12**	**435.31**	**256.13**	**155.95**	**5.94**	**17.30**	
1986	111.44	66.42	42.84	22.53		1.05	
1987	140.08	85.32	51.78	30.14		3.39	
1988	160.46	102.21	58.87	39.41		3.93	
1989	123.70	81.01	45.86	30.56		4.59	
1990	144.44	100.35	56.78	33.30	5.94	4.34	
“八五”时期	**2 211.67**	**1 497.69**	**935.17**	**397.23**	**123.71**	**41.58**	**262.07**
1991	168.19	119.07	68.08	37.72	7.87	5.40	
1992	240.73	182.86	111.50	52.79	12.55	6.02	
1993	383.18	275.84	173.01	71.12	22.95	8.76	36.35
1994	593.07	401.16	249.53	107.37	34.42	9.84	90.46
1995	826.50	518.76	333.05	128.23	45.92	11.56	135.26

年份	集体经济单位	城镇	农村	城乡私人投资	城镇	农村
1978	0.39	0.39				
1979	0.67	0.67				
1980	1.31	1.31				
“六五”时期	**49.41**	**18.48**	**30.93**	**58.84**	**7.77**	**51.07**
1981	3.69	2.03	1.66	0.28	0.28	
1982	8.45	2.79	5.66	5.92	0.55	5.37
1983	8.84	2.95	5.89	10.60	0.88	9.72
1984	10.99	3.73	7.26	18.23	2.22	16.01
1985	17.44	6.98	10.46	23.81	3.84	19.97
“七五”时期	**94.18**	**44.05**	**50.13**	**150.64**	**33.88**	**116.76**
1986	15.89	7.36	8.53	29.13	6.27	22.86
1987	22.39	11.06	11.25	32.45	7.90	24.55
1988	24.60	12.81	11.80	33.64	8.70	24.94
1989	15.78	6.82	8.96	26.91	6.13	20.78
1990	15.59	6.00	9.59	28.50	4.88	23.62
“八五”时期	**190.04**	**81.32**	**108.72**	**261.87**	**79.14**	**182.73**
1991	19.49	8.35	11.14	29.63	5.16	24.47
1992	22.52	11.86	10.66	35.35	7.79	27.56
1993	30.62	15.41	15.21	40.37	9.88	30.49
1994	44.83	18.97	25.86	56.62	15.08	41.54
1995	72.58	26.73	45.85	99.90	41.23	58.67

4—2 全社会各种分组固定资产投资

单位:亿元

项目	全省				#地方			
	"八五"时期合计	1990年	1994年	1995年	"八五"时期合计	1990年	1994年	1995年
总计	**2 211.67**	**144.44**	**593.07**	**826.50**	**1 580.56**	**110.00**	**410.59**	**563.88**
一、按经济类型分								
国有经济单位	1 497.69	100.35	401.16	518.76	906.42	66.18	237.06	276.35
基本建设	935.17	56.78	249.53	333.05	509.33	34.24	135.36	151.16
技术改造	397.23	33.30	107.37	128.23	252.35	24.68	61.81	73.48
其他投资	41.58	4.34	9.84	11.56	28.39		7.15	8.05
房地产开发	123.71	5.94	34.42	45.92	116.35	4.14	32.74	43.66
集体经济单位	190.04	15.59	44.83	72.58	188.86	15.32	44.71	72.14
城镇	71.79	6.00	16.77	20.44	70.83	5.73	16.74	20.13
农村	108.72	9.59	25.86	45.85	108.72	9.59	25.86	45.85
房地产开发	9.53		2.20	6.29	9.31		2.11	6.16
其他经济单位	262.07		90.46	135.26	223.42		72.21	115.49
#基本建设	78.00		32.78	33.28	40.77		15.05	14.20
技术改造	45.41		14.81	22.70	45.18		14.77	22.51
房地产开发	121.69		39.57	68.92	120.58		39.09	68.50
私人投资	261.87	28.50	56.62	99.90	261.87	28.50	56.62	99.90
城镇私人建房	79.14	4.88	15.08	41.23	79.14	4.88	15.08	41.23
农村私人建房	182.73	23.62	41.54	58.67	182.73	23.62	41.54	58.67
二、按用途分								
物质生产性建设	1 469.75	92.39	397.34	553.95	918.06	65.25	235.01	321.63
非物质生产性建设	741.92	52.05	195.73	272.55	662.50	44.75	175.58	242.25
#住宅	447.61	34.98	121.32	156.91	406.96	31.22	110.52	143.97
三、按构成分								
建筑安装工程	1 300.95	92.64	361.89	454.40	972.09	73.58	261.27	330.45
设备、工具、器具购置	606.68	41.02	146.12	248.51	429.78	29.31	99.72	170.75
其他	304.04	10.78	85.06	123.59	178.69	7.11	49.6	62.68
四、按资金来源分								
国家预算内投资	182.49	11.38	61.57	56.43	38.28	5.60	8.39	9.91
国内贷款	550.58	22.22	167.07	192.72	378.09	17.52	106.51	112.41
利用外资	170.30	4.79	38.90	87.33	128.30	2.50	30.75	60.52
煤代油投资	3.43	0.09			0.01	0.01		
自筹投资	856.41	92.96	221.96	305.52	622.65	75.60	169.43	207.33
其他投资	448.46	13.00	103.57	184.5	413.23	8.77	95.51	173.71

4—3 全社会固定资产投资主要指标

（1995年）

单位：亿元

项目	总计	第一产业	第二产业	第三产业	# 商业、运输邮电
全省总计	**826.50**	**27.22**	**401.69**	**397.59**	**105.12**
一、国有经济单位	**518.76**	**8.35**	**303.28**	**209.69**	**93.66**
基本建设	333.05	7.42	211.32	114.31	57.35
技术改造	128.23	0.16	88.08	39.99	33.37
专项及其他	11.56	0.77	3.88	6.91	2.94
房地产开发	45.92			45.92	
二、集体经济单位	**72.58**	**5.03**	**39.86**	**28.17**	**8.23**
城镇	20.44	0.17	14.42	6.33	3.00
农村	45.85	4.86	25.44	15.55	5.23
房地产开发	6.29			6.29	
三、其他经济单位	**135.26**	**0.05**	**58.55**	**76.93**	**3.23**
# 基本建设	33.28	0.03	28.26	5.25	2.12
技术改造	22.70		21.50	1.21	1.07
房地产开发	68.90			68.90	
四、私人投资	**99.90**	**13.79**		**86.11**	
城镇私人投资	41.23			41.23	
农村私人投资	58.67	13.79		44.88	

项目	建筑工程	安装工程	设备工器具购置	其他	本年新增固定资产
全省总计	**406.03**	**48.37**	**248.51**	**123.59**	**478.37**
一、国有经济单位	**238.75**	**37.80**	**153.43**	**88.77**	**322.20**
基本建设	170.24	22.32	74.19	66.29	203.72
技术改造	28.57	13.28	72.39	13.99	80.31
专项及其他投资	5.58	0.48	4.62	0.87	11.01
房地产开发	34.36	1.72	2.23	7.61	27.16
二、集体经济单位	**37.47**	**2.78**	**25.03**	**7.31**	**56.39**
城镇	9.83	0.70	8.51	1.41	15.50
农村	23.73	1.92	16.43	3.77	38.52
房地产开发	3.91	0.16	0.09	2.13	2.37
三、其他经济单位	**63.79**	**7.79**	**36.16**	**27.53**	**40.77**
# 基本建设	10.95	1.66	13.99	6.69	10.11
技术改造	3.95	2.54	14.28	1.94	11.64
房地产开发	46.80	2.61	2.15	17.36	15.73
四、私人投资	**66.02**		**33.88**		**99.90**
城镇私人投资	21.14		20.10		41.24
农村私人投资	44.88		13.78		58.67

4—4 全社会按资金来源分的固定资产投资

单位:亿元

年份	全省合计	国家投资	国内贷款	利用外资	煤代油	自筹投资	其他
1978	33.58	25.94	0.14			6.06	1.44
1979	31.53	19.27	0.33			10.21	1.72
1980	35.50	14.56	4.16	0.33		14.80	1.65
“六五”时期	**315.82**	**47.88**	**67.90**	**1.28**	**7.57**	**178.26**	**12.93**
1981	33.48	9.51	7.73	0.41		13.83	2.00
1982	48.83	7.96	9.81	0.21	2.38	26.85	1.62
1983	56.13	8.85	9.86	0.06	3.53	32.68	1.15
1984	74.47	10.57	15.64	0.37	1.32	42.63	3.94
1985	102.91	10.99	14.86	0.23	0.34	62.27	4.22
“七五”时期	**680.12**	**61.15**	**24.56**	**12.34**	**1.59**	**437.57**	**42.91**
1986	111.44	13.04	24.13	0.68	0.43	69.80	3.36
1987	140.08	14.03	29.97	1.50	0.51	86.60	7.47
1988	160.46	12.78	31.68	3.31	0.44	102.70	9.55
1989	123.70	9.92	16.56	2.06	0.12	85.51	9.53
1990	144.44	11.38	22.22	4.79	0.09	92.96	13.00
“八五”时期	**2 211.67**	**182.49**	**550.58**	**170.30**	**3.43**	**856.41**	**448.46**
1991	168.19	11.81	37.97	5.25	0.56	74.83	37.77
1992	240.73	12.78	63.50	14.64	2.87	97.09	49.85
1993	383.18	39.90	89.32	24.18		157.01	72.77
1994	593.07	61.57	167.07	38.90		221.96	103.57
1995	826.50	56.43	192.72	87.33		305.52	184.50

年份	地方合计	国家投资	国内贷款	利用外资	煤代油	自筹投资	其他
1978	14.89	7.87	0.14			5.47	1.41
1979	16.68	6.27	0.33			8.40	1.68
1980	19.53	4.10	3.38	0.02		11.10	0.93
“六五”时期	**222.77**	**16.32**	**50.14**	**0.73**	**0.15**	**144.44**	**10.99**
1981	17.54	2.73	4.19	0.19		9.43	1.00
1982	32.49	2.75	7.01	0.04		21.07	1.62
1983	38.26	3.48	8.29		0.01	25.38	1.10
1984	53.45	3.60	11.55	0.27	0.02	34.78	3.23
1985	81.03	3.76	19.10	0.23	0.12	53.78	4.04
“七五”时期	**537.95**	**24.10**	**108.33**	**9.63**	**0.58**	**361.80**	**33.51**
1986	88.90	4.33	19.65	0.52	0.14	61.02	3.24
1987	112.45	5.09	26.31	1.37	0.17	72.98	6.53
1988	131.26	5.06	30.46	3.32	0.14	84.56	7.72
1989	95.34	4.02	14.39	1.92	0.12	67.64	7.25
1990	110.00	5.60	17.52	2.50	0.01	75.60	8.77
“八五”时期	**1 520.56**	**38.28**	**378.09**	**128.30**	**0.01**	**622.65**	**413.23**
1991	131.06	6.39	30.78	3.48		54.35	36.06
1992	187.01	5.79	52.51	11.24	0.01	74.30	43.16
1993	288.02	7.80	75.88	22.31		117.24	64.79
1994	410.59	8.39	106.51	30.75		169.43	95.51
1995	563.88	9.91	112.41	60.52		207.33	173.71

4—5　全社会按国民经济行业分的固定资产投资

单位:亿元

行　　业	全	省		#地		方
	1993年	1994年	1995年	1993年	1994年	1995年
总　　计	**383.18**	**593.07**	**826.50**	**288.02**	**410.59**	**563.88**
农、林、牧、渔业	8.86	12.05	21.88	8.86	12.03	21.86
采掘业	13.88	19.94	8.86	8.14	15.44	4.26
制造业	122.18	168.70	242.10	105.35	126.10	204.73
电力、煤气及水的生产和供应业	46.86	104.71	142.10	17.96	25.17	11.47
建筑业	4.18	9.14	8.64	2.21	6.61	4.75
地质勘查业、水利管理业	2.75	3.87	6.34	1.58	2.35	4.43
交通运输、仓储及邮电通讯业	56.31	72.43	86.34	22.14	33.48	21.96
批发和零售贸易、餐饮业	14.94	17.07	18.78	14.40	15.52	16.16
金融、保险业	2.66	4.44	8.30	0.57	0.77	0.16
房地产业	38.17	77.96	123.50	37.05	75.68	120.68
社会服务业	9.99	17.60	17.37	9.61	16.01	16.97
卫生、体育和社会福利业	3.72	4.14	4.58	3.65	3.78	4.19
教育、文化艺术及广播电影电视业	10.69	13.73	21.27	9.24	12.04	18.86
科学研究和综合技术服务业	1.17	1.90	2.67	0.51	0.61	0.71
国家机关、政党机关和社会团体	9.61	13.33	19.59	9.58	13.14	19.19
其他行业	37.21	52.06	94.19	37.17	51.86	93.50

4—6　全社会按用途分的固定资产投资

单位:亿元

年　　份	全	省		#地		方
	生产性建设	非生产性建设	#住　　宅	生产性建设	非生产性建设	#住　　宅
1978	27.78	5.80	2.73	11.40	3.49	1.85
1979	23.51	8.02	4.54	11.44	5.24	3.15
1980	24.57	10.93	6.78	11.75	7.78	4.96
"六五"时期	**180.40**	**135.42**	**91.24**	**113.11**	**109.66**	**78.41**
1981	22.60	10.88	6.94	10.28	7.26	4.82
1982	27.54	21.29	14.55	15.74	16.75	12.11
1983	30.51	25.62	17.05	17.66	20.60	14.39
1984	42.84	31.63	21.83	27.56	25.89	19.19
1985	56.91	46.00	30.87	41.87	39.16	27.90
"七五"时期	**419.74**	**260.38**	**174.64**	**312.30**	**225.65**	**159.11**
1986	61.12	50.32	32.77	45.22	43.68	30.56
1987	84.45	55.63	37.81	64.57	47.88	34.37
1988	104.10	56.36	38.07	81.60	49.66	35.16
1989	77.68	46.02	31.01	55.66	39.68	27.80
1990	92.39	52.05	34.98	65.25	44.75	31.22
"八五"时期	**1 469.75**	**741.92**	**449.68**	**918.06**	**662.50**	**409.03**
1991	110.63	57.56	39.61	81.03	50.03	35.56
1992	160.45	80.28	52.07	114.92	72.09	46.71
1993	247.38	135.80	77.70	165.47	122.55	70.20
1994	397.34	195.73	121.32	235.01	175.58	110.52
1995	553.95	272.55	158.98	321.63	242.25	146.04

4—7　全社会按构成分的投资额

单位:亿元

年　　份	全	省		#地	方	
	建筑安装工　　程	设备工具器具购置	其他投资	建筑安装工　　程	设备工具器具购置	其他投资
1978	20.30	9.98	3.30	9.89	4.51	0.48
1979	20.90	8.94	1.69	11.18	4.92	0.58
1980	23.85	9.76	1.89	14.01	4.55	0.97
“六五”时期	**216.19**	**83.11**	**16.52**	**155.63**	**59.71**	**7.42**
1981	22.80	9.08	1.60	12.31	4.54	0.67
1982	36.30	10.67	1.86	25.00	6.76	0.73
1983	40.54	13.05	2.54	28.63	8.70	0.93
1984	49.01	21.65	3.81	35.04	16.69	1.72
1985	67.53	28.67	6.71	54.64	23.00	3.39
“七五”时期	**434.43**	**19.56**	**50.14**	**52.24**	**152.75**	**32.96**
1986	72.40	31.24	7.84	60.18	23.91	4.81
1987	86.83	40.54	12.71	71.79	32.83	7.83
1988	100.58	49.28	10.60	82.40	41.51	7.35
1989	81.98	33.51	8.21	64.30	25.19	5.86
1990	92.64	41.02	10.78	43.58	29.31	7.11
“八五”时期	**1 300.95**	**606.68**	**304.04**	**972.09**	**429.78**	**178.69**
1991	108.07	45.11	15.01	86.74	33.68	10.64
1992	149.34	68.03	23.36	119.61	51.46	15.94
1993	227.25	98.91	57.02	174.02	74.17	39.83
1994	361.89	146.12	85.06	261.27	99.72	49.6
1995	454.40	248.51	123.59	330.45	170.75	62.68

4—8　全社会按三次产业划分的投资额

单位:亿元

年　　份	全	省		#地	方	
	第一产业	第二产业	第三产业	第一产业	第二产业	第三产业
1978	2.24	25.10	26.24	2.24	8.80	3.85
1979	2.48	21.07	7.87	2.48	8.76	5.44
1980	2.11	22.75	10.64	2.03	9.98	7.52
“六五”时期	**24.77**	**155.02**	**136.03**	**24.05**	**83.83**	**114.89**
1981	1.72	21.55	10.21	1.64	8.71	7.19
1982	3.28	25.32	20.22	3.16	12.38	16.95
1983	2.91	27.16	26.06	2.86	13.05	22.35
1984	8.48	33.57	32.42	8.30	18.20	26.95
1985	8.37	47.42	47.12	8.09	31.48	41.46
“七五”时期	**49.76**	**335.53**	**294.83**	**47.24**	**245.00**	**245.71**
1986	7.89	50.33	53.22	7.40	34.88	46.62
1987	9.52	70.17	60.39	9.07	52.40	50.98
1988	11.11	85.76	63.59	10.53	67.14	53.59
1989	9.08	61.86	52.76	8.63	44.28	42.43
1990	12.16	67.41	64.87	11.61	46.30	52.09
“八五”时期	**78.98**	**1 074.06**	**1 058.63**	**73.75**	**650.30**	**856.73**
1991	12.48	77.95	77.76	12.12	54.74	64.23
1992	12.42	121.00	107.31	11.04	87.24	88.92
1993	11.89	170.93	200.36	10.10	114.05	163.87
1994	14.97	302.49	275.61	14.38	173.32	222.89
1995	27.22	401.69	397.59	26.11	220.95	316.82

4—9 建设项目计划总投资及完成情况

（1995 年）

单位：亿元

项目	计划总投资	自开始建设累计完成投资	#本年完成投资	#累计新增固定资产	#未完工程累计完成投资	全部建成尚需投资	未完工程占用率（%）
全省总计	**3 387.68**	**1 512.59**	**826.50**	**751.06**	**684.92**	**1 875.09**	**82.9**
一、国有经济单位	**2 317.75**	**1 048.55**	**518.76**	**530.75**	**467.96**	**1 269.20**	**90.2**
基本建设	1 794.45	711.51	333.05	327.18	349.74	1 082.94	105.0
技术改造	290.47	220.66	128.23	133.89	75.54	69.81	58.9
其他投资	14.78	15.01	11.56	14.02	0.45		3.9
房地产开发	218.05	101.37	45.92	55.66	42.23	116.68	92.0
二、集体经济单位	**125.03**	**82.18**	**72.58**	**59.37**	**13.92**	**42.85**	**19.2**
城镇	35.78	26.56	20.44	17.84	7.52	9.22	36.8
农村	66.86	45.85	45.85	38.53		21.01	
房地产开发	22.39	9.77	6.29	3.00	6.40	12.62	101.7
三、其他经济单位	**845.00**	**281.96**	**135.26**	**61.04**	**203.04**	**563.04**	**150.1**
# 基本建设	243.69	81.25	33.29	15.85	62.50	162.44	187.7
技术改造	54.60	35.89	22.70	17.86	15.98	18.71	70.4
房地产开发	524.82	150.45	68.92	22.71	115.61	374.37	167.7
四、私人投资	**99.90**	**99.90**	**99.90**	**99.90**			
城镇私人建房	21.14	21.14	21.14	21.14			
城镇私人生产性投资	20.10	20.10	20.10	20.10			
农村私人建房	44.88	44.88	44.88	44.88			
农村私人生产性投资	13.79	13.79	13.79	13.79			
地方总计	**1 728.30**	**963.86**	**563.88**	**504.86**	**397.77**	**764.44**	**70.5**
一、国有经济单位	**846.82**	**551.83**	**276.35**	**289.63**	**225.88**	**294.99**	**81.7**
基本建设	453.34	314.29	151.16	151.97	133.04	139.05	88.0
技术改造	181.30	129.55	73.48	73.41	52.99	51.75	72.1
其他投资	10.89	11.47	8.05	10.62	0.42		5.2
房地产开发	201.29	96.52	43.66	53.63	39.43	104.77	90.3
二、集体经济单位	**123.67**	**81.55**	**72.14**	**59.12**	**13.55**	**42.12**	**18.8**
城镇	35.28	26.13	20.13	17.59	7.35	9.15	36.5
农村	66.86	45.85	45.85	38.53		21.01	
房地产开发	21.53	9.57	6.16	3.00	6.20	11.96	100.6
三、其他经济单位	**657.91**	**230.58**	**115.49**	**56.21**	**158.34**	**427.33**	**137.1**
# 基本建设	59.32	31.12	14.20	11.59	18.48	28.20	130.1
技术改造	54.28	35.59	22.51	17.57	15.97	18.69	70.9
房地产开发	522.86	149.84	68.50	22.71	115.00	373.02	167.9
四、私人投资	**99.90**	**99.90**	**99.90**	**99.90**			
城镇私人建房	21.14	21.14	21.14	21.14			
城镇私人生产性投资	20.10	20.10	20.10	20.10			
农村私人建房	44.88	44.88	44.88	44.88			
农村私人生产性投资	13.79	13.79	13.79	13.79			

4—10 全社会固定资产投资新增主要生产能力(或效益)

生产能力名称	单位	1990年	1991年	1992年	1993年	1994年	1995年
铁矿开采	万吨/年			5.00	11.00	22	40
炼钢	万吨/年	6.75	123.40	6.30	32.00	11	9
铁合金	吨/年	13 492	2 160		200	2 000	6 000
铜电解	吨/年		15 000			25 020	
铜加工	吨/年	2 000	5 260	160		420	
铝电解	吨/年	4 900	1 500		600	10 500	7 800
煤炭开采	万吨/年	26.00	15.00	19.00	11.00	11.00	14.00
硫铁矿开采	万吨/年		2.00	3.00			
磷矿开采	万吨/年	98.00	25.00	83.00			252
合成氨	万吨/年	10.00	10.50	5.40	2.75	9	3.5
化肥(折合量)	吨/年	111 638	219 254	132 100	348 000	261 871	1 085 500
化学农药	吨/年	3 162	5 010	13 500	655	7 100	12 195
发电机组容量	万千瓦	42.98	38.59	6.05	164	100	24
#水电	万千瓦	1.75	3.34	2.05	93	65	16
火电	万千瓦	41.20	33.60	4.00	70	35	8
输电线路(11万伏及以上)	公里	955.47	449.36	221.64	717	436	234
变电设备(11万伏及以上)	万千伏安	234.51	76.15	84.30	185	75	59
汽车制造	辆/年	556	1 500	5 200	15 300	8 600	6 850
#载货汽车	辆/年		1 300	3 300	4 200	7 200	4 200
金属切削机床制造	台/年	276	736	50	4 916	480	926
水泥	万吨/年	37.70	38.64	58.20	122	132	314
化学纤维	吨/年	2 300	2 000		3 000	7 000	3 400
棉纺锭	万锭	6.87	9.57	8.73	9	113	23
棉布织机	台	581	534	493	972	364	2 043
毛纺锭	万锭	0.18	0.42		0.83	0.76	0.32
卷烟	万箱/年	47.10	3.00	17.00	47	12	44
酒	万吨/年	0.76	2.15	3.92	8.21	6.47	14.84
#啤酒	万吨/年		0.90	2.42	6.70	5.3	14.03
原盐	万吨/年	15	46	1.00	45		
机制纸及纸板	万吨/年	6.38	7.53	3.42	8	3	15
新扩建港口码头年吞量	万吨	478	312	321.08	43	548	965
船舶购置	吨	6 418	7 015	7 058	1 417	12 204	15 615
	艘	23	14	21	11	32	32
新改建公路	公里	938	528.99	754.78	929	1 461	2 033
汽车购置	辆	820	900	1 401	740	943	3 757
#载货汽车	辆	380	295	433	229	320	1 180

4—10 续表

生产能力名称	单位	1990年	1991年	1992年	1993年	1994年	1995年
长途电缆	延长公里	118	70	206	1 562	562	2 058
市内电话自动交换机	门	39 028	88 600	97 576	326 105	606 228	964 164
水库容量(总库容)	万立方米	1 000	1 200	9 300	60 000		10 000
有效灌溉面积	万亩	139.33	77.03	46.19	72	39	12
商业、物资石油库	万立方米	10.02	0.17	5.32	9	112	
商业冷藏库	万吨	0.18	0.10	0.47			
粮食仓库	万立方米	19.72	53.18	12.91	5.21	1.30	1.71
	万公斤	42 089	107 033	37 420	10 955	2 050	6 330
商业饮食服务网点	处	270	331	642	1 571	523	230
	万平方米	26.92	34.05	82.96	76.59	65.28	33.16
高等院校学生席位	个	14 101	4 240	3 557	11 450	150	11 804
中等学校学生席位	个	15 874	134 992	125 058	94 849	72 199	123 544
小学学生席位	个	32 862	35 175	39 039	46 108	44 696	55 269
医院病床床位	张	5 263	5 937	4 319	3 815	3 733	3 385
自来水供水能力	万吨/日	57.18	44.58	48.57	68	81	37

4—11 全社会竣工房屋建筑面积及竣工率

年份	施工面积(万平方米)	#住宅	竣工面积(万平方米)	#住宅	竣工率(%)	#住宅
1978	1 343.27	513.20	666.76	280.16	49.6	54.6
1979	1 569.62	752.11	819.71	416.24	52.2	55.3
1980	1 951.16	1 004.17	1 024.51	586.27	52.5	58.4
"六五"时期						
1981	1 826.88	1 050.13	1 071.61	699.74	58.7	66.6
1982	5 963.92	4 189.18	4 991.87	3 720.32	83.7	88.8
1983	7 195.21	5 305.72	6 373.71	4 951.10	88.6	93.3
1984	7 253.40	5 174.27	6 364.19	4 821.51	87.7	93.2
1985	8 079.90	5 965.71	6 899.59	5 434.20	85.4	91.1
"七五"时期						
1986	8 760.15	6 686.78	7 754.53	6 308.96	88.5	94.3
1987	7 922.23	5 684.88	6 803.61	5 233.59	85.9	92.1
1988	7 225.98	4 892.04	6 060.44	4 484.69	83.9	91.7
1989	5 250.24	3 590.22	4 414.47	3 301.59	84.1	91.9
1990	5 103.48	3 507.53	4 169.12	3 058.40	81.7	87.2
"八五"时期						
1991	5 300.98	3 652.67	4 211.39	3 157.13	79.5	86.4
1992	5 954.84	4 066.51	4 621.87	3 383.72	77.6	83.2
1993	5 807.24	3 540.57	4 050.56	2 798.42	69.8	79.0
1994	7 158.68	4 476.46	4 916.24	3 482.20	68.7	77.8
1995	8 294.84	5 304.79	5 603.20	3 737.81	67.6	70.5

4—12　国有经济单位按国民经济行业分的固定资产投资

单位:亿元

行　　业	全省 1993年	全省 1994年	全省 1995年	#地方 1993年	#地方 1994年	#地方 1995年
总　　计	**275.84**	**401.16**	**518.76**	**181.32**	**237.06**	**276.35**
一、农、林、牧、渔业	**2.39**	**2.52**	**3.80**	**2.39**	**2.51**	**3.78**
农　业	1.15	1.15	1.78	1.15	1.15	1.78
林　业	0.30	0.27	0.38	0.30	0.26	0.38
畜 牧 业	0.19	0.10	0.29	0.19	0.10	0.29
渔　业	0.17	0.11	0.15	0.17	0.11	0.15
农林牧渔服务业	0.58	0.88	1.20	0.58	0.88	1.18
二、采 掘 业	**13.28**	**18.84**	**7.62**	**7.63**	**14.34**	**3.03**
煤炭采选业	0.24	0.44	0.56	0.24	0.44	0.56
石油和天然气开采业	3.56	3.69	3.77			
黑色金属矿采选业	0.30	0.39	0.34	0.30	0.39	0.34
有色金属矿采选业	1.12	1.18	2.21	0.44	0.64	1.39
非金属矿采选业	7.91	13.03	0.63	6.50	12.75	0.63
其他矿采选业		0.01	0.13	0.02	0.01	0.13
木材及竹材采选业	0.13	0.08	0.05	0.13	0.08	0.05
三、制 造 业	**83.41**	**101.87**	**153.33**	**66.58**	**74.00**	**130.11**
食品加工业	2.12	1.44	1.93	2.12	1.42	1.93
食品制造业	0.45	0.72	0.46	0.44	0.72	0.46
饮料制造业	1.95	1.45	1.16	1.95	1.45	1.16
烟草加工业	3.30	3.82	4.73	3.29	3.18	4.39
纺 织 业	4.26	3.57	5.19	4.21	3.56	5.18
服装及其他纤维制品制造业	0.32	0.10	0.03	0.32	0.10	0.03
皮革、毛皮、羽绒及其制品业	0.08	0.11	0.05	0.08	0.11	0.05
木材加工及竹、藤、棕、草制品业	0.14	0.51	0.67	0.11	0.49	0.63
家具制造业	0.03	0.01	0.02	0.03	0.01	0.02
造纸及纸制品业	1.91	0.88	1.51	1.91	0.88	1.51
印刷业、记录媒介的复制	0.56	0.43	1.03	0.56	0.43	1.02
文教体育用品制造业	0.02			0.02		
石油加工及炼焦业	3.08	8.23	6.80	0.06	0.06	0.55
化学原料及化学制品制造业	5.14	6.11	23.25	5.06	6.00	23.13
医药制造业	1.69	1.36	1.17	1.48	1.19	0.87
化学纤维制造业	1.49	1.10	1.22	1.49	1.10	1.22
橡胶制品业	1.20	0.37	1.45	1.11	0.27	1.40
塑料制品业	0.21	0.88	1.34	0.21	0.88	1.34
非金属矿物制品业	5.20	7.31	6.24	4.24	4.52	4.01
黑色金属冶炼及压延加工业	18.85	32.86	67.88	17.39	32.51	67.60
有色金属冶炼及压延加工业	2.43	2.51	2.07	1.49	1.00	0.71
金属制品业	0.98	0.85	0.84	0.69	0.69	0.82
普通机械制造业	3.39	4.80	3.00	2.87	4.10	2.32

4—12 续表 1

单位:亿元

行业	全省			#地方		
	1993年	1994年	1995年	1993年	1994年	1995年
专用设备制造业	2.11	2.20	2.59	0.87	1.09	1.28
交通运输设备制造业	18.79	15.36	13.04	11.59	4.88	4.83
武器弹药制造业		0.09	0.10			
电气机械及器材制造业	1.77	1.87	1.12	1.44	1.32	1.05
电子及通信设备制造业	1.00	1.61	1.72	0.82	1.04	0.84
仪器仪表及文化、办公用机械制造业	0.25	0.52	1.04	0.17	0.28	0.14
其他制造业	0.68	0.81	1.68	0.56	0.72	1.63
四、电力、煤气及水的生产和供应业	**46.30**	**101.45**	**135.19**	**17.41**	**23.39**	**18.88**
电力、蒸汽、热水的生产和供应业	43.02	98.00	130.67	14.13	19.94	4.37
煤气生产和供应业	1.15	1.81	1.29	1.15	1.81	1.29
自来水的生产和供应业	2.13	1.64	3.23	2.13	1.64	3.23
五、建筑业	**3.80**	**8.10**	**7.13**	**1.84**	**5.56**	**3.26**
土木工程建筑业	3.56	7.91	6.87	1.69	5.39	3.16
线路、管道和设备安装业	0.10	0.11	0.21	0.02	0.08	0.03
装修装饰业	0.14	0.09	0.06	0.13	0.09	0.06
六、地质勘查业、水利管理业	**2.72**	**3.69**	**5.56**	**1.55**	**2.17**	**3.65**
地质勘查业	0.70	1.07	1.01	0.11	0.12	0.18
水利管理业	2.02	2.62	4.54	1.44	2.05	3.47
七、交通运输、仓储及邮电通讯业	**55.49**	**71.09**	**83.37**	**21.32**	**32.13**	**19.57**
铁路运输业	10.98	4.08	13.47	0.01	0.02	0.14
公路运输业	12.52	14.82	10.00	12.43	14.77	10.00
管道运输业	0.03			0.03		
水上运输业	1.37	1.68	2.12	0.70	0.92	0.37
航空运输业	7.17	4.40	2.50	0.55	1.69	
交通运输辅助业	4.52	9.34	7.42	4.26	8.21	6.55
其他交通运输业	2.18	2.67	2.43	2.13	2.35	1.94
仓储业	0.49	0.61	0.65	0.30	0.36	0.59
邮电通信业	16.23	33.50	44.79	0.92	3.82	
八、批发和零售贸易、餐饮业	**8.83**	**9.05**	**10.29**	**8.30**	**7.50**	**7.91**
食品、饮料、烟草和家庭日用品批发业	2.40	2.22	3.64	2.29	2.19	2.66
能源材料和机械电子设备批发业	1.47	2.67	2.90	1.07	1.23	1.16
其他批发业	0.60	0.81	0.21	0.58	0.75	0.02
零售业	4.23	3.11	3.37	4.23	3.09	2.90
商业经纪与代理业	0.07	0.06	0.06	0.07	0.06	0.06
餐饮业	0.08	0.18	0.11	0.07	0.18	0.11
九、金融、保险业	**2.52**	**4.25**	**8.10**	**0.43**	**0.60**	**0.12**
金融业	2.22	3.84	7.55	0.34	0.59	0.12
保险业	0.30	0.41	0.66	0.09	0.01	

4—12 续表 2

单位:亿元

行业	全省			#地方		
	1993年	1994年	1995年	1993年	1994年	1995年
十、房地产业	**23.95**	**35.76**	**47.70**	**23.04**	**34.06**	**45.43**
房地产开发与经营	23.31	35.15	47.57	22.41	33.47	45.31
房地产管理业	0.63	0.58	0.13	0.63	0.58	0.13
房地产经纪与代理业	0.01	0.03		0.01	0.02	
十一、社会服务业	**8.07**	**13.14**	**10.76**	**8.02**	**13.11**	**10.69**
公共设施服务业	5.68	10.62	8.13	5.68	10.62	8.13
居民服务业	0.03	0.05	0.48	0.03	0.05	0.48
旅馆业	1.90	1.92	1.19	1.85	1.89	1.11
租赁服务业						
旅游业	0.07	0.09	0.28	0.07	0.09	0.28
娱乐服务业	0.20	0.28	0.15	0.20	0.28	0.15
信息咨询服务业	0.02	0.01	0.04	0.02	0.01	0.04
计算机应用服务业						
其他社会服务业	0.17	0.17	0.51	0.17	0.17	0.51
十二、卫生、体育和社会福利业	**3.56**	**3.96**	**4.42**	**3.49**	**3.61**	**4.08**
卫生	2.54	3.26	3.72	2.47	2.90	3.37
体育	0.82	0.50	0.24	0.82	0.50	0.24
社会福利保障业	0.20	0.20	0.47	0.08	0.21	0.47
十三、教育、文化艺术及广播电影电视业	**9.57**	**11.73**	**16.41**	**8.12**	**10.04**	**14.00**
教育	7.75	9.63	14.67	6.34	7.95	12.27
文化艺术业	1.29	1.51	1.15	1.25	1.51	1.15
广播电影电视业	0.53	0.59	0.59	0.53	0.59	0.59
十四、科学研究和综合技术服务业	**1.11**	**1.80**	**2.67**	**0.45**	**0.51**	**0.92**
科学研究业	0.82	1.31	2.15	0.17	0.13	0.53
综合技术服务业	0.29	0.49	0.52	0.28	0.38	0.39
十五、国家机关、政党机关和社会团体	**9.43**	**12.77**	**18.64**	**9.40**	**12.59**	**18.24**
国家机关	8.89	12.25	18.10	8.86	12.07	17.70
政党机关	0.43	0.46	0.28	0.43	0.46	0.28
社会团体	0.10	0.05	0.23	0.10	0.05	0.23
基层群众自治组织	0.01	0.01	0.03	0.01	0.01	0.03
十六、其他行业	**1.41**	**1.31**	**3.74**	**1.36**	**0.93**	**3.07**

4—13 国有经济单位按资金来源分的固定资产投资

单位:亿元

年份	全省合计	国家投资	国内贷款	利用外资	煤代油	自筹投资	其他
1978	33.19	25.84	0.11			5.60	1.44
1979	30.86	19.20	0.26			9.68	1.72
1980	34.19	14.46	3.80	0.33		13.95	1.65
"六五"时期	**207.57**	**47.39**	**48.44**	**1.15**	**7.65**	**93.64**	**9.37**
1981	28.51	9.39	6.53	0.41		11.53	1.65
1982	34.46	7.81	7.26	0.19	2.38	15.78	1.04
1983	36.69	8.77	7.05	0.06	3.53	16.93	0.34
1984	45.25	10.51	10.83	0.30	1.32	18.71	3.58
1985	61.66	10.91	16.77	0.20	0.33	30.69	2.76
"七五"时期	**435.31**	**60.5**	**89.72**	**10.79**	**1.59**	**241.78**	**30.87**
1986	66.42	12.98	17.16	0.52	0.43	33.51	1.79
1987	85.32	13.94	20.64	1.14	0.51	43.83	5.27
1988	102.21	12.67	22.25	2.94	0.44	57.36	6.55
1989	81.01	9.67	11.94	1.65	0.12	50.81	6.82
1990	100.35	11.31	17.73	4.54	0.09	56.24	10.44
"八五"时期	**1 497.69**	**180.96**	**416.07**	**101.19**	**3.43**	**686.77**	**109.27**
1991	119.07	11.67	31.51	4.57	0.56	65.66	5.10
1992	182.86	12.07	55.79	13.63	2.87	85.28	13.22
1993	275.84	38.54	68.42	15.73		128.58	24.57
1994	401.16	61.55	126.15	17.67		167.67	28.12
1995	518.76	57.13	134.20	49.59		239.58	38.26

年份	地方合计	国家投资	国内贷款	利用外资	煤代油	自筹投资	其他
1978	14.50	7.75	0.10			5.21	1.44
1979	16.01	6.21	0.26			7.86	1.68
1980	18.22	3.99	3.02	0.02		10.25	0.94
"六五"时期	**114.58**	**15.83**	**30.68**	**0.62**	**0.14**	**59.87**	**7.45**
1981	13.57	2.62	12.98	0.18		7.14	0.65
1982	18.12	2.60	4.46	0.03		10.00	1.03
1983	18.82	3.40	5.48			9.63	0.31
1984	24.24	3.53	6.74	0.21	0.02	10.85	2.89
1985	39.83	3.67	11.02	0.20	0.12	22.25	2.57
"七五"时期	**293.85**	**23.51**	**73.50**	**8.10**	**0.58**	**166.70**	**21.46**
1986	43.88	4.26	12.67	0.38	0.14	24.77	1.66
1987	57.82	5.01	16.98	1.01	0.17	30.34	4.31
1988	73.17	4.95	21.04	2.94	0.14	39.37	4.73
1989	52.80	3.77	9.78	1.51	0.12	33.09	4.53
1990	66.18	5.52	13.03	2.26	0.01	39.13	6.23
"八五"时期	**906.42**	**34.32**	**264.44**	**69.39**	**0.01**	**462.12**	**76.14**
1991	82.48	6.26	24.32	2.80		45.69	3.41
1992	129.21	5.09	44.81	10.23	0.01	62.53	6.54
1993	181.32	6.43	55.38	13.95		88.89	16.67
1994	237.06	7.79	75.31	12.93		120.12	20.91
1995	276.35	8.75	64.62	29.48		144.89	28.61

4—14 国有经济单位按用途分的固定资产投资

单位:亿元

年份	全省			#地方		
	生产性建设	非生产性建设	#住宅	生产性建设	非生产性建设	#住宅
1978	27.47	5.72	2.70	11.10	3.40	1.82
1979	22.98	7.88	4.45	10.91	5.10	3.06
1980	23.50	10.69	6.58	10.69	7.53	4.76
"六五"时期	**133.70**	**73.87**	**40.51**	**66.46**	**48.12**	**27.69**
1981	19.79	9.72	6.12	7.48	6.09	4.00
1982	21.65	12.81	7.81	9.85	8.27	5.37
1983	23.58	13.11	7.28	10.73	8.09	4.62
1984	30.24	15.01	7.38	14.96	9.28	4.74
1985	38.44	23.22	11.92	23.44	16.39	8.96
"七五"时期	**319.68**	**115.63**	**52.97**	**212.58**	**81.27**	**37.71**
1986	44.60	21.82	9.05	28.71	15.17	6.85
1987	61.27	24.05	10.94	41.44	16.38	7.57
1988	77.94	24.27	10.89	55.50	17.67	8.04
1989	60.84	20.17	9.47	38.89	13.91	6.32
1990	75.03	25.32	12.62	48.04	18.14	8.93
"八五"时期	**1 111.63**	**386.06**	**189.43**	**597.75**	**308.67**	**150.40**
1991	88.28	30.79	15.87	59.00	23.48	12.00
1992	135.16	47.70	22.86	91.53	37.68	17.54
1993	195.26	80.58	36.50	113.52	67.80	29.23
1994	300.80	100.36	53.26	154.69	82.37	43.06
1995	392.13	126.63	60.94	179.01	97.34	48.57

4—15 国有经济单位按构成分的固定资产投资

单位:亿元

年份	全省			#地方		
	建筑安装工程	设备工器具购置	其他	建筑安装工程	设备工器具购置	其他
1978	20.06	9.83	3.30	9.65	4.36	0.49
1979	20.50	8.68	1.68	10.79	4.66	0.56
1980	23.01	9.29	1.89	13.17	4.08	0.97
"六五"时期	**135.92**	**55.65**	**16.00**	**75.43**	**32.21**	**6.92**
1981	20.03	7.90	1.58	9.55	3.36	0.66
1982	24.32	8.32	1.82	13.03	4.41	0.68
1983	24.28	9.92	2.49	12.37	5.56	0.89
1984	29.09	12.46	3.70	15.13	7.51	1.60
1985	38.20	17.05	6.41	25.35	11.39	3.09
"七五"时期	**254.88**	**133.23**	**47.20**	**173.31**	**90.46**	**30.07**
1986	38.51	21.04	6.87	26.29	13.71	3.88
1987	47.23	26.09	12.00	32.31	18.39	7.12
1988	59.43	32.75	10.03	41.39	24.99	6.78
1989	50.03	23.17	7.81	32.48	14.87	5.45
1990	59.68	30.18	10.49	40.84	18.50	6.84
"八五"时期	**865.99**	**406.02**	**225.68**	**549.11**	**244.00**	**113.31**
1991	73.30	32.20	13.57	52.33	20.95	9.20
1992	107.26	54.50	21.10	77.58	37.95	13.68
1993	163.54	67.81	44.49	110.74	43.13	27.45
1994	245.33	98.08	57.75	149.72	57.09	30.25
1995	276.56	153.43	88.77	158.74	84.88	32.73

4—16 国有经济单位按三次产业分的固定资产投资

单位:亿元

年 份	全省			#地方		
	第一产业	第二产业	第三产业	第一产业	第二产次	第三产业
1978	2.19	24.79	6.21	2.20	8.49	3.81
1979	2.45	20.53	7.88	2.44	8.23	5.35
1980	2.09	21.62	10.48	2.02	9.11	7.09
"六五"时期	**8.03**	**129.48**	**70.06**	**7.31**	**58.35**	**48.92**
1981	1.20	19.24	9.07	1.13	6.41	6.02
1982	1.50	21.52	11.43	1.37	8.58	8.16
1983	1.45	23.29	11.96	1.39	9.18	8.25
1984	1.71	28.09	15.45	1.52	12.73	9.99
1985	2.17	37.24	22.25	1.89	21.43	16.51
"七五"时期	**15.84**	**274.92**	**144.55**	**13.33**	**184.92**	**95.6**
1986	2.48	40.52	23.42	1.99	25.08	16.81
1987	3.04	54.83	27.45	2.59	37.17	18.06
1988	3.45	68.37	30.39	2.87	49.83	20.47
1989	2.81	52.20	26.00	2.37	34.73	15.7
1990	4.06	59.00	37.29	3.51	38.11	24.56
"八五"时期	**28.70**	**850.40**	**621.15**	**24.55**	**467.26**	**414.61**
1991	4.19	66.73	48.15	3.84	43.96	34.68
1992	5.80	107.04	70.02	4.42	73.29	51.50
1993	5.09	143.09	127.66	4.36	91.70	85.26
1994	5.27	230.26	165.63	4.68	117.30	115.08
1995	8.35	303.28	209.69	7.25	141.01	128.09

4—17 国有经济单位按建设性质分的固定资产投资

单位:亿元

年 份	全省			#地方		
	新建	扩建	改建	新建	扩建	改建
1978	18.31	14.18		8.81	5.69	
1979	19.23	11.41		8.93	6.88	
1980	20.53	13.00		9.31	8.45	
"六五"时期	**69.53**	**121.16**		**25.73**	**75.89**	
1981	13.96	15.15		4.26	9.23	
1982	13.65	20.35		5.13	12.61	
1983	12.33	23.55		4.43	13.76	
1984	13.01	16.05	9.96	4.74	8.92	6.43
1985	16.58	25.41	10.69	7.17	17.43	7.51
"七五"时期	**118.93**	**198.45**	**82.39**	**70.76**	**143.85**	**53.00**
1986	17.61	32.34	10.45	9.30	24.49	7.15
1987	21.43	38.07	16.97	12.84	25.62	12.26
1988	26.04	50.04	18.18	17.38	36.89	11.95
1989	20.43	35.83	17.91	11.77	24.82	11.42
1990	33.42	42.17	18.88	19.47	32.03	10.22
"八五"时期	**582.20**	**591.85**	**195.81**	**291.90**	**377.05**	**135.35**
1991	42.11	48.64	20.23	28.26	35.91	12.02
1992	64.89	71.91	34.96	43.52	51.83	25.09
1993	115.67	101.69	43.46	69.05	70.03	31.28
1994	153.32	139.70	50.61	68.55	81.78	36.44
1995	206.21	229.91	46.55	82.52	137.50	30.52

4—18 国有经济单位新增固定资产及交付使用率

单位:亿元

	全省			#地方		
	投资额	新增固定资产	固定资产交付使用率(%)	投资额	新增固定资产	固定资产交付使用率(%)
1978	33.19	18.19	54.8	14.50	10.60	73.1
1979	30.86	50.41	163.4	16.01	12.27	76.6
1980	34.19	33.84	99.0	18.22	13.42	73.7
"六五"时期	**207.57**	**172.47**	**83.1**	**114.58**	**92.69**	**80.9**
1981	29.51	43.19	146.4	13.57	12.21	90.0
1982	34.46	26.20	76.0	18.12	14.92	82.4
1983	36.69	26.40	72.0	18.82	15.13	80.4
1984	45.29	33.50	74.0	24.24	19.34	79.8
1985	61.61	43.16	70.0	39.83	31.09	78.1
"七五"时期	**435.31**	**342.19**	**78.6**	**293.85**	**220.17**	**74.9**
1986	66.42	57.19	86.1	43.88	34.81	79.3
1987	85.32	64.75	75.9	57.82	42.30	73.2
1988	102.21	72.30	70.7	73.17	50.12	68.5
1989	81.01	67.18	82.9	52.80	41.00	77.7
1990	100.35	80.76	80.5	66.18	51.93	78.5
"八五"时期	**1 497.69**	**945.11**	**63.1**	**906.42**	**602.55**	**66.5**
1991	119.07	95.86	80.5	82.48	65.17	79.0
1992	182.86	104.51	57.2	129.21	77.12	59.7
1993	275.84	184.50	66.9	181.32	126.22	69.6
1994	401.16	238.04	59.3	237.06	149.86	63.2
1995	518.76	322.20	62.1	276.35	184.18	66.6

4—19 国有经济单位竣工房屋面积及竣工率

年份	施工面积(万平方米)	#住宅	竣工面积(万平方米)	#住宅	竣工率(%)	#住宅
1978	1 307.45	508.49	648.55	275.45	49.6	54.2
1979	1 520.58	746.24	793.19	410.37	52.2	55.0
1980	1 847.05	987.71	964.89	566.59	52.2	57.4
"六五"时期						
1981	1 597.37	951.98	874.60	550.96	54.8	57.9
1982	1 860.90	1 055.10	975.43	586.24	52.4	55.6
1983	1 704.46	938.03	958.31	583.40	56.2	62.2
1984	1 807.26	876.76	987.11	514.00	54.6	58.7
1985	2 269.59	1 158.78	1 201.95	660.65	53.0	57.0
"七五"时期						
1986	2 094.49	938.93	1 183.51	593.24	56.5	63.2
1987	2 115.70	851.89	1 132.27	487.93	53.5	57.3
1988	2 176.62	865.91	1 157.29	496.35	53.2	57.3
1989	1 568.62	614.55	823.44	352.52	52.5	57.4
1990	1 850.82	906.07	978.88	483.75	52.9	53.4
"八五"时期						
1991	2 058.96	978.76	1 062.92	516.57	51.6	52.8
1992	2 532.83	1 187.37	1 267.31	627.92	50.0	52.9
1993	2 742.09	1 251.97	1 385.12	658.00	45.7	47.5
1994	2 793.97	1 431.60	1 400.19	779.69	50.1	54.5
1995	2 985.98	1 559.65	1 526.56	870.68	51.1	55.8

4—20　按国民经济行业分的国有经济单位基本建设投资

单位:亿元

行业	全省 1993年	全省 1994年	全省 1995年	#地方 1993年	#地方 1994年	#地方 1995年
总计	**173.01**	**249.53**	**333.05**	**106.19**	**135.36**	**151.16**
一、农、林、牧、渔业	**2.14**	**2.22**	**3.14**	**2.13**	**2.20**	**3.11**
农业	0.96	0.86	1.14	0.96	0.86	1.14
林业	0.30	0.27	0.38	0.30	0.27	0.38
畜牧业	0.19	0.10	0.29	0.19	0.10	0.29
渔业	0.17	0.11	0.15	0.17	0.11	0.15
农林牧渔服务业	0.52	0.86	1.17	0.51	0.86	1.15
二、采掘业	**9.36**	**14.76**	**3.56**	**7.03**	**13.47**	**1.72**
煤炭采选业	0.14	0.12	0.28	0.14	0.12	0.28
石油和天然气开采业	0.52	0.65	1.23			
黑色金属矿采选业	0.30	0.39	0.31	0.30	0.39	0.31
有色金属矿采选业	0.82	1.02	1.41	0.43	0.62	0.81
非金属矿采选业	7.46	12.48	0.27	6.04	12.24	0.27
其他矿采选业		0.01		0.01	0.01	
木材及竹材采选业	0.13	0.08	0.05	0.13	0.08	0.05
三、制造业	**35.17**	**41.89**	**79.26**	**25.84**	**27.85**	**67.26**
食品加工业	0.80	0.68	0.74	0.80	0.67	0.74
食品制造业	0.11	0.14	0.17	0.11	0.14	0.17
饮料制造业	0.40	0.21	0.18	0.40	0.21	0.18
烟草加工业	0.53	0.69	0.61	0.52	0.59	0.49
纺织业	0.46	0.44	0.70	0.46	0.43	0.70
服装及其他纤维制品制造业	0.32	0.02		0.32	0.02	
皮革、毛皮、羽绒及其制品业	0.02	0.04	0.03	0.02	0.04	0.03
木材加工及竹、藤、棕、草制品业	0.08	0.06	0.16	0.05	0.04	0.11
家具制造业	0.02	0.01	0.02	0.02	0.01	0.02
造纸及纸制品业	0.37	0.27	0.16	0.37	0.27	0.16
印刷业、记录媒介的复制	0.13	0.09	0.17	0.13	0.09	0.17
文教体育用品制造业						
石油加工及炼焦业	1.67	3.35	2.01			0.11
化学原料及化学制品制造业	2.22	1.39	16.71	2.17	1.35	16.67
医药制造业	0.27	0.53	0.43	0.22	0.38	0.19
化学纤维制造业	1.10	0.16	0.13	0.10	0.16	0.13
橡胶制品业	0.22		0.57	0.22		0.57
塑料制品业	0.07	0.02	0.02	0.07	0.02	0.02
非金属矿物制品业	2.24	3.70	3.95	1.32	1.11	1.77
黑色金属冶炼及压延加工业	9.95	18.74	42.83	8.48	18.39	42.55
有色金属冶炼及压延加工业	0.26	0.26	0.07	0.26	0.26	0.06
金属制品业	0.35	0.07	0.17	0.35	0.06	0.16
普通机械制造业	0.58	1.50	0.90	0.47	1.34	0.60

4—20 续表1 单位:亿元

行业	全省			#地方		
	1993年	1994年	1995年	1993年	1994年	1995年
专用设备制造业	0.99	1.16	1.24	025	0.34	0.30
交通运输设备制造业	11.223	7.24	5.65	7.29	1.25	0.99
武器弹药制造业		0.06	0.09			
电气机械及器材制造业	0.38	0.45	0.13	0.17	0.43	0.13
电子及通信设备制造业	0.22	0.23	0.76	0.15	0.03	0.14
仪器仪表及文化、办公用机械制造业	0.20	0.39	0.62	0.12	0.24	0.06
其他制造业	0.02	0.01	0.17	0.02	0.01	0.05
四、电力、煤气及水的生产和供应业	**42.96**	**94.29**	**124.33**	**16.44**	**22.20**	**8.50**
电力、蒸汽、热水的生产和供应业	40.39	91.12	120.11	13.87	19.03	4.27
煤气生产和供应业	1.09	1.79	1.24	1.09	1.79	1.24
自来水的生产和供应业	1.49	1.39	2.99	1.49	1.39	2.99
五、建筑业	**2.56**	**5.34**	**4.17**	**1.37**	**3.85**	**1.79**
土木工程建筑业	2.35	5.19	3.91	1.24	3.72	1.71
线路、管道和设备安装业	0.10	0.09	0.20	0.02	0.07	0.02
装修装饰业	0.11	0.06	0.06	0.11	0.06	0.06
六、地质勘查业、水利管理业	**2.55**	**3.49**	**4.99**	**1.53**	**2.08**	**3.30**
地质勘查业	0.54	0.88	0.70	0.09	0.03	0.07
水利管理业	2.01	2.61	4.29	1.44	2.05	3.24
七、交通运输、仓储及邮电通讯业	**39.54**	**41.04**	**49.38**	**17.49**	**24.30**	**16.25**
铁路运输业	9.80	2.38	11.62	0.01	0.02	0.14
公路运输业	11.99	14.32	9.30	11.88	14.26	9.30
管道运输业	0.03			0.03		
水上运输业	1.11	1.20	1.80	0.51	0.52	0.08
航空运输业	7.16	4.40	2.50	0.55	1.69	
交通运输辅助业	1.87	4.45	5.45	1.67	3.63	4.79
其他交通运输业	1.82	1.84	1.40	1.81	1.84	1.40
仓储业	0.43	0.44	0.62	0.27	0.36	0.56
邮电通信业	5.34	12.02	16.69	0.76	1.99	
八、批发和零售贸易、餐饮业	**6.90**	**6.18**	**7.98**	**6.67**	**5.97**	**5.80**
食品、饮料、烟草和家庭日用品批发业	1.79	1.58	2.37	1.67	1.56	2.32
能源材料和机械电子设备批发业	1.10	1.22	2.56	0.99	1.11	0.92
其他批发业	0.08	0.29	0.21	0.08	0.23	0.20
零售业	3.80	2.89	2.66	3.80	2.87	2.19
商业经纪与代理业	0.07	0.06	0.06	0.07	0.06	0.06
餐饮业	0.06	0.14	0.11	0.06	0.14	0.11
九、金融、保险业	**2.37**	**3.82**	**7.40**	**0.38**	**0.45**	
金融业	2.07	3.42	6.78	0.29	0.44	
保险业	0.30	0.40	0.62	0.09	0.01	

4—20 续表 2 单位:亿元

行业	全省			#地方		
	1993年	1994年	1995年	1993年	1994年	1995年
十、房地产业	**0.94**	**1.22**	**1.48**	**0.94**	**1.20**	**1.48**
房地产开发与经营	0.31	0.67	1.37	0.31	0.67	1.37
房地产管理业	0.62	0.52	0.11	0.62	0.52	0.11
房地产经纪与代理业	0.01	0.03		0.01	0.01	
十一、社会服务业	**5.53**	**6.37**	**7.26**	**5.48**	**6.34**	**7.19**
公共设施服务业	3.30	4.08	5.12	3.30	4.07	5.12
居民服务业	0.03	0.05	0.48	0.03	0.05	0.48
旅馆业	1.83	1.83	1.17	1.78	1.80	1.09
旅游业	0.07	0.09	0.28	0.07	0.09	0.28
娱乐服务业	0.20	0.28	0.15	0.20	0.28	0.15
信息咨询服务业	0.02	0.01	0.04	0.02	0.01	0.04
其他社会服务业	0.07	0.03	0.03	0.07	0.03	0.03
十二、卫生、体育和社会福利业	**3.36**	**3.64**	**3.93**	**3.31**	**3.32**	**3.62**
卫生	2.35	2.94	3.23	2.29	2.62	2.92
体育	0.82	0.50	0.24	0.82	0.50	0.24
社会福利保障业	0.20	0.20	0.46	0.20	0.20	0.46
十三、教育、文化艺术及广播电影电视业	**8.92**	**10.75**	**15.55**	**7.53**	**9.18**	**13.28**
教育	7.25	9.15	13.86	5.86	7.57	11.59
文化艺术业	1.15	1.02	1.15	1.15	1.02	1.15
广播电影电视业	0.52	0.59	0.55	0.52	0.59	0.55
十四、科学研究和综合技术服务业	**1.00**	**1.70**	**2.31**	**0.38**	**0.48**	**0.60**
科学研究业	0.72	1.22	1.79	0.10	0.11	0.22
综合技术服务业	0.28	0.48	0.52	0.28	0.37	0.38
十五、国家机关、政党机关和社会团体	**8.55**	**11.86**	**16.83**	**8.42**	**11.70**	**16.45**
国家机关	7.92	11.35	16.31	7.89	11.19	15.93
政党机关	0.42	0.45	0.26	0.42	0.45	0.26
社会团体	0.10	0.05	0.23	0.10	0.05	0.23
基层群众自治组织	0.01	0.01	0.03	0.01	0.01	0.03
十六、其他行业	**1.26**	**0.95**	**1.48**	**1.26**	**0.76**	**0.81**

4—21 按资金来源分的国有经济单位基本建设投资

单位:亿元

年份	全省合计	国家投资	国内贷款	利用外资	煤代油	自筹投资	其他
1978	31.15	25.67				4.27	1.21
1979	27.41	19.20				6.75	1.46
1980	29.44	14.26	2.98	0.32		10.36	1.52
“六五”时期	**141.92**	**41.74**	**26.93**	**0.94**	**7.52**	**60.42**	**4.37**
1981	23.05	8.44	5.23	0.38		7.53	1.47
1982	25.46	6.89	5.20	0.13	2.38	9.94	0.92
1983	24.47	7.51	3.03	0.06	3.53	10.07	0.27
1984	28.21	8.75	5.52	0.29	1.32	11.58	0.75
1985	40.73	10.15	7.96	0.07	0.29	21.29	0.97
“七五”时期	**256.13**	**58.02**	**35.64**	**8.87**	**1.46**	**135.51**	**16.62**
1986	42.84	12.50	7.51	0.24	0.42	21.09	1.06
1987	51.78	13.66	7.98	0.80	0.48	26.26	2.60
1988	58.87	11.30	6.63	2.37	0.36	35.39	3.32
1989	45.86	9.32	4.74	1.53	0.11	26.99	3.17
1990	56.78	10.74	8.77	3.93	0.09	26.77	6.47
“八五”时期	**935.17**	**173.95**	**242.29**	**83.37**	**3.43**	**373.45**	**58.69**
1991	68.08	11.15	15.81	3.29	0.56	33.88	3.40
1992	111.50	11.40	29.18	12.08	2.87	47.93	8.04
1993	173.01	37.21	33.01	14.36		72.91	15.52
1994	249.53	58.59	78.63	12.80		86.32	13.19
1995	333.05	55.60	85.66	40.84		132.41	18.54

年份	地方合计	国家投资	国内贷款	利用外资	煤代油	自筹投资	其他
1978	12.88	7.58				4.10	1.21
1979	14.02	6.21				6.38	1.43
1980	15.64	3.83	2.20	0.01	0.11	8.79	0.81
“六五”时期	**71.99**	**12.19**	**10.42**	**0.42**		**45.66**	**3.19**
1981	10.34	2.03	1.70	0.16		5.96	0.49
1982	13.24	2.07	2.44			7.82	0.91
1983	11.50	2.51	1.55			7.17	0.27
1984	13.10	2.35	1.79	0.19	0.02	8.09	0.66
1985	23.81	3.23	2.94	0.07	0.09	16.62	0.86
“七五”时期	**156.49**	**21.79**	**22.40**	**6.52**	**0.47**	**96.08**	**9.24**
1986	25.43	4.12	3.34	0.09	0.14	16.74	0.99
1987	31.16	4.79	5.06	0.67	0.15	18.75	1.74
1988	38.82	4.19	6.00	2.37	0.06	24.23	1.97
1989	26.85	3.58	2.86	1.39	0.11	17.39	1.51
1990	34.24	5.11	5.13	1.99	0.01	18.97	3.03
“八五”时期	**509.33**	**30.85**	**123.76**	**61.41**	**0.01**	**261.39**	**31.97**
1991	43.37	5.74	10.20	2.08		23.39	1.96
1992	73.25	4.66	20.29	8.89	0.01	36.93	2.53
1993	106.19	6.12	26.15	12.61		53.61	7.70
1994	135.36	6.62	36.35	11.30		71.82	9.27
1995	151.16	7.71	30.77	26.53		75.64	10.51

4—22 按建设性质分的国有经济单位基本建设投资

单位:亿元

	全省			#地方		
	新建	扩建	改建	新建	扩建	改建
1978	17.61	12.84		8.44	4.43	
1979	18.10	9.09		8.62	5.19	
1980	18.84	10.16		8.63	6.59	
“六五”时期	**66.59**	**64.82**		**23.42**	**39.92**	
1981	13.49	9.52		3.87	6.42	
1982	13.13	12.06		4.80	8.18	
1983	11.46	12.88		3.79	7.59	
1984	12.56	9.84	2.09	4.39	4.81	1.00
1985	15.94	15.75	2.69	6.57	9.99	1.98
“七五”时期	**105.98**	**101.88**	**24.09**	**59.92**	**64.30**	**13.99**
1986	16.56	18.44	3.50	8.20	11.55	2.17
1987	20.37	21.48	4.41	11.81	12.43	2.78
1988	24.12	23.06	5.94	15.65	15.26	3.44
1989	19.06	17.93	4.07	10.48	11.13	1.89
1990	25.88	20.97	6.16	13.76	13.91	3.71
“八五”时期	**472.79**	**353.28**	**49.03**	**193.64**	**235.61**	**34.98**
1991	30.50	27.87	4.87	18.95	17.42	3.41
1992	47.42	47.10	9.29	29.64	31.75	5.86
1993	89.63	61.83	10.61	44.04	45.62	8.17
1994	149.57	72.64	11.56	64.86	49.85	8.21
1995	155.67	143.84	12.70	36.15	90.97	9.33

4—23 按用途分的国有经济单位基本建设投资

单位:亿元

年份	全省			#地方		
	生产性建设	非生产性建设	#住宅	生产性建设	非生产性建设	#住宅
1978	25.65	5.50	2.56	9.66	3.22	1.70
1979	19.83	7.58	4.30	9.10	4.92	2.96
1980	19.40	10.04	6.21	8.36	7.29	4.63
“六五”时期	**77.82**	**64.10**	**36.47**	**29.83**	**42.16**	**25.46**
1981	14.66	8.39	5.44	4.88	5.46	3.68
1982	14.09	11.37	7.07	5.70	7.54	4.99
1983	13.04	11.43	6.59	4.29	7.21	4.34
1984	16.37	11.84	6.20	6.02	7.08	3.95
1985	19.66	21.07	11.18	8.94	14.87	8.50
“七五”时期	**166.37**	**89.76**	**40.21**	**95.37**	**61.13**	**27.72**
1986	23.01	19.83	8.38	11.62	13.80	6.36
1987	32.11	19.67	9.25	18.49	12.67	5.89
1988	39.61	19.26	8.95	25.32	13.50	6.48
1989	30.11	15.75	7.46	16.23	10.62	4.84
1990	41.52	15.25	6.17	23.71	10.53	4.15
“八五”时期	**704.11**	**230.26**	**97.92**	**339.62**	**169.71**	**66.68**
1991	49.39	18.69	8.72	30.20	13.17	5.94
1992	80.89	30.61	12.77	49.99	23.26	9.07
1993	120.95	52.06	19.26	64.87	41.32	13.05
1994	190.97	57.76	26.93	92.29	43.07	18.50
1995	261.91	71.14	30.24	102.27	48.89	20.12

4—24 按构成分的国有经济单位基本建设投资

单位:亿元

年份	全省			#地方		
	建筑安装工程	设备工器具购置	其他	建筑安装工程	设备工器具购置	其他
1978	18.89	8.98	3.28	8.79	3.61	0.48
1979	18.85	6.92	1.64	9.95	3.52	0.55
1980	20.64	6.95	1.85	12.02	2.68	0.95
"六五"时期	**104.58**	**24.01**	**13.33**	**57.34**	**9.33**	**5.31**
1981	16.54	5.08	1.43	8.08	1.70	0.56
1982	19.56	4.26	1.64	10.82	1.80	0.62
1983	18.66	3.86	1.95	9.49	1.31	0.70
1984	20.59	4.66	2.96	10.02	1.92	1.15
1985	29.23	6.15	5.35	18.93	2.60	2.28
"七五"时期	**172.29**	**49.23**	**34.60**	**111.72**	**24.88**	**19.90**
1986	29.04	8.23	5.57	19.26	3.22	2.95
1987	33.31	9.11	9.35	21.44	4.73	4.99
1988	40.70	11.01	7.16	26.93	7.53	4.36
1989	32.54	8.33	4.99	19.89	3.85	3.11
1990	36.70	12.55	7.53	24.20	5.55	4.49
"八五"时期	**592.21**	**178.58**	**164.38**	**343.59**	**97.09**	**68.65**
1991	47.38	11.42	9.28	31.71	5.91	5.74
1992	71.20	25.87	14.43	49.31	15.67	8.27
1993	111.99	28.15	32.87	72.28	15.81	18.10
1994	169.08	38.95	41.50	94.82	22.74	17.81
1995	192.56	74.19	66.29	95.47	36.96	18.73

4—25 按三次产业分的国有经济单位基本建设投资

单位:亿元

年份	全省			#地方		
	第一产业	第二产业	第三产业	第一产业	第二产业	第三产业
1978	2.15	22.92	5.80	2.15	7.12	3.44
1979	2.37	17.57	7.48	2.36	6.62	5.04
1980	2.06	17.75	9.63	1.98	6.92	6.75
"六五"时期	**7.56**	**78.56**	**55.80**	**6.84**	**25.69**	**39.46**
1981	1.16	14.83	7.07	1.08	4.28	4.97
1982	1.46	14.55	9.45	1.33	4.95	6.97
1983	1.38	13.45	9.64	1.33	3.43	6.74
1984	1.58	15.59	11.04	1.40	4.92	6.78
1985	1.98	20.06	18.60	1.69	8.10	14.00
"七五"时期	**15.06**	**132.39**	**108.38**	**12.52**	**72.75**	**71.19**
1986	2.45	20.41	19.91	1.95	8.68	14.80
1987	2.89	26.73	22.09	2.44	14.61	14.11
1988	3.21	31.87	23.74	2.62	20.34	15.84
1989	2.56	23.83	19.41	2.11	13.22	11.50
1990	3.95	29.55	23.23	3.40	15.90	14.94
"八五"时期	**25.43**	**541.74**	**327.25**	**21.93**	**246.19**	**213.15**
1991	3.97	34.71	20.68	3.61	19.98	13.84
1992	4.95	63.22	30.56	4.19	37.78	22.21
1993	4.26	76.21	73.28	3.53	41.79	47.82
1994	4.83	156.28	88.42	4.25	67.38	63.73
1995	7.42	211.32	114.31	6.35	79.26	65.55

4—26 国有经济单位基本建设新增固定资产及交付使用率

单位:亿元

	全省			#地方		
	投资额(亿元)	新增固定资产(亿元)	固定资产交付使用率(%)	投资额(亿元)	新增固定资产(亿元)	固定资产交付使用率(%)
1978	31.15	16.81	54.0	12.88	9.49	73.7
1979	27.41	48.10		14.02	10.90	77.7
1980	29.94	30.29	101.2	15.65	11.52	73.7
"六五"时期	**141.92**	**122.69**	**86.5**	**71.99**	**59.14**	**82.2**
1981	23.05	38.32	166.2	10.34	9.77	94.5
1982	25.46	19.60	77.0	13.24	11.11	83.8
1983	24.47	17.83	72.8	11.50	9.57	83.2
1984	28.21	20.30	72.0	13.10	10.27	78.4
1985	40.73	26.64	65.4	23.81	18.42	77.3
"七五"时期	**256.13**	**200.74**	**78.4**	**156.50**	**110.94**	**70.9**
1986	42.84	39.19	91.5	25.43	20.37	80.0
1987	51.78	38.83	75.0	31.16	21.36	68.6
1988	58.87	37.96	64.5	38.82	23.71	61.1
1989	45.86	40.43	88.2	26.85	21.22	79.0
1990	56.78	44.33	78.1	34.24	24.28	70.9
"八五"时期	**935.17**	**554.45**	**59.3**	**509.33**	**330.76**	**64.9**
1991	68.08	46.55	68.4	43.37	26.72	61.6
1992	111.50	52.60	47.2	73.25	37.00	50.5
1993	173.01	115.09	66.5	106.19	76.26	71.8
1994	249.53	136.49	54.7	135.36	85.17	62.9
1995	333.05	203.72	61.2	151.16	105.61	69.9

4—27 基本建设竣工房屋面积及竣工率

年份	施工面积(万平方米)	#住宅	竣工面积(万平方米)	#住宅	竣工率(%)	#住宅
1978	1 221.95	487.18	599.58	261.27	49.1	53.6
1979	1 418.25	722.08	738.21	396.38	52.1	54.9
1980	1 691.10	934.90	874.74	530.06	51.7	56.7
"六五"时期						
1981	1 388.22	854.74	760.71	496.33	54.8	58.1
1982	1 614.29	966.58	836.34	534.12	51.8	55.3
1983	1 421.44	857.75	788.89	527.64	55.5	61.5
1984	1 404.43	751.22	748.08	441.51	53.3	58.8
1985	1 922.58	1 080.78	986.47	607.67	51.3	56.2
"七五"时期						
1986	1 764.39	870.56	990.24	547.90	56.1	62.9
1987	1 613.64	725.04	839.97	413.67	58.3	57.1
1988	1 653.83	739.72	856.32	416.06	51.8	56.2
1989	1 139.98	487.69	568.68	277.73	49.9	56.9
1990	1 059.96	453.39	548.73	248.72	51.8	54.9
"八五"时期						
1991	1 230.68	532.36	611.31	300.67	49.7	56.5
1992	1 526.34	646.16	777.30	369.95	50.9	57.3
1993	1 713.67	698.42	897.81	406.09	52.4	58.1
1994	1 866.91	856.84	953.11	504.93	51.1	58.9
1995	1 943.29	870.78	1 070.74	573.80	55.1	65.9

4—28 全省基本建设项目及投产率

年份	建设项目(个) 施工项目	#大中型	建成投产项目	#大中型	建设项目投产率(%)	#大中型
1978	2 604		718		27.6	
1979	3 436		1 172		34.1	
1980	4 547		1 825		40.1	
"六五"时期						
1981	3 736		1 701		45.5	
1982	6 858		3 620		52.8	
1983	4 996		3 137		62.8	
1984	4 225		2 289		54.2	
1985	5 742	45	3 338	8	58.1	17.8
"七五"时期						
1986	5 086	48	3 050	4	60.0	8.3
1987	5 447	60	3 070	4	56.4	6.7
1988	5 500	62	3 307	9	60.1	14.5
1989	3 549	59	1 961	7	55.3	11.9
1990	3 637	61	2 064	10	56.8	16.4
"八五"时期						
1991	4 251	67	2 427	9	57.1	13.4
1992	5 321	61	3 253	7	61.1	11.5
1993	5 215	68	3 390	12	65.0	17.6
1994	5 309	82	3 331	11	62.7	13.4
1995	5 655	78	3 909	11	69.1	14.1

4—29 基本建设新增主要产品生产能力

产品名称	单位	1990年	1991年	1992年	1993年	1994年	1995年
汽车制造	辆/年		1 000	600	1 200	7 200	
炼　钢	万吨/年	6	100		6	7.70	9.00
煤炭开采	万吨/年	22	12	19	11		6.00
发电机组容量	万千瓦	31.79	34.69	4.5	164	94.14	11.66
水　泥	万吨/年				19		134
机制纸及纸板	万吨/年			0.2			
化学纤维	万吨/年		0.2		0.2		
棉纺锭	万锭	1.5	2	1.5	1.0		
棉布织机	台	92	288		330		
合成氨	万吨/年		2.5			2.5	
化学肥料	万吨/年		2.06	5.76	17.30		22.31
烧　碱	万吨/年		0.5	3.00			2.00
塑　料	吨/年	0.12	0.4				
输电线路长度	公里	926	390	212	677	222.5	181.00
新建公路	公里	132.49	90.38	160.7	122	293.83	681.40
改建公路	公里	300	172.8	198.4	399	538.21	784.85
城市自来水供水能力	万吨/日	29.53	12.78	33.37	53	74	31.50

4—30 全省各种分组的基本建设投资

单位:亿元

	1990年	1991年	1992年	1993年	1994年	1995年
一、投资总额	**56.78**	**68.08**	**111.50**	**184.95**	**282.31**	**366.33**
按资金来源分						
国家预算内投资	10.74	11.15	11.40	37.36	58.91	52.78
国内贷款	8.77	15.81	29.18	37.35	93.35	97.85
利用外资	3.93	3.29	12.08	17.12	20.63	56.09
自筹投资	26.77	33.88	47.93	75.94	95.39	140.86
其他投资	6.57	3.95	10.91	17.18	14.03	18.75
按构成分						
建筑安装工程	36.70	47.38	71.20	116.45	182.27	205.17
设备、工器具构置	12.55	11.42	25.87	34.00	50.11	88.18
# 用于更新的设备				0.24	0.06	0.27
其他费用	7.53	9.28	14.43	34.50	49.93	72.98
按用途分						
物质生产性建设	41.52	49.39	08.89	131.10	221.10	291.58
非物质生产性建设	15.25	18.69	30.61	53.85	61.21	74.75
# 住　　宅	6.17	8.72	12.77	19.61	27.49	31.19
按第三次产业分						
第一产业	3.95	3.97	4.95	4.24	4.88	7.45
第二产业	29.55	34.71	63.22	99.62	184.23	239.58
第三产业	23.28	29.40	43.33	81.09	93.20	119.30
按建设性质分						
# 新　　建	25.88	30.50	47.42	96.28	177.47	184.22
扩　　建	20.97	27.87	47.10	65.74	77.07	147.18
改　　建	6.16	4.87	9.29	11.51	11.71	13.30
二、新增固定资产	**44.33**	**46.55**	**52.6**	**121.87**	**141.83**	**213.83**
固定资产交付使用率(%)	78.1	68.4	47.2	65.9	50.2	58.4
三、建设项目(个)						
施工项目	3 637	4 251	5 321	5 328	5 309	5 655
# 大中型项目	61	67	61	74	82	78
建成投产项目	2 064	2 427	3 253	3 432	3 331	3 909
# 大中型项目	10	9	7	13	11	11
四、项目平均建设期(年)	**6.0**	**4.9**	**4.0**	**6.4**	**5.2**	**5.6**
五、房屋建筑面积(万平方米)						
施工面积	1 059.96	1 230.68	1 526.34	1 770.70	1 866.91	1 943.29
# 住　　宅	453.39	532.36	646.16	709.53	856.84	870.78
竣工面积	548.73	611.31	777.30	919.00	953.11	1 070.74
# 住　　宅	248.72	300.67	369.95	410.92	504.93	573.80

4—31 地方各种分组的基本建设投资

单位:亿元

	1990年	1991年	1992年	1993年	1994年	1995年
一、投资总额	**34.24**	**43.37**	**73.25**	**117.71**	**150.41**	**165.36**
按资金来源分						
国家预算内投资	5.11	5.74	4.66	6.19	5.59	7.51
国内贷款	5.13	10.20	20.29	30.14	41.70	33.40
利用外资	1.99	2.08	8.89	15.37	15.50	34.97
自筹投资	18.97	23.39	36.93	56.61	76.98	78.29
其他投资	3.04	1.96	2.54	9.40	9.64	11.19
按构成分						
建筑安装工程	24.20	31.71	49.31	76.42	101.67	102.63
设备、工器具构置	5.55	5.92	15.67	21.59	28.50	41.91
# 用于更新的设备				0.09	0.06	0.25
其他费用	4.49	5.74	8.27	19.70	20.25	20.82
按用途分						
物质生产性建设	23.71	30.20	49.99	74.93	105.44	113.19
非物质生产性建设	10.53	13.17	23.26	42.78	44.97	52.17
# 住　宅	4.15	5.94	9.07	13.40	19.05	20.96
按第三次产业分						
第一产业	3.95	3.97	4.95	3.67	4.30	6.59
第二产业	29.55	34.71	63.22	60.15	79.15	89.48
第三产业	0.74	4.69	5.08	53.89	66.96	69.29
按建设性质分						
# 新　建	13.76	18.95	29.64	50.27	75.02	46.23
扩　建	13.91	17.42	31.75	49.52	54.28	93.71
改　建	3.71	3.41	5.86	9.07	8.36	9.93
二、新增固定资产	**24.28**	**26.72**	**37.00**	**83.05**	**89.68**	**112.52**
固定资产交付使用率(%)	70.9	61.6	50.5	70.6	59.6	68.1
三、建设项目(个)						
施工项目	3 112	3 679	4 731	4 736	4 648	4 735
# 大中型项目	40	37	37	50	50	36
建成投产项目	1 838	2 140	2 939	3 126	2 972	3 339
# 大中型项目	4	3	3	10	5	6
四、项目平均建设期(年)	**4.9**	**4.3**	**4.0**	**4.0**	**3.4**	**3.1**
五、房屋建筑面积(万平方米)						
施工面积	742.25	876.85	1 153.69	1 347.64	1 362.23	1 292.50
# 住　宅	318.02	366.70	453.89	484.21	594.84	610.17
竣工面积	393.23	447.37	609.72	741.53	763.79	791.91
# 住　宅	180.74	215.60	280.13	310.18	383.38	425.28

4—32 基本建设大中型一览表

（1995年末）

单位：万元

建设项目名称	隶属关系	建设性质	开工年月	投产年月	计划总投资	自开始建设至本年底止累计完成投资	新增固定资产	末完工程尚需投资
总计					**16 703 679**	**5 387 238**	**1 725 428**	**11 316 441**
一、正式施工项目（不含跨省区）					**14 134 282**	**4 064 531**	**714 406**	**10 069 724**
汉江航运建设工程	中央	扩	1990.6		24 112	20 079	10 471	4 033
隔河岩220千伏安送出工程	中央	新	1991.10		22 035	18 777	10 927	3 258
隔河岩500千伏安送出工程	中央	新	1993.6		80 074	64 500	10 294	15 574
鄂州电厂送出工程	中央	新	1993.9		42 458	24 800	5 358	17 658
阳逻电厂二期工程	中央	扩	1994.12		219 866	66 494	1 219	153 372
武汉白沙洲水厂扩建	市	扩	1995.12		34 224	7 301	3 201	26 923
武汉防汛堤防建设工程	市	改	1974.4		25 672	25 281	25 281	391
武汉长江公路桥	市	新	1991.5	1995.6	145 300	145 300	145 300	
中南民族学院	中央	新	1981.3	1995.12	7 033	6 940	5 894	93
神龙汽车公司轿车项目	中央	新	1993.2		1 035 800	394 172	20 320	641 628
中原无线电厂集群移动改扩建工程	中央	扩	1994.3		6 360	4 943	4 943	1 417
武汉煤气公司汉阳煤气工程	市	新	1993.7		13 637	8 327		5 310
武汉新沟热电厂一期工程	中央	新	1993.8	1995.5	13 184	11 815	11 815	1 369
襄阳汽车轴承“八五”轿车工程			1995.1		9 000	3 229		5 771
武汉钢铁公司三炼钢工程	市	扩	1992.12		775 376	533 788	7 651	241 588
武汉钢铁公司民用设施	市	扩	1992.12		16 500	16 500	16 500	
武汉钢铁公司程潮西区工程	市	扩	1992.12		29 191	11 110		18 081
武汉钢铁公司自备电厂	市	扩	1994.7		181 173	61 707		119 466
武汉钢铁公司硅钢扩建工程	市	扩	1993.3		278 249	187 107		91 142
金龙泉啤酒集团			1995.7		19 899	850		19 049
武汉市管道煤气公司汉口二期工程	市	扩	1992.12		11 500	12 030	7 757	
武汉数控股份公司加工中心基地	市	新	1994.1		15 210	12 600		2 610
武汉可口可乐饮料有限公司	其他	新	1994.6		33 183	31 287	4 570	1 896
黄石市长江大桥	市	新	1991.12	1995.12	50 878	47 657	47 657	3 221
华新水泥股份公司2 000t/d工程	市	扩	1992.10		47 808	41 562	74	6 246
湖北美尔雅公司改造西服60万套工程	市	新	1993.4	1995.7	7 800	7 895	7 895	
大冶有色金属公司铜录山二期工程	中央	扩	1985.7		48 000	21 792	12 711	26 208
黄石鸡冠嘴金矿二期工程	市	扩	1993.12		14 000	4 934	108	9 066
东风汽车公司轿车支撑项目	中央	扩	1994.6		111 700	12 677	3 691	99 023
长州电厂			1994.1		30 000	24 408		5 592
长江三峡水利枢纽工程	中央	新	1994.12		9 009 000	1 234 683	12 311	7 774 317
宜昌铁合金厂	中央	新	1994.6		23 234	7 012	177	16 222
湖北鄂西造纸厂	县	新	1991.7		5 937	5 272	4 958	665
兴山县古洞口电站	中央	新	1993.3		20 350	6 571	120	13 779

4—32 续表1 （1995年末） 单位:万元

建设项目名称	本年计划投资	本年完成投资	本年新增固定资产	建设规模和新增能力（或效益） 生产能力（或效益）名称	计量单位	建设规模	累计新增	#本年
总　　计	**2086 324**	**2273 337**	**920 804**					
一、正式施工项目（不含跨省区）	**1969 778**	**1917 630**	**488 316**					
汉江航运建设工程	2 810	2 795		新扩建码头	万吨	500	500	500
隔河岩220千伏安送出工程	10 600	10 625	10 927	输线长度	公里	270	239.2	105.20
隔河岩500千伏安送出工程	34 000	33 912	4 031	输线长度	公里	252	36.5	
鄂州电厂送出工程	15 000	15 000	1 608	输线长度	公里	273.5	24	
阳逻电厂二期工程	48 994	48 994		发电机组容量	万千瓦	60		
武汉白沙洲水厂扩建	7 301	7 301	3 201	城市供水能力	万立方米/日	34	9	9
武汉防汛堤防建设工程	1 400	1 400	1 400	城市防洪长度	公里	179.00	144	3.00
武汉长江公路桥	35 403	38 984	145 300	新建公路桥	延长米	3 227	3 227	3 227
中南民族学院	545	438	236	学生席位	个	600	600	600
神龙汽车公司轿车项目	137 412	137 412	12 262	轿车制造	辆/年	300 000		
中原无线电厂集群移动改扩建	3 822	4 316	4 943					
武汉煤气公司汉阳煤气工程	2 509	3 794		城市煤气生产能力	万立方米/日	31		
武汉新沟热电厂一期工程	192	192	192	发电机组容量	万千瓦	2.5	2.5	2.5
襄阳汽车轴承“八五”轿车工程	4 800	3 229		轴承	套/年	1 850 000		
武汉钢铁公司三炼钢工程	320 265	304 905		连铸	万吨/年	180		
武汉钢铁公司民用设施	16 500	16 500	16 305	学生席位	个	3 338	3 198	3 198
武汉钢铁公司程潮西区工程	3 059	3 021		铁矿开采	万吨/年	80		
武汉钢铁公司自备电厂	46 067	42 725		发电机组容量	万千瓦	40		
武汉钢铁公司硅钢扩建工程	97 049	116 588		钢材	万吨/年	9.65		
金龙泉啤酒集团	7 600	850		酒	吨/年	100 000		
武汉市管道煤气公司汉口二期工程	2 000	2 316	4 212	城市煤气生产	万立方米/日	40		
武汉数控股份公司加工中心基地	5 000	5 000						
武汉可口可乐饮料有限公司		27 227						
黄石市长江大桥	11 069	9 067	47 657	新建大桥	延长米	2 580	2 580	2 580
华新水泥股份公司2 000t/d工程	8 684	7 977		水泥	万吨/年	67.50		
湖北美尔雅公司改造西服60万套工程	3 000	3 219	7 895	服装	万件/年	120	120	120
大冶有色金属公司铜录山二期工程	6 000	6 000	3 499	铜采矿	万吨/年	115.50		
黄石鸡冠嘴金矿二期工程	6 000	2 508		金采矿	万吨/年	26.4		
东风汽车公司轿车支撑项目	22 000	8 608	835					
长州电厂		18 306		发电机容量	万千瓦	5.5		
长江三峡水利枢纽工程	640 360	642 095	9 869	发电机容量	万千瓦	1 820		
宜昌铁合金厂	11 000	2 816		铁合金	吨/年	11 000		
湖北鄂西造纸厂	1 190	995	995	机制纸及纸板	万吨/年	1.2		
兴山县古洞口电站	50	2 663	120	发电机组容量	万千瓦	3.6		

4—32 续表2 (1995年末) 单位:万元

建设项目名称	隶属关系	建设性质	开工年月	投产年月	计划总投资	自开始建设至本年底止累计完成投资	#新增固定资产	未完工程尚需投资
汉江王甫州水电站			1995.2		124 084	22 636	663	101 448
五峰锁金山水电站	中央	新	1989.12		27 612	16 389	13 162	11 223
湖北昌丰化纤工业公司聚脂工程	市	新	1994.4		137 254	11 430	366	125 824
湖北双环化工烧碱工程	省	新	1991.11		5 538	7 108	6 756	
湖北宜化股份公司热电厂一期工程	市	扩	1994.3		16 900	13 483	9 987	3 417
湖北华鑫有限公司	市	新	1993.2		12 000	8 818	397	3 182
宜昌三峡机场	中央	新	1994.10		41 700	41 700		
湖北化纤总公司万吨粘胶短纤工程	市	扩	1992.1		12 376	10 566		1 810
湖北华光器材襄樊分厂一期	中央	迁	1993.7		4 996	4 507	3 671	489
谷城银隆电业公司白水峪电站	中央	新	1993.1		42 540	13 946	416	28 594
保康县过渡湾水电站	中央	新	1993.1		11 196	8 598		2 598
湖北鄂州电厂一期工程	中央	新	1994.9		437 897	177 000	11 829	260 897
葛洲坝水泥厂3#窑扩建	中央	扩	1993.11	1995.9	49 535	51 000	51 000	
七零六六工程	中央	扩	1988.9		19 021	16 650	903.5	2 371
七六零八工程	中央	迁	1993.12		10 870	9 876	8 011	994
湖北三环墙体材料公司	省	新	1993.12		10 795	5 968	991	4 827
黄麦岭磷化工程	市	扩	1990.7		191 576	156 106	50 468	35 470
黄冈水泥厂	市	扩	1990.8		17 985	20 281	17 886	
蒲圻水泥厂700T/D窑外分解	县	扩	1986.9	1995.12	14 960	13 054	12 341	1 906
蒲圻化肥厂农用尿素工程	县	扩	1993.12		6 742	3 319	166	3 423
湖北省鸡笼山金矿扩建工程	省	扩	1991.12		25 225	11 590	137	13 635
大峪口矿肥工程指挥部	省	扩	1990.10		308 830	256 992	78 894	51 838
湖北省荆江大堤加固工程	中央	改	1983.10		38 800	25 381	19 343	13 419
洪湖分蓄洪区二期工程	中央	新	1988.1		46 956	6 994	6 994	39 962
湖北锻造厂	县	新	1994.10		20 241	11 040	8 960	9 201
郧阳陡岭子水电枢纽工程	中央	新	1994.6		19 700	3 561		16 139
利川市长顺电站	中央	新	1991.11		11 000	3 281	150	7 719
巴东县卷烟厂迁建	县	迁	1993.5		5 991	4 119		1 872
宜恩县龙洞水库电站	中央	新	1986.10	1995.12	12 368	13 310	12 824	
咸丰县朝阳寺水电站	中央	新	1992.10		25 587	16 100	295	9 487

4—32 续表 3 (1995年末) 单位:万元

建设项目名称	本年计划投资	本年完成投资	本年新增固定资产	建设规模和新增能力(或效益) 生产能力(或效益)名称	计量单位	建设规模	累计新增	#本年
汉江王甫州水电站	32 000	15 960	510	发电机组容量	万千瓦	10.90		
五峰锁金山水电站	4 000	3 037	12 252	发电机组容量	万千瓦	4.5		
湖北昌丰化纤工业公司聚脂工程	16 000	6 981	366	合成纤维	吨/年	66 000		
湖北双环化工烧碱工程	595	275	1 961	烧碱	吨/年	15 000	10 000	10 000
湖北宜化股份公司热电厂一期工程		2 986	9 987	农用化肥	吨/年	59 800		
湖北华鑫有限公司	2 000	1 818	397					
宜昌三峡机场	24 125	24 125		机场跑道	米	2 600		
湖北化纤总公司万吨粘胶短纤工程		796		化学纤维	吨/年	10 000		
湖北华光器材襄樊分厂一期	1 867	1 867	1 499					
谷城银隆电业公司白水峪电站	7 500	4 817		发电机组容量	万千瓦	4.5		
保康县过渡湾水电站	4 000	3 909		发电机组容量	万千瓦	2.55		
湖北鄂州电厂一期工程	130 000	130 000	7 203	发电机组容量	万千瓦	60		
葛洲坝水泥厂3#窑扩建	19 035	19 762	51 000	水泥	万吨/年	82	82	82
七零六六工程	3 725	3 725	2 628	汽车制造	辆/年	40 000		
七六零八工程	4 786	4 786	7 546					
湖北三环墙体材料公司	9 565	4 796	991	纤维板	万立方米/年	300		
黄麦岭磷化工程	56 190	54 586	20 686	磷矿开采	万吨/年	100	100	100
黄冈水泥厂	1 049	3 345	35	水泥	万吨/年	25	25	25
蒲圻水泥厂700T/D窑外分解	500	457	12 341	水泥	万吨/年	22	22	22
蒲圻化肥厂农用尿素工程	4 300	935	166	化肥	吨/年	4 000	3 000	3 000
湖北省鸡笼山金矿扩建工程	8 002	3 655	137	黄金	公斤/年	51		
大峪口矿肥工程指挥部	109 397	100 154	58 003	磷矿开采	万吨/年	150	150	150
湖北省荆江大堤加固工程	2 000	2 545	2 476	汽车购置	辆	2	2	2
洪湖分蓄洪区二期工程	3 268	2 380		新建公路	公里	269	219.74	95.72
湖北锻造厂	3 533	3 533	8 960	锻件能力	吨/年	16 000		
郧阳陡岭子水电枢纽工程	12 285	1 656		发电机容量	万千瓦	6.00		
利川市长顺电站		1 116		发电机组容量	万千瓦	3.00		
巴东县卷烟厂迁建	4 500	2 256		卷烟	万箱/年	5		
宜恩县龙洞水库电站		3 886	12 824	发电机组容量	万千瓦	2.6		
咸丰县朝阳寺水电站	6 000	6 568	295	发电机组容量	万千瓦	4.5		

4—32　续表 4　　(1995 年末)　　单位:万元

建设项目名称	隶属关系	建设性质	开工年月	投产年月	计划总投资	自开始建设至本年底止累计完成投资	#新增固定资产	未完工程尚需投资
天门岳口汉江大桥	县	新	1993.1		8 354	7 549		805
湖北省荆江化工厂烧碱工程	县	新	1991.12	1995.4	7 910	8 779	8 461	
二、收尾项目					**694 692**	**623 669**	**570 261**	**71 023**
宜昌市西北口水库	市	新	1983.1	1993.12	9 424	9 974	8 700	
清江开发公司隔河岩水电站	中央	新	1987.9	1994.12	485 389	418 269	376 828	67 120
宜昌市煤气公司	市	新	1987.8	1993.12	32 000	26 153	20 520	5 847
东风公司中重型汽车扩建	中央	扩	1986.1	1994.12	157 124	157 441	153 401	
宜昌正大有限公司	市	新	1993.2	1994.9	4 400	4 463	4 412	
沙市自来水公司	市	扩	1992.3	1994.12	6 355	7 369	6 400	
三、筹建项目					**1 246 583**	**168 180**	**970**	**1 078 403**
宜昌南方电气公司大型变压器	市	新			22 740	850	850	21 890
襄樊火电厂一期工程	中央	新			630 000	21 899		608 101
清江开发公司高坝州电站	中央	新			280 000	7 822		272 178
鄂城钢铁厂黄梅铁矿	省	扩			11 000	1 434	120	9 566
恩施大龙潭电站	中央	新			27 800	290		27 510
恩施清江姚家坪水电站	中央	新			11 218	1 369		9 849
建始县水溪口水电站	中央	新			22 000	640		21 360
汉川电厂二期工程	中央	扩			241 825	133 876		107 949
四、跨省区在鄂施工项目					**568 117**	**495 246**	**433 041**	**72 871**
郑州铁路局焦枝线电气化	中央	扩	1987.11		45 904	45 377	44 820	527
郑州铁路局焦柳线	中央	扩	1993.7		179 200	21 997		157 203
九江大桥	中央	新	1973.12		32 141	34 584	933	
京九铁路	中央	新	1993.9		273 700	356 222	356 222	
宁汉渝光缆	中央	新	1994.1		21 793	21 228	21 228	565
京九广光缆	中央	新	1995.1		6 000	6 000		
京汉广光缆	中央	新	1990.10	1995.12	9 379	9 838	9 838	
五、停缓建项目					**60 005**	**35 612**	**6 750**	**24 420**
宜昌宜化十三万吨尿素	市	扩	1993.6		28 600	6 010		22 590
襄樊六一〇研究所	中央	新	1987.7		5 828	6 750	6 750	
蒲圻市造纸总厂竹浆工程	县	扩	1987.10		25 577	22 852		2 752

4—32 续表 5　　　　（1995 年末）　　　　单位：万元

建设项目名称	本年计划投资	本年完成投资	本年新增固定资产	建设规模和新增能力（或效益） 生产能力（或效益）名称	计量单位	建设规模	累计新增	#本年
天门岳口汉江大桥	3 875	3 068		新建独立公路桥	延长米	1 329		
湖北省荆江化工厂烧碱工程		673	566	烧碱	吨/年	10 000	10 000	10 000
二、收尾项目	**78 895**	**47 434**	**27 534**					
宜昌市西北口水库	200	200						
清江开发公司隔河岩水电站	54 500	37 490	1 020					
宜昌市煤气公司		935	800					
东风公司中重型汽车扩建	22 000	6 572	19 598					
宜昌正大有限公司	263	263	212					
沙市自来水公司	1 932	1 974	5 904					
三、筹建项目	**50**	**147 684**	**120**					
宜昌南方电气公司大型变压器								
襄樊火电厂一期工程		5 340		发电机组容量	万千瓦	120		
清江开发公司高坝州电站		7 822		发电机组容量	万千瓦	25.2		
鄂城钢铁厂黄梅铁矿	50	74	120	铁矿石开采	万吨/年	42		
恩施大龙潭电站		181		发电机组容量	万千瓦	3		
恩施清江姚家坪水电站		151		发电机组容量	万千瓦	19.5		
建始县水溪口水电站		240		发电机组容量	万千瓦	3		
汉川电厂二期工程		133 876		发电机组容量	万千瓦	60		
四、跨省区在鄂施工项目	**34 601**	**160 579**	**404 834**					
郑州铁路局焦枝线电气化	10 000	10 000	17 546					
郑州铁路局焦柳线	8 000	8 000		运营里程	公里	303		
九江大桥	2 437	2 443						
京九铁路		91 371	356 222					
宁汉渝光缆	4 488	4 488	21 228					
京九广光缆	6 000	6 000						
京汉广光缆	3 676	3 676	9 838					
五、停缓建项目	**3 000**	**10**						
宜昌宜化十三万吨尿素	3 000	10						
襄樊六一〇研究所								
蒲圻市造纸总厂竹浆工程				机制纸及纸板	万吨/年	3.5		

4—33 全省各种分组的技术改造投资

单位:亿元

	1990年	1991年	1992年	1993年	1994年	1995年
一、投资总额	**33.30**	**37.72**	**52.79**	**71.12**	**122.17**	**150.94**
按资金来源分						
国家预算内投资	0.44	0.25	0.41	1.01	0.96	0.90
国内贷款	7.72	13.57	21.74	30.17	39.77	43.22
利用外资	0.61	1.26	1.16	0.88	6.09	11.86
自筹投资	23.22	21.76	28.19	36.94	69.43	86.93
其他投资	1.31	0.88	1.29	2.12	5.92	8.03
按构成分						
建筑工程	11.68	12.09	17.60	23.30	37.60	32.52
安装工程	2.43	3.23	3.67	5.38	9.31	15.82
设备、工器具构置	16.87	19.62	27.04	36.43	65.66	86.67
# 用于更新的设备	4.34	6.93	9.62	11.09	16.88	1.47
其他费用	2.32	2.78	4.48	6.01	9.61	15.93
按用途分						
物质生产性建设	29.53	33.06	47.92	65.06	112.40	139.27
增　　产	12.96	12.17	18.14	27.72	38.91	40.26
节约能源	1.32	1.55	1.99	2.60	6.31	5.29
其他节约	0.10	0.37	0.28	0.69	1.40	0.50
增加品种	5.57	6.17	9.42	10.20	19.61	27.27
提高产品质量	2.76	3.28	4.43	6.87	10.99	11.00
三废治理	0.38	0.32	0.50	0.41	0.51	3.29
其他生产性	6.44	9.20	13.16	16.57	34.67	51.66
非物质生产性建设	3.77	4.66	4.87	6.06	9.78	11.67
# 住　　宅	1.59	1.62	1.69	1.63	1.52	2.05
按三次产业分						
第一产业	0.03	0.12	0.72	0.68	0.04	0.16
第二产业	27.94	30.12	41.26	50.03	81.46	109.58
第三产业	3.74	7.48	9.12	18.78	40.67	41.20
按建设性质分						
# 新　　建	0.83	1.22	1.74	2.43	3.44	5.32
扩　　建	19.38	19.50	23.72	37.48	72.39	95.89
改　　建	11.37	14.21	24.42	27.77	37.95	36.84
二、新增固定资产	**25.72**	**37.89**	**38.94**	**49.73**	**81.72**	**91.95**
固定资产交付使用率(%)	77.3	100.5	73.80	69.90	66.90	60.9
三、建设项目(个)						
施工项目	2 115	2 526	2 738	1 939	2 183	2 392
# 限额以上项目	27	25	32	40	63	93
建成投产项目	1 119	1 401	1 516	1 165	1 308	1 540
# 限额以上项目	7	6	5	13	5	24
四、项目平均建设周期(年)	**3.2**	**2.9**	**2.9**	**2.6**	**2.4**	**2.3**
五、房屋建筑面积(万平方米)						
施工面积	327.37	330.53	379.42	295.25	321.94	306.89
# 住　　宅	114.09	102.73	90.50	53.93	45.48	32.68
竣工面积	182.02	185.01	195.58	175.28	147.86	160.79
# 住　　宅	62.34	57.56	57.64	40.50	27.78	19.82

4—34　地方各种分组的技术改造投资

单位:亿元

	1990年	1991年	1992年	1993年	1994年	1995年
一、投资总额	**24.68**	**28.43**	**41.21**	**47.42**	**76.58**	**95.99**
按资金来源分						
国家预算内投资	0.30	0.24	0.29	0.76	0.77	0.55
国内贷款	7.09	12.31	20.72	24.29	31.33	29.27
利用外资	0.26	0.70	0.97	0.85	3.20	5.97
自筹投资	15.87	14.38	18.34	20.11	38.43	53.35
其他投资	1.16	0.80	0.89	1.41	2.85	6.85
按构成分						
建筑工程	8.79	9.50	14.14	15.32	23.87	22.64
安装工程	1.53	2.18	2.05	2.98	4.66	8.30
设备、工器具构置	12.46	14.54	21.42	24.81	41.56	56.72
# 用于更新的设备	2.68	4.98	8.44	8.91	14.31	
其他费用	1.90	2.21	3.60	4.31	6.49	8.33
按用途分						
物质生产性建设	21.61	24.56	37.41	42.24	68.35	88.24
增　　产	10.62	10.33	16.74	24.12	30.13	32.26
节约能源	0.66	1.05	1.18	1.27	2.06	2.43
其他节约	0.06	0.20	0.21	0.26	0.57	0.35
增加品种	4.53	5.01	8.41	8.52	15.66	23.66
提高产品质量	2.33	2.80	4.06	5.49	9.05	9.08
三废治理	0.30	0.21	0.31	0.24	0.42	3.19
其他生产性	3.11	4.96	6.50	2.64	10.46	17.27
非物质生产性建设	3.07	3.87	3.80	5.18	8.23	7.75
# 住　　宅	1.22	1.26	1.28	1.13	0.90	1.15
按三次产业分						
第一产业	0.03	0.12	0.11	0.68	0.04	0.16
第二产业	21.86	23.61	35.00	40.13	62.21	85.4
第三产业	1.57	4.70	4.82	5.47	14.33	10.43
按建设性质分						
# 新　　建	0.79	1.17	1.73	2.32	3.41	3.43
扩　　建	17.33	17.35	19.01	22.14	39.70	57.99
改　　建	5.22	7.53	18.04	20.97	27.32	24.70
二、新增固定资产	**20.13**	**29.37**	**30.16**	**32.81**	**47.92**	**56.28**
固定资产交付使用率(%)	81.6	103.3	73.2	69.2	62.6	58.6
三、建设项目(个)						
施工项目	1 463	1 829	1 846	1 323	1 475	1 529
# 限额以上项目	22	17	19	25	48	74
建成投产项目	752	1 012	1 009	732	869	963
# 限额以上项目	7	5	3	8	2	19
四、项目平均建设周期(年)	**3.0**	**2.7**	**2.7**	**2.7**	**2.5**	**2.5**
五、房屋建筑面积(万平方米)						
施工面积	261.11	272.62	318.49	241.92	247.38	251.90
# 住　　宅	86.75	77.96	68.23	42.63	24.99	23.71
竣工面积	145.31	152.98	164.28	146.67	119.10	126.78
# 住　　宅	47.01	43.48	41.74	29.77	19.24	14.36

4—35 按国民经济行业分的国有经济单位技术改造投资

单位:亿元

行业	1993年		1994年		1995年	
	全省	地方	全省	地方	全省	地方
总计	**71.12**	**47.42**	**107.37**	**61.81**	**128.23**	**73.48**
一、农、林、牧、渔业	**0.10**	**0.10**	**0.03**	**0.03**	**0.03**	**0.03**
农业	0.03	0.03	0.01	0.01		
农林牧渔服务业	0.07	0.07	0.02	0.02	0.03	0.03
二、采掘业	**1.08**	**0.56**	**1.98**	**0.83**	**2.51**	**1.24**
煤炭采选业	0.09	0.09	0.31	0.31	0.26	0.26
石油和天然气开采业	0.25		0.99		1.06	
有色金属矿采选业	0.28	0.01	0.13	0.01	0.79	0.58
非金属矿采选业	0.46	0.46	0.54	0.50	0.36	0.36
三、制造业	**47.57**	**40.19**	**59.26**	**45.51**	**72.56**	**61.39**
食品加工业	1.32	1.32	0.75	0.75	1.19	1.19
食品制造业	0.34	0.32	0.59	0.59	0.29	0.29
饮料制造业	1.55	1.55	1.24	1.24	0.98	0.98
烟草加工业	2.76	2.76	3.12	2.58	4.12	3.91
纺织业	3.80	3.75	3.13	3.13	4.49	4.48
服装及其他纤维制品制造业			0.08	0.08	0.03	0.03
皮革、毛皮、羽绒及其制品业	0.07	0.07	0.08	0.08	0.02	0.02
木材加工及竹、藤、棕、草制品业	0.06	0.06	0.44	0.44	0.52	0.52
家具制造业	0.01	0.01				
造纸及纸制品业	1.54	1.54	0.62	0.62	1.35	1.35
印刷业、记录媒介的复制	0.44	0.44	0.34	0.34	0.86	0.85
文教体育用品制造业	0.02	0.02				
石油加工及炼焦业	1.41	0.06	4.88	0.06	4.78	0.44
化学原料及化学制品制造业	2.92	2.89	4.72	4.65	6.54	6.46
医药制造业	1.42	1.26	0.83	0.81	0.74	0.67
化学纤维制造业	0.39	0.39	0.93	0.93	1.09	1.09
橡胶制品业	0.98	0.89	0.37	0.37	0.88	0.83
塑料制品业	0.15	0.15	0.87	0.87	1.32	1.32
非金属矿物制品业	2.96	2.92	3.62	3.41	2.29	2.25
黑色金属冶炼及压延加工业	8.91	8.91	14.12	14.12	25.04	25.04
有色金属冶炼及压延加工业	2.17	1.23	2.25	0.74	2.00	0.64
金属制品业	0.63	0.35	0.78	0.63	0.67	0.67
普通机械制造业	2.80	2.41	3.30	2.76	2.09	1.72
专用设备制造业	1.12	0.62	1.04	0.75	1.35	0.97
交通运输设备制造业	7.56	4.30	8.12	3.63	7.39	3.84
武器弹药制造业			0.03		0.01	
电气机械及器材制造业	1.39	1.24	1.42	0.90	0.99	0.92
电子及通信设备制造业	0.78	0.67	1.38	1.01	0.97	0.71
仪器仪表及文化、办公用机械制造业	0.05	0.05	0.12	0.04	0.42	0.07
其他制造业	0.02	0.02	0.07	0.07	0.12	0.12
四、电力、煤气及水的生产和供应业	**3.22**	**0.90**	**7.00**	**1.08**	**10.45**	**0.29**
电力、蒸汽、热水的生产和供应业	2.52	0.19	6.73	0.81	10.16	
煤气生产和供应业	0.06	0.06	0.03	0.03	0.05	0.05
自来水的生产和供应业	0.64	0.65	0.04	0.24	0.24	0.24

4—35　续表　　　　单位：亿元

行　　业	1993年		1994年		1995年	
	全　省	地　方	全　省	地　方	全　省	地　方
五、建 筑 业	**1.06**	**0.28**	**2.64**	**1.60**	**2.57**	**1.17**
土木工程建筑业	1.03	0.26	2.59	1.55	2.55	1.16
线路、管道和设备安装业			0.02	0.02	0.01	0.01
装修装饰业	0.03	0.02	0.03	0.03		
六、地质勘查业、水利管理业	**0.15**	**0.01**	**0.08**	**0.01**	**0.44**	**0.24**
地质勘查业	0.14		0.07		0.31	0.13
水利管理业	0.01	0.01	0.01	0.01	0.11	0.11
七、交通运输、仓储及邮电通讯业	**13.47**	**1.39**	**26.14**	**4.27**	**31.98**	**1.80**
铁路运输业	1.18		1.70		1.86	
公路运输业	0.51	0.51	0.51	0.51	0.69	0.69
管道运输业						
水上运输业	0.26	0.19	0.48	0.40	0.32	0.29
航空运输业	0.01					
交通运输辅助业	0.58	0.52	1.72	1.43	0.98	0.80
其他交通运输业			0.10	0.10		
仓 储 业	0.05	0.01	0.16		0.04	0.03
邮电通信业	10.88	0.15	21.48	1.84	28.10	
八、批发和零售贸易、餐饮业	**1.48**	**1.17**	**2.36**	**1.02**	**1.39**	**1.29**
食品、饮料、烟草和家庭日用品批发业	0.61	0.61	0.63	0.63	0.35	0.35
能源材料和机械电子设备批发业	0.37	0.08	1.46	0.12	0.34	0.24
其他批发业	0.07	0.05	0.02	0.02		
零 售 业	0.42	0.42	0.22	0.22	0.71	0.71
餐 饮 业	0.01	0.01	0.04	0.04		
九、金融、保险业	**0.04**		**0.23**		**0.04**	
金 融 业	**0.04**		**0.23**			
十、房地产业	**0.02**	**0.02**	**0.07**	**0.07**	**0.02**	**0.02**
房地产开发与经营			0.01	0.01		
房地产管理业	0.02	0.02	0.06	0.06	0.02	0.02
房地产经纪与代理业			0.01	0.01		
十一、社会服务业	**2.32**	**2.32**	**6.53**	**6.53**	**3.02**	**3.02**
公共设施服务业	2.25	2.25	6.45	6.45	3.00	3.00
旅 馆 业	0.07	0.07	0.08	0.08	0.02	0.02
其他社会服务业	0.01	0.01				
十二、卫生、体育和社会福利业	**0.04**	**0.03**	**0.10**	**0.07**	**0.17**	**0.13**
卫　　生	0.04	0.03	0.10	0.07	0.17	0.13
十三、教育、文化艺术及广播电影电视业	**0.22**	**0.17**	**0.58**	**0.50**	**0.26**	**0.13**
教　　育	0.07	0.06	0.09	0.01	0.22	0.09
文化艺术业	0.14	0.10	0.49	0.49		
广播电影电视业	0.01	0.01			0.04	0.04
十四、科学研究和综合技术服务业			**0.07**	**0.01**	**0.10**	**0.05**
科学研究业			0.05		0.08	0.04
综合技术服务业			0.02	0.01	0.02	0.01
十五、国家机关、政党机关和社会团体	**0.26**	**0.26**	**0.23**	**0.21**	**0.64**	**0.62**
国家机关	0.25	0.25	0.22	0.20	0.62	0.60
政党机关	0.01	0.01	0.01	0.01	0.01	0.01
十六、其他行业	**0.10**	**0.04**	**0.08**	**0.07**	**2.07**	**2.06**

4—36 技术改造新增主要产品生产能力

能力名称	计算单位	1990年	1991年	1992年	1993年	1994年	1995年
炼铁	万吨/年		224			1	
炼钢	万吨/年	0.75	20.9	6.3	26	7.7	
初轧	万吨/年	0.4	19			10	
煤炭开采	万吨/年	4	3			4	7.50
烧碱	万吨/年	0.5	0.4	1.4		2	3.30
合成氨	万吨/年	10	8	5.4	2.75	6.5	3.50
化肥	万吨/年	11.16	18.36	7.45	17.50	24.68	85.27
塑料	吨/年	12 100	6 000			10	400
轮胎外胎	万条/年	3.50	35			80	4
发电机组容量	万千瓦	11.13	3.9	1.06		5.57	12.34
#火电	万千瓦	10.6	2.4	1		5	1.26
水电	万千瓦	0.5		0.6		0.57	11.08
余热发电	万千瓦		1.5				
汽车制造	辆/年	550	500	4 600	1 400	1 400	6 850
#载重汽车制造	辆/年		300	2 700	3 000		4 200
拖拉机制造	混和台/年	3 100	1 900				
手扶拖拉机制造	混和台/年	3 000	3 000	7 000			
电动机	万千瓦/年	25	15	1.6	15		4
金属切削机床制造	台/年	276	736		4 916	480	926
胶合板	万立方米/年	1	0.1		3	0.13	0.10
水泥	万吨/年	37.7	34.24	47.2	82	88	145.03
棉纺锭	万锭	1.80	5.87	7.23	8	8	14.85
棉布织机	台	433	244	184	542	175	1 076
印染布	米/年	344	158	5 400	1 524		
毛纺锭	锭	400	2 400		2 500	3 564	3 200
卷烟	万箱/年	34.1	3	17	47	11.7	43.08
酒	万吨/年	0.68	2.02	3.5	4.8	5.96	14.62
糖果	吨/年	1 000			4 000		
机制纸及纸板	万吨/年	1.42	6.22	2.35	7	2.42	13.09
肥皂	万箱/年		0.12	0.6	1		0.40

4—36 续表

能力名称	计算单位	1990年	1991年	1992年	1993年	1994年	1995年
合成洗涤剂	万吨/年	5	0.50			3.9	0.63
制革	万张/年	7	12	10			
皮鞋	万双/年	8	90		6		0.02
热水瓶	万个/年	300			30		
灯泡	万只/年	1 120	1 300	866	200	324	1 427
自行车	万辆/年	10	15	22	80		
电视机	万台/年		13				10.0
录音机	万台/年	14	10	24			
新(扩)建港口码头	万吨		10	10	20		80
新(扩)建港口码头	泊位:个		1	1	1		1
新建公路	公里		4.45	1		36.2	
改建公路	公里	11		56.9	50	181.06	267.10
市内电话交换机	万门	2.53	6.85	5.45	20.45	39.4	58.70
商业冷藏库	万吨			0.02			
粮食仓库	万平方米	0.51	4.88	0.01			
粮食仓库	万公斤	6 450	6 469	100			
商业饮食服务网点	处	42	46	72	21	11	5
商业饮食服务网点	万平方米	3.6	5.05	13.27	5.99	6.2	3.84
医院病床床位	张	400	790	390		50	
自来水供水能力	万吨/日	27.4	21.2	15	13	7.2	4.50

4—37 技术改造投产工业项目的经济效益

单位:亿元

项目	全省			#地方		
	1990年	1994年	1995年	1990年	1994年	1995年
全年可增加工业产值	29.05	50.57	67.72	27.74	44.99	65.95
全年可增加利润税金	6.17	8.16	13.46	5.94	6.88	12.28
全年增加创汇(亿美元)	0.68	0.33	0.70	0.68	0.33	0.67

4—38 更新改造限额以上项目一览表

（1995年末）

单位：万元

建设项目名称	隶属关系	建设性质	开工年月	投产年月	计划总投资	自开始建设至本年底止累计完成投资	#新增固定资产	未完工程尚需投资
总计					**1 462 869**	**1 012 241**	**459 406**	**450 628**
一、正式施工项目（不含跨省区项目）					**1 297 918**	**851 357**	**301 672**	**446 561**
武汉市电信局市内程控电话改造	中央	扩	1994.12	1995.12	131 700	127 081	83 011	4 619
武汉汽车标准件厂	省	扩	1993.3		6 195	5 197	1 139	998
武汉汽车零部件公司	市	扩	1993.10		9 810	6 890		2 920
武汉汽车配件厂	省	扩	1987.1		8 000	6 070	4 782	1 930
武汉市汉商集团股份有限公司	市	改	1993.3	1995.12	7 000	7 000	7 000	
武汉市东西湖啤酒股份有限公司	市	扩	1994.9	1995.12	3 550	3 500	3 500	
武汉市武汉造纸厂5万吨高强包装纸	市	扩	1992.7	1995.12	17 576	18 142	18 142	
武汉重型机床厂“八五”技改	市	改	1991.12		6 773	6 263	2 696	510
武汉机床厂数控专门化工具	市	改	1991.11	1995.12	4 718	4 718	4 288	
国营第七五二厂	中央	扩	1992.6	1995.1	372	3 720	3 607	
武汉市锅炉厂	市	改	1994.12		8 957	3 316		5 641
武钢汉阳钢铁厂	市	改	1993.12		30 000	25 000		5 000
武钢汉口轧钢厂	市	扩	1994.11		21 846	19 360		2 486
武汉青山热电厂以大代小工程	中央	扩	1993.12		87 677	87 677		
武汉健民药业股份有限公司	市	扩	1992.3	1995.12	4 782	4 782		
武汉国营四七一厂	中央	改	1993.8		9 076	9 066	3 228	10
武汉中心百货股份有限公司	市	扩	1993.5		13 879	11 776		2 103
武汉解放商业大楼筹建处	市	扩	1994.1		5 800	4 000	400	1 800
黄石抗生素厂青霉素工程	市	扩	1990.12		13 173	14 374		
黄石轴承厂毛坯锻造中心	省	扩	1992.8	1995.12	6 550	6 490	6 490	60
大冶钢厂汽车齿轮生产线	市	改	1994.6		31 240	20 550		10 690
黄石市电缆厂	市	扩	1993.12		4 840	4 440	263	400
黄石鑫宝铸管有限公司	其他	扩	1994.8	1995.12	4 310	4 302	4 302	8
大冶有色金属公司冶炼技改	中央	扩	1993.10		44 824	22 505	531	22 319
湖北银龙镀铝薄板有限公司热镀铝生产线	省	改	1993.1		9 538	8 950	283	588
黄石万达安全卡有限公司	市	扩	1994.6	1995.11	6 000	4 492	4 492	1 508
东风汽车公司车轮厂	中央	改	1994.11		5 933	369		5 564
东风汽车公司轴瓦厂	中央	改	1995.6		3 424	53		3 371
东风汽车公司设备制造厂	中央	改	1992.12		4 113	1 827	1 827	2 286
东风汽车公司铸造一厂	中央	改	1991.4		3 396	1 963	1 963	1 433
东风汽车公司热电厂	中央	扩	1992.11	1995.1	7 768	8 400	8 300	
东风汽车公司冲模厂	中央	改	1994.1		9 536	3 483	3 483	6 053
东风汽车公司传动轴厂	中央	改	1994.1		3 468	2 430		1 038
荆沙棉纺织厂引进络筒机等设备	市	改	1994.12	1995.12	4 200	4 200	4 200	
宜昌电子管厂彩色显示器生产线	市	扩	1988.4		8 919	8 750		169
宜昌造纸厂车间	市	扩	1989.12		3 898	3 487	2 418	411
猴王集团农用车厂	市	迁	1994.1		14 310	2 359	2 359	11 951

4—38 续表 1　　　　　　　　　　(1995 年末)　　　　　　　　　　单位:万元

建设项目名称	本年计划投资	本年完成投资	本年新增固定资产	建设规模和新增能力(或效益)				
				生产能力(或效益)名称	计量单位	建设规模	累计新增	#本年
总　　　　计	**602 320**	**580 878**	**239 806**					
一、正式施工项目(不含跨省区)	**589 810**	**564 806**	**208 418**					
武汉市电信局市内程控电话改造	126 700	120 706	83 011	市内电话交换机	门	366 000	366 000	366 000
武汉汽车标准件厂	200	1 444	1 125	汽车标准件	万件/年	40 472		
武汉汽车零部件公司	4 210	4 200		汽车锁	万把/年	600	600	300
武汉汽车配件厂	3 000			活塞	万只/年	2		
武汉市汉商集团股份有限公司	3 500	3 500		商业网点	平方米	11 427	11 427	11 427
武汉市东西湖啤酒股份有限公司		3 500	3 500	啤酒	吨/年	30 000	30 000	30 000
武汉市武汉造纸厂 5 万吨高强包装纸	5 972	6 432	6 432	机制纸及纸板	万吨/年	5.00	5.00	4.30
武汉重型机床厂“八五”技改	529	19		金属切削机	台/年	156		
武汉机床厂数控专门化工具	1 133	920	2 755	金属切削机床	台/年	770	770	770
国营第七五二厂		5						
武汉市锅炉厂	8 390	3 316		锅炉	台/年	31.00		
武钢汉阳钢铁厂	14 300	14 000		钢材	万吨/年	30.00		
武钢汉口轧钢厂	4 631	16 592		钢材	万吨/年	10.00		
武汉青山热电厂以大代小工程	46 677	46 677		发电机组容量	万千瓦	30.00		
武汉健民药业股份有限公司	1 835	2 200		中成药	吨/年	3 400	3 400	3 400
武汉国营四七一厂	3 660	3 650	1 593	厚壁钢管	万吨/年	2	2	2
武汉中心百货股份有限公司	8 770	4 140		商业网点	平方米	43 000		
武汉解放商业大楼筹建处	2 900	1 250	400	商业网点	平方米	17 200		
黄石抗生素厂青霉素工程		9 308		化学原料药	吨/年	820		
黄石轴承厂毛坯锻造中心		878	6 137	轴承	万套/年	3 160	3 160	3 160
大冶钢厂汽车齿轮生产线	9 000	11 414		钢材	万吨/年	20		
黄石市电缆厂	945	906	263	辐照电缆	公里	11 100		
黄石鑫宝铸管有限公司	2 200	2 122	1 922	铸铁管	万吨/年	3	3	3
大冶有色金属公司冶炼技改	15 000	8 936	92	铜冶炼	吨/年	100 000		
湖北银龙镀铝薄板有限公司热镀铝生产线	3 398	4 500		镀铝钢板	万吨/年	5		
黄石万达安全卡有限公司	1 070	1 388	3 940	磁卡	万片	4 000	4 000	4 000
东风汽车公司车轮厂	2 936	335						
东风汽车公司轴瓦厂	964	53						
东风汽车公司设备制造厂	1 200	828	828					
东风汽车公司铸造一厂		379	379					
东风汽车公司热电厂		12		火电	万千瓦	5	5	
东风汽车公司冲模厂	4 536	842	3 483					
东风汽车公司传动轴厂		1 250						
荆沙棉纺织厂引进络筒机等设备		3 270	3 120	棉布织机	台	22	22	22
宜昌电子管厂彩色显示器生产线	1 100	410		彩色显像管	万只/年	30		
宜昌造纸厂车间		529		机制纸及纸板	万吨/年	0.83	0.83	0.83
猴王集团农用车厂	2 000	959	959	汽车制造	辆/年	5 000	500	500

4—38 续表 2 (1995 年末) 单位:万元

建设项目名称	隶属关系	建设性质	开工年月	投产年月	计划总投资	自开始建设至本年底止累计完成投资	#新增固定资产	未完工程尚需投资
武汉市电信局数字移动电话试验网	中央	扩	1995.3	1995.12	28 500	28 500	28 500	
武汉市东西湖啤酒有限公司十万吨啤酒技改	市	扩	1995.8		4 688	2 200		2 488
武钢集团汉阳冷轧厂	市	扩	1995.8		7 103	5 819		1 284
武钢辉宝复合材料有限公司	其他	扩	1994.10	1995.12	12 000	14 600	11 297	
武钢焦化二回收车间	市	扩	1994.6		30 339	23 823		6 516
武钢热轧硅钢原料库	市	扩	1994.12		6 143	1 303		4 840
武钢轧板厂常化炉	市	改	1994.12		10 000	4 933		5 067
武钢四烧车间	市	扩	1995.10		143 962	8 418		135 544
武钢轧钢变电所	市	扩	1995.1		14 227	5 097		9 130
武钢 110KV 外出线工程	市	扩	1994.12		9 948	3 597		6 351
武钢线材轧机易地改造	市	扩	1994.1		90 630	46 488		44 142
武钢耐火滑板砖车间	市	扩	1993.12		5 562	4 885		677
武钢 07 供热电站扩建	市	扩	1994.10		14 493	9 657		4 836
武钢耐火活性石灰车间扩建	市	扩	1994.10		11 016	7 976		3 040
武钢三炼钢废钢设施	市	扩	1994.12		7 965	8 479		
武汉云鹤汽车座椅公司	中央	扩	1995.2		14 436	10 500	7 000	3 936
黄石金利包装有限公司	市	改	1994.4		3 205	2 809		396
湖北银龙钢铝薄板公司焊管生产线	省	扩	1995.6		3 852	205		3 647
十堰汽车配件铸造厂	市	扩	1992.12		3 468	3 531		
丹江口化肥厂	县	扩	1994.8		7 230	3 377	1 063	3 853
丹江口汽车可锻件厂	县	扩	1995.2		3 000	120		2 880
湖北摩擦密封材料厂	市	扩	1995.10		11 100	697	7	10 403
湖北化纤集团公司北区长丝技改	市	扩	1995.1	1995.11	7 635	7 635	7 635	
谷城东银锻造公司	县	改	1995.10		3 749	1 728	728	2 021
菲利浦汽车照明湖北公司	县	新	1995.4		24 734	3 104	233	21 630
湖北祥达生物工程公司	县	改	1995.3		9 423	490	490	8 933
嘉鱼县尿素工程	县	扩	1992.10		6 576	3 594		2 982
阳新正皓铝业有限公司	县	改	1995.6		8 904	1 663		7 241
猴王集团叉车厂	市	新	1994.9		15 700	1 449	1 449	14 251
猴王集团啤酒有限公司	市	扩	1994.1		6 666	3 128	3 128	3 538
猴王集团铸锻中心	市	迁	1994.5		8 135	620	620	7 515

4—38 续表 3 (1995 年末) 单位:万元

建设项目名称	本年计划投资	本年完成投资	本年新增固定资产	建设规模和新增能力(或效益) 生产能力(或效益)名称	计量单位	建设规模	累计新增	#本年
武汉市电信局数字移动电话试验网	28 500	26 500	21 652	移动电话	万门	10	10	10
武汉东西湖啤酒有限公司十万吨啤酒技改	2 200	2 200		啤酒	吨/年	100 000		
武钢集团汉阳冷轧厂	4 000	4 717		钢材	万吨/年	3.00		
武钢辉宝复合材料有限公司	9 000	9 000		复合金属材料	吨/年	5 000	5 000	5 000
武钢焦化二回收车间	20 822	21 172						
武钢热轧硅钢原料库	1 100	1 255						
武钢轧板厂常化炉	6 256	4 873		船用钢板处理	万吨/年	25		
武钢四烧车间	7 800	8 301		烧结矿	万吨/年	440		
武钢轧钢变电所	5 200	5 097						
武钢 110KV 外出线工程	3 100	3 570						
武钢线材轧机易地改造	62 460	43 126						
武钢耐火滑板砖车间	4 303	3 642						
武钢 07 供热电站扩建	10 116	8 414						
武钢耐火活性石灰车间扩建	5 940	5 585						
武钢三炼钢废钢设施	7 965	6 647						
武汉云鹤汽车座椅公司	9 000	10 500		轿车座椅	万台套/年	15		
黄石金利包装有限公司	2 000	2 008		塑料包装袋	万条/年	2 000		
湖北银龙钢铝薄板公司焊管生产线		205		镀铝焊管	万吨/年	2		
十堰汽车配件铸造厂	501	810						
丹江口化肥厂	1 642	1 525	571					
丹江口汽车可锻件厂	900	120						
湖北摩擦密封材料厂	3 500	697	7	离合器片	万片/年	60		
湖北化纤集团公司北区长丝技改	7 635	7 635	7 635	粘胶长丝	吨/年	2 200	2 200	2 200
谷城东银锻造公司	1 020	1 016	728	锻件能力	吨/年	1 600		
菲利浦汽车照明湖北公司	3 500	3 104	233	灯泡	万只/年	8 000		
湖北祥达生物工程公司	1000	490	490	啤酒酶	吨/年	10 000		
嘉鱼县尿素工程	1 800	1 800		尿素	吨/年	40 000		
阳新正皓铝业有限公司	3 353	1 663		电解铝	吨/年	7 000		
猴王集团叉车厂	550	523	523	叉车	辆/年	10 000		
猴王集团啤酒有限公司		2 028	2 028	啤酒	吨/年	70 000		
猴王集团铸锻中心	1 800	520	520	铸铁件能力	吨/年	32 000		

建设项目名称	隶属关系	建设性质	开工年月	投产年月	计划总投资	自开始建设至本年底止累计完成投资	#新增固定资产	未完工程尚需投资
湖北化纤公司 5 000 吨/年浸胶	市	扩	1994.3	1995.9	5 928	6 029	6 029	
襄樊市邮电局移动通讯	中央	扩	1994.2		4 619	4 619	4 619	
国营华中制药厂	中央	扩	1994.12		4 703	880		3 823
湖北神电汽车电机股份有限公司	市	扩	1995.1		5 833	562	562	5 271
谷城县车桥股份有限公司	县	改	1994.1		5 747	3 516		2 231
光化水泥厂 4 号窑节能技改	县	改	1992.3	1995.12	9 447	9 060	9 060	387
老河口鑫晶建材实业有限公司矿山水泥厂	县	扩	1994.1	1995.12	5 000	5 200	5 200	
鄂城钢铁厂小型轧钢工程	省	改	1994.6		27 000	23 646		3 354
鄂城钢铁厂焊管工程	省	改	1994.6	1995.10	7 484	6 873	6 873	611
鄂州市斯达针织服饰公司	市	扩	1994.4		4 005	3 123		882
湖北兴化股份有限公司80 万吨/年催化装置	省	改	1994.10		34 162	34 162		
云梦县塑料薄膜厂	县	扩	1994.8	1995.12	8 500	12 000	12 000	
湖北气门厂“八五”技改	县	扩	1993.10		3 930	4 541	3 081	
咸宁市交通局国道改造	市	改	1994.8	1995.10	8 000	6 800	1 000	1 200
湖北飞宁股份有限公司	市	改	1994.1		4 156	633	554	3 523
咸宁地区交通局道路指挥部	省	改	1994.1	1995.7	7 000	7 000	4 321	
湖北神州摩托车公司	县	扩	1995.6		8 600	700	700	7 900
洪湖市涤纶厂 2 000 吨涤纶长丝	县	扩	1911.11		6 000	6 092	6 092	
钟祥市汽车弹簧有限公司	县	扩	1994.9	1995.12	6 095	3 737	3 525	2 358
湖北双环化工集团公司	省	扩	1995.3		11 628	3 611		8 017
恩施市化肥厂尿素生产线	县	扩	1992.10		8 541	8 166	202	375
天门金田纺织有限公司	县	扩	1995.3		10 000	3 000	3 000	7 000
二、筹建项目					**4 200**	**150**		**4 050**
宜昌拖拉机厂	市	迁			4 200	150		4 050
三、跨省区在鄂施工项目					11 310	11 205	11 205	105
郑州铁路局襄渝线二期技改	中央	改	1992.9	1995.12	11 310	11 205	11 205	105
四、本年收尾项目					**149 441**	**149 529**	**146 529**	**264**
东风汽车公司十五万辆改造	中央	扩	1986.1	1994.12	144 107	144 459	141 459	
东风汽车公司化油器厂	中央	改	1990.12	1994.1	5 334	5 070	5 070	264

4—38 续表 5 (1995 年末) 单位:万元

建设项目名称	本年计划投资	本年完成投资	本年新增固定资产	建设规模和新增能力(或效益) 生产能力(或效益)名称	计量单位	建设规模	累计新增	#本年
湖北化纤公司 5 000 吨/年浸胶		611	5 541	浸胶	吨/年	5 000	5 000	5 000
襄樊市邮电局移动通讯	965	965	4 619					
国营华中制药厂	1 750	680		化学原料药	吨/年	500		
湖北神电汽车电机股份有限公司	5 833	562	562	轿车电机	万台/年	40		
谷城县车桥股份有限公司	1 500	2 066		锻件能力	吨/年	16 000		
光化水泥厂 4 号窑节能技改	1 175	1 175	8 742	水泥	万吨/年	40	40	40
老河口鑫晶建材实业有限公司矿山水泥厂	2 000	2 200	269	水泥	万吨/年	10	10	10
鄂城钢铁厂小型轧钢工程	19 500	19 996		钢材	万吨/年	30		
鄂城钢铁厂焊管工程	6 873	4 310	6 873	钢材	万吨/年	10	10	10
鄂州市斯达针织服饰公司	3 176	2 779		服装	万件/年	200		
湖北兴化股份有限公司 80 万吨/年催化装置	29 162	29 162		石油加工	万吨/年	80		
云梦县塑料薄膜厂	5 800	9 300	12 000	合成纤维聚合物	吨/年	15	15	15
湖北气门厂"八五"技改	1 726	2 337	2 949	气门	万支	1 000	800	400
咸宁市交通局国道改造		1 500	1 000	改建公路	公里	18.4	18.4	18.4
湖北飞宁股份有限公司								
咸宁地区交通局道路指挥部	2 679	2 679	2 679	改建公路	公里	30	30	30
湖北神州摩托车公司		700	700	摩托车制造	辆/年	200 000		
洪湖市涤纶厂 2 000 吨涤纶长丝	800	776	2 390	化学纤维	吨/年	2 000	2 000	
钟祥市汽车弹簧有限公司	2 600	2 591	2 591	系列板簧	万吨/年	20 000	20 000	20 000
湖北双环化工集团公司	3 552	2 954		纯碱	吨/年	80 000		
恩施市化肥厂尿素生产线		4 850	177	合成氨	吨/年	4 000		
天门金田纺织有限公司	3 000	3 000	3 000					
二、筹建项目	**550**	**150**						
宜昌拖拉机厂	550	150		系列拖拉机 摩托车	万台/年 万台/年	2 11		
三、跨省区在鄂施工项目	3 960	3 946	11 205					
郑州铁路局襄渝线二期技改	3 960	3 946	11 205	交付运营里程	公里	5	5	5
四、本年收尾项目	**8 000**	**11 976**	**20 183**					
东风汽车公司十五万辆改造	8 000	11 612	19 819					
东风汽车公司化油器厂		364	364					

4—39 全省房地产投资

(1995年)

单位:亿元

	总计	国有经济	集体经济
一、投资总额	**121.13**	**45.92**	**6.29**
按资金来源分			
国家预算内投资	0.54	0.38	0.01
国内贷款	34.72	12.10	1.83
利用境外资金	14.26	0.96	
自筹投资	35.99	16.62	2.78
其他投资	35.62	15.86	1.67
按构成分			
建筑工程	85.07	34.36	3.91
安装工程	4.49	1.72	0.16
设备工器具购置	4.47	2.23	0.09
其他费用	27.10	7.61	2.13
按工程用途分			
住宅	61.78	28.17	3.15
办公楼	15.12	3.03	0.95
商业营业用房	23.69	6.11	0.83
其他	20.54	8.61	1.36
二、新增固定资产	**45.26**	**27.16**	**2.37**
三、房屋建筑面积(万平方米)			
施工面积	2 049.30	917.07	99.70
#住宅	1 299.03	669.75	76.78
竣工面积	518.88	328.32	37.61
#住宅	427.19	278.52	32.33

4—39 续表 (1995年) 单位:亿元

	私营经济	股份制经济	外商投资经济	港澳台投资经济
一、投资总额	**0.65**	**15312**	**21.34**	**28.21**
按资金来源分				
国家预算内投资		0.05	0.05	
国内贷款	0.19	3.99	6.82	7.19
利用境外资金			5.73	7.98
自筹投资	0.35	6.48	5.11	3.83
其他投资	0.11	4.60	3.63	9.21
按构成分				
建筑工程	0.49	11.40	14.10	18.48
安装工程		0.45	0.65	1.46
设备工器具购置		0.36	0.28	1.48
其他费用	0.16	2.91	6.31	6.79
按工程用途分				
住　宅	0.50	7.90	9.68	10.65
办公楼	0.10	0.70	3.44	6.77
商业营业用房		3.88	4.76	7.09
其　他	0.05	2.64	3.46	3.70
二、新增固定资产	**0.10**	**6.00**	**4.10**	**4.30**
三、房屋建筑面积（万平方米）				
施工面积	5.54	246.08	297.50	432.93
#住　宅	3.30	156.58	175.86	183.40
竣工面积	0.80	59.34	36.75	38.97
#住　宅	0.80	47.69	25.75	29.57

4—40 城镇集体经济单位固定资产投资

单位:亿元

项　　　目	1990年	1991年	1992年	1993年	1994年	1995年
一、投资总额	**6.00**	**8.35**	**11.86**	**14.55**	**18.97**	**26.73**
按资金来源分						
国家预算内投资	0.08	0.14	0.12	0.19	0.14	0.38
国内贷款	1.85	3.44	5.01	5.47	6.73	8.51
利用外资	0.25	0.68	0.88	0.77	0.82	0.23
自筹资金	3.07	3.88	5.67	7.39	9.43	14.57
其他资金	0.75	0.21	0.18	0.73	1.85	3.04
按构成分						
建安工程	3.16	4.03	6.00	7.36	9.37	14.59
设备、工器具构置	2.55	3.91	5.05	6.02	7.76	8.60
其他费用	0.29	0.41	0.81	1.17	1.84	3.54
按用途分						
物质生产性建设	4.97	6.91	9.73	11.32	13.84	17.79
非物质生产性建设	1.03	1.44	2.13	3.23	5.14	8.94
# 住　　宅	0.68	1.05	1.36	1.33	3.22	5.02
按三次产业分						
第一产业	0.19	0.19	0.13	0.22	0.04	0.17
第二产业	4.63	6.54	8.69	9.66	12.04	14.42
第三产业	0.50	1.62	1.68	3.35	6.89	12.14
二、新增固定资产	**6.16**	**6.55**	**9.32**	**10.81**	**11.45**	**17.87**
三、施工项目(个)	**817**	**1 062**	**1 086**	**907**	**788**	**908**
建成投产项目(个)	507	664	740	657	518	697
四、施工房屋面积(万平方米)	**161.97**	**193.75**	**388.97**	**208.33**	**214.77**	**303.5**
# 住　　宅	59.32	75.58	171.60	57.76	85.84	135.72
竣工房屋面积(万平方米)	99.54	100.21	141.75	122.12	119.27	153.43
# 住　　宅	32.50	42.23	50.98	40.48	50.97	68.18

4—41 其他经济单位固定资产投资

(1995 年)

单位:亿元

项目	总计	基建	技改	房地产开发	其他
总计	**135.26**	**33.28**	**22.7**	**68.92**	**10.36**
联营经济	4.42	0.31	0.92	2.83	0.36
股份制经济	36.82	6.74	13.45	15.12	1.51
中外合资经济	35.49	22.79	6.29		6.42
中外合作经济	0.45	0.29	0.01		0.15
外　　资	22.66	0.06		21.34	1.26
与大陆合资经营	3.97	2.52	1.00		0.45
与大陆合作经营	0.86	0.39	0.47		
港澳台独资	28.78	0.13	0.44	28.21	
其他经济	1.81	0.05	0.12	1.42	0.22

4—42 农村集体经济单位固定资产投资

单位:亿元

项　　　目	1990 年	1991 年	1992 年	1993 年	1994 年	1995 年
一、投资总额	**9.59**	**11.14**	**10.66**	**15.21**	**25.86**	**45.85**
按资金来源分						
# 银行信用社贷款	2.64	3.02	2.70	4.24	6.00	7.46
集体自有资金	4.39	5.29	6.14	8.18	16.22	30.19
其他资金	2.56	2.83	1.82	2.79	3.64	6.18
按资金用途分						
物质生产性建设	6.67	7.52	7.36	12.63	18.68	31.05
# 农林牧渔业	2.18	2.09	0.92	0.33	1.71	4.08
工　　业	3.65	4.54	5.15	10.13	15.52	24.69
交　　通	0.48	0.60	0.45	0.44	0.64	1.53
建 筑 业	0.12	0.15	0.12	0.22	0.79	0.75
非物质生产性建设	2.92	3.62	3.30	2.58	7.18	14.8
# 文化、教育	1.14	1.40	1.92	0.99	1.91	4.71
卫生社会福利	0.76	0.94	0.12	0.08	0.13	0.15
在总计中:住　　宅	0.74	0.98	0.70	0.72	1.19	0.27
购买设备工器具和大牧畜投资	2.57	2.99	2.90	6.27	9.34	
二、竣工房屋建筑面积(万平方米)	**275.75**	**272.58**	**218.69**	**183.93**	**257.06**	**396.06**
# 住　　宅	75.18	91.96	29.38	26.40	40.55	56.52

4—43 城镇工矿区私人建房情况

项　　　目	1990年	1991年	1992年	1993年	1994年	1995年
城镇、工矿区个数（个）	498	561	568	603	736	740
一、本年竣工房屋建筑面积（万平方米）	**371.21**	**375.53**	**462.94**	**501.21**	**672.96**	**703.45**
# 农业户	245.30	257.76	272.19	293.86	325.85	411.47
# 住宅竣工建面积	329.99	347.51	421.88	458.16	584.41	615.03
# 农业户	227.60	245.28	253.02	275.32	299.27	369.96
二、本年竣工房屋投资额（亿元）	**4.88**	**5.16**	**7.79**	**9.88**	**15.08**	**21.14**
# 农业户	2.91	3.40	4.24	5.29	7.11	11.08
# 住宅竣工投资额	4.36	4.76	7.04	8.97	13.30	18.02
# 农业户	2.71	3.18	3.91	4.97	6.62	9.97
三、建房户数（户）	**35 798**	**32 457**	**36 813**	**41 922**	**42 780**	**48 801**
# 农业户	25 630	23 114	22 207	25 074	23 553	28 105
四、生产性固定资产投资（亿元）						**20.09**

注：城镇私人生产性投资 1995 年纳入统计。

4—44 农村个人固定资产投资和建房

项　　　目	1990年	1991年	1992年	1993年	1994年	1995年
总　　计	**23.62**	**24.47**	**27.56**	**30.49**	**41.54**	**58.67**
一、私人建房情况						
竣工房屋间数（万间）	110.73	102.01	104.86	104.43	98.97	103.15
# 住　　宅	100.50	90.16	94.51	92.59	83.37	93.58
竣工房屋建筑面积（万平方米）	2 443.73	2 400.15	2 531.18	1 780.60	2 319.08	2 568.70
# 住　　宅	2 136.97	2 158.86	2 253.57	1 580.06	1 953.28	2 346.91
竣工房屋投资（亿元）	17.90	18.46	21.98	24.49	33.64	44.88
# 住　　宅	16.58	16.95	20.12	22.27	28.41	41.24
二、生产性固定资产投资（亿元）	**5.72**	**6.01**	**5.58**	**6.00**	**7.00**	**13.79**

主要统计指标解释

【全社会固定资产投资】 固定资产投资是社会固定资产再生产的主要手段。通过建造和购置固定资产的活动，国民经济不断采用先进技术设备，建立新兴部门，进一步调整经济结构和生产力的地区分布，增强经济实力，为改善人民物质文化生活创造物质条件，这对实现我国社会主义现代化建设具有重要意义。

固定资产投资额是以货币表现的建造和购置固定资产活动的工作量，是反映固定资产投资规模、速度、比例关系和使用方向的综合性指标。全社会固定资产投资按经济类型分，包括国有经济、集体经济、联营经济、股份制经济、外商投资、港澳台投资、其他经济；按报表种类分，包括基本建设、技术改造、全民其他、房地产开发、城乡集体投资、城镇私人建房、购买生产性固定资产的投资。

【基本建设投资】 基本建设是指国民经济各部门以扩大生产能力或工程效益为主要目的的新建、扩建工程及有关工作。包括工厂、矿山、铁路、桥梁、港口、农田水利、商店、住宅、学校、医院等工程的建造和机器、车辆、船舶、飞机等的购置。

基本建设投资额是以货币表现的基本建设完成的工作量，是反映一定时期内基本建设规模和建设进度的综合性指标，他是根据工程的实际进度原则上按实际价格（建安工程按施工图预算时所用的价格）计算的工作量。没有形成工程实体的建筑材料和没有开始安装的设备，都不计算投资完成额。

基本建设投资完成额与基本建设财务拨款贷款额和财务支出是含义完全不同的指标。"基本建设投资完成额"是按实际价格计算的工作量，财务拨款贷款额是银行根据国家计划拨给或贷给建设单位用于基本建设的资金，财务支出额是建设单位实际支出金额。使用时应加以区别。

【技术改造投资】 技术改造指企业、事业单位对原有设施进行固定资产更新和技术改造，以及相应配套的工程和有关工作(不包括大修理和维护工程)。技术改造投资是以货币表现的技术改造完成的工作量。根据我国现行统计制度，基本建设和技术改造的划分是：(1) 列入基本建设计划的项目作为基本建设投资，列入技术改造计划的项目作为技术改造投资；(2) 技术改造计划与基本建设计划结合安排的项目和未列入计划的项目，根据工程性质分别作为基本建设投资或更新改造投资。属于对企业事业单位原有设施进行技术改造或更新的项目和增建主要生产车间、分厂等，其新增生产能力或效益尚未达到大中型标准的项目，以及由于城市环境保护和安全生产的需要而进行的迁建工程，作为更新改造投资。

【国有其他固定资产投资】 国有其他固定资产投资是指按照国家规定不纳入基本建设和更新改造计划管理的全民所有制单位的其他固定资产投资，具体包括：用油田维护费和石油开发基金进行的油田维护和开发工程；矿山、森工等采掘采伐工业用维简费进行的开拓延伸工程；交通部门用公路养路费对原有公路，桥梁进行改建的工程：商、贸、粮、供销部门用简易建筑费建造的仓库。

【房地产开发投资】 房地产开发投资是指各种经济类型的房地产开发公司、商品房屋建设公司及其他房地产开发单位统一开发的商品住宅、厂房、仓库、饭店、宾馆、度假村、写字楼、办公楼等房屋建筑物的配套的服务设施，以及土地开发工程所完成的投资额。

【固定资产投资的资金来源】 根据固定资产投资的资金来源不同，分为国家预算内投资、国内贷款、股票、债券、利用外资、自筹资金和其他投资七种。

【国家预算内投资】 指列入国家固定资产投资计划并由国家财政预算拨款（包括拨改贷）完成的投资。基本建设国家预算内投资包括国家预算内拨款(中央财政中的基本建设拨款和地方财政中由国家统筹安排的基本建设贷款）和由拨款改为银行贷款形式完成的投资、中央财政中的其他专项建设拨款，更新改造国家预算内投资包括中央财政和地方财政预算内更新改造拨款完成的投资。

【国内贷款】 指利用建设银行、工商银行及其他国内贷款进行的建设工程实际完成的投资。

【股票】 指由股份制企业通过发行股票筹集的资金完成的投资。

【债券】 指由企业（公司）或金融机构，通过发行各种债券筹集的资金完成的投资。

【自筹和其他投资】 指由国务院各部，各省、自治区、直辖市及地（市）、县和企（事）业及行政单位自己筹集的资金（包括各级地方财政贷款）和上述各项以外的资金完成的投资。

【固定资产投资按国民经济行业分】 建设项目归哪个行业按它建成投产后的主要产品种类或主要用途及社会经济活动种类来确定，基本建设按建设项目划分国民经济行业，技术改造、全民所有制单位其他固定资产投资及城镇集体投资根据整个企业、事业单位所属的行业来划分。一般情况下，一个建设项目或一个企业、事业单位只能属于一种国民经济行业。为了更准确地反映国民经济各行业之间的比例关系，联合企业（总厂）所属分厂属于不同行业的除按联合性企业划分国民经济行业外，还要按其下属单位划分行业。

【固定资产投资按建性质分】 建设项目的性质一般分为新建、扩建、改建、恢复。基本建设按建设项目划分建设性质，技术改造、全民所有制单位其他固定资产投资及城镇集体投资按整个企业、事业单位的建设情况确定建设性质。房地产开发单位免填。

【新建】 一般是指从无到有，“平地起家”新开始建设的单位。有的单位原有的基础很小，经过建设后其新增加的固定资产资产价值超过企业、事业和行政单位原有固定资产价值（原值）三倍以上的也算新建。

【扩建】 一般是指为扩大原有产品的生产能力，在厂内或其他地点增建主要生产车间、独立的生产线或总厂之下的分厂的企业；事业单位和行政单位在原单位增建业务用房（如学校增建教学用房、医院增建门诊部或病床用房、行政机关增建办公楼等）也作为扩建。

【改建】 一般是指现有企业、事业单位为了技术进步，提高产品质量，增加花色品种，促进产品升级换代、降低消耗和成本，如加强资源综合利用和三废治理，以及劳保安全等，采用新技术、新工艺、新设备、新材料等对现有设施工艺条件进行技术改造或更新（包括相应配套的辅助性生产、生活福利设施）。有的企业为充分发挥现有生产能力、生活福利设施）。有的企业为充分发挥现有生产能力，进行填平补齐而增建不增加本单位主要产品能力的车间等，也属于改建。

【固定资产投资按构成分】 固定资产投资活动按其工作内容和实现方式分为建筑安装工程，设备、工具、器具购置，其他费用三个部分。

【建筑安装工程（建安工程量）】 包括建筑工程和安装工程，这两部分投资必须兴工动料，通过施工活动实现。

【建筑工程（建筑工作量）】 包括：

（1）各种房屋建造工程，如厂房、仓库、办公室、住宅、商店、学校、医院、俱乐部、食堂、车库、招待所的建设，包括列入房屋工程预算内的暖气、卫生、通风、照明、煤气等设备的价值及其装设油饰工程，列入建筑工程预算内的各种管道（如蒸汽、压缩空气、石油、给排水等管道）、电力、电讯电缆导线的敷设等工程。

（2）设备基础、支柱、操作平台、梯子、烟囱、凉水塔、水池、灰塔等建筑工程、炼焦炉、裂解炉、蒸汽炉等各种窑炉的砌筑工程及金属结构工程。

（3）为施工而进行的建筑场地布置，工程地质勘探，原有建筑物和障碍物的拆除、平整土地，施工临时用水、电、汽、道路工程，以及完工后建设场地的清理、环境绿化美化工作等。

（4）矿井的开凿，井巷掘进延伸，露天矿的剥离，石油、天然气钻井工程和铁路、公路港口、桥梁等工程。

（5）水利工程，如水库，堤坝、灌渠以及河道整治等工程。

（6）防空、地下建筑等特殊工程。

【安装工程（安装工作量）】 指各种设备、装置的安装工程。

（1）生产、动力起重、运输、传动和医疗、实验等各种需要安装设备的装配与设备相连的工作台，梯子，栏杆等装设工程，附属于被安装设备的管线，敷设工程，被安装设备的绝缘、防腐、保温、油漆等工作。

（2）为测定安装工作质量，对单个设备、系统设备进行单机试运，系统联动无负荷试运工作（投料试运工作不包括在内）。

在安装工程中，不包括被安装本身价值。

【设备、工具、器具购置】 指购置或自制达到固定资产标准的设备、工具、器具的价值。固定资产的标准按财务部门规定，新建单位、扩建单位的新建车间，按照设计和计划要求购置或自制的全部设备、工具、器具、不论是否达到固定资产标准均计入“设备、工具、器具购置”中。

【其他费用】 指除建筑安装工程和设备工具、器具购置以外的各种应分摊计入固定资产的费用，具体包括：旧房屋购置；农林建设单位的基本畜禽支出；各种经济林木的造林费用；新建、扩建、改建项目投产初期购置的办公生活用家具和器具购置；建设单位管理费；土地征用及迁移补偿费、勘察设计费、研究实研费；可行性研究费；临时设施费施工机构转移费；设备检验费、负荷联合试车费、土地占用、作用费；投资方向调节税；建设期应付利息；包干节余；企业债券发行费等。

【基本建设项目按大中小型划分】 基本建设划分大中小型项目原则上应按照上级批准的设计任务书或初步设计所确定 的总规模或总投资划分，没有正式批准设计任务书或初步设计的，按国家或省、自治区、直辖市年度基本建设投资计划中所列的总规模或总投资划分。上述两条均不具备的，按本年计划施工工程的建设总规模或总投资划分。生产单一产品的工业项目，按产品的设计能力划分；生产多种产品的工业项目，按其主要产品的设计能力划分；品种繁多，难以按生产能力划分的按全部计划投资额划分。划分标准以国家颁发的《基本建设项目大中小型划分标准》为依据。国家曾在 1958 年、1962 年、1972 年和 1979 年先后五次修订《大中小型建设项目划分标准》。因此各历史时期的大中型项目数不完全可比。

【技术改造限额以上项目】 根据技术改造项目的计划总投资进行划分，有关部门规定能源交通、原材料工业项目在5000万元以上，其他行业项目在3000万元以上的项目为技术改造限额以上项目。

【施工项目】 指报告期内曾进行建筑或安装施工活动的建设项目。包括报告期内新开项目，报告期以前开工跨入报告期继续施工的项目，报告期施过工并在报告期内全部建成或投产的项目。

【全部建成投产项目】 工业项目是指设计文件规定形成生产能力的主体工程及其相应配套的辅助设施全部建成，经负荷试运转，证明具备生产设计规定合格产品的条件，并经过验收鉴定合格或达到竣工验收标准，与生产性工程配套的生活福利设施可以满足近期正常生产和需要。正式移交生产的建设项目；非工业项目是指设计文件规定的主体工程的相应的配套工程全部建成，能够发挥设计规定的全部效益，经验收鉴定合格或达到竣工验收标准，正式移交使用的建设项目。

【新增生产能力】 指通过固定资产投资活动而增加的设计能力或工程效益，他是用实物形态表示的固定资产投资的成果。新增生产能力的计算，是以能独立发挥生产能力或效益的单项工程（或项目）为对象。当单项工程（或项目）建成，经有关部门鉴定合格，正式移交投入生产，即可计算新增生产能力。

新增生产能力或工程效益有以下几种表现形式：

(1) 以建设项目或单项工程建成后的年产能力表示。如煤炭开采、石油开采等。

(2)以建设项目或单项工程建成后处理原料的能力表示，如选矿工程的年处理矿石能力，洗煤厂年洗原煤能力等。

(3) 以新增的主要设备数量或容量表示。如发电机组容量、棉纺锭枚数等。

(4) 以建筑物容积、容量、面积或长度表示。如铁路公路里程、水库容量等。

新增生产能力的数量一般按设计能力计算。设计能力是指设计文件中规定的在正常情况下能够达到的生产能力，而不论投产后的实际产量如何。以设备数量、建筑物容积、面积、长度等表示的新增生产能力（或效益)、则按建成的实际数量计算。

【施工和竣工房屋建筑面积】 房屋建筑面积是从房屋的外墙线算起，包括房屋结构（中柱、墙）占用的面积和地下室面积。多层建筑按各自然层面积总和计算，包括房屋内的楼隔层，突出墙面的眺望间、门斗、有柱雨罩的面积。不包括突出墙面结构的构件、艺术装饰等所占的面积，如台阶等。凹阳台、挑阳台按其水平投影面积一半计算建筑面积。

【施工面积】 指报告期内施工的全部房屋建筑面积。包括本期新开工的面积和上期开工跨入本期继续施工的房屋面积。以及上期已停建在本期继续施工的房屋建筑面积。

【竣工面积】 指在报告期内房屋建筑按照设计要求已全部完工，达到住人和使用条件，经验收鉴定合格，正式移交使用单位的建筑面积。

能源生产和消费 5

资料整理人员：洪亚斌

5—1 能源生产量

年份	能源生产量合计（万吨标煤）	原煤（万吨）	原油（万吨）	天然气（万立方米）	水电（亿千瓦时）
1978	755.57	644.01	105.70	1 600	35.29
1979	641.81	458.05	104.70	1 938	40.24
1980	652.74	383.52	104.13	1 995	56.30
1981	725.65	434.12	101.05	2 157	66.44
1982	931.80	516.22	101.21	2 494	102.79
1983	1 139.00	624.66	102.00	2 691	135.85
1984	1 250.00	743.00	101.49	2 863	142.61
1985	1 352.42	885.98	102.41	3 491	147.44
1986	1 322.29	834.56	103.00	3 300	146.29
1987	1 468.05	849.12	101.00	5 111	179.19
1988	1 677.34	1 001.31	101.66	5 982	209.09
1989	1 874.80	1 037.97	93.00	7 004	253.70
1990	1 742.48	924.26	83.04	7 597	241.88
1991	1 548.52	810.43	73.35	6 400	225.47
1992	1 629.22	884.85	76.50	8 200	227.03
1993	1 145.41	986.64	81.00	8 300	255.40
1994	1 257.13	1 150.00	87.00	7 800	244.93
1995	1 554.66	1 546.96	85.03	7 581	258.82

注：从 1993 年起，电力折算系数由原来的 0.4040 千克标准煤/千瓦小时改为 0.1229 千克标准煤/千克小时（下表均同）。

5—2 能源生产构成

单位：%

年份	原煤	原油	天然气	水电
1978	60.86	19.99	0.28	18.87
1979	50.96	23.31	0.40	25.33
1980	41.95	22.80	0.41	34.84
1981	42.72	19.90	0.40	36.98
1982	39.56	15.52	0.36	44.56
1983	39.16	12.79	0.31	47.74
1984	42.24	11.60	0.30	45.86
1985	46.79	10.82	0.34	42.05
1986	45.07	11.13	0.33	43.47
1987	41.32	9.83	0.46	48.39
1988	42.64	8.66	0.48	48.22
1989	39.55	7.09	0.49	52.87
1990	37.89	6.81	0.58	54.72
1991	35.63	6.77	0.55	57.05
1992	38.79	6.71	0.67	53.83
1993	61.53	10.10	0.96	27.41
1994	65.34	9.89	0.82	23.95
1995	68.08	10.81	0.65	20.46

注：以当年能源生产量合计为 100。

5—3 能源消费总量

年份	能源消费量合计（万吨标煤）	煤炭（万吨）	石油（万吨）	天然气（万立方米）	水电（亿千瓦时）
1980	2 010.66	1 807.23	334.15	0.20	56.08
1981	2 191.62	1 956.24	361.29	0.22	66.44
1982	2 388.87	1 989.50	381.56	0.25	102.79
1983	2 562.62	2 192.25	372.20	0.27	104.10
1984	2 755.83	2 383.44	384.36	0.29	114.34
1985	3 094.20	2 691.22	433.94	0.34	117.97
1986	3 291.47	2 917.20	444.96	0.26	122.08
1987	3 590.36	3 289.63	468.70	0.37	142.78
1988	3 870.12	3 507.52	493.49	0.47	166.40
1989	4 039.63	3 545.93	524.36	0.54	192.09
1990	4 002.39	3 504.30	535.51	0.58	184.29
1991	4 162.53	3 789.01	524.85	0.45	178.71
1992	4 472.41	3 935.58	574.64	0.64	181.58
1993	4 344.26	4 405.99	590.69	0.83	205.47
1994	4 762.86	5 025.02	595.26	0.78	202.49
1995	5 107.35	5 408.99	626.38	0.76	221.28

注：(1)煤炭包括原煤及其制品，石油包括原油及其制品。(2)本表能源消费量合计不包括加工转换投入量。

5—4 能源消费构成

单位：%

年份	煤炭	石油	天然气	水电
1980	66.4	22.3	0.1	11.2
1981	63.8	23.5	0.1	12.6
1982	59.5	22.8	0.1	17.6
1983	62.8	20.7	0.1	16.4
1984	63.2	19.9	0.1	16.8
1985	65.0	20.0	0.2	14.8
1986	65.7	19.8	0.1	14.4
1987	65.4	18.7	0.1	15.8
1988	64.7	18.2	0.2	16.9
1989	62.7	18.5	0.2	18.6
1990	65.5	19.1	0.2	18.2
1991	62.0	18.0	0.2	16.8
1992	65.7	18.4	0.2	15.7
1993	74.5	19.5	0.2	5.8
1994	75.7	17.9	0.2	5.2
1995	74.9	19.6	0.2	5.3

注：以当年能源消费量合计为100。

5—5 综合能源平衡表

单位：万吨标准煤

项目	1990年	1991年	1992年	1993年	1994年	1995年
可供量	**4 017.91**	**4 175.26**	**4 478.27**	**4 344.26**	**4 762.86**	**5 107.34**
生产量	1 742.48	1 548.52	1 629.22	1 145.41	1 257.13	1 554.66
外省(市、区)调入量	3 439.51	3 610.50	3 837.83	4 113.79	4 242.87	4 237.20
本省调出量	964.88	1 029.58	957.68	818.38	811.36	750.20
年初年末库存差额	—199.2	42.69	—25.64	—96.56	74.22	65.69
消费量	**4 002.39**	**4 162.53**	**4 472.41**	**4 344.25**	**4 762.86**	**5 107.34**
在消费量中：						
一、物质生产部门	**3 450.75**	**3 602.18**	**3 870.38**	**3 793.09**	**4 193.67**	**4 588.00**
农、林、牧、渔、水利业	213.61	213.95	221.47	133.97	123.59	169.63
工业	2 988.69	3 133.14	3 381.96	3 431.84	3 761.90	4 076.11
轻工业	490.04	531.82	573.67	531.82	560.96	611.42
重工业	2 498.65	2 630.05	2 808.29	2 900.02	3 200.94	3 464.69
建筑业	27.64	27.59	29.65	18.36	42.93	42.23
交通运输和邮电通讯业	173.74	180.01	188.64	186.54	211.40	249.73
商业、饮食、物资供销和仓储业	47.05	47.49	48.66	22.38	53.85	50.30
二、非物质生产部门	**150.42**	**146.27**	**164.14**	**144.95**	**100.70**	**17.00**
三、生活消费	**401.22**	**414.08**	**437.89**	**406.22**	**468.49**	**502.34**
在消费量中：						
一、终端消费	**3 854.12**	**4 032.96**	**4 332.98**	**3 862.39**	**4 177.93**	**4 492.91**
#工业	2 840.42	3 003.57	3 242.53	2 949.98	3 176.97	3 461.68
二、加工转换损失	**33.79**	**15.85**	**20.38**	**47.14**	**78.51**	**77.66**
#炼焦	19.40	10.61	12.26	3.62	10.25	11.53
炼油	14.28	4.51	3.70	6.82	41.93	23.31
三、损失量	**114.48**	**113.72**	**119.05**	**48.00**	**55.62**	**56.95**
#油田原油损失量	7.13	6.59	7.11	5.16	5.40	4.40
较变电损失量	107.35	107.13	111.94	42.84	50.22	50.22
平衡差额	**15.52**	**12.73**	**5.86**	**0.01**		

5—6 煤炭平衡表

单位:万吨

项目	1990年	1991年	1992年	1993年	1994年	1995年
可供量	**3 360.47**	**3 602.93**	**3 944.77**	**4 380.71**	**5 018.65**	**5 403.88**
生产量	924.26	810.43	884.85	986.64	1 150.00	1 546.96
外省(市、区)调入量	2 742.33	2 763.17	3 113.32	3 516.40	3 849.57	3 776.02
本省调出量	46.84	43.88	49.62	56.80	50.00	35.00
年初年末库存差额	−259.28	73.21	−3.78	−62.63	69.08	115.90
消费量	**3 343.25**	**3 590.86**	**3 935.58**	**4 383.92**	**5 025.02**	**5 408.99**
在消费量中:						
一、物质生产部门	**2 823.56**	**3 071.22**	**3 408.32**	**3 829.70**	**4 382.93**	**4 813.28**
农、林、牧、渔、水利	44.96	45.48	51.56	9.69	15.00	81.00
工业	2 663.11	2 910.62	3 241.10	3 728.82	4 223.27	4 598.13
轻工业	340.56	362.51	439.29	486.00	514.53	551.78
重工业	2 322.55	2 548.12	2 801.81	3 242.82	3 708.74	4 046.35
建筑业	8.86	8.18	9.24	6.70	35.86	17.34
交通运输和邮电通讯业	62.50	64.39	64.24	64.80	73.80	89.71
商业、饮食、物资供销和仓储业	44.13	42.45	42.18	19.69	35.00	27.10
二、非物质生产部门	**67.95**	**60.75**	**62.96**	**68.92**	**80.00**	**35.11**
三、生活消费	**451.74**	**458.88**	**464.29**	**485.30**	**562.09**	**560.60**
在消费量中:						
一、中间消费(用于加工转换)	**1 122.3**	**1 275.36**	**1 437.25**	**1 580.79**	**1 812.29**	**1 976.00**
发电	498.13	635.91	731.53	799.64	1 008.38	1 122.95
供热	150.50	176.73	196.09	237.71	239.94	266.42
炼焦	473.68	460.19	482.12	511.38	544.21	541.24
制气		2.53	27.51	27.47	16.42	38.91
二、终端消费	**2 219.82**	**2 313.78**	**2 496.88**	**2 803.13**	**3 206.36**	**3 427.88**
#工业	1 539.68	1 633.55	1 802.41	2 151.24	2 404.61	2 601.10
三洗选损耗	1.12	1.72	1.45	1.38	3.34	6.48
平衡差额	**17.22**	**12.07**	**9.19**	**3.21**	**6.37**	**5.11**

5—7 石油平衡表

单位:万吨

项　　目	1990年	1991年	1992年	1993年	1994年	1995年
可供量	**537.16**	**525.84**	**574.16**	**590.69**	**595.26**	**626.38**
生产量	83.04	73.35	76.50	81.00	87.00	85.03
外省(市、区)调入量	894.55	956.16	964.33	1 014.06	953.98	997.63
本省(市、区)调出量	438.10	499.80	455.95	464.29	467.85	446.63
年初年末库存差额	－2.33	－6.21	－6.97	－40.08	22.13	－9.76
消费量	**536.08**	**525.15**	**574.64**	**590.69**	**595.26**	**626.38**
在消费量中:						
一、物质生产部门	**480.46**	**471.34**	**506.11**	**534.34**	**574.48**	**606.99**
农、林、牧、渔、水利业	61.75	55.00	56.71	59.93	54.65	52.14
工业	333.06	327.29	355.49	376.11	396.56	416.03
轻工业	28.15	24.19	33.67	38.13	41.25	42.46
重工业	304.19	303.10	321.82	337.98	355.31	365.83
建筑业	5.69	5.88	5.84	6.11	7.39	15.33
交通运输和邮电通讯业	78.62	81.60	86.69	90.66	101.60	108.68
商业、饮食、物资供销和仓储业	1.34	1.57	1.38	1.53	14.28	14.81
二、非物质生产部门	**45.04**	**43.81**	**53.98**	**41.28**	**17.60**	**11.0**
三、生活消费	**10.58**	**10.00**	**14.55**	**15.07**	**3.18**	**8.39**
在消费量中:						
一、中间消费(用于加工转换)	**35.91**	**31.45**	**30.79**	**21.47**	**27.70**	**19.05**
发电	29.59	26.04	26.87	15.86	18.94	15.27
供热	6.32	5.41	3.92	5.61	8.76	3.78
二、终端消费	**475.60**	**476.84**	**525.88**	**548.35**	**527.18**	**568.70**
#工业	272.58	278.98	306.70	318.25	302.54	348.38
三、炼油损失	**19.58**	**12.25**	**11.68**	**15.89**	**35.16**	**33.92**
四、损失量	**4.99**	**4.61**	**4.98**	**4.98**	**5.22**	**4.71**
平衡差额	**1.08**	**0.49**	**－0.48**			

5—8 电力平衡表

单位：亿千瓦小时

项目	1990年	1991年	1992年	1993年	1994年	1995年
可供量	**281.33**	**302.72**	**321.84**	**352.56**	**383.97**	**414.99**
生产量	338.92	349.48	367.20	402.49	426.41	452.53
水电	241.88	225.47	227.03	255.40	244.93	258.82
火电	97.04	124.01	140.17	147.09	181.48	193.71
外省(市、区)调入量	10.81	17.54	16.61	18.53	20.66	20.64
本省调出量	68.40	64.30	61.97	68.46	63.10	58.18
消费量	**281.33**	**302.72**	**321.84**	**352.56**	**383.97**	**414.99**
在消费量中：						
一、物质生产部门	**256.67**	**575.34**	**291.15**	**316.08**	**339.9**	**363.92**
农、林、牧、渔、水利业	22.84	25.79	23.80	24.31	26.85	28.93
工业	223.84	238.88	255.50	277.20	294.80	314.08
轻工业	46.86	48.76	51.10	53.54	56.51	60.21
重工业	176.98	190.12	204.40	223.66	238.29	253.87
建筑业	3.05	3.30	3.50	3.65	4.67	5.50
交通运输和邮电通讯业	3.50	3.67	4.08	6.03	7.35	7.86
商业、饮食、物资供销和仓储业	3.44	3.70	4.27	4.89	6.23	7.55
二、非物质生产部门	**9.06**	**9.83**	**10.33**	**11.69**	**13.23**	**13.83**
三、生活消费	**15.60**	**17.55**	**20.36**	**24.79**	**30.84**	**37.24**
在消费量中：						
一、终端消费	**254.10**	**275.38**	**292.86**	**319.30**	**344.78**	**374.13**
#工业	196.61	211.54	226.52	243.94	255.61	273.22
二、输配损失	**27.23**	**27.34**	**28.98**	**33.26**	**39.19**	**40.86**

5—9 能源生产、消费及构成

项　目	单位	1990年	1991年	1992年	1993年	1994年	1995年
一次能源生产总量	万吨标煤	**1 742.48**	**1 548.52**	**1 629.22**	**1 145.41**	**1 257.13**	**1 554.66**
原　煤	万吨	924.26	810.43	884.85	986.64	1 150.00	1 546.96
原　油	万吨	83.04	73.35	76.50	81.00	87.00	85.03
天然气	万立方米	7 597	6 400	8 200	8 300	7 800	7 581
水　电	亿千瓦时	241.88	225.47	227.03	255.40	244.93	258.82
一次能源生产构成	%	**100**	**100**	**100**	**100**	**100**	**100**
原　煤	%	37.89	35.63	38.79	61.53	65.34	68.08
原　油	%	6.81	6.77	6.71	10.10	9.89	10.81
天然气	%	0.58	0.55	0.67	0.96	0.82	0.65
水　电	%	54.72	57.05	53.83	27.41	23.95	20.46
能源消费总量	万吨标煤	**4 002.39**	**4 162.53**	**4 472.41**	**4 344.26**	**4 762.86**	**5 107.35**
煤　炭	万吨	3 504.30	3 789.01	3 935.58	4 405.99	5 018.05	5 403.88
石　油	万吨	535.51	524.85	574.64	590.69	595.26	626.27
天然气	万立方米	5 800	4 500	6 400	8 300	7 800	7 581
水　电	亿千瓦时	184.29	178.71	181.58	205.47	202.49	221.28
能源消费构成	%	**100**	**100**	**100**	**100**	**100**	**100**
煤　炭	%	62.54	65.02	65.73	74.5	76.64	74.9
石　油	%	19.11	18.01	18.39	19.50	17.91	19.60
天然气	%	0.19	0.14	0.19	0.2	0.22	0.20
水　电	%	18.15	16.82	15.69	5.8	5.23	5.30
能源自给率	%	**43.54**	**37.20**	**36.43**	**26.37**	**26.39**	**31.73**
煤　炭	%	26.38	21.39	22.47	22.39	22.92	30.74
石　油	%	15.51	13.98	13.31	13.71	14.62	11.62

注：1. 能源按每公斤发热量 29 271 千焦(7 000 千卡)折算为标准煤，原煤按每千克平均发热量 20 908 千焦(5 000 千卡)折 0.7143 千克；原油按每千克平均发热量 41 816 千焦(100 000 千卡)折 1.4286 千克；天然气按每立方米发热量 38 931 千焦(9 310 千卡)折 1.33 千克；水电按各年份实测值折算(下同)。

2. 煤炭消费量包括：原煤、洗精煤、焦炭终端消费及损耗，以及发电及供热的原煤投入量。石油消费量包括：原油及其加工转换的能源产品终端消费、炼油及其他损失以及用于发电及供热的石油投入量。

3. 自给率系按一次能源生产总量占能源消费总量的比重计算。

5—10 能源调出调入量

项　　目		单位	1990年	1991年	1992年	1993年	1994年	1995年
能源	省外调入	万吨标煤	3 439.51	3 613.63	3 837.83	4 180.12	4 242.87	4 237.20
	调出省外	万吨标煤	964.88	1 029.58	957.68	998.33	811.36	750.20
	净调入	万吨标煤	2 474.63	2 584.05	2 880.15	3 181.79	3 431.51	3 487.00
煤炭	省外调入	万吨	2 742.33	2 763.17	3 113.32	3 541.68	3 849.57	3 776.02
	调出省外	万吨	46.84	43.88	49.62	56.80	50.00	35.00
	净调入	万吨	2 695.49	2 719.29	3 063.70	3 484.88	3 799.57	3 741.02
焦炭	省外调入	万吨	81.63	90.58	87.51	54.09	70.80	107.35
	调出省外	万吨	18.88	13.24	13.10	14.60	13.65	
	净调入	万吨	62.75	77.34	74.41	39.49	57.15	107.35
原油	省外调入	万吨	422.48	418.59	436.72	462.51	412.01	437.81
	调出省外	万吨						
	净调入	万吨	422.48	418.59	436.72	462.51	412.01	437.81
燃料油	省外调入	万吨	11.09	35.57	23.70	35.09	34.19	47.09
	调出省外	万吨	13.39	35.33	14.50	20.40	18.00	16.85
	净调入	万吨	−2.3	0.24	9.20	14.69	16.19	30.24
汽油	省外调入	万吨	200.85	224.03	235.68	240.82	233.54	240.47
	调出省外	万吨	204.32	226.97	236.94	227.63	230.51	215.38
	净调入	万吨	−3.47	−2.94	−1.26	13.19	3.03	25.09
煤油	省外调入	万吨	24.09	23.02	18.74	23.95	21.90	23.90
	调出省外	万吨	30.92	28.73	22.90	21.90	24.51	22.60
	净调入	万吨	−6.83	−5.71	−4.16	2.05	−2.61	1.30
柴油	省外调入	万吨	217.55	255.91	249.42	251.69	252.34	248.36
	调出省外	万吨	175.88	208.77	181.35	194.36	194.83	191.80
	净调入	万吨	41.67	47.14	68.07	57.33	57.51	56.56
电力	省外调入	亿千瓦时	10.81	17.54	16.61	18.53	20.66	20.64
	调出省外	亿千瓦时	68.40	64.30	61.97	68.46	63.10	58.18
	净调入	亿千瓦时	−57.59	−46.76	−45.36	−49.93	−42.44	−37.54

注:净调入负数是净调出。

5—11 分行业能源消费总量及构成

行业	1993年		1994年		1995年	
	数量（万吨标煤）	构成（%）	数量（万吨标煤）	构成（%）	数量（万吨标煤）	构成（%）
合计	**3 155.38**	**100**	**3 388.10**	**100**	**3 753.64**	**100**
工业	**2 949.98**	**93.49**	**3 176.98**	**93.77**	**3 461.68**	**92.22**
采掘业	106.08	3.36	151.43	4.47	128.01	3.41
制造业	2 795.02	88.58	2 950.05	87.07	3 229.73	86.04
食品加工业	47.59	1.51	40.82	1.20	36.90	0.98
食品制造业	30.38	0.96	15.30	0.45	17.95	0.48
饮料制造业	34.09	1.08	25.41	0.75	28.01	0.75
烟草加工业	15.39	0.49	11.47	0.34	9.05	0.24
纺织业	167.40	5.31	202.52	5.98	180.76	4.82
服装及其他纤维制品制造业	3.48	0.11	4.61	0.14	47.98	1.28
皮革、毛皮、羽绒及其制品业	1.59	0.05	2.38	0.07	1.13	0.03
木材加工及竹、藤、棕、草制品业	9.42	0.30	12.38	0.37	7.55	0.20
家具制造业	1.07	0.03	3.51	0.10	7.10	0.19
造纸及纸制品业	58.40	1.85	56.86	1.68	58.60	1.56
印刷业、记录媒介的复制	2.36	0.07	1.86	0.05	6.13	0.16
文教体育用品制造业	1.00	0.03	0.99	0.03	0.28	0.01
石油加工及炼焦业	169.35	5.37	140.76	4.15	154.68	4.12
化学原料及化学制品制造业	437.91	13.88	501.16	14.79	608.53	16.21
医药制造业	32.12	1.02	24.45	0.72	65.17	1.74
化学纤维制造业	16.87	0.53	17.03	0.50	39.47	1.05
橡胶制品业	23.00	0.73	17.41	0.51	17.34	0.46
塑料制品业	11.82	0.37	8.11	0.24	4.55	0.12
非金属矿物制品业	495.84	15.71	544.72	16.08	614.40	16.37
黑色金属冶炼及压延加工业	896.90	28.42	914.09	26.98	1 028.04	27.39
有色金属冶炼及压延加工业	36.43	1.15	32.35	0.95	35.99	0.96
金属制品业	21.34	0.68	25.83	0.76	20.10	0.54
普通机械制造业	37.25	1.18	92.15	2.72	54.25	1.45
专用设备制造业	39.25	1.24	29.68	0.88	10.75	0.29
交通运输设备制造业	127.41	4.04	141.09	4.16	155.13	4.13
武器弹药制造业	1.32	0.04	4.07	0.12	2.50	0.07
电气机械及器材制造业	7.21	0.23	15.13	0.45	14.40	0.38
电子及通讯设备制造业	5.98	0.19	1.85	0.05	1.90	0.01
仪器仪表及文化、办公用机械制造业	2.81	0.09	2.35	0.07	2.10	0.06
其他制造业	60.11	1.91	59.73	1.76	5.00	0.13
电力、煤气及水的生产和供应业	48.89	1.55	75.50	2.23	103.96	2.77
建筑业	**18.21**	**0.58**	**7.04**	**0.21**	**42.23**	**0.12**
交通运输、仓储及邮电通讯业	**187.19**	**5.93**	**187.67**	**5.54**	**249.73**	**7.21**

注：1. 能源消费总量包括原煤、原油、天然气、电力以及加工转换的二次能源。不包括用于加工转换的投入量，包括加工转换损失、运输、输配等损失和终端消费量（下列品种同此口径）。

2. 工业分行业消费量中不包括“其他石油制品”和“其他焦化产品”的消费量。

5—12 分行业原煤消费量及构成

行业	1993年		1994年		1995年	
	数量（万吨）	构成（%）	数量（万吨）	构成（%）	数量（万吨）	构成（%）
合计	**2 217.41**	**100**	**2 469.41**	**100**	**2 708.15**	**100**
工业	**2 145.00**	**96.73**	**2 386.36**	**96.64**	**2 601.10**	**96.05**
采掘业	65.58	2.96	78.51	3.18	69.69	2.57
制造业	2 057.32	92.78	2 278.02	92.25	2 494.32	92.10
食品加工业	52.80	2.38	30.18	1.22	30.57	1.13
食品制造业	37.36	1.68	16.64	0.67	18.45	0.68
饮料制造业	40.33	1.81	27.83	1.13	29.67	1.10
烟草加工业	16.60	0.75	11.67	0.47	10.17	0.38
纺织业	147.45	6.65	182.68	7.40	188.80	6.97
服装及其他纤维制品制造业	1.80	0.08	4.66	0.19	9.44	0.35
皮革、毛皮、羽绒及其制品业	1.20	0.05	2.43	0.10	1.00	0.01
木材加工及竹、藤。棕、草制品业	10.40	0.47	10.81	0.44	9.21	0.34
家具制造业	0.50	0.02	1.16	0.05	1.06	0.39
造纸及纸制品业	58.93	2.66	54.07	2.19	57.11	2.11
印刷业、记录媒介的复制	1.03	0.05	0.76	0.03	0.59	2.18
文教体育用品制造业	0.30	0.01	1.05	0.04	0.15	0.01
石油加工及炼焦业	21.84	0.98	100.82	4.08	109.01	4.03
化学原料及化学制品制造业	348.51	15.72	381.98	15.47	484.61	17.89
医药制造业	37.89	1.71	24.67	1.00	29.28	1.08
化学纤维制造业	0.80	0.04	5.80	0.23	34.93	1.29
橡胶制品业	27.05	1.22	18.45	0.75	20.38	0.75
塑料制品业	12.96	0.58	5.83	0.24	3.03	0.11
非金属矿物制品业	610.08	27.51	657.40	26.62	758.24	28.00
黑色金属冶炼及压延加工业	384.17	17.33	419.50	0.17	510.82	18.86
有色金属冶炼及压延加工业	23.37	1.05	15.31	0.62	15.81	0.58
金属制品业	13.94	0.63	8.79	0.36	5.68	0.21
普通机械制造业	16.70	0.75	27.95	1.13	15.94	0.59
专用设备制造业	27.65	1.25	33.96	1.38	4.44	0.16
交通运输设备制造业	91.58	4.13	135.72	0.05	128.02	4.73
武器弹药制造业	1.62	0.07	4.65	0.19	2.54	0.94
电气机械及器材制造业	0.16	0.01	8.23	0.3	7.44	0.27
电子及通讯设备制造业	6.34	0.29	1.28	0.05	1.32	0.49
仪器仪表及文化、办公用机械制造业	1.82	0.08	1.96	0.08	1.90	0.70
其他制造业	62.14	2.80	81.78	3.31	4.71	0.17
电力、煤气及水的生产和供应业	22.10	1.00	29.83	1.21	37.09	1.37
建筑业	**6.70**	**0.30**	**9.25**	**0.37**	**17.34**	**0.64**
交通运输、仓储及邮电通讯业	**65.71**	**2.96**	**73.80**	**2.99**	**89.71**	**3.31**

5—13 分行业汽油消费量及构成

行业	1993年		1994年		1995年	
	数量（万吨）	构成（%）	数量（万吨）	构成（%）	数量（万吨）	构成（%）
合计	**95.32**	**100**	**120.53**	**100**	**148.86**	**100**
工业	**49.82**	**52.27**	**64.51**	**53.52**	**66.63**	**44.76**
采掘业	4.51	4.73	6.40	5.31	2.11	1.42
制造业	44.06	46.22	57.57	47.76	64.38	4.33
食品加工业	1.20	1.26	5.38	4.46	5.95	4.00
食品制造业	1.10	1.15	1.15	0.9	1.38	0.93
饮料制造业	1.40	1.47	2.24	1.86	2.26	1.52
烟草加工业	0.92	0.97	1.23	1.02	0.25	0.17
纺织业	3.50	3.67	4.74	3.93	6.65	4.47
服装及其他纤维制品制造业	0.29	0.30	0.16	0.13	0.21	0.14
皮革、毛皮、羽绒及其制品业	0.19	0.20	0.15	0.12	0.05	0.03
木材加工及竹、藤、棕、草制品业	0.31	0.33	0.17	0.14	0.11	0.07
家具制造业	0.16	0.17	0.07	0.06	0.04	0.03
造纸及纸制品业	0.68	0.71	0.20	0.17	0.29	0.19
印刷业、记录媒介的复制	0.42	0.44	0.16	0.13	0.16	0.11
文教体育用品制造业	0.14	0.15	0.02	0.02	0.04	0.03
石油加工及炼焦业	0.83	0.87	0.14	0.12	0.26	0.17
化学原料及化学制品制造业	4.81	5.05	1.73	1.44	1.78	1.20
医药制造业	0.85	0.89	0.23	0.19	0.33	0.22
化学纤维制造业	0.15	0.16	1.07	0.89	0.11	0.07
橡胶制品业	0.85	0.89	0.28	0.23	0.26	0.17
塑料制品业	0.48	0.50	0.13	0.11	0.14	0.09
非金属矿物制品业	4.40	4.62	6.08	5.04	8.97	6.03
黑色金属冶炼及压延加工业	3.63	3.81	1.46	1.21	1.39	0.93
有色金属冶炼及压延加工业	0.91	0.95	0.36	0.30	0.36	0.24
金属制品业	0.75	0.79	0.27	0.22	0.30	0.20
普通机械制造业	1.57	1.65	21.18	17.57	20.48	13.76
专用设备制造业	2.90	3.04	0.47	0.39	0.80	0.54
交通运输设备制造业	9.11	9.56	5.55	4.60	7.33	4.92
武器弹药制造业	0.01	0.01	0.07	0.06	0.07	0.05
电气机械及器材制造业	0.96	1.01	2.40	1.99	3.37	2.26
电子及通讯设备制造业	0.46	0.48	0.08	0.07	0.10	0.07
仪器仪表及文化、办公用机械制造业	0.13	0.14	0.29	0.24	0.12	0.08
其他制造业	0.95	1.00	0.11	0.09	0.82	0.55
电力、煤气及水的生产和供应业	1.25	1.31	0.54	0.45	0.14	0.09
建筑业	**2.90**	**3.04**	**2.40**	**1.99**	**2.85**	**1.92**
交通运输、仓储及邮电通讯业	**42.60**	**44.69**	**53.62**	**44.49**	**79.38**	**53.33**

5—14 分行业柴油消费量及构成

行业	1993年		1994年		1995年	
	数量（万吨）	构成（%）	数量（万吨）	构成（%）	数量（万吨）	构成（%）
合计	**123.97**	**100**	**114.12**	**100**	**136.04**	**100**
工业	**76.07**	**61.36**	**80.88**	**70.87**	**91.02**	**66.91**
采掘业	4.65	3.75	4.79	4.20	3.82	2.81
制造业	70.45	56.83	72.78	63.77	84.40	62.04
食品加工业	0.93	0.75	0.26	0.23	0.30	0.22
食品制造业	0.26	0.21	0.03	0.03	0.08	0.06
饮料制造业	0.77	0.62	0.26	0.23	0.09	0.07
烟草加工业	0.77	0.62	0.06	0.05	0.06	0.05
纺织业	3.80	3.07	0.04	0.04	1.65	1.21
服装及其他纤维制品制造业	0.28	0.23	0.11	0.10	0.45	0.33
皮革、毛皮、羽绒及其制品业	0.13	0.10	0.03	0.03	0.03	0.02
木材加工及竹、藤、棕、草制品业	0.09	0.07	0.07	0.06	0.04	0.03
家具制造业	0.08	0.06	0.01	0.01	0.02	0.01
造纸及纸制品业	0.46	0.37	0.14	0.12	6.06	4.46
印刷业、记录媒介的复制	0.23	0.19	0.05	0.04	0.05	0.04
文教体育用品制造业	0.21	0.17	0.04	0.04		
石油加工及炼焦业	1.31	1.06	0.39	0.34	0.19	0.14
化学原料及化学制品制造业	33.10	26.70	51.48	45.11	43.62	32.06
医药制造业	0.30	0.24	0.04	0.04	0.04	0.03
化学纤维制造业			0.01	0.01	0.11	0.08
橡胶制品业	0.23	0.19	0.05	0.04	0.11	0.08
塑料制品业	0.37	0.30	0.12	0.11	0.15	0.11
非金属矿物制品业	5.82	4.69	6.62	5.80	14.18	10.42
黑色金属冶炼及压延加工业	4.11	3.32	2.78	2.44	4.32	3.18
有色金属冶炼及压延加工业	1.50	1.21	0.87	0.76	0.72	0.53
金属制品业	0.89	0.72	0.27	0.24	0.46	0.34
普通机械制造业	2.44	1.97	0.91	0.80	0.46	0.34
专用设备制造业	2.43	1.96	0.69	0.60	0.43	0.32
交通运输设备制造业	7.68	6.20	7.10	6.22	10.38	7.63
武器弹药制造业			0.02	0.02	0.02	0.01
电气机械及器材制造业	0.50	0.40	0.21	0.18	0.24	0.18
电子及通讯设备制造业	0.03	0.02	0.04	0.04	0.04	0.03
仪器仪表及文化、办公用机械制造业	0.02	0.02	0.02	0.02	0.03	0.02
其他制造业	1.71	1.38	0.06	0.05	0.07	0.06
电力、煤气及水的生产和供应业	0.97	0.78	3.31	2.90	2.80	2.06
建筑业	**3.20**	**2.58**	**4.55**	**3.99**	**10.46**	**7.69**
交通运输、仓储及邮电通讯业	**44.70**	**36.06**	**28.69**	**25.14**	**34.56**	**25.40**

5—15 分行业电力消费量及构成

行业	1993年		1994年		1995年	
	数量(亿千瓦时)	构成(%)	数量(亿千瓦时)	构成(%)	数量(亿千瓦时)	构成(%)
合计	**253.62**	**100**	**267.63**	**100**	**286.58**	**100**
工业	**243.94**	**96.18**	**255.61**	**95.51**	**273.22**	**95.34**
采掘业	14.64	5.77	21.92	8.19	12.45	4.34
制造业	207.70	81.89	216.42	80.87	226.80	79.14
食品加工业	5.28	2.08	4.43	1.66	4.71	1.64
食品制造业	1.34	0.53	1.33	0.50	2.11	0.74
饮料制造业	1.69	0.67	1.43	0.53	2.71	0.94
烟草加工业	0.86	0.33	0.98	0.37	1.06	0.37
纺织业	17.59	6.94	19.02	7.11	26.01	9.08
服装及其他纤维制品制造业	1.10	0.43	0.70	0.26	1.54	0.54
皮革、毛皮、羽绒及其制品业	0.21	0.08	0.31	0.12	0.24	0.08
木材加工及竹、藤、棕、草制品业	0.45	0.18	2.69	1.01	0.44	0.15
家具制造业	0.24	0.09	1.90	0.71	0.20	0.07
造纸及纸制品业	4.93	1.94	4.73	1.77	3.75	1.31
印刷业、记录媒介的复制	0.51	0.20	0.65	0.24	1.14	0.40
文教体育用品制造业	0.22	0.09	0.11	0.04	0.09	0.03
石油加工及炼焦业	3.71	1.46	3.36	1.26	3.88	1.35
化学原料及化学制品制造业	40.35	15.91	18.49	6.91	45.15	15.75
医药制造业	2.52	0.99	2.52	0.94	2.99	1.04
化学纤维制造业	2.21	0.87	2.33	0.87	2.75	0.96
橡胶制品业	1.69	0.67	1.16	0.43	1.68	0.59
塑料制品业	1.04	0.41	2.61	0.98	1.46	0.51
非金属矿物制品业	15.90	6.27	16.18	6.05	16.90	5.90
黑色金属冶炼及压延加工业	55.45	21.86	54.79	20.47	54.80	19.12
有色金属冶炼及压延加工业	10.60	4.18	13.77	5.15	16.82	5.87
金属制品业	4.17	1.64	12.17	4.54	8.24	2.88
普通机械制造业	2.94	1.16	29.30	10.95	6.00	2.10
专用设备制造业	7.97	3.14	1.83	0.68	3.04	1.06
交通运输设备制造业	11.34	4.47	15.49	5.79	15.58	5.44
武器弹药制造业	0.09	0.04	0.28	0.10	0.28	0.10
电气机械及器材制造业	2.23	0.88	2.33	0.87	1.97	0.69
电子及通讯设备制造业	0.56	0.22	0.54	0.20	0.59	0.21
仪器仪表及文化、办公用机械制造业	1.02	0.40	0.37	0.14	0.41	0.14
其他制造业	9.49	3.74	0.62	0.23	0.26	0.09
电力、煤气及水的生产和供应业	21.60	8.52	17.27	6.45	33.97	11.85
建筑业	**3.65**	**1.44**	**4.67**	**1.74**	**5.50**	**1.92**
交通运输、仓储及邮电通讯业	**6.03**	**2.38**	**7.35**	**2.75**	**7.86**	**2.74**

5—16 能源生产弹性系数

年　　份	能源生产增长速度（%）	电力生产增长速度（%）	国内生产总值增长速度（%）	能源生产弹性系数	电力生产弹性系数
1980	1.70	14.39	6.4	0.27	2.25
1981	11.17	4.70	6.5	1.72	0.72
1982	28.41	12.02	12.1	2.35	0.99
1983	22.24	18.02	5.8	3.83	3.11
1984	9.75	8.82	20.9	0.47	0.42
1985	8.19	11.74	16.2	0.51	0.72
1986	−2.23	5.94	5.5	−0.41	1.08
1987	11.02	14.99	8.4	1.31	1.78
1988	14.26	11.37	7.8	1.83	1.46
1989	11.77	11.50	4.5	2.62	2.56
1990	−7.06	1.56	5.0	−1.41	0.31
1991	−11.13	3.12	6.6	−1.69	0.47
1992	5.21	5.07	14.1	0.34	0.36
1993	11.51	9.61	14.3	0.80	0.67
1994	9.75	5.94	15.2	0.64	0.39
1995	23.67	5.67	14.6	1.62	0.39

5—17 能源消费弹性系数

年　　份	能源消费增长速度（%）	电力消费增长速度（%）	国内生产总值增长速度（%）	能源消费弹性系数	电力消费弹性系数
1981	9.00	4.07	6.5	1.38	0.63
1982	9.00	4.61	12.1	0.74	0.38
1983	7.27	12.37	5.8	1.25	2.13
1984	7.54	6.77	20.9	0.36	0.32
1985	12.28	11.06	16.2	0.76	0.68
1986	6.38	8.49	5.5	1.16	1.54
1987	9.08	9.71	8.4	1.08	1.16
1988	7.80	10.30	7.8	1.00	1.32
1989	4.13	5.36	4.5	0.92	1.19
1990	−0.92	4.82	5.0	−0.18	0.96
1991	4.00	7.27	6.6	0.61	1.10
1992	7.44	6.32	14.1	0.53	0.45
1993	9.60	9.55	14.3	0.67	0.67
1994	9.63	8.91	15.2	0.63	0.59
1995	7.23	8.08	14.6	0.50	0.55

5—18 能源主要品种生活用量

年份	生活用能合计（万吨标煤）	原煤（万吨）	液化石油气（万吨）	煤气（亿立方米）	电力（亿千瓦时）
1983	270.36	321.95	5.73		7.59
1984	297.74	349.18	5.35		9.72
1985	323.72	392.63	7.21		8.00
"七五"平均	**377.95**	**439.19**	**7.37**		**11.59**
1986	333.30	398.00	7.89		7.80
1987	364.20	431.25	7.71		9.46
1988	377.05	436.09	8.83		11.47
1989	414.00	480.35	6.32		13.64
1990	401.22	451.74	6.09		15.60
"八五"平均	**459.85**	**515.22**	**9.65**	**0.95**	**27.16**
1991	414.08	458.88	5.10	0.31	17.55
1992	437.89	464.29	10.28	0.72	20.36
1993	471.27	485.30	11.37	0.79	24.79
1994	468.49	562.09	11.21	0.66	30.84
1995	502.34	590.60	9.83	2.29	37.24

5—19 能源消费水平

年份	每人每年平均用能（千克标煤）	每人每年平均用电（千瓦时）	每人每年平均生活用能（千克标煤）	每人每年平均生活用电（千瓦时）
1983	530	335	56	16
1984	569	355	61	20
1985	631	390	65	16
"七五"平均	**730**	**482**	**73**	**22**
1986	658	418	66	16
1987	710	452	72	18
1988	754	495	73	22
1989	773	514	79	26
1990	745	524	75	29
"八五"平均	**835**	**633**	**83**	**48**
1991	769	560	77	32
1992	807	581	79	37
1993	867	624	83	44
1994	833	671	82	57
1995	885	719	87	64

5—20 每万元工业总产值能源、原煤消费量

行业	能源（吨标煤）			原煤（吨）		
	1993年	1994年	1995年	1993年	1994年	1995年
工业合计	**2.46**	**2.15**	**1.99**	**2.29**	**2.09**	**1.98**
采掘业	3.13	3.42	2.56	2.08	2.36	2.48
制造业	2.18	1.87	1.72	1.71	1.57	1.41
食品加工业	0.62	0.39	0.25	0.69	0.32	0.21
食品制造业	1.59	0.64	0.60	1.95	0.70	0.62
饮料制造业	1.34	0.83	0.78	1.59	0.91	0.82
烟草加工业	0.37	0.23	0.17	0.40	0.23	0.19
纺织业	1.12	1.04	0.83	1.24	0.98	0.90
服装及其他纤维制品制造业	0.07	0.07	0.62	0.04	0.07	0.12
皮革、毛皮、羽绒及其制品业	0.12	0.13	0.06	0.09	0.14	0.10
木材加工及竹、藤、棕、草制品业	1.09	0.92	0.43	1.20	0.80	0.52
家具制造业	0.14	0.32	0.08	0.07	0.11	0.08
造纸及纸制品业	2.80	2.89	1.57	3.47	4.27	1.93
印刷业、记录媒介的复制	0.15	0.09	0.28	0.07	0.04	0.03
文教体育用品制造业	0.40	0.34	0.08	0.12	0.36	0.04
石油加工及炼焦业	6.58	6.73	6.17	0.82	4.01	3.80
化学原料及化学制品制造业	5.16	4.54	4.28	4.45	3.85	3.73
医药制造业	1.11	0.73	1.42	1.31	0.75	0.64
化学纤维制造业	4.31	2.21	3.55	4.76	2.97	4.86
橡胶制品业	1.04	0.77	0.67	1.23	0.89	0.79
塑料制品业	0.55	0.30	0.12	0.61	0.21	0.08
非金属矿物制品业	5.79	4.63	4.27	7.13	5.59	5.28
黑色金属冶炼及压延加工业	6.50	6.46	7.17	2.80	2.95	3.70
有色金属冶炼及压延加工业	1.31	2.03	0.96	0.92	3.07	1.42
金属制品业	0.48	0.43	0.28	0.32	0.14	0.08
普通机械制造业	0.69	1.38	0.60	0.31	0.42	0.18
专用设备制造业	0.92	0.59	0.17	0.65	0.68	0.08
交通运输设备制造业	0.73	0.62	0.66	0.74	0.76	0.75
武器弹药制造业	1.02	2.59	1.12	1.25	2.96	1.14
电气机械及器材制造业	0.16	0.31	0.24		0.17	0.13
电子及通讯设备制造业	0.32	0.07	0.05	0.34	0.05	0.04
仪器仪表及文化、办公用机械制造业	0.36	0.30	0.19	0.23	0.25	0.17
其他制造业	3.33	2.45	0.21	3.44	3.36	0.20
电力、煤气及水的生产和供应业	9.61	8.96	10.19	18.35	16.95	19.71

注：工业总产值为1990年不变价（下表同）。

5—21 每万元工业总产值焦炭、燃料油消费量

单位:千克

行业	焦炭			燃料油		
	1993年	1994年	1995年	1993年	1994年	1995年
工业合计	**306.46**	**254.93**	**239.63**	**92.56**	**59.63**	**60.99**
采掘业	117.54	249.77	250.63	41.00	58.59	60.80
制造业	323.18	256.62	246.69	86.52	66.11	48.40
食品加工业	1.83	0.17	0.27		26.04	
食品制造业	1.57					
饮料制造业						
烟草加工业						
纺织业	0.93					
服装及其他纤维制品制造业				9.14		
皮革、毛皮、羽绒及其制造业						
木材加工及竹、藤棕、草制品业		22.17	20.11	68.29	34.74	67.76
家具制造业	8.12	9.08	6.30			
造纸及纸制品业	4.61			12.90	15.78	8.78
印刷业、记录媒介的复制		5.49	4.00			
文教体育用品制造业		3.47	2.05			
石油加工及炼焦业	3.01			483.28	893.31	515.44
化学原料及化学制品制造业	295.56	196.10	197.96	300.47	238.15	193.51
医药制造业	9.32					
化学纤维制造业	21.78		124.43			
橡胶制品业						
塑料制品业		8.47			2.95	
非金属矿物制品业	12.84	12.50	5.57	197.34	80.53	59.83
黑色金属冶炼及压延加工业	2 619.28	2 680.17	2 959.18	357.42	294.19	261.00
有色金属冶炼及压延加工业	65.37	31.45	19.96	31.32	19.95	31.13
金属制品业	90.95	46.42	69.08		7.90	4.23
普通机械制造业	230.74	46.56	41.50	38.98	5.56	7.47
专用设备制造业	25.50	28.18	31.56	13.57		
交通运输设备制造业	48.37	18.62	14.49	3.65	2.78	1.72
武器弹药制造业	30.77	44.59	17.93		82.80	53.80
电气机械及器材制造业	10.63	34.19	16.21	27.25	12.54	11.40
电子及通讯设备制造业	2.13	2.17	0.57			
仪器仪表及文化、办公用机械制造业	5.08	3.80	1.79			
其他制造业	9.41	2.05	1.00			
电力、煤气及水的生产和供应业		211.08	167.84	300.36	231.31	294.26

5—22 每万元工业总产值汽油、煤油消费量

单位：千克

行业	汽油			煤油		
	1993年	1994年	1995年	1993年	1994年	1995年
工业合计	**35.68**	**36.89**	**32.57**	**0.44**	**0.33**	**0.28**
采掘业	117.02	119.65	118.13	0.78		
制造业	33.62	35.14	33.48	0.45	0.35	0.31
食品加工业	15.66	46.86	41.02	0.13		
食品制造业	57.56	48.44	46.20			
饮料制造业	55.12	73.42	62.72	0.39		
烟草加工业	22.16	24.69	24.75			
纺织业	21.76	24.29	30.02	0.25	0.10	0.09
服装及其他纤维制品制造业	6.20	2.38	2.60			
皮革、毛皮、羽绒及其制品业	14.73	8.45	2.47			
木材加工及竹、藤、棕、草制品业	35.88	12.56	11.25			
家具制造业	21.65	6.36	3.03			
造纸及纸制品业	31.32	7.34	7.49			
印刷业、记录媒介的复制	26.63	7.99	7.24	1.27	3.00	2.78
文教体育用品制造业	56.45	6.94	10.75			
石油加工及炼焦业	31.19	5.26	8.73			
化学原料及化学制品制造业	56.19	15.68	12.40	1.52	0.36	
医药制造业	29.35	6.85	7.17		0.60	0.61
化学纤维制造业	29.70	98.44	83.45			
橡胶制品业	38.50	12.17	10.11			
塑料制品业	22.52	4.79	3.76			
非金属矿物制品业	51.38	51.70	62.40	0.93	0.09	0.05
黑色金属冶炼及压延加工业	25.94	10.25	9.62	0.21	0.14	0.11
有色金属冶炼及压延加工业	30.98	12.17	9.58			
金属制品业	17.01	4.44	4.23			
普通机械制造业	29.00	318.11	224.98	4.99	0.60	0.45
专用设备制造业	67.85	9.39	12.95			
交通运输设备制造业	46.78	21.75	27.38		1.45	1.21
武器弹药制造业	7.69	44.59	31.39			
电气机械及器材制造业	21.27	48.55	56.56			
电子及通讯设备制造业	24.55	2.89	2.85			
仪器仪表及文化、办公用机械制造业	16.52	36.76	27.80			
其他制造业	52.27	4.51	3.48			
电力、煤气及水的生产和供应业	26.41	9.50	8.71			

5—23 每万元工业总产值柴油、电力消费量

行业	柴油（千克）			电力（千瓦时）		
	1993年	1994年	1995年	1993年	1994年	1995年
工业合计	**56.83**	**47.68**	**46.00**	**1 746.46**	**1 461.79**	**1 335.50**
采掘业	160.09	90.11	60.25	3 798.65	4 097.96	1 963.72
制造业	53.89	44.63	44.03	1 584.87	1 321.03	1 179.51
食品加工业	12.14	2.26	2.07	689.21	385.82	324.72
食品制造业	13.61	1.26	2.68	701.20	560.24	706.39
饮料制造业	30.31	8.52	6.49	665.35	468.70	752.15
烟草加工业	18.55	1.20	1.14	207.13	196.71	201.52
纺织业	23.94	0.20	7.45	1 093.63	974.68	1 174.00
服装及其他纤维制品制造业	5.98	1.64	5.78	235.09	104.20	197.87
皮革、毛皮、羽绒及其制品业	10.08	1.69	1.48	162.79	174.55	118.64
木材加工及竹、藤棕、草制品业	10.42	5.17	2.26	520.83	1 988.17	248.45
家具制造业	10.83	0.91	1.52	324.76	1 725.70	751.52
造纸及纸制品业	22.11	8.07	15.76	2 270.84	1 735.78	968.74
印刷业、记录媒介的复制	14.58	2.50	2.26	323.40	324.68	516.30
文教体育用品制造业	84.68	13.89	8.01	887.10	381.94	241.93
石油加工及炼焦业	49.23	14.65	6.38	1 394.21	1 262.21	1 302.89
化学原料及化学制品制造业	386.68	466.52	303.95	4 713.79	1 675.58	3 146.12
医药制造业	10.36	1.19	0.07	870.17	750.22	649.86
化学纤维制造业	7.92	4.60	3.78	4 376.24	2 143.51	2 086.49
橡胶制品业	10.42	2.17	1.87	765.40	504.35	653.44
塑料制品业	17.36	4.42	3.95	488.03	960.97	392.47
非金属矿物制品业	67.96	56.29	55.77	1 856.61	1 375.85	1 175.82
黑色金属冶炼及压延加工业	29.37	19.52	17.95	3 962.98	3 847.88	3 791.34
有色金属冶炼及压延加工业	51.07	29.42	29.13	3 609.12	4 656.75	4 475.78
金属制品业	20.19	4.44	4.13	945.79	2 003.29	1 161.71
普通机械制造业	45.08	13.67	12.69	543.14	4 400.72	659.12
专用设备制造业	56.86	13.79	13.01	1 864.76	365.78	491.99
交通运输设备制造业	39.80	28.65	28.05	582.31	607.07	581.89
武器弹药制造业		12.74	11.17	692.31	1 783.44	1 255.61
电气机械及器材制造业	11.08	4.25	3.90	494.02	471.37	330.65
电子及通讯设备制造业	1.60	1.45	1.15	298.83	195.09	168.42
仪器仪表及文化、办公用机械制造业	2.54	2.53	2.04	1 296.06	468.95	368.37
其他制造业	94.63	2.46	1.98	5 251.80	254.41	110.04
电力、煤气及水的生产和供应业	54.08	95.87	88.01	4 527.35	3 037.82	5 701.58

5—24 县及县以上工业部门能源消费及节能情况

(1995年)

地区	能源消费量(万吨标煤)	电力消费量(亿千瓦时)	万元产值耗能(吨标准煤)	节能率(%)	万元产值耗电(千瓦时)	节电率(%)
全省合计	**2 701.00**	**295.00**	**2.01**	**4.33**	**2 190**	**0.70**
武汉市	921.34	70.24	2.33	8.98	1 773	9.86
黄石市	201.93	19.19	2.72	10.23	2 588	15.00
十堰市	167.30	22.06	0.87	−6.10	1 143	−3.30
荆沙市	176.47	19.04	1.09	2.75	1 177	3.52
宜昌市	261.75	24.46	2.23	4.29	2 079	3.26
襄樊市	286.07	25.58	1.58	13.66	1 410	11.49
鄂州市	113.90	6.24	4.54	4.20	2 485	9.60
荆门市	82.60	9.22	2.15	4.02	2 400	14.62
孝感市	107.39	18.78	1.45	2.03	2 536	4.73
黄冈市	101.06	11.38	1.21	9.70	1 359	5.36
咸宁地区	78.90	11.04	1.98	7.04	2 775	11.14
恩施自治州	56.40	3.31	2.69	−0.37	1 600	
随州市	29.25	2.65	1.10	9.09	999	23.09
仙桃市	14.75	1.36	0.56	−19.15	512	16.75
天门市	12.63	1.94	0.38	13.64	578	8.58
潜江市	71.61	0.45	2.91	10.19	1 845	0.38

5—25 加工转换二次能源消费量

能源名称	单位	1990年	1991年	1992年	1993年	1994年	1995年
一、加工转换消费量总计	**万吨标煤**	**1 664.53**	**1 742.11**	**1 874.43**	**1 981.29**	**2 056.99**	**2 125.38**
用于发电及供热	万吨标煤	510.90	626.52	694.04	754.32	845.93	876.02
原煤	万吨	648.63	812.64	927.62	1 037.35	1 248.32	1 338.98
原油	万吨	3.91	1.86	0.37	2.10	4.86	0.77
燃料油	万吨	31.69	29.59	29.53	16.05	20.34	11.60
柴油	万吨	0.31		0.86	3.31	2.50	2.90
焦炉煤气	亿立方米	2.22	4.81	4.04	5.65	1.76	1.68
用于炼油	万吨标煤	713.41	684.40	711.61	728.41	696.44	716.41
原油	万吨	499.38	479.07	498.12	509.88	487.50	501.58
用于炼焦	万吨标煤	436.79	425.72	442.22	472.99	489.79	496.24
洗精煤	万吨	473.68	460.19	482.12	511.38	544.21	541.24
用于洗选	万吨标煤	3.43	3.66	3.46	3.28	6.94	4.70
原煤	万吨	4.81	5.12	4.84	4.59	9.71	6.59
二、加工转换损失量	**万吨标煤**	**33.79**	**15.82**	**20.38**	**13.76**	**57.66**	**47.09**
三、加工转换效率	%	**97.97**	**99.09**	**98.91**	**99.31**	**97.20**	**97.78**

5—26　重点工业企业单位产品能耗指标

项　目	单　位	1990年	1993年	1994年	1995年
一、煤炭工业					
原煤生产耗电	千瓦时/吨	89.2	88.0	87.9	88.5
二、石油工业					
原油(气)生产综合能耗	千克标准煤/吨	221.9	171.2	170.8	174.3
原油(气)液量生产综合能耗	千克标准煤/吨	47.8	32.6	33.0	33.7
原油加工综合能耗	千克标准煤/吨	119.6	104.5	108.4	107.6
原油加工耗电	千瓦时/吨	64.8	63.0	67.3	65.7
三、电力工业					
发电耗标准煤	千克标准煤/千瓦时	403.0	358.0	360.0	358.5
供热耗标准煤	千克标准煤/百万千焦	41.8	45.0	41.9	42.1
四、冶金工业					
吨钢综合能耗	千克标准煤/吨	1 824.9	1 245.0	1 227.0	1 223.6
冶金电炉钢耗电	千瓦时/吨	716.3	675.0	710.3	701.9
机械电炉钢耗电	千瓦时/吨	661.0	708.2	700.4	702.1
电解铝综合能耗	千克标准煤/吨	6 785.7	5 366.5	5 340.1	5 400.0
铜冶炼综合能耗	千克标准煤/吨	3 312.8	2 328.1	2 460.3	2 457.8
硅铁冶炼耗电	千瓦时/吨	7 776.9	8 614.3	7 767.7	7 730.3
五、化学工业					
合成氨综合能耗(大型企业)	千克标准煤/吨	1 564.9	1 521.0	1 500.6	1 508.4
合成氨综合能耗(中型企业)	千克标准煤/吨	2 364.9	2 571.4	2 530.8	2 510.6
合成氨综合能耗(小型企业)	千克标准煤/吨	2 425.6	1 935.4	1 806.0	1 825.3
电石综合能耗	千克标准煤/吨	2 199.6	1 685.9	1 603.1	1 600.8
烧碱综合能耗	千克标准煤/吨	2 024.3	1 297.6	1 253.3	1 225.0
烧碱综合能耗(氨碱法)	千克标准煤/吨	418.0	329.1	308.9	310.9
黄磷综合能耗	千克标准煤/吨	8 556.9	5 450.0	5 430.3	5 500.8
黄磷耗电	千瓦时/吨	1 401.6	1 515.3	1 524.5	1 503.4
硫酸耗电	千瓦时/吨	147.5	141.1	142.0	142.2
六、建材工业					
水泥综合能耗	千克标准煤/吨	164.0	151.1	148.4	149.6
平板玻璃综合能耗	千克标准煤/重量箱	59.1	51.5	58.2	57.0
万砖综合能耗	千克标准煤/万块	97.0	95.3	98.5	99.3
七、纺织工业					
棉纱耗电	千瓦时/吨	1 415.3	1 416.9	1 402.8	1 405.4
棉布耗电	千瓦时/百米	19.2	18.6	20.1	20.7
印染布耗标准煤	千克标准煤/百米	28.3	27.5	27.3	26.8
八、轻　工　业					
纸和纸板综合能耗	千克标准煤/百米	1 016.9	768.6	752.2	750.6
吨纸耗电	千瓦时/吨	693.6	685.1	710.7	711.4
原盐生产综合能耗	千克标准煤/吨	264.2	272.3	271.5	270.1

5—27 主要原材料消费量

单位:万吨

年份	生铁	钢材	铜	铝	铅	锌	铜材
1978	279.7	71.6	1.01	1.09	0.44	0.44	0.55
1980	340.0	122.8	1.01	1.46	0.67	1.65	0.95
1985	479.4	228.1	6.40	3.41	0.86	2.80	1.97
1986	520.7	227.2	6.41	3.97	0.91	3.21	1.95
1987	544.6	249.9	5.58	4.40	1.02	3.41	2.11
1988	561.5	262.5	5.28	3.56	0.95	3.30	2.01
1989	562.6	233.0	4.14	3.98	1.01	2.90	1.79
1990	570.1	212.4	2.50	2.96	1.09	2.74	1.73
1991	570.1	238.0	2.73	3.94	1.03	3.00	1.55
1992	629.7	263.9	2.95	4.24	1.21	3.24	1.98
1993	656.5	305.5	3.95	4.36	1.15	2.83	1.58
1994	713.0	296.8	2.87	3.94	1.39	3.10	1.93
1995	690.52	321.76	1.98	5.11	1.19	2.88	3.11

年份	铝材	硫酸	烧碱	纯碱	橡胶	水泥	木材(万立方米)
1978	0.19	12.31	4.77	2.38	1.34	162.7	72.7
1980	0.99	36.21	7.83	6.06	1.43	243.7	100.6
1985	1.37	42.90	11.52	11.19	3.43	374.5	115.6
1986	1.49	46.95	12.32	11.11	3.72	340.5	125.2
1987	1.68	61.58	13.52	10.99	3.88	347.8	103.5
1988	1.62	65.06	13.45	12.74	4.18	383.7	103.8
1989	1.32	67.20	12.52	13.10	3.98	321.8	83.3
1990	1.21	76.20	11.67	10.84	3.96	286.2	71.4
1991	1.19	71.77	11.25	13.40	4.07	327.1	68.4
1992	1.12	77.06	11.72	14.14	4.37	381.8	84.6
1993	1.15	60.14	10.77	11.86	4.47	418.6	70.3
1994	0.97	77.31	13.63	14.73	4.45	351.7	83.0
1995	3.22	103.36	16.44	16.45	4.80	506.8	76.9

5—28 分行业钢材、木材消费量

行业	钢材（万吨）			木材（万立方米）		
	1993年	1994年	1995年	1993年	1994年	1995年
合计	**280.96**	**296.84**	**321.76**	**65.95**	**70.52**	**76.90**
工业	**211.99**	**230.28**	**220.55**	**44.90**	**48.94**	**50.31**
采掘业	0.70	8.33	5.04	3.21	3.70	4.96
制造业	209.74	219.46	214.12	41.41	43.96	45.09
食品加工业	0.23	1.73	0.39	0.01	0.08	0.01
食品制造业	0.11	0.18	0.08	0.02	0.06	0.01
饮料制造业	0.08	0.09	0.05		0.04	0.01
烟草加工业	0.03	0.45	0.04		0.08	
纺织业	0.33	0.57	0.39	0.27	0.63	0.11
服装及其他纤维制品制造业	0.06	0.06	0.15		0.03	
皮革、毛皮、羽绒及其制品业	1.12	0.11	0.08	0.19	0.03	1.06
木材加工及竹、藤、棕、草制品业	0.03	1.17	0.06	9.61	11.44	16.18
家具制造业	0.49	1.43	0.92	1.17	2.53	11.65
造纸及纸制品业	0.09	0.59	0.16	1.10	0.07	0.06
印刷业、记录媒介的复制	0.06	0.04	0.24		0.03	
文教体育用品制造业	0.15	0.13	0.37	0.26	0.13	0.03
石油加工及炼焦业	2.05	2.07	2.38	0.25	0.43	0.41
化学原料及化学制品制造业	1.69	3.04	2.93	2.14	0.32	0.85
医药制造业	0.26	0.15	0.19		0.12	0.08
化学纤维制造业	0.02	0.12	0.26		0.05	0.05
橡胶制品业	0.25	0.20	0.16	0.02	0.03	0.03
塑料制品业	0.16	1.97	0.52	0.01	0.40	0.50
非金属矿物制品业	4.47	3.52	7.98	2.54	1.01	3.24
黑色金属冶炼及压延加工业	66.26	48.82	41.62	4.68	8.49	3.05
有色金属冶炼及压延加工业	1.30	0.83	1.40	0.42	0.25	0.36
金属制品业	14.19	14.40	22.18	1.07	0.39	1.43
普通机械制造业	15.93	19.78	18.66	12.42	1.29	0.67
专用设备制造业	9.84	11.78	16.03	1.00	0.94	1.08
交通运输设备制造业	84.71	99.90	90.29	3.30	13.82	3.33
武器弹药制造业	0.60	0.55	0.62	0.30	0.36	0.35
电气机械及器材制造业	3.59	4.08	4.73	0.81	0.61	0.21
电子及通讯设备制造业	1.04	0.95	0.58	0.01	0.11	0.03
仪器仪表及文化、办公用机械制造业	0.42	0.38	0.33	0.10	0.10	0.05
其他制造业	0.17	0.38	0.33	0.03	0.05	0.25
电力、煤气及水的生产和供应业	1.55	2.49	1.39	0.28	1.28	0.26
建筑业	**67.19**	**60.88**	**97.92**	**21.03**	**20.54**	**23.88**
交通运输、仓储及邮电通讯业	**1.38**	**5.68**	**3.29**	**0.03**	**1.04**	**2.71**

主要统计指标解释

【物资购进总值】 指报告期内本单位通过各种渠道实际购进的物资总值，购进总值的核算原则以实际到达本单位并经验收输完入库手续的数量为准，不包括待验收入库的物资、在余物资、外单位寄存物资。购进总值的价格按实际进货价计算。

【物资销售总值】 指报告期内本单位实际销售的物资总值，销售总值的核算原则以物资办完出库手续的数量为准，销售总值的价格按实际销售价计算。

【能源生产总量】 指一定时期内本地区一次能源生产量的总和。一次能源生产量包括原煤、原油、天然气、水电及其他动力能发电量（如风能、地热能）。不包括生物质能、太阳能等的利用和由一次能源加转换而成的二次能源产量。能源生产总量是观察本地区能源生产水平、规模、构成和发展速度的总量指标。

【能源消费总量】 指一定时期内本地区用于生产和生活的各种能源消费量的总和。能源消费总量包括原煤和原油及其制品、天然气、电力，不包括生物质能和太阳能等的利用。能源消费总量分为三部分，即终端能源消费量、能源加工转换损失量和损失量。不包括用于加工转换二次能源的投入量。它是观察能源消费水平、构成和增长速度的总量指标。

【终端能源消费】 指一定时期内本地区物质生产部门、非物质生产部门和生活消费的各种能源数量。不包括用于加工转换的中间能源消费量、加工转换损失量。

【能源加工转换损失量】 指一定时期内本地区投入加工转换的各种能源数量之和与产出各种能源产品之和的差额。它是观察能源在加工转换过程中损失量变化的指标。

【能源损失量】 指一定时期内能源在输送、分配、储存过程中发生的经营管理损失和由于客观原因造成的各种损失量。不包括各种气体能源放空、放散量。

【能源消费弹性系数】 是反映能源消费增长速度与国民经济增长速度之间比例关系的指标。其计算公式为：

$$能源消费弹性系数=\frac{能源消费量年平均增长速度}{国民经济年平均增长速度}$$

国民经济年平均增长速度，可根据不同的目的或需要，用国内生产总值，国民收入等指标来计算。本资料是采用国内生产总值指标计算的。

【电力消费弹性系数】 是反映电力消费增长程度与国民经济增长速度之间比例关系的指标。其计算公式为：

$$电力消费弹性系数=\frac{电力消费量年平均增长速度}{国民经济年平均增长速度}$$

【能源加工转换效率】 指一定时期内能源加工转换后，产出的各种能源产品的数量与同期内投入加工转换的各中能源数量的比率。它是观察能源加工转换装置和生产工艺先进与落后、管理水平高低等的重要指标。计算公式为：

$$能源加工转换效率=\frac{加工转换产出量}{加工转换投入量}\times100\%$$

【节能率】 指节能期可比能源消费量之比率。它是反映能源节约程度的综合指标。其计算公式为：

$$节能率=\left(1-\frac{报告期单位产值能源消费量}{基期单位产值能源消费量}\right)\times100\%$$

所得值是（+）值为节能，是（-）值为超耗。

财　　政　6

资料整理人员：董树平

6—1 财政收支总额及指数

年份	总收入（亿元）	总支出（亿元）	收支差额（亿元）	指数（上年=100）	
				总收入	总支出
1953	4.87	1.96	2.91	100.0	100.0
1957	6.27	3.55	2.72	167.3	250.1
1965	11.26	6.85	4.41	122.4	105.2
1970	15.20	15.73	−0.53	128.4	158.1
1975	24.05	17.52	6.53	139.5	103.9
1978	31.37	29.98	1.39	149.0	148.6
1980	34.01	26.53	7.48	107.6	94.5
1985	50.26	43.60	6.66	119.3	137.5
1986	57.58	58.04	−0.46	114.6	133.1
1987	65.35	60.98	4.37	113.5	105.1
1988	69.02	68.66	0.36	105.6	112.6
1989	77.27	79.97	−2.70	112.0	116.5
1990	77.85	84.82	−6.97	100.8	106.1
1991	95.09	99.53	−4.44	122.2	117.3
1992	94.14	98.97	−4.83	99.0	99.4
1993	115.07	114.58	0.49	122.2	115.8
1994	77.46	137.20	−59.74		119.7
1995	99.69	162.43	−62.74	128.70	118.4

6—2 财　政　收　入

单位：亿元

年份	收入合计	企业收入	#工业	#商业	#粮食	各项税收	#农业税	其他
1953	4.87	0.27	0.14			4.32	1.23	0.30
1957	6.27	0.73	0.54			5.16	1.19	0.38
1965	11.26	4.25	2.82	0.99		6.89	1.56	0.12
1970	15.20	4.05	2.29	1.85		11.06	1.80	0.09
1975	24.05	8.49	7.10	2.44	−1.65	15.51	1.60	0.05
1978	31.37	12.47	9.53	2.89	−1.57	18.84	1.49	0.06
1980	34.01	10.25	10.79	2.45	−1.26	23.69	1.42	0.07
1985	50.26	4.66	8.17	0.23	−1.80	45.13	2.50	0.48
1986	57.58	6.79	7.77	0.73	−1.67	50.01	2.48	0.78
1987	65.35	6.36	9.39	−0.68	−2.50	57.41	2.72	1.58
1988	69.02	0.27	8.96	−1.35	−2.79	64.20	2.47	4.55
1989	77.27	−3.18	9.01	−1.84	−4.63	73.58	3.31	6.87
1990	77.85	−5.17	7.05	−1.48	−4.80	74.15	3.32	8.87
1991	95.09	−1.17	7.30	−1.47	−4.97	78.66	3.05	17.60
1992	94.14	−3.87	4.24	−1.20	−5.65	91.41	3.86	6.60
1993	115.07	−4.12	3.93	−1.10	−5.75	111.40	3.87	7.79
1994	77.46	2.73	8.10	−0.99	−4.88	61.50	6.84	13.23
1995	99.69	2.86	8.74	−1.11	−5.28	73.64	12.95	23.19

注：①1985 年以后企业收入中包括国营企业所得税，调节税。

②从 1994 年开始，全国实行分税制财政体制，收入口径有所变化（下表同）。

6—3 财 政 支 出

单位:亿元

年份	支出合计	#基本建设	#科技三项费用	#支援农业
1953	1.96	0.48		0.05
1957	3.55	1.11		0.30
1965	6.85	2.28	0.52	0.73
1970	15.73	9.25	0.27	1.14
1975	17.52	5.17	0.47	2.01
1978	29.98	9.55	0.31	4.72
1980	26.53	5.97	0.20	4.23
1985	43.50	4.38	0.42	3.80
1986	58.04	6.25	0.69	4.93
1987	60.98	6.21	0.76	5.09
1988	68.66	5.44	0.78	6.08
1989	79.07	5.12	0.74	4.10
1990	84.82	5.56	0.73	4.92
1991	99.52	5.80	0.65	5.20
1992	98.97	6.46	0.79	5.57
1993	114.58	6.61	0.79	6.09
1994	137.20	6.45	0.80	5.92
1995	162.43	6.40	1.07	4.93

年份	#工交商事业费	#城市维护费	#文教卫生事业费	#抚恤和社会救济	#行政管理费
1953	0.0036	0.02	0.59	0.11	0.61
1957	0.09	0.01	0.99	0.15	0.82
1965	0.08	0.11	1.48	0.30	0.87
1970	0.08	0.16	1.88	0.42	1.28
1975	0.39	0.24	3.68	0.45	1.61
1978	0.35	0.26	4.64	0.66	1.97
1980	0.46	0.71	6.82	1.01	3.02
1985	0.89	2.08	11.70	1.18	6.01
1986	1.04	2.67	13.45	1.49	6.71
1987	0.93	2.92	13.64	1.52	6.86
1988	0.95	3.23	16.50	1.80	6.48
1989	1.32	3.59	18.11	2.08	7.26
1990	1.33	3.66	19.87	2.18	8.24
1991	1.55	3.90	21.55	2.41	9.19
1992	1.55	4.81	25.89	2.44	11.60
1993	1.80	5.03	30.99	3.05	14.54
1994	1.75	5.93	42.57	4.09	19.12
1995	2.40	6.74	46.90	4.22	20.63

注:1986 年以后财政支出中包括了粮棉油等补贴。

6—4 分项财政收入

单位:万元

项目	1990年	1991年	1992年	1993年	1994年	1995年
收入合计	**778 496**	**950 874**	**941 355**	**1 150 707**	**774 641**	**996 864**
工商税收	698 550	744 031	859 397	1 056 849	503 486	606 857
# 增值税	226 117	249 022	305 397	407 057	184 010	209 375
营业税	185 899	194 252	210 814	258 356	175 618	217 380
个人所得税	95	142	198	492	13 591	26 289
外商投资企业和外国企业所得税	49			526	1 633	2 177
城市维护建设税	38 252	40 766	46 562	57 167	62 685	71 676
车船使用税				3 084	3 270	3 543
房产税				18 750	22 296	25 917
资源税				792	6 168	7 450
城镇土地使用税				6 349	12 523	12 580
印花税				4 747	5 210	5 950
固定资产投资方向调节税				10 561	11 430	12 162
农牧业税和耕地占用税	42 975	42 612	54 670	57 120	111 530	129 520
# 农牧业税	33 175	30 448	38 573	38 675	68 435	68 591
农业特产税					29 259	44 220
耕地占用税	3 112	4 721	6 475	6 984	11 986	13 514
企业所得税	100 374	104 594	74 480	67 862	129 734	137 148
国有企业上缴利润	8 949	6 396	5 144	8 581	6 628	7 462
国有企业计划亏损补贴	−163 117	−123 450	−118 547	−117 778	−108 867	−116 058
其他收入	50 711	176 691	66211	78 073	93 065	190 941
# 海关罚没收入	53	18	47	24	1 305	2 075
工商罚没收入	1 339	1 337	1 014	1 258	3 121	3 588
政法罚没收入	4 456	3 371	4 035	7 793	15 990	24 018
其他罚没收入	5 656	5 958	5 553	6 819	13 800	27 175
专款收入	40 054	38 899	26 255	32 526	38 885	40 994

6—5 分项财政支出

单位:万元

项　　目	1990年	1991年	1992年	1993年	1994年	1995年
支出合计	**848 242**	**995 273**	**989 659**	**1 145 771**	**1 372 044**	**1 624 296**
基本建设支出	55 589	57 986	64 601	66 095	64 543	63 968
# 拨改贷				3 707	2 733	4 585
预算拨款				62 388	61 810	59 383
企业挖潜改造资金	36 730	41 844	57 925	75 155	59 627	57 029
简易建筑费	2 538	3 012	3 109	3 418	3 334	3 736
科技三项费	7 303	6 516	7 872	7 946	8 031	10 726
支援农村生产支出	49 199	51 971	55 662	60 919	59 210	49 284
农林水利等部门的事业费	33 922	40 460	38 991	46 525	57 022	67 628
工业交通等部门的事业费	10 516	12 423	12 093	14 040	17 512	19 015
商业部门事业费	2 769	3 024	3 427	3 927	4 885	4 954
城市维护费	36 553	38 976	48 123	50 290	59 251	67 427
文教卫生事业费	198 696	215 535	258 938	309 868	425 737	469 031
# 文化事业费	6 349	6 632	8 868	9 099	11 610	12 731
教育事业费	114 007	123 471	149 089	183 571	263 177	289 579
卫生事业费	34 852	37 063	42 863	48 736	63 315	66 476
体育事业费	5 017	4 858	6 245	6 562	8 466	8 035
科学事业费	4 816	5 196	6 298	7 348	8 489	8 841
其他部门的事业费	35 828	34 802	46 550	58 048	77 370	92 836
抚恤和社会福利救济费	21 770	24 120	24 421	30 458	40 942	42 201
国防支出	914	897	968	987	986	1 085
行政管理费	82 359	91 886	115 989	145 388	191 165	206 319
价格补贴支出	161 288	179 705	126 509	103 037	88 590	114 010
其他支出	68 653	148 316	93 312	131 302	167 850	305 866
专项支出	38 799	38 604	24 871	31 020	37 500	40 340

主要统计指标解释

【财政收入】 通过财政分配渠道集中于国家预算的资金。由于从1994年起实行新的分税制财政管理体制，财政收入为地方收入（不含上划中央收入）。包括企业收入、专款收入和各项税收。(1) 企业收入包括国有企业上缴利润和事业收入。(2) 专款收入包括征收排污费收入，教育费附加收入。(3) 各项税收包括工商税收、农牧业税和耕地占用税、企业所得税等。

【财政支出】 通过国家预算支出的资金。指国家财政根据国民经济发展和行政事业管理需要由财政拨付的资金，主要有：基本建设支出、企业挖潜改造资金，科技三项费用，支持农村生产支出、各部门的事业费，抚恤和社会福利救济费、行政管理费、价格补贴支出、专款支出等。

物价指数　7

资料整理人员：尹汉华　周家庆　田永春

7—1 各种物价指数

（1978年＝100）

年份	零售物价总指数	城市居民消费价格总指数	农产品收购价格总指数
1979	101.4	102.6	123.6
1980	106.1	109.6	130.8
1981	107.6	111.9	141.3
1982	108.4	112.9	148.2
1983	109.9	114.8	151.5
1984	113.2	118.1	158.0
1985	121.7	130.3	165.1
1986	126.8	138.1	179.6
1987	136.4	150.1	193.4
1988	163.0	180.9	228.4
1989	190.7	206.4	271.6
1990	196.2	212.8	269.2
1991	204.6	226.0	262.7
1992	218.9	249.7	264.0
1993	251.7	296.6	302.3
1994	313.6	376.7	445.0
1995	365.7	433.6	514.9

7—2 各种物价指数

（上年＝100）

年份	零售物价总指数	城市居民消费价格总指数	农产品收购价格总指数
1952	97.0	96.1	99.3
1957	104.3	105.2	105.6
1960	105.5	109.4	105.7
1965	96.0	96.4	99.4
1972	99.4	99.6	101.9
1975	99.9	99.9	100.0
1978	100.5	100.3	102.8
1980	104.6	106.8	105.8
1985	107.5	110.3	104.5
1986	104.2	106.0	108.8
1987	107.6	108.7	107.7
1988	119.5	120.5	118.1
1989	117.0	114.1	118.9
1990	102.9	103.1	99.1
1991	104.3	106.2	97.6
1992	107.0	110.5	100.5
1993	115.0	118.8	114.5
1994	124.6	127.0	147.2
1995	116.6	115.1	115.7

7—3 物价总指数

基期	零售物价总指数	城市居民消费价格总指数	农产品收购价格总指数
以1950年价格为100	504.5	646.4	1 210.6
以1952年价格为100	450.2	568.8	1 004.2
以1957年价格为100	407.6	504.3	832.5
以1965年价格为100	365.1	443.5	589.3
以1970年价格为100	368.0	445.2	548.2
以1975年价格为100	368.6	441.0	530.8
以1978年价格为100	365.7	439.2	514.9
以1980年价格为100	344.7	400.9	393.7
以1985年价格为100	300.7	337.1	311.8
以1990年价格为100	186.1	212.6	191.3
以上年价格为100	116.6	120.1	115.7

7—4 市、县各种物价指数

(1995年,上年=100)

市县	零售物价指数	居民消费价格指数	农业生产资料价格指数	服务项目价格指数
武汉市	114.0	118.4		127.7
黄石市	115.6	120.0		124.8
襄樊市	114.9	118.6		141.8
沙市市	117.4	124.6		166.2
宜昌市	119.1	124.1		144.7
十堰市	117.0	119.8		129.5
孝感市	115.5	119.5		143.1
麻城市	117.8	119.5	118.0	143.7
天门市	116.9	115.5	127.8	121.8
洪湖市	117.7	119.2	128.9	127.7
浠水县	120.7	121.2	132.2	134.8
咸宁市	117.7	122.1	135.2	150.1
恩施市	119.7	125.0	133.8	148.0
老河口市	115.5	116.9	130.4	132.1
大悟县	116.7	120.8	127.3	166.5
竹山县	118.2	121.9	123.1	145.8
崇阳县	123.5	119.4	136.8	126.5
枝城市	119.2	125.0	131.3	176.2

7—5　零售物价、居民消费价格分类指数

（1995年，上年＝100）

类　　别	全　　省	城　　市	农　　村
零售物价总指数	**116.6**	**115.1**	**118.3**
一、食品类	127.9	127.6	128.4
粮　　食	135.9	136.4	135.7
鲜　　菜	135.5	135.9	134.8
干　　菜	133.7	137.5	130.0
肉禽蛋	128.4	127.1	129.7
水产品	112.0	111.2	112.8
二、饮料、烟酒类	106.5	105.8	107.4
三、服装鞋帽类	115.5	113.8	117.6
四、纺织品类	113.5	117.0	111.0
五、中、西药品类	112.9	113.9	111.3
六、化妆品类	109.5	105.5	113.4
七、书报、杂志类	120.9	118.0	123.5
八、文化体育用品类	110.4	109.9	111.3
九、日用品类	109.3	109.2	109.5
十、家用电器类	100.3	98.3	102.7
十一、首饰类	100.0	99.6	101.3
十二、燃料类	107.2	103.5	110.8
十三、建筑装璜材料类	104.9	96.4	111.5
十四、机电产品类	97.7	95.2	101.3
农业生产资料价格指数	**129.0**	—	**129.0**
居民消费价格指数	**120.0**	**120.1**	**119.9**
一、食品类	125.4	125.4	125.4
二、衣着类	114.6	115.0	114.1
三、家庭设备及用品类	106.8	105.6	108.0
四、医疗保健类	113.1	115.5	111.1
五、交通和通讯工具类	101.9	101.4	102.3
六、娱乐、教育、文化用品类	106.0	104.2	108.0
七、居住类	111.6	112.3	109.4
八、服务项目	135.4	133.4	138.0
电讯费	107.1	106.6	108.9
邮　费	101.6	100.0	103.0
交通费	117.0	116.4	118.3
洗理美容费	125.8	127.9	120.7
文娱费	121.6	122.4	120.4
学杂保育费	164.8	168.0	161.7
修理及其他服务费	111.9	113.9	109.8
医疗保健服务	104.5	101.1	109.3

7—6 工业品出厂价格指数

分类	上年＝100				1990年＝100				
	1990年	1993年	1994年	1995年	1991年	1992年	1993年	1994年	1995年
总指数	**109.0**	**126.3**	**126.2**	**113.1**	**108.1**	**120.0**	**151.6**	**191.3**	**216.4**
一、按轻重工业分									
1. 轻工业	111.4	109.7	127.9	121.8	102.1	110.0	120.7	154.4	188.1
以农产品为原料	113.1	110.2	131.4	123.2	102.5	112.3	123.8	162.7	200.4
以非农产品为原料	103.1	107.8	111.1	115.6	99.8	99.6	107.4	119.3	137.9
2. 重工业	106.4	139.4	125.1	106.4	114.2	129.6	180.7	226.1	240.6
采掘工业	103.7	132.7	113.0	114.9	116.6	131.4	174.4	197.1	226.5
原料工业	108.6	149.6	138.5	100.1	118.3	138.3	206.9	286.6	286.9
制造工业	100.6	126.4	114.4	113.9	101.1	110.0	139.0	159.0	181.1
二、按两大部类分									
1. 生产资料	106.2	136.5	124.3	108.4	113.4	127.7	174.3	216.7	234.9
采掘	103.7	132.7	113.0	114.9	116.6	131.4	174.4	197.1	226.5
原料	108.5	145.3	136.7	103.0	117.9	117.9	171.3	234.2	241.2
制造	100.9	124.9	111.4	115.2	101.3	109.8	137.1	152.7	175.9
2. 生活资料	112.1	110.1	129.3	120.4	102.1	110.8	122.0	157.7	189.9
食品	119.3	116.7	121.5	123.6	105.4	116.9	136.4	165.7	204.8
衣着	109.8	103.4	144.1	118.0	101.2	109.5	113.2	163.1	192.5
一般日用品	106.2	113.1	116.9	125.6	102.3	109.8	124.2	145.2	182.4
耐用消费品	100.4	110.0	107.8	104.8	92.7	91.7	100.9	108.8	114.0
三、按工业部门分									
冶金工业	113.7	166.8	113.0	92.7	126.1	150.3	250.7	283.3	252.6
电力工业	100.8	125.9	176.4	110.7	100.8	100.6	126.7	223.5	247.4
煤炭及炼焦工业	88.2	113.3	118.6	119.9	115.5	129.1	146.3	173.5	208.0
石油工业	106.5	139.7	141.4	108.2	123.8	165.3	230.9	326.5	353.3
化学工业	102.2	105.2	115.6	127.1	100.8	104.7	110.1	127.3	161.8
机械工业	100.3	128.8	109.3	107.9	98.6	106.2	136.8	149.5	161.3
建筑材料工业	99.7	139.4	107.7	105.4	104.2	119.9	167.1	180.0	189.7
森林工业	101.5	123.6	111.7	91.5	97.9	103.9	128.4	143.4	131.2
食品工业	119.8	116.7	121.8	123.6	104.9	116.3	135.7	165.3	204.3
纺织工业	109.9	106.5	142.7	120.4	100.8	109.8	116.9	166.8	200.8
缝纫工业	101.9	97.4	122.9	122.4	103.1	113.8	110.8	136.2	166.7
皮革工业	122.2	131.6	116.5	129.4	107.5	143.7	189.1	220.3	285.1
造纸工业	104.6	103.4	99.9	150.7	97.1	97.1	100.4	100.3	151.2
文教艺术用品工业	130.9	104.6	112.0	100.9	105.8	97.7	102.2	114.5	115.5
其他工业	99.2	116.1	118.3	125.9	105.8	111.2	129.1	152.7	192.2

7—7 分行业工业品出厂价格指数

行业	上年=100				1990年=100				
	1990年	1993年	1994年	1995年	1991年	1992年	1993年	1994年	1995年
总指数	**109.0**	**126.3**	**126.2**	**113.1**	**108.1**	**120.0**	**151.6**	**191.3**	**216.4**
煤炭采选业	87.9	111.4	117.8	123.1	92.8	104.0	115.9	136.5	168.0
石油及天然气开采业		161.7	122.5	114.0	144.9	156.1	252.4	309.2	352.5
黑色金属矿采选业		127.5	93.5	105.2	150.3	133.2	169.8	167.1	
有色金属矿采选业	153.3	108.4	94.1	97.2	115.0	177.8	192.7	181.3	176.2
建筑材料及其他非金属矿采选业	98.1	106.9	128.0	113.1	96.4	114.7	122.6	156.9	177.5
采盐业	166.1	102.6			100.1	100.7	103.3	161.8	
自来水生产与供应业	104.4	128.2	112.1	113.6	117.6	128.7	165.0	185.0	210.2
食品制造业	139.7	120.9	137.6	128.7	102.2	117.8	142.4	195.9	252.1
饮料制造业	98.2	115.6	117.2	119.6	101.9	115.5	133.5	156.5	187.2
烟草加工业	102.5	109.4	97.6	116.4	109.9	112.5	123.1	120.1	139.8
饲料工业	94.3	115.0	135.0	145.4	97.7	104.6	120.3	162.4	236.1
纺织业	109.9	105.8	143.0	120.0	100.8	110.2	116.6	166.7	200.0
缝纫业	101.9	97.4	122.9	122.3	103.1	113.8	110.8	136.2	166.6
皮革、毛皮及其制品业	122.2	131.6	116.5	118.6	107.5	143.7	189.1	220.3	261.3
木材加工及竹藤棕草制品业	108.6		115.7	91.5	88.8				115.0
家具制造业	110.0	116.7	102.9	124.8	105.8	112.4	131.2	135.0	168.5
造纸及纸制品业	104.6	103.4	99.9	150.7	99.3	99.3	102.7	102.6	154.6
文教体育用品制造业	130.9	104.6	112.0	100.9	105.8	97.7	102.2	114.5	115.5
电力、蒸汽、热水生产和供应业	100.8	125.9	176.3	110.6	100.8	100.6	126.7	223.4	247.1
石油加工业	106.5	132.9	162.1	101.0	121.7	171.5	227.9	369.4	373.1
炼焦、煤气及煤制品业	88.6	122.7	121.8	102.4	150.5	164.6	202.0	246.0	251.9
化学工业	102.1	105.2	113.6	128.0	99.9	105.1	110.6	125.6	160.8
医药工业	100.5	105.3	112.9	126.1	99.7	95.0	100.0	112.9	142.4
化学纤维工业	101.2	132.8	133.2	134.6	101.5	96.2	127.8	170.2	229.1
橡胶制品工业	109.4	104.3	116.0	116.0	113.7	109.4	114.1	132.4	153.6
塑料制品业	100.0	108.6	129.4	124.4	100.6	106.9	116.1	150.2	186.8
建筑及其他非金属矿制品业	100.3	141.0	106.6	105.0	105.1	121.9	171.9	183.2	192.4
黑色金属冶炼及压延加工业	114.1	168.4	113.4	92.3	122.4	145.7	245.4	278.3	256.9
有色金属冶炼及压延加工业	90.2	125.2	105.1	114.0	99.9	137.6	172.3	181.1	206.5
金属制品业	90.6	140.9	106.8	100.1	103.3	92.5	130.3	139.2	139.3
机械工业	99.4	131.7	111.5	109.3	101.9	113.4	149.3	166.5	182.0
交通运输设备制造业	101.6	128.2	109.2	104.7	105.5	131.7	168.8	184.3	193.0
电力机械及器材制造业	98.0	121.2	110.1	111.7	95.4	100.2	121.4	133.7	149.3
电子及通讯设备制造业	105.8	112.6	119.4	107.5	84.2	78.1	87.9	105.0	112.9
仪器仪表及其他计量器具的制造业	108.7	109.8	104.6	97.8	103.2	109.9	120.7	126.3	123.5

7—8 原材料、燃料、动力购进价格指数

分类	上年=100				1990年=100				
	1990年	1993年	1994年	1995年	1991年	1992年	1993年	1994年	1995年
总指数	**108.4**	**135.5**	**116.6**	**118.2**	**113.1**	**124.6**	**168.8**	**196.8**	**232.6**
燃料、动力类	107.3	135.9	115.5	109.4	116.2	133.6	181.6	209.7	229.4
黑色金属材料类	111.2	165.9	102.4	98.6	111.3	126.8	210.4	215.4	212.4
#钢材		161.4	102.2	100.3					
其他		173.2	102.5	95.9					
有色金属材料类	92.1	113.0	104.2	130.2	109.3	121.2	137.0	142.8	185.9
化工原料类	94.3	110.9	107.3	118.2	107.7	115.1	127.6	136.9	161.8
木材及纸浆类	101.0	115.7	103.1	112.6	105.5	102.4	118.5	122.2	137.6
建筑材料类	126.2	146.4	122.7	108.0	104.0	103.4	151.4	185.8	200.7
非金属矿类	100.0	126.2	114.2	97.7	100.0	102.1	128.9	147.2	143.8
农副产品类	119.6	104.6	138.1	159.3	115.7	116.5	121.9	168.3	268.1
纺织原料类	117.0	102.7	143.2	124.3	105.8	108.7	111.6	159.8	198.6

7—9 固定资产投资价格指数

分类	上年=100				1990年=100				
	1990年	1993年	1994年	1995年	1991年	1992年	1993年	1994年	1995年
总指数	**106.3**	**127.4**	**107.9**	**105.0**	**108.3**	**126.7**	**161.4**	**174.2**	**182.9**
建筑安装工程	104.8	130.5	106.8	103.5	106.9	126.0	164.4	175.6	181.7
设备、工器具	109.6	119.2	109.3	107.9	110.4	128.8	153.5	167.8	181.1
其他费用	107.0	130.2	110.0	106.4	111.8	124.3	161.8	178.0	189.4

7—10 农产品收购价格分类指数

（上年＝100）

商品类型	1990年	1991年	1992年	1993年	1994年	1995年
总指数	**99.1**	**97.6**	**100.5**	**114.5**	**147.2**	**115.7**
一、粮食类	90.1	95.0	97.7	116.8	166.9	116.0
二、经济作物类	113.7	100.1	99.3	113.6	148.5	122.8
食用植物油脂油料	108.8	90.7	92.3	115.8	166.9	106.5
棉花	121.5	104.0	99.7	109.8	160.1	128.1
麻	96.3	99.6	109.7	109.7	126.1	152.8
烟叶	103.1	91.7	101.4	121.4	110.2	127.9
茶叶	74.9	112.5	125.5	137.9	104.3	114.4
三、竹木材类	68.7	105.3	124.9	105.1	100.0	101.8
木材	67.2	105.1	128.7	107.9	100.4	102.8
竹材	91.2	108.4	119.4	103.8	98.2	97.3
四、工业用油漆类	84.8	129.0	122.7	107.0	102.1	110.0
工业用油脂油料	84.5	128.9	124.0	106.4	102.2	109.2
工业用漆胶	88.8	131.8	98.9	120.8	100.1	132.1
五、禽畜产品类	95.5	93.1	103.4	117.4	138.1	109.0
肉畜	93.8	90.1	107.1	120.0	154.5	108.7
禽蛋	101.3	98.9	94.5	121.5	123.4	109.8
皮张	145.6	159.8	101.2	92.2	105.8	116.7
鬃毛	94.5	89.1	101.2	101.6	95.2	0.0
其他畜产品	103.9	100.0	95.7	91.5	100.7	98.3
六、蚕茧蚕丝类	101.2	91.6	89.1	108.3	136.6	86.0
七、干鲜果类	104.8	105.8	99.2	94.1	122.6	113.9
瓜果	108.9	96.8	99.9	92.5	122.0	106.8
干果	97.9	135.0	98.1	97.1	124.0	134.0
八、干鲜菜及调味品类	105.7	103.0	117.8	127.1	116.3	107.4
鲜菜	98.8	105.0	101.3	133.0	131.2	117.8
干菜	108.6	101.7	131.9	122.9	106.4	100.2
九、中药材类	110.7	107.3	103.4	104.2	103.2	108.4
十、土副产品类	116.1	116.3	107.2	96.1	112.8	115.3
十一、水产品类	96.8	101.7	104.8	125.7	105.4	101.3
淡水鲜品	96.8	101.7	104.8	125.7	105.4	101.3

注：1985年—1987年为包括牌价、议价和超购加价的指数，1988年后为包括国家定价、国家指导价和市场调节价的指数。

主要统计指标解释

【零售物价指数】 是指全面反映市场零售物价总水平变动趋势和程度的相对数。通过他可以观察国营商业零售价、集市贸易价格和个体商业价格总升降水平，说明货币购买力的强弱。零售物价指数采用加权算术平均公式计算。每年根据住户调查资料调整一次权数。1995 年全省有 18 个市和县城作为基层填报单位。所选商品有 353 种，每种商品的指数采用代表规格品的平均价格计算。

【城市居民消费价格指数】 指反映城镇居民所购买的生活消费品的价格和服务项目价格变动趋势和程度的相对数。根据城市居民消费价格指数，可以观察和分析消费品零售价格和服务项目价格变动对居民生活费用支出的影响程度，消除物价变动对职工货币工资的影响，并计算实际工资指数，作为研究居民生活和确定工资政策的依据。城市居民消费价格指数根据消费品零售价格指数与服务项目价格指数汇编。目前计算指数所选商品和服务项目为 325 种。

【农村消费价格指数】 指反映农民家庭所购买的生活消费品的价格和服务项目价格变动趋势和程度的相对数。用他可以观察农村消费品的零售价格和服务项目价格变动对农民生活消费支出的影响，直接反映农民生活水平的实际变化情况。计算农民生活费用价格指数所选商品和服务项目为 325 种。

【城市农贸市场农产品价格指数】 指反映城市集市贸易商品价格变动趋势和程度的相对数。通过他，可以观察集市贸易商品价格的变化情况，研究集市价格和国营商业价格的比例关系，以及集市价格变化对农业生产和城镇居民生活的影响程度。城市农贸市场农产品价格指数根据集市贸易主要农产品的平均价格，以成交额为权数，采用加权倒数平均公式计算。

【农村工业品零售价格指数】 反映农村市场工业零售价格水平变动趋势和程度的相对数。用他可以观察工业品零售价格变动对农民货币支出的影响。农村工业品零售价格指数根据农村零售物价指数中有关类别加权计算。

【农产品收购价格指数】 反映各种经济类型的工、商企业及其他单位和个人，以各种没价格形式收购农产品的价格变动趋势和程度的相对数。采用加权倒数平均公式计算。目前计算指数所选的商品有 11 个大类，包括 276 余种农副土特产品。

【主要农产品与工业品的交换比价】 反映农产品和工业品交换比价变化情况的经济指数。用以说明计算期农产品对工业品的交换量比基期增了还是减少了。根据农产品收购价格和农村工业品零售价格计算。

【固定资产投资价格指数】 指反映固定资产投资的规模、速度和分析各项价格因素变动对固定资产投资额的影响程度的相对数。他不仅是国民经济核算和宏观经济调控的主要指标，而且还是计算、考核实际投资规模和制定国民经济计划的重要依据。由于固定资产投资额是由建筑安装工程投资完成额，设备、工器具购置投资完成额和其它费用投资完成额三部分组成，因此编制固定资产投资价格指数应首先分别编制上述三部分投资的价格指数，然后采取加权算述平均法计算求出。

【建筑业产值价格指数】 建筑业产值是以当年的预算价格为基础计算的。预算价格可由于受建筑材料、人工费价格及取费标准的变动而不断调整，造成建筑产品价格不可比。编制建筑业产值价格指数就是为了消除价格因素对建筑产品的影响，使其正确反映建筑业的发展速度和企业经济效益。

建筑业产值价格指数的计算方法，是以报告期全部竣工的单位工程为对象，采取等距抽样（或划类选点）调查方法，确定所调查的样本单位工程。然后根据样本单位工程的竣工决算资料和样本施工企业报告期、基期建筑材料、人工费、机械台班单价及取费标准、运用价格指数计算方法，分别求得各样本工程的材料费、人工费、机械使用费和其他费用价格指数。再采取加权调和平均数的计算方法，求得样本工程产值价格指数和样本总体的各类费用价格指数，并用样本总体的价格指数代替全部整体的价格指数。

人民生活 8

资料整理人员：陶　红　董树平　刘艳丽
周银华　徐　菁

8—1 人民物质文化生活改善情况

项　　　目	单　位	1990年	1991年	1992年	1993年	1994年	1995年
一、城乡就业							
每一农村劳动力负担人数	人	1.65	1.72	1.71	1.67	1.61	1.58
每一城镇就业者负担人数	人	1.70	1.69	1.66	1.66	1.66	1.68
城镇失业率	%	1.7	1.9	2.2	2.2	2.4	2.7
二、城乡居民收入							
农村居民人均纯收入	元	670.80	626.92	677.82	783.18	1 170.06	1 511.22
农村居民人均纯收入指数	%	100.0	93.5	101.0	116.8	174.4	225.3
城镇居民人平年实际收入	元	1 437.05	1 603.74	1 886.38	2 453.49	3 359.97	4 031.90
城镇居民人平年实际收入指数	%	100.0	111.8	131.5	171.0	209.5	280.6
国有职工平均工资	元	2 045	2 213	2 532	3 141	4 348	4 991
三、城乡居民人平消费水平							
农业居民	元	665	682	713	873	1 052	1 325
非农民居民	元	1 353	1 559	1 949	2 520	2 984	3 759
四、储　　蓄							
城乡居民人平储蓄存款余额	元	454.79	569.81	675.76	846.41	1 210.80	1 657.71
五、平均每人居住面积							
城　　市(大、中)	平方米	9.80	9.59	9.90	10.54	11.11	11.92
农　　村	平方米	22.47	23.23	23.79	25.80	25.22	25.92
六、交　　通							
每百人拥有自行车	辆	25.71	27.01	28.57	30.87	32.73	33.82
七、文　　化							
每百人拥有电视机	部	15.76	17.81	19.12	21.45	22.76	23.89
每百人每天有报纸	份	3.18	3.12	3.26	3.12	3.08	3.32
每人每年有图书、杂志	册	8.86	7.13	7.37	7.31	7.47	7.80
八、教　　育							
学龄儿童入学率	%	99.0	98.7	98.6	98.7	99.1	99.2
每万人口有大学生数	人	24.3	23.8	24.9	27.9	30.1	31.7
九、卫　　生							
每千人有医院病床数	张	2.45	2.47	2.44	2.41	2.36	2.29
每千人有医生	人	1.62	1.62	1.64	1.64	1.66	1.68

8—2 居民消费水平

年份	居民消费（亿元）	非农业居民	农业居民	居民消费水平（元）	非农业居民	农业居民
1952	19.78	4.26	15.52	73	139	64
1957	32.59	7.72	24.87	108	192	96
1965	42.89	11.64	31.25	124	240	106
1970	48.41	14.46	33.95	122	280	98
1975	59.40	19.06	40.34	136	323	106
1978	74.70	23.81	50.89	164	362	131
1980	93.51	32.04	61.47	201	437	156
1985	203.23	73.45	129.78	414	744	332
1986	247.13	88.82	158.31	498	834	406
1987	271.22	98.75	172.47	540	901	439
1988	328.82	124.61	204.21	644	1 104	515
1989	398.09	143.00	255.09	769	1 227	636
1990	434.62	161.35	273.27	820	1 353	665
1991	575.85	189.77	286.08	879	1 559	682
1992	546.61	245.01	301.60	998	1 949	713
1993	700.07	329.13	370.94	1 261	2 520	873
1994	858.77	412.82	445.95	1 527	2 984	1 052
1995	1 122.60	557.77	564.83	1 954	3 759	1 325

8—3 居民消费水平指数

(1978 年=100)

年份	居民消费指数	非农业居民	农业居民	居民消费水平指数	非农业居民	农业居民
1979	115.1	111.8	116.7	114.0	105.8	116.0
1980	117.7	121.0	116.1	115.2	108.5	114.5
1981	134.7	123.6	140.4	130.2	107.1	137.1
1982	156.7	132.2	169.1	149.6	111.5	163.4
1983	172.7	145.3	186.5	163.4	119.2	179.4
1984	197.2	181.3	205.4	185.2	137.4	199.1
1985	219.1	233.2	212.2	203.6	155.5	209.3
1986	254.1	267.5	247.6	233.4	165.2	245.1
1987	264.1	282.5	255.1	239.7	169.6	250.9
1988	269.9	295.8	257.2	240.8	172.4	250.2
1989	279.9	292.8	273.8	246.0	165.4	263.3
1990	291.8	312.9	281.5	250.6	172.6	264.0
1991	305.4	346.5	284.5	257.0	187.4	261.6
1992	325.2	409.1	281.6	270.1	214.1	256.8
1993	343.2	449.4	287.8	281.4	226.5	261.2
1994	388.7	528.8	315.5	314.7	251.5	286.6
1995	434.7	615.1	340.1	344.4	272.8	307.7

注:本表是三产普查口径调整后的数据。

8—4 城乡储蓄存款年末余额

单位:亿元

年份	总计	城镇储蓄	#定期	农户储蓄	#定期	全省人平储蓄(元)
1978	6.96	4.91		2.04		15.20
1979	10.08	6.33		3.75		21.76
1980	13.36	8.85	6.09	4.51	2.75	28.52
1981	17.48	11.30	7.82	6.18	3.91	35.52
1982	23.69	14.56	10.29	9.13	5.65	49.34
1983	30.45	19.39	13.69	11.06	7.08	62.97
1984	44.35	28.90	18.67	15.45	9.35	90.96
1985	59.37	41.24	28.15	18.13	11.17	120.40
1986	81.74	58.01	46.08	23.73	15.78	163.83
1987	117.24	85.57	64.10	31.67	19.92	231.88
1988	147.16	112.19	78.80	34.97	20.95	286.85
1989	186.36	146.09	117.04	40.27	25.97	356.75
1990	244.38	193.09	160.32	51.29	34.55	454.79
1991	308.12	244.49	197.64	63.78	31.80	569.81
1992	372.59	302.92	237.39	69.67	57.16	675.76
1993	473.18	385.57	296.95	87.61	71.34	846.41
1994	684.92	556.58	418.96	128.34	105.21	1 210.80
1995	952.43	776.39	591.28	176.04	144.95	1 657.71

8—5 城镇居民家庭生活基本情况

年份	调查户数(户)	平均每户家庭人口(人)	平均每户就业人口(人)	每一就业者负担人数(人)	平均每户就业面(%)	平均每人实际收入(元)	平均每人实际支出(元)	消费性支出	#食品	平均每人居住面积(平方米)
1962	205	5.24	1.67	3.14	31.87	241.08	244.99	225.83	144.37	
1963	240	5.30	1.63	3.25	30.75	238.12	237.17	218.40	133.85	
1964	299	5.36	1.61	3.33	30.04	232.94	228.29	211.66	122.72	
1965	370	5.22	1.60	3.26	30.65	224.30	218.78	204.43	118.01	3.26
1980	571	4.20	2.32	1.81	55.24	413.68	394.22	369.28	210.59	5.05
1981	979	4.21	2.28	1.85	54.16	456.39	454.78	422.73	241.18	5.40
1982	981	4.16	2.32	1.79	55.77	481.39	460.17	430.73	248.04	5.75
1983	980	4.04	2.31	1.75	57.18	519.96	497.59	464.97	273.07	6.48
1984	980	3.97	2.30	1.73	57.93	599.66	552.78	516.40	291.10	6.83
1985	1 658	3.84	2.15	1.79	55.99	713.32	693.05	644.20	324.52	7.88
1986	1 910	3.76	2.13	1.77	56.65	861.50	815.49	751.50	387.50	8.23
1987	1 900	3.73	2.12	1.76	56.84	960.55	919.14	836.09	443.18	8.40
1988	1 950	3.61	2.07	1.74	57.34	1 136.39	1 153.07	1 058.76	538.92	8.88
1989	1 990	3.52	2.05	1.72	58.24	1 271.56	1 249.97	1 130.69	606.97	9.12
1990	1 990	3.47	2.04	1.70	58.79	1 437.05	1 349.44	1 220.28	652.37	9.80
1991	1 990	3.45	2.04	1.69	59.13	1 603.74	1 538.15	1 380.23	717.39	9.59
1992	1 940	3.36	2.02	1.66	60.12	1 886.38	1 799.93	1 577.68	799.02	9.90
1993	1 890	3.29	1.98	1.66	60.18	2 453.49	2 358.09	2 097.60	941.54	10.54
1994	1 330	3.23	1.95	1.66	60.37	3 359.97	3 588.57	2 733.10	1 307.12	11.11
1995	1 330	3.22	1.92	1.68	59.63	4 031.90	3 977.28	3 433.79	1 680.60	11.92

8—6　城镇居民家庭收支情况

（1995年）

单位：元

项　　目	总　计	最低收入户	低收入户	中等偏下户	中等收入户	中等偏上户	高收入户	最高收入户
调查户数(户)	1 330.00	133.00	133.00	266.00	266.00	266.00	133.00	133.0
比　　重(%)	100.00	10.00	10.00	20.00	20.00	20.00	10.00	10.0
平均每户家庭人口(人)	3.22	3.73	3.42	3.34	3.25	3.03	2.98	2.7
平均每户离退休人口(人)	0.27	0.33	0.29	0.18	0.25	0.25	0.30	0.41
平均每一就业者负担人数(人)	1.68	1.95	1.85	1.70	1.63	1.59	1.55	1.5
平均每户就业面(%)	59.63	51.21	54.09	58.68	61.54	63.04	64.43	65.9
平均每人实际收入	4 031.90	2 204.01	2 771.75	3 173.40	3 855.01	4 731.36	5 601.41	7 287.9
# 可支配收入	4 028.63	2 202.49	2 770.96	3 167.45	3 854.18	4 726.78	5 596.76	7 284.3
平均每人借贷收入	825.47	522.37	503.45	548.28	630.33	930.87	1 364.40	1 937.8
# 提取储蓄存款	595.50	310.42	313.50	371.74	437.30	703.05	1 001.73	1 558.0
平均每人借贷支出	831.01	223.29	385.26	426.81	669.14	1 000.68	1 514.31	2 434.6
# 存入储蓄款	635.80	121.52	285.69	299.37	500.26	759.8	1 100.57	2 106.7
平均每人实际支出	3 977.28	2 511.44	2 860.95	3 257.75	3 763.42	4 600.03	5 382.79	6 668.7
# 消费性支出	3 433.79	2 193.44	2 440.33	2 790.79	3 338.37	3 995.23	4 541.65	5 665.9
一、食　　品	**1 680.60**	**1 217.16**	**1 357.17**	**1 498.09**	**1 683.57**	**1 893.27**	**2 005.91**	**2 316.3**
粮　　食	241.41	226.12	225.32	231.92	242.10	245.77	269.35	263.3
淀粉及薯类	13.99	11.83	12.38	13.52	13.76	14.88	15.12	17.4
干豆类及豆制品	31.86	26.65	29.58	28.15	31.99	34.25	37.59	38.8
油 脂 类	77.35	67.55	70.54	69.25	83.84	80.01	85.67	88.3
肉禽及其制品	360.39	258.82	287.30	319.89	364.92	406.36	444.99	481.7
蛋　　类	53.05	41.48	40.67	47.70	57.60	58.32	57.78	69.3
水 产 品	87.17	62.07	71.11	78.25	89.81	93.51	104.29	123.4
菜　　类	207.67	164.51	180.05	189.51	210.90	225.23	246.67	255.3
调 味 品	21.40	16.97	18.19	19.02	21.94	22.61	26.47	27.6
糖　　类	20.61	13.66	14.84	18.48	21.24	22.79	26.27	29.8
烟 草 类	82.90	51.75	60.58	75.60	78.00	98.48	101.95	126.5
酒和饮料	63.24	39.15	46.61	51.48	61.70	77.10	77.73	101.9
干鲜瓜果类	68.40	39.40	46.51	54.29	69.44	85.34	90.65	104.7
坚果及果仁	15.83	10.40	11.05	13.03	15.06	18.05	21.58	26.4
糕 点 类	29.33	17.53	17.84	21.95	31.01	38.15	38.03	44.4
奶及奶制品	16.85	6.53	13.11	14.87	18.73	18.71	18.50	29.7
其他食品	21.80	12.08	15.47	16.44	20.67	26.26	29.11	40.5
在外用餐	266.88	150.47	195.88	234.56	250.44	326.67	313.30	445.5
食品加工服务费	0.46	0.19	0.13	0.17	0.43	0.78	0.85	0.9

8—6 续表 (1995年) 单位:元

项目	总计	最低收入户	低收入户	中等偏下户	中等收入户	中等偏上户	高收入户	最高收入户
二、衣着	**532.36**	**263.21**	**327.29**	**410.51**	**568.01**	**648.97**	**782.93**	**830.78**
服装	333.32	161.24	189.40	251.53	350.62	414.53	509.95	529.89
衣着材料	49.08	24.75	33.59	38.78	48.65	58.12	73.74	80.19
鞋、袜、帽及其他衣着	135.38	71.26	95.67	109.63	152.57	158.46	181.01	192.41
衣着加工服务费	14.58	5.95	8.63	10.56	16.17	17.86	18.24	28.30
三、家庭设备、用品及服务	**261.16**	**127.50**	**136.96**	**160.59**	**189.36**	**339.22**	**452.99**	**625.22**
耐用消费品	138.37	56.90	57.56	70.63	74.72	190.51	281.03	390.83
室内装饰品	7.74	4.03	1.72	5.61	4.52	13.21	14.86	13.22
床上用品	9.23	2.77	4.44	5.55	5.78	11.62	14.96	29.21
家庭日用杂品	85.99	57.86	62.00	67.65	83.55	96.02	119.17	145.28
家具材料	6.32	2.53	3.89	2.78	6.37	10.11	9.32	11.28
家庭服务	13.51	3.42	7.35	8.36	14.42	17.75	13.65	35.40
四、医疗保健	**88.42**	**47.48**	**70.33**	**82.56**	**80.98**	**103.02**	**115.32**	**136.17**
医疗器具	0.80	0.10	0.10	0.64	0.28	0.65	3.74	1.35
保健用品	1.67	0.43	0.52	0.97	1.50	2.30	2.45	4.59
医药费	72.49	42.36	54.65	72.63	68.33	83.68	90.71	100.13
滋补药品	4.30	1.12	2.77	3.11	3.09	5.69	7.92	9.17
医疗保健服务	7.90	3.03	10.80	4.48	7.19	9.11	8.46	17.51
其他	1.27	0.44	1.50	0.72	0.60	1.60	2.04	3.43
五、交通和通讯	**142.10**	**55.56**	**72.50**	**78.78**	**152.73**	**179.96**	**238.04**	**284.99**
交通	62.86	32.75	44.16	41.70	64.45	68.01	116.44	104.50
通讯	79.23	22.82	28.34	37.07	88.28	111.95	121.60	180.49
六、娱乐、教育、文化服务	**353.43**	**234.14**	**230.62**	**278.07**	**311.51**	**418.51**	**434.65**	**713.19**
文娱耐用消费品	77.99	16.98	19.83	31.05	46.67	117.80	129.01	275.09
教育	204.12	183.80	170.62	201.87	202.98	213.39	212.94	250.84
文化娱乐	71.32	33.36	40.17	45.16	61.85	87.32	92.70	187.26
七、居住	**246.59**	**191.02**	**184.46**	**201.03**	**221.23**	**256.52**	**340.87**	**442.73**
住房	100.08	74.13	56.37	64.97	75.15	100.85	173.47	250.37
水、电、燃料及其他	146.51	116.89	128.10	136.07	146.09	155.67	167.40	192.36
八、杂项商品和服务	**129.12**	**57.37**	**60.99**	**81.16**	**130.98**	**155.76**	**170.94**	**316.48**
个人消费	97.49	40.49	44.34	62.05	92.73	120.50	129.30	250.73
其他商品	19.06	10.55	9.78	11.67	21.09	19.53	26.12	46.23
其他服务	12.57	6.33	6.88	7.43	17.15	15.72	15.52	19.53

8—7 城镇居民家庭消费性支出构成情况

(1995年)

单位:%

项目	总计	最低收入户	低收入户	中等偏下户	中等收入户	中等偏上户	高收入户	最高收入户
消费性支出	**100**	**100**	**100**	**100**	**100**	**100**	**100**	**100**
一、食品	**48.94**	**55.49**	**55.61**	**53.68**	**50.43**	**47.39**	**44.17**	**40.88**
粮食	7.03	10.31	9.23	8.31	7.25	6.15	5.93	4.65
淀粉及薯类	0.41	0.54	0.51	0.48	0.41	0.37	0.33	0.31
干豆类及豆制品	0.93	1.21	1.21	1.01	0.96	0.86	0.83	0.69
油脂类	2.25	3.08	2.89	2.48	2.51	2.00	1.89	1.56
肉禽及其制品	10.50	11.80	11.77	11.46	10.93	10.17	9.80	8.50
蛋类	1.54	1.89	1.67	1.71	1.73	1.46	1.27	1.22
水产品类	2.54	2.83	2.91	2.80	2.69	2.34	2.30	2.18
菜类	6.05	7.50	7.38	6.79	6.32	5.64	5.43	4.51
调味品	0.62	0.77	0.75	0.68	0.66	0.57	0.58	0.49
糖类	0.60	0.62	0.61	0.66	0.64	0.57	0.58	0.53
烟草类	2.41	2.36	2.48	2.71	2.34	2.47	2.24	2.23
酒和饮料	1.84	1.78	1.91	1.84	1.85	1.93	1.71	1.80
干鲜瓜果类	1.99	1.80	1.91	1.95	2.08	2.14	2.00	1.85
坚果及果仁	0.46	0.47	0.45	0.47	0.45	0.45	0.48	0.47
糕点类	0.85	0.80	0.73	0.79	0.93	0.95	0.84	0.78
奶及奶制品	0.49	0.30	0.54	0.53	0.56	0.47	0.41	0.53
其他食品	0.63	0.55	0.63	0.59	0.62	0.66	0.64	0.71
在外用餐	7.77	6.86	8.03	8.40	7.50	8.18	6.90	7.86
食品加工服务费	0.01	0.01	0.01	0.01	0.01	0.02	0.02	0.02
二、衣着	**15.50**	**12.00**	**13.41**	**14.71**	**17.01**	**16.24**	**17.24**	**14.66**
服装	9.71	7.35	7.76	9.01	10.50	10.38	11.23	9.35
衣着材料	1.43	1.13	1.38	1.39	1.46	1.45	1.62	1.42
鞋、袜、帽及其他衣着	3.94	3.25	3.92	3.93	4.57	3.97	3.99	3.40
衣着加工服务费	0.42	0.27	0.35	0.38	0.48	0.45	0.40	0.50

8—7 续表 （1995 年） 单位：%

项　　目	总　计	最低收入户	低收入户	中等偏下户	中等收入户	中等偏上户	高收入户	最高收入户
三、家庭设备、用品及服务	**7.61**	**5.81**	**5.61**	**5.75**	**5.67**	**8.49**	**9.97**	**11.03**
耐用消费品	4.03	2.59	2.36	2.53	2.24	4.77	6.19	6.90
室内装饰品	0.23	0.18	0.07	0.20	0.14	0.33	0.33	0.23
床上用品	0.27	0.13	0.18	0.20	0.17	0.29	0.33	0.52
家庭日用杂品	2.50	2.64	2.54	2.42	2.50	2.40	2.62	2.56
家具材料	0.18	0.12	0.16	0.10	0.19	0.25	0.21	0.20
家庭服务	0.39	0.16	0.30	0.30	0.43	0.44	0.30	0.62
四、医疗保健	**2.58**	**2.16**	**2.88**	**2.96**	**2.43**	**2.58**	**2.54**	**2.40**
医疗器具	0.02	0.00	0.00	0.02	0.01	0.02	0.08	0.02
保健用品	0.05	0.02	0.02	0.03	0.04	0.06	0.05	0.08
医药费	2.11	1.93	2.24	2.60	2.05	2.09	2.00	1.77
滋补药品	0.13	0.05	0.11	0.11	0.09	0.14	0.17	0.16
医疗保健服务	0.23	0.14	0.44	0.16	0.22	0.23	0.19	0.31
其　他	0.04	0.02	0.06	0.03	0.02	0.04	0.04	0.06
五、交通和通讯	**4.14**	**2.53**	**2.97**	**2.82**	**4.58**	**4.50**	**5.24**	**5.03**
交　通	1.83	1.49	1.81	1.49	1.93	1.70	2.56	1.84
通　讯	2.31	1.04	1.16	1.33	2.64	2.80	2.68	3.19
六、娱乐、教育、文化服务	**10.29**	**10.67**	**9.45**	**9.96**	**9.33**	**10.48**	**9.57**	**12.59**
文娱耐用消费品	2.27	0.77	0.81	1.11	1.40	2.95	2.84	4.86
教　育	5.94	8.38	6.99	7.23	6.08	5.34	4.69	4.43
文化娱乐	2.08	1.52	1.65	1.62	1.85	2.19	2.04	3.31
七、居　住	**7.18**	**8.71**	**7.56**	**7.20**	**6.63**	**6.42**	**7.51**	**7.81**
住　房	2.91	3.38	2.31	2.33	2.25	2.52	3.82	4.42
水、电、燃料及其他	4.27	5.33	5.25	4.88	4.38	3.90	3.69	3.40
八、杂项商品和服务	**3.76**	**2.62**	**2.50**	**2.91**	**3.92**	**3.90**	**3.76**	**5.59**
个人消费	2.84	1.85	1.82	2.22	2.78	3.02	2.85	4.43
其他商品	0.56	0.48	0.40	0.42	0.63	0.49	0.58	0.82
其他服务	0.37	0.29	0.28	0.27	0.51	0.39	0.34	0.34

8—8 城镇居民家庭平均每百人年末耐用消费品拥有量

（1995年）

品名	单位	总平均	最低收入户	低收入户	中等偏下户	中等收入户	中等偏上户	高收入户	最高收入户
毛皮大衣	件	12.63	9.03	6.06	8.86	11.70	17.22	16.08	23.03
呢大衣	件	83.88	61.84	65.23	73.27	84.54	94.40	98.60	121.50
毛毯	条	41.37	28.56	31.12	40.01	38.98	46.56	50.54	58.77
地毯	平方米	38.74	14.92	29.50	10.66	40.29	49.95	50.60	108.40
组合家具	套	13.90	10.25	11.32	11.38	15.01	16.05	17.61	16.71
沙发床	个	8.98	5.09	5.36	7.04	9.37	10.13	15.39	13.01
沙发	个	61.23	45.17	42.15	52.85	64.66	72.42	75.39	78.75
大衣柜	个	29.82	25.41	26.67	26.94	30.14	33.15	28.75	39.56
写字台	张	32.91	26.80	29.46	30.72	34.18	34.90	33.26	42.89
摩托车	辆	0.78	0.94	0.84	0.40	0.38	0.37	1.66	2.30
自行车	辆	53.52	40.30	51.82	50.36	51.25	60.20	55.61	69.39
家用三轮车	辆	0.38	0.61	0.36	0.18	0.41	0.55	0.35	0.22
缝纫机	台	20.96	16.49	19.74	20.34	20.95	21.88	21.54	27.35
洗衣机	台	29.19	22.68	25.82	27.11	28.88	33.29	33.51	34.21
电风扇	台	72.72	58.13	58.22	66.57	71.73	80.14	84.86	97.94
电冰箱	台	24.78	18.80	18.74	22.02	24.80	29.36	29.13	32.13
冰柜	台	0.70	0.17	0.72	0.37	0.57	1.05	0.41	2.08
彩色电视机	台	26.40	18.53	20.32	23.92	27.55	29.85	31.15	35.03
黑白电视机	台	12.08	14.12	14.15	12.11	10.79	11.24	9.25	14.56
录放像机	台	4.74	2.70	2.94	3.81	4.93	5.76	5.79	8.04
游戏机	台	6.26	3.81	5.22	4.75	7.12	7.84	6.08	9.21
组合音响	套	3.10	2.32	1.98	2.03	3.39	4.14	3.45	4.73
立体声收录机	台	8.23	6.16	6.32	6.73	8.38	9.55	9.20	12.64
普通收录机	台	14.83	11.34	13.79	14.84	13.36	17.41	15.05	18.33
照相机	架	9.28	5.64	5.10	7.03	9.03	11.50	12.63	16.82
钢琴	架	0.48	0.00	0.36	0.81	0.00	0.58	0.97	0.88
其他中高档乐器	件	2.20	0.28	1.38	1.27	2.79	2.54	3.74	4.29
家用冷暖风机	台	1.46	0.72	1.08	1.29	1.23	1.80	1.79	2.80
空调器	台	3.85	1.10	0.90	2.40	3.38	5.11	6.06	10.54
电炊具	台	22.18	15.30	18.19	18.64	21.51	27.26	26.28	30.83
淋浴热水器	台	8.10	3.81	4.81	5.44	8.17	10.55	12.19	14.38
脱排油烟机	台	9.80	5.18	7.44	7.27	10.24	12.05	13.52	14.99
吸尘器	台	1.57	0.44	1.20	0.77	1.68	1.59	2.35	4.28

8—9 城镇居民家庭平均每百户年末耐用消费品拥有量

(1995年)

品名	单位	总平均	最低收入户	低收入户	中等偏下户	中等收入户	中等偏上户	高收入户	最高收入户
毛皮大衣	件	40.62	33.64	20.77	29.59	37.99	52.22	47.99	64.22
呢大衣	件	269.78	230.39	223.40	244.64	274.53	286.26	294.23	338.92
毛毯	条	133.05	106.42	106.58	133.59	126.59	141.19	150.81	163.93
地毯	平方米	124.58	55.61	101.04	35.58	130.83	151.47	151.00	302.36
组合家具	套	44.70	38.17	38.76	38.01	48.75	48.67	52.56	46.60
沙发床	个	28.88	18.96	18.34	23.51	30.43	30.72	45.92	36.29
沙发	个	196.94	168.31	144.36	176.44	209.98	219.59	224.99	219.67
大衣柜	个	95.89	94.69	91.35	89.94	97.88	100.53	85.81	110.34
写字台	张	105.84	99.87	100.91	102.56	110.99	105.82	99.26	119.64
摩托车	辆	2.52	3.50	2.88	1.34	1.23	1.13	4.96	6.42
自行车	辆	172.13	150.16	177.48	168.13	166.41	182.55	165.94	193.55
家用三轮车	辆	1.24	2.27	1.23	0.62	1.34	1.65	1.04	0.62
缝纫机	台	67.41	61.44	67.60	67.90	68.02	66.35	64.29	76.28
洗衣机	台	93.88	84.51	88.43	90.51	93.78	100.94	100.00	95.43
电风扇	台	233.88	216.59	199.38	222.26	232.94	243.00	253.24	273.20
电冰箱	台	79.70	70.06	64.19	73.51	80.54	89.03	86.94	89.63
冰柜	台	2.27	0.62	2.46	1.23	1.85	3.19	1.23	5.80
彩色电视机	台	84.90	69.05	69.60	79.86	89.45	90.51	92.97	97.70
黑白电视机	台	38.84	52.63	48.48	40.42	35.03	34.09	27.61	40.60
录放像机	台	15.23	10.08	10.08	12.73	16.02	17.47	17.27	22.42
游戏机	台	20.14	14.19	17.89	15.85	23.14	23.77	18.15	25.70
组合音响	套	9.96	8.65	6.77	6.79	11.02	12.56	10.30	13.19
立体声收录机	台	26.46	22.94	21.65	22.47	27.22	28.97	27.45	35.26
普通收录机	台	47.70	42.26	47.21	49.56	43.37	52.79	44.91	51.13
照相机	架	29.84	21.00	17.47	23.46	29.33	34.88	37.69	46.92
钢琴	架	1.55	0.00	1.23	2.69	0.00	1.75	2.88	2.46
其他中高档乐器	件	7.09	1.04	4.73	4.23	9.06	7.71	11.15	11.96
家用冷暖风机	台	4.71	2.69	3.69	4.31	4.00	5.46	5.35	7.81
空调器	台	12.37	4.12	3.08	8.02	10.98	15.51	18.08	29.39
电炊具	台	71.32	57.00	62.31	62.23	69.85	82.65	78.42	86.00
淋浴热水器	台	26.06	14.19	16.46	18.18	26.52	32.00	36.39	40.12
脱排油烟机	台	31.51	19.31	25.47	24.29	33.25	36.55	40.34	41.80
吸尘器	台	5.04	1.65	4.12	2.58	5.44	4.83	7.00	11.92

8—10 城镇居民家庭平均每人全年购买商品数量

(1995年)

品名	单位	总平均	最低收入户	低收入户	中等偏下户	中等收入户	中等偏上户	高收入户	最高收入户
粮食	千克	92.13	87.79	87.35	92.26	92.13	91.54	100.29	96.03
#细粮	千克	91.63	87.38	87.06	91.90	91.69	90.88	99.66	95.18
粗粮	千克	0.50	0.40	0.29	0.36	0.44	0.67	0.63	0.85
淀粉及薯类	千克	7.40	6.72	6.87	7.15	7.08	7.69	7.87	9.13
大豆	千克	0.32	0.35	0.29	0.29	0.25	0.37	0.33	0.38
杂豆	千克	0.92	0.76	0.69	0.77	0.98	0.98	1.21	1.13
花生油	千克	0.45	0.17	0.40	0.25	0.57	0.47	0.54	0.95
菜籽油	千克	2.82	2.55	3.00	2.72	3.07	2.74	3.00	2.66
芝麻油	千克	0.24	0.30	0.08	0.12	0.25	0.31	0.32	0.40
豆油	千克	1.55	1.48	1.41	1.27	1.97	1.59	1.18	1.87
卫生油	千克	0.68	0.81	0.51	0.73	0.53	0.72	0.95	0.62
其他植物油	千克	1.63	1.30	1.35	1.54	1.71	1.66	2.17	1.82
动物油	千克	0.92	0.89	0.95	0.92	0.93	0.96	0.81	0.96
猪肉	千克	20.23	15.45	16.97	18.38	20.86	22.67	24.11	24.06
牛肉	千克	1.16	0.60	0.94	0.98	1.31	1.37	1.31	1.63
羊肉	千克	0.53	0.37	0.43	0.42	0.46	0.63	0.83	0.74
其他肉及制品	千克	1.49	1.00	1.26	1.21	1.40	1.83	1.85	2.13
白条鸡	千克	0.34	0.25	0.18	0.24	0.32	0.40	0.46	0.62
活鸡	千克	1.67	1.13	1.04	1.33	1.54	2.01	2.32	2.81
活鸭	千克	0.20	0.10	0.10	0.18	0.24	0.21	0.25	0.35
其他禽及制品	千克	0.84	0.52	0.52	0.80	0.81	0.88	1.19	1.34
鸡蛋	千克	6.09	4.78	4.61	5.50	6.69	6.71	6.50	7.91
鸭蛋	千克	0.20	0.10	0.10	0.17	0.19	0.20	0.26	0.44
其他蛋制品	千克	0.79	0.63	0.59	0.68	0.81	0.93	0.80	1.14
黄花鱼	千克	0.02	0.01	0.01	0.05	0.02	0.01	0.01	0.02
带鱼	千克	0.26	0.11	0.14	0.27	0.27	0.31	0.22	0.51
草鱼	千克	0.76	0.53	0.54	0.69	0.83	0.86	0.90	0.91
鲤鱼	千克	0.62	0.29	0.37	0.58	0.63	0.73	0.97	0.83
鲢鱼	千克	2.26	2.17	2.02	2.24	2.58	2.12	2.29	2.29
鲫鱼	千克	0.62	0.48	0.41	0.59	0.58	0.72	0.75	0.84
鲜菜	千克	118.07	100.84	110.43	106.88	118.54	126.05	136.34	139.30
干菜	千克	0.34	0.22	0.23	0.28	0.35	0.38	0.44	0.53
食糖	千克	1.74	1.44	1.51	1.73	1.85	1.77	1.81	2.03
糖果	千克	0.47	0.27	0.37	0.42	0.42	0.50	0.75	0.67
卷烟	盒	28.77	22.54	26.37	30.82	26.77	30.49	31.85	32.69
白酒	千克	2.48	2.26	2.49	2.40	2.35	2.59	2.86	2.62
果酒	千克	0.06	0.02	0.05	0.09	0.03	0.05	0.12	0.05
啤酒	千克	3.37	1.76	3.18	2.62	3.69	3.99	4.26	4.48
其他酒	千克	0.22	0.10	0.23	0.18	0.16	0.24	0.36	0.42
干鲜瓜果	千克	32.47	20.40	22.88	27.03	32.55	40.11	41.10	47.36

8—10　续表　　(1995年)

品　　名	单位	总平均	最低收入户	低收入户	中等偏下户	中等收入户	中等偏上户	高收入户	最高收入户
坚果及果仁	千克	2.45	1.76	1.92	1.95	2.35	2.75	3.50	3.66
糕点	千克	2.75	1.74	1.74	2.21	2.93	3.42	3.58	3.92
鲜乳品	千克	0.71	0.21	0.28	0.53	0.62	0.84	1.58	1.38
奶粉	千克	0.45	0.17	0.41	0.45	0.53	0.44	0.47	0.70
酸奶	千克	0.09	0.03	0.15	0.03	0.04	0.15	0.15	0.12
男士服装	件	1.93	1.14	1.41	1.77	1.89	2.39	2.46	2.57
女士服装	件	2.55	1.53	1.82	2.02	2.80	2.97	3.29	3.75
各式童装	件	0.76	0.42	0.47	0.64	0.93	0.86	1.05	0.97
棉布	米	0.38	0.22	0.28	0.30	0.37	0.47	0.39	0.78
棉花化纤混纺布	米	0.36	0.17	0.28	0.23	0.41	0.47	0.44	0.57
化纤布	米	0.98	0.57	0.68	0.93	0.88	1.03	1.59	1.50
呢绒	米	0.07	0.03	0.04	0.05	0.06	0.08	0.15	0.17
绸缎	米	0.16	0.05	0.05	0.11	0.15	0.20	0.28	0.34
毛线	千克	0.28	0.28	0.29	0.23	0.28	0.29	0.38	0.30
皮鞋	双	0.86	0.55	0.71	0.76	0.86	1.00	1.10	1.18
旅游鞋	双	0.32	0.25	0.32	0.32	0.33	0.38	0.32	0.27
布鞋	双	0.18	0.16	0.16	0.16	0.21	0.18	0.22	0.17
雨鞋	双	0.07	0.02	0.08	0.09	0.08	0.07	0.07	0.08
凉鞋	双	0.33	0.23	0.29	0.33	0.37	0.34	0.37	0.38
各种袜子	双	2.19	1.35	1.73	1.80	2.18	2.86	2.58	3.00
各种帽子	顶	0.06	0.04	0.04	0.04	0.09	0.07	0.07	0.12
沙发	个	0.02	0.02		0.02	0.02	0.02	0.04	0.06
洗衣机	台	0.01					0.01	0.01	0.01
电风扇	台	0.03	0.01	0.02	0.02	0.02	0.03	0.02	0.05
电冰箱	台	0.01	0.01				0.01	0.01	0.02
空调器	台	0.01			0.01	0.01	0.02	0.02	0.04
电炊具	台	0.01				0.01	0.01	0.02	0.01
淋浴热水器	台	0.01		0.01		0.01		0.01	0.01
脱排油烟机	台	0.01					0.01	0.01	0.01
时钟	个	0.01	0.02	0.01	0.01	0.01	0.01	0.01	0.01
床单	条	0.02	0.01	0.02	0.01		0.02	0.06	0.04
肥皂	块	3.37	3.29	3.67	3.32	3.45	3.34	3.18	3.35
洗衣粉	千克	1.30	1.11	0.97	1.14	1.54	1.24	1.91	1.31
自行车	辆	0.03	0.02	0.02	0.02	0.02	0.04	0.04	0.05
电话	部	0.03	0.01	0.01	0.01	0.04	0.04	0.03	0.05
彩色电视机	台	0.01				0.01	0.01	0.01	0.03
水	吨	41.20	29.82	33.71	38.47	44.36	44.64	50.04	47.82
电	千瓦小时	158.78	113.22	121.04	146.83	159.86	176.66	190.19	219.56
煤炭	千克	109.24	122.96	126.04	107.74	96.93	92.82	126.26	120.07
液化石油气	千克	20.79	15.95	17.13	21.04	21.33	22.02	22.86	25.02
管道煤气	立方米	22.82	9.41	14.00	16.83	27.44	24.68	28.15	45.42
手表	只	0.03	0.01	0.02	0.02	0.02	0.04	0.02	0.05

8—11　城镇居民家庭房屋居住分布情况

分组	调查户数（户）		各组户数占总户数比重（%）		家庭常住人口（人）	
	1994年	1995年	1994年	1995年	1994年	1995年
总计	**1 330**	**1 330**	**100**	**100**	**4 310**	**4 282**
一、按居住面积分	**1 330**	**1 330**				
无房户						
4平方米以下	16	12	1.20	1.07	59	46
4—6平方米	48	47	3.61	3.65	157	156
6—8平方米	62	56	4.66	4.46	206	191
8—10平方米	86	81	6.47	6.25	275	268
10—12平方米	43	49	3.23	3.39	133	145
12—14平方米	37	38	2.78	2.72	111	116
14平方米以上	1 038	1 047	78.05	78.46	3 369	3 360
二、按房屋产权分	**1 330**	**1 330**				
公房	993	814	74.66	60.42	3 185	2 587
租赁私房	9	6	0.68	0.42	31	18
自有房	328	511	24.66	39.16	1 094	1 677
其他						
三、按自来水使用情况分	**1 330**	**1 330**				
无自来水	10	7	0.75	0.61	28	26
独用自来水	1 181	1 200	88.80	90.19	3 838	3 861
公用自来水	139	123	10.45	9.20	445	394
四、按卫生设备拥有情况分	**1 330**	**1 330**				
无卫生设备	188	127	14.14	9.71	585	416
有浴室厕所	293	299	22.03	22.62	965	968
有厕所无浴室	708	773	53.23	58.03	2 314	2 485
公用卫生设备	141	131	10.60	9.65	446	413

补充资料：1995年全部调查户居住面积62 259.33平方米，居住间数4 195.09间，辅助面积16 242.72平方米。

8—11 续表

分组	调查户数（户）		各组户数占总户数比重（%）		家庭常住人口（人）	
	1994年	1995年	1994年	1995年	1994年	1995年
五、按取暖设备拥有情况分	**1 330**	**1 330**				
无取暖设备	1 303	1 291	97.97	97.28	4 228	4 165
空调设备	15	21	1.13	1.44	46	61
暖　　气	12	18	0.90	1.28	36	55
火炕、炉、火盆等						
六、按厨房使用情况分	**1 330**	**1 330**				
无厨房	57	37	4.29	2.66	184	114
独用厨房	1 211	1 233	91.05	93.02	3 935	3 983
公用厨房	62	60	4.66	4.32	191	185
七、按燃料使用情况分	**1 330**	**1 330**				
管道煤气	141	176	10.60	13.14	455	563
液化石油气	735	757	55.26	56.27	2 339	2 409
煤	413	350	31.05	27.01	1 381	1 157
其　　他	413	47	3.08	3.58	135	153
八、按电话拥有情况分	**1 330**	**1 330**				
无电话	1 160	969	87.22	73.03	3 740	3 127
公费电话	84	135	6.32	10.12	275	433
自费电话	84	225	6.32	16.80	290	719
公用电话	2	1	0.15	0.04	5	2
九、按住宅建筑式样分	**1 130**	**1 330**				
家庭单栋配套楼房	53	68	3.98	5.30	194	227
单元式配套住宅	950	984	71.43	73.72	3 084	3 157
一居室	112	93	8.42	6.48	336	278
二居室	518	554	38.95	40.82	1 653	1 748
三居室	263	276	19.77	21.81	898	934
四居室及以上	57	61	4.29	4.61	197	198
普通楼房	166	155	12.48	11.46	530	491
其他住宅	161	123	12.11	9.52	502	407

8—12 农民家庭基本情况

年份	调查户数（户）	常住人口（人）	平均每户常住人口（人）	平均每户整半劳动力（人）	平均每个劳动力负担人口（人）	平均每户经营耕地面积（亩）	平均每户年末拥有生产性固定资产原值（元）	平均每户年内新建房屋间数（间）
1978	1 072	6 453	6.02	2.52	2.39	0.26		0.25
1979	956	5 647	5.91	2.58	2.29	0.42		0.19
1980	954	5 586	5.86	2.59	2.26	0.49		0.25
1981	954	5 497	5.76	2.67	2.16	0.52	12.63	0.26
1982	948	5 364	5.66	2.73	2.08	0.57	159.20	0.20
1983	1 470	8 267	5.62	2.99	1.88	8.95	389.97	0.23
1984	1 510	8 317	5.51	3.02	1.83	8.66	530.20	0.27
1985	3 300	16 473	5.07	2.98	1.71	7.60	557.86	0.33
1986	3 300	16 432	4.98	2.96	1.68	7.48	610.47	0.34
1987	3 300	16 195	4.91	2.94	1.67	7.31	672.87	0.31
1988	3 300	15 966	4.84	2.93	1.65	7.04	759.61	0.19
1989	3 300	15 567	4.72	2.86	1.65	6.95	819.53	0.21
1990	3 300	15 411	4.67	2.84	1.65	6.79	861.91	0.24
1991	3 300	15 094	4.57	2.66	1.72	6.58	1 068.45	0.16
1992	3 300	14 900	4.52	2.63	1.71	6.47	1 146.94	0.15
1993	3 300	14 651	4.44	2.65	1.67	6.36	1 281.66	0.17
1994	3 300	14 466	4.38	2.72	1.61	6.69	1 542.58	0.15
1995	3 300	14 447	4.38	2.77	1.58	6.73	1 775.57	0.18

年份	平均每户年内新建房屋面积（平方米）	平均每人年末使用房屋面积（平方米）	生活居住面积（平方米）	平均每户年末使用房屋价值（元）	平均每人总收入（元）	平均每人纯收入（元）	平均每人生活费收入（元）	平均每人生活费支出（元）
1978					122.78	110.52		107.00
1979					174.64	159.68		148.65
1980		14.00	14.00	1 173.80	182.89	169.96		152.74
1981	6.51	15.31	13.80	1 249.13	232.64	217.44		183.78
1982	5.36	16.45	14.47	1 261.51	311.51	286.07		226.96
1983	5.65	18.04	16.53	1 688.93	405.14	299.24		252.47
1984	6.70	19.03	17.33	1 786.54	525.86	392.29		305.03
1985	8.24	21.18	18.67	2 068.78	569.74	421.24	402.94	334.63
1986	8.45	22.63	19.92	2 319.44	605.67	445.13	433.64	373.53
1987	7.79	23.50	20.71	2 514.22	638.64	460.66	443.75	408.69
1988	4.90	24.15	21.04	2 751.40	710.47	497.84	479.24	450.62
1989	5.50	25.10	21.85	3 095.15	820.70	571.84	555.60	540.13
1990	6.20	25.73	22.47	3 545.5	957.01	670.80	654.41	607.58
1991	4.56	27.33	23.23	4 661.58	936.57	626.92	604.80	615.40
1992	4.07	27.94	23.79	4 885.77	1 015.62	677.82	660.22	611.84
1993	3.75	30.05	25.80	5 004.02	1 135.77	783.18	764.10	722.09
1994	3.91	29.47	25.22	5 887.81	1 690.49	1 170.06	1 136.60	1 012.95
1995	4.66	30.42	25.92	6 729.46	2 184.20	1 511.22	1 478.31	1 245.10

8—13 农民家庭户均种植业、林业及动物饲养业生产情况

单位:亩、公斤、头、只

指　　标	1990年	1991年	1992年	1993年	1994年	1995年
粮食播种面积	9.23	9.17	8.57			
粮食产量	3 067.67	2 884.49	3 013.46	2 901.52	2 923.54	3 047.33
棉花播种面积	0.77	0.74	0.84			
棉花产量	69.17	51.25	68.15	57.89	59.77	66.20
油料播种面积	1.38	1.49	1.24			
油料产量	121.17	135.15	117.59	144.29	188.59	244.07
麻类播种面积	0.11	0.04	0.04			
麻类产量	21.92	7.60	7.32	11.83	4.94	5.89
糖类播种面积	0.02	0.02	0.02			
糖类产量	27.92	27.95	47.87	67.01	50.18	65.03
烟叶播种面积	0.10	0.12	0.15			
烟叶产量	12.90	17.55	19.68	6.16	11.31	15.38
蔬菜播种面积	0.80	0.73	0.71			
蔬菜产量	1 299.54	1 068.44	1 134.97	1 238.21	1 183.36	1 086.41
水果总产量	30.55	39.53	42.45	56.74	50.58	73.11
茶叶总产量	2.64	4.65	4.11	6.13	4.16	4.39
油桐籽总产量	3.09	3.19	2.38	2.92	1.17	1.85
油茶籽总产量	0.76	0.85	1.10	0.65	0.53	1.34
核桃总产量	0.11	0.18	0.38	0.04	0.13	0.32
板栗总产量	0.78	1.18	1.57	1.32	1.21	2.36
出售自宰肥猪头数	1.48	1.61	1.63			
出售自宰猪肉产量	123.25	144.89	150.56	180.84	174.29	196.35
出售自宰菜羊只数	0.04	0.04	0.03			
出售自宰羊肉产量	0.65	0.75	0.65	0.47	0.37	0.58
出售自宰家禽只数	5.25	5.76	6.45			
禽蛋产量	22.88	23.67	26.56	28.41	25.62	26.38
年末牲猪存栏数	1.99	1.97	1.93			
年末大牲畜存栏数	0.45	0.46	0.46			
年末家禽只数	12.90	13.77	14.41			
年末鱼虾产量	14.92	15.59	14.95	26.97	31.27	33.98

8—14 农民家庭人均纯收入

单位:元

指　　标	1990年	1991年	1992年	1993年	1994年	1995年
全年总收入	**957.01**	**936.57**	**1 015.62**	**1 135.79**	**1 690.49**	**2 184.20**
全年纯收入	**670.80**	**626.92**	**677.82**	**783.18**	**1 170.06**	**1 511.22**
一、按来源分类						
从集体得到的收入	34.64	37.92	40.91	38.73	53.37	70.38
从联合体得到的收入	0.99	0.07	0.13	1.32	1.97	2.57
家庭经营收入	607.63	560.28	603.59	702.24	1 051.67	1 339.50
其他非生产性收入	27.54	28.65	33.19	40.89	63.05	98.77
二、按类别分类						
生产性纯收入	634.45	588.74	634.89	747.16	1 110.95	1 416.54
农业生产收入	535.95	472.12	504.27	596.06	898.53	1 126.07
非农业生产收入	98.50	116.62	130.62	151.10	212.42	290.47
非生产性纯收入	36.35	38.18	42.93	36.02	59.11	94.68
比　　重(纯收入＝100)						
一、按来源分类						
从集体得到的收入	5.16	6.05	6.04	4.95	4.56	4.66
从联合体得到的收入	0.15	0.01	0.02	0.17	0.17	0.17
家庭经营收入	90.58	89.37	89.05	89.67	89.88	88.64
其他非生产性收入	4.11	4.57	4.90	5.22	5.39	6.54
二、按类别分类						
生产性纯收入	94.58	93.91	93.67	95.40	94.95	93.73
农业生产收入	79.90	75.31	74.40	76.11	76.79	74.51
非农业生产收入	14.68	18.60	19.27	19.29	18.15	19.22
非生产性纯收入	5.42	6.09	6.33	4.60	5.05	6.27

8—15 农民家庭年人均经营收入

单位:元

指　　标	1990年	1991年	1992年	1993年	1994年	1995年
家庭经营收入	**888.80**	**867.49**	**937.97**	**1 051.90**	**1 568.41**	**2 008.96**
农业收入	579.13	534.58	564.96	616.40	1 008.88	1 279.19
# 粮食收入	332.02	310.38	318.70	341.33	604.64	750.79
林业收入	7.33	12.21	16.16	16.14	15.27	20.56
牧业收入	166.38	179.08	202.95	234.70	300.15	386.28
渔业收入	10.91	12.37	15.12	20.34	28.12	35.85
手工业收入	10.83	9.41	8.85	11.16	12.31	19.67
采集捕猎收入	12.58	13.64	12.95	14.33	17.44	20.84
工业收入	9.65	10.08	8.21	9.11	10.58	17.90
建筑业收入	6.43	6.74	9.82	9.95	13.15	20.35
运输业收入	16.06	12.78	11.43	12.68	16.27	20.57
生产性劳务收入	38.86	47.31	53.50	52.67	78.69	101.63
商业、饮食业收入	20.36	17.23	19.51	26.65	33.27	42.92
服务业收入	7.37	6.50	8.30	9.52	11.57	15.37
其他家庭经营收入	2.92	5.56	6.23	18.25	22.69	27.83

8—16 农民家庭年人均收入分组

单位:户

指　　标	1990年	1991年	1992年	1993年	1994年	1995年
调查户总计	**3 300**	**3 300**	**3 300**	**3 300**	**3 300**	**3 300**
100元以下	1	3	1	4	2	2
100—150元	6	11	5	9	2	3
150—200元	21	37	13	10	6	
200—300元	122	168	128	69	32	12
300—400元	303	371	288	209	72	24
400—500元	478	516	412	319	111	42
500—600元	503	520	505	425	139	94
600—800元	887	899	939	803	453	246
800—1 000元	526	422	559	648	610	378
1 000—1 500元	398	304	379	641	1 064	1 041
1 500—2 000元	43	40	59	124	508	700
2 000元以上	12	9	12	39	301	758

8—17 农民家庭年人均生产支出

单位:元

指　标	1990年	1991年	1992年	1993年	1994年	1995年
全年总支出	**902.30**	**942.96**	**963.04**	**1 091.15**	**1 594.22**	**1 971.58**
一、家庭经营费用支出	**210.47**	**226.81**	**243.37**	**265.93**	**394.39**	**510.24**
农业生产支出	123.42	129.04	137.87	134.71	215.63	284.45
# 购买化肥	56.66	58.94	58.70	64.56	89.30	128.41
购买农药	6.98	8.25	7.79	7.37	10.10	15.04
购买农用薄膜	1.10	1.52	2.09	1.64	1.80	2.69
林业生产支出	0.94	1.42	2.96	1.66	1.75	2.08
牧业生产支出	67.28	73.88	79.74	101.79	148.60	186.34
渔业生产支出	1.34	2.08	3.71	4.11	6.62	6.47
手工业生产支出	1.97	2.35	1.43	1.41	1.84	3.28
工业生产支出	2.46	3.62	2.08	3.03	4.03	7.04
建筑业支出	0.27	0.29	0.76	0.84	0.87	2.22
运输业支出	7.72	5.66	5.74	5.10	5.52	5.51
商业、饮食业支出	3.17	3.67	4.38	7.41	5.84	8.53
服务业支出	0.95	1.30	1.76	1.25	1.73	1.67
其他经营支出	0.96	3.50	2.94	4.61	1.96	2.30
二、购置生产性固定资产支出	**12.88**	**17.01**	**12.15**	**13.31**	**23.24**	**26.40**
# 大中型铁木农具	0.42	0.47	0.78	0.25	0.47	0.50
农林牧渔业机械	3.16	5.54	2.72	1.96	4.41	5.16
工业机械	0.98	1.52	1.20	1.44	2.55	2.98
三、上缴税款	**21.76**	**21.54**	**25.61**	**20.42**	**34.47**	**43.34**
四、上交集体承包任务	**36.64**	**43.29**	**48.47**	**19.60**	**30.54**	**36.98**
附:生产性固定资产折旧	**12.30**	**15.57**	**16.93**	**19.24**	**23.46**	**27.04**

8—18　农民家庭年人均生活消费支出

单位:元

指　　标	1990年	1991年	1992年	1993年	1994年	1995年
生活费收入	**654.41**	**604.80**	**660.22**	**764.10**	**1 136.60**	**1 478.31**
生活费支出	**607.58**	**615.40**	**611.84**	**722.09**	**1 012.95**	**1 245.10**
一、生活消费品支出	**563.34**	**562.47**	**549.46**	**626.80**	**902.56**	**1 084.56**
食　品	371.47	363.94	368.22	440.52	650.04	745.01
#主　食	140.28	130.88	131.66	147.94	244.87	290.82
副　食	174.57	173.36	173.47	266.77	320.52	340.76
衣　着	43.11	45.05	42.96	45.52	61.34	79.83
住　房	57.21	56.52	43.92	38.08	51.24	74.90
燃　料	28.42	26.72	24.15	28.59	42.11	55.76
日用品	32.37	34.61	31.11	38.67	45.08	54.43
文化娱乐用品	10.64	11.55	12.49	12.13	13.19	18.30
书报杂志	4.26	4.98	6.70	5.78	7.08	9.66
医药卫生用品	13.14	15.81	16.75	16.27	18.05	21.94
其他用品	2.73	3.29	3.17	1.24	14.43	24.73
二、非商品支出	**44.24**	**52.93**	**62.38**	**95.31**	**110.39**	**160.54**
文化服务支出	21.04	25.52	34.54	53.40	68.17	100.32
#学杂费	19.18	23.55	31.44	48.52	63.39	96.23
文娱费	0.47	0.48	0.54	1.35	0.80	1.08
技术培训费	0.64	0.49	0.79	1.71	2.39	1.36
生活服务支出	23.20	27.41	27.84	41.91	42.22	60.22
#医疗费	3.90	5.10	5.00	5.80	8.16	12.93
交通、邮电费	3.74	4.40	5.15	7.14	8.81	11.73
食品加工费	4.71	5.24	5.17	6.10	7.12	8.90
修理费	4.95	4.56	4.39	2.60	2.90	3.80
电　费	3.74	3.80	4.35	6.04	8.34	10.45
房　租	0.10	0.08	0.07	0.09	0.17	0.07

8—19 农民家庭年人均现金收支

单位:元

指　　标	1990年	1991年	1992年	1993年	1994年	1995年
期内现金收入合计	**737.34**	**776.76**	**789.34**	**880.12**	**1 209.93**	**1 608.40**
从集体得到的现金收入	31.21	32.60	34.81	38.41	53.08	70.19
从经济联合体得到的现金收入	0.88	0.07	0.13	1.32	1.97	2.57
出售农副产品的现金收入	421.16	403.07	410.33	455.82	689.14	929.38
出售其他产品的现金收入	0.71	0.70	0.97	2.07	2.14	1.71
工业加工费的现金收入	5.22	7.03	6.34	6.83	7.41	8.94
建筑业的现金收入	5.36	6.37	9.02	9.95	13.15	20.35
运输业的现金收入	15.35	11.99	10.72	12.68	16.27	20.57
生产性劳务的现金收入	37.93	46.08	51.71	52.67	78.69	101.63
商业、饮食业的现金收入	19.40	16.01	18.95	26.65	33.27	42.92
服务业的现金收入	6.96	6.17	7.82	9.52	11.57	15.37
其他经营的现金收入	2.15	4.71	4.76	25.51	26.98	36.92
其他非生产性现金收入	71.72	74.73	77.29	88.83	99.51	129.73
储蓄借贷现金收入	119.29	167.23	156.48	149.86	176.75	228.11
期内现金支出合计	**706.12**	**752.17**	**755.67**	**851.10**	**1 129.00**	**1 517.91**
家庭经营费用支出的现金	134.15	146.51	153.73	183.19	252.47	376.25
缴纳税款	17.47	15.99	18.12	20.03	34.20	41.77
上交集体的承包任务	30.83	33.97	36.23	18.65	30.25	36.23
购买生产性固定资产支出的现金	12.76	16.57	11.89	13.31	23.24	26.40
开发性生产投资	0.06	0.24	0.46			
生活消费支出的现金	343.99	360.02	361.38	403.58	515.70	700.18
其他非生产性现金支出	64.10	79.95	78.45	83.01	99.63	108.50
储蓄借贷现金支出	102.76	98.92	95.40	104.85	139.62	176.70
期末手存现金	**138.32**	**114.09**	**159.08**	**191.88**	**284.63**	**390.80**
期末存款余额	**92.99**	**60.41**	**65.81**	**78.46**	**135.18**	**200.01**

8—20 农民家庭年生活消费品中商品性和自给性比重

单位：%

年份	项目	生活消费品支出	食品	衣着	住房	燃料	用品及其他
1978	合计	100	100	100		100	100
	商品性	34.04	22.57	93.33		13.42	97.31
	自给性	65.96	77.43	6.67		86.58	2.69
1980	合计	100	100	100	100	100	100
	商品性	45.11	25.87	97.90	95.87	16.14	95.75
	自给性	54.89	74.13	2.10	4.13	83.86	4.25
1985	合计	100	100	100	100	100	100
	商品性	55.20	35.47	96.37	98.34	10.10	99.60
	自给性	44.80	65.53	3.63	1.66	89.90	0.40
1986	合计	100	100	100	100	100	100
	商品性	57.31	38.09	97.43	97.24	9.84	99.89
	自给性	42.69	61.91	2.57	2.76	90.16	0.11
1987	合计	100	100	100	100	100	100
	商品性	58.93	39.87	97.63	98.18	10.76	99.88
	自给性	41.07	60.13	2.37	1.82	89.24	0.12
1988	合计	100	100	100	100	100	100
	商品性	63.85	48.83	97.41	97.84	15.54	99.81
	自给性	36.15	56.17	2.59	2.16	84.46	0.19
1989	合计	100	100	100	100	100	100
	商品性	58.21	41.40	98.26	97.48	14.51	99.91
	自给性	41.79	58.60	1.74	2.52	85.49	0.09
1990	合计	100	100	100	100	100	100
	商品性	53.21	36.11	97.67	98.72	14.06	99.86
	自给性	46.79	63.89	2.33	1.28	85.94	0.14
1991	合计	100	100	100	100	100	100
	商品性	54.63	36.87	97.71	98.08	13.80	99.58
	自给性	45.37	63.13	2.29	1.92	86.20	0.42
1992	合计	100	100	100	100	100	100
	商品性	54.42	38.00	97.97	98.09	15.23	99.89
	自给性	45.58	62.00	2.03	1.91	84.27	0.11
1993	合计	100	100	100	100	100	100
	商品性	49.18	33.54	97.34	99.92	14.27	99.96
	自给性	50.82	66.45	2.66	0.08	85.73	0.04
1994	合计	100	100	100	100	100	100
	商品性	44.91	30.40	99.76	99.98	12.78	99.81
	自给性	55.09	69.60	0.24	0.02	87.22	0.19
1995	合计	100	100	100	100	100	100
	商品性	49.84	33.53	97.93	99.96	13.85	100
	自给性	50.16	66.47	2.07	0.04	86.15	

8—21 农民家庭年人均粮食收支

单位:公斤

项目	1990年	1991年	1992年	1993年	1994年	1995年
年内粮食收入合计	**685.23**	**652.98**	**696.36**	**691.54**	**703.38**	**726.79**
从集体统一经营得到的	0.03		2.73	0.06	0.02	0.01
家庭经营生产的	656.89	630.64	667.41	653.54	666.92	696.07
购入	21.61	16.88	19.62	35.06	32.82	29.37
# 从集市上购入的	4.74	3.69	6.67	11.97	11.56	10.01
借入	1.74	1.88	1.78	0.59	1.62	0.56
收回借出粮	2.41	2.97	2.75	1.83	1.83	0.35
其他粮食收入	2.55	0.61	2.07	0.46	0.16	0.43
年内粮食支出合计	**619.95**	**622.09**	**608.88**	**631.97**	**618.35**	**629.38**
主食用粮	302.28	285.11	285.54	308.76	293.56	292.10
# 稻谷	247.11	234.36	232.25	245.49	236.32	232.05
小麦	31.21	29.31	28.38	34.88	31.66	32.10
其他生活用粮	5.59	5.10	5.54	1.96	1.49	1.07
出售	221.73	236.06	218.79	226.23	231.75	247.69
# 出售给国家的	204.00	187.06	145.77	111.70	127.42	137.59
# 稻谷	173.77	147.90	115.19	84.21	102.50	112.32
小麦	24.98	33.55	26.36	23.76	20.69	20.55
种籽	23.23	22.12	21.12	18.14	18.53	16.55
饲料	59.02	63.68	62.82	74.25	72.08	71.02
借出	2.49	3.60	3.38	0.75	0.30	0.35
归还借粮	1.26	1.64	3.01	0.08	0.10	0.08
上交集体承包任务	1.30	2.46	0.89	0.91	0.13	0.01
其他粮食支出	3.05	2.32	7.81	0.89	0.41	0.50
年末粮食结存	**371.00**	**290.04**	**378.38**	**418.11**	**449.92**	**409.83**
# 口粮	206.52	170.27	185.65	221.42	229.89	207.40
饲料	31.51	27.93	33.36	48.74	51.31	47.80
种籽	15.75	13.58	15.58	13.04	15.88	12.46
附:生产加工用粮	0.31		0.02	0.28	1.61	1.17

8—22 农民家庭年人均出售主要农副产品情况

品名	单位	1990年	1991年	1992年	1993年	1994年	1995年
粮食(原粮)	公斤	221.89	236.06	218.79	226.43	231.75	247.69
棉花	公斤	13.63	9.48	12.16	9.67	9.54	11.18
油料	公斤	12.00	13.32	9.46	12.29	15.78	22.09
麻类	公斤	3.67	1.27	1.19	1.55	0.71	0.84
糖类	公斤	1.27	3.50	6.17	5.92	5.61	7.03
烟叶	公斤	2.54	3.30	3.12	2.54	2.07	2.37
蔬菜	公斤	41.72	37.64	46.65	59.31	57.31	46.68
果用瓜	公斤	10.08	10.10	13.35	17.47	10.41	13.15
水果	公斤	5.89	5.60	5.77	6.81	7.56	11.25
茶叶	公斤	0.45	0.91	0.78	0.88	0.59	0.83
肉猪	头	0.18	0.21	0.21	0.32	0.29	0.27
猪肉(包括自宰后出售)	公斤	15.17	19.86	20.88			
羊肉	公斤	0.10	0.10	0.08			
牛肉(包括自宰后出售)	公斤	0.15	0.13	0.17			
家禽	公斤	0.25	0.36	0.42	0.70	0.53	0.30
蛋类	公斤	2.45	2.50	3.07	2.95	2.39	1.95
蚕茧	公斤	0.16	0.25	0.32	0.32	0.44	0.37
蜂蜜	公斤		0.02	0.05	0.03	0.02	0.04
鱼虾	公斤	1.97	2.07	2.19	3.56	4.05	4.10
树苗	株	2.77	4.15	7.60	5.07	9.43	3.56
油桐籽	公斤	0.61	0.58	0.40	0.41	0.23	0.30
油茶籽	公斤	0.03	0.05	0.04	0.06	0.03	0.19
板栗	公斤	0.10	0.21	0.28			

8—23　农民家庭年人均主要实物消费量

品　　名	单位	1990年	1991年	1992年	1993年	1994年	1995年
粮　　食	公斤	307.87	290.21	291.08	308.77	293.57	292.10
蔬　　菜	公斤	214.12	189.17	195.34	177.11	161.64	148.64
食 用 油	公斤	7.21	7.44	7.75	9.20	9.30	9.52
#植物油	公斤	5.06	5.38	5.55	6.77	7.16	7.42
猪　　肉	公斤	15.67	15.47	16.07	13.76	13.36	14.25
牛 羊 肉	公斤	0.21	0.22	0.25	0.24	0.26	0.20
牛 羊 奶	公斤		0.01	0.02	0.03	0.03	0.03
家　　禽	公斤	1.20	1.22	1.30	1.41	1.49	1.31
蛋　　类	公斤	2.64	2.57	2.78	3.51	3.32	3.11
鱼　　虾	公斤	2.94	2.97	2.97	3.86	4.19	4.51
食　　糖	公斤	1.48	1.46	1.54	1.27	1.23	1.32
卷　　烟	盒	37.80	35.38	31.72	30.79	61.61	
酒	公斤	5.02	4.94	4.75	4.73	5.36	5.95
茶　　叶	公斤	0.18	0.19	0.19	0.15	0.15	0.18
糖果、糕点	公斤	0.90	0.94	0.98	1.30	1.45	1.42
水　　果	公斤	3.85	3.70	3.07	4.71	4.67	5.83
棉　　花	公斤	0.33	0.33	0.29			
棉　　布	米	0.60	0.59	0.53	0.51	0.31	0.27
化 纤 布	米	1.79	1.69	1.62	2.00	1.69	1.75
呢　　绒	米	0.05	0.06	0.05	0.08	0.04	0.04
绸　　缎	米	0.01	0.01	0.01	0.01	0.01	0.01
毛线及毛线织品	公斤	0.08	0.09	0.09	0.08	0.10	0.10
肥　　皂	块	1.60	1.08	1.08	0.85	0.79	0.68
洗 衣 粉	公斤	1.07	0.97	0.97	1.03	0.99	1.33
皮　　鞋	双	0.06	0.07	0.07	0.10	0.13	0.17
胶 球 鞋	双	0.70	0.75	0.70	0.67	0.62	0.66
烧 柴 草	公担	6.06	5.97	6.44			
煤　　炭	公斤	31.59	27.14	26.79			

8—24 农民家庭每百户主要耐用物品拥有量

品　　名	单位	1990年	1991年	1992年	1993年	1994年	1995年
自行车	辆	98.30	101.70	103.06	110.67	116.39	117.42
缝纫机	架	40.91	43.33	44.15	49.88	51.30	51.64
钟	只	23.97	23.39	27.09	46.48	40.73	44.85
手　表	只	159.21	137.73	138.48	146.48	141.21	140.61
#电子表	只	13.09	6.52	8.36	23.64	22.33	22.67
收音机	台	32.18	20.15	19.91	20.79	22.39	22.18
电视机	台	49.39	59.94	65.30	74.03	77.67	81.88
#彩电	台	1.88	1.48	2.97	3.52	5.15	7.03
收录机	台	16.45	17.67	17.76	19.30	20.27	21.70
照相机	架	0.36	0.54	0.67	0.97	0.67	0.61
电风扇	台	44.55	61.67	68.58	82.64	94.55	101.15
洗衣机	台	9.09	10.56	10.00	11.36	13.42	13.15
电冰箱	台	0.27	0.09	0.18	0.45	0.79	0.85
摩托车	辆	0.42	0.48	0.52	0.48	1.06	2.64
大型家具	件	405.30	370.06	349.45	876.21	878.64	872.67
#沙发	个	35.15	33.58	33.36	39.73	42.15	42.55
大衣柜	个	118.61	102.06	107.33	104.12	106.09	106.94
写字台	张	83.70	82.15	82.27	96.76	100.64	101.94

8—25 地、市、州农民年人均纯收入

单位:元

地　　区	1990年	1991年	1992年	1993年	1994年	1995年
全　省	**670.80**	**626.92**	**677.82**	**783.18**	**1 170.06**	**1 511.22**
武汉市	815.00	789.03	872.06	1 015.00	1 351.00	1 878.34
黄石市	698.33	682.20	740.00	857.55	1 122.14	1 510.00
十堰市	509.00	509.00	538.00	592.00	815.00	951.00
荆沙市	1 101.05	1 173.95	1 293.81	925.00	1 493.38	1 829.43
宜昌市	590.92	643.00	695.00	757.00	1 127.67	1 452.00
襄樊市	676.00	701.00	755.00	871.00	1 229.08	1 475.24
鄂州市	748.91	823.35	876.98	1 045.50	1 532.23	1 997.37
荆门市	890.00	821.00	856.60	1 002.94	1 668.00	2 003.05
孝感市	639.00	584.34	650.19	731.87	1 129.58	1 421.00
黄冈市	580.57	563.15	624.25	703.00	1 094.86	1 329.40
咸宁地区	575.92	576.85	616.21	700.59	1 031.84	1 307.00
恩施自治州	442.03	442.41	479.94	479.18	665.39	851.34
随州市	828.00	724.09	788.08	953.74	1 527.00	1 890.16
仙桃市	862.14	686.89	782.05	908.75	1 478.00	2 005.00
天门市	788.86	747.69	757.92	867.11	1 418.00	1 966.00
潜江市	853.84	719.25	823.41	983.48	1 410.00	1 929.00
神农架林区	481.39	463.01	568.07	598.00	894.00	1 104.00

主要统计指标解释

【农民全年总收入】 指农村住户年内从各种来源得到的全部实际收入。包括从集体统一经营中得到的收入，从经济联合体得到的收入，家庭经营的收入和其他非生产性的收入。

【农民全年纯收入】 指在总收入中扣除相对应的各项费用性支出后，归农民所有的收入。他可以用于生产、非生产投资，改善物资和文化生活，以及用于再分配的支出和结余的收入。这个指标用来观察农民实际收入水平，以及农民扩大再生产和改善生活的能力。(纯收入＝总收入－家庭经营费用支出－生产性固定资产折旧－税收－上交集体的承包任务－调查补贴)

【农民全年生活费收入】 指在纯收入中可以用于安排生活的那部分收入。包括已用生活消费和尚未用于生活消费两部分，不是指生活消费的实现数，而是指有财力可以实现的生活消费数。(生活费收入＝纯收入－纯收入中用于购置生产性固定资产支出－寄给和带给在外人口支出－赠送城市亲友支出－生产费基金)

【农民全年生活消费支出】 指农村住户年内用于物质生活和精神生活方面的实际支出。是直接反映农民生活水平，研究农民消费结构变化的基本指标。生活消费支出包括生活消费品支出（如衣、食、住、用、烧消费资料）和非商品性支出（如用于文化服务、生活服务方面的支出和其他非商品支出）两部分。赠送农村亲友的消费品，为便于计算，谁支出，作为谁消费。

【农民生活用房面积】 指实际住人或可以用来住人的房屋面积。与住房连成一体的起居室或者放置灶具的地方、专用厨房、均包括在内，但不包括专用仓库等生产用房面积。

【城镇居民家庭人口】 指居住在一起。经济上合在一起共同生活的家庭成员。凡计算为家庭人口的成员其全部收支都应包括在一起。

【城镇居民家庭就业人口】 指从事社会劳动并取得劳动报酬或经营收入的人口。不论在全民所有制、集体所有制单位工作或从事个体劳动，不论有固定性职业或临时性职业都是就业人口。

【实际收入】 指家庭的全部实际的现金收入，包括经常或固定得到的收入和一次性收入。不包括周转性的收入，如提取银行存款、向亲友借入款、收回借出款以及其他各种暂收款。

【生活费收入】 指家庭的实际收入中能用于安排日常生活的收入。即用实际收入减掉“赡养支出”和“赠送支出”，减掉调查户接受记帐所得的“记帐补贴”及非家庭人口而又经常在家用饭人口所交的“搭伙费”。

【实际支出】 指实际用于家庭日常生活的各项支出以及赡养赠送给亲友的现金。不包括存入储蓄款、存入储金会款、借出款、归还借款以及各种暂垫款等周转性支出。

【居住面积】 指家庭成员在调查时点实际居住的住房面积，不包括厨房、厕所、走廊面积和临时搭建房屋的面积。

【辅助面积】 指除了居住面积以外的住房使用面积。包括厨房、走廊、卫生间、阳台、壁柜、门厅、过道等，不包括公用楼道和三家以上公用的院子。

【居住间数】 指自然分隔间数，不管大间、小间均作一间计算。

【家庭常住人口】 按户籍管理部门登记的常住户口统计。可包括家庭成员中在部队服役的士兵（不包括干部），户口在本市学校或工作单位住单身宿舍的学生或职工、入全托儿童。

城市概况　9

资料整理人员：李忠明

9—1 32个城市社会经济主要指标

(1995年)

城 市	年末总人口 (万人)	#非农业人口	年平均人口 (万人)	年出生人口 (人)	年死亡人口 (人)	年末总户数 (万户)
总 计	**3 217.39**	**1 128.15**	**3 201.28**	**389 026**	**177 201**	**861.58**
省辖市						
武汉市	512.52	375.84	508.38	42 720	31 835	148.20
黄 石	61.81	55.01	60.25	10 613	3 239	17.58
十 堰	44.39	34.13	43.57	4 455	1 507	13.67
荆 沙	145.35	68.88	144.40	16 206	7 884	38.56
襄 樊	63.18	52.46	61.90	7 367	2 250	17.70
宜 昌	56.64	44.42	55.77	5 991	2 438	16.43
鄂 州	99.92	27.78	99.11	14 282	5 154	29.36
荆 门	109.26	28.10	108.57	10 951	5 728	29.53
孝 感	81.71	18.65	81.02	12 268	3 671	22.77
省直管市						
天 门	164.86	35.07	163.73	29 824	9 494	37.33
仙 桃	150.47	39.10	149.23	26 654	7 746	35.99
潜 江	95.14	29.67	94.18	10 782	4 235	25.58
随 州	159.22	31.56	157.96	24 456	7 360	40.41
县级市						
老河口	49.60	15.37	49.23	6 933	2 691	15.69
恩 施	74.86	11.23	74.51	9 868	4 942	20.96
咸 宁	44.40	11.48	44.07	5 362	2 487	11.83
丹江口	47.03	17.53	46.84	3 320	2 925	14.75
应 城	64.20	11.33	63.94	6 313	2 980	14.66
蒲 圻	49.10	15.17	49.01	5 685	2 628	11.90
石 首	62.12	12.85	61.83	8 247	3 320	13.65
麻 城	112.67	14.49	112.02	11 192	8 815	28.19
利 川	80.51	6.52	80.24	10 027	5 535	22.14
洪 湖	86.19	20.60	85.87	8 704	4 105	20.98
安 陆	59.90	10.10	59.69	5 372	3 646	15.44
武 穴	70.39	12.17	69.81	7 698	3 239	18.19
枝 城	38.61	8.61	38.58	3 664	2 958	12.53
枣 阳	105.21	19.22	104.66	14 727	4 780	26.55
广 水	89.06	12.24	88.49	13 686	3 372	22.48
当 阳	46.13	10.23	45.99	4 237	2 769	13.53
黄 州	69.27	26.25	68.82	7 887	4 740	21.12
钟 祥	103.32	21.44	102.71	9 900	5 551	25.92
宜 城	55.23	11.59	54.80	7 621	2 522	13.45
大 冶	83.51	11.88	83.74	13 281	4 305	21.79
松 滋	88.45	13.47	88.37	8 733	6 350	23.61

9—1 续表1 (1995年) 单位:万人

城市	年末劳动力资源总数	#乡村劳动力	年末全部从业人员数	#城镇个体劳动者	城镇失业人员年末数(人)
总计	**1 962.54**	**967.05**	**1 617.77**	**96.65**	**174 147**
省辖市					
武汉市	381.83	47.10	291.69	29.15	50 248
黄石	38.10	3.06	35.95	2.48	11 000
十堰	35.20	3.40	27.49	0.88	7 600
荆沙	106.81	29.26	80.41	2.30	2 000
襄樊	35.99	4.73	35.16	0.61	27 650
宜昌	39.99	5.19	36.40	3.73	5 978
鄂州	60.48	40.65	51.66	0.93	3 669
荆门	74.74	54.49	55.42	2.65	4 186
孝感	48.44	28.71	38.20	1.89	5 390
省直管市					
天门	98.30	55.99	67.79	4.94	2 500
仙桃	92.00	59.20	73.95	3.63	1 800
潜江	59.86	21.04	47.11	1.32	77
随州	83.40	49.91	65.09	2.69	9 132
县级市					
老河口	29.86	18.48	23.99	0.59	2 900
恩施	39.37	29.54	36.89	1.31	286
咸宁	29.46	21.04	25.06	1.03	640
丹江口	31.06	14.37	27.32	1.19	1 160
应城	36.02	22.23	31.72	1.90	2 010
蒲圻	24.14	11.67	20.77	2.23	1 510
石首	31.57	26.38	31.27	1.37	80
麻城	54.70	41.17	49.10	1.97	2 000
利川	49.02	39.21	43.20	0.90	873
洪湖	37.50	25.90	36.88	1.76	1 760
安陆	31.45	23.81	29.61	1.59	2 043
武穴	29.10	20.46	29.60	1.20	2 000
枝城	23.73	14.51	19.33	0.62	628
枣阳	57.55	47.64	49.20	0.65	8 100
广水	50.69	37.14	50.23	4.15	3 289
当阳	31.10	19.80	22.24	0.13	1 024
黄州	40.39	23.07	35.27	1.99	4 500
钟祥	47.88	31.97	46.99	5.30	284
宜城	28.71	17.25	27.45	0.95	2 020
大冶	53.19	40.91	34.88	3.23	4 000
松滋	50.31	36.98	43.15	5.39	1 810

城市	国内生产总值(当年价)			国内生产总值(1990 年不变价)		
	第一产业	第二产业	第三产业	第一产业	第二产业	第三产业
总计	**4 436 249**	**9 118 580**	**6 920 220**	**2 484 104**	**6 605 406**	**4 138 829**
省辖市						
武汉市	325 410	2 601 885	2 320 238	214 162	1 669 434	1 392 856
黄石	15 015	265 379	192 863	9 008	179 667	131 391
十堰	14 167	464 101	172 921	7 084	383 889	103 391
荆沙	208 335	291 334	173 682	120 551	234 451	104 855
襄樊	38 481	427 479	234 463	18 532	321 022	138 396
宜昌	26 407	399 698	171 980	17 368	347 454	102 496
鄂州	126 577	389 419	249 309	70 883	283 854	152 728
荆门	275 339	423 921	195 345	147 610	246 090	112 945
孝感	121 169	91 294	109 079	53 660	71 701	69 339
省直管市						
天门	283 492	324 269	358 614	143 197	256 522	216 390
仙桃	229 347	349 465	362 031	134 397	265 738	216 057
潜江	188 195	317 429	302 020	111 543	217 178	177 204
随州	208 423	270 526	300 442	134 761	192 290	180 334
县级市						
老河口	130 867	244 368	178 628	72 017	192 801	103 329
恩施	54 861	41 915	48 095	34 753	32 416	28 331
咸宁	58 280	38 972	31 544	35 353	29 614	17 444
丹江口	73 283	172 937	139 282	35 418	133 854	81 825
应城	137 468	147 512	90 704	64 440	100 530	45 662
蒲圻	71 354	103 517	85 908	41 040	77 960	49 906
石首	140 730	135 015	90 240	71 940	109 403	53 945
麻城	107 055	112 592	75 329	64 830	93 726	45 030
利川	57 289	23 093	21 696	31 468	18 497	13 064
洪湖	185 808	169 917	102 378	115 228	124 365	60 672
安陆	75 509	57 659	56 336	48 949	48 687	34 579
武穴	106 595	115 365	68 757	51 867	87 677	41 329
枝城	41 212	72 974	55 265	23 537	56 537	32 511
枣阳	245 820	212 180	90 460	134 470	160 680	53 150
广水	114 004	88 927	39 531	57 002	77 953	23 025
当阳	117 290	107 332	57 990	51 502	84 537	34 067
黄州	72 902	117 318	85 970	40 657	95 406	50 681
钟祥	256 915	257 773	255 635	142 648	203 318	148 074
宜城	129 401	82 060	55 408	71 850	63 377	39 624
大冶	58 966	114 645	59 574	37 031	86 384	39 612
松滋	140 283	86 310	88 503	75 348	64 394	51 587

9—1 续表 3 (1995 年)

城市	农、林、牧、渔业总产值（万元）	农、林、牧、渔业商品产值（万元）	年末实有耕地面积（千公顷）	蔬菜产量（万吨）	牛羊奶产量（吨）	水果产量（吨）
总计	**6 674 433**	**4 266 644**	**1 750**	**1 031.19**	**35 347**	**614 559**
省辖市						
武汉市	519 610	371 719	119	155.99	26 698	40 954
黄石	22 263	18 764	2	6.66	492	1 325
十堰	20 378	15 049	3	8.55	420	1 723
荆沙	340 061	206 898	85	42.66	50	17 600
襄樊	54 121	35 578	6	31.58	80	1 596
宜昌	42 529	31 965	8	10.00	1 786	54 518
鄂州	183 717	99 980	41	31.85	20	3 619
荆门	394 254	269 435	112	49.92	2 821	16 752
孝感	176 214	116 420	34	29.12	100	6 993
省直管市						
天门	415 770	293 332	109	49.75		25 672
仙桃	374 665	287 307	104	45.61	812	27 879
潜江	286 108	194 144	69	50.20		14 060
随州	300 683	192 423	98	51.19		31 963
县级市						
老河口	182 356	130 571	40	48.97	780	21 035
恩施	99 126	35 960	53	11.07	65	7 044
咸宁	81 426	45 557	26	9.90	1 200	786
丹江口	98 773	58 243	20	10.86		38 939
应城	191 477	119 790	39	23.32		1 943
蒲圻	101 380	57 518	32	7.23		1 650
石首	194 716	119 528	40	27.81		13 537
麻城	160 974	85 212	55	19.36		4 110
利川	90 810	36 138	64	10.70		4 293
洪湖	282 240	185 338	64	33.20	18	3 236
安陆	142 515	90 868	33	14.81		7 723
武穴	150 801	98 548	34	11.75		9 091
枝城	68 226	29 284	20	9.45		50 428
枣阳	365 725	221 185	102	76.79		58 792
广水	151 561	81 224	40	20.51	5	11 006
当阳	165 505	119 782	44	20.92		13 525
黄州	100 924	64 958	26	13.29		4 357
钟祥	387 452	241 393	83	56.52		70 154
宜城	195 838	121 670	45	23.60		11 645
大冶	97 088	60 752	38	7.05		1 245
松滋	235 156	130 111	62	17.14		35 366

(1995年)

城市	禽肉产量(吨)	猪肉产量(吨)	牛羊肉产量(吨)	禽蛋产量(吨)	水产品产量(吨)
总计	**180 132**	**1 309 592**	**64 675**	**551 510**	**1 051 783**
省辖市					
武汉市	21 430	86 123	1 789	43 267	161 924
黄石	613	4 775	46	757	4 415
十堰	1 731	4 846	150	2 157	1 322
荆沙	11 358	53 425	636	30 558	63 601
襄樊	2 001	297 525	760	3 086	2 610
宜昌	2 407	205 987	99	1 415	4 802
鄂州	3 146	26 299	559	10 586	49 318
荆门	9 347	64 538	2 012	30 785	70 246
孝感	3 513	23 460	1 120	11 501	25 475
省直管市					
天门	13 535	85 579	3 448	49 493	55 029
仙桃	5 461	75 753	1 677	46 147	100 207
潜江	19 159	83 808	2 172	31 611	52 347
随州	5 944	68 579	7 468	27 820	25 071
县级市					
老河口	2 196	33 642	10 164	12 918	10 859
恩施	480	31 801	736	2 077	490
咸宁	1 577	13 700	215	2 744	9 106
丹江口	767	25 054	3 656	5 040	14 051
应城	4 090	24 520	419	23 890	22 321
蒲圻	621	15 272	80	5 510	15 461
石首	9 779	37 578	71	23 770	22 709
麻城	1 682	37 556	1 299	6 135	11 705
利川	591	25 812	408	2 473	529
洪湖	4 354	24 606	715	14 901	102 341
安陆	3 210	35 074	2 172	14 760	16 021
武穴	2 093	26 376	408	8 129	24 227
枝城	1 244	23 686	1 218	2 248	1 875
枣阳	16 139	72 565	11 509	32 293	19 341
广水	2 628	24 480	2 276	15 120	16 200
当阳	10 327	36 461	753	8 700	17 666
黄州	1 074	15 402	248	5 383	23 500
钟祥	9 019	81 487	4 026	31 167	51 206
宜城	6 237	30 630	1 503	25 071	13 917
大冶	2 055	17 610	35	3 166	22 860
松滋	324	81 463	828	16 832	19 031

城市	乡及乡以上工业销售产值	全部工业总产值(现价)	#乡及乡以上	#国有经济	乡及乡以上工业总产值(1990年不变价)
总计	**1 892.09**	**2 817.68**	**1 937.06**	**1 151.16**	**1 563.67**
省辖市					
武汉市	547.37	686.91	561.65	418.29	406.84
黄石	86.40	91.21	89.30	41.27	63.93
十堰	160.94	166.87	166.07	132.62	163.58
荆沙	78.93	133.21	83.12	38.72	68.88
襄樊	80.48	93.36	92.24	75.48	78.86
宜昌	77.58	69.49	65.91	52.96	59.51
鄂州	49.79	99.35	53.40	23.67	43.61
荆门	82.48	136.76	85.94	62.84	51.33
孝感	81.09	34.82	18.42	8.64	15.65
省直管市					
天门	53.06	70.23	56.03	9.87	45.53
仙桃	75.35	135.87	73.26	16.54	67.20
潜江	71.15	120.00	73.40	39.51	53.36
随州	52.66	111.20	51.07	19.69	43.07
县级市					
老河口	37.95	92.50	42.96	8.66	37.72
恩施	7.64	9.82	8.20	6.33	6.17
咸宁	11.39	16.79	12.55	5.58	10.45
丹江口	20.74	39.03	22.45	14.28	17.97
应城	19.86	37.79	20.88	13.47	18.42
蒲圻	25.18	41.92	24.40	13.50	19.75
石首	24.53	39.98	25.52	10.83	24.35
麻城	14.72	43.28	15.08	6.44	13.51
利川	4.93	6.10	5.11	4.28	4.31
洪湖	33.16	55.60	36.12	10.07	31.71
安陆	16.34	24.08	17.46	11.82	11.92
武穴	23.32	72.33	26.63	10.25	24.20
枝城	13.34	18.42	13.74	6.61	13.23
枣阳	46.07	66.20	40.55	17.30	36.03
广水	13.27	22.84	12.96	6.46	11.12
当阳	21.44	34.11	19.16	9.15	16.95
黄州	15.53	47.19	16.29	12.32	12.67
钟祥	54.30	90.17	51.92	18.73	44.04
宜城	22.81	39.74	21.20	10.05	18.97
大冶	12.96	33.77	13.14	5.95	10.56
松滋	18.35	36.83	20.95	8.91	18.39

9—1 续表 6 (1995年) 单位:亿元

城市	工业总产值	工业销售产值	工业增加值	全部职工年平均人数(万人)	流动资产年末合计	流动资产年平均余额
总计	**1 753.18**	**1 722.80**	**495.49**	**298.11**	**1 159.33**	**1 140.02**
省辖市						
武汉市	541.67	531.96	178.41	92.85	451.12	446.16
黄石	84.76	83.69	21.42	18.58	82.28	77.48
十堰	164.99	159.89	39.08	15.45	134.63	139.18
荆沙	77.66	74.01	17.49	17.09	55.10	52.31
襄樊	62.79	55.35	17.51	15.58	55.21	51.26
宜昌	64.89	62.61	21.46	12.41	57.03	58.73
鄂州	51.39	74.77	14.44	9.11	25.30	26.94
荆门	74.16	73.80	20.40	7.64	23.90	23.64
孝感	16.39	16.06	3.18	3.52	11.17	11.05
省直管市						
天门	43.55	53.06	7.51	5.60	12.78	11.38
仙桃	64.50	66.59	18.91	9.75	20.12	19.58
潜江	56.33	53.51	18.15	9.68	30.98	33.45
随州	35.17	13.99	8.01	6.58	17.78	15.89
县级市						
老河口	38.14	37.76	15.21	5.33	15.51	14.23
恩施	7.04	6.62	1.47	2.12	5.42	4.96
咸宁	10.93	10.23	2.23	2.75	7.67	6.90
丹江口	20.84	1.19	7.43	4.33	13.34	12.96
应城	20.02	19.04	6.07	4.73	9.81	10.04
蒲圻	21.90	23.70	4.93	5.04	9.98	9.00
石首	24.20	23.26	4.93	2.87	6.84	16.62
麻城	13.35	13.03	5.04	2.90	6.58	5.12
利川	4.48	5.24	1.81	1.20	5.10	4.48
洪湖	30.10	27.69	6.91	4.08	10.16	10.38
安陆	17.26	13.77	2.78	2.60	6.21	5.67
武穴	24.08	22.46	4.26	2.76	7.54	7.08
枝城	13.51	12.90	3.32	3.83	8.32	8.31
枣阳	34.47	31.54	10.22	3.77	14.29	15.93
广水	12.18	12.98	4.15	2.38	5.06	4.66
当阳	18.73	18.73	4.63	2.61	8.66	8.23
黄州	14.29	13.65	3.30	4.22	10.30	9.46
钟祥	40.30	47.23	14.50	4.90	10.49	9.46
宜城	18.93	19.00	4.16	3.75	7.19	6.97
大冶	12.55	10.70	2.51	3.70	5.89	5.88
松滋	17.62	14.78	3.71	4.40	7.58	6.62

注:本表为全部独立核算工业企业经济指标(下表同),工业增加值按生产法计算。

9—1 续表7 (1995年) 单位:亿元

城市	固定资产原值合计	固定资产净值合计	固定资产净值年平均余额	产品销售收入	#销售税金及附加	利润总额
总计	**1 538.09**	**1 033.21**	**833.15**	**1 694.89**	**30.79**	**44.89**
省辖市						
武汉市	574.62	361.47	269.57	558.48	12.04	16.18
黄石	90.90	61.55	44.57	80.48	0.46	0.56
十堰	120.23	77.57	61.37	158.89	1.10	4.82
荆沙	68.39	48.89	42.38	73.52	0.62	0.32
襄樊	74.99	52.49	44.13	70.90	2.46	0.86
宜昌	139.66	103.04	92.67	69.33	0.46	3.77
鄂州	38.37	28.53	23.89	45.92	0.43	0.47
荆门	56.24	35.16	29.21	72.33	3.35	4.57
孝感	15.05	11.37	10.40	13.48	0.19	—0.54
省直管市						
天门	10.21	7.41	5.96	35.25	0.24	1.11
仙桃	19.51	15.29	13.69	55.92	0.52	2.14
潜江	65.31	39.80	37.75	56.17	0.62	1.40
随州	13.75	9.54	7.81	30.43	0.22	0.53
县级市						
老河口	14.85	9.95	8.98	35.35	0.44	2.41
恩施	9.40	7.08	5.67	7.26	0.07	—0.08
咸宁	6.76	4.52	3.54	9.65	0.09	0.01
丹江口	34.19	22.92	16.37	19.78	0.17	0.93
应城	21.39	14.49	10.73	18.98	0.28	0.27
蒲圻	16.24	12.11	11.20	20.46	0.26	—0.22
石首	7.02	5.57	4.81	21.68	0.14	0.54
麻城	5.44	3.86	3.22	11.44	0.26	0.04
利川	5.05	3.83	3.02	4.07	0.77	—0.15
洪湖	10.40	7.76	5.96	20.94	0.24	0.59
安陆	8.24	5.75	5.18	12.90	0.10	0.16
武穴	7.82	5.97	5.55	2.24	0.40	1.08
枝城	13.39	10.37	8.42	12.40	0.09	—0.08
枣阳	11.77	8.67	7.58	30.50	1.33	0.73
广水	5.62	4.15	3.50	10.27	1.15	—0.004
当阳	12.45	9.65	7.34	17.49	0.87	0.39
黄州	13.24	10.05	8.44	17.92	0.23	—0.24
钟祥	17.16	13.46	11.59	34.14	0.51	1.27
宜城	10.69	7.64	6.64	18.22	0.09	0.68
大冶	9.01	6.15	5.92	11.78	0.21	0.34
松滋	10.67	7.15	6.07	16.15	0.33	0.04

9—1 续表 8 (1995 年)

城市	铁路客运量（万人）	铁路货运量（万吨）	公路客运量（万人）	公路货运量（万吨）	水运客运量（万人）	水运货运量（万吨）
总计	**3 501.33**	**8 630**	**3 336.9**	**23 113**	**1 064**	**6 333**
省辖市						
武汉市	2 242.00	5 055	4 694	4 439	333	2 648
黄石	50.00	554	985	2 467	120	156
十堰	161	97	1 022	741		
荆沙		101	1 291	1 459	51	603
襄樊	289.20	156	909	782		111
宜昌	111.00	118	404	1 275	84	206
鄂州	11.86	1 218	998	938	21	92
荆门	42.47	314	842	586	4	82
孝感	106.15	134	1 870	348		13
省直管市						
天门			817	507		496
仙桃			532	307		88
潜江			593	393		20
随州	47.12	74	590	485		136
县级市						
老河口	7.30	34	874	524		61
恩施			726	136		
咸宁	56.23	22	579	178	9	4
丹江口	22.27	17	440	185	25	26
应城	91.00	187	419	549		18
蒲圻	68.00	56	2 831	735	10	69
石首			690	465	2	42
麻城			1 264	505	10	3
利川			176	61		
洪湖			1 410	544	3	25
安陆	34.00	49	553	389	6	30
武穴			519	386	64	126
枝城	12.80	94	302	14	5	276
枣阳	24.80	37	1 090	815		
广水	91.37	16	721	121	37	27
当阳	10.00	92	386	159		127
黄州			816	571	266	522
钟祥			1 316	923		228
宜城	9.76	40	418	283		39
大冶	13.00	165	805	580		13
松滋			1 488	263	14	46

9—1 续表9 (1995年)

城市	年末邮电局(所)数(处)	年末电话机数(部)	全年用电量(万千瓦小时)	#工业用电	#居民生活用电
总计	**1 301**	**1 766 805**	**2 867 919**	**2 165 359**	**279 345**
省辖市					
武汉市	239	812 047	956 638	676 036	95 369
黄石	18	58 694	269 726	251 089	10 384
十堰	22	85 652	145 940	131 021	3 579
荆沙	50	62 948	147 022	118 488	10 978
襄樊	43	76 893	91 750	67 970	11 400
宜昌	25	75 829	124 807	95 068	13 575
鄂州	35	34 640	117 259	95 015	7 873
荆门	44	44 462	93 944	77 433	8 863
孝感	18	21 748	29 954	17 730	7 471
省直管市					
天门	72	39 889	28 887	16 858	10 286
仙桃	74	52 718	47 761	31 126	7 567
潜江	25	40 041	27 364	16 679	3 999
随州	38	27 195	35 081	20 661	4 595
县级市					
老河口	19	19 383	28 162	24 859	2 731
恩施	31	12 901	16 158	11 089	2 400
咸宁	22	7 922	13 640	7 935	2 538
丹江口	32	19 085	102 663	96 448	4 639
应城	33	15 894	70 111	63 143	3 541
蒲圻	32	14 378	28 910	19 112	4 099
石首	21	14 498	22 831	12 006	7 567
麻城	33	15 737	18 973	8 790	3 456
利川	31	6 779	10 448	6 408	3 454
洪湖	44	23 415	27 645	12 486	1 244
安陆	16	8 629	53 595	47 062	4 704
武穴	19	13 172	25 513	19 677	2 778
枝城	20	12 420	31 285	25 641	2 617
枣阳	33	24 922	36 721	22 536	4 168
广水	32	13 168	12 000	6 202	3 757
当阳	28	12 876	23 251	16 824	3 656
黄州	31	23 469	18 078	9 010	5 318
钟祥	41	21 231	46 296	30 432	6 694
宜城	26	13 111	47 938	39 665	2 736
大冶	25	18 059	37 411	21 633	5 914
松滋	29	23 000	79 437	49 227	10 210

城市	国有经济固定资产投资	#住宅建设	城镇集体固定资产投资	#住宅建设	房地产开发投资额	#商品住宅
总计	**4 122 886**	**475 510**	**166 595**	**19 291**	**1 165 386**	**587 300**
省辖市						
武汉市	1 873 039	273 904	12 804	520	905 536	440 807
黄石	98 675	9 544	3 745	316	10 982	7 970
十堰	121 522	7 975	38 687	3 674	19 059	10 303
荆沙	65 761	8 907	8 204	2 712	23 882	21 488
襄樊	90 492	15 796	4 866	751	21 094	12 873
宜昌	830 086	44 499	12 125	4 885	104 542	60 301
鄂州	193 962	5 858	5 491	299	41 997	5 263
荆门	106 021	16 331	5 680	524	1 181	892
孝感	21 276	5 333	2 079	435	5 469	4 816
省直管市						
天门	34 908	3 276	3 630	428	98	50
仙桃	30 647	2 106	11 701		7 933	4 675
潜江	65 889	5 493	3 733	212	2 511	1 828
随州	24 044	4 609	7 646	541	3 006	2 676
县级市						
老河口	41 406	2 839	2 062	87	744	744
恩施	23 624	5 791	687	120	300	200
咸宁	11 595	7 889	453	150	350	350
丹江口	40 936	8 280	3 216	114	2 547	1 188
应城	26 123	3 402	984	389	2 401	1 930
蒲圻	21 326	1 765	1 880		1 132	1 132
石首	18 633	5 698	2 727	534	120	120
麻城	18 631	1 557	1 352	149	250	250
利川	4 117	285	80		70	70
洪湖	27 200	4 717	3 472	338	639	602
安陆	12 036	1 521	799	116	999	688
武穴	21 169	2 182	2 338	105	1 279	1 001
枝城	22 521	1 365	5 103	110	444	104
枣阳	26 583	3 484	3 116	40	335	37
广水	20 895	939	5 587		344	334
当阳	26 666	1 837	832	103	1 188	1 055
黄州	37 529	7 453	1 394	331	1 036	735
钟祥	124 388	4 351	2 076	490	693	316
宜城	10 335	2 338	1 654	278	920	380
大冶	9 395	2 062	3 187	204	2 200	2 042
松滋	11 456	2 124	3 205	336	105	80

城　市	商品房销售额(万元)	商品房建筑面积(万平方米)	新增固定资产(万元)		施工住宅建筑面积(万平方米)	竣工住宅建筑面积(万平方米)
			国有经济	集体经济		
总　计	**500 939**	**219.33**	**2 161 541**	**128 170**	**2 320.61**	**1 172.53**
省辖市						
武汉市	402 840	112.26	871 700	5 872	1 189.58	489.80
黄　石	12 203	16.10	95 627	1 868	84.60	41.70
十　堰	8 052	4.36	108 143	6 485	70.97	26.79
荆　沙	3 817	4.25	60 679	4 771	84.56	45.62
襄　樊	5 109	5.35	80 978	3 773	95.50	40.67
宜　昌	38 492	27.09	128 994	5 847	235.23	104.28
鄂　州	3 593	7.43	46 666	7 019	77.27	29.52
荆　门	1 271	1.9	160 837	7 181	37.58	31.32
孝　感	6 352	8.27	27 652	2 032	13.49	12.51
省直管市						
天　门	136	0.19	31 992	22 611	7.19	0.32
仙　桃	4 029	6.37	25 536	13 404	18.90	21.00
潜　江	1 579	2.46	68 583	3 758	56.14	50.89
随　州	1 242	2.55	24 795	7 368	23.11	19.40
县级市						
老河口	1 391	2.14	35 092	1 967	13.46	10.87
恩　施	116	0.22	12 565	713	27.62	22.89
咸　宁	132	0.23	6 154	412	29.47	26.55
丹江口	1 104	2.26	38 148	3 054	21.66	19.00
应　城	2 079	3.15	13 309	858	13.56	10.01
蒲　圻	387	0.75	28 451	40	7.25	3.86
石　首	50	0.09	20 004	701	14.25	11.84
麻　城	240	0.71	8 002	1 255	4.51	4.38
利　川	75	0.28	1 114	80	1.07	1.07
洪　湖	238	0.31	26 602	2 544	16.97	11.23
安　陆	572	1.16	13 854	2 823	7.48	7.22
武　穴	1 047	1.93	11 731	1 417	10.53	7.90
枝　城	147	0.19	9 643	3 820	8.34	4.01
枣　阳	600	0.75	23 167	3 263	12.52	8.39
广　水	460	0.92	13 549	1 933	12.01	8.04
当　阳	525	1.24	28 296	1 015	42.59	40.72
黄　州	766	1.07	28 428	2 070	26.23	16.20
钟　祥	120	0.20	81 681	2 076	13.44	11.48
宜　城	285	0.55	13 999	1 917	19.90	12.21
大　冶	1 762	2.30	4 755	56	8.30	6.30
松　滋	155	0.30	10 815	4 167	15.40	14.60

城市	年末实有住宅使用面积（万平方米）	年末实有住宅居住面积（万平方米）	城市居住人口（万人）	年末供水管道总长度（公里）	全年供水总量（万吨）	生活用水量（万吨）
总计	**14 879.74**	**10 507.74**	**1 150.82**	**9778**	**375 865**	**124 613**
省辖市						
武汉市	3 725.30	2 483.50	346.40	3 134	107 909	43 019
黄石	606.00	433.40	54.10	237	63 655	7 649
十堰	495.00	277.20	33.00	402	12 040	4 899
荆沙	587.00	442.00	63.00	543	31 794	5 313
襄樊	556.10	360.80	52.50	447	23 928	9 078
宜昌	597.00	400.10	44.42	467	21 094	8 142
鄂州	309.60	245.10	28.50	242	30 770	3 919
荆门	496.00	307.00	32.90	386	9 738	5 124
孝感	143.77	115.62	15.00	73	1 183	821
省直管市						
天门	310.00	261.00	27.88	595	4 251	2 688
仙桃	646.00	532.00	42.20	473	5 358	2 323
潜江	438.00	341.00	30.70	246	5 653	3 774
随州	784.00	578.30	55.10	141	3 361	1 645
县级市						
老河口	233.00	175.00	19.40	85	5 870	2 073
恩施	186.40	140.90	13.10	68	1 568	707
咸宁	214.40	153.40	14.70	47	3 744	1 896
丹江口	235.00	190.00	17.00	179	4 610	2 265
应城	206.80	174.00	10.30	45	1 690	1 239
蒲圻	209.00	126.00	14.80	52	5 992	1 574
石首	213.00	151.00	13.00	138	1 758	845
麻城	403.98	333.27	14.49	170	1 330	1 150
利川	246.70	188.00	13.00	31	800	391
洪湖	359.00	235.00	29.90	360	3 161	1 990
安陆	161.57	140.45	12.80	82	2 438	1 150
武穴	303.50	213.50	19.60	150	1 693	813
枝城	160.00	90.00	10.60	54	1 200	604
枣阳	317.00	208.40	16.00	64	2 443	1 543
广水	172.00	135.00	12.00	85	1 268	950
当阳	147.00	120.00	10.80	115	1 519	585
黄州	412.00	253.00	20.00	160	4 100	2 036
钟祥	501.00	334.00	30.00	375	3 626	2 078
宜城	117.00	97.00	10.20	24	2 945	873
大冶	191.40	146.30	11.03	56	1 916	977
松滋	196.22	127.10	11.40	52	1 460	480

9—1　续表 13　　　　(1995 年)

城　市	年末实有公共汽车营运车辆数（辆）	全年公共汽车客运总数（万人次）	年末实有出租汽车数（辆）	煤气供气总　量（万立方米）	#家庭用量（万立方米）	家庭用煤气人　口（人）
总　计	**8 620**	**161 993**	**17 490**	**224 150**	**24 590**	**1 297 000**
省辖市						
武汉市	3 305	103 898	10 719	134 952	17 252	815 000
黄　石	511	11 160	501	80 680	689	43 000
十　堰	864	16 462	838	2 281	1 628	144 000
荆　沙	365	2 712	1 644	1 480	800	66 000
襄　樊	323	5 024	174	566	201	10 000
宜　昌	500	5 473	883	1 207	1 036	135 500
鄂　州	285	3 182	238			
荆　门	148	2 754	145			
孝　感	64	360	126			
省直管市						
天　门	204	2 604	150			
仙　桃	243	595	321			
潜　江	99	390	118			
随　州	248	1 733	170			
县级市						
老河口	94	271	6			
恩　施	76	1 406	408			
咸　宁	109	107	69			
丹江口	162	220	90			
应　城	127	515	78	1 634	1 634	46 500
蒲　圻	42	541	41			
石　首	90	493	10			
麻　城	8	52	45			
利　川						
洪　湖	110	324	15			
安　陆	78	342	12	1 350	1 350	37 000
武　穴	3	3	34			
枝　城	76	200				
枣　阳	24	163				
广　水			9			
当　阳	85	125	14			
黄　州	30	54	270			
钟　祥	258	350	89			
宜　城	10	1	15			
大　冶	79	480	233			
松　滋			25			

9—1 续表 14　　(1995 年)

城　　市	年末实有铺装道路总长度(公里)	年末实有铺装道路总面积(万平方米)	城市下水道总长度(公里)	园林绿地面积(公顷)	建城区绿化覆盖面积(公顷)
总　计	**9 728**	**9 583**	**4 863**	**68 696**	**29 763**
省辖市					
武汉市	1 307	1 421	1 298	5 167	6 233
黄　石	325	300	174	991	1 142
十　堰	339	535	292	12 012	784
荆　沙	690	606	257	1 686	1 161
襄　樊	399	360	157	3 597	1 635
宜　昌	472	463	137	1 951	1 427
鄂　州	318	364	123	656	955
荆　门	296	293	141	1 163	1 234
孝　感	192	246	142	290	313
省直管市					
天　门	300	277	112	759	1 109
仙　桃	714	474	218	1 645	1 248
潜　江	406	343	245	1 981	2 140
随　州	566	605	175	25 937	1 642
县级市					
老河口	110	116	125	827	991
恩　施	133	103	63	333	326
咸　宁	120	219	41	134	130
丹江口	665	140	105	774	831
应　城	109	122	51	295	397
蒲　圻	90	87	20	520	527
石　首	176	173	56	159	132
麻　城	180	226	49	859	64
利　川	31	27	31	193	32
洪　湖	356	266	145	4 103	1 230
安　陆	115	138	66	320	485
武　穴	96	191	92	404	390
枝　城	90	141	29	91	262
枣　阳	137	218	28	286	262
广　水	139	133	48	78	198
当　阳	202	239	57	439	432
黄　州	165	155	88	264	414
钟　祥	283	289	173	500	1 445
宜　城	89	136	55	96	35
大　冶	83	79	28	171	139
松　滋	35	98	42	15	18

9—1 续表15 (1995年) 单位:万吨

城市	工业废水排放量	工业废水处理量	生活污水排放量	生活污水处理量	废气排放量(万标立米)	#工业废气排放量
总计	**124 806**	**108 731**	**120 648**	**6 383**	**37 125 854**	**31 551 576**
省辖市						
武汉市	59 246	46 334	51 409	628	13 720 900	12 565 574
黄石	9 443	4 890	6 884	765	3 823 439	3 733 439
十堰	2 713	2 371	4 435	320	3 182 718	3 120 046
荆沙	5 145	3 139	3 672	360	2 249 338	149 959
襄樊	5 864	3 407	13 688		1 122 407	878 467
宜昌	5 214	6 565	5 698	432	889 819	852 707
鄂州	2 742	12 365	1 241		2 241 955	2 215 055
荆门	2 754	3 928	2 810		2 622 355	2 565 855
孝感	347	32	902	17	39 539	37 804
省直管市						
天门	854	712	2 406	385	384 500	120 145
仙桃	1 461	863	1 626		557 500	223 992
潜江	1 027	694	1 922	986	410 672	194 064
随州	2 123	1 815	2 854	611	242 189	155 277
县级市						
老河口	2 475	675	1 782	675	551 753	487 620
恩施	1 221	879	1 295		77 299	68 749
咸宁	1 054	200	2 100		94 600	45 538
丹江口	1 066	1 150	1 761		255 151	227 251
应城	3 581	1 366	1 015	169	938 000	841 710
蒲圻	1 291	1 037	1 500		209 395	207 398
石首	391	22	657	2	105 051	71 508
麻城	841	39	818		60 281	41 541
利川	708	172	315		122 829	96 900
洪湖	1 354	4	1 216		156 216	129 216
安陆	1 700	1 000	545	385	674 467	663 459
武穴	811	579	650		265 375	205 375
枝城	550	1 894	554		360 130	262 961
枣阳	858	1 917	1 200		138 105	104 077
广水	1 216	387	760	264	58 300	27 690
当阳	817	3 018	420	254	487 602	392 602
黄州	918	603	1 796		59 898	58 839
钟祥	984	2 154	960		326 515	275 357
宜城	1 479	1 727	1 095	120	319 118	201 601
大冶	2 301	2 779	242	10	283 907	265 429
松滋	257	14	420		94 531	64 371

城　　市	协议(合同)外资金额(万美元)	实际利用外资金额(万美元)	三资企业单位数(个)	三资企业从业人员(万人)	地方财政预算内收入(万元)	地方财政预算内支出(万元)
总　计	**132 981**	**143 389**	**4 656**	**23.83**	**987 469**	**888 601**
省辖市						
武汉市	90 000	115 000	2 760	7.39	302 644	284 933
黄　石	1 712	1 251	221	1.91	52 044	37 014
十　堰	2 263	2 428	52	0.78	52 841	33 669
荆　沙	10 487	2 027	221	2.41	35 827	40 128
襄　樊	1 763	650	198	0.95	56 020	31 379
宜　昌	4 135	13 108	359	2.00	48 306	38 012
鄂　州	1 580	2 233	174	1.82	31 732	19 728
荆　门	401	149	89	0.44	29 352	23 379
孝　感	1 144	328	72	0.51	11 314	16 380
省直管市						
天　门	49	128	58	1.00	30 691	29 724
仙　桃	2 968	1 230	52	0.63	34 686	30 667
潜　江	9 785	1 182	40	0.63	30 534	30 136
随　州	645	39	15	0.13	23 610	26 757
县级市						
老河口	289	149	17	0.12	14 018	15 416
恩　施	60	146	11	0.06	6 643	7 838
咸　宁	526	427	7	0.07	6 353	6 352
丹江口			12	0.05	16 738	19 013
应　城			6	0.18	10 122	7 987
蒲　圻			14	0.21	9 794	9 609
石　首	121	44	17	0.23	13 351	13 968
麻　城	780	360	2	0.01	12 146	11 173
利　川					11 419	11 576
洪　湖	135	105	16	0.40	12 400	12 554
安　陆			8	0.08	7 344	7 199
武　穴	300	5	26	0.24	11 408	12 550
枝　城	50	50	25	0.21	6 972	7 388
枣　阳	225	112	21	0.07	19 502	12 597
广　水			1	0.01	12 707	11 613
当　阳	531	169	28	0.07	15 832	14 825
黄　州	898	886	22	0.21	13 863	19 635
钟　祥	900	302	73	0.60	21 876	19 369
宜　城	440	57	16	0.15	5 720	7 119
大　冶			16	0.15	10 067	10 411
松　滋	794	824	7	0.11	9 593	8 503

注:地方财政收入包括中央返还部分。

9—1 续表17 (1995年)

城市	年末全部职工人数(万人)	全部职工工资总额(万元)	高等学校(个)	中等专业学校(个)	普通中学(个)	农、职业中学(个)
总计	**551.76**	**2 698 517**	**68**	**252**	**2 119**	**235**
省辖市						
武汉市	194.79	1 067 111	33	96	366	59
黄石	27.30	133 195	2	9	37	2
十堰	20.99	152 570	7	8	46	18
荆沙	31.54	138 021	4	22	90	4
襄樊	28.26	143 402	3	12	67	2
宜昌	26.48	151 338	4	8	46	11
鄂州	13.92	59 261	2	6	76	11
荆门	15.59	78 673	2	12	74	6
孝感	9.61	35 297	1	8	41	5
省直管市						
天门	11.06	44 681		2	88	4
仙桃	11.06	45 189		9	78	3
潜江	18.14	93 030	2	5	79	5
随州	11.14	45 870	1	4	91	11
县级市						
老河口	7.45	26 655		3	28	3
恩施	5.87	22 413	2	8	42	4
咸宁	4.89	17 551	1	2	31	4
丹江口	6.81	33 462	1	2	42	7
应城	7.67	29 571		1	38	5
蒲圻	6.81	28 672	1	3	41	3
石首	4.77	19 282			39	6
麻城	5.96	22 322		5	76	6
利川	3.24	11 431		1	49	5
洪湖	9.42	32 873		3	62	12
安陆	4.68	19 838		2	42	1
武穴	5.63	20 879		1	48	2
枝城	4.16	18 077		1	27	2
枣阳	7.63	29 094		1	44	5
广水	5.42	16 088		2	52	9
当阳	4.37	18 901		2	29	1
黄州	9.25	36 585	1	11	43	2
钟祥	9.65	39 212	1	2	63	7
宜城	5.74	20 409			28	1
大冶	5.68	18 905		1	62	2
松滋	6.72	28 659			54	7

城　市	技工学校 (个)	小　学 (个)	高等学校教师数 (人)	中等专业学校教师数 (人)	普通中学教师数 (人)	技工学校教师数 (人)
总　计	**154**	**13 369**	**25 874**	**17 819**	**109 569**	**7 917**
省辖市						
武汉市	65	1 019	19 462	6 362	19 534	2 869
黄　石	12	104	534	580	2 984	644
十　堰	3	186	727	675	2 430	132
荆　沙	8	444	1 385	1 312	5 236	719
襄　樊	12	91	452	1 052	3 155	655
宜　昌	12	91	886	575	2 484	517
鄂　州	2	342	272	204	3 129	170
荆　门	1	402	404	1 173	5 505	132
孝　感	3	219	236	1 079	2 123	330
省直管市						
天　门	5	745		167	4 400	320
仙　桃	1	600		673	4 826	177
潜　江	2	325	183	238	4 996	133
随　州	1	988	47	207	4 523	50
县级市						
老河口	2	212		138	1 494	106
恩　施	4	390	511	207	1 767	205
咸　宁		288	232	185	1 368	
丹江口	4	398	207	126	1 633	163
应　城	4	248		74	2 094	97
蒲　圻		269	14	218	1 653	
石　首	1	285			1 921	29
麻　城	1	810		179	3 239	54
利　川		546		45	1 658	
洪　湖	1	458		135	2 603	44
安　陆	2	328		84	2 044	59
武　穴		328		154	1 869	
枝　城	4	141		112	1 589	130
枣　阳		561		78	2 951	
广　水		542		257	2 272	
当　阳		246		155	1 873	
黄　州	2	311	288	823	2 305	47
钟　祥	1	489	34	247	3 274	87
宜　城		195			1 567	
大　冶		339		65	2 397	
松　滋	1	429			2 673	48

城市	从事科技活动人员数（人）	专业技术人员数（人）	电影放映单位（个）	公共图书馆（个）	卫生机构数（个）	卫生技术人员数（人）
总计	**125 121**	**1 084 932**	**1 793**	**62**	**5 798**	**164 231**
省辖市						
武汉市	12 585	400 897	137	15	1 153	50 132
黄石	3 351	59 033	63	1	249	6 954
十堰	4 662	55 921	49	2	205	5 596
荆沙	60 821	37 227	28	4	324	8 647
襄樊	3 067	38 739	62	2	198	6 273
宜昌	5 902	58 106	8	1	270	8 521
鄂州	3 406	23 933	124	1	94	4 471
荆门	1 441	30 181	103	1	167	4 387
孝感	430	18 711	33	2	115	3 766
省直管市						
天门	580	24 653	61	1	155	3 549
仙桃	125	21 324	31	1	120	3 753
潜江	1 231	19 738	54	4	212	4 827
随州	534	19 932	145	1	208	4 608
县级市						
老河口	95	15 808	42	3	92	2 038
恩施	250	14 518	27	2	254	2 875
咸宁	48	6 454	37	2	91	1 459
丹江口	237	19 530	46	1	97	1 923
应城	308	3 114	61	1	84	2 959
蒲圻	2 984	7 877	34	1	63	2 153
石首	498	12 565	25	1	59	1 804
麻城	98	15 251	100	1	164	2 640
利川	9	13 844	60	1	180	1 973
洪湖	484	17 185	20	1	122	2 881
安陆	187	8 837	17	1	70	1 514
武穴	1 750	12 063	67	1	108	1 878
枝城	13	8 380	8	1	113	1 433
枣阳	340	12 817	72	1	124	2 709
广水	124	15 776	21	1	77	3 584
当阳	65	11 000	38	1	80	1 769
黄州	2 875	30 325	42	2	152	3 348
钟祥	15 966	17 451	22	1	134	3 332
宜城	128	8 341	50	1	72	1 802
大冶	449	20 100	83	1	57	2 584
松滋	78	15 301	23	1	135	2 089

农　　业　10

资料整理人员：常　迅

10—1 农村基层组织和乡村劳动力情况

项目	单位	1990年	1991年	1992年	1993年	1994年	1995年
、农村基层组织个数							
乡政府	个	1 121	1 120	1 091	1 069	1 060	1 040
镇政府	个	844	845	848	848	853	861
办事处	个	153	170	169	169	167	184
村民委员会	个	32 765	32 790	32 740	32 848	32 804	32 802
村民小组	个	260 847	261 355	261 122	261 354	261 026	260 641
、乡村户数、劳动力							
乡村户数	万户	1 005.32	1 008.83	1 008.85	1 008.48	1 004.69	1 004.21
乡村人口数	万人	4 110.59	4 116.15	4 107.33	4 077.82	4 060.27	4 041.67
乡村劳动力	万人	1 791.30	1 808.96	1 805.11	1 822.75	1 826.21	1 810.44
. 按性别分组							
男劳动力	万人	944.72	950.66	951.05	962.29	965.44	955.74
女劳动力	万人	846.58	858.30	854.06	860.46	860.77	854.70
. 按行业分组							
农林牧渔业劳动力	万人	1 453.96	1 486.44	1 452.23	1 422.49	1 379.52	1 329.18
工业劳动力	万人	112.29	104.75	109.50	111.53	121.68	130.91
建筑业劳动力	万人	55.33	54.41	59.46	71.11	79.48	82.82
交通运输、仓储及邮电通讯业劳动力	万人	24.20	24.56	27.06	29.33	32.23	35.6
批发、零售贸易业、餐饮业劳动力	万人	29.53	29.26	34.26	43.70	51.93	55.61
其他非农行业劳动力	万人	115.99	109.54	161.0	144.59	161.37	176.32
# 外出合同工、临时工	万人	38.11	35.10	42.62	73.93	86.70	91.95
国营农林牧渔场劳动力		**64.24**	**60.55**	**60.34**	**61.86**	**61.07**	**59.05**
农业劳动力	万人	38.71	37.29	36.75	37.45	36.42	35.59
非农业劳动力	万人	25.53	23.26	23.59	24.41	24.65	23.46

10—2 乡村劳动力情况

单位：万人

年 份	合 计	农 林 牧渔业	工 业	建筑业	交通运输 仓 储 邮电业	批发零售 贸易业、 餐饮业	其 他
1957	969.62						
1965	1 181.58	1 145.04					36.54
1970	1 340.75	1 292.25					48.50
1975	1 434.83	1 367.13					67.70
1978	1 468.48	1 354.92	39.11				74.45
1980	1 500.56	1 393.69	34.81				72.06
1985	1 648.88	1 324.44	126.90	45.99	19.10	25.17	107.28
1986	1 668.51	1 335.48	128.09	53.51	21.40	27.70	102.33
1987	1 699.18	1 356.02	127.40	55.66	22.74	27.50	109.86
1988	1 733.51	1 381.77	127.78	57.30	24.22	29.84	112.60
1989	1 757.41	1 419.39	119.52	54.74	23.88	28.19	111.69
1990	1 791.30	1 453.96	112.29	55.33	24.20	29.53	115.99
1991	1 808.96	1 486.44	104.75	54.41	24.56	29.26	109.54
1992	1 805.11	1 452.23	109.50	59.46	27.06	34.26	122.60
1993	1 822.75	1 422.49	111.53	71.11	29.33	43.70	144.59
1994	1 826.21	1 379.52	121.68	79.48	32.23	51.93	161.37
1995	1 810.44	1 329.18	130.91	82.82	35.60	55.61	176.32

10—3 耕地面积变化情况

单位：千公顷

年 份	年末实有耕地面积	水 田	旱 地	年内减少的耕地面积	#国家基建占地	#乡村集市占地	#农民个人建房占地
1952	4 015.90	1 876.62	2 139.28				
1957	4 172.31	1 945.05	2 227.26				
1965	4 239.93	1 966.31	2 273.62				
1970	3 964.01	1 982.20	1 981.81				
1975	3 822.00	1 996.23	1 825.77				
1978	3 768.07	1 959.64	1 808.43	30.77	7.75	6.83	
1980	3 738.51	1 929.50	1 809.01	35.82	4.69	5.87	
1985	3 584.61	1 864.15	1 720.46	71.70	8.56	8.06	4.
1986	3 545.00	1 847.63	1 697.37	49.30	7.30	5.99	4.
1987	3 517.99	1 845.17	1 672.82	36.16	7.13	5.00	2.
1988	3 498.47	1 838.37	1 660.10	25.98	4.55	3.41	1.
1989	3 486.57	1 858.25	1 628.32	17.47	1.83	4.25	0.
1990	3 476.77	1 871.77	1 605.00	15.60	2.73	2.75	0.
1991	3 458.46	1 869.19	1 589.27	24.11	4.03	2.47	0.
1992	3 421.57	1 845.29	1 576.28	41.67	4.95	2.99	0.
1993	3 392.74	1 815.75	1 576.99	32.84	6.11	3.41	1.
1994	3 375.60	1 805.42	1 570.18	21.21	3.77	3.41	0.
1995	3 358.01	1 780.40	1 577.61	21.36	4.23	3.04	0.

10—4 农、林、牧、渔业分项产值

项目	绝对数(亿元)		构成(%)		1995年为1994年%
	1994年	1995年	1994年	1995年	
农林牧渔业总产值	**786.84**	**988.53**	**100**	**100**	**114.1**
农业总产值	**481.82**	**612.12**	**61.2**	**61.9**	**111.6**
一、种植业产值	**464.90**	**595.59**	**59.1**	**60.3**	**112.6**
(一)粮食作物	266.42	337.25	33.9	34.1	101.3
主产品	242.30	306.63	30.8	31.0	101.0
副产品	24.12	30.62	3.1	3.1	104.9
(二)棉花	50.81	74.27	6.5	7.5	133.8
主产品	48.39	70.73	6.1	7.2	74.7
副产品	2.42	3.54	0.3	0.3	133.8
(三)油料	37.85	52.07	4.8	5.3	135.5
主产品	36.46	50.17	4.6	5.1	135.5
副产品	1.39	1.90	0.2	0.2	73.9
(四)麻类	3.25	4.37	0.4	0.4	132.0
主产品	3.19	4.28	0.4	0.4	132.0
副产品	0.06	0.09			78.0
(五)糖料	2.99	3.63	0.4	0.4	113.9
(六)烟叶	3.79	5.77	0.5	0.6	104.8
(七)药材	2.90	4.34	0.4	0.4	65.7
(八)蔬菜瓜果	70.21	79.75	8.9	8.1	112.5
(九)茶桑果	14.46	20.17	1.8	2.0	65.1
(十)其他农作物	12.20	13.97	1.6	1.4	118.0
二、其他农业	**16.94**	**16.53**	**2.2**	**1.7**	**95.1**
(一)采集野生植物	5.11	5.87	0.6	0.6	107.3
(二)农民家庭兼营商品性工业	11.84	10.66	1.5	1.1	90.1
林业产值	**26.47**	**28.33**	**3.4**	**2.9**	**102.6**
(一)营林	8.79	9.07	1.1	0.9	95.9
(二)林产品	7.60	7.68	1.0	0.8	108.5
(三)竹木采伐	10.08	11.58	1.3	1.2	95.8
牧业产值	**219.53**	**268.10**	**27.9**	**27.1**	**115.9**
(一)大牲畜	5.20	9.63	0.7	1.0	126.1
(二)猪(出栏)	149.67	181.56	19.0	18.4	115.1
(三)羊	1.31	2.17	0.2	0.2	159.4
(四)家禽(出笼)	17.13	22.90	2.2	2.3	134.7
(五)活的畜禽产品	41.99	47.74	5.3	4.8	111.0
渔业产值	**59.01**	**79.98**	**7.5**	**8.1**	**127.2**
(一)鱼类	50.69	62.11	6.4	6.3	119.4
(二)虾蟹类	3.35	4.38	0.4	0.4	125.8
(三)贝类	0.69	0.62		0.1	92.8
(四)其他	4.28	12.87	0.5	1.3	229.2

注:本表绝对数、构成按当年价格计算,发展速度按1990年不变价格计算。

10—5 农、林、牧、渔业总产值

单位:亿元

年份	合计	农业	林业	牧业	渔业
1952	16.59	12.08	0.79	1.48	0.18
1957	28.59	20.55	1.46	3.81	0.46
1965	47.48	37.44	1.98	6.02	0.51
1970	51.27	40.62	2.07	6.41	0.92
1975	74.68				
1978	84.46				
1980	94.95	64.70	7.28	17.29	1.46
1985	192.32	129.61	8.15	39.08	8.18
1986	219.10	146.79	8.75	43.86	10.77
1987	249.68	160.13	9.97	54.86	14.19
1988	297.51	175.12	10.98	80.80	18.83
1989	335.04	198.56	11.75	91.47	20.66
1990	402.23	252.92	14.15	98.04	23.88
1991	405.04	247.01	16.81	102.19	25.06
1992	435.42	265.53	17.36	110.37	27.59
1993	501.17	301.99	22.39	134.02	42.77
1994	786.84	481.82	26.48	219.53	59.01
1995	988.53	612.12	28.33	268.10	79.98

注:本表按当年价格计算。

10—6 农、林、牧、渔业总产值指数

(上年=100)

年份	合计	农业	林业	牧业	渔业
1978	104.01	103.09	104.9	107.6	94.2
1979	109.6	109.2	101.8	118.8	109.2
1980	88.8	83.7	102.8	108.1	111.3
1981	111.2	112.0	91.2	98.1	110.3
1982	113.3	113.8	109.1	118.4	117.0
1983	100.1	99.5	101.2	102.6	115.5
1984	120.9	120.8	105.0	125.2	140.2
1985	106.3	101.7	103.0	127.8	133.3
1986	103.4	100.6	98.5	107.3	129.8
1987	102.7	101.2	104.5	101.0	120.1
1988	97.2	93.9	90.6	105.4	105.6
1989	105.0	104.5	101.6	105.2	108.3
1990	107.1	108.4	106.0	104.9	106.7
1991	99.2	95.8	110.0	105.8	98.1
1992	107.0	107.4	95.4	108.0	109.1
1993	106.7	105.9	107.8	113.9	135.8
1994	109.8	103.9	116.5	115.1	128.8
1995	114.1	111.6	102.6	115.9	127.2

注:本表按 1990 年不变价格计算。2. 按新的统计制度规定,1993 年以后为农、林、牧、渔四业产值(下同)。

10—7 农、林、牧、渔业总产值指数

（1978年＝100）

年份	合计	农业	林业	牧业	渔业
1978	100.0	100.0	100.0	100.0	100.0
1979	109.6	109.2	101.8	118.8	109.2
1980	97.3	91.4	104.7	127.9	121.5
1981	108.2	102.4	95.4	138.2	134.1
1982	122.6	116.5	104.1	135.6	156.8
1983	122.7	115.9	105.3	160.5	181.2
1984	148.4	140.0	110.6	164.7	254.0
1985	157.7	142.4	114.0	206.2	338.6
1986	163.1	143.3	112.3	263.5	439.5
1987	167.5	145.0	117.3	282.7	527.8
1988	162.9	136.1	106.3	285.5	557.3
1989	171.0	142.3	108.0	301.0	603.6
1990	183.1	154.2	114.5	315.7	644.0
1991	181.7	147.7	125.9	334.0	631.8
1992	194.4	158.7	120.1	360.7	689.3
1993	207.4	168.0	129.5	410.9	936.1
1994	227.8	175.0	152.0	461.7	1 203.0
1995	259.9	195.3	156.0	535.1	1 530.2

10—8 农业商品产值

单位：亿元

项目	1990年	1991年	1992年	1993年	1994年	1995年
农、林、牧、渔业商品产值	**210.99**	**211.92**	**244.24**	**312.69**	**477.61**	**603.00**
农业	121.29	116.23	130.90	178.82	269.36	342.33
林业	4.46	5.17	5.77	8.00	12.97	13.74
牧业	57.91	62.11	74.31	95.21	151.54	187.67
渔业	16.71	17.03	21.36	30.66	43.74	59.26

注：本表按当年价格计算（下表同）。

10—9 农、林、牧、渔业增加值

(1995年)

单位:亿元

项目	合计	农业	林业	牧业	渔业
一、总产值	**988.53**	**612.12**	**28.33**	**268.09**	**79.98**
二、中间消耗	**349.22**	**197.71**	**8.91**	**119.81**	**22.79**
中间物质消耗	335.73	188.35	8.36	117.43	21.59
对非物质生产部门劳务支出	13.49	9.36	0.55	2.38	1.20
三、增加值	**639.31**	**414.41**	**19.42**	**148.28**	**57.19**
(一)固定资产折旧	10.96				
(二)劳动者报酬	565.94				
(三)生产税	13.92				
(四)生产补贴	4.37				
(五)营业盈余	52.86				

10—10 农村非农行业产值

单位:亿元

年份	非农行业产值	工业	建筑业	运输业	商业饮食业
1980	35.24	19.29	8.70	1.70	5.55
1985	116.83	67.49	23.23	9.89	16.22
1986	140.47	81.24	27.71	12.75	18.77
1987	178.76	108.16	32.18	15.95	22.47
1988	233.35	152.37	33.73	18.33	28.92
1989	271.67	186.59	32.78	20.64	31.66
1990	298.59	207.68	35.22	23.22	32.47
1991	326.76	224.01	38.72	26.94	37.09
1992	425.69	297.81	44.64	34.52	48.72
1993	660.95	465.65	68.08	50.07	77.15
1994	1 057.39	758.56	105.04	78.89	114.90
1995	1 727.53	1 244.31	176.04	128.28	178.90

10—11 农业机械年末拥有量

项　　目	单　位	1990年	1991年	1992年	1993年	1994年	1995年
农业机械总动力	亿瓦特	110.00	112.10	112.09	110.90	113.61	117.43
大中型农用拖拉机混合台	万台	8.60	8.60	8.45	7.89	7.38	7.12
	亿瓦特	18.00	17.50	17.28	16.24	15.39	14.78
小型及手扶拖拉机混合台	万台	17.70	18.30	17.92	16.99	15.72	15.47
	亿瓦特	15.20	15.50	15.20	14.31	13.04	12.53
机动收割机	万台	0.20	0.10	0.06	0.06	0.05	0.04
机动脱粒机	万台	12.50	12.50	12.35	11.97	11.39	11.25
农 用 泵	万台	24.30	24.10	23.98	23.95	24.37	26.56
大中型农用拖拉机机引农具	万台	2.70	3.00	3.86	3.05	2.91	2.85
农副产品加工机械							
# 碾 米 机	万台	13.30	13.20	13.30	13.19	12.74	12.81
磨面机	万台	8.40	8.20	8.35	8.40	8.28	8.60
轧花机	万台	2.00	2.10	1.92	1.89	1.88	1.80
榨油机	万台	2.00	2.00	2.16	2.22	2.26	2.28
农用汽车	万辆	1.30	1.30	1.32	1.31	1.51	1.58
	亿瓦特	9.60	9.40	9.42	9.40	10.47	11.12
机动喷雾器	万部	3.70	4.60	4.70	4.77	5.29	6.44
渔用机动船	万艘	1.40	1.50	0.61	0.92	1.09	1.17
排 水 量	万吨	19.40	13.70	11.37	2.09	2.24	2.35
	亿瓦特	1.30	1.50	1.11	0.43	0.62	0.64

10—12　农业机械化、用电、化肥、水利情况

项　　目	单　位	1990年	1991年	1992年	1993年	1994年	1995年
一、农业机械化情况							
当年实际机耕面积	千公顷	1 097.23	1 200.07	1 379.01	1 050.45	833.62	796.24
占耕地面积比重	%	31.5	34.7	40.3	31.0	24.7	23.7
二、农村用电情况							
乡村及村以下办水电站	个	1 563	1 666	1 318	1 177	1 165	1 177
发电量	亿千瓦		11.00	4.93	5.12	5.05	5.54
已通电的村	万个					3.17	3.21
农村用电量	亿千瓦小时	27.21	27.81	30.87	33.41	40.84	47.36
三、化肥施用量(折纯量)	**万吨**	**148.61**	**155.32**	**165.09**	**182.82**	**200.15**	**228.41**
氮　　肥	万吨	91.20	100.00	102.19	108.49	115.10	129.64
磷　　肥	万吨	31.05	29.11	29.52	35.02	39.43	44.76
钾　　肥	万吨	7.33	9.32	10.04	11.18	12.67	14.90
四、农药使用量	**万吨**	**4.63**	**5.12**	**5.62**	**6.00**	**8.26**	**11.24**
五、农田水利情况							
有效灌溉面积	千公顷	2 324.35	2 330.73	2 356.19	2 240.10	2 238.77	2 172.08
占耕地比重	%	66.8	67.4	68.2	66.0	66.3	64.7
旱涝保收面积	千公顷	1 961.22	1 965.78	1 968.17	2 279.3	1 814.05	1 817.85
占耕地比重	%	56.4	56.8	57.5	67.2	53.7	54.1

10—13 主要农作物播种面积

单位:万亩

年份	总播种面积	粮食作物	#稻谷	#小麦	#玉米	#薯类	#大豆	棉花	油料
1952	9 612	7 609	2 845	1 386	676	330	420	785	537
1957	10 514	8 260	3 164	1 676	694	386	510	839	610
1965	11 541	8 737	3 536	1 678	777	584	400	893	479
1970	10 975	8 092	3 974	1 485	643	467	320	874	345
1975	11 907	8 368	4 646	1 583	548	596	272	895	430
1978	11 897	8 317	4 342	1 683	604	644	329	890	454
1980	11 216	8 028	4 062	1 938	610	581	260	888	496
1985	10 997	7 662	3 808	1 997	561	531	251	697	907
1986	11 062	7 638	3 810	1 958	573	537	274	620	1 080
1987	11 006	7 715	3 836	2 023	591	530	258	645	992
1988	10 843	7 632	3 791	1 996	576	554	250	671	943
1989	10 891	7 783	3 910	2 012	584	584	261	628	989
1990	11 042	7 800	3 955	2 028	579	588	247	684	1 116
1991	11 136	7 792	3 934	2 021	593	604	226	692	1 206
1992	16 170	7 800	3 955	2 028	579	588	247	684	1 116
1993	10 688	7 218	3 567	1 907	549	576	273	729	1 100
1994	10 772	7 197	3 560	1 838	560	594	302	746	1 235
1995	11 121	7 165	3 613	1 770	591	597	282	753	1 571

年份	#花生	#油菜籽	#芝麻	麻类	#苎麻	糖料	#甘蔗	烟叶	#烤烟	其他作物
1952	47	204	285	23	13	7	7	21		627
1957	102	213	294	42	32	2	2	13		741
1965	43	176	259	27	20	2	2	25	7	1 364
1970	40	134	165	26	20	1	1	10	5	1 613
1975	41	244	145	34	17	5	5	31	22	2 122
1978	51	248	154	30	15	4	4	51	37	2 122
1980	61	264	170	37	16	2	2	23	15	1 721
1985	99	542	260	172	29	12	12	90	57	1 414
1986	106	656	312	132	84	15	15	97	61	1 451
1987	98	647	242	175	132	14	14	87	50	1 348
1988	97	629	212	127	78	13	13	123	75	1 305
1989	98	678	208	86	40	13	13	132	78	1 236
1990	95	825	190	63	22	12	12	114	70	1 227
1991	92	915	192	45	15	13	13	140	85	1 222
1992	96	825	190	63	22	12	12	114	70	1 227
1993	120	783	191	48	14	23	23	149	96	1 398
1994	130	924	172	45	27	24	24	107	58	1 418
1995	138	1 258	165	48	32	24	24	101	62	1 459

10—14 主要农作物播种面积和产量

指标	1990年		1994年		1995年	
	播种面积（万亩）	产量（万吨）	播种面积（万亩）	产量（万吨）	播种面积（万亩）	产量（万吨）
粮食	7 800.02	2 475.03	7 196.92	2 422.10	7 164.98	2 463.84
#稻谷	3 954.71	1 789.60	3 559.89	1 690.20	3 612.90	1 730.71
小麦	2 028.15	391.14	1 838.40	383.30	1 769.90	363.60
玉米	579.17	122.17	559.53	133.70	590.66	150.18
薯类	587.85	99.60	594.05	124.20	596.48	135.23
大豆	246.98	26.43	302.28	42.40	282.02	39.45
棉花	683.88	51.73	746.37	45.00	753.05	58.60
油料	1 116.47	95.75	1 235.37	137.77	1 570.53	189.44
#花生	95.62	12.79	130.46	24.81	137.87	27.28
油菜籽	825.13	70.90	923.81	98.07	1 258.23	146.24
芝麻	190.28	11.75	172.16	14.18	165.06	15.07
麻类	63.26	12.27	45.18	6.75	48.23	8.14
#苎麻	21.96	1.52	27.39	2.28	31.77	3.42
黄红麻	40.99	10.71	17.66	4.36	16.25	4.68
糖料	12.11	34.66	23.60	64.62	24.00	73.58
#甘蔗	12.10	34.63	23.60	64.61	23.96	73.58
烟叶	114.38	10.74	106.64	10.78	101.07	11.11
#烤烟	69.52	6.24	58.04	5.80	61.74	6.74
蔬菜	559.66	976.22	772.88	1 437.55	876.11	1 663.36
青饲料	56.39		82.8		90.95	
绿肥	566.01		387.77		319.43	
蚕茧、茶叶、水果						
1. 蚕茧		0.79		2.08		2.24
#桑蚕茧		0.70		2.07		2.23
2. 茶叶	76.38	2.84	162.27	3.59	170.08	3.90
#绿毛茶		0.55		2.73		3.05
3. 水果	177.07	26.89	291.35	68.41	299.71	114.70
#桃子		7.50	47.42	9.05	36.79	14.59
柑桔	128.47	13.08	144.80	30.35	147.59	58.14
苹果	9.87	1.20	19.43	2.42	20.49	3.21

10—15 主要农作物产量

单位:万吨

年　份	粮　食	#稻　谷	#小　麦	#玉　米	#薯　类	#大　豆	棉　花	油　料	#花　生
1952	747.60	469.20	72.20	44.25	35.00	23.75	12.17	22.34	4.56
1957	986.10	642.70	110.80	55.45	47.60	33.75	21.02	25.26	11.23
1965	1 241.35	775.10	151.70	78.80	83.65	26.75	38.29	22.32	5.15
1970	1 268.65	914.55	127.30	58.15	65.30	23.55	29.64	14.93	4.82
1975	1 561.50	1 178.20	165.90	59.15	82.90	19.40	40.61	21.44	5.12
1978	1 725.65	1 207.86	227.82	102.80	90.15	30.13	36.67	23.71	4.90
1980	1 536.45	1 037.80	266.30	86.25	87.80	11.70	31.63	20.58	5.85
1985	2 216.13	1 571.80	345.43	115.33	101.01	23.80	49.22	72.98	13.52
1986	2 304.51	1 623.60	381.49	115.65	102.66	29.04	43.91	81.86	15.08
1987	2 320.66	1 595.01	421.08	117.87	104.09	27.56	43.90	75.54	14.62
1988	2 252.65	1 576.08	408.07	92.04	97.56	24.46	36.19	65.76	12.54
1989	2 370.40	1 697.45	375.49	109.26	111.53	29.40	31.28	76.71	14.18
1990	2 475.03	1 789.60	391.14	122.17	99.60	26.43	51.73	95.75	12.79
1991	2 244.10	1 553.94	388.70	120.28	106.62	20.58	49.11	106.29	11.44
1992	2 426.60	1 746.50	372.30	130.10	113.30	24.70	60.99	99.74	15.72
1993	2 325.70	1 621.50	386.70	116.40	117.80	35.20	42.50	111.74	20.68
1994	2 422.10	1 690.20	383.30	133.70	124.20	42.40	45.00	137.77	24.81
1995	2 463.84	1 730.71	363.60	150.18	135.23	39.45	58.60	189.44	27.28

年　份	#油菜籽	#芝　麻	麻　类	#苎　麻	糖　料	#甘　蔗	烟　叶	#烤　烟
1952	7.09	10.69	1.43	0.92	13.73	13.73	1.28	
1957	4.86	9.16	2.11	1.72	4.58	4.39	0.66	
1965	6.76	10.20	1.34	0.97	2.83	2.83	2.02	0.96
1970	3.94	5.94	1.24	0.93	1.84	1.84	0.66	0.42
1975	10.65	5.61	2.00	0.86	9.92	9.77	2.76	2.10
1978	10.72	8.02	1.74	0.58	8.73	8.65	5.37	3.80
1980	11.59	3.07	4.13	0.98	4.54	4.47	2.28	1.42
1985	41.14	17.81	31.35	2.29	39.64	39.64	9.70	5.84
1986	47.12	19.12	14.83	5.25	52.38	52.38	8.98	5.30
1987	47.58	13.07	19.83	10.98	41.66	41.66	8.38	4.44
1988	42.63	10.29	16.11	6.38	37.75	37.75	11.96	6.76
1989	52.56	9.68	14.84	3.44	39.57	39.57	11.96	6.63
1990	70.90	11.75	12.27	1.52	34.66	34.63	10.74	6.24
1991	83.75	10.82	6.82	0.94	33.49	33.48	14.48	8.62
1992	70.86	12.68	6.90	0.91	51.62	51.56	17.18	11.48
1993	78.35	12.15	8.78	1.09	79.49	79.49	14.81	8.70
1994	98.07	14.18	6.75	2.28	64.62	64.61	10.78	5.8
1995	146.24	15.07	8.14	3.42	73.58	73.58	11.11	6.74

10—16 主要农产品单位面积产量

单位:公斤/亩

年份	粮食	#稻谷	#小麦	#玉米	#薯类	#大豆	棉花	油料	#花生
1952	98	165	52	65	106	57	16	42	96
1957	119	203	66	80	123	66	25	41	110
1965	142	219	90	101	146	67	43	47	119
1970	157	230	86	90	140	74	34	43	120
1975	187	254	105	108	139	71	45	50	126
1978	207	278	135	170	140	92	41	52	96
1980	187	235	137	141	151	45	36	41	96
1985	289	413	173	205	190	95	71	80	137
1986	302	426	195	202	191	106	71	76	143
1987	301	416	208	200	196	107	68	76	149
1988	295	416	204	160	176	98	54	70	129
1989	305	434	187	187	191	113	50	78	144
1990	317	453	193	211	169	107	76	86	134
1991	288	395	122	203	179	91	71	92	124
1992	327	459	193	231	192	117	80	91	160
1993	322	455	203	212	204	129	58	102	173
1994	334	475	209	238	209	140	60	112	190
1995	344	479	205	254	227	140	78	121	198

年份	#油菜籽	#芝麻	麻类	#苎麻	糖料	#甘蔗	烟叶	#烤烟
1952	35	38	62	71	1 853	1 853	60	
1957	19	31	50	54	1 868	2 230	52	
1965	38	39	50	50	1 848	1 848	82	130
1970	29	36	47	47	1 578	1 578	68	81
1975	44	39	59	52	2 042	2 147	89	96
1978	43	52	58	39	2 379	2 494	105	102
1980	44	18	112	60	1 876	1 996	101	98
1985	76	69	183	78	3 368	3 368	107	103
1986	72	61	113	63	3 382	3 382	93	87
1987	74	54	113	83	3 077	3 077	96	90
1988	68	49	127	82	2 840	2 840	97	90
1989	77	46	172	87	3 111	3 111	90	85
1990	86	62	194	69	2 862	2 862	94	90
1991	92	56	150	65	2 630	2 634	104	101
1992	88	67	165	63	3 228	3 231	108	105
1993	100	64	185	79	3 526	3 533	100	90
1994	106	82	149	83	2 738	2 738	101	100
1995	116	91	169	108	3 066	3 066	110	109

注:本表按播种面积计算。

10—17 林业生产情况

指标	单位	1990年	1991年	1992年	1993年	1994年	1995年
当年造林面积	千公顷	221.17	308.33	345.32	360.96	341.69	271.63
人工造林	千公顷	167.79	233.25	314.79	342.10	335.56	269.18
飞机播种造林	千公顷	53.38	75.08	30.53	18.86	6.13	2.46
按主要林种分							
用材林	千公顷	155.13	214.16	212.87	199.15	153.49	99.33
经济林	千公顷	34.29	48.07	65.85	104.01	122.75	136.69
防护林	千公顷	24.09	37.20	53.50	41.33	42.25	21.67
新炭林	千公顷	5.06	8.21	12.63	15.67	23.02	13.72
特种用途林	千公顷	2.60	0.69	0.47	0.80	0.18	0.23
当年零星植种树	万株	17 981	18 177	26 272	24 333	27 374	27 899
迹地更新面积	千公顷	15.95	14.68	22.75	34.12	23.26	29.75
育苗面积	千公顷	6.53	8.19	10.30	7.39	6.69	7.48
幼林抚育作业面积	千公顷	264.55	317.95	267.33	366.40	403.92	444.75
成林抚育面积	千公顷	140.14	156.25	202.91	254.52	301.71	353.16
主要林产品产量							
生漆	万吨	0.04	0.04	0.08	0.05	0.04	0.04
油桐籽	万吨	2.18	2.08	2.70	2.58	2.31	2.15
油茶籽	万吨	1.06	0.91	0.92	0.84	1.23	1.32
乌桕籽	万吨	1.97	1.86	1.83	1.67	1.46	1.62
五倍子	万吨	0.12	0.08	0.11	0.08	0.11	0.11
棕片	万吨	0.27	0.25	0.27	0.26	0.27	0.31
松脂	万吨	0.04	0.07	0.07	0.07	0.16	0.12
竹笋干	万吨	0.03	0.02	0.03	0.03	0.04	0.06
核桃	万吨	0.15	0.13	0.13	0.22	0.18	0.22
板栗	万吨	0.94	1.02	1.52	1.74	2.34	2.90
木材采伐量	万立方米	104.90	193.10	450.60	97.13	105.64	112.80
楠竹采伐量	万根	1 237.00	1 329.23	1 693.47	1 773.66	2 156.12	2 882.06

10—18 主要土特产品产量

单位:万吨

年份	茶叶	#绿毛茶	蚕茧	#桑蚕茧	水果	#桃子	#柑桔	#苹果	白木耳（公斤）	黑木耳
1952	0.54	0.13	0.08	0.08	22.91				2 500	0.12
1957	0.56		0.25	0.20	23.53				3 000	0.18
1965	0.78		0.12	0.16	6.83				1 100	0.06
1970	0.90		0.22	0.18	5.35				5 900	0.07
1975	1.43		0.42	0.36	11.13	1.91	2.22	0.32	299 901	0.08
1978	1.74		0.47	0.36	10.27	1.38	0.38	0.26	137 005	0.08
1980	1.73	0.81	0.69	0.57	11.39	1.68	1.63	0.31	252 188	0.07
1985	2.27	1.03	0.50	0.46	21.73	1.79	7.66	0.73	233 399	0.16
1986	2.30	1.04	0.42	0.39	23.79	2.14	10.45	0.55	176 597	0.18
1987	2.61	1.33	0.43	0.42	35.67	2.84	17.17	1.51	109 734	0.26
1988	2.72	1.47	0.49	0.43	21.63	2.60	6.04	0.95	56 737	0.17
1989	2.83	1.54	0.58	0.51	44.36	2.51	27.26	1.68	156 886	0.20
1990	2.84	0.55	0.79	0.70	26.89	2.50	13.08	1.20	121 048	0.13
1991	2.98	1.87	1.04	1.00	46.47	3.41	28.40	2.37	51 189	0.12
1992	3.05	2.13	1.42	1.41	33.81	4.41	14.12	2.21	117 735	0.11
1993	3.41	2.62	1.62	1.61	56.39	6.26	27.18	2.89	24 332	0.12
1994	3.59	2.73	2.08	2.07	68.41	9.05	30.35	2.42	32 168	0.13
1995	3.90	3.05	2.24	2.23	114.70	14.59	58.14	3.21	39 655	0.14

10—19 水产品生产情况

年份	水产品产量（万吨）	#成鱼	养殖面积（千公顷）	养殖产量（万吨）	鱼苗（亿尾）
1952	7.85	7.54	44.67	1.05	11.24
1957	12.36	12.10	175.33	4.71	45.62
1965	11.39	11.39	289.89	6.70	59.15
1970	11.40	11.40	320.47	7.36	48.95
1975	11.40	11.33	268.97	8.72	93.57
1978	11.00	10.90	236.63	8.98	94.20
1980	13.57	13.35	275.35	10.70	135.84
1985	37.49	37.11	411.95	33.03	272.06
1986	46.66	45.97	435.63	41.54	298.50
1987	58.27	57.55	442.24	51.33	322.72
1988	61.83	61.08	443.07	54.16	306.54
1989	66.50	66.22	445.77	57.38	292.55
1990	70.98	67.96	439.86	60.41	262.36
1991	69.63	66.77	431.17	57.90	252.72
1992	81.63	77.91	442.50	69.90	284.97
1993	101.29	95.68	473.68	87.83	328.01
1994	129.41	120.31	501.66	111.20	351.51
1995	150.91	141.44	533.75	131.69	373.84

10—20 畜牧业生产情况

指标	单位	1988年	1989年	1990年	1993年	1994年	1995年
主要牲畜年末存栏情况							
大牲畜合计	万头	349.51	354.66	356.64	367.48	385.64	413.86
牛	万头	343.72	349.26	351.50	363.15	380.94	409.45
马	万头	2.59	2.54	2.56	2.33	2.59	2.52
驴	万头	2.88	2.55	2.28	1.76	1.76	1.60
骡	万头	0.32	0.31	0.30	0.24	0.35	0.29
猪年末存栏	万头	1 965.66	2 034.60	2 063.55	2 165.18	2 339.13	2 449.11
# 能繁殖的母猪	万头	110.12	118.18	108.05	127.49	148.91	157.92
羊年末存栏	万只	184.88	185.03	163.15	148.42	185.13	263.23
# 山羊	万只	181.02	181.95	160.72	146.30	182.73	260.04
年末家禽存笼	万只	14 698.20	15 038.01	15 434.83	19 445.97	19 821.47	22 387.67
# 鸡	万只	13 302.49	13 650.39	13 780.50	16 791.98	17 010.01	19 112.75
鸭	万只	1 210.60	1 186.82	1 448.23	2 294.25	2 290.53	2 662.31
主要畜禽出栏和畜禽产品产量							
当年出售和自宰的肉用牛	万头	9.41	10.17	12.44	32.40	50.82	67.40
当年出售和自宰的肉用羊	万只	69.75	77.05	78.70	94.71	123.99	197.46
当年出售和自宰的肉猪	万头	1 583.37	1 637.17	1 714.30	2 144.47	2 516.17	2 981.48
当年出笼家禽	万只	6 246.66	6 865.99	7 341.80	12 463.23	17 052.66	22 457.83
肉类总产量	万吨	130.72	139.59	146.83	197.22	234.79	279.40
# 猪肉	万吨	121.72	129.54	134.97	176.68	205.91	239.60
牛肉	万吨	0.94	1.03	1.34	3.74	5.95	8.33
羊肉	万吨	0.95	1.18	1.07	1.47	2.08	2.78
牛奶产量	万吨	4.59	4.80	5.19	4.74	4.65	3.82
禽蛋产量	万吨	46.72	49.30	51.87	69.97	79.01	87.92
蚕茧产量	万吨	0.49	0.58	0.79	1.62	2.08	2.24
# 桑蚕茧	万吨	0.43	0.51	0.70	1.61	2.07	2.23
羊毛产量	吨	120	94	98	101.53	90.08	251.64
# 绵羊毛产量	吨	98	81	83	74.20	57.59	141.55

10—21 按人平均粮、棉、油、猪、水产品生产水平

单位:公斤

年份	粮食	棉花	油料	肉类	水产品	禽蛋
按总人口平均						
1978	379	8.1	5.2		2.40	
1980	330	6.8	4.4	11.9	2.90	
1985	452	10.0	14.9	20.7	7.60	8.2
1986	462	8.8	16.4	21.8	9.35	8.6
1987	459	8.7	14.9	22.4	11.52	8.6
1988	442	7.1	12.9	25.6	12.12	9.2
1989	457	6.0	14.8	26.9	12.83	9.5
1990	467	9.8	18.1	27.7	13.40	9.8
1991	415	8.9	19.6	29.0	12.90	10.1
1992	443	11.1	18.2	31.9	14.89	11.5
1993	416	7.6	20.0	35.3	18.10	12.5
1994	431	8.0	24.5	41.8	23.0	14.0
1995	429	10.2	33.0	48.6	26.3	15.3
按农业人口平均						
1978	444	9.4	6.1		2.82	
1980	392	8.1	5.2	14.1	3.46	
1985	566	12.6	18.6	25.9	9.57	10.2
1986	590	11.2	20.9	27.9	11.94	10.9
1987	588	11.1	19.1	28.7	14.76	11.1
1988	567	9.1	16.6	32.9	15.57	11.8
1989	590	7.8	19.1	34.7	16.55	12.3
1990	603	12.6	23.3	35.8	17.29	12.6
1991	545	11.9	25.8	38.5	16.92	13.5
1992	575	14.4	23.6	41.4	19.30	15.0
1993	546	10.0	26.2	46.3	23.70	16.[illegible]
1994	571	10.6	32.5	55.4	30.5	18.[illegible]
1995	578	13.8	44.5	65.6	35.4	20.[illegible]

10—22 乡镇企业单位数

单位：万个

年 份	合 计	#乡 办	#村 办	农 业	工 业	建筑业	交 通 运输业	商业饮食 业及其他
1978	11.15	1.60	9.55	4.36	4.06	0.26	0.38	2.09
1979	11.37	1.55	9.82	4.31	4.04	0.27	0.43	2.32
1980	11.18	1.58	9.60	4.07	4.00	0.27	0.46	2.38
1981	10.66	1.60	9.06	3.59	3.94	0.26	0.45	2.38
1982	10.81	1.64	9.17	3.37	4.17	0.29	0.48	2.50
1983	10.85	1.71	9.14	3.11	4.40	0.29	0.55	2.50
1984	39.90	2.29	12.94	2.74	30.08	0.53	1.24	5.31
1985	84.06	2.61	12.27	2.44	37.41	8.12	14.56	21.53
1986	99.52	2.64	11.07	2.47	40.17	7.63	15.19	34.06
1987	105.03	2.33	11.01	2.75	41.24	8.02	17.57	35.45
1988	109.26	2.12	11.39	2.93	42.84	8.37	18.94	36.18
1989	107.38	2.01	11.02	3.10	41.73	7.89	18.89	35.77
1990	105.34	1.92	10.65	3.13	40.80	7.38	18.24	35.79
1991	104.33	1.86	10.40	3.18	40.01	7.51	18.87	34.76
1992	110.35	1.86	11.19	3.62	41.70	7.79	20.00	37.24
1993	137.76	2.16	12.20	4.00	48.72	9.92	22.82	52.30
1994	149.25	2.24	13.77	4.99	50.02	11.13	24.20	58.91
1995	146.75	2.26	13.65	4.72	44.11	11.30	27.29	59.33

注：1978—1983为乡、村两级数，1984年以后为乡镇企业全部数（以下表同）。

10—23 乡镇企业职工人数

单位：万人

年 份	合 计	#乡 办	#村 办	农 业	工 业	建筑业	交 通 运输业	商业饮食 业及其他
1978	162.74	70.67	92.07	56.56	73.64	8.95	6.26	17.33
1979	157.57	69.18	88.39	54.21	69.42	10.56	6.01	17.37
1980	152.71	69.98	83.73	46.92	72.10	11.85	5.56	16.28
1981	144.52	69.46	75.06	39.85	72.88	12.20	5.36	14.23
1982	147.36	72.50	74.86	35.36	78.74	14.37	5.33	13.56
1983	153.98	77.38	76.60	30.91	88.35	16.20	5.72	12.80
1984	245.09	91.37	87.59	22.74	156.81	23.40	7.30	34.84
1985	358.72	104.45	96.75	19.67	201.93	53.49	25.54	58.09
1986	379.67	108.19	93.31	19.63	207.77	54.59	26.69	70.99
1987	389.95	107.01	100.83	20.90	215.08	54.35	28.83	91.69
1988	407.19	108.04	106.80	22.54	223.51	57.93	30.33	72.87
1989	401.57	105.99	104.92	23.73	218.79	57.11	29.80	72.14
1990	388.98	100.23	101.96	23.11	210.05	55.25	28.46	72.11
1991	387.87	99.91	100.61	24.35	208.14	56.36	29.73	69.29
1992	413.54	101.59	106.04	25.90	215.51	60.86	31.49	79.78
1993	519.84	124.12	122.52	31.84	262.76	76.81	38.30	110.13
1994	600.33	135.00	136.93	34.87	299.84	92.50	43.18	135.39
1995	663.65	147.33	154.74	38.52	333.40	101.88	50.48	139.37

10—24 乡镇企业总产值

单位:亿元

年份	合计	#乡办	#村办	农业	工业	建筑业	交通运输业	商业饮食业及其他
1978	19.17	11.88	7.29	2.63	12.12	1.07	1.06	2.29
1979	22.02	13.11	8.91	3.15	13.99	1.36	1.03	2.49
1980	24.06	14.60	9.45	3.10	15.67	1.69	1.04	2.55
1981	26.26	16.25	10.01	2.88	17.58	1.89	1.05	2.86
1982	30.55	18.75	11.89	3.00	20.72	2.45	1.20	3.18
1983	40.13	24.63	15.50	3.27	27.64	3.67	1.51	4.04
1984	73.90	34.89	24.58	3.83	51.60	7.99	2.63	7.85
1985	118.84	49.63	34.99	4.63	71.79	19.76	10.57	12.09
1986	151.29	59.74	42.25	5.55	89.06	23.00	11.85	21.83
1987	201.59	73.45	59.54	7.17	121.86	28.31	16.38	27.87
1988	274.40	99.07	79.85	9.83	167.51	37.66	21.42	37.98
1989	327.27	117.75	97.59	12.64	201.51	42.31	25.45	45.36
1990	367.74	130.51	109.62	15.13	228.52	45.70	27.45	50.94
1991	393.01	145.06	115.44	16.75	249.41	52.44	31.89	42.52
1992	527.64	187.56	152.21	21.45	324.55	69.02	41.12	70.50
1993	1 019.88	354.55	265.35	39.62	605.83	133.09	76.13	165.21
1994	1 777.35	636.70	511.88	57.87	1 090.30	221.96	128.24	278.08
1995	3 033.89	999.32	1 028.09	138.58	1 943.66	380.29	180.88	390.48

注:本表按当年价格计算。1991、1992 年商业饮食业及其他总产值中不包括服务业及其他。

10—25 乡镇企业总产值指数

(1978 年=100)

年份	合计	#乡办	#村办	农业	工业	建筑业	交通运输业	商业饮食业及其他
1978	100	100	100	100	100	100	100	100
1980	120.8	118.3	124.7	117.4	121.2	157.9	98.1	115.7
1985	582.9	393.6	441.1	169.4	541.1	1 846.7	996.2	517.9
1986	734.3	466.6	534.2	209.4	663.3	2 110.3	1 107.5	929.7
1987	935.8	568.7	701.2	267.5	835.7	2 597.2	1 531.1	1 225.3
1988	1 232.0	731.5	935.5	357.7	1 112.3	3 367.3	1 952.8	1 591.7
1989	1 456.7	859.0	1 117.9	454.3	1 320.5	3 777.6	2 310.4	1 909.6
1990	1 622.5	951.9	1 234.2	536.6	1 488.6	4 019.6	2 493.4	2 117.0
1991	1 906.1	1 108.7	1 425.9	604.8	1 740.3	4 673.0	2 933.3	2 639.3
1992	2 575.4	1 458.9	1 886.5	773.4	2 296.0	6 177.8	3 889.3	4 287.4
1993	4 824.9	2 632.3	3 213.1	1 389.0	4 156.9	11 170.3	6 949.3	9 580.3
1994	7 930.8	4 554.9	5 974.5	2 043.6	6 963.7	19 298.8	10 400.5	15 626.2
1995	12 078.6	6 655.2	10 233.7	4 544.1	10 209.5	32 256.0	15 598.7	23 119.0

主要统计指标解释

【农业总产值】　以货币表现的农、林、牧、渔四业全部产品的总量。它用价值量形式综合说明了一定时期内(通常指一年)农林牧渔业的总规模和总成果。它是观察农林牧渔业生产水平和发展速度、研究其内部比例关系及其在国民经济中产业布局的一个重要指标。

农、林、牧、渔产值统计范围是：

(1) 农作物种植业：包括粮、棉、油料、麻类、烟叶、蔬菜、药材、瓜类和其他农作物的种植，以及茶园、桑园、果园的生产经营，采集野生植物及农民家庭兼营工业（商品部分）。

(2) 林业：包括林木的栽培（不包括茶园、桑园和果园的栽培、管理和收获等活动。)林产品的采集和村及村以下的竹木采伐。

(3) 牧业：包括除渔业养殖以外的一切畜禽饲养和放牧，以及捕猎野兽、野禽。

(4) 渔业：包括水生动物和海藻类植物和养殖和捕捞。

从所有制看，包括全民所有制的各种专业农（林、牧、渔）场和农业试验场、所；集体所有制的农村各种经济组织经营的农、林、牧、渔业；农民自营的农作物栽培、动物饲养及农民家庭兼营工业（商品部分）等。

农业总产值的计算方法通常是以农、林、牧、渔业产品及其副产品的产量乘以该项产品单位、价格而得该项产品的产值。少数生产周期较长，当年没有产品或产品产量不易统计的则采用间接方法匡算产值。四业产品产值之和即为农业总产值。

【农村工业总产值】　以货币表现的乡办工业(即原来的社办工业)，村办工业（即原大队办工业）和村以下办工业（即原生产队办工业、农民联办工业和个体办工业）企业生产的产品总量，包括成果价值和对外承做的工业性作业价值两部分。出售的半成品的价值也计入总产值。

农村工业总产值按“工厂法”计算，即按每个工业企业生产活动的最终成果计算，在企业内部不允许重复计算，即不允许将企业内部各个车间生产的成果相加。计算工业产值的工业产品必须符合国务院和各省、自治区、直辖市主管部门规定的质量标准或订货合同规定的技术条件。凡不符合产品质量标准的不合格品，一律不准计算产量、产值。工业性作业只恢复或提高原来产品价值或只完成成品生产中个别工序，应按加工费计算总产值，不包括原材料的价值。

【农村建筑业总产值】　以货币表现的农村各种合作经济组织的建筑队（组）和个体的专业人员从事建筑生产活动的总成果。建筑生产活动包括各种建筑物的建筑工程、各种机械设备的安装工程（不包括被安装的机械设备本身的价值)、建筑物和房屋修理产值以及与工程项目有关的勘察设计和地质勘探活动。

农村建筑业总产值主要包括兴建房屋、农田水利建设（包括安装工程和地质勘探的产值）及开垦荒地的产值。其产值按兴工动料的全部投资额（但不包括被安装设备本身的价值）计算。

【农村运输业总产值】　指农村各级合作经济组织和农户从呈货物运输活动的产值，包括水运（装卸驳运和堆存活动)、汽车运输、拖拉机运输、兽力车运输、人力车运输和装卸搬运等货物运输活动。其产值按这些农村运输单位的全部货运收入计算。

【农村商业总产值】　指农村供销合作社及其他各种合作经济组织和农户从事商业活动的产值。其产值按这些农村商业单位的商品附加费(已销售产品购销差价减托运费和装卸搬运费）计算。在搜集资料比较困难的情况下，也可根据这些农村商业单位的零售额乘以毛利率（购销差价率）再减去托运费和装卸搬运费来估算。

【农村饮食业总产值】　指农村各种合作经济组织和农户从事饮食业活动的产值。其产值按饮食业的营业额计算。

【农林牧渔业商品产值】　是指本生产年度内农业生产单位（包括国营、各种合作经济组织和农户）全年生产的农副产品产量中实际出售商品的部分价值。它是各种农业产品商品产量的价值表现形式，可以反映整个农业部门商品生产的规模、速度和比例关系。农林牧渔业商品产值计算范围应同农业总产值计算范围一致。

【农林牧渔业增加值】　也叫附加值或追加价值，是指各单位生产经营或劳务活动的最终成果，即本单位或本行业对社会所作的贡献。

【农林牧渔业中间消耗】　指在农业生产过程中所投入或消耗的各种物质产品和劳务价值总和。分为中间物质消耗和中间劳务消耗。计算中间消耗有两个原则，一是中间消耗仅包括以生产为目的，在生产过程中消耗掉的物质产品和劳务、不包括人民生活消费的物质产品和劳务，其计算口径和价值必须和总产值保持一致。二是中间消耗必须是本斯风入生产并一次性消耗的不属于固定资产的低值易耗产品和劳务。某些小农具（价值在50元以下）的仍作为当年中间消耗处理。

【农村经济总收入】　指本单位当年经营的收入中可用

以抵偿本年开支在国家、集体、农民之间进行分配的收入总和。包括一年内获得的实物产品折价和现金在内的农、林、牧、渔业及农村工业、建筑业、交通运输业、商业饮食业、服务业等各项生产经营收入和利息租金等非生产性收入；但不包括那些不能用来分配的属于借贷性质或暂收性质的收入，如贷款收入、预购定金、国家投资、农民投资等。

【乡村劳动力】 指乡村人口中实际参加各种行业劳动并取得实物或货币收入的劳动力人数。包括劳动年龄内实际参加劳动的人口和不足或超过劳动年龄实际参加劳动的人口数。不包括户口在家的在外学生和丧失劳动能力的人，也不包括待业人员、家务劳动者和户口在外而离退休在农村领取国家工资的职工。

【耕地面积】 是指能够种植农作物、经常进行耕作的田地。包括熟地、当年新开荒地、连续撩荒未满三年的耕地和当年的休闲地(轮歇地)。以种植农作物为主并附带种植桑树、茶树、果树和其他林木的土地以及沿海、沿湖地区已围垦利用的“海涂”、“湖田”等也应包括在内。但专业性的桑园、茶园、果园、果木苗圃、林地、芦苇地、天然草原等不应包括在内。

【农业机械总动力】 是指主要用于农、林、牧、渔业的各种动力机械的动力总和。包括耕作机械、排灌机械、收获机械、农产品加工机械、运输机械、植保机械、牧业机械、林业机械、渔业机械和其它农业机械。按能源又分为柴油、汽油、电力和其他支力，总动力按规定计算单位千瓦计算。

【农村固定资产】 是指农村区域范围内的各类型经济组织、家庭生产经营等单位在生产过程中长期使用并基本保持其原有实物形态的主要劳动资料、其他物质资料和集体生活福利设备。农村固定资产同时需具备以下两个条件，一是使用年限应在二年以上，二是价值必须超过 50 元。在乡村工业企业中规定单位价值在 200 元以上，使用年限在一年以上。如企业的主要设备虽低于 200 元，而使用年限在一年以上，也划为固定资产。

【水产品产量】 指本年度内捕捞的水产品(包括人工养殖并捕捞的水产品和捕捞的天然生长的水产品）产量。捕捞多少就算多少产量，不论自食的还是出售的，都应计算在内。

用作继续扩大再生产的水产品（如鱼种、鱼苗、素鱼、鱼饵及转塘鱼、存塘鱼等）不作水产品产量统计。在渔业生产单位出售以前已经变质的水产品，不论是改作饲料、肥料还是其它用途，也不作水产品产量统计。

在淡水中生长的各种水生植物如莲藕、菱角等，同属农作物的范畴，均不包括在水产品产量之内。

【猪牛羊肉产量】 指当年出栏已屠宰的猪、牛、羊的肉产量。即屠宰后除去头蹄下水后带骨肉的重量，也叫胴体重。此项指标可通过典型调查、抽样调查和收购部门掌握的资料，取得平均每头胴体重数据和出栏头数推算。

工　业　11

资料整理人员：冯坤林　邹玮炜

11—1 工业企业单位数

单位:个

分　　类	1990年	1991年	1992年	1993年	1994年	1995年
合　　计	**25 913**	**25 204**	**23 985**	**22 600**	**23 275**	**27 815**
一、按经济类型分						
国有经济	6 227	6 150	5 951	5 545	5 701	7 373
集体经济	19 583	18 943	17 841	16 374	16 745	19 115
其他经济	103	111	193	681	829	1 327
二、按轻重工业分						
轻 工 业	14 885	14 317	13 428	11 958	12 096	14 827
重 工 业	11 028	10 887	10 557	10 642	11 179	12 988
三、按企业规模分						
大型企业	169	180	166	195	208	262
中型企业	385	414	537	585	603	660
小型企业	25 359	24 610	23 282	21 820	22 464	26 893

注:本表为乡及乡以上工业企业单位数(下表同)。

11—2 工业企业单位数构成

单位:%

分　　类	1990年	1991年	1992年	1993年	1994年	1995年
合　　计	**100**	**100**	**100**	**100**	**100**	**100**
一、按经济类型分						
国有经济	24.0	24.4	24.8	24.5	24.5	26.5
集体经济	75.6	75.2	74.4	72.5	71.9	68.7
其他经济	0.4	0.4	0.8	3.0	3.6	4.8
二、按轻重工业分						
轻 工 业	57.4	56.8	56.0	52.9	52.0	53.3
重 工 业	42.6	43.2	44.0	47.1	48.0	46.7
三、按企业规模分						
大型企业	0.6	0.7	0.7	0.9	0.9	0.9
中型企业	1.5	1.6	2.2	2.6	2.6	2.4
小型企业	97.9	97.7	97.1	96.5	96.5	96.7

11—3 全部工业总产值

单位：亿元

年份	合计	#乡及乡以上	#乡镇工业	按经济类型分				按轻重工业分	
				国有	集体	城乡个体	其他	轻工业	重工业
1952	9.99	9.99		6.64	0.10	2.43	0.82	7.79	2.20
1957	24.31	24.31		17.74	5.29	1.28		16.29	8.02
1965	52.90	50.09	2.88	43.70	9.07	0.13		30.35	22.55
1970	86.27	82.83	4.25	71.19	15.08			44.17	42.10
1975	127.99	123.34	6.65	101.98	26.01			63.33	64.66
1978	167.21	159.34	15.07	129.31	37.90			78.71	88.50
1980	228.02	220.80	16.37	179.33	47.86	0.02	0.81	110.14	117.88
1985	467.22	423.10	65.32	321.22	134.42	10.18	1.50	216.47	250.75
1986	538.28	492.99	81.28	362.67	161.11	13.57	0.93	256.06	282.22
1987	659.19	593.10	108.54	434.92	201.38	21.20	1.69	315.49	343.70
1988	834.84	740.46	152.53	534.18	266.64	31.28	2.74	405.13	429.71
1989	976.93	861.93	186.13	620.50	313.07	39.49	3.87	463.35	513.58
1990	1 008.20	879.84	207.90	627.79	329.05	43.96	7.40	476.76	531.44
1991	1 136.02	997.91	225.85	717.56	357.10	49.12	12.24	531.26	604.76
1992	1 373.66	1 198.69	284.49	860.46	420.66	65.80	26.74	605.11	768.55
1993	1 992.31	1 658.66	477.46	1 143.47	613.18	144.11	91.55	770.20	1 222.11
1994	3 024.72	2 205.97	1 092.74	1 342.44	1 082.86	382.03	217.39	1 360.78	1 663.94
1995	4 102.59	2 785.71	1 662.14	1 563.21	1 518.26	616.97	404.15	2 059.11	2 043.48

注：本表按当年价计算。

11—4 全部工业总产值构成

单位：%

年份	合计	#乡及乡以上	#乡镇工业	按经济类型分				按轻重工业分	
				国有	集体	城乡个体	其他	轻工业	重工业
1952	100	100		66.5	1.0	24.3	8.2	78.0	22.0
1957	100	100		73.0	21.8	5.2		67.0	33.0
1965	100	94.7	5.4	82.6	17.2	0.2		57.4	42.6
1970	100	96.0	4.9	82.5	17.5			51.2	48.8
1975	100	96.4	5.2	79.7	20.3			49.5	50.5
1978	100	95.3	9.0	77.3	22.7			47.1	52.9
1980	100	96.8	7.2	78.6	21.0	…	0.4	48.3	51.7
1985	100	92.5	14.0	68.7	28.8	2.2	0.3	46.3	53.7
1986	100	91.6	15.1	67.4	29.9	2.5	0.2	47.6	52.4
1987	100	90.0	16.5	66.0	30.5	3.2	0.3	47.9	52.1
1988	100	88.7	18.3	64.0	31.9	3.8	0.3	48.5	51.5
1989	100	88.2	19.1	63.5	32.1	4.0	0.4	47.4	52.6
1990	100	87.3	20.6	62.3	32.6	4.4	0.7	47.3	52.7
1991	100	87.8	19.9	63.2	31.4	4.3	1.1	46.8	53.2
1992	100	87.3	20.7	62.6	30.6	4.8	2.0	44.1	55.9
1993	100	83.3	24.0	57.4	30.8	7.2	4.6	38.7	61.3
1994	100	72.9	36.1	44.4	35.8	12.6	7.2	45.0	55.0
1995	100	67.9	40.5	38.1	37.0	15.0	9.9	50.2	49.8

注：本表集体经济中包括乡及乡以上、村办、城镇、农村合作经营工业；1977 年以前乡及乡以上工业中，包括了个体手工业数。1958 年至 1984 的城乡个体工业中不包括农村个体工业。

11—5 工业总产值指数

(上年=100)

单位:%

年 份	合 计	#乡及乡以上	#乡镇工业	按经济类型分 国有	集体	城乡个体	其他	按轻重工业分 轻工业	重工业
1978	120.3	120.8	109.0	123.5	110.3			112.4	128.1
1979	117.7	118.0	108.6	119.5	111.2			116.6	118.6
1980	116.3	117.2	106.2	115.8	116.2			121.2	112.1
1981	109.9	110.2	110.0	108.2	115.4	250.0	148.8	119.5	100.9
1982	111.3	110.5	126.8	107.9	122.9	300.0	119.2	107.5	115.4
1983	115.2	114.7	126.7	113.1	122.0	226.7	86.6	113.0	117.4
1984	117.4	114.9	149.4	111.9	133.7	144.1	103.1	116.3	118.6
1985	119.3	117.7	135.8	114.3	123.0		124.1	118.0	120.6
1986	110.9	109.4	124.0	107.5	117.5	133.3	60.0	114.1	108.0
1987	115.5	115.0	119.2	113.7	117.6	130.9	176.8	115.6	115.5
1988	119.1	117.0	136.4	114.6	125.5	142.6	144.0	119.6	118.5
1989	106.7	105.4	117.4	103.2	111.3	121.7	124.2	105.1	108.3
1990	101.8	100.4	112.4	98.4	105.4	111.3	196.5	101.8	101.9
1991	109.1	109.1	111.4	107.8	110.1	114.0	162.6	109.8	108.6
1992	116.2	114.1	130.3	111.2	119.8	139.1	214.8	113.4	118.8
1993	126.6	117.7	160.8	108.6	136.6	211.2	292.7	121.9	130.8
1994	134.9	125.2	178.9	108.6	149.7	189.0	218.1	142.7	128.7
1995	126.0	117.0	141.5	106.4	129.3	153.1	175.3	135.4	117.6

11—6 工业总产值指数

(1978年=100)

单位:%

年 份	合 计	#乡及乡以上	#乡镇工业	按经济类型分 国有	集体	城乡个体	其他	按轻重工业分 轻工业	重工业
1979	117.7	118.0	108.6	119.5	111.2			116.6	118.6
1980	136.9	138.3	115.3	138.4	129.2			141.3	133.0
1981	150.4	152.4	126.9	149.7	149.1		148.8	168.9	134.1
1982	167.4	168.4	160.9	161.6	183.3		177.4	181.5	154.8
1983	192.9	193.2	203.8	182.7	223.6		153.6	205.1	181.7
1984	226.4	221.9	304.5	204.5	298.9		158.4	238.6	215.5
1985	270.2	261.2	413.5	233.7	367.7		196.5	281.5	259.9
1986	299.6	285.8	512.8	251.2	432.0	133.3	117.9	321.2	280.7
1987	346.0	328.6	611.2	285.6	508.1	174.5	208.5	371.3	324.3
1988	412.1	384.5	833.7	327.4	637.6	248.8	300.2	444.1	384.2
1989	439.7	405.3	978.8	337.8	709.7	302.8	372.9	466.8	416.1
1990	447.7	406.9	1 100.1	332.4	748.0	337.0	732.7	475.2	424.0
1991	488.4	443.9	1 225.5	358.4	823.5	384.2	1 191.3	521.7	460.5
1992	567.5	506.5	1 596.9	398.5	986.6	534.4	2 558.9	591.6	547.1
1993	718.5	596.2	2 567.8	432.8	1 347.7	1 128.8	7 490.1	721.2	715.6
1994	969.2	746.4	4 593.7	470.0	2 017.5	2 133.3	16 335.8	1 029.2	921.0
1995	1 221.2	873.3	6 500.1	500.1	2 608.6	3 266.1	28 636.7	1 393.5	1 083.1

注:按经济类型分中城乡个体和其他,分别以1985年、1980年为100计算的。

11—7 分行业工业总产值

单位:亿元

分组	1993年	1994年	1995年	1995年为1994年%
总计	**1 658.66**	**2 205.97**	**2 785.71**	**117.00**
一、按经济类型分:				
国有经济	1 143.47	1 342.44	1 563.21	106.45
集体经济	423.64	646.14	886.00	125.06
其他经济	91.55	217.39	336.50	148.39
二、按轻重工业分				
轻工业	575.60	860.84	1 168.60	119.05
以农产品为原料	438.68	692.66	961.82	119.80
以非农产品为原料	136.92	168.18	206.78	116.37
重工业	1 083.06	1 345.13	1 617.11	115.47
采掘工业	44.78	73.02	87.15	120.24
原料工业	480.45	558.96	655.33	109.62
加工工业	557.83	713.15	874.63	118.11
三、按企业规模分				
大型企业	678.14	829.22	989.59	113.88
中型企业	288.79	352.82	412.01	109.36
小型企业	691.73	1 032.93	1 384.11	121.36
四、按工业行业分				
煤炭采选业	5.38	7.52	9.85	112.90
石油和天然气开采业	20.03	29.85	29.51	103.05
黑色金属矿采选业	3.02	4.45	5.60	127.20
有色金属矿采选业	2.17	3.74	6.70	166.00
非金属矿采选业	16.45	29.10	36.05	119.04
其他矿采选业	0.08	0.34	0.43	106.25
木材及竹材采运业	0.89	1.35	2.29	137.68
食品加工业	87.86	162.35	250.74	126.33
食品制造业	19.95	26.64	36.38	125.82
饮料制造业	25.42	33.84	44.49	118.09

注:此表统计范围为乡及乡以上工业企业,绝对数按当年价格计算。指数按不变价格计算。

11—7 续表

分组	1993年	1994年	1995年	1995年为1994年%
烟草加工业	43.80	52.21	62.09	105.58
纺织业	151.35	243.08	320.76	113.53
服装及其他纤维品制造业	45.43	71.26	91.33	115.85
皮革、毛皮、羽绒及其制品业	13.53	19.03	22.30	113.91
木材加工及竹、藤、棕、草制品业	10.04	15.61	20.67	130.89
家具制造业	7.34	11.28	14.99	119.89
造纸及纸制品业	20.65	28.27	49.30	142.06
印刷业、记录媒介的复制	15.65	21.20	24.64	110.29
文教体育用品制造业	2.44	2.91	4.15	129.17
石油加工及炼焦业	54.39	65.81	87.41	111.87
化学原料及化学制品制造业	86.02	123.96	181.48	130.04
医药制造业	26.19	32.69	46.57	136.98
化学纤维制造业	4.42	11.84	18.32	121.25
橡胶制品业	17.89	20.95	27.93	111.78
塑料制品业	20.04	26.98	40.83	136.97
非金属矿物制品业	94.95	135.94	178.51	122.22
黑色金属冶炼及压延加工业	269.46	284.69	277.85	101.58
有色金属冶炼及压延加工业	35.23	37.76	60.94	127.35
金属制品业	49.12	67.98	82.43	116.76
普通机械制造业	60.89	76.62	109.59	136.72
专用设备制造业	45.67	54.53	69.77	123.51
交通运输设备制造业	254.50	305.32	317.40	104.93
武器弹药制造业	1.44	1.88	2.67	142.04
电气机械及器材制造业	45.54	50.35	63.33	120.53
电子及通信设备制造业	16.32	24.62	32.92	126.55
仪器仪表及文化、办公用机械制造业	7.93	8.48	11.81	141.06
其他制造业	17.54	24.73	25.92	96.59
电力、蒸汽、热水的生产和供应业	51.38	76.92	105.74	104.07
煤气生产和供应业	1.32	1.65	1.10	76.52
自来水的生产和供应业	6.92	8.24	10.92	114.57

11—8 全部独立核算工业企业主要经济指标

单位:亿元

指 标	1990年	1991年	1992年	1993年	1994年	1995年
企业单位数(个)	19 665	19 248	18 289	19 763	19 671	21 021
#亏损企业(个)	5 370	4 562	3 387	4 411	3 731	4 367
工业总产值(当年价)	816.49	924.96	1 111.82	1 587.29	2 060.31	2 537.66
工业总产值(不变价)	885.58	964.42	1 099.00	1 328.88	1 630.35	1 872.64
工业增加值(当年价)			313.24	597.50	658.42	611.30
全部职工年平均人数(万人)	358.65	367.41	357.74	357.97	381.45	379.84
资 本 金				612.17	686.33	811.17
流动资产合计				1 000.35	1 258.29	1 353.91
流动资产年平均余额	265.36	553.97	647.10	855.52	1 139.65	1 322.96
固定资产合计				940.25	1 131.12	1 539.15
固定资产原价	660.22	747.40	848.38	1 114.69	1 353.60	1 806.93
#生产经营用	538.57	611.81	686.41	877.97	1 072.74	1 460.39
本年折旧	30.35	34.75	41.86	55.69	76.17	94.20
固定资产净值年平均余额	455.70	511.11	522.90	709.12	812.45	1 007.75
资产总计				1 951.82	2 545.34	3 085.91
流动负债				899.90	1 171.98	1 348.52
长期负债				422.95	541.86	659.69
所有者权益				628.97	831.50	1 067.40
全部资金	721.06	1 065.08	1 170.00	1 564.64	1 952.10	2 330.71
产品销售收入	705.97	850.01	1 041.66	1 500.71	1 690.94	2 066.38
#产品销售成本	595.40		855.95	1 164.91	1 329.48	1 668.13
产品销售费用	10.99		38.57	39.81	43.97	59.11
产品销售税金及附加	62.51	72.76	85.29	100.92	43.67	40.09
产品销售利润	31.62	34.86	49.32	177.37	269.94	299.05
管理费用				80.30	152.79	168.28
利润总额	26.73	31.79	43.19	67.00	74.06	52.26
亏损企业亏损总额	17.35	15.90	12.89	19.21	25.09	36.81
利税总额	88.40	103.46	127.15	167.92	190.29	181.57
本年应交增值税					72.57	88.22

注:固定资产净值年平均余额 1991 年以前为固定资产净值年末数。

11—9 全部独立核算工业企业主要经济效果指标

指标	单位	1990年	1991年	1992年	1993年	1994年	1995年
亏损面	%	27.31	23.70	18.52	22.32	18.97	20.77
百元固定资产原值实现产值(当年价)	元	123.67	123.76	131.05	142.40	152.21	140.44
百元固定资产原值实现利税	元	13.39	13.84	14.99	15.06	14.06	10.05
百元固定资产原值实现利润	元	4.05	4.25	5.09	6.01	5.47	2.89
百元资金实现产值(当年价)	元	113.23	86.84	95.03	101.45	105.54	108.88
百元资金实现利税	元	12.26	9.71	10.87	10.73	9.75	7.79
百元资金实现利润	元	3.71	2.98	3.69	4.28	3.79	2.24
百元产值实现销售收入(当年价)	元	86.46	91.90	93.69	94.54	82.07	81.43
百元产值实现利税(当年价)	元	10.83	11.19	11.44	10.58	9.24	7.16
百元产值实现利润(当年价)	元	3.27	3.44	3.88	4.22	3.59	2.06
流动资金周转次数	次	2.66	2.85	1.61	1.75	1.48	1.56
流动资金周转天数	天	135	126	224	206	243	231
百元销售收入实现利润	元	3.79	3.74	4.15	4.46	4.38	2.53
百元销售收入实现利税	元	12.52	12.17	12.21	11.19	11.25	8.79
工业增加值率	%			28.17	37.64	31.96	27.86

11—10 各种分组的全部独立核算工业企业主要经济指标

分　　组	企业单位数（个）		亏损企业数（个）		工业总产值(当年价)(亿元)	
	1994年	1995年	1994年	1995年	1994年	1995年
总　　计	**19 671**	**21 021**	**3 731**	**4 367**	**2 060.31**	**2 537.66**
一、按轻重工业分						
轻 工 业	9 837	10 447	2 035	2 286	751.82	994.89
以农产品为原料	6 945	7 469	1 421	1 624	593.25	798.38
以非农产品为原料	2 892	2 978	614	662	158.57	196.51
重 工 业	9 834	10 574	1 696	2 081	1 308.49	1 542.77
采掘工业	1 239	1 295	187	193	70.37	81.25
原料工业	1 798	2 118	347	461	554.03	646.33
加工工业	6 797	7 161	1 162	1 427	684.09	815.19
二、按企业规模分						
大型企业	208	262	48	80	829.22	989.59
中型企业	603	660	170	246	352.81	412.01
小型企业	18 860	20 099	3 513	4 041	878.28	1 136.06
三、按工业行业分						
煤炭采选业	377	393	74	58	7.28	9.20
石油和天然气开采业	1	1		1	29.85	29.51
黑色金属矿采选业	97	100	16	21	4.37	5.32
有色金属矿采选业	94	116	13	13	3.55	6.57
非金属矿采选业	649	668	82	101	27.40	32.49
其他矿采选业	16	10	5	3	0.34	0.32
木材及竹材采运业	18	19	4	2	0.90	1.11
食品加工业	1 277	1 476	157	206	105.91	159.79
食品制造业	520	525	138	128	19.30	29.84
饮料制造业	887	970	191	217	30.79	41.46
烟草加工业	25	32	10	12	51.85	61.22
纺 织 业	1 128	1 172	302	368	225.11	280.58
服装及其他纤维制品制造业	753	767	169	180	66.38	87.16

11—10 续表1

分组	企业单位数（个）		亏损企业数（个）		工业总产值(当年价)(亿元)	
	1994年	1995年	1994年	1995年	1994年	1995年
皮革、毛皮、羽绒及其制品业	300	337	59	80	18.50	21.18
木材加工及竹、藤、棕、草制品业	496	551	68	89	13.78	18.70
家具制造业	435	490	81	79	9.44	12.37
造纸及纸制品业	532	556	125	106	27.56	41.56
印刷业、记录媒介的复制	553	592	123	149	17.56	20.27
文教体育用品制造业	120	115	26	23	2.45	3.29
石油加工及炼焦业	46	67	7	19	65.64	87.22
化学原料及化学制品制造业	1 088	1 204	209	240	121.26	173.68
医药制造业	208	234	59	78	31.38	45.54
化学纤维制造业	38	40	5	13	11.84	18.28
橡胶制品业	157	148	36	35	20.89	27.85
塑料制品业	613	670	142	163	26.32	39.19
非金属矿物制品业	3 045	3 160	389	416	122.66	161.04
黑色金属冶炼及压延加工业	213	263	50	64	284.39	276.80
有色金属冶炼及压延加工业	109	122	15	18	37.23	59.21
金属制品业	1 149	1 189	230	254	65.28	78.43
普通机械制造业	854	987	165	245	74.60	92.28
专用设备制造业	707	655	147	160	53.20	67.42
交通运输设备制造业	918	971	207	292	298.36	307.24
武器弹药制造业	2	4		3	1.88	2.67
电气机械及器材制造业	467	494	126	134	49.00	61.37
电子及通信设备制造业	143	158	36	62	22.95	26.58
仪器仪表及文化、办公用机械制造业	115	120	33	35	8.20	11.46
其他制造业	585	564	82	90	18.33	23.31
电力、蒸汽、热水的生产和供应业	552	606	93	136	75.40	104.61
煤气生产和供应业	10	12	5	7	1.36	1.00
自来水的生产和供应业	374	463	52	67	7.82	10.54

11—10 续表 2

分组	工业增加值 (亿元)		全部职工年平均人数 (万人)	
	1994 年	1995 年	1994 年	1995 年
总计	**658.42**	**611.30**	**381.45**	**379.84**
一、按轻重工业分				
轻工业	235.35	206.11	158.89	156.70
以农产品为原料	187.43	167.07	121.93	119.69
以非农产品为原料	47.92	39.04	36.96	37.01
重工业	423.07	405.19	222.56	223.14
采掘工业	32.74	29.06	20.14	21.98
原料工业	187.37	195.47	59.02	60.56
加工工业	202.76	180.66	143.40	140.60
二、按企业规模分				
大型企业	271.53	274.58	94.28	102.45
中型企业	101.80	86.86	67.35	69.61
小型企业	285.09	249.86	219.82	207.78
三、按工业行业分				
煤炭采选业	3.60	3.51	6.13	6.19
石油和天然气开采业	14.73	12.76	3.52	5.61
黑色金属矿采选业	1.42	1.32	1.05	1.01
有色金属矿采选业	1.23	2.57	1.43	1.51
非金属矿采选业	12.00	9.19	8.35	7.94
其他矿采选业	0.15	0.12	0.11	0.19
木材及竹材采运业	0.48	0.54	0.55	0.44
食品加工业	31.24	27.59	12.82	11.49
食品制造业	5.52	6.20	4.57	4.95
饮料制造业	10.85	10.17	6.78	7.19
烟草加工业	25.60	26.27	2.46	2.49
纺织业	66.23	49.26	56.51	55.28
服装及其他纤维制品制造业	20.01	18.08	12.61	12.98

注:工业增加值按生产法计算(下表同)。

11—10 续表 3

分组	工业增加值（亿元）		全部职工年平均人数（万人）	
	1994 年	1995 年	1994 年	1995 年
皮革、毛皮、羽绒及其制品业	7.08	4.74	5.80	4.16
木材加工及竹、藤、棕、草制品业	5.76	3.38	2.73	3.13
家具制造业	1.55	2.66	2.61	2.56
造纸及纸制品业	7.31	7.10	7.51	7.17
印刷业、记录媒介的复制	5.77	4.26	5.43	5.22
文教体育用品制造业	0.71	0.86	1.23	1.04
石油加工及炼焦业	14.97	17.38	1.75	2.63
化学原料及化学制品制造业	34.55	37.02	21.82	22.78
医药制造业	8.92	9.01	5.65	6.07
化学纤维制造业	3.09	3.55	1.75	2.13
橡胶制品业	6.07	5.21	4.34	3.86
塑料制品业	7.60	8.19	6.10	6.51
非金属矿物制品业	45.08	41.72	40.99	41.39
黑色金属冶炼及压延加工业	87.88	81.42	24.09	24.22
有色金属冶炼及压延加工业	10.60	8.90	4.96	4.79
金属制品业	20.64	16.18	13.08	13.93
普通机械制造业	21.80	28.41	22.63	22.94
专用设备制造业	17.47	16.55	15.33	14.59
交通运输设备制造业	85.37	55.44	39.83	38.24
武器弹药制造业	0.68	0.67	0.98	1.12
电气机械及器材制造业	11.51	12.63	10.06	10.09
电子及通信设备制造业	6.65	6.04	4.70	4.85
仪器仪表及文化、办公用机械制造业	2.74	3.71	4.01	2.91
其他制造业	5.56	4.80	4.97	4.14
电力、蒸汽、热水的生产和供应业	43.80	61.36	9.24	9.08
煤气生产和供应业	−0.81	−0.60	0.53	0.42
自来水的生产和供应业	3.01	3.13	2.44	2.60

11—10 续表 4 单位:亿元

分组	资本金		流动资产年平均余额		固定资产原价	
	1994年	1995年	1994年	1995年	1994年	1995年
总计	**686.33**	**811.17**	**1 139.65**	**1 322.96**	**1 353.60**	**1 806.93**
一、按轻重工业分						
轻工业	183.20	233.35	343.14	407.03	356.64	472.78
以农产品为原料	127.83	166.96	250.59	309.52	254.39	346.86
以非农产品为原料	55.37	66.39	92.55	97.51	102.25	125.92
重工业	503.13	577.82	796.51	915.93	996.96	1 334.15
采掘工业	37.87	41.05	40.28	40.76	76.42	91.93
原料工业	261.85	278.83	342.62	377.21	558.30	752.08
加工工业	203.41	257.94	413.61	497.96	362.24	490.14
二、按企业规模分						
大型企业	370.24	410.68	565.70	671.01	784.41	1 027.93
中型企业	100.31	150.45	209.52	253.24	212.64	314.31
小型企业	215.78	250.04	364.43	398.71	356.55	464.69
三、按工业行业分						
煤炭采选业	4.32	5.76	3.73	3.93	7.58	10.46
石油和天然气开采业	23.22	23.64	24.93	23.72	48.57	55.19
黑色金属矿采选业	0.80	1.25	1.23	1.34	0.92	1.39
有色金属矿采选业	1.95	1.74	1.44	1.69	3.85	4.79
非金属矿采选业	11.03	10.50	11.16	11.69	20.80	25.80
其他矿采选业	0.13	0.26	0.13	0.24	0.10	0.28
木材及竹材采运业	0.34	0.57	0.63	0.71	0.69	1.01
食品加工业	13.85	20.54	31.63	40.79	29.09	42.17
食品制造业	4.88	9.51	8.66	11.52	9.82	15.43
饮料制造业	12.40	19.72	20.32	23.78	21.98	30.74
烟草加工业	11.61	12.71	28.14	32.06	20.86	28.23
纺织业	46.42	54.81	88.63	109.79	110.66	136.45
服装及其他纤维制品制造业	11.77	13.41	21.48	28.59	16.09	20.10

11—10 续表 5

单位:亿元

分组	资本金		流动资产年平均余额		固定资产原价	
	1994 年	1995 年	1994 年	1995 年	1994 年	1995 年
皮革、毛皮、羽绒及其制品业	4.08	3.95	8.84	8.33	6.90	6.58
木材加工及竹、藤、棕、草制品业	3.13	5.05	5.24	6.29	5.14	7.10
家具制造业	2.61	3.04	5.73	4.04	3.53	4.87
造纸及纸制品业	8.22	10.69	15.17	16.27	17.99	25.32
印刷业、记录媒介的复制	5.85	7.02	9.85	11.11	10.28	13.89
文教体育用品制造业	1.41	1.00	1.89	1.88	1.54	1.29
石油加工及炼焦业	10.66	11.07	19.06	19.54	26.34	37.65
化学原料及化学制品制造业	36.86	55.80	57.63	70.13	73.95	101.57
医药制造业	9.66	13.59	20.50	24.82	16.58	25.58
化学纤维制造业	3.75	4.73	6.83	7.32	11.71	16.25
橡胶制品业	5.64	7.46	10.93	13.73	8.69	15.06
塑料制品业	9.15	11.16	13.04	15.51	14.67	18.43
非金属矿物制品业	34.81	45.95	49.05	58.80	66.36	100.77
黑色金属冶炼及压延加工业	98.50	104.14	214.35	224.24	219.64	317.61
有色金属冶炼及压延加工业	13.54	11.59	16.23	20.68	19.66	28.51
金属制品业	17.45	20.62	32.57	40.51	26.45	31.34
普通机械制造业	22.80	26.29	56.11	69.03	45.05	66.17
专用设备制造业	18.19	21.09	37.14	39.12	29.24	41.33
交通运输设备制造业	86.78	101.39	183.41	220.41	148.68	186.85
武器弹药制造业	1.33	1.48	1.54	2.81	2.85	4.15
电气机械及器材制造业	11.90	17.06	36.32	45.21	23.88	36.12
电子及通信设备制造业	8.85	10.43	23.27	23.75	15.82	17.73
仪器仪表及文化、办公用机械制造业	4.98	6.96	11.79	12.39	8.09	9.74
其他制造业	4.01	4.15	6.74	6.76	4.49	5.30
电力、蒸汽、热水的生产和供应业	104.66	113.60	50.17	65.36	231.62	284.09
煤气生产和供应业	3.13	2.84	1.29	1.08	4.82	4.98
自来水的生产和供应业	11.66	14.60	2.85	3.99	18.62	26.61

11—10 续表 6

单位:亿元

分组	生产经营用固定资产原价		本年折旧		固定资产净值年平均余额	
	1994 年	1995 年	1994 年	1995 年	1994 年	1995 年
总计	**1 072.74**	**1 460.39**	**76.17**	**94.20**	**812.45**	**1 007.75**
一、按轻重工业分						
轻工业	259.12	364.94	18.07	22.68	239.92	301.25
以农产品为原料	179.52	270.10	12.72	16.53	171.08	222.30
以非农产品为原料	79.60	94.84	5.35	6.15	68.84	78.95
重工业	813.62	1 095.45	58.10	71.52	572.53	706.50
采掘工业	60.66	73.44	4.46	5.17	43.23	52.84
原料工业	491.84	658.99	32.87	42.33	328.72	397.56
加工工业	261.12	363.02	20.77	24.02	200.58	256.10
二、按企业规模分						
大型企业	658.39	863.12	45.58	55.78	435.52	538.87
中型企业	160.03	242.16	12.31	14.26	130.36	179.07
小型企业	254.32	355.11	18.28	24.16	246.57	289.81
三、按工业行业分						
煤炭采选业	5.28	8.04	0.28	0.54	4.94	6.05
石油和天然气开采业	39.38	44.80	3.20	3.51	24.17	30.15
黑色金属矿采选业	0.66	0.97	0.05	0.08	0.64	0.88
有色金属矿采选业	2.47	3.74	0.20	0.24	2.43	2.81
非金属矿采选业	17.04	20.18	1.10	1.12	14.19	15.21
其他矿采选业	0.08	0.25	0.01	0.01	0.06	0.18
木材及竹材采运业	0.41	0.69	0.01	0.01	0.53	0.67
食品加工业	20.55	31.52	1.14	1.67	20.57	27.51
食品制造业	6.64	12.16	0.44	0.66	7.73	10.79
饮料制造业	17.77	24.63	1.01	1.56	15.79	19.18
烟草加工业	13.57	20.97	1.18	1.45	15.50	18.16
纺织业	74.57	105.72	5.82	6.51	68.29	87.14
服装及其他纤维制品制造业	11.63	15.38	0.86	1.06	12.03	13.90

11—10 续表 7 单位:亿元

分组	生产经营用固定资产原价		本年折旧		固定资产净值年平均余额	
	1994年	1995年	1994年	1995年	1994年	1995年
皮革、毛皮、羽绒及其制品业	5.04	5.20	0.37	0.27	4.68	4.70
木材加工及竹、藤、棕、草制品业	3.04	5.42	0.33	0.32	3.69	5.00
家具制造业	2.29	3.63	0.20	0.15	2.40	3.48
造纸及纸制品业	14.01	20.00	0.80	0.85	12.37	16.38
印刷业、记录媒介的复制	7.91	11.58	0.51	0.73	7.04	8.27
文教体育用品制造业	1.08	1.00	0.04	0.05	1.21	0.81
石油加工及炼焦业	20.78	31.68	2.53	2.73	8.97	17.20
化学原料及化学制品制造业	59.34	82.43	4.10	6.79	44.25	56.66
医药制造业	12.07	17.39	0.77	1.57	10.31	16.09
化学纤维制造业	10.52	14.52	0.56	0.87	7.23	8.28
橡胶制品业	6.72	11.13	0.49	0.65	5.61	6.95
塑料制品业	11.92	15.29	0.67	0.82	10.48	12.52
非金属矿物制品业	49.86	78.68	3.73	5.13	41.52	56.17
黑色金属冶炼及压延加工业	185.94	271.06	15.88	19.89	111.57	126.25
有色金属冶炼及压延加工业	14.44	22.50	1.02	1.33	11.57	17.28
金属制品业	21.16	25.02	1.40	1.54	16.81	19.67
普通机械制造业	33.81	47.47	2.52	2.79	21.89	30.04
专用设备制造业	20.20	28.41	1.42	1.80	16.41	21.46
交通运输设备制造业	98.41	135.24	9.11	8.90	74.56	96.90
武器弹药制造业	2.15	2.98	0.37	0.17	1.50	1.98
电气机械及器材制造业	17.87	27.03	1.23	1.81	15.49	21.69
电子及通信设备制造业	12.59	11.52	1.14	0.87	10.53	9.83
仪器仪表及文化、办公用机械制造业	5.34	7.89	0.37	0.38	4.95	6.03
其他制造业	3.16	4.14	0.23	0.27	3.25	3.42
电力、蒸汽、热水的生产和供应业	223.05	264.72	9.89	13.83	158.39	188.77
煤气生产和供应业	4.42	4.15	0.16	0.12	4.24	2.60
自来水的生产和供应业	15.57	21.26	1.03	1.15	14.66	16.69

11—10 续表 8 单位:亿元

分组	流动负债		产品销售收入		产品销售税金及附加	
	1994年	1995年	1994年	1995年	1994年	1995年
总计	**1 171.98**	**1 348.52**	**1 690.94**	**2 066.38**	**43.67**	**40.09**
一、按轻重工业分						
轻工业	378.31	466.86	572.19	766.36	23.93	23.23
以农产品为原料	282.59	361.74	450.22	605.64	21.58	21.58
以非农产品为原料	95.72	105.12	121.97	160.72	2.35	1.65
重工业	793.67	881.66	1 118.75	1 300.02	19.74	16.86
采掘工业	33.11	33.55	54.77	68.76	1.11	1.17
原料工业	335.50	360.89	494.43	573.69	10.79	9.90
加工工业	425.06	487.22	569.55	657.57	7.84	5.79
二、按企业规模分						
大型企业	552.81	614.73	757.07	857.61	18.45	20.04
中型企业	231.19	282.89	279.65	332.65	9.41	7.90
小型企业	387.98	450.90	654.22	876.12	15.81	12.15
三、按工业行业分						
煤炭采选业	3.83	4.40	5.12	7.88	0.13	0.11
石油和天然气开采业	17.67	14.30	24.92	24.93	0.42	0.41
黑色金属矿采选业	0.98	1.47	3.38	3.93	0.07	0.10
有色金属矿采选业	1.62	1.98	3.31	5.55	0.04	0.11
非金属矿采选业	11.28	13.16	19.35	28.23	0.52	0.50
其他矿采选业	0.11	0.15	0.29	0.28	0.01	0.01
木材及竹材采运业	0.43	0.75	0.78	0.92	0.06	0.07
食品加工业	37.83	53.68	76.35	113.82	0.74	0.69
食品制造业	11.58	14.71	14.89	23.83	0.29	0.23
饮料制造业	20.60	26.07	23.81	33.66	2.39	2.75
烟草加工业	26.82	35.31	40.11	47.83	14.13	15.40
纺织业	112.72	139.41	176.49	217.16	1.87	0.92
服装及其他纤维制品制造业	23.05	30.11	45.58	61.41	0.75	0.44

11—10 续表 9

单位:亿元

分组	流动负债		产品销售收入		产品销售税金及附加	
	1994年	1995年	1994年	1995年	1994年	1995年
皮革、毛皮、羽绒及其制品业	9.69	8.33	16.07	15.96	0.26	0.19
木材加工及竹、藤、棕、草制品业	5.43	6.95	10.21	14.65	0.18	0.27
家具制造业	4.34	4.68	8.35	9.36	0.24	0.14
造纸及纸制品业	16.57	20.07	21.92	33.48	0.38	0.34
印刷业、记录媒介的复制	9.18	9.51	12.14	14.33	0.25	0.15
文教体育用品制造业	1.91	1.60	2.32	2.45	0.08	0.03
石油加工及炼焦业	18.26	19.61	57.12	72.61	5.04	5.57
化学原料及化学制品制造业	64.00	77.58	98.10	146.72	1.22	0.90
医药制造业	19.47	24.67	23.45	33.79	0.32	0.24
化学纤维制造业	7.04	7.73	9.51	15.64	0.05	0.08
橡胶制品业	15.06	18.81	17.78	22.60	1.03	0.92
塑料制品业	13.15	16.62	21.79	32.86	0.45	0.29
非金属矿物制品业	52.50	67.20	93.49	129.01	2.57	1.83
黑色金属冶炼及压延加工业	195.04	195.21	231.01	273.91	2.06	2.18
有色金属冶炼及压延加工业	18.52	23.24	28.42	39.81	0.19	0.20
金属制品业	31.17	36.97	49.83	71.68	0.97	0.70
普通机械制造业	51.65	66.31	55.49	71.13	0.78	0.77
专用设备制造业	35.44	38.10	42.65	53.16	0.94	0.45
交通运输设备制造业	197.59	208.28	257.82	245.10	1.78	1.08
武器弹药制造业	1.79	2.48	1.52	2.13		…
电气机械及器材制造业	37.38	41.56	43.15	47.65	0.74	0.36
电子及通信设备制造业	19.01	24.25	19.02	21.28	0.13	0.11
仪器仪表及文化、办公用机械制造业	10.94	12.97	7.00	10.55	0.09	0.09
其他制造业	6.45	6.31	14.49	17.69	0.40	0.26
电力、蒸汽、热水的生产和供应业	57.42	68.28	105.71	90.22	1.85	1.07
煤气生产和供应业	1.50	1.51	1.42	1.05	0.04	…
自来水的生产和供应业	2.96	4.19	6.78	8.13	0.21	0.13

11—10 续表 10

单位:亿元

分组	利润总额		利税总额		本年应交增值税	
	1994 年	1995 年	1994 年	1995 年	1994 年	1995 年
总计	**74.06**	**52.26**	**190.29**	**181.57**	**72.57**	**88.22**
一、按轻重工业分						
轻工业	8.94	5.75	52.12	54.93	19.26	25.56
以农产品为原料	8.41	5.66	44.98	47.69	14.99	20.15
以非农产品为原料	0.53	0.09	7.14	7.24	4.27	5.41
重工业	65.12	46.51	138.17	126.64	53.31	62.66
采掘工业	0.91	1.37	4.12	4.69	2.10	2.04
原料工业	40.71	30.61	81.76	81.52	30.27	40.82
加工工业	23.50	14.53	52.29	40.43	20.94	19.80
二、按企业规模分						
大型企业	59.59	40.50	119.73	108.72	41.69	48.18
中型企业	2.88	−2.04	23.24	19.66	10.96	13.80
小型企业	11.59	13.80	47.32	53.19	19.92	26.24
三、按工业行业分						
煤炭采选业	−0.02	0.14	0.38	0.69	0.27	0.41
石油和天然气开采业	0.18	−0.02	1.72	0.93	1.11	0.53
黑色金属矿采选业	0.08	0.07	0.25	0.27	0.10	0.08
有色金属矿采选业	0.16	0.42	0.31	0.68	0.11	0.15
非金属矿采选业	−0.01	0.37	1.17	1.95	0.66	1.02
其他矿采选业	0.01	−0.02	0.02	0.01	…	0.02
木材及竹材采运业	0.01	…	0.10	0.12	0.03	0.05
食品加工业	1.48	1.88	2.94	4.12	0.72	1.50
食品制造业	−0.05	−0.02	0.74	1.04	0.50	0.82
饮料制造业	−0.25	−0.83	3.13	3.49	0.98	1.53
烟草加工业	0.56	1.07	18.14	20.32	3.45	3.86
纺织业	3.60	−2.21	11.30	5.38	5.83	6.60
服装及其他纤维制品制造业	2.00	2.44	3.64	4.63	0.88	1.72

11—10 续表 11 单位:亿元

分组	利润总额		利税总额		本年应交增值税	
	1994年	1995年	1994年	1995年	1994年	1995年
皮革、毛皮、羽绒及其制品业	0.07	0.23	0.69	0.85	0.36	0.43
木材加工及竹、藤、棕、草制品业	0.13	0.25	0.68	0.95	0.36	0.41
家具制造业	0.13	0.08	0.60	0.49	0.23	0.26
造纸及纸制品业	—0.31	0.68	0.96	2.35	0.90	1.27
印刷业、记录媒介的复制	0.39	0.20	1.11	0.88	0.48	0.52
文教体育用品制造业	0.03	0.10	0.18	0.23	0.07	0.09
石油加工及炼焦业	2.34	2.95	9.11	11.92	1.73	3.40
化学原料及化学制品制造业	2.84	5.57	6.72	10.33	2.67	3.83
医药制造业	0.76	1.09	2.22	2.83	1.15	1.49
化学纤维制造业	0.40	0.43	0.85	1.04	0.40	0.53
橡胶制品业	—0.23	—0.18	1.78	2.08	0.98	1.33
塑料制品业	0.48	0.71	1.63	2.02	0.70	1.00
非金属矿物制品业	3.27	3.50	9.88	10.75	4.04	5.21
黑色金属冶炼及压延加工业	23.38	11.17	41.19	33.46	15.74	20.06
有色金属冶炼及压延加工业	0.37	1.20	1.48	2.99	0.92	1.55
金属制品业	2.11	1.40	4.46	4.20	1.38	2.05
普通机械制造业	0.97	0.20	4.23	3.88	2.48	2.90
专用设备制造业	0.71	1.56	3.15	4.26	1.50	2.24
交通运输设备制造业	11.92	3.50	24.29	10.80	10.60	6.21
武器弹药制造业	0.02	—0.05	0.02	—0.04	…	0.01
电气机械及器材制造业	3.08	1.42	5.37	3.81	1.56	2.00
电子及通信设备制造业	1.08	0.74	1.79	1.55	0.58	0.69
仪器仪表及文化、办公用机械制造业	—0.13	0.11	0.27	0.64	0.31	0.43
其他制造业	0.36	0.58	1.09	1.34	0.33	0.46
电力、蒸汽、热水的生产和供应业	12.35	11.80	22.40	24.09	8.20	11.18
煤气生产和供应业	—0.28	—0.05	—0.21	—0.04	0.03	0.01
自来水的生产和供应业	0.07	—0.22	0.51	0.28	0.23	0.37

11—11 独立核算大中型工业企业主要经济指标

指标	单位	合计		大型企业		中型企业	
		1994年	1995年	1994年	1995年	1994年	1995年
企业单位数	个	811	922	208	262	603	660
#亏损企业	个	218	326	48	80	170	246
工业总产值(当年价)	亿元	1 182.03	1 401.60	829.22	989.59	352.81	412.01
工业总产值(1990年不变价)	亿元	847.61	952.39	563.03	641.16	284.58	311.23
工业增加值(当年价)	亿元	373.33	361.44	271.53	274.58	101.80	86.86
全部职工年平均人数	万人	161.63	172.06	94.28	102.45	67.35	69.61
资本金	亿元	470.55	561.13	370.24	410.68	100.31	150.45
流动资产年平均余额	亿元	775.22	924.25	565.70	671.01	209.52	253.24
固定资产原价	亿元	997.05	1 342.24	784.41	1 027.93	212.64	314.31
#生产经营用	亿元	818.42	1 105.28	658.39	863.12	160.03	242.16
本年折旧	亿元	57.89	70.04	45.58	55.78	12.31	14.26
固定资产净值年平均余额	亿元	565.88	717.94	435.52	538.87	130.36	179.07
流动负债	亿元	784.00	897.62	552.81	614.73	231.19	282.89
长期负债	亿元	347.14	462.20	247.69	345.03	99.45	117.17
所有者权益	亿元	649.21	843.46	542.71	683.28	106.50	160.18
全部资金	亿元	1 341.10	1 642.19	1 001.22	1 209.88	339.88	432.31
产品销售收入	亿元	1 036.72	1 190.26	757.07	857.61	279.65	332.65
#产品销售成本	亿元	795.29	941.02	572.56	670.91	222.73	270.11
产品销售费用	亿元	17.65	25.83	10.22	16.34	7.43	9.49
产品销售税金及附加	亿元	27.85	27.94	18.45	20.04	9.40	7.90
产品销售利润	亿元	192.08	195.47	152.05	150.32	40.03	45.15
管理费用	亿元	98.56	107.21	71.16	75.14	27.40	32.07
利润总额	亿元	62.47	38.46	59.59	40.50	2.88	-2.04
亏损企业亏损总额	亿元	10.30	18.93	3.88	6.97	6.43	11.96
利税总额	亿元	142.97	128.38	119.73	108.72	23.24	19.66
本年应交增值税	亿元	72.94	61.98	41.69	48.18	10.96	13.80

11—12 独立核算大中型工业企业主要经济效益指标

指 标	单 位	合 计		大 型 企 业		中 型 企 业	
		1994年	1995年	1994年	1995年	1994年	1995年
亏 损 面	%	26.88	35.36	23.08	30.53	28.19	37.27
百元固定资产原值实现产值	元	118.55	104.42	105.71	96.27	165.92	131.08
百元固定资产原值实现利税	元	14.34	9.56	15.26	10.58	10.93	6.25
百元固定资产原值实现利润	元	6.27	2.87	7.60	3.94	1.35	—0.65
百元资金实现产值	元	88.14	85.35	82.82	81.79	103.80	95.30
百元资金实现利税	元	10.66	7.82	11.96	8.99	6.84	4.55
百元资金实现利润	元	4.66	2.34	5.95	3.35	0.85	—0.47
百元产值实现销售收入	元	87.71	84.92	91.30	86.66	79.26	80.74
百元产值实现利税	元	12.10	9.16	14.44	10.99	6.59	4.77
百元产值实现利润	元	5.28	2.74	7.19	4.09	0.82	—0.50
流动资金周转次数	次	1.34	1.29	1.34	1.28	1.33	1.31
流动资金周转天数	天	269	279	269	281	271	275
百元销售收入实现利税	元	13.79	10.79	15.81	12.68	8.31	5.91
百元销售收入实现利润	元	6.03	3.23	7.87	4.72	1.03	—0.61
工业增加值率	%	31.58	28.78	32.75	30.98	28.85	23.52
平均每一企业拥有固定资产原值	万元	12 294	14 558	37 712	39 234	3 526	4 762

注:本表按当年价格计算。

11—13 国有独立核算工业企业主要经济指标

单位:亿元

指　　标	1990 年	1991 年	1992 年	1993 年	1994 年	1995 年
企业单位数(个)	3 813	3 846	3 726	4 069	3 992	4 229
#亏损企业	1 206	1 076	901	1 264	1 246	1 487
工业总产值(当年价)	596.53	682.16	817.97	1 100.65	1 262.41	1 421.88
工业总产值(不变价)	656.07	706.44	784.37	858.18	915.04	948.92
工业增加值(当年价)			242.87	391.00	402.44	361.24
全部职工年平均人数(万人)	213.69	220.08	218.01	204.36	209.66	210.16
资本金				479.17	500.51	551.43
流动资产合计				750.97	909.11	900.48
流动资产年平均余额	195.11	415.54	482.68	633.73	822.81	903.49
固定资产合计				726.07	874.24	1 153.76
固定资产原价	548.72	624.44	704.37	907.28	1 063.31	1 382.74
#生产经营用	448.97	514.96	574.34	723.55	852.54	1 109.23
本年折旧	23.95	28.08	33.74	44.88	60.16	72.13
固定资产净值年平均余额	375.33	423.88	425.71	558.04	616.43	724.28
资产总计				1 510.41	1 888.63	2 186.30
流动负债				686.99	846.12	925.88
长期负债				315.07	395.32	453.16
所有者权益				508.35	647.19	803.61
全部资金	570.44	839.42	908.39	1 191.77	1 439.24	1 627.77
产品销售收入	548.59	665.11	796.86	1 098.93	1 082.17	1 176.62
#产品销售成本		547.85	647.88	845.87	833.88	938.41
产品销售费用		17.42	27.96	25.45	20.84	26.50
产品销售税金及附加	53.70	62.32	72.38	81.23	28.60	27.19
产品销售利润	30.12	32.37	42.99	138.75	195.00	184.52
管理费用				60.40	110.24	113.17
利润总额	26.78	29.27	36.80	54.38	51.05	24.40
亏损企业亏损总额	11.54	11.25	9.26	12.74	17.40	24.32
利税总额	79.79	90.68	108.07	135.61	132.37	109.80
应交增值税					52.73	58.10

注:1. 固定资产净值年平均余额 1991 年以前为固定资产净值年末数。

11—14 国有独立核算工业企业主要经济效果指标

指　　标	单　位	1990 年	1991 年	1992 年	1993 年	1994 年	1995 年
亏 损 面	%	31.63	27.98	24.18	31.06	31.21	35.16
百元固定资产原值实现产值（当年价）	元	108.71	109.24	116.13	121.31	118.72	102.78
百元固定资产原值实现利税	元	14.54	14.52	15.34	14.95	12.45	7.94
百元固定资产原值实现利润	元	4.88	4.69	5.22	5.99	4.80	1.76
百元资金实现产值（当年价）	元	104.57	81.27	90.05	92.35	87.71	87.31
百元资金实现利税	元	13.99	10.80	11.90	11.38	9.20	6.75
百元资金实现利润	元	4.69	3.49	4.05	4.56	3.55	1.50
百元产值实现销售收入（当年价）	元	91.96	97.50	97.42	99.84	85.72	82.79
百元产值实现利税（当年价）	元	13.38	13.29	13.21	12.32	10.49	7.73
百元产值实现利润（当年价）	元	4.49	4.29	4.50	4.94	4.04	1.72
流动资金周转次数	次	2.81	3.03	1.65	1.73	1.32	1.30
流动资金周转天数	天	128	119	218	208	277	281
百元销售收入实现利润	元	4.88	4.40	4.62	4.95	4.72	2.07
百元销售收入实现利税	元	14.54	13.63	13.56	12.34	12.23	9.33
工业增加值率	%			29.69	35.52	31.88	28.25

11—15 各种分组的国有独立核算工业企业主要经济指标

分组	企业单位数（个）		亏损企业数（个）		工业总产值(当年价)		工业增加值（亿元）	
	1994年	1995年	1994年	1995年	1994年	1995年	1994年	1995年
总计	**3 992**	**4 229**	**1 246**	**1 487**	**1 262.41**	**1 421.18**	**402.44**	**361.24**
一、按轻重工业分								
轻工业	2 003	2 091	665	759	363.87	443.22	114.04	94.64
以农产品为原料	1 542	1 620	504	579	293.95	381.24	95.07	82.79
以非农产品为原料	461	471	161	180	69.92	61.98	18.97	11.85
重工业	1 989	2 138	581	728	898.54	977.96	288.40	266.60
采掘工业	154	149	50	46	42.83	45.24	20.08	18.35
原料工业	458	497	121	171	441.69	493.45	153.46	159.01
加工工业	1 377	1 492	410	511	414.02	439.27	114.86	89.24
二、按企业规模分								
大型企业	163	198	31	62	732.05	814.45	242.12	233.30
中型企业	465	495	137	193	270.53	306.74	76.92	65.69
小型企业	3 364	3 536	1 078	1 232	259.83	299.99	83.40	62.25
三、按工业行业分								
煤炭采选业	51	53	19	17	3.85	4.79	2.01	1.72
石油和天然气开采业	1	1		1	29.85	29.51	14.73	12.76
黑色金属矿采选业	10	6	1	1	0.34	0.30	0.10	0.07
有色金属矿采选业	13	11	2	1	1.74	1.96	0.58	0.83
非金属矿采选业	75	76	31	30	9.27	10.80	3.05	3.37
其他矿采选业	4	2		1	0.19	0.09	0.05	0.05
木材及竹材采运业	11	9	4	1	0.85	0.99	0.44	0.51
食品加工业	511	524	114	140	65.60	91.40	19.48	14.08
食品制造业	188	193	73	77	10.39	12.29	2.92	2.58
饮料制造业	174	183	79	80	12.39	13.99	4.64	3.10
烟草加工业	21	23	8	9	47.95	57.40	24.56	25.15
纺织业	240	249	76	109	118.26	140.61	33.95	24.11
服装及其他纤维制品制造业	54	56	20	27	9.38	8.63	2.08	1.97

注：工业增加值按生产法计算（下表同）。

11—15　续表1

分　　组	企业单位数（个）		亏损企业数（个）		工业总产值（当年价）		工业增加值（亿元）	
	1994年	1995年	1994年	1995年	1994年	1995年	1994年	1995年
皮革、毛皮、羽绒及其制品业	17	27	6	9	1.91	2.25	0.24	0.31
木材加工及竹、藤、棕、草制品业	51	57	20	23	3.38	3.45	1.06	0.69
家具制造业	33	31	16	13	0.52	0.69	－0.68	0.15
造纸及纸制品业	79	80	36	22	11.83	19.30	2.94	3.09
印刷业、记录媒介的复制	146	160	50	54	8.62	9.70	2.92	1.95
文教体育用品制造业	13	14	4	3	0.20	0.64	0.05	0.19
石油加工及炼焦业	9	10	2	5	63.03	82.26	14.30	16.51
化学原料及化学制品制造业	271	283	76	78	73.62	97.18	19.94	20.04
医药制造业	91	97	32	43	20.32	23.86	5.41	4.80
化学纤维制造业	9	9	1	3	8.78	13.64	2.22	3.03
橡胶制品业	26	23	11	9	6.38	7.51	1.20	1.28
塑料制品业	58	72	27	31	4.25	6.97	1.37	1.50
非金属矿物制品业	443	456	113	122	44.33	49.98	16.28	13.69
黑色金属冶炼及压延加工业	41	46	16	22	226.86	223.54	73.74	72.49
有色金属冶炼及压延加工业	29	32	6	9	28.64	45.35	8.00	6.20
金属制品业	128	146	45	68	17.70	10.86	5.62	2.19
普通机械制造业	192	225	62	99	37.10	39.09	11.22	8.70
专用设备制造业	228	218	78	76	30.38	33.29	0.11	9.00
交通运输设备制造业	249	295	68	113	230.48	227.28	60.14	37.85
武器弹药制造业	2	3		2	1.88	2.62	0.68	0.66
电气机械及器材制造业	109	113	42	43	28.81	29.12	5.20	6.39
电子及通信设备制造业	66	72	19	27	14.70	17.48	4.37	4.10
仪器仪表及文化、办公用机械制造业	53	54	16	13	6.58	7.88	2.22	2.64
其他制造业	48	43	13	18	1.75	1.59	0.62	0.36
电力、蒸汽、热水的生产和供应业	146	164	34	57	72.88	84.73	42.85	51.41
煤气生产和供应业	8	7	5	4	1.34	0.91	－0.82	－0.60
自来水的生产和供应业	94	106	21	27	6.09	7.25	2.65	2.32

11—15 续表 2　　　　　　　　　　　　　　　　　　　　　　　　单位:亿元

分　　组	资　本　金		流动资产年平均余额		固定资产原价	
	1994 年	1995 年	1994 年	1995 年	1994 年	1995 年
总　　计	**500.51**	**551.43**	**822.81**	**903.49**	**1 063.31**	**1 382.74**
一、按轻重工业分						
轻工业	97.43	114.61	198.12	221.95	214.24	292.12
以农产品为原料	65.95	82.70	147.89	180.36	148.45	215.10
以非农产品为原料	31.48	31.91	50.24	41.59	65.79	77.02
重工业	403.08	436.82	624.69	681.54	849.07	1 090.62
采掘工业	34.39	34.77	34.25	33.20	69.90	82.50
原料工业	237.83	235.19	289.17	304.10	512.64	643.77
加工工业	130.86	166.86	301.27	344.24	266.53	364.35
二、按企业规模分						
大型企业	336.04	349.92	504.12	550.26	727.81	895.03
中型企业	74.74	111.60	163.36	192.50	169.04	257.91
小型企业	89.73	89.91	155.33	160.73	166.46	229.80
三、按工业行业分						
煤炭采选业	3.68	4.85	2.79	2.90	6.15	8.78
石油和天然气开采业	23.22	23.64	24.93	23.72	48.57	55.19
黑色金属矿采选业	0.42	0.12	0.33	0.22	0.39	0.37
有色金属矿采选业	1.38	0.70	0.75	0.69	2.95	3.01
非金属矿采选业	9.15	7.34	7.72	7.36	17.22	20.90
其他矿采选业	0.11	0.22	0.06	0.17	0.02	0.25
木材及竹材采运业	0.33	0.55	0.63	0.69	0.68	0.98
食品加工业	9.81	12.01	22.50	29.72	21.90	31.80
食品制造业	2.87	3.65	6.10	6.18	6.02	7.65
饮料制造业	4.33	5.55	9.72	10.64	8.98	14.91
烟草加工业	11.19	12.47	24.99	29.92	18.78	25.88
纺织业	23.22	28.62	54.23	64.69	66.44	83.45
服装及其他纤维制品制造业	2.83	2.23	5.14	5.26	3.77	5.05

11—15 续表3

单位:亿元

分组	资本金		流动资产年平均余额		固定资产原价	
	1994年	1995年	1994年	1995年	1994年	1995年
皮革、毛皮、羽绒及其制品业	0.22	0.75	1.11	1.32	0.86	1.12
木材加工及竹、藤、棕、草制品业	1.18	1.51	2.37	2.19	2.05	2.78
家具制造业	0.75	0.71	2.33	0.65	0.50	1.32
造纸及纸制品业	4.79	6.01	9.91	9.81	11.09	16.86
印刷业、记录媒介的复制	2.51	3.41	4.52	5.34	5.87	8.67
文教体育用品制造业	0.13	0.33	0.52	0.57	0.18	0.51
石油加工及炼焦业	10.24	10.40	18.24	17.75	25.90	36.44
化学原料及化学制品制造业	25.51	41.36	37.87	43.00	53.19	75.43
医药制造业	6.91	6.67	14.97	16.65	12.38	17.28
化学纤维制造业	2.14	2.97	5.27	5.67	9.46	13.65
橡胶制品业	2.19	1.97	4.68	4.88	4.30	5.92
塑料制品业	1.91	2.46	2.77	3.65	3.39	5.20
非金属矿物制品业	15.88	20.73	25.44	28.93	35.44	60.66
黑色金属冶炼及压延加工业	90.41	90.31	180.76	189.51	200.78	287.73
有色金属冶炼及压延加工业	11.95	8.17	14.13	17.25	17.58	23.89
金属制品业	8.08	4.58	13.98	9.29	12.46	10.83
普通机械制造业	13.26	15.40	36.94	43.74	31.68	49.08
专用设备制造业	12.84	12.11	25.38	27.00	21.39	31.19
交通运输设备制造业	62.45	79.42	157.64	182.92	127.21	159.38
武器弹药制造业	1.34	1.48	1.54	2.81	2.85	4.14
电气机械及器材制造业	6.16	7.30	21.77	24.95	14.46	20.74
电子及通信设备制造业	5.32	6.61	16.24	17.49	11.14	14.84
仪器仪表及文化、办公用机械制造业	3.94	4.39	10.16	9.83	7.01	7.98
其他制造业	0.94	0.75	1.69	1.24	1.22	1.52
电力、蒸汽、热水的生产和供应业	102.82	103.42	49.06	50.55	227.03	238.04
煤气生产和供应业	3.12	2.82	1.28	1.05	4.79	4.91
自来水的生产和供应业	10.98	13.44	2.35	3.29	17.23	24.41

11—15　续表 4　　单位:亿元

分　　组	生产经营用固定资产原价		本年折旧		固定资产净值年平均余额	
	1994年	1995年	1994年	1995年	1994年	1995年
总　　计	**852.54**	**1 109.23**	**60.16**	**72.13**	**616.43**	**724.28**
一、按轻重工业分						
轻工业	151.98	217.18	10.58	13.68	141.79	175.15
以农产品为原料	99.98	161.98	6.94	9.92	98.76	129.81
以非农产品为原料	52.00	55.20	3.64	3.76	43.03	45.34
重工业	700.56	892.05	49.58	58.45	474.64	549.13
采掘工业	55.79	66.01	4.06	4.60	38.49	46.43
原料工业	455.82	564.90	30.47	36.83	300.33	326.28
加工工业	188.95	261.14	15.05	17.02	135.82	176.42
二、按企业规模分						
大型企业	608.84	745.65	42.40	48.79	401.51	455.71
中型企业	126.24	194.87	10.00	11.39	99.90	139.52
小型企业	117.46	168.71	7.76	11.95	115.02	129.05
三、按工业行业分						
煤炭采选业	4.18	6.69	0.18	0.40	3.94	4.95
石油和天然气开采业	39.38	44.80	3.20	3.51	24.17	30.15
黑色金属矿采选业	0.24	0.26	0.02	0.01	0.25	0.15
有色金属矿采选业	1.73	2.30	0.16	0.16	1.74	1.52
非金属矿采选业	14.49	16.30	0.89	0.82	11.57	11.96
其他矿采选业	0.02	0.23		0.01	0.01	0.16
木材及竹材采运业	0.41	0.66	0.01	0.01	0.53	0.63
食品加工业	14.90	23.26	0.82	1.17	15.60	19.58
食品制造业	3.79	5.62	0.27	0.34	4.67	4.59
饮料制造业	6.60	11.58	0.41	0.64	6.74	9.02
烟草加工业	11.67	19.32	1.04	1.37	14.02	16.65
纺织业	43.04	61.84	3.14	3.82	39.66	51.00
服装及其他纤维制品制造业	2.34	2.85	0.17	0.16	3.07	3.05

11—15 续表 5

单位:亿元

分组	生产经营用固定资产原价		本年折旧		固定资产净值年平均余额	
	1994年	1995年	1994年	1995年	1994年	1995年
皮革、毛皮、羽绒及其制品业	0.54	0.79	0.03	0.03	0.44	0.77
木材加工及竹、藤、棕、草制品业	1.34	1.76	0.14	0.10	1.23	1.74
家具制造业	0.18	0.88	0.03	0.02	0.30	0.89
造纸及纸制品业	9.09	12.94	0.51	0.52	7.45	10.34
印刷业、记录媒介的复制	4.38	6.99	0.28	0.46	4.07	4.79
文教体育用品制造业	0.10	0.43	0.01	0.02	0.11	0.28
石油加工及炼焦业	20.49	30.74	2.52	2.69	8.66	16.17
化学原料及化学制品制造业	43.92	60.54	3.00	5.27	29.96	39.44
医药制造业	9.10	10.80	0.59	1.14	7.38	9.92
化学纤维制造业	8.47	12.39	0.46	0.79	5.73	6.89
橡胶制品业	3.35	4.04	0.18	0.23	2.00	3.06
塑料制品业	2.92	4.12	0.16	0.29	2.27	3.14
非金属矿物制品业	26.19	45.74	1.86	2.82	22.01	30.18
黑色金属冶炼及压延加工业	169.44	248.72	14.91	18.94	100.73	115.37
有色金属冶炼及压延加工业	12.99	18.60	0.94	1.15	9.93	13.85
金属制品业	10.72	8.59	0.67	0.48	7.19	6.95
普通机械制造业	23.85	33.41	1.80	1.83	14.20	19.38
专用设备制造业	14.76	20.27	1.00	1.29	11.48	14.52
交通运输设备制造业	83.06	113.54	7.58	7.37	59.70	79.00
武器弹药制造业	2.15	2.97	0.37	0.17	1.50	1.97
电气机械及器材制造业	10.44	14.16	0.86	0.94	8.71	11.11
电子及通信设备制造业	8.32	10.19	0.78	0.68	7.06	8.07
仪器仪表及文化、办公用机械制造业	4.53	6.35	0.32	0.29	4.20	4.59
其他制造业	0.77	1.14	0.05	0.07	0.92	0.82
电力、蒸汽、热水的生产和供应业	219.62	219.77	9.68	10.95	155.34	150.02
煤气生产和供应业	4.40	4.11	0.16	0.11	4.22	2.53
自来水的生产和供应业	14.63	19.54	0.96	1.06	13.67	15.08

11—15 续表 6

单位:亿元

分组	流动负债		产品销售收入		产品销售税金及附加	
	1994 年	1995 年	1994 年	1995 年	1994 年	1995 年
总计	**846.12**	**925.88**	**1082.17**	**1 176.62**	**28.60**	**27.19**
一、按轻重工业分						
轻工业	222.28	268.21	282.61	335.75	16.23	16.68
以农产品为原料	169.77	220.14	226.65	287.20	15.59	16.26
以非农产品为原料	52.51	48.07	55.96	48.55	0.64	0.42
重工业	623.84	657.67	799.56	840.87	12.37	10.51
采掘工业	27.53	25.82	35.75	38.12	0.61	0.59
原料工业	280.19	285.82	404.08	448.04	9.23	8.55
加工工业	316.12	346.03	359.73	354.71	2.53	1.37
二、按企业规模分						
大型企业	486.50	503.43	673.63	707.52	16.66	17.45
中型企业	180.98	223.44	214.06	248.21	8.07	6.74
小型企业	178.64	199.01	194.48	220.89	3.87	3.00
三、按工业行业分						
煤炭采选业	2.64	2.98	3.02	3.87	0.05	0.03
石油和天然气开采业	17.67	14.30	24.92	24.93	0.42	0.41
黑色金属矿采选业	0.22	0.22	0.21	0.22		
有色金属矿采选业	1.15	1.06	1.64	1.55	0.02	0.01
非金属矿采选业	8.18	9.10	7.37	9.59	0.20	0.21
其他矿采选业	0.04	0.11	0.17	0.06		
木材及竹材采运业	0.43	0.73	0.77	0.79	0.06	0.06
食品加工业	29.17	41.38	44.55	59.45	0.16	0.13
食品制造业	8.06	8.29	8.50	9.75	0.13	0.06
饮料制造业	11.22	14.46	9.06	10.64	0.98	1.06
烟草加工业	24.20	33.09	36.85	44.63	13.36	14.46
纺织业	68.72	82.71	95.24	110.60	0.62	0.30
服装及其他纤维制品制造业	5.03	5.48	9.29	7.17	0.07	0.04

11—15 续表 7 单位:亿元

分组	流动负债		产品销售收入		产品销售税金及附加	
	1994年	1995年	1994年	1995年	1994年	1995年
皮革、毛皮、羽绒及其制品业	1.12	1.38	1.37	1.74	0.02	
木材加工及竹、藤、棕、草制品业	2.19	2.30	2.70	2.87	0.04	0.02
家具制造业	1.11	0.97	1.48	0.37	0.03	0.01
造纸及纸制品业	10.76	12.98	10.20	15.61	0.06	0.07
印刷业、记录媒介的复制	4.52	5.15	4.98	6.03	0.06	0.03
文教体育用品制造业	0.48	0.27	0.19	0.49		0.01
石油加工及炼焦业	17.64	17.63	55.06	68.61	5.01	5.52
化学原料及化学制品制造业	44.13	52.34	60.45	83.75	0.52	0.27
医药制造业	13.98	15.19	15.56	17.80	0.20	0.10
化学纤维制造业	5.14	5.71	7.43	12.49	0.02	0.04
橡胶制品业	4.74	5.95	5.71	6.59	0.04	0.03
塑料制品业	2.96	3.91	3.34	5.64	0.04	0.03
非金属矿物制品业	27.70	34.73	35.42	39.94	0.77	0.40
黑色金属冶炼及压延加工业	160.33	162.16	183.29	228.79	1.51	1.83
有色金属冶炼及压延加工业	16.52	19.81	21.64	28.96	0.10	0.10
金属制品业	14.60	11.56	15.24	8.10	0.13	0.06
普通机械制造业	35.28	43.22	27.13	29.92	0.23	0.15
专用设备制造业	24.86	27.82	23.75	25.95	0.34	0.16
交通运输设备制造业	169.91	174.64	205.34	183.17	0.88	0.42
武器弹药制造业	1.79	2.47	1.52	2.11		
电气机械及器材制造业	22.77	23.00	27.93	21.98	0.46	0.13
电子及通信设备制造业	15.42	17.96	12.58	13.79	0.05	0.07
仪器仪表及文化、办公用机械制造业	9.70	11.23	5.75	7.56	0.05	0.05
其他制造业	1.71	1.63	2.44	1.28	0.01	0.01
电力、蒸汽、热水的生产和供应业	56.09	53.06	103.60	73.39	1.78	0.84
煤气生产和供应业	1.49	1.45	1.35	0.97	0.04	
自来水的生产和供应业	2.45	3.45	5.13	5.47	0.14	0.07

11—15　续表8　　　　　　　　　　　　　　　　　　　　　　　　　　单位:亿元

分组	亏损企业亏损额		利润总额		利税总额		本年应交增值税	
	1994年	1995年	1994年	1995年	1994年	1995年	1994年	1995年
总计	**17.40**	**24.32**	**51.05**	**24.40**	**132.37**	**109.80**	**52.73**	**58.10**
一、按轻重工业分								
轻工业	7.21	9.57	1.38	−2.29	28.93	27.37	11.33	12.94
以农产品为原料	4.84	6.77	1.99	−0.28	26.65	26.87	9.08	10.86
以非农产品为原料	2.37	2.80	−0.61	−2.01	2.28	0.50	2.25	2.08
重工业	10.19	14.75	49.67	26.69	103.44	82.43	41.40	45.16
采掘工业	0.37	0.53	0.10	−0.29	2.33	1.46	1.61	1.16
原料工业	4.01	5.81	36.03	25.33	71.34	68.22	26.08	34.31
加工工业	5.81	8.41	13.54	1.65	29.77	12.75	13.71	9.69
二、按企业规模分								
大型企业	3.26	5.88	52.46	30.97	106.59	88.48	37.47	40.06
中型企业	5.38	9.41	1.11	−3.60	17.77	13.57	8.58	10.42
小型企业	8.76	9.03	−2.52	−2.97	8.03	7.75	6.68	7.62
三、按工业行业分								
煤炭采选业	0.17	0.21	−0.12	−0.12	0.10	0.15	0.17	0.23
石油和天然气开采业		0.02	0.18	−0.02	1.72	0.93	1.12	0.53
黑色金属矿采选业			0.01	0.02	0.01	0.01		
有色金属矿采选业	0.02	0.01	0.10	0.04	0.20	0.12	0.08	0.07
非金属矿采选业	0.70	0.67	−0.59	−0.58	0.01	0.11	0.40	0.48
其他矿采选业		0.02	0.01	−0.02	0.02			0.02
木材及竹材采运业	0.01	0.01			0.09	0.10	0.03	0.04
食品加工业	0.63	0.84	0.23	0.04	0.66	0.68	0.27	0.51
食品制造业	0.34	0.29	−0.13	−0.10	0.28	0.39	0.28	0.43
饮料制造业	0.48	0.63	−0.39	−0.51	1.02	1.11	0.43	0.55
烟草加工业	0.37	0.61	0.62	1.11	17.18	19.23	3.20	3.66
纺织业	1.93	3.53	1.61	−2.32	5.88	1.56	3.66	3.58
服装及其他纤维制品制造业	0.05	0.14	0.26	−0.02	0.42	0.17	0.10	0.16

11—15　续表 9　　单位:亿元

分组	亏损企业亏损总额		利润总额		利税总额		本年应交增值税	
	1994 年	1995 年	1994 年	1995 年	1994 年	1995 年	1994 年	1995 年
皮革、毛皮、羽绒及其制品业	0.05	0.08	−0.04	−0.06	0.02	−0.02	0.04	0.03
木材加工及竹、藤、棕、草制品业	0.12	0.09			0.15	0.18	0.11	0.15
家具制造业	0.07	0.09		−0.09	0.04	−0.06	0.01	0.02
造纸及纸制品业	0.57	0.14	−0.50	0.32	0.09	1.08	0.53	0.68
印刷业、记录媒介的复制	0.16	0.18	−0.04	−0.03	0.25	0.25	0.22	0.25
文教体育用品制造业	0.01			0.02	0.01	0.05	0.01	0.02
石油加工及炼焦业	0.02	0.23	2.31	2.92	8.98	11.75	1.66	3.32
化学原料及化学制品制造业	1.39	1.12	0.70	2.33	2.76	4.62	1.55	2.02
医药制造业	0.23	0.48	0.54	0.33	1.55	1.17	0.80	0.74
化学纤维制造业	0.03	0.05	0.37	0.51	0.75	1.03	0.36	0.49
橡胶制品业	0.26	0.18	−0.22	−0.15	0.04	0.18	0.23	0.29
塑料制品业	0.18	0.16	0.01	0.14	0.21	0.38	0.16	0.21
非金属矿物制品业	0.93	1.61	0.69	−0.06	3.43	2.68	1.97	2.33
黑色金属冶炼及压延加工业	2.62	3.17	20.85	10.67	35.78	30.65	13.43	18.15
有色金属冶炼及压延加工业	0.02	0.08	0.19	0.68	1.06	2.04	0.78	1.23
金属制品业	0.22	0.67	1.12	−0.56	1.67	−0.15	0.42	0.33
普通机械制造业	0.89	1.91	−0.36	−1.41	1.11	0.08	1.23	1.34
专用设备制造业	0.79	0.56	0.28	0.09	1.59	1.51	0.96	1.26
交通运输设备制造业	2.40	2.95	8.52	0.99	17.92	5.04	8.52	3.63
武器弹药制造业		0.06	0.02	−0.05	0.02	−0.04		0.01
电气机械及器材制造业	0.57	0.69	2.69	0.49	4.16	1.73	1.01	1.11
电子及通信设备制造业	0.23	0.41	0.35	0.26	0.75	0.80	0.36	0.47
仪器仪表及文化、办公用机械制造业	0.19	0.29	−0.14	−0.06	0.16	0.35	0.24	0.35
其他制造业	0.06	0.11	−0.05	−0.10	0.01	−0.04	0.04	0.05
电力、蒸汽、热水的生产和供应业	0.10	1.39	12.26	10.10	22.16	19.98	8.12	9.04
煤气生产和供应业	0.31	0.05	−0.28	−0.05	−0.22	−0.04	0.03	0.01
自来水的生产和供应业	0.28	0.59		−0.34	0.33	0.03	0.19	0.30

11—16 主要工业产品产量

产品名称	单位	1992年	1993年	1994年	1995年	1995年为1994年%
化学纤维	万吨	2.87	2.50	5	5.92	118.40
#合成纤维	万吨	1.68	1.69	3	3.11	103.67
纱	万吨	39.99	38.92	45.33	49.84	109.95
#纯棉纱	万吨	27.41	25.13	29.34	33.81	115.24
布	亿米	15.16	13.55	21.74	23.24	106.90
#纯棉布	亿米	9.52	8.15	14.30	14.60	102.10
针棉织品(折用棉纱线量)	万吨	5.29	5.53	4.07	3.99	98.03
毛线	吨	7 767	5 719	6 129	7 622	124.36
#纯毛	吨	542	725	654	706	107.95
呢绒	万米	379.15	309.90	666	691	103.75
#纯毛织品	万米	37.96	39.20	394	216	54.82
麻袋	亿条	0.91	0.80	0.88	0.83	94.32
丝	万吨	0.09	0.12	0.13	0.18	138.46
机制纸及纸板	万吨	48.82	53.73	56.07	97.59	174.05
缝纫机	万架	8.48	12.85	4.39	1.05	23.92
自行车	万辆	194.38	171.60	126	79.94	63.44
表	万只	107.33	96.81	96.00	92.06	95.90
#手表	万只	101.52	79.49	74.00	80.88	109.30
钟	万只	31.33	15.75	28.68	50.45	175.91
日用搪瓷制品	万吨	0.68	0.62	0.75	0.88	117.33
日用陶瓷器	亿件	0.41	0.31	0.40	0.58	145.00
日用精铝制品	万吨	0.37	0.70	0.51	1.05	205.88
日用玻璃制品	万吨	19.31	16.98	16.72	20.82	124.52
自来水笔	万支	341.94	203.28	139	138.20	99.42
圆珠笔	万支	229.04	192.15	213	77.00	36.15
灯炮	亿只	1.39	1.09	1.21	2.04	168.60
合成洗涤剂	万吨	11.88	14.78	14.82	13.53	91.30
肥皂	万吨	2.95	2.93	3.09	4.20	135.92
牙膏	万支	1 850.65	914.63	523	111.24	21.26
火柴	万件	155.06	74.47	54.92	85.97	156.54
干电池(折手电池)	亿只	3.18	4.56	3.79	3.79	100.00
原盐	万吨	156.43	169.87	167.03	177.12	106.04
糖	万吨	1.25	1.72	0.97	1.10	113.40
卷烟	万箱	216.28	217.16	219.93	220.03	100.05
罐头	万吨	4.10	4.28	6.27	11.26	179.59
饮料酒(商品量)	万吨	69.23	85.89	87.14	133.30	152.97
#白酒(商品量)	万吨	24.82	27.56	30.04	61.69	205.36
啤酒	万吨	41.92	55.18	55.29	67.90	122.81
葡萄酒(商品量)	万吨	0.45	0.44	0.17	0.36	211.76
乳制品	万吨	0.61	0.78	0.60	1.09	181.67

11—16 续表1

产品名称	单位	1992年	1993年	1994年	1995年	1995年为1994年%
味精	万吨	0.82	0.91	1.05	1.24	118.10
柠檬酸	万吨	0.67	1.16	1.43	1.04	72.73
食用植物油	万吨	34.92	50.36	53.38	140.29	262.81
化学原料药	万吨	1.32	1.60	0.88	0.75	85.23
中成药	万吨	1.55	2.42	1.65	1.80	109.09
塑料制品	万吨	14.48	26.27	19.96	69.94	350.40
鞣制皮革(折牛皮)	万张	120.05	85.99	104	119.87	115.26
家用洗衣机	万台	20.44	15.22	20.54	20.90	101.75
电风扇	万台	35.93	16.00	32.86	34.31	104.41
电熨斗	万个	1.25	0.73	0.15	2.36	1 573.33
收音机	万台	0.45	1.73	0.65	4.25	653.85
电视机	万台	22.58	20.39	25.00	10.80	43.20
#彩电	万台	12.45	8.63	9.68	8.89	91.84
录音机	万台	2.49	3.25	3.86	0.11	2.85
照相机	万架	0.66	0.08	0.50	0.40	80.00
硫酸	万吨	97.27	92.34	107.68	127.39	118.30
纯碱	万吨	27.67	28.83	29.53	30.33	102.71
烧碱	万吨	10.30	12.69	11.34	16.53	145.77
合成氨	万吨	128.38	125.95	139.95	157.67	112.66
农用化肥	万吨	145.76	137.57	157.54	187.09	118.76
#氮肥	万吨	92.23	90.61	99.40	111.55	112.22
磷肥	万吨	53.47	46.92	58.03	75.47	130.05
化学农药	万吨	1.51	1.16	1.82	2.05	112.64
电石(折合量)	万吨	9.85	9.76	10.30	11.15	108.25
塑料	万吨	4.55	4.70	6.59	8.15	123.67
轮胎外胎	万条	148.19	178.39	197	220.38	111.87
矿山设备	万吨	0.77	1.31	1.37	1.87	136.50
石油钻采设备	万吨	3.66	0.40	0.35	2.37	677.14
化工设备	万吨	0.51	0.65	0.78	0.45	57.69
发电设备	万千瓦	65.78	52.90	39.29	80.56	205.04
交流电动机	万千瓦	294.57	152	151.32	124.45	82.24
金属切削机床	台	8 205	7 346	5 144	4 634	90.09
#数控机床	台	30	269	131	48	36.64
高精度机床	台	49	34	104	16	15.38
大型机床	台	154	202	127	57	44.88
#重型机床	台	130	151	106	46	43.40
汽车	万辆	15.12	19.21	17.97	15.52	86.37
#载货汽车	万辆	8.79	9.66	12.33	9.98	80.94

11—16 续表 2

产品名称	单位	1992年	1993年	1994年	1995年	1995年为1994年%
摩托车	万辆	0.56	1.19	2.16	2.89	133.80
拖拉机(14.7千瓦及以上)	万台	0.46	0.19	0.32	0.49	153.13
小型拖拉机	万台	1.00	0.37	0.40	0.57	142.50
内燃机(商品量)	万千瓦	222.67	186.30	178	470	264.04
机动脱粒机	万台	1.24	0.40	1.90	1.93	101.58
机动饲料粉碎机	万台	0.93	0.74	1.91	3.25	170.16
电话机(单机)	万部	25.69	27.29	39.97	39.32	98.37
原煤	万吨	884.85	986.64	1 150	1 533.31	133.33
原油	万吨	76.50	81	87	85.03	97.74
汽油	万吨	126.02	147.28	124.86	126.32	101.17
柴油	万吨	127.02	139.07	135.25	153.05	113.16
天然气	亿立方米	0.82	0.83	0.78	0.76	97.44
发电量	亿千瓦小时	367.20	402.49	426.41	452.74	106.17
#水电	亿千瓦小时	227.03	255.71	244.05	258.82	106.05
生铁	万吨	572.43	610.79	624.01	645.73	103.48
钢	万吨	679.30	719.60	721.73	711.57	98.59
成品钢材	万吨	594.63	658.76	652.35	661.34	101.38
#重轨	万吨	3.75	8.13	8.99	4.13	45.94
普通大型钢材	万吨	19.04	32.61	34.77	39.57	113.81
普通中型钢材	万吨	34.21	27.56	24.37	17.55	72.01
普通小型钢材	万吨	81.31	82.20	86.55	58.21	67.26
优质钢材型	万吨	51.92	61.02	60.69	51.78	85.32
线材	万吨	42.22	43.93	51.51	63.09	122.48
特厚钢板	万吨	9.79	5.87	4.66	6.49	139.27
中厚钢板	万吨	140.56	157.06	149.73	139.29	93.03
薄钢板	万吨	155.79	167.19	174.40	208.57	119.59
硅钢片	万吨	13.36	15.62	16.82	17.76	105.59
钢带	万吨	16.66	16.87	12.70	26.87	211.57
无缝钢管	万吨	2.44	2.89	3.64	4.17	114.56
铁合金	万吨	7.25	9.26	8.08	9.59	118.69
焦炭	万吨	359.90	391.08	396.07	398.44	100.60
#机制焦炭	万吨	358.18	389.97	396.07	385.93	97.44
水泥	万吨	1 263.16	1 394.05	1 522	1 838.25	120.78
平板玻璃	万重量箱	174.37	258.42	249.05	496.54	199.37
木材	万立方米	180.51	189.08	155	120.48	77.73

主要统计指标解释

【工业】 我国的工业包括以下四个方面的生产活动：(1)对自然资源的开采：如采矿、森林采伐等，但禽兽捕猎和水产捕捞按我国国家标准《国民经济行业分类和代码》的划分，均属农业生产活动，不包括在工业生产活动内。(2)对农副产品的加工、再加工；如粮油加工、食品加工、轧花、缫丝、纺织、制革等。(3)对采掘品的加工、再加工；如冶金加工、石油加工、化学加工、机械加工、木材加工以及电力、自来水、煤气的生产和供应等。(4)对工业品修理、翻新：如机器设备的修理、交通运输工具(包括小卧车)的修理等。

1984年以前农村的村及村以下办工业归属农业，1984年及以后划归工业。

【独立核算法人工业企业】 是指从事工业生产经营活动的单位。独立核算法人工业企业应同时具备以下条件：①依法成立，有自己的名称、组织机构和场所，能够承担民事责任；②独立拥有和使用资产，承担负债，有权与其他单位签订合同；③独立核算盈亏，并能够编制资产负债表。

【国有经济】 是指生产资料归国家所有的一种经济类型，是社会主义公有制经济的重要组成部分。包括中央和地方各级国家机关、事业单位和社会团体使用国有资产投资举办的企业，也包括实行企业化经营，国家不再核拨经费或核拨部分经费的事业单位和从事经营性活动的社会团体，以及上述企业、事业单位和社会团体使用的自有资金投资举办的企业。

【集体经济】 是指生产资料归公民集体所有的经济类型。包括城乡所有使用集体投资举办的企业，以及部分个人通过集资自愿放弃所有权依法经工商行政管理机关认定为集体所有制的企业。

【其他类型经济】 指除国有经济、集体经济、个体经济以外的其他类型的工业企业。包括私营经济、联营经济、股份制经济、外商投资经济及港、澳、台投资经济等企业。

【个体经济】 指个人参加生产劳动，生产资料和产品或收入归个人所有的一种经营形式。包括城镇个体经营工业和农村个体经营工业。多人合股经营仍领取个体经营执照的也包括在个体经营工业内。

【乡及乡以上工业】 包括农村乡办工业、县(市)工业、地市工业、省及中央工业。不包括农村村办工业、农村合作工业、农村个体工业以及城镇合作工业、城镇个体工业。

【村及村以下工业】 包括农村村办工业、农村合作经营工业、农村个体工业。

【乡镇工业】 包括乡办工业、村办工业、农村合作经营工业及农村个体工业。

【轻工业】 指提供生活消费品和制作手工工具的工业，是为满足人民吃、穿、用需要的工业。按其所使用的原料不同，可分为两大类：(1)以农产品为原料的轻工业，是指直接或间接以农产品为原料的轻工业。主要包括食品制造、饮料制造、烟草加工、纺织、缝纫、皮革和毛皮制作、造纸以及印刷等工业；(2)以非农产品为原料的轻工业，是指以工业品为原料的轻工业。主要包括文教体育用品、化学药品制造、合成纤维制造、日用化学制品、日用玻璃制品、日用金属制品、手工工具制造、医疗器械制造、文化和办公用品制造等工业。

【重工业】 指生产生产资料的工业，是为国民经济各部门提供物质技术基础的工业。按其生产和产品用途，可分为下列三类：(1)采掘(伐)工业，是指对自然资源的开采，包括石油开采，煤炭开采、金属矿开采、非金属矿开采和木材采伐等工业；(2)原料工业，是指提供国民经济各部门使用的原料、动力和燃料的工业。包括金属冶炼及加工、炼焦及焦炭、化学、化工原料、水泥、人造板以及电力、石油和煤炭加工等工业；(3)加工工业，是指对原料进行加工制造的工业。包括装备国民经济各部门的机械设备加工工业、金属结构、水泥制品等工业以及为农业提供的生产资料如化肥、农药等工业。根据上述划分原则，修理业中修理作业对象是重工业的划分为重工业，否则划分为轻工业。

【大、中、小型工业企业】 大、中、小型工业企业的划分标准有下列两类：

(1)按企业产品的年生产能力划分，凡产品较单一行业，如电力、原煤、石油、钢铁、有色金属、硫酸、烧碱、合成氨、汽车、拖拉机、水泥、平板玻璃、纺织、造纸、制糖、手表、缝纫机、自行车等均以产品生产能力作为划分大、中、小型的标准(生产多种产品的企业，以其主要产品的生产能力来划分)。

(2)按企业拥有的工业生产用固定资产原值划分。凡产品种类繁多，难以按生产能力划分的，则以企业的工业生产用固定资产原值作为划分大、中、小型的标准。

【工业总产值】 是以货币表现的工业企业在一定时期内生产的工业产品总量。它反映工业生产的总规模和总水平。包括在本企业内不再进行加工，经检验、包装入库的产品价值，工业性作用价值，自制半成品、在制品期末期初差额价值(生产周期较长的企业计算)。工业总产值采用"工厂法"计算,即以工业企业作为一个整体,按企业工业生产活动的最终成果来计算,企业内部不允许重复计算,不能把企业内部各个车间(分厂)生产的成果相加。但在企业之间、行业之间、地区之间存在着重复计算。

轻重工业总产值的划分也是按"工厂法"计算的,即一个企业在正常生产情况下生产的主要产品的性质属于轻工业,则该企业的全部总产值作为轻工业总产值。一个工业企业的生产主要产品的性质属于重工业,则该企业的全部总产值作为重工业总产值。

【工业增加值】 指工业企业一定时期内以货币表现的工业生产活动的社会最终成果,是国民(内)生产总值的组成部分。工业增加值和工业净产值的主要区别:工业增加值包括折旧和大修理基金,但不包括支付给非物质生产部门的费用和利息支出。

【固定资产原价】 指企业在建造、购置、安装、改建、扩建、技术改造某项固定资产时所支出的全部货币总额。它一般包括买价、包装费、运杂费和安装费等。

【固定资产净值】 是指固定资产原值减去历年已提折旧额后的净值。

【流动资产】 指可以在一年或超过一年的营业周期内变现或耗用的资产,包括现金及各种存款、短期投资、应收及预付货款、存货等。

【全部资金】 由固定资产净值和流动资金组成。

【产品销售收入】 是指企业销售商品产品(包括产成品、代制品、代修品、自制半成品和工业性作业等)所取得的收入。产品销售收入是企业经营活动的主要收入,在企业销售收入中占有较大的比重,直接影响着企业的经济效益。

产品销售收入不仅包括企业对外单位销售商品产品所取得的收入,也包括企业对实行单独经济核算的本企业建设单位销售商品产品所取得的收入,还包括企业对企业内部非生产性部门,如专项工程、福利事业及单位销售商品产品所取得的收入。企业对外进行来料加工装配业务节省的材料,如按合同规定留归企业所有,也算企业的产品销售收入。

【利润总额】 是企业在一定时期内实现盈亏的总额。利润总额若为正数,表现该企业为盈利企业,若为负数,则表现为亏损企业。按照国家有关规定,企业利润总额为产品销售利润加其他销售利润,加营业外收入,减营业外支出后净额。

【工业产品销售率】 指报告期销售产值与同期全部工业总产值之比,反映工业产品生产已实现销售的程度。计算公式为:

$$\text{工业产品销售率}(\%)=\frac{\text{报告期现价工业销售产值}}{\text{报告期现价工业总产值}}$$

【工业资金利税率】 指报告期已实现的利润、税金总额与同期的资产(流动资产和固定资产净值)之比,反映企业资金运用的经济效益。计算公式为:

$$\text{资金利税率}(\%)=\frac{\text{报告期止累计实现利税总额}}{\begin{matrix}\text{报告期平均}\\\text{流动资产}\end{matrix}+\begin{matrix}\text{固定资产净值}\\\text{平均余额}\end{matrix}}\times\frac{12}{\text{累计月数}}\times100\%$$

实现利税总额是指企业的产品销售税金及附加和利润总额之和。

【工业增加值率】 指报告期工业增加值与同期工业总产值之比,反映降低中间消耗的经济效益。计算公式为:

$$\begin{matrix}\text{工业增加}\\\text{值率}(\%)\end{matrix}=\frac{\text{报告期工业增加值}}{\begin{matrix}\text{工业总产值}\\\text{(现价、新规定)}\end{matrix}+\begin{matrix}\text{本年应交}\\\text{销项税额}\end{matrix}}\times100\%$$

【工业成本费用利润率】 指报告期实现利润与成本费用之比,反映降低成本的经济效益。计算公式为:

$$\text{工业成本费用利润率}(\%)=\frac{\text{报告期实现利润总额}}{\text{报告期成本费用总额}}\times100\%$$

成本费用总额是指企业的产品销售成本、产品销售费用、管理费用和财务费用之和。

【工业全员劳动生产率】 指报告期工业企业平均每个职工创造的增加值,反映企业职工劳动的经济效益。计算公式为:

$$\text{工业全员劳动生产率}=\frac{\text{报告期止累计工业增加值}}{\text{报告期全部职工平均人数}}\times\frac{12}{\text{累计月数}}\text{(元/人)}$$

【流动资产周转次数】 指一定时期内全部流动资产的利用效率。计算公式为:

$$\text{流动资产周转次数}=\frac{\text{报告期止累计产品销售收入}}{\text{报告期平均流动资产}}\times\frac{12}{\text{累计月数}}$$

建筑业 12

资料整理人员：李昌文　朱小玲

12—1 建筑业企业单位数

单位:个

年份	总计	国有经济	中央企业	地方企业	城镇集体经济	农村建筑队 乡办	村办
1978	2 787	94	13	81	89	887	1 717
1979	2 905	101	13	88	105	894	1 805
1980	2 944	119	13	109	171	900	1 754
1981	2 932	145	15	130	178	901	1 708
1982	3 211	139	14	125	180	880	2 012
1983	3 324	134	17	117	265	932	1 993
1984	5 678	137	36	101	280	1 527	3 734
1985	6 708	157	38	119	357	1 864	4 330
1986	5 387	174	39	135	336	1 784	3 093
1987	5 353	175	44	131	426	1 564	3 188
1988	5 724	173	42	131	416	1 407	3 728
1989	5 296	173	41	132	398	1 354	3 371
1990	5 210	174	42	132	396	1 298	3 342
1991	5 075	179	42	137	396	1 300	3 200
1992	5 679	184	42	142	419	1 314	3 762
1993	6 604	241	40	208	642	1 512	4 194
1994	6 981	307	39	268	492	1 569	4 589
1995	8 879	323	46	277	539	1 888	6 079

1. 农村建筑队系乡镇企业局统计数　2. 总计中包括其他经济类型统计数(下表同)。

12—2 建筑业平均人数

单位:万人

年份	总计	国有经济	中央企业	地方企业	城镇集体经济	农村建筑队 乡办	村办
1978	34.90	22.79	10.56	12.23	3.15	6.23	2.73
1979	37.13	23.19	10.60	12.59	3.38	7.25	3.31
1980	42.56	25.68	9.78	15.90	5.03	8.14	3.71
1981	43.62	26.08	9.86	16.22	5.34	7.95	4.25
1982	46.87	26.11	9.17	16.94	6.39	9.34	5.01
1983	48.96	25.18	10.19	14.99	7.58	10.61	5.59
1984	61.35	28.43	17.98	10.45	9.52	15.31	8.09
1985	71.03	27.49	13.89	13.60	12.00	20.65	10.89
1986	70.38	28.28	14.12	14.16	11.70	21.05	9.35
1987	73.04	28.78	14.46	14.32	14.26	20.16	9.84
1988	77.99	31.70	16.87	14.83	14.35	20.83	11.11
1989	74.26	30.95	16.60	14.35	12.56	20.34	10.41
1990	71.07	29.35	15.38	13.97	12.53	19.09	10.10
1991	72.48	30.34	15.82	14.52	12.74	19.37	10.03
1992	77.82	30.92	16.03	14.89	15.21	20.71	10.98
1993	93.63	36.41	16.76	19.65	19.15	25.55	12.34
1994	97.03	36.83	17.76	19.07	15.43	29.46	14.91
1995	107.87	38.05	19.19	18.86	16.62	32.45	18.14

12—3 建筑业总产值

单位:万元

年份	总计	国有经济	中央企业	地方企业	城镇集体经济	农村建筑队 乡办	农村建筑队 村办
1978	121 352	98 334	50 734	47 600	12 731	8 205	2 082
1979	117 676	89 919	42 760	47 159	14 290	9 923	3 044
1980	148 077	109 974	45 984	63 990	21 888	12 380	3 835
1981	150 170	108 899	40 655	68 244	23 193	12 714	5 364
1982	173 206	119 950	41 818	78 132	28 693	17 307	7 256
1983	203 073	139 487	62 169	77 318	36 852	25 793	10 941
1984	317 812	189 964	120 427	69 537	47 939	58 094	21 815
1985	422 762	212 219	108 910	103 307	67 869	106 844	35 830
1986	477 914	239 415	121 760	117 655	67 060	127 201	44 238
1987	564 527	271 143	143 364	127 779	90 283	147 063	56 038
1988	700 325	334 488	182 387	152 101	100 260	190 373	75 204
1989	746 529	362 169	206 087	156 082	95 125	204 144	85 091
1990	807 562	389 211	225 812	163 409	103 805	220 542	93 994
1991	935 193	441 935	250 288	191 647	133 658	255 300	104 300
1992	1 254 152	595 070	344 749	250 321	189 309	324 009	145 764
1993	2 029 363	902 712	541 046	361 666	290 964	560 834	269 513
1994	3 234 920	1 402 876	833 382	569 494	277 515	1 031 613	510 512
1995	4 913 042	1 785 099	1 195 458	589 641	337 039	1 606 953	1 032 029

12—4 建筑业全员劳动生产率

单位:元/人

年份	总计	国有经济	中央企业	地方企业	城镇集体经济	农村建筑队 乡办	农村建筑队 村办
1978	3 477	4 315	4 804	3 892	4 041	1 317	763
1979	3 169	3 877	4 043	3 746	4 228	1 369	920
1980	3 479	4 282	4 702	4 025	4 351	1 521	1 034
1981	3 443	4 176	4 123	4 207	4 343	1 599	1 262
1982	3 695	4 594	4 560	4 612	4 490	1 853	1 443
1983	4 148	5 540	6 101	5 158	4 861	2 431	1 957
1984	5 180	6 682	6 699	6 654	5 035	3 795	2 697
1985	5 952	7 720	7 840	7 596	5 656	5 174	3 290
1986	6 790	8 466	8 623	8 309	5 732	6 043	4 731
1987	7 729	9 421	9 915	8 923	6 331	7 295	5 694
1988	8 980	10 552	10 811	10 256	6 987	9 139	6 769
1989	10 053	11 702	12 415	10 877	7 574	10 037	8 174
1990	11 363	13 261	14 682	11 697	8 285	11 553	9 306
1991	12 903	14 566	15 821	13 199	10 491	13 180	10 399
1992	16 116	19 245	21 506	16 811	12 446	15 645	13 275
1993	21 674	24 793	32 282	18 405	15 194	21 950	21 841
1994	33 339	38 091	46 924	29 863	17 985	35 017	34 240
1995	45 546	46 915	62 296	31 264	20 279		

12—5 国有建筑业企业房屋建筑面积、竣工率

年份	房屋建筑施工面积（万平方米）	#本年新开工面积	房屋建筑竣工面积（万平方米）	#住宅	房屋建筑面积竣工率（%）	人平施工面积（平方米）	人平竣工面积（平方米）
1978	596.0		297.4		49.09	26.16	13.05
1979	639.4		285.2		44.61	27.57	12.30
1980	747.2		352.3		47.15	29.09	13.71
1981	737.0		337.9		45.85	28.48	13.04
1982	782.2		358.3		45.81	29.96	13.73
1983	816.9	352.2	374.6	209.0	45.87	30.17	13.84
1984	852.3	379.2	390.4	185.8	45.81	27.40	12.55
1985	955.7	481.1	425.7	182.8	44.55	31.85	14.19
1986	955.3	429.7	481.4	202.4	48.37	32.23	15.59
1987	1 025.6	482.0	424.6	161.1	41.40	32.79	14.75
1988	1 191.9	536.0	426.5	153.9	35.78	35.32	12.64
1989	1 167.0	356.1	433.5	164.4	37.15	35.07	13.03
1990	1 061.4	378.4	455.9	185.8	42.95	32.54	13.98
1991	1 103.3	478.5	474.9	180.0	43.0	33.1	14.3
1992	1 190.4	572.8	508.4	187.6	42.7	34.7	14.8
1993	1 439.3	711.3	480.5	176.2	33.9	39.5	13.2
1994	1 894.5	851.5	577.5		30.5	51.4	15.7
1995	2 122.8	873.9	622.2		41.2	55.8	16.4

12—6 地方国有建筑业企业房屋建筑面积、竣工率

年份	房屋建筑施工面积（万平方米）	#本年新开工面积	房屋建筑竣工面积（万平方米）	#住宅	房屋建筑面积竣工率（%）	人平施工面积（平方米）	人平竣工面积（平方米）
1978	444.5		218.7		49.2	36.4	17.9
1979	484.4		213.7		44.0	38.6	17.0
1980	618.6		290.5		47.0	38.9	18.3
1981	581.8		277.1		47.0	35.9	17.1
1982	637.8		297.5		46.6	37.7	17.6
1983	663.7	275.3	298.3	171.2	45.0	41.9	18.8
1984	584.1	266.8	277.3	139.3	47.5	51.7	24.5
1985	697.2	350.5	326.3	157.3	46.8	48.0	22.5
1986	701.3	303.9	344.5	166.6	49.1	46.5	22.9
1987	717.9	362.4	322.8	133.9	45.0	47.3	21.3
1988	820.7	395.0	316.8	135.1	38.6	52.2	20.1
1989	820.7	272.4	344.4	148.3	40.8	53.4	21.8
1990	746.1	290.7	351.6	172.9	47.1	49.8	23.5
1991	758.1	359.2	338.7	162.0	44.7	48.9	21.9
1992	829.9	422.9	378.5	170.9	45.6	51.4	25.5
1993	989.1	475.6	384.4	163.2	38.9	50.3	19.6
1994	1 319.1	627.6	485.2		36.8	69.2	25.4
1995	1 185.2	553.6	466.9		39.4	62.8	24.8

12—7 国有建筑业企业工程质量情况

年 份	验收鉴定单位工程（个）	中央企业	地方企业	优良单位工程（个）	中央企业	地方企业	优良品率（%）	中央企业	地方企业
1983	3 745	1 262	2 483	2 608	1 021	1 587	69.6	80.9	63.9
1984	4 981	2 974	2 007	3 588	2 424	1 164	72.0	81.5	58.0
1985	5 507	3 150	2 357	4 065	2 809	1 256	73.8	53.3	53.3
1986	5 410	2 886	2 524	3 705	2 501	1 204	68.5	86.7	47.7
1987	4 653	2 198	2 455	2 689	1 756	933	57.8	79.9	38.0
1988	4 723	2 534	2 189	2 494	1 949	545	52.8	76.9	24.9
1989	3 558	1 611	1 947	1 454	1 159	295	40.9	71.9	15.2
1990	3 648	1 690	1 958	1 621	1 278	343	44.4	75.6	17.5
1991	3 983	1 922	2 061	1 886	1 484	402	47.35	77.2	19.5
1992	4 137	2 045	2 092	1 982	1 503	479	47.91	73.5	22.9
1993	4 150	2 155	1 995	1 959	1 550	409	47.2	71.9	20.5
1994	4 287	2 082	2 205	2 114	1 727	387	49.3	82.9	17.6
1995	5 339	3 030	2 309	2 689	2 264	425	50.4	74.7	18.4

年 份	验收鉴定的房屋竣工面积（万平方米）	中央企业	地方企业	优良单位工程面积（万平方米）	中央企业	地方企业	优良品率（%）	中央企业	地方企业
1983	306.3	72.8	273.6	212	42.0	170.0	69.2	57.7	62.1
1984	353.2	98.0	255.2	224.9	69.2	155.8	63.7	70.6	61.1
1985	380.1	58.2	321.9	236.6	46.0	190.6	62.2	79.0	59.2
1986	423.0	88.0	335.0	237.0	63.5	173.5	56.0	72.2	51.8
1987	414.0	93.6	320.4	199.2	56.7	142.5	48.1	60.6	44.5
1988	426.5	108.5	318.0	128.69	61.8	66.7	30.2	57.0	21.0
1989	400.8	78.6	322.2	88.5	42.9	45.6	22.1	54.6	14.2
1990	432.8	95.6	337.2	117.9	48.7	69.2	27.2	50.9	20.5
1991	432.4	104.7	327.7	130.4	57.7	72.7	30.2	55.1	22.2
1992	560.9	217.1	343.8	154.8	69.6	85.2	27.6	32.1	24.8
1993	480.9	96.5	384.4	138.6	52.1	86.6	28.8	54.0	22.5
1994	577.5	92.3	485.2	162.3	63.7	98.6	28.1	69.0	20.3
1995	622.2	155.3	466.9	187.9	89.8	98.1	30.2	57.8	21.0

12—8 国有建筑业企业主要财务指标

单位：万元

年 份	固定资产原价年末数	中央企业	地方企业	固定资产净值年末数	中央企业	地方企业
1983	178 271	109 972	68 299	132 463	82 335	50 128
1984	219 768	175 461	44 307	163 105	129 602	33 503
1985	207 278	150 065	57 213	151 399	109 081	42 318
1986	216 968	151 904	65 064	157 112	107 803	49 309
1987	230 745	161 202	69 543	167 757	113 680	54 077
1988	261 783	189 141	72 642	187 708	132 721	54 987
1989	288 075	205 862	82 213	203 370	142 990	60 380
1990	293 593	207 584	86 009	204 202	142 645	61 557
1991	312 866	222 436	90 430	212 118	149 138	62 980
1992	334 250	234 208	100 042	229 066	159 611	69 455
1993	411 840	296 580	115 261	282 601	199 920	82 781
1994	589 510	432 721	156 789	409 095	298 658	110 437
1995	761 858	541 994	219 864	541 609	376 866	164 743

年 份	利润总额（万元）	中央企业	地方企业	资金利润率（%）	中央企业	地方企业	产值利润率（%）	中央企业	地方企业
1983	12 472	6 434	6 038	6.6	6.1	7.3	8.9	10.3	7.8
1984	14 339	9 406	4 933	6.3	5.6	8.3	7.6	7.8	7.1
1985	16 156	9 265	6 891	7.1	6.3	8.4	7.6	8.5	6.7
1986	9 260	4 650	4 610	3.3	2.6	4.7	3.9	3.8	3.9
1987	11 033	7 904	3 129	4.0	4.7	2.9	4.1	5.5	2.4
1988	12 109	8 453	3 656	3.8	4.2	3.2	3.6	4.6	2.4
1989	3 025	3 337	−312	0.9	1.5	−0.2	0.8	1.6	−0.2
1990	−3 292	145	−3 437	−0.9	0.1	−2.3	−0.8	0.1	−2.1
1991	2 286	2 424	−138	0.4	0.8	0.4	0.5	0.9	−0.1
1992	6 475	5 895	580	1.1	1.8	1.1	1.1	1.7	0.2
1993	10 423	6 929	3 494	1.0	1.2	1.0	1.2	1.3	1.0
1994	13 993	6 072	7 921	1.0	0.7	1.3	1.0	0.7	1.4
1995	9 896	7 175	2 721	0.5	0.6	0.4	0.5	0.6	0.5

12—9 国有建筑业企业技术装备情况

年份	自有机械设备总台数（台）	自有机械设备净值（万元）	中央企业	地方企业	技术装备率（元/人）	中央企业	地方企业
1983	55 503	84 824	59 270	25 554	3 027	5 027	1 575
1984	63 741	100 923	83 157	17 766	3 251	3 962	1 502
1985	62 059	96 069	73 365	22 704	3 063	4 566	1 484
1986	68 121	99 654	71 852	27 802	3 134	4 364	1 814
1987	59 912	103 416	73 710	29 706	3 190	4 472	1 864
1988	71 029	118 348	87 950	30 398	3 537	4 963	1 931
1989	79 963	124 140	91 720	32 420	3 696	5 011	2 121
1990	79 074	127 295	94 960	32 335	3 870	5 311	2 153
1991	77 690	124 325	92 103	32 222	3 648	5 137	1 995
1992	67 134	140 564	102 123	38 441	4 105	5 736	2 339
1993	77 588	185 584	145 883	39 701	4 952	8 658	1 924
1994	75 593	272 171	210 946	61 224	7 392	11 878	3 210
1995	82 736	327 257	268 414	58 843	8 601	13 987	3 120

年份	自有机械设备总功率（万千瓦）	中央企业	地方企业	动力装备率（千瓦/人）	中央企业	地方企业
1983	124.5	79.1	45.4	6.04	6.71	2.79
1984	133.1	104.5	28.6	5.52	5.44	2.4
1985	128.2	90.4	37.8	4.08	5.62	2.47
1986	137.5	93.3	44.2	4.33	5.67	2.88
1987	147.1	100.0	47.1	4.54	6.07	2.95
1988	127.7	119.2	53.5	5.16	6.73	3.4
1989	168.8	115.8	53.0	5.0	6.3	3.5
1990	175.6	125.3	50.3	5.3	8.0	3.0
1991	175.8	126.1	49.7	5.2	7.0	3.1
1992	169.5	116.7	52.8	4.9	6.6	3.2
1993	169.9	101.7	68.2	4.5	6.1	3.3
1994	196.1	129.1	67.0	5.3	7.3	3.5
1995	197.7	134.7	63.0	5.2	7.0	3.3

12—10 城镇集体建筑业企业主要经济效益指标

年份	房屋建筑施工面积（万平方米）	房屋建筑竣工面积（万平方米）	房屋建筑面积竣工率（%）	人平竣工面积（平方米）	验收鉴定的单位工程个数（个）	#优良单位工程	优良品率（%）
1978	253.1	135.0	53.3	42.9			
1979	283.8	152.8	53.8	45.3			
1980	395.4	223.8	59.1	44.5			
1981	394.7	225.9	57.2	42.3			
1982	441.2	246.8	55.9	38.6			
1983	505.3	292.2	57.8	38.5	1 955	746	38.2
1984	582.4	320.4	55.0	33.7	2 738	1 206	44.0
1985	726.4	395.3	54.4	32.9	3 966	1 799	45.4
1986	644.8	373.6	57.9	31.9	3 154	1 089	34.5
1987	821.2	424.7	51.7	29.8	3 546	1 108	31.2
1988	808.8	402.5	49.8	28.0	3 180	653	20.1
1989	677.2	383.8	56.8	30.5	2 770	490	17.7
1990	623.5	330.0	52.9	26.3	2 887	496	17.2
1991	736.6	377.5	51.2	28.3	3 057	460	15.0
1992	938.1	494.4	52.7	30.4	3 585	485	13.5
1993	1 143.9	641.0	56.0	23.0	5 422	713	13.2
1994	922.3	481.6	52.2	31.2	3 382	536	15.8
1995	867.6	484.3	55.8	29.1	3 797	621	16.4

年份	建筑业总产值（万元）	固定资产原价（万元）	固定资产净值（万元）	利润总额（万元）	产值利润率（%）	人均利润（元）
1978	12 731					
1979	14 290					
1980	21 888	3 402	2 612	435	2.0	87
1981	23 193	5 292	3 844	555	2.4	104
1982	28 693	5 548	3 980	804	2.8	126
1983	36 852	9 484	6 694	1 402	3.8	185
1984	47 939	13 485	9 677	2 345	4.9	246
1985	67 869	17 166	12 774	2 348	3.5	196
1986	67 060	18 880	13 602	1 512	2.3	130
1987	90 283	24 490	17 767	1 730	1.9	121
1988	100 260	27 192	19 764	1 958	2.0	136
1989	95 125	39 226	25 506	2 205	2.3	176
1990	103 805	35 855	25 784	2 090	2.0	167
1991	133 658	44 795	30 730	2 604	1.9	195
1992	189 309	57 249	36 947	3 045	2.0	212
1993	297 284	87 583	63 809	5 018	1.7	178
1994	277 514	66 283	49 373	5 169	1.9	335
1995	337 039	106 425	88 346	4 505	1.3	271

12—11 建筑业企业生产情况

（1995 年）

单位：万元

分　　组	建筑业总产值	建筑工程	安装工程	房屋构筑物修理	非标准设备制造	竣工产值
总　　计	**2 274 059**	**2 030 137**	**201 318**	**27 127**	**15 477**	**1 105 922**
一、按经济类型分						
国有经济	1 785 099	1 598 061	162 243	10 487	14 308	800 778
中央企业	1 195 458	1 048 034	135 202	1 619	10 604	446 654
地方企业	589 641	550 028	27 040	8 869	3 704	354 124
城镇集体经济	337 039	294 910	25 506	15 674	949	242 316
私营经济	2 118	1 829	256	33		1 291
联营经济	861	861				851
股份制经济	138 101	126 173	11 220	487	221	53 664
外商投资经济	5 180	3 002	1 734	445		4 029
港澳台投资经济	5 662	5 303	360			2 993
二、按行业类别分						
土木工程建筑业	2 056 632	1 922 054	98 078	25 222	11 278	981 388
房屋建筑业	1 476 668	1 373 832	73 827	20 761	8 248	721 960
线路管道设备安装业	194 077	94 489	94 952	436	4 200	104 681
建筑物装修装饰业	23 351	13 594	8 287	1 470		19 903
三、按企业规模分						
大中型企业	1 627 412	1 442 607	159 884	11 358	13 563	648 924
小型企业	646 647	587 530	41 434	15 769	1 914	456 998
四、按企业资质等级分						
一　级	1 488 227	1 348 247	126 349	1 046	12 584	535 540
二　级	380 725	309 549	52 379	16 956	1 841	278 676
三　级	273 988	252 421	16 277	4 718	571	194 091
四　级	127 145	117 518	5 319	4 116	192	94 495
其他级	3 974	2 402	993	291	289	3 120
五、按地市分类						
武汉市	980 485	846 603	114 067	16 248	3 567	426 364
黄石市	94 211	86 274	4 491	467	2 980	39 740
十堰市	52 823	47 269	4 300	441	812	33 608
荆沙市	80 547	75 531	290	4 566	160	65 557
宜昌市	288 225	273 846	12 090	180	2 110	112 813
襄樊市	341 199	299 575	36 849	1 272	3 502	150 559
鄂州市	27 351	24 906	2 141	213	92	16 994
荆门市	166 616	156 328	8 386	1 178	723	79 217
孝感市	48 325	45 606	2 429	252	39	37 260
黄冈市	79 454	69 637	8 912	275	719	55 355
咸宁地区	16 727	14 900	1 654	147	25	11 376
恩施自治区	14 454	13 848	419	187		9 056
随州市	15 381	14 984	159	151	87	15 551
仙桃市	12 088	9 946	1 817	325		6 600
天门市	11 675	11 668		7		5 282
潜江市	42 493	37 306	3 307	1 218	661	39 180
神农架林区	1 915	1 909	6			1 410

12—12 建筑业企业工程情况

(1995 年)

分组	单位工程竣工个数(个)	#优良工程个数	房屋建筑竣工面积(万平方米)	#优良工程面积	优良品率(%) 按工程个数计算	按建筑面积计算
总计	**9 485**	**3 370**	**1 175.9**	**268.8**	**35.5**	**22.9**
一、按经济类型分						
国有经济	5 339	2 689	622.2	187.9	50.4	30.2
中央企业	3 030	2 264	155.3	89.8	74.7	57.8
地方企业	2 309	425	466.9	98.1	18.4	21.0
城镇集体经济	3 797	621	484.3	66.3	16.4	13.7
私营经济	36		2.0	0.2		10.0
联营经济	10		1.8			
股份制经济	246	39	58.6	13.6	15.9	23.2
外商投资经济	22	12	2.2	0.9	54.5	40.9
港澳台投资经济	35	9	4.8		25.7	
二、按行业类别分						
土木工程建筑业	7 741	2 300	1 152.3	262.5	29.7	22.8
房屋建筑业	5 484	814	1 107.7	248.3	14.8	22.4
线路管道设备安装业	1 195	928	11.2	3.3	77.7	29.5
建筑物装修装饰业	549	142	12.4	3.0	25.9	24.0
三、按企业规模分						
大中型企业	3 685	2 360	364.5	149.4	64.0	41.0
小型企业	5 800	1 010	811.4	119.4	17.4	14.7
四、按企业资质等级分						
一　级	3 106	1 979	302.3	141.3	63.7	46.7
二　级	2 131	780	296.5	52.8	36.6	17.8
三　级	2 369	305	366.0	53.8	12.9	14.7
四　级	1 743	299	208.0	20.7	17.6	10.0
其他级	136	7	3.2	0.2	5.1	3.1
五、按地市分类						
武汉市	2 791	1 029	344.7	87.1	36.9	25.3
黄石市	292	45	44.7	8.4	15.4	18.8
十堰市	367	46	39.2	6.2	12.5	15.8
荆沙市	781	109	136.9	21.8	14.0	15.9
宜昌市	585	81	104.2	26.5	13.8	25.4
襄樊市	2 030	1 290	103.5	33.6	63.5	32.5
鄂州市	141	32	29.9	6.1	22.7	20.4
荆门市	428	254	60.4	27.1	59.3	44.9
孝感市	365	27	88.5	9.4	7.4	10.6
黄冈市	584	260	72.2	16.6	44.5	23.0
咸宁地区	142	24	23.9	3.4	16.9	14.2
恩施自治区	148	22	19.9	4.3	14.9	21.6
随州市	268	25	41.9	6.0	9.3	14.3
仙桃市	95	24	15.3	4.7	25.3	30.7
天门市	74	19	10.6	3.7	25.7	34.9
潜江市	359	80	37.0	3.8	22.3	10.3
神农架林区	35	3	3.1	0.1	8.6	3.2

12—13 建筑业企业财务状况

(1995 年)

单位:万元

分组	资产总计	#流动资产年末合计	#固定资产年末合计	流动负债	长期负债	所有者权益
总计	**2 460 895**	**1 667 375**	**661 046**	**1 653 246**	**194 574**	**604 451**
一、按经济类型分						
国有经济	1 901 205	1 260 158	541 609	1 313 758	146 746	433 879
中央企业	1 187 941	752 418	376 866	845 187	94 460	248 294
地方企业	713 264	507 741	164 743	468 571	52 287	185 585
城镇集体经济	286 165	182 167	88 346	148 858	24 031	111 502
私营经济	2 122	1 293	693	789	175	1 159
联营经济	444	143	228	99	8	337
股份制经济	254 495	211 070	27 476	181 230	23 431	49 834
外商投资经济	8 198	5 993	1 671	14 876	59	3 256
港澳台投资经济	8 266	6 550	1 023	3 637	125	4 484
二、按行业类别分						
土木工程建筑业	2 201 609	1 477 560	603 161	1 470 875	182 868	539 312
房屋建筑业	1 478 817	1 070 793	317 295	993 829	115 457	360 996
线路管道设备安装业	226 697	165 850	51 694	163 574	9 948	53 175
建筑物装修装饰业	32 589	23 965	6 191	18 797	1 758	11 964
三、按企业规模分						
大中型企业	1 767 606	1 190 368	487 833	1 230 346	148 427	382 044
小型企业	693 289	477 007	173 213	422 900	46 147	222 407
四、按企业资质等级分						
一级	1 592 927	1 078 196	432 171	1 134 231	140 259	311 649
二级	504 159	350 304	123 216	315 805	25 529	162 807
三级	250 325	165 567	70 578	142 150	17 314	89 975
四级	108 363	69 882	34 042	59 253	10 441	37 840
其他级	5 121	3 426	1 039	1 807	1 031	2 281
五、按地市分类						
武汉市	1 147 841	866 095	224 794	820 024	73 952	247 039
黄石市	83 948	60 473	19 591	58 742	4 079	21 127
十堰市	67 368	45 027	17 646	42 903	5 203	19 176
荆沙市	86 385	48 291	33 651	41 389	8 003	36 785
宜昌市	469 736	245 644	198 121	311 010	51 881	106 845
襄樊市	320 264	230 519	74 400	229 936	26 581	63 729
鄂州市	24 285	15 870	7 627	11 572	1 889	10 823
荆门市	69 882	43 128	17 671	44 472	4 395	20 549
孝感市	43 669	25 717	13 334	17 632	5 338	20 057
黄冈市	55 475	35 987	17 566	30 736	3 044	21 696
咸宁地区	10 632	5 554	4 573	3 398	1 027	6 157
恩施自治区	14 643	9 004	4 185	9 054	1 532	3 780
随州市	9 740	6 180	3 023	5 348	1 320	3 072
仙桃市	10 217	5 934	4 096	3 634	461	6 078
天门市	9 214	7 022	2 049	4 814	316	4 084
潜江市	32 196	15 356	16 673	15 182	4 193	12 821
神农架林区	5 396	1 575	2 046	3 402	1 361	633

12—13 续表 (1995年) 单位:万元

分组	资本金合计	企业总收入	工程结算收入	工程结算成本	利税总额	#利润总额	资本金利润率
总计	**506 339**	**2 348 452**	**2 153 575**	**1 828 223**	**90 905**	**21 700**	**4.3**
一、按经济类型分							
国有经济	340 306	1 831 266	1 665 250	1 407 657	61 184	9 896	2.9
中央企业	168 507	1 293 167	1 154 507	958 425	42 046	7 175	4.3
地方企业	171 799	538 099	510 743	449 233	19 138	2 721	1.6
城镇集体经济	129 325	291 284	284 149	247 280	16 732	4 505	3.5
私营经济	1 443	1 737	1 737	1 491	—38	—110	—7.6
联营经济	360	936	861	812	36	7	1.9
股份制经济	26 339	213 754	192 190	163 425	12 238	6 978	26.5
外商投资经济	3 107	4 615	4 529	3 818	148	—9	…
港澳台投资经济	5 460	4 860	4 860	3 741	605	433	7.9
二、按行业类别分							
土木工程建筑业	451 882	2 157 482	1 979 764	1 683 591	82 282	18 772	4.2
房屋建筑业	317 068	1 514 450	1 411 753	1 218 175	66 071	17 714	5.6
线路管道设备安装业	39 460	166 569	153 737	128 078	7 860	2 869	7.2
建筑物装修装饰业	14 997	24 401	20 074	16 554	763	59	0.4
三、按企业规模分							
大中型企业	260 070	1 785 395	1 606 115	1 351 448	61 745	13 522	5.2
小型企业	246 269	563 057	547 460	476 775	29 160	8 178	3.3
四、按企业资质等级分							
一　级	210 431	1 654 077	1 482 964	1 240 044	57 489	12 733	6.1
二　级	142 290	345 072	328 845	290 525	13 773	3 253	2.3
三　级	99 230	232 181	227 150	197 559	12 388	3 248	3.3
四　级	49 624	113 306	110 999	96 987	7 045	2 400	4.8
其他级	4 764	3 816	3 617	3 108	210	66	1.4
五、按地市分类							
武汉市	194 635	1 017 527	935 360	799 830	44 695	15 228	7.8
黄石市	17 038	92 077	87 666	79 917	2 602	—236	—1.4
十堰市	27 673	48 616	43 927	37 476	1 786	208	0.8
荆沙市	33 460	85 694	83 330	73 036	3 829	—58	—0.2
宜昌市	71 979	352 609	289 809	234 564	8 737	315	0.4
襄樊市	52 833	354 750	334 926	274 728	9 372	—323	0.6
鄂州市	12 284	22 785	21 889	19 343	962	—219	1.8
荆门市	12 581	161 205	147 121	125 561	7 314	2 458	19.5
孝感市	21 030	49 008	48 683	43 632	3 612	1 535	7.3
黄冈市	24 987	62 008	60 408	52 565	3 561	1 481	5.9
咸宁地区	5 690	14 064	13 906	12 442	730	196	3.4
恩施自治区	3 479	12 504	12 216	10 482	437	27	…
随州市	3 239	12 546	12 454	11 027	280	—228	7.0
仙桃市	4 911	13 181	13 120	11 200	955	395	8.0
天门市	5 192	9 766	9 754	8 765	434	80	1.5
潜江市	14 710	38 704	37 670	32 540	1 439	358	2.4
神农架林区	617	1 407	1 336	1 116	161	45	7.3

主要统计指标解释

【建筑施工企业】 指从事房屋、构筑物和设备安装生产活动的独立施工单位，分为建筑安装企业和自营施工单位两种组织形式。建筑安装企业是指行政上有独立组织、经济上实行独立核算的企业。一般称为建筑公司、安装公司、工程公司、工程局(处)等。自营施工单位是指附属于现有生产企业、事业内部或行政单位的，主要是为建造和修理本单位固定资产而自行组织的，并同时具备下述条件：①对内独立核算；②有固定组织和施工队伍；③全年施工期在半年以上。

【农村建筑队】 指有组织的并有固定人员从事房屋、构筑物修建及设备安装的专业队、组。应具备的条件：有固定组织；有核算制度；全年施工期在3个月以上并持有当地工商行政管理部门颁发的营业执照。

【建筑业总产值】 即自行完成施工产值。建筑业总产值是以货币表现的建筑安装企业和附营施工单位在一定时期内生产的建筑业产品的总和。它是反映建筑业生产规模、发展速度、经营成果的重要标志，也是用以计算建筑业经济效益、劳动生产率和建筑业在国民经济中所占比重的依据。建筑业总产值包括四部分内容：1. 建筑工程产值；2. 设备安装工程产值；3. 房屋构筑物修理产值；4. 非标准设备制造产值。

【建筑业增加值】 建筑业增加值是建筑业企业在报告期内以货币表现的建筑业生产经营活动的最终成果，建筑业增加值有两种计算方法：一是生产法，即建筑业总产出减去建筑业中间消耗后的余额；二是分配法(收入法)即从收入的角度出发，根据生产要素在生产过程中应得到的收入份额计算，具体构成项目有固定资产折旧、劳动者报酬、生产税净额、营业盈余。

【建筑业产值价格指数】 建筑业产值是以当年的预算价格为基础计算的。预算价格由于受建筑材料、人工费价格及取费标准的变动而不断调整，造成建筑产品价格不可比。编制建筑业产值价格指数就是为了消除价格因素对建筑产品的影响，使其正确反映建筑业的发展速度和企业的经济效益。

建筑业产值价格指数的计算方法，是以报告期全部竣工的单位工程为对象，采用等距抽样(或划类选点)调查方法，确定所调查的样本单位工程。然后根据样本单位工程的竣工决算资料和本施工企业报告期、基期建筑材料、人工费、机械台班单价及取费标准，运用价格指数计算方法，分别求得各样本单位工程的材料费、人工费、机械使用费和其他费用价格指数。再采取加权调和平均数的计算方法，求得样本工程产值价格指数和样本总体的各类费用价格指数，并用样本总体的价格指数代替全部整体的价格指数。

【年末自有机械设备价值】 指年末本单位自有施工机械、生产设备、运输设备的全部机械价值，分别按原值和净值计算，不包括非生产用的机械设备价值。

【企业总收入】 指与企业生产经营直接有关的各项收入，包括工程结算收入与其他业务收入。即：

企业总收＝工程结算收入＋其他业务收入

【工程结算收入】 指本企业承包工程实现的工程价额结算收入以及向发包单位收取的除工程价款以外按规定列作营业收入的各种款项，如临时设施费、劳动保险费、施工机构调迁费等以及向发包单位收取的各种索赔款。本项根据“损益表”中“工程结算收入”项的本年累计数填列。

【其他业务收入】 指企业除工程结算收入外的其他业务收入，如产品销售收入、机械作业收入、材料销售收入、无形资产转让收入、固定资产出租收入等。

【利税总额】 指企业的实现利润与上缴税金(利前税)之和，包括利润总额、工程结算税金及附加、管理费用中的税金。即：

利税总额＝利润总额＋工程结算税金及附加
＋管理费用中的税金

【利润总额】 指建筑业企业在一定时期内所实现的利润。其构成为：营业利润＋投资收益－营业外收入＋用含量工资节余弥补利润－营业外支出－结转的含量工资包干节余。

【资金利润率】 指在一定时期内利润总额和资金占用比，他的计算方法是：利润总额除以固定资产期末净值和流动资产之和。

【产值利润率】 指在报告期内每百元产值所实现的利润。他的计算方法是：利润总额除以总产值。

【资产负债率】 指在企业全部资产总额中，借用外部资金所占份额的指标。他的计算方法是：负债总额除以总资产。

【资本金利润率】 指在报告期内每百元资本金所实现的利润。他的计算方法是利润总额除以资本金额。

运输和邮电 13

资料整理人员：蒋宇飞

13—1 运 输 线 路 长 度

（年底数） 单位:公里

指　　标	1990年	1991年	1992年	1993年	1994年	1995年
铁路营业里程	1 605	1 605	1 705	1 941	1 978	1 940
#电气化里程	230	229	230	702	708	708
公路通车里程	47 511	47 661	47 892	48 008	48 349	48 728
#二级以上公路里程	2 169	2 454	2 943	3 764	4 725	5 608
内河航道里程	8 960	8 960	8 960	9 056	8 969	8 969
#水深1米以上里程	4 574	4 574	4 631	4 727	4 728	4 750
民用航空航线里程	49 747	45 427	49 500	38 857	57 468	78 307
输油(气)管道里程	301.8	250.8	300	311.7	362.9	362.9
公路通车里程中：						
干线公路	9 506	9 500	12 932	12 997	13 078	13 203
国道公路	3 771	3 770	3 768	3 774	3 774	3 774
省　　道	5 735	5 730	9 164	9 223	9 304	9 429
县级公路	12 362	13 500	10 421	10 499	10 690	11 014
乡镇公路	24 845	23 811	23 663	23 636	23 705	23 617
专用公路	798	850	876	876	876	894
公路通车里程中：						
等级路里程合计	24 532	26 077	26 634	28 582	29 228	30 910
一　　级	196	194	273	336	450	641
二　　级	1 973	2 260	2 670	3 428	4 275	4 967
三　　级	4 689	4 694	4 837	4 738	4 665	5 063
四　　级	17 674	18 929	18 854	20 080	19 838	20 239
公路通车里程中：						
有路面里程合计	37 614	38 172	38 459	39 511	40 002	41 135
高级次高级	11 720	12 349	12 972	13 902	14 939	16 210
中　　级	13 989	15 389	15 157	15 217	14 333	14 434
低　　级	11 905	10 434	10 330	10 392	10 730	10 491
公路通车里程中：						
晴雨通车里程	34 669	35 404	35 687	37 181	37 665	39 493
绿化里程	25 534	25 628	26 051	25 906	26 052	25 659

13—2 交通部门客运量

单位:万人

年份	总计	铁路	公路	水运			民航
					长航	地方	
1952	702.00	334	61	307	76	231	
1957	1 611.00	539	382	690	128	562	
1962	4 161.01	2 132	811	1 218	111	1 107	0.01
1965	3 305.31	1 243	1 246	816	444	372	0.31
1970	5 954.52	2 063	2 422	1 469	677	792	0.52
1975	9 332.05	2 518	5 188	1 625	687	938	1.05
1980	16 629.26	3 217	11 282	2 123	906	1 217	7.26
1985	28 178.22	3 353	22 378	2 433	1 093	1 340	14.22
1986	31 576.50	2 905	25 597	3 055	1 335	1 720	19.50
1987	33 452.98	2 910	27 575	2 942	1 285	1 657	25.98
1988	35 233.96	3 214	28 908	3 096	1 403	1 693	15.96
1989	34 682.13	2 806	28 794	3 069	1 228	1 841	13.13
1990	32 145.93	2 107	27 333	2 693	1 018	1 675	12.93
1991	33 982.62	2 016	29 279	2 654	1 065	1 589	33.62
1992	34 726.00	2 077	29 635	2 894	1 210	1 684	120.00
1993	30 152.00	2 265	25 116	2 665	1 096	1 569	106.00
1994	29 507.00	2 358	24 819	2 210	838	1 372	120.00
1995	28 508.20	2 300	24 315	1 743	524	1 219	150.00

13—3 交通部门旅客周转量

单位:亿人公里

年份	总计	铁路	公路	水运			民航
					长航	地方	
1952	9.23	3.87	0.36	5.00	3.55	1.45	
1957	16.30	6.74	2.12	7.44	4.57	2.87	
1962	30.66	14.45	3.60	12.61	4.96	7.65	
1965	24.75	12.30	4.75	7.69	6.09	1.60	0.01
1970	12.33		9.46	2.85		2.85	0.02
1975	55.92	25.46	17.85	12.58	10.43	2.15	0.03
1980	95.88	41.79	36.20	17.52	15.01	2.51	0.37
1985	185.25	84.00	81.33	19.40	17.27	2.13	0.52
1986	218.28	89.05	94.21	34.33	32.01	2.32	0.69
1987	239.97	99.43	104.09	35.21	32.92	2.29	1.24
1988	270.09	114.48	115.66	38.87	36.18	2.69	1.08
1989	260.61	104.16	119.50	36.05	33.00	3.05	0.90
1990	225.85	82.83	112.83	29.28	26.18	3.10	0.91
1991	257.68	98.09	126.70	30.19	27.15	3.04	2.70
1992	286.35	104.89	135.61	34.72	31.54	3.18	11.13
1993	281.28	113.60	123.64	33.50	30.23	3.27	10.54
1994	283.98	121.91	121.40	28.71	25.65	3.06	11.96
1995	285.29	129.47	117.76	22.71	19.40	3.31	15.35

13—4 交通部门货运量

单位:万吨

年份	总计	#铁路	#公路	#水运	长航	地方	#民航
1952	1 009.00	208	294	507	129	378	
1957	3 126.00	545	931	1 650	418	1 232	
1962	3 199.00	722	1 024	1 453	245	1 208	
1965	4 336.01	1 070	1 456	1 810	491	1 319	0.01
1970	6 121.05	1 851	2 029	2 241	544	1 697	0.05
1975	8 144.01	2 739	2 727	2 678	601	2 077	0.01
1980	8 420.17	3 211	2 199	3 110	1 062	2 048	0.17
1985	11 059.25	2 659	3 852	3 463	1 276	2 187	0.25
1986	11 893.16	3 830	3 787	3 948	1 771	2 177	0.16
1987	12 061.29	3 935	3 681	4 219	1 880	2 339	0.29
1988	12 210.26	4 044	3 545	4 383	1 907	2 476	0.26
1989	11 608.16	4 148	3 164	4 062	1 862	2 200	0.16
1990	10 916.10	3 901	2 941	3 784	1 741	2 043	0.10
1991	11 217.38	3 957	2 999	3 996	1 861	2 135	0.38
1992	11 565.41	4 018	2 828	4 364	2 126	2 238	1.71
1993	11 183.58	4 029	2 734	4 248	2 007	2 241	1.58
1994	10 662.73	3 964	2 666	3 641	1 587	2 054	1.73
1995	10 173.62	3 986	2 600	3 585	1 617	1 968	2.12

13—5 交通部门货物周转量

单位:亿吨公里

年份	总计	#铁路	#公路	#水运	长航	地方	#民航
1952	25.53	9.72	0.20	15.61	11.40	4.21	
1957	55.41	26.53	1.05	27.83	14.43	13.40	
1962	71.31	39.62	1.92	29.77	17.15	12.62	0.0001
1965	114.53	68.41	2.42	43.70	31.87	11.83	0.0002
1970	18.66		4.35	14.31		14.31	0.0025
1975	209.01	144.71	6.95	57.35	36.15	21.20	0.0012
1980	326.85	206.14	9.85	110.85	77.72	33.13	0.0100
1985	507.57	320.37	16.59	169.94	89.61	80.33	0.0208
1986	593.99	341.33	16.53	230.11	144.18	85.93	0.0150
1987	658.01	385.45	17.71	251.41	158.24	93.17	0.0219
1988	687.87	399.18	18.97	265.42	163.69	101.83	0.0224
1989	710.01	425.31	17.05	262.33	164.70	97.63	0.0134
1990	670.53	415.17	14.72	235.04	147.97	87.07	0.0061
1991	720.23	455.00	14.67	245.41	154.83	90.58	0.0308
1992	757.00	461.81	13.89	272.70	174.51	98.19	0.1600
1993	753.52	477.64	11.99	259.90	158.06	101.84	0.1600
1994	743.21	505.57	10.23	222.32	125.79	96.53	0.1700
1995	776.44	544.40	9.62	222.20	128.36	93.84	0.2133

13—6 铁路机车及客车拥有量

指　　标	单　位	1990年	1991年	1992年	1993年	1994年	1995年
铁路机车总计	台	**595**	**622**	**637**	**679**	**702**	**705**
武汉铁路分局	台	371	402	405	416	432	406
襄樊铁路分局	台	224	220	232	263	270	299
蒸汽机车	台	250	230	209	203	183	179
武汉铁路分局	台	134	118	104	97	85	83
襄樊铁路分局	台	116	112	105	106	98	96
内燃机车	台	279	316	273	240	254	282
武汉铁路分局	台	236	271	215	153	155	159
襄樊铁路分局	台	43	45	58	87	99	123
电力机车	台	66	76	155	236	265	244
武汉铁路分局	台	1	13	86	166	192	164
襄樊铁路分局	台	65	63	69	70	73	80
客车总计	辆	**1 052**	**1 042**	**1 080**	**1 100**	**1 045**	**1 231**
武汉铁路分局	辆	704	691	732	704	649	762
襄樊铁路分局	辆	348	351	348	396	396	469
软 座 车	辆	3	5	11	4	4	4
武汉铁路分局	辆	3	5	11	4	4	4
硬 座 车	辆	801	750	764	729	681	674
武汉铁路分局	辆	532	494	513	466	406	405
襄樊铁路分局	辆	269	256	251	263	275	269
软 卧 车	辆	37	46	53	63	59	59
武汉铁路分局	辆	24	31	35	36	36	35
襄樊铁路分局	辆	13	15	18	27	23	24
硬 卧 车	辆	202	231	242	262	259	267
武汉铁路分局	辆	139	155	167	160	165	166
襄樊铁路分局	辆	63	76	75	102	94	101
软硬卧车	辆	9	10	10	4	4	4
武汉铁路分局	辆	6	6	6			
襄樊铁路分局	辆	3	4	4	4	4	4
双层客车	辆						38
武汉分局	辆						38
#硬　　座	辆						30
软　　座	辆						8
行李邮政车总计	辆	**82**	**97**	**102**	**94**	**95**	**97**
武汉铁路分局	辆	52	67	72	66	30	63
襄樊铁路分局	辆	30	30	30	28	65	34
餐车总计	辆	**69**	**67**	**66**	**71**	**69**	**65**
武汉铁路分局	辆	45	44	43	43	37	36
襄樊铁路分局	辆	24	23	23	28	28	29

13—7 铁路运输主要技术经济指标

指标	单位	武汉铁路分局 1993年	武汉铁路分局 1994年	武汉铁路分局 1995年	襄樊铁路分局 1993年	襄樊铁路分局 1994年	襄樊铁路分局 1995年
客运机车日车公里	公里	579		593.7	537		545
货运机车日车公里	公里	443	442	451.5	345	341	349
货运机车平均牵引总重	吨	2 952	3 017	3 164.5	2 940	2 970	2 996
蒸汽机车	吨	2 368		2 322.5	2 742	2 731	2 788
内燃机车	吨	2 989		2 988.5	2 762	2 899	2 900
电力机车	吨	2 994		3 311.5	3 236	3 258	3 238
货运机车日产量	万吨公里	117.0	120.3	128.9	88.8	87.0	89.6
蒸汽机车	万吨公里	49.1		38.0	82.3	80.1	82.2
内燃机车	万吨公里	110.1		110.7	87.5	83.5	85.9
电力机车	万吨公里	145.8		159.3	98.3	97.4	99.9
蒸汽机车每万吨公里耗煤	公斤	122.3	158.5	161.5	76.7	78.2	76.9
内燃机车每万吨公里耗油	公斤	21.8	22.5	23.3	27.9	27.8	26.6
电力亿车每万吨公里耗电	千瓦/小时	83.0	85.3	87.6	107.1	102.4	99.3
旅客列车技术速度	公里/小时	56.8		58.7	54.7		56.5
旅客列车旅行速度	公里/小时	48.7		51.0	44.4		45.7
旅客列车出发正点率	%	99.2	98.7	99.3	92.5	90.3	99.5
旅客列车运行正点率	%	98.1	97.5	97.8	90.5	90.2	95.8
货物列车技术速度	公里/小时		43.5	44.2	40.2	39.2	39.8
货物列车旅行速度	公里/小时	30.8	30.8	31.6	20.4	20.8	20.1
货物列车出发正点率	%	90.6	91.2	90.3	98.9	99.1	92.2
货物列车运行正点率	%	93.4	93.4	91.0	96.9	97.9	94.4
组成直达货物列车比重	%				65.2	38.4	60.1
#直达货物列车比重	%				24.0	25.6	20.4
货车周转时间	天	1.96	2.09	1.96	1.94	1.93	1.79
货车一次作业停留时间	小时	22.5	22.6	22.3	26.2	25.5	24.2
货车中转停留时间	小时	4.1	4.4	4.0	6.8	7.0	6.6

13—8 民用车辆、船舶拥有量

指　　标	单　位	1990年	1991年	1992年	1993年	1994年	1995年
民用汽车	万辆	20.32	21.52	23.98	26.83	30.90	34.89
载货汽车	万辆	13.04	13.20	14.05	15.04	16.33	18.61
载货汽车载重量	万吨位	53.88	51.01	69.90	80.67	80.02	89.88
#大型载货汽车	万辆	9.03	8.75	8.97	9.47	10.14	10.47
大型载货汽车载重量	万吨位	46.27	44.73	61.65	67.16	69.86	74.11
载客汽车	万辆	6.08	7.04	8.51	10.26	12.74	14.96
载客汽车载客量	万客位	98.00	89.70	110.10	114.01	150.40	163.21
#大型载客汽车	万辆	1.57	1.71	1.88	2.04	2.16	2.17
大型载客汽车载客量	万客位	67.84	58.22	64.93	61.71	77.34	78.26
特种汽车	辆	5 393	5 262	5 978	6 514	8 990	9 754
运输用拖拉机(轮式)	万台	15.10	15.49	15.97	14.78	3.73	3.74
#手扶拖拉机	万台	6.66	6.53	6.38	5.51	0.78	0.85
摩 托 车	万辆	9.53	12.30	14.62	16.69	20.83	26.77
#两轮摩托车	万辆	5.29	10.30	12.16	10.26	12.99	18.28
其他机动车	辆	12 923	18 804	24 733	30 689	38 200	39 070
载货汽车挂车	万辆	1.95	1.81	1.68	1.58	1.51	1.04
机动运输船	艘	6 051	6 032	6 092	4 759	4 461	4 555
#拖　　轮	艘	1 052	1 023	1 017	857	775	883
机动船净载重量	万吨位	23.00	26.01	26.99	22.82	23.96	30.56
机动船载客量	万吨位	6.28	6.07	5.86	4.28	4.24	3.66
拖轮功率	万千瓦	15.35	14.56	15.02	12.29	12.24	13.2
驳　　船	艘	3 148	3 171	3 170	2 983	2 714	2 647
驳船净载重量	万吨位	84.72	85.91	82.85	82.86	74.37	76.12
其他非机动船	艘	377	440	377	35	35	
其他非机动船净载重量	吨位	549	587	811	373	373	

13—9 公路运输客货汽车运用情况及技术经济指标

(国有企业)

指标	单位	载货汽车			载客汽车		
		1993年	1994年	1995年	1993年	1994年	1995年
总车日	千车日	1 612	1 334	1 046	2 201	2 099	2 051
完好车日	千车日	1 425	1 183	939	1 973	1 906	1 905
工作车日	千车日	1 005	821	640	1 771	1 720	1 710
停驶车日	千车日	420	362	299	202	185	196
非完好车日	千车日	187	151	107	228	193	146
总车吨(客)位日	千车吨(客)位日	9 392	8 055	6 603	88 590	81 343	80 648
总行程	千车公里	148 854	121 987	99 493	377 325	374 324	375 839
#载运行程	千车公里	85 139	69 697	57 353	376 593	373 911	375 237
总行程载重量	亿吨(客)位公里	8.12	7.58	6.03	161.66	141.08	169.77
#载运行程载重量	亿吨(客)位公里	5.3	4.2	3.99	161.19	139.89	169.54
自载换算周转量	亿吨(人)公里	6.00	5.04	4.35	122.91	111.89	109.51
自载及拖带换算周转量	亿吨(人)公里	7.50	6.21	4.98	122.91	111.89	109.51
平均车数	辆	4 416	3 655	2 866	6 030	5 751	5 619
平均总吨(客)位	吨(客)位	25 732	22 068	18 090	242 712	222 858	220 953
完好率	%	88.4	88.7	89.8	89.6	90.8	92.9
工作率	%	62.3	61.5	61.2	80.5	81.9	83.4
车日行程	公里	148	149	155	213	218	220
里程利用率	%	57.2	57.1	57.6	99.8	99.9	99.8
吨(客)位利用率	%	113.2	120.0	109.0	76.3	80.0	64.6
实载率	%	74.0	66.6	72.1	76.0	79.3	64.5
拖运率	%	20.0	18.8	12.7			
主挂车综合计算单车产量	万吨(人)公里	16.99	16.99	17.39	203.83	194.56	194.89
主挂车综合计算车吨(客)产量	万吨(人)公里	2.92	2.81	2.76	5.06	5.02	4.96
汽油货(客)车每百车公里油耗	升	32.4		33.6	25.9		28.2
柴油货(客)车每百车公里油耗	升	27.3		28.9	22.3		20.3
汽油货(客)车每百吨公里油耗	升	6.5		6.8	8.6		9.6
柴油货(客)车每百吨公里油耗	升	4.7		4.3	10.6		8.4

注:本表资料为交通系统地市属运输企业。

补充资料:1995年企业个数为105个。

13—10　地方轮驳船运用情况及技术经济指标

(1995 年)

指　　　标	单　　位	客　船	货　船
年航行天	天	365	365
船舶总时间	千吨、客位、千瓦天	306	3 775
船舶营运时间	千吨、客位、千瓦天	304	3 534
船舶航行时间	千吨、客位、千瓦天	65	1 882
船舶吨位(客位、千瓦)公里	千吨、客位、千瓦公里	21 039	422 822
自载换算周转量	千吨、人公里	3 628	357 838
自载及拖带换算周转量	千吨、人公里	4 617	377 423
平均船舶数	吨、客位、千瓦	838	10 342
营 运 率	%	99.3	93.6
航 行 率	%	21.4	53.3
平均航行速度	公里/天	324	225
载重量利用率或平均每千瓦拖带量	%或吨	17.2	84.6
平均每营运吨(人、千瓦)天生产量	吨、人公里	15	107
平均每吨位(客运、千瓦)船年生产量	吨、人公里	5 510	36 494

指　　　标	单　　位	拖　船	驳　船
年航行天	天	365	365
船舶总时间	千吨、客位、千瓦天	7 784	51 747
船舶营运时间	千吨、客位、千瓦天	7 199	50 768
船舶航行时间	千吨、客位、千瓦天	2 785	19 433
船舶吨位(客位、千瓦)公里	千吨、客位、千瓦公里	538 799	3 645 782
自载换算周转量	千吨、人公里	2 340 607	2 212 690
自载及拖带换算周转量	千吨、人公里	2 340 607	2 212 690
平均船舶数	吨、客位、千瓦	21 326	141 773
营 运 率	%	92.5	98.1
航 行 率	%	38.7	38.3
平均航行速度	公里/天	193	188
载重量利用率或平均每千瓦拖带量	%或吨	4.3	60.7
平均每营运吨(人、千瓦)天生产量	吨、人公里	325	44
平均每吨位(客运、千瓦)船年生产量	吨、人公里	109 754	15 607

13—11 全省民用航空主要运输情况

(1995年)

指标	单位	合计	南方航空公司湖北公司	武汉航空公司
飞机拥有量	架	17	8	9
正班飞行班次	次	20 074	12 396	7 678
客运量	万人	215	150	65
总周转量	万吨公里	18 014	13 124	4 890
航空航线	条	72	37	35
航线里程	公里	78 307	46 807	31 500
航站旅客吞吐量	万人	212.4		

13—12 地方交通部门分货类运输量

(1995年)

货物名称	公路		水运	
	货运量(万吨)	货物周转量(万吨公里)	货运量(万吨)	货物周转量(万吨公里)
合计	**2 600**	**96 234**	**1 968**	**938 371**
煤炭及制品	554	14 660	212	145 664
石油、天燃气及制品	3	184	4	1 166
#原油		1	1	294
金属矿石	18	934	35	25 012
钢铁	291	11 168	81	75 918
矿物性建筑材料	225	5 802	982	262 690
水泥	129	7 374	183	41 107
木材	56	1 898	7	6 568
非金属矿石	72	4 924	239	216 731
#磷矿	30	2 184	171	177 846
化学肥料及农药	82	4 309	44	27 991
盐	25	1 092	6	4 344
粮食	99	4 060	29	28 145
机械、设备、电器	44	2 693	9	8 236
化工原料及制品	20	715	31	15 482
有色金属	2	200	1	398
轻工、医药产品	46	6 224	11	10 685
#日用工业品	37	5 466	10	10 575
农林牧渔业产品	14	1 455	2	2 534
#棉花	6	613	2	1 774
其他货类	920	28 542	92	65 700

13—13 邮电业务总量

年份	邮电业务总量（万元）	函件（亿件）	报刊期发数（万份）	电报（万份）	长途电话（万次）	市内电话（户）	农村电话（户）	邮政快件（万件）	特快专递（件）	无线寻呼（户）
1978	5 566.90	1.18	3 001.00	599.90	827.70	44 927	41 304			
1979	5 933.60	1.27	604.80	636.50	878.70	47 623	42 922			
1980	8 131.30	1.38	863.30	703.10	935.90	50 486	42 876			
1981	8 280.00	1.38	838.50	747.20	920.70	53 553	42 920			
1982	8 705.50	1.33	941.30	778.70	107.10	57 295	43 959			
1983	9 489.70	1.36	1 077.80	915.10	1 128.60	64 240	45 034			
1984	10 293.70	1.59	1 341.70	854.50	1 247.30	72 692	46 190			
1985	12 008.60	1.92	1 357.20	1 051.40	1 382.00	82 435	48 104			
1986	13 152.10	2.03	1 367.40	968.50	1 443.90	92 767	52 977			
1987	15 049.60	2.19	1 472.30	153.10	1 700.50	106.985	57 332			
1988	18 994.30	2.50	1 279.80	1 433.70	2 021.40	124 096	2 757	234.16	33 848	869
1989	22 284.10	2.51	802.70	1 350.50	2 183.70	144 409	3 389	99.47	57 812	2 132
1990	47 963.70	2.39	1 397.80	1 154.00	3 045.01	167 796	70 701	1 358.40	78 999	4 254
1991	61 904.56	2.08	1 413.63	1 137.22	4 440.22	199 632	75 052	1 449.38	119 620	12 747
1992	85 401.18	2.34	1 007.25	1 147.38	7 815.81	256 018	81 765	1 589.93	216 969	59 377
1993	130 595.82	3.18	1 152.30	1 039.32	13 875.59	451 529	97 742	1 588.18	676 268	160 797
1994	199 065.55	3.68	980.45	732.70	21 919.91	807 645	180 210	1 583.50	1 959 707	388 297
1995	298 049.41	4.13	1 007.69	450.13	32 059.01	1 375 784	374 497	1 562.16	3 033 084	729 461

注：邮电业务总量：1978 年至 1980 年按 1970 年不变价计算，1981 年至 1989 年按 1980 年不变价计算，1990 年至 1995 年按 1990 年不变价计算。

13—14 邮电通信网

指标	单位	1990年	1991年	1992年	1993年	1994年	1995年
邮电局所	处	2 288	2 309	2 315	2 338	2 373	2 373
#设在农村的	处	1 893	1 643	1 636	1 627		1 824
邮路及农村投递线路总长	公里	256 983	257 629	254 246	253 549	250 152	258 674.8
#航空邮路	公里	15 991	16 292	12 970	11 201	10 811	14 889
长话电路	路	4 684	6 593	9 557	20 637	30 508	40 645
移动通信网话路	路						4 746

13—15 邮电主要工具数

指　　标	单　位	1990年	1991年	1992年	1993年	1994年	1995年
一、邮运工具							
火车邮厢	辆	19	18	28	20	18	16
邮运汽车	辆	360	401	424	472	549	723
装卸用车	辆	255	335	346	319	338	336
二、邮电通信工具							
电传打字机	部	956	1 207	883	825	797	706
电话交换机容量	门	410 148	484 981	571 648	637 778	1 641 937	2 939 145
#农村电话	门	183 098	192 131	204 942	235 496	376 957	697 055
电话机	部	464 353	518 922	611 231	856 881	1 392 204	1 816 262
#农村电话	部	103 802	108 463	115 619	132 357	198 828	376 047

13—16 邮电通信服务水平

指　　标	单　位	1995年	指　　标	单　位	1995年
设有邮电局所的乡(镇)	个	1 435	进入长话自动网的地(市)	个	12
按固定班期投邮件的乡(镇)	个	1 870	进入长话自动网的县(市)	个	67
每三天内投一次邮件的乡(镇)	个	1 710	进入长话自动网的乡(镇)	个	1 362
当天看到省报的地(市)	个	10	#直拨国际的乡(镇)	个	1 205
当天看到省报的县(市)	个	25	已通电话的乡(镇)	个	1 869
开办特快专递的地(市)	个	11	开通无线寻呼的地(市)	个	12
开办特快专递的县(市)	个	51	开通无线寻呼的县(市)	个	67
装本地程控交换机的地(市)	个	12	开通无线电话的地(市)	个	12
装本地程控交换机的县(市)	个	67	开通无线电话的县(市)	个	67
装本地程控交换机的乡(镇)	个	837	电话普及率	部/百人	4.03

主要统计指标解释

【铁路营业里程】 指办理客货运输的铁路正线总长度。凡是全线或部分建成双线及以上的线路，以第一线的实际长度计算；复线、站线、段管线、岔线和特别用途线以及不计算运费的联络线都不计算营业里程。铁路营业里程是反映铁路运输业基础设施发展水平的重要指标，也是计算客货周转量、运输密度和机车车辆运用效率等指标的基础资料。

【公路里程】 也称“公路通车里程”，是指实际达到交通部制定的公路工程技术标准规定的等级的公路长度。他包括大中城市的郊区公路以及通过小城镇街道的公路里程，也包括桥梁、渡口的长度，但不包括城市的街道以及厂矿，林区和农业生产用道路里程。两条或多条公路共同经由同一路段，只计算一次，不得重复计算里程长度。公路里程是反映公路建设发展规模的重要指标，也是计算运输网密度等指标的基础资料。

【内河航道里程】 也称“内河通航里程”，是指在枯水季节水深在0.3米以上，能通航运输船舶及排筏的天然河流、湖泊水库、运河及通航渠道的长度。包括全年季节性通航累计三个月以上的航道，但不包括仅供零散流放竹、木排河道。内河航道里程是反映内河水运网规模、水平和发展情况的主要指标。

【民用航空航线里程】 指民航运输定期班机飞行的航线长度的总和。航线长度按机场之间的距离计算，通常有两种计算方法：将每条航线相加称为重复计算航线里程；如将两条或多条航线经过同一区段里程，只计算一次航线长度长为不重复计算航线里程。一般常用的是后者，他能确切反映民航运输网的规模，表明民航事业为国民经济服务和方便人民程度的主要指标。

【民用汽车】 由公安交通监理部门所掌管的领有本地区民用车辆牌照的机动车辆中的一部分。不包括拖拉机、摩托车、其他机动车等。民用汽车包括普通载货汽车、专用载货汽车、载客汽车、其他专用汽车、特种汽车等。

【民用运输船舶】 是指一定时期内全社会实际拥有的可用来进行水上运输的船舶数量。按航行的水域可分为远洋船舶、沿海船舶和内河船舶；按船舶技术特征及行驶方式可分为机动船（指装有各种动力机械的船舶，包括客船、客货船、货船、拖船）、驳船、木帆船；按船体材料可分为钢质船、水泥船、木质船；按使用的燃料分为燃油船和燃煤船。

【货（客）运量】 指运输业实际运送的货物（旅客）数量。货运按吨统计，客运按人统计。货物不论运输距离长短，货物类别，均按实际重要统计；旅客不论行程远近或票价多少，均按一人一次作为客运量统计。半价票小孩票也按一人统计。货（客）运量反映运输业为国民经济和人民生活服务的数量指标，也是制定和检查运输生产计划，研究运输发展规模和速度的重要指标。

【货物（旅客）周转量】 指运输业运送的货（旅客）数量与其相应运输距离的乘积之总和。通常以吨公里和人公里为计算单位。计算货物周转量通常按发出站与到达站之间最短距离，也就是计费距离计算。他是反映运输业生产总成果的重要指标，也是编制和检查运输生产计划，计算运输效率、劳动生产率以及核算运输单位成本的主要基础资料。

【货物吞吐量】 是指货物经由水运进、出港区范围、并经过装卸的货物数量。即在一定时期内，凡以船舶运进（吞）或运出（吐）港区并经由岸上或其他停泊线装到船上或船上卸下的货物，在港区内由一艘船装到另一艘船的“船过船”转口货物数量也属于货物吞吐量。

【邮电业务总量】 指以货币表明的邮电部门为用户传递信息和提供其他邮电服务的总量。他用各种邮电分类业务量，如函件数、电报份数、长话张数、市内电话和农村电话的年均单价（不变价），加总后再加上出租电路和设备的收入、代用户维护电话交换机和线路等设备的收入、其他业务收入求得。邮电业务总量反映了一定时期邮电工作总成果，是研究邮电业务量构成和发展趋势的主要指标。

国内外贸易 14

资料整理人员：朱　焰　樊喜珍

14—1 社会消费品零售总额

单位:亿元

项　　目	1993 年	1994 年	1995 年	1995 年比 1994 年 +、-%
社会消费品零售总额	**521.35**	**723.75**	**931.80**	**28.7**
按销售地区分				
1. 市的零售额	293.82	411.63	539.79	31.1
2. 县的零售额	68.88	101.74	127.76	25.6
3. 县(市)以下的零售额	158.65	210.38	264.25	25.6
按经济类型分				
国有经济	188.30	212.30	259.59	22.3
集体经济	106.80	135.09	166.03	22.9
私营经济	3.56	9.87	30.26	2.1 倍
个体经济	99.38	199.29	279.23	40.2
联营经济	0.86	0.56	1.34	1.4 倍
股份制经济	38.54	53.68	66.64	24.1
外商投资经济	0.27	1.19	1.27	6.7
港澳台投资经济	1.20	1.05	1.62	54.3
其他经济	82.44	110.72	125.81	13.6
按行业分				
批发零售贸易业	361.92	477.63	615.30	28.8
餐 饮 业	30.52	49.20	68.72	39.7
制 造 业	36.09	43.77	53.71	22.7
其　　他	92.82	153.15	194.07	26.7
#农民对非农业居民零售额	82.44	122.55	154.70	26.2

14—2 按销售地区分的社会消费品零售总额

单位:亿元

年份	消费品零售总额	市	县	县以下
1952	11.01			
1957	19.60	7.97	11.63	
1965	26.85	8.57	18.28	
1970	34.88			
1975	48.96	15.67	15.92	17.37
1978	59.84	19.24	16.56	24.04
1980	81.91	28.98	17.01	35.92
1985	181.07	75.26	31.64	74.17
1986	200.20	81.83	35.54	82.83
1987	234.06	103.21	38.23	92.62
1988	295.80	142.49	42.08	111.23
1989	320.68	159.89	43.78	117.01
1990	326.36	166.44	45.62	114.30
1991	362.26	190.65	50.04	121.57
1992	411.51	221.59	55.03	134.89
1993	521.35	293.82	68.88	158.65
1994	723.75	411.63	101.74	210.38
1995	931.80	539.79	127.76	264.25

14—3 消费品零售总额分类

单位:亿元

年份	消费品零售总额	吃	穿	用	烧	比重(%)			
						吃	穿	用	烧
1952	11.01	6.63	1.76	2.17	0.45	60.22	15.98	19.71	4.09
1957	19.60	10.85	3.62	4.33	0.80	55.36	18.47	22.09	4.08
1965	26.85	14.76	5.36	5.63	1.10	54.97	19.96	20.97	4.10
1970	34.88	19.25	8.08	6.46	1.09	55.19	23.16	18.52	3.13
1975	48.96	25.25	11.92	10.45	1.34	51.57	24.35	21.34	2.74
1978	59.84	31.47	13.11	13.61	1.65	52.59	21.91	22.74	2.76
1980	81.91	42.09	18.32	19.66	1.84	51.39	22.37	24.00	2.24
1985	181.07	84.34	35.15	57.82	3.76	46.58	19.41	31.93	2.08
1986	200.20	91.23	37.02	67.91	4.04	45.57	18.49	33.92	2.02
1987	234.06	108.97	40.10	79.71	5.28	46.56	17.13	34.06	2.25
1988	295.80	138.19	47.49	104.49	5.63	46.72	16.06	35.32	1.90
1989	320.68	153.91	50.29	109.94	6.54	47.99	15.68	34.28	2.05
1990	326.36	157.31	50.79	111.06	7.20	48.20	15.56	34.03	2.21
1991	362.26	172.79	58.92	120.81	9.74	47.70	16.26	33.35	2.69
1992	411.51	193.44	66.48	139.69	11.90	47.01	16.16	33.95	2.88
1993	521.35	239.72	85.14	181.16	15.33	45.98	16.33	34.75	2.94
1994	723.75	330.19	120.65	240.20	32.71	45.62	16.67	33.19	4.51
1995	931.80	416.13	153.39	318.78	43.50	44.66	16.46	34.21	4.67

14—4 城乡集市贸易情况

项　　目	1990年	1991年	1992年	1993年	1994年	1995年
集市数(个)	**3 993**	**4 000**	**4 243**	**4 162**	**4 214**	**4 274**
城　市	1 582	1 613	913	976	1 051	1 128
农　村	2 351	2 387	3 330	3 186	3 163	3 146
集市贸易成交额(万元)	**938 461**	**1 018 533**	**1 178 610**	**1 739 815**	**2 796 868**	**3 942 480**
粮食类	38 350	40 044	50 249	82 853	148 295	256 550
油脂油料类	30 587	32 877	39 673	56 278	108 824	160 333
棉烟麻类	3 882	3 037	4 678	5 380	6 199	12 445
肉食禽蛋类	277 720	302 131	341 367	424 591	645 660	860 515
水产品类	97 634	109 625	116 718	155 070	225 342	301 700
蔬菜类	147 579	176 846	199 202	249 075	347 098	502 843
干鲜果类	77 986	90 075	94 564	111 723	163 145	223 247
日用杂品类	4 363	4 508	5 049	6 123	9 648	
柴草类	6 575	6 382	6 850	6 812	7 471	
饲料农具种苗类	12 589	12 001	13 421	14 882	20 627	
耕畜类	13 255	12 019	11 797	14 139	16 946	26 065
家畜类	30 581	31 197	29 663	36 980	53 332	86 104
工业品类	171 737	165 947	220 265	513 181	908 669	1 347 765
废旧品类	6 831	5 357	17 090	16 748	32 223	
其他类	18 792	26 487	28 024	45 980	103 389	164 913

14—5　全省批发贸易业机构、网点、人员情况

(1995年)

项目	法人机构(个)	附营单位(个)	网点(个)	人员(人)
总计	**7 863**	**33**	**144 461**	**792 193**
一、按经济类型分组				
国有经济	4 596	26	20 882	329 048
集体经济	2 937	7	19 652	159 328
私营经济	125		140	1 459
个体经济			103 039	292 427
联营经济	41		289	1 187
股份制经济	145		414	8 155
其他经济	19		45	589
二、按国民经济行业(中类)分组				
食品、饮料、烟草和家庭用品批发业	3 537	14	116 192	390 274
能源、材料和机械电子设备批发业	3 282	17	7 456	116 617
其他批发业	1 044	2	20 813	285 302
三、按企业规模分组				
大型企业	57		1 828	35 750
中型企业	828		7 656	164 139
小型企业	6 978		134 886	591 021
附营单位		33	91	1 283

14—6　市批发贸易业机构、网点、人员情况

(1995年)

项目	法人机构(个)	附营单位(个)	网点(个)	人员(人)
总计	**4 456**	**12**	**63 349**	**380 917**
一、按经济类型分组				
国有经济	2 194	7	7 862	164 937
集体经济	1 960	5	4 560	61 838
私营经济	122		134	1 441
个体经济			50 214	144 592
联营经济	34		193	697
股份制经济	130		359	7 072
其他经济	16		27	340
二、按国民经济行业(中类)分组				
食品、饮料、烟草和家庭用品批发业	1 691	4	49 134	167 083
能源、材料和机械电子设备批发业	2 362	6	4 583	81 852
其他批发业	403	2	9 632	131 982
三、按企业规模分组				
大型企业	53		1 782	32 838
中型企业	572		4 097	104 032
小型企业	3 831		57 431	243 878
附营单位		12	39	169

14—7 县批发贸易业机构、网点、人员情况

(1995年)

项目	法人机构(个)	附营单位(个)	网点(个)	人员(人)
总计	**1 846**	**13**	**25 080**	**179 480**
一、按经济类型分组				
国有经济	1 444	11	7 085	96 873
集体经济	384	2	3 474	49 210
个体经济			14 459	32 191
联营经济	1		1	10
股份制经济	15		55	1 083
其他经济	2		6	113
二、按国民经济行业(中类)分组				
食品、饮料、烟草和家庭用品批发业	794	7	19 911	122 733
能源、材料和机械电子设备批发业	790	6	2 617	32 399
其他批发业	262		2 552	24 348
三、按企业规模分组				
大型企业	4		46	2 912
中型企业	218		3 046	54 261
小型企业	1 624		21 965	121 504
附营单位		13	23	803

14—8 县以下批发贸易业机构、网点、人员情况

(1995年)

项目	法人机构(个)	附营单位(个)	网点(个)	人员(人)
总计	**1 561**	**8**	**56 032**	**231 796**
一、按经济类型分组				
国有经济	958	8	5 935	67 238
集体经济	593		11 618	48 280
私营经济	3		6	18
个体经济			38 366	115 644
联营经济	6		95	480
其他经济	1		12	136
二、按国民经济行业(中类)分组				
食品、饮料、烟草和家庭用品批发业	1 052	3	47 147	100 458
能源、材料和机械电子设备批发业	130	5	256	2 366
其他批发业	379		8 629	128 972
三、按企业规模分组				
中型企业	38		513	5 846
小型企业	1 523		55 490	225 639
附营单位		8	29	311

14—9　全省零售贸易业机构、网点、人员情况

(1995 年)

项　　目	法人机构（个）	附营单位（个）	网点（个）	人员（人）
总　　计	**6 087**	**143**	**595 793**	**1 409 273**
一、按经济类型分组				
国有经济	2 536	91	11 476	155 559
集体经济	3 349	50	19 462	115 170
私营经济	95		1 123	1 635
个体经济			563 392	1 103 326
联营经济	22		23	221
股份制经济	67		247	32 240
其他经济	18	2	70	1 122
二、按国民经济行业(中类)分组				
食品、饮料、烟草和家庭用品批发业	2 049	65	211 499	445 726
日用百货零售业	1 574	39	93 107	311 365
纺织品、服装和鞋帽零售业	331	8	76 596	150 324
日用杂品零售业	252	4	6 362	150 324
五金、交电、化工零售业	930	10	11 837	78 164
药品及医疗器械零售业	119		3 837	17 023
图书报刊零售业	92	2	3 549	13 894
其他零售业	740	15	189 006	313 783

14—10　市零售贸易业机构、网点、人员情况

(1995 年)

项　　目	法人机构（个）	附营单位（个）	网点（个）	人员（人）
总　　计	**3 516**	**70**	**181 066**	**498 248**
一、按经济类型分组				
国有经济	1 207	44	4 148	81 962
集体经济	2 146	25	4 632	47 714
私营经济	71		71	517
个体经济			171 925	335 778
联营经济	19		19	191
股份制经济	59		223	31 242
其他经济	14	1	48	844
二、按国民经济行业(中类)分组				
食品、饮料和烟草零售业	1 108	36	74 397	171 187
日用百货零售业	661	16	42 093	146 696
纺织品、服装和鞋帽零售业	209	5	25 325	59 637
日用杂品零售业	168	1	1 807	18 168
五金、交电、化工零售业	745	5	8 750	29 449
药品及医疗器械零售业	76		3 370	8 308
图书报刊零售业	45	2	2 230	7 329
其他零售业	504	5	23 094	57 474

14—11　县零售贸易业机构、网点、人员情况

(1995 年)

项　　目	法人机构（个）	附营单位（个）	网点（个）	人员（人）
总　　计	**1 110**	**46**	**99 053**	**244 397**
一、按经济类型分组				
国有经济	756	33	3 969	50 851
集体经济	329	13	1 611	15 522
私营经济	13		1 040	1 066
个体经济			92 400	175 727
联营经济	3		4	30
股份制经济	7		23	987
其他经济	2		6	214
二、按国民经济行业（中类）分组				
食品、饮料和烟草零售业	326	19	42 339	80 314
日用百货零售业	257	9	21 304	65 155
纺织品、服装和鞋帽零售业	80	2	3 610	17 154
日用杂品零售业	36	2	1 300	12 104
五金、交电、化工零售业	150	5	1 618	8 906
药品及医疗器械零售业	38		447	2 601
图书报刊零售业	47		819	3 565
其他零售业	176	9	27 616	54 598

14—12　县以下零售贸易业机构、网点、人员情况

(1995 年)

项　　目	法人机构（个）	附营单位（个）	网点（个）	人员（人）
总　　计	**1 461**	**27**	**315 674**	**666 628**
一、按经济类型分组				
国有经济	573	14	3 359	22 746
集体经济	874	12	13 219	51 934
私营经济	11		12	52
个体经济			299 067	591 821
联营经济				
股份制经济	1		1	11
其他经济	2	1	16	64
二、按国民经济行业（中类）分组				
食品、饮料和烟草零售业	615	10	94 763	194 225
日用百货零售业	656	14	29 710	99 514
纺织品、服装和鞋帽零售业	42	1	47 661	73 533
日用杂品零售业	48	1	3 255	48 722
五金、交电、化工零售业	35		1 469	39 809
药品及医疗器械零售业	5		20	6 114
图书报刊零售业			500	3 000
其他零售业	60	1	138 296	201 711

14—13 餐饮业机构、网点、人员情况

(1995年)

项目	法人机构(个)	附营单位(个)	网点(个)	人员(人)
总计	**1 271**	**245**	**165 624**	**436 317**
一、按经济类型分组				
国有经济	390	101	1 024	21 194
集体经济	748	135	1 289	13 362
私营经济	26	4	4 792	I1 912
个体经济			158 405	382 532
联营经济	2	1	4	376
股份制经济	7	3	11	823
其他经济	98	1	99	6 118
二、按国民经济行业(中类)分组				
正　餐	924	206	100 646	242 138
快　餐	59	8	19 590	58 947
其他餐饮业	288	31	45 388	135 232
三、按企业规模分组				
大型企业	9		10	1 938
中型企业	82		235	10 202
小型企业	1 180		164 968	419 464
附营单位		245	411	4 713

14—14 社会农副产品收购总额

单位:亿元

年份	收购总额	商业部门	工业和其他部门	非农业居民向农民购买
1952	3.71	3.57		0.14
1957	10.49	10.25		0.24
1965	18.59	17.99		0.60
1970	17.24	16.46		0.78
1975	25.80	24.28		1.52
1978	27.06	24.83		2.23
1980	39.60	35.38	0.80	3.42
1985	87.61	65.11	5.51	16.99
1986	105.15	74.54	7.31	23.29
1987	128.70	90.64	8.63	29.43
1988	145.62	98.21	8.75	38.66
1989	159.48	103.94	11.44	44.10
1990	189.23	131.80	9.91	47.52
1991	191.75	124.37	14.30	53.08
1992	204.77	124.92	16.87	62.98
1993	224.69	124.82	17.43	82.44
1994	277.42	135.07	19.80	122.55
1995	344.32	170.52	19.10	154.70

14—15 批发零售贸易业按经济类型分的商品购进、销售和库存总额

(1995年)

单位:亿元

项　　目	合　计	国有经济	集体经济	私营经济	其他经济
一、商品购进总额	**1 249.15**	**896.80**	**261.56**	**1.61**	**89.18**
1. 从生产者购进	790.79	590.00	142.11	1.03	57.65
#农副产品购进	170.52	104.18	65.91	0.02	0.41
2. 从批发零售贸易业购进	423.06	281.52	111.50	0.57	29.47
3. 进　口	17.70	16.54	1.10		0.06
4. 其　他	17.60	8.74	6.85		2.01
二、商品销售总额	**1 342.74**	**962.94**	**268.30**	**1.62**	**109.88**
1. 批发额	1 008.02	767.30	193.91	1.12	45.69
(1)对生产经营单位批发	407.66	289.85	102.63	0.40	14.78
#对农民农业生产资料批发	49.74	13.94	35.60	0.04	0.16
(2)对批发零售贸易业批发	489.52	366.67	91.28	0.72	30.85
(3)出　口	110.84	110.78			0.06
2. 零　售	334.72	195.64	74.39	0.50	64.19
三、年末库存总额	**290.29**	**191.00**	**87.16**	**0.68**	**11.45**

14—16 批发零售贸易业按企业规模分的商品购进、销售和库存总额

(1995年)

单位:亿元

项　　目	合　计	大型企业	中型企业	小型企业附营单位
一、商品购进总额	**1 249.15**	**330.84**	**587.90**	**330.41**
1. 从生产者购进	790.79	227.76	368.84	194.19
#农副产品购进	170.52	21.62	77.04	71.86
2. 从批发零售贸易业购进	423.06	95.12	201.94	126.00
3. 进　口	17.70	6.80	10.00	0.90
4. 其　他	17.60	1.16	7.12	9.32
二、商品销售总额	**1 342.74**	**366.41**	**625.42**	**350.91**
1. 批发额	1 008.02	286.43	499.07	222.52
(1)对生产经营单位批发	407.66	120.85	200.45	86.36
#对农民农业生产资料批发	49.74	1.18	22.98	25.58
(2)对批发零售贸易业批发	489.52	138.71	228.47	122.34
(3)出　口	110.84	26.87	70.15	13.82
2. 零　售	334.72	79.98	126.35	128.39
三、年末库存总额	**290.29**	**55.92**	**131.75**	**102.62**

14—17　批发零售贸易业按行业(中类)分的商品购进额

(1995 年)

单位:亿元

项　　目	合　计	从生产者购　进	从批发零售贸易业购进	进　口	其　他
总　　计	**1 249.15**	**790.79**	**423.06**	**17.70**	**17.60**
一、食品、饮料、烟草和家庭用品批发业	**512.02**	**317.93**	**177.57**	**11.27**	**5.25**
食品、饮料、烟草批发业	265.72	138.62	120.01	4.61	2.48
棉、麻、土畜产品批发业	79.71	58.59	19.43	0.89	0.80
纺织品、服装和鞋帽批发业	58.73	49.71	3.95	4.01	1.06
日用百货批发业	42.17	28.70	11.39	1.76	0.32
日用杂品批发业	5.37	2.79	2.51		0.07
五金、交电、化工批发业	36.63	24.70	11.69		0.24
药品及医疗器械批发业	23.69	14.84	8.58		0.27
二、能源、材料和机械电子设备批发业	**367.95**	**266.54**	**90.54**	**4.32**	**6.56**
能源批发业	74.18	53.11	20.19		0.88
化工材料批发业	32.80	23.27	7.37	2.12	0.04
木材批发业	4.28	3.12	1.10		0.06
建筑材料批发业	12.19	8.97	2.82		0.40
矿产品批发业	5.93	4.26	1.47		0.20
金属材料批发业	120.94	92.10	27.48		1.36
机械电子设备批发业	32.03	25.75	4.01	2.20	0.07
汽车、摩托车及零配件批发业	77.23	51.98	25.09		0.16
再生物资回收批发业	8.38	3.98	1.01		3.39
三、其他批发业	**135.26**	**82.21**	**50.08**	**1.66**	**1.30**
工艺美术品批发业	2.23	1.59	0.03	0.61	
图书报刊批发业	7.08	5.01	1.97		0.10
农业生产资料批发业	104.77	57.17	45.54	1.05	1.01
其他类未包括的批发业	21.18	18.44	2.54		0.20
四、零 售 业	**233.92**	**124.12**	**104.87**	**0.45**	**4.48**
食品、饮料和烟草零售业	59.07	31.62	26.47	0.26	0.72
日用百货零售业	126.68	70.68	52.75	0.06	3.19
纺织品、服装和鞋帽零售业	13.86	8.13	5.61		0.12
日用杂品零售业	4.48	1.85	2.55	0.02	0.06
五金、交电、化工零售业	10.39	3.80	6.37		0.22
药品及医疗器械零售业	4.58	2.03	2.52	0.02	0.01
图书报刊零售业	4.21	0.98	3.14	0.09	
其他零售业	10.65	5.03	5.45		0.16

14—18 大中型批发、零售贸易企业商品销售、库存类值

(1995 年)

单位:亿元

项目	批发额	#对生产经营单位批发	零售额	年末库存额
合计	**785.50**	**321.30**	**206.34**	**102.61**
食品、饮料、烟酒类	160.63	12.94	41.20	51.23
纺织品类	41.03	9.37	6.74	3.63
服装、鞋帽类	30.64	3.00	30.25	3.74
日用品类	19.50	0.85	22.55	4.92
家用电器类	31.30	1.40	30.40	3.98
文化体育用品类	5.36	0.69	6.79	1.24
化妆品类	4.20	0.11	4.28	0.61
首饰类	0.23	0.01	6.28	0.12
中西药品类	11.39	0.46	11.49	3.65
书报、杂志类	4.47		2.33	0.93
石油及制品类	66.25	35.12	8.86	0.84
煤炭及制品类	10.64	10.34	2.42	0.75
化工材料及制品类	67.44	32.24	2.02	3.06
木材类	2.05	1.31	0.22	0.67
建筑材料类	5.77	4.08	0.49	2.58
黑色金属材料类	87.74	66.98	1.28	3.37
有色金属材料类	10.89	8.37	0.19	0.29
机电设备类	108.68	66.42	10.45	4.23
其他类	117.31	67.61	18.08	12.75
#生活消费品	4.71	1.48	4.65	1.51

14—19 小型企业、附营单位批发、零售贸易业商品销售、库存类值

(1995 年)

单位:亿元

项目	批发额	#对生产经营单位批发	零售额	年末库存额
合计	**222.51**	**86.36**	**128.39**	**102.61**
食品、饮料、烟酒类	75.36	8.71	50.75	51.23
纺织品类	8.09	1.60	5.98	3.63
服装、鞋帽类	4.76	0.42	7.51	3.74
日用品类	5.55	0.72	11.00	4.92
家用电器类	3.98	0.68	8.30	3.98
文化体育用品类	0.99	0.12	1.63	1.24
化妆品类	0.37	0.12	1.36	0.61
首饰类	0.01		0.25	0.12
中西药品类	7.28	1.14	6.72	3.65
书报、杂志类	1.78	0.31	2.79	0.94
石油及制品类	4.60	3.16	4.20	0.84
煤炭及制品类	2.94	2.67	1.52	0.75
化工材料及制品类	16.40	12.91	2.42	3.06
木材类	2.44	1.95	1.21	0.67
建筑材料类	6.58	4.19	2.88	2.58
黑色金属材料类	24.44	14.10	2.74	3.37
有色金属材料类	2.12	1.43	0.25	0.29
机电设备类	14.36	10.51	3.31	4.23
其他类	40.48	21.63	13.58	12.75
#生活消费品	3.53	0.94	2.95	1.51

14—20 大中型批发、零售贸易企业商品销售、库存数量

(1995 年)

项 目	计量单位	批 发	#对生产经营单位批发	零 售	年末库存
粮 食	吨	2 124 578	159 266	482 407	1 859 654
食用植物油	吨	106 066	9 115	35 381	56 355
猪和猪肉	吨	42 540	2 753	34 590	2 931
鲜 蛋	吨	18 511	1 400	4 127	1 418
水 产 品	吨	10 337	6 894	3 357	4 144
盐	吨	181 565	20 094	4 867	56 934
食 糖	吨	166 938	21 840	5 119	23 409
卷 烟	箱	1 316 538	47 060	480 067	158 823
酒	吨	82 590	13 545	13 238	25 552
棉 花	吨	318 858	204 868	18 512	256 645
布	百米	3 062 359	156 211	69 627	381 459
#棉 布	百米	574 970	17 455	24 250	118 738
呢 绒	百米	19 999	2 965	6 529	12 052
绸 缎	百米	80 972	4 339	14 085	17 794
服 装	百件	1 399 885	10 371	376 425	109 652
针织内衣裤	百件	381 474	10	265 963	100 910
鞋	百双	333 229	1 844	351 807	208 722
#皮 鞋	百双	23 527	831	110 492	37 197
黄金饰品	万元	2 289	91	62 811	15 600
照 相 机	架	7 607		80 063	34 225
自 行 车	辆	717 257	4 909	409 472	294 644
摩 托 车	辆	72 208	14 690	75 917	30 960
电 视 机	台	640 906	10 438	307 838	290 955
#彩 电	台	302 236	7 196	237 100	143 058
录 音 机	台	173 200	3 400	189 860	137 388
录 像 机	台	104 547	72	42 651	22 592
家用电风扇	台	1 850 861	29 966	450 100	583 156
家用洗衣机	台	171 135	5 832	184 986	148 776
家用电冰箱	台	187 067	1 742	184 938	102 172
房间空调器	台	134 976	26 944	127 550	39 856
抽油烟机	台	47 605	196	66 452	56 499
化学肥料	吨	3 908 141	1 130 492	934 507	444 844
化学农药	吨	36 063	19 292	46 406	14 912
农用塑料薄膜	吨	11 996	7 319	2 406	3 649
农用动力机械	台	59 042	30 118	2 995	21 725
汽 车	辆	41 443	23 195	9 000	9 466
#载货汽车	辆	17 320	9 435	5 298	7 727
轿 车	辆	14 296	8 885	2 099	1 070

14—20 续表 (1995年)

项目	计量单位	批发	#对生产经营单位批发	零售	年末库存
生铁	吨	92 031	72 742	129	3 917
钢材	吨	2 485 552	1 620 085	62 655	585 300
#铁道用钢材	吨	5 241	4 850		1 562
普通大型钢材	吨	41 632	33 454	46	32 465
普通中型钢材	吨	265 754	156 196	22 361	54 554
普通小型钢材	吨	252 366	189 693	9 382	53 056
钢带	吨	19 249	16 416	1	1 667
线材	吨	329 091	216 068	5 551	15 905
特厚钢板	吨	95	29	11	94
中厚钢板	吨	625 452	370 979	7 616	127 783
薄钢板	吨	695 116	459 631	6 388	55 534
硅钢片	吨	36 273	26 982	234	5 103
优质型材	吨	28 693	25 622		17 480
无缝钢管	吨	14 722	6 282	121	9 313
焊接钢管	吨	14 811	8 452	294	5 132
铜	吨	15 414	11 481	44	3 774
铝	吨	17 447	8 997	17	1 186
铅	吨	5 162	2 517		7 863
锌	吨	6 134	4 188	3	1 236
锡	吨	442	357		48
铜材	吨	297	111	36	182
铝材	吨	254	161	57	189
硫酸	吨	26 601	21 555	305	1 899
烧碱	吨	26 097	21 689	87	505
纯碱	吨	53 370	46 189	394	2 230
天然橡胶	吨	23 887	9 870	120	5 767
合成橡胶	吨	13 296	11 107	100	2 014
水泥	吨	947 688	727 006	11 644	26 256
平板玻璃	重量箱	46 181	46 181	139	133 562
原木	立方米	127 345	104 377	8 922	24 913
锯材	立方米	6 207	53	1	895
煤炭	万吨	411	389	143	26
焦炭	吨	21 004	10 301		615
原油	吨	3 136	2 021	514	
汽油	吨	1 533 584	603 883	195 764	151 418
柴油	吨	2 030 199	885 025	86 272	117 308
煤油	吨	28 007	10 847	6 441	10 323
燃料油	吨	79 546	79 170	724	9 063

14—21 外贸部门进出口总额及构成

单位:万美元

年份	进出口总额	出口额	占总额比重(%)	进口额	占总额比重(%)
1953	8 243	8 243	100		
1957	6 296	6 252	99.3	44	0.7
1965	3 758	3 496	93.0	262	7.0
1970	6 348	6 086	96.0	262	4.0
1975	12 826	12 304	96.0	522	4.0
1978	17 333	15 901	91.7	1 432	8.3
1980	26 669	25 109	94.2	1 560	5.8
1985	68 943	52 985	76.9	15 958	23.1
1986	86 159	72 547	84.2	13 612	15.8
1987	111 514	95 495	85.6	16 019	14.4
1988	136 586	107 420	78.6	29 166	21.4
1989	121 307	102 749	84.7	18 558	15.3
1990	118 969	107 180	90.1	11 789	9.9
1991	137 231	116 203	84.7	21 028	15.3
1992	177 921	138 157	77.7	39 764	22.3
1993	254 390	168 610	66.3	85 780	33.7
1994	284 844	209 714	73.6	75 130	26.4
1995	369 941	232 999	63.0	136 942	37.0

14—22 外贸部门出口额及构成

单位:万美元

年份	出口总额	农副产品	占出口比重(%)	工业品	占出口比重(%)
1953	8 243	5 219	63.3	3 024	36.7
1957	6 252	5 312	84.9	940	15.1
1965	3 496	1 713	49.0	1 783	51.0
1970	6 086	2 161	35.5	3 925	64.5
1975	12 304	9 508	77.3	2 796	22.7
1978	15 901	10 377	65.3	5 524	34.7
1980	25 109	11 836	47.1	13 273	52.9
1985	52 985	13 776	26.0	39 209	74.0
1986	72 547	22 297	30.7	50 250	69.3
1987	95 495	23 585	24.7	71 910	75.3
1988	107 420	30 328	28.2	77 092	71.8
1989	102 749	22 810	22.2	79 939	77.8
1990	107 180	19 387	18.1	87 793	81.9
1991	116 203	19 860	17.1	96 343	82.9
1992	138 157	24 038	17.4	114 119	82.6
1993	168 610	22 111	13.1	146 499	86.9
1994	209 714	25 166	12.0	184 548	88.0
1995	232 999	22 671	9.7	210 328	90.3

14—23 省外贸、工贸公司及武汉市进出口情况

（海关口径） 单位：万美元

单位	出口			进口		
	1993年	1994年	1995年	1993年	1994年	1995年
合计	**107 750**	**131 313**	**140 797**	**88 070**	**80 345**	**106 830**
省外贸、工贸公司合计	**70 096**	**82 278**	**91 047**	**46 855**	**34 594**	**42 422**
省粮油食品进出口公司	6 805	10 625	7 624	162	1 232	515
省纺织进出口公司	8662	8 815	8 090	69	127	136
省土畜产进出口公司	3 812	6 531	6 785	301	666	1 321
省轻工业进出口公司	3 870	3 767	3 606	1 397	624	1 638
省工艺品进出口公司	1 484	2 195	2 420	27	54	62
省五矿进出口公司	1 442	1 362	2 630	2 717	59	871
省化工进出口公司	1 846	2 326	2 609	197	171	425
省机械进出口公司	1 687	1 955	2 304	577	367	670
省技术进出口公司	286	150	269	2 758	4 654	3 628
省医药保健进出口公司	2 801	3 225	4 129	74	73	137
省包装进出口公司	737	357	744	391	108	420
出口商品基地建公司	332	312	505	23	13	7
省机械设备进出口公司	1 993	1 942	2 733	196	104	440
省丝绸公司	1 156	3 848	4 010	36	5	37
省服装进出口分公司	3 539	4 661	5 313	607	651	767
省有色金属进出口公司	190	85	492	246	5	
中国烟草进出口公司	2 319	1 636	2 171	2 383	2 145	4 934
中国原子能工业公司	472			566		
中国电子进出口公司	2 983	2 293	3 068	584	323	432
北京光大实业公司	319	343			94	
凯利实业有限公司	768			95		
中外合作企业	85	192	198	721	1 526	2 249
中外合资企业	10 252	18 689	14 437	29 150	12 057	20 729
外商独资企业	95	92	244	563	412	415
地方其他外贸单位	12 139	6 877	756	2 483		355
其他进出口单位	22		15 910	447	9 124	2 234
武汉市外贸、工贸公司合计	**37 654**	**49 035**	**49 750**	**41 215**	**45 751**	**64 408**

14—24 全省同各主要国(地区)进出口总额

(海关口径)　　　　单位:万美元

国别、地区	出口			进口		
	1993年	1994年	1995年	1993年	1994年	1995年
合计值	**101 118**	**143 791**	**163 523**	**93 949**	**94 375**	**133 045**
朝鲜民主主义人民共和国	13	34	42	5		
香港	38 773	62 163	59 367	4 528	3 897	5 039
印度尼西亚	2 312	2 445	4 141	392	426	473
伊朗	231	108	35	9	1	
伊拉克						
日本	15 632	21 307	25 131	23 263	24 528	25 108
澳门	135	462	289	29	32	3
马来西亚	1 087	2 120	3 393	630	1 643	2 653
巴基斯坦	573	669	1 103		52	125
新加坡	3 446	3 992	4 180	733	601	882
泰国	1 552	2 033	3 787	621	646	1 204
埃及	545	372	567			
比利时	981	1 439	1 477	1 162	1 263	2 316
英国	1 538	2 293	1 653	6 308	4 742	6 748
德国	5 800	5 747	7 472	8 822	6 819	13 078
法国	1 459	1 536	1 972	6 468	11 084	31 296
意大利	1 239	3 088	4 199	3 546	2 308	7 168
荷兰	2 246	3 265	3 240	1 834	1 433	772
捷克斯洛伐克	58	133	434	276	1	31
波兰	642	485	330	324	58	56
罗马尼亚	520	147	148	97	265	
瑞士	117	355	277	2 926	663	1 654
俄罗斯	1 155	1 172	1 706	2 494	3 237	1 998
巴西	263	560	963	1 703	2 686	2 063
智利	496	791	928	4	1 160	1 163
古巴	299	1	1			
加拿大	1 264	1 487	1 272	489	1 756	2 510
美国	11 679	13 565	15 499	8 302	11 761	10 181
澳大利亚	2 086	3 457	2 101	786	2 014	5 133
新西兰	325	355	294	19	78	28
南朝鲜	2 936	5 288	14 356	3 600	2 514	5 685
台湾省	1 398	2 616	2 649	14 534	8 305	5 657
丹麦	318	307	505	46	403	23

14—25 进出口货物贸易方式情况

（海关口径） 单位：万美元

项目	1990年	1991年	1992年	1993年	1994年	1995年
进口合计	**26 852**	**39 184**	**58 694**	**100 170**	**103 035**	**141 455**
一般贸易	14 371	19 483	26 617	38 524	41 106	64 375
国家间国际组织无偿援助捐送的物资	387	430	1 351	243	170	47
华侨、港澳同胞、外籍华人捐赠物资	25	463	686	958	368	131
补偿贸易	94	158	112	318	47	175
来料加工装配贸易(对口合同除外)	1 498	4 550	4 313	5 186	5 346	9 833
进料加工贸易	5 456	7 936	12 725	14 514	18 696	20 852
寄售、代销贸易	109	61	89	43		
对口合同的来料加工装配贸易					5 346	
其他免费提供货物	469	284	379	181		
外商投资企业进口的设备、物品	3 478	5 581	12 180	33 742	4	45 246
外资企业进口供加工内销产品的料件	26	37	6	5 036	7 562	
出料加工贸易	855	111	98	50		
其他	78	70	73	1 341	24 392	779
来料加工以工缴费补偿的设备及零件	6	20	65	34		17
出口合计	**94 491**	**113 003**	**115 816**	**122 743**	**171 845**	**197 929**
一般贸易	76 077	89 541	92 472	96 790	143 908	151 679
补偿贸易	387	234	112	345	127	37
来料加工装配贸易(对口合同除外)	1 480	4 776	5 578	7 965	7 568	10 532
进料加工贸易	16 132	18 401	17 598	14 514	19 657	35 604
出料加工贸易	408	36	40			
其他	7	15	16	3 129	585	77

14—26 进出口货物商品种类

（1995年，海关口径）　　单位：万美元

项　　目	进出口总值	出　口	进　口	出口比上年+、-%	进口比上年+、-%
合　　计	**375 169**	**182 300**	**192 868**	**21.0**	**23**
第一类	8 444	8 349	95	8	314
活动物	4 462	4 396	67	6	404
肉及食用杂碎	755	755		30	
鱼、甲壳动物、软体动物及其他水生动物	342	22	332	12	379
乳品、蛋品、天然蜂蜜、其他食用动物产品	1 619	1 607	12	9	60
其他动物产品	1 265	1 259	6	-2	
第二类	7 619	3 592	4 027	-39	391
活树及其他活植物；插花及装饰用簇叶	4		4		138
食用蔬菜、根及块茎	1 089	924	165	26	291
水果及坚果；甜瓜或柑桔属水果的果皮	284	284		-1	
咖啡、茶、马黛茶及调味香料	156	153	2	-31	609
谷　　物	3 278		3 278		654
制粉工业产品、麦芽、淀粉、菊粉、面筋	132	85	47	18	173
含油子仁及果实；杂项子仁及果实	2 014	2 004	10	41	-16
工业用或药用植物、稻草及饲料					
虫胶、树胶、树脂及其他植物液汁	100	89	10	-56	603
编结用植物材料；其他植物产品	563	53	510	-1	44
第三类	1 935	131	1 804	-4	-32
动、植物油、脂及其分解产品	1 935	131	1 804	-4	-32
第四类	6 703	6 207	496		157
肉、鱼、甲壳动物、软件动物的制品	2 782	2 782		1.7	
糖及糖食	29	29		46	225
可可及可可制品					
谷物、粮食粉、淀粉或乳的制品	10	10		-50	
蔬菜、水果、坚果的制品	545	545		-53	
杂项食品	62	58	4	-8	39
饮料、酒及醋	360	353	7	70	-57
食品工业的残渣配制的动物饲料	537	59	478	72	621
烟草及烟草代用品的制品	2 379	2 371	8	2	-93

(1995年,海关口径) 单位:万美元

项目	进出口总值	出口	进口	出口比上年+、-%	进口比上年+、-%
第五类	19 434	2 003	17 431	17	59
盐、硫磺、泥土及石料、石膏料	991	952	39	42	97
矿砂、矿渣及矿灰	15 253	31	15 222	151	47
矿物燃料、矿物油及其蒸馏产品	3 191	1 021	2 170	-1	283
第六类	25 482	20 600	4 882	35	6
无机化学品、贵金属、稀土金属、放射性元素及其同位素的有机及无机化合物	3 963	3 573	390	58	-10
有机化学品及他们的盐	11 796	10 962	834	36	-42
药品	3 581	3 399	182	16	32
肥料	2 371	29	2 342	-60	48
鞣料浸膏及染料浸膏;颜料及其他着色料	1 171	1 023	149	20	-38
精油及香膏;芳香料制品及化妆盥洗品	51	45	6	6	91
肥皂、有机表面活性剂、洗涤剂	224	149	75	12	94
蛋白类物质;改性淀粉;胶、酶	61	23	39	121	5
炸药、烟火制品;火柴、引火合金、易燃制品	19	19		682	
照相及电影用品	36	7	29	-81	99
杂项化学产品	2 208	1 371	837	56	25
第七类	7 791	3 629	4 162	102	56
塑料及其制品	2 878	1 243	1 635	58	45
橡胶及其制品	4 913	2 387	2 527	135	64
第八类	4 656	4 417	238		9
生皮(毛皮除外)及皮革	898	702	197	-54	13
皮革制品、鞍具及挽具	3 627	3 617	10	28	114
毛皮、人造毛皮及其制品	130	99	31	33	-22
第九类	3 197	1 083	2 114	2	77
木及木制品;木炭	2 694	580	2 114		77
软木及软木制品					
稻草、秸杆、针茅或其他编结材料制品	503	503		4	
第十类	2 305	815	1 490	21	-10
木浆及其他纤维素浆;纸的废碎品	646	2	644	-72	24
纸及纸板;纸浆、纸或纸板制品	1 306	813	493	28	-35
书籍、报纸及其他印刷品	352		352		-6

14—26 续表 2 (1995年,海关口径) 单位:万美元

项　　目	进出口总值	出　口	进　口	出口比上年+、-%	进口比上年+、-%
第十一类	82 945	68 296	14 649	-7	29
蚕　丝	1 147	1 126	21	-35	-40
羊毛、动物细毛或粗毛及其机织物	3 454	893	2 562	-46	30
棉　花	16 654	15 052	1 601	-6	43
其他植物纺织纤维及其机织物	1 492	1 235	257	-60	10
化学纤维长丝	4 305	763	3 541	158	19
化学纤维短纤	15 037	10 904	4 133		29
絮胎、毡呢及无纺织物	779	169	609	57	29
地毯及纺织材料的其他铺地制品	665	589	75	24	-8
特种机织物、装饰织物、绣品	1 137	766	371	18	148
工业用纺织制品	286	4	237	-63	31
针织物及钩编织物	1 701	1 546	154	9	-38
针织或钩编的服装及衣着附件	3 494	3 488	6	-26	23
非针织或非钩编的服装及衣着附件	25 297	24 230	1 067	-8	67
其他纺织制成品、成套物品、碎织物	7 499	7 486	13	22	-62
第十二类	5 333	5 309	24	22	-41
鞋靴、护腿和类似品及其零件	4 244	4 221	24	15	-39
帽类及其零件	638	638		51	
伞、手杖、鞭子及其零件	336	336		65	
已加工羽毛及其制品、人造花、人发制品	115	115		149	
第十三类	2 347	1 355	992	11	62
石料、石膏、水泥、石棉及类似材料制品	809	694	115	18	-29
陶瓷产品	874	174	700	-57	264
玻璃及其制品	665	487	178	109	-31
第十四类	1 558	1 517	41	116	91
天然或养殖珍珠、宝石、贵金属及其制品	1 558	1 517	41	116	91
第十五类	41 296	34 823	6 473	274	-50
钢　铁	32 909	28 433	4 476	521	-53
钢铁制品	4 377	2 984	1 393	41	19
铜及其制品	633	569	64	500	-97
镍及其制品	15	10	6	-68	468
铝及其制品	899	855	44	34	-58
铅及其制品	132	132		-33	
锌及其制品	72	71	1	-47	986
锡及其制品	188	187	1		148
其他贱金属、金属陶瓷及其制品	323	323			
贱金属工具、器具及其零件	1 351	977	374	19	228
贱金属杂项制品	398	283	115	-22	60

14—26　续表 3　　　（1995 年，海关口径）　　　单位：万美元

项　　目	进出口总值	出　口	进　口	出口比上年+、-%	进口比上年+、-%
第十六类	125 576	9 558	116 019	34	47
核反应堆、锅炉、机器及其零件	90 933	3 764	87 168	38	43
电机车及其设备零件、音像设备及其零件	34 644	5 793	28 850	32	58
第十七类	13 883	4 083	9 800	51	-56
铁道及电车道机车及其零件	65	45	21	-42	313
车辆及其零件、附件	12 264	2 609	9 655	13	-21
航空器、航天器及其零件	19		19		
船舶及浮动结构体	1 534	1 429	105	347	-18
第十八类	8 759	1 769	6 990	-28	59
光学、照相、电影、计量、检验	8 386	1 483	6 903	56	59
医疗用仪器及设备、精密仪器及设备、零件	322	245	77	-83	349
乐器及其零件、附件	51	41	10	-14	-62
第十九类					
武器、弹药及其零件、附件					
第二十类	5 859	4 718	1 141	10	-3
家具；寝具、软垫及类似的制品	2 355	2 076	279	-7	-27
玩具、游戏品、运动用品及其零件、附件	1 242	864	378	32	-27
杂项制品	2 262	1 778	484	27	75
第二十一类	47	47		-32	
艺术品、收藏品及古物	47	47		-32	

主要统计指标解释

【法人机构】 指独立核算法人批发零售贸易业、餐饮业企业。独立核算法人批发零售贸易企业、餐饮企业应同时具备以下条件：

(1)依法成立，有自己的名称、组织机构和场所，能够承担民事责任；

(2)独立拥有和使用资产，承担负责，有权与其他单位签订合同；

(3)独立核算盈亏，并能编制资产负债表。

【附营单位】 指其他行业的独立核算法人单位或非独立核算单位所属的从事批发零售贸易活动的附营单位。例如，工业企业办的商店等，如果是批发零售贸易企业附属的工厂开办的商店，这个商店应作批发零售贸易业附营单位处理，但如果是批发零售贸易企业在另一个地点开办的商店，这个商店归入主营单位，不作为附营单位处理。附营单位应同时具备以下条件：

(1)具有一个场所，从事或主要从事批发零售贸易活动；

(2)单独组织经营或业务活动；

(3)在工商行政管理部门登记注册领取《营业执照》；

【批发贸易网点数】 指本批发零售贸易企业(单位)设立的从事批发贸易业务的自然单位[包括本企业(单位)自身]，凡具有独立固定的营业场所，配备一定的业务人员，不论单位大小、不论是否单独核算，均按自然网点计算，即有一个点就算一个网点。

【零售贸易网点数】 指本批发零售贸易企业(单位)设立的从事批发贸易业务的自然单位[包括本企业(单位)自身]，凡具有独立固定的营业场所，配备一定的业务人员，不论单位大小、不论是否单独核算，均按自然网点计算，即有一个点就算一个网点。不包括同一营业场所内各柜组以及派出的流动推销小组、流动售货车等，不论临时性还是经常性的均不作为自然网点统计(但固定的售货亭应作为网点统计)。

【从业人员】 指在批发、零售贸易网点工作并取得劳动报酬的人员。包括职工、聘请的离退休人员等。应分别按批发贸易网点和零售贸易网点统计。

【餐饮业网点数】 指本餐饮企业(单位)设立的从事餐饮业务的营业单位[包括本企业(单位)自身]，凡具有固定的营业场所，配备一定的业务人员，不论单位大小、不论是否单独核算，均按自然网点计算，即有一个营业点就算一个网点。不包括派出的流动饭档、流动饮食货车等，不论临时性还是经常性的均不作为网点统计(但固定的饮食售货亭应作为网点统计)。

【从业人员】 指在餐饮业的全部工作人员。包括行政管理人员、炊事人员、服务人员、既包括临时工、合同工等，也包括聘请的离休人员。

【营业面积】 指按建筑面积计算的供顾客用餐的餐厅营业面积和从事食品加工、烹饪、调制的厨房的面积，不包括专门储存商品的仓库面积和办公用房的面积。

【社会消费品零售额】 指各种经济类型的批发零售贸易业、餐饮业、制造业和其他行业对城乡居民和社会集团的消费品零售额和农民对非农业居民零售额的总和。对居民的消费品零售额：指售给城乡居民用于生活消费的商品。对社会集团的消费品零售额：指售给机关、团体、部队、学校、企业、事业单位和城市街道居民委员会、农村村民委员会用公款购买的用作非生产、非经营上使用的公用消费品。

【农村集市贸易成交额和城市集市贸易成交额】 指农村集市和城市集市的全部成交额。(包括村(队)和农民之间、农民之间、村(队)、农民和商业、工业、饮食业、其他行业之间，村(队)、农民和机关、团体、部队、企事业单位之间以及农民和非农业居民之间的成交额。

【社会农副产品收购总额】 包括商业、饮食业、工业和其他部门以及非农业居民从农民、国营农场、劳改农场、机关和部队农场以及乡、村(队)办集体所有制农业生产单位等农业生产者收购的全部农副产品金额。

【进出口总额】 外贸部门统计的进出口总额，其出口总额，是指我国向国外和港澳地区销售的商品总额，按离岸价格计算。进口总额，是指我国从国外和港澳地区购进的商品总额，按到岸价格计算。出口总额进口总额都包括转口商品。凡转口商品运达我国口岸国境时作为进口，离开我国口岸或国境时作为出口，如商品不进入国境，直接由国外转口的，在国外转口时即按照合同规定的价格分别作为进口和出口。

海关进出口总额是指实际进出我国国境的货物总金额。包括对外贸易实际进出我国国境的货物总金额。包括对外贸易实际进出口货物、来料加工装配进出口货物、中外合资企业、合作企业和外商独资企业进出口货物和公用物品，以及国家间、联合国及国际组织无偿援助的物资和赠送品，华侨、港澳同胞、外籍华人的捐赠品的金额。进口按到岸价格计算，出口按离岸价格计算。

15 对外经济和旅游

资料整理人员：樊喜珍

15—1 利用外资情况

单位:万美元

项目	1990年	1991年	1992年	1993年	1994年	1995年
利用外资合计	**16 967**	**26 534**	**41 657**	**60 572**	**93 436**	**110 941**
一、借用国外资金	**13 914**	**21 198**	**20 486**	**6 993**	**33 253**	**48 688**
#外国政府贷款	5 090	9 150	7 935	1 033	11 910	18 639
国际金融组织贷款	1 318	1 816	189	2 181	2 475	1 365
外国商业银行贷款	3 725	6 607	10 134	2 769	12 494	799
出口信贷	3 781	3 625	2 228	10	4 069	8 072
二、利用国外直接投资	**2 900**	**4643**	**20 308**	**53 441**	**60 183**	**62 253**
#合资经营	2 492	4 057	15 977	38 565	50 970	40 259
合作经营	85	60	615	2 944	3 512	5 012
独资经营	323	526	3 716	11 932	5 701	16 982
三、外商其他投资	**153**	**693**	**863**	**138**		

15—2 借用国外资金情况

(1995年)

单位:万美元

项目	上年末余额	新增借款	已还本金	已付利息
一、外　债	**16 540**	**18 485**	**8 305**	**613**
金融机构境外借款	11 846	1 220	6 483	477
三资企业境外借款	4 694	17 265	1 822	136
二、外债转贷款	**61 672**	**30 203**	**3 397**	**1 687**
外国政府转贷款	37 176	18 639	480	502
国际金融机构转贷款	8 540	1 365	334	144
买方信贷转贷款	10 927	8 072	1 699	977
国际金融租赁贷款	3 035	1 328	761	11
其他形式转贷款	1 994	799	123	53

15—3 外商投资企业基本情况

(1995 年)

单位:个、万美元

	本年登记			年末实有		
	企业数	注册资本	#外方注册资本	企业数	注册资本	#外方注册资本
合　　计	**878**	**166 957**	**101 154**	**5 758**	**927 780**	**544 102**
一、按投资方式分						
中外合资企业	582	127 980	65 417	4 198	691 274	332 221
中外合作企业	51	11 385	8 145	250	54 435	32 766
外商独资企业	245	27 592	27 592	1 309	176 291	176 291
中外股份公司				1	5 780	2 824
二、按行业分						
A. 农、林、牧、渔业	14	2 250	1 213	46	4 231	2 561
#农、林、牧、渔业	14	225	1 213	43	4 138	2 503
农、林、牧、渔服务				3	93	58
B. 采 掘 业	4	121	65	46	3 469	2 041
#煤炭采选业						
石油和天然气开采业						
黑色金属矿采选业				7	546	326
有色金属矿采选业				1	13	4
非金属矿采选业	4	121	65	38	2 910	1 711
C. 制造业	542	103 619	57 127	3 484	457 718	232 433
#食品加工业	24	3 958	2 070	134	19 877	11 042
食品制造业	43	7 965	5 827	139	15 420	11 700
饮料制造业	29	8 966	6 028	138	25 444	15 708
纺 织 业						
服装及其他纤维制品制造业	57	3 620	2 285	402	30 502	14 251
皮革、毛皮、羽绒及其制造业	11	1 215	403	99	8 742	3 734
木材加工及竹、藤、棕、草制品业	19	3 803	1 961	92	10 982	4 902
家俱制造业	8	1 147	556	56	4 387	2 539
造纸及纸制品业	8	1 516	1 120	67	7 461	3 709
印刷业、纪录媒介的复制	7	304	165	56	6 243	3 158
文教体育用品制造业	10	527	265	26	1 940	882
石油加工及炼焦业	4	258	135	46	4 820	2 341
化学原料及化学制品制造业	32	3 775	1 729	245	24 955	10 979
医药制造业	17	2 593	988	106	11 373	4 585
化学纤维制造业	3	1 788	524	27	10 480	3 884
橡胶制品业	11	6 296	3 819	33	12 114	6 802
塑料制品业	24	2 823	1 155	163	22 092	9 360
非金属矿物制品业	33	10 626	5 788	196	38 986	18 969
金属制品业	27	6 963	3 635	161	21 313	10 587

15—3 续表1　　(1995年)　　单位:个、万美元

	本年登记			年末实有		
	企业数	注册资本	#外方注册资本	企业数	注册资本	#外方注册资本
交通运输设备制造业	38	16 738	9 468	152	51 783	33 279
电子及通信设备制造业	25	1 774	1 240	251	19 767	10 401
D. 电力煤气及水的生产和供应业	10	4 311	1 679	19	7 068	3 361
E. 建筑业	69	5 916	5 147	397	47 917	33 426
#土木工程建筑业	13	2 835	2 511	116	34 433	23 255
线路、管道和设备安装业	2	138	47	40	1 358	835
F. 地质勘查业、水利管理业						
G. 交通运输、仓储及邮电通讯业	14	7 961	5 082	79	21 169	11 776
仓储业	1	474	237	3	857	353
邮电通讯业				3	1 347	690
H. 批发和零售贸易、餐饮业	51	5 215	3 498	412	42 573	23 447
#零售业				3	348	148
餐饮业	409	42 225	23 299	51	5 215	3 498
I. 金融、保险业						
J. 房地产业	82	24 533	19 647	737	265 695	188 342
K. 社会服务业	76	9 527	5 510	466	69 286	40 790
#公共设施服务业	3	18	16	38	7 157	3 589
居民服务业	14	540	376	81	13 795	8 260
娱乐服务业	19	1 426	851	132	12 028	7 139
信息、咨询服务业	17	388	302	100	8 966	4 977
L. 卫生、体育和社会福利业	6	1 853	1 291	13	3 033	2 355
#卫　生	1	1 289	902	6	1 469	965
体　育	5	564	389	7	1 564	1 390
M. 教育、文化艺术和广播电影电视业	2	84	76	35	3 391	2 138
#文化艺术业	1	34	26	30	2 538	1 454
广播电影电视业	1	50	50	5	853	684
N. 科学研究和综合技术服务业	2	22	11	15	572	453
#科学研究业				1	118	118
综合技术服务业	2	22	11	14	454	335
O. 其他行业	6	1 545	808	9	1 658	979

15—3 续表 2 (1995 年) 单位:个、万美元

	本年登记			年末实有
	企业数	注册资本	#外方注册资本	企业数
三、按国别、地区分				
阿富汗				
阿根廷	1	72	21	2
澳大利亚	11	1 340	62	[illegible]
奥地利				4
比利时				3
百慕大群岛	1	404	404	2
玻利维亚	3	29	24	4
巴西				1
缅甸				1
柬埔寨	1	36	26	3
喀麦隆				2
加拿大	20	1 376	660	73
智利				1
法国	9	3 459	1 871	22
韩国	12	3 622	1 813	27
德国	13	2 715	1 045	33
印度尼西亚	1	110	33	7
爱尔兰	1	30	9	1
意大利	5	1 144	300	10
日本	35	3 809	1 991	149
马达加斯加				2
马来西亚	11	9 276	6 222	22
荷兰	55	6 086	3 458	8
新西兰				3
阿曼				1
巴拿马	4	1 420	756	7
秘鲁				5
菲律宾	1	21	14	13
新加坡	28	12 412	9 337	116
西班牙				3
瑞典	1	592	415	3
瑞士	2	520	250	3
泰国	6	1 086	430	50
巴勒斯坦				
阿联酋	1	44	13	1
英国	15	8 884	6 020	38
美国	84	21 155	13 399	372
委内瑞拉				1
越南	2	34	15	11
西萨摩亚				2
香港	453	71 402	42 255	3 619
澳门	15	2 653	1 420	171
台湾	129	9 606	6 601	905
俄罗斯	1	26	7	10
以色列	2	1 441	842	3
英属处女岛	1	1 200	600	2

15—4 接待海外旅游人数

指　　标	1990年	1991年	1992年	1993年	1994年	1995年
旅游人数总计　（人次）	**155 734**	**170 121**	**263 014**	**230 883**	**247 212**	**270 890**
外国人	35 839	52 193	71 281	82 283	130 428	168 313
华　侨	535	507	735	2 269	2 915	4 556
港澳台同胞	119 360	117 421	190 998	146 331	153 869	98 021
旅游人数比重　（%）	**100**	**100**	**100**	**100**	**100**	**100**
外国人	23	30.7	27.1	35.6	52.8	62.1
华　侨	0.3	0.3	0.3	1	1.2	1.7
港澳台同胞	76.7	69	72.6	63.4	46.0	36.2
旅游人天数	**178 837**	**235 595**	**351 591**	**324 350**	**472 467**	**517 720**
外国人	48 684	73 724	100 003	139 496	249 463	273 357
华　侨	134	702	964	1 297	5 670	6 213
港澳台同胞	130 019	161 169	250 624	183 557	217 334	238 150

15—5 旅游外汇收入

指　　标	1990年	1991年	1992年	1993年	1994年	1995年
绝对数　（万美元）	**1 557**	**1 771**	**4 432**	**4 589**	**6 211**	**7 317**
旅游商品收入	91	77	600	619	870	1 046
旅游部门收入	836	873	1 043	1 345	1 789	2 078
铁路、航空收入	229	558	994	1 302	1 801	2195
邮电收入	36	39	67	118	161	198
内河客运收入	1	20	1 600	1 113	1 553	1 771
其他收入	364	204	128	92	37	29
比　重　（%）	**100**	**100**	**100**	**100**	**100**	**100**
旅游商品收入	5.8	4.3	13.5	13.5	14	14.3
旅游部门收入	53.7	49.3	23.5	29.3	28.8	28.4
铁路、航空收入	14.7	31.5	22.4	28.3	29.0	30.0
邮电收入	2.3	2.2	1.5	2.6	2.6	1.7
内河客运收入	0.1	1.2	36.2	24.3	25.0	25.2
其他收入	23.4	11.5	2.9	2.0	0.6	0.4

主要统计指标解释

【利用外资】 指利用境外的资金。外资包括现汇、实物、工业产权或专有技术等有形资本和无形资本。按利用外资的形式分，主要有三方面：①对外借款。包括外国政府货款、国际金融组织贷款、买方信贷、外国银行贷款，对外发行债券、股票等。②外商直接投资。包括中外合资经营企业、合作经营企业、合作开发企业、外商独资经营企业中的外商投资额。③国际商品信贷及其他投资。包括国际租赁、补偿贸易、加工装配、其他等。

在统计中，对外借款按实际提取数或拨交的使用数填列；外商直接投资实际投入的现金、实物、工业产权及专有技术的计价投资额填列；商品信贷按到货数价金额填列。

下列经济活动，不作利用外资统计：①用我国自有外汇，包括国家外汇、地方外汇、留成外汇、调剂外汇和中国银行自有外汇发放的外汇贷款。②有关单位在经济特区举办的内联企业，若无外商参与投资，不作为利用外资。③华侨、港澳台同胞以人民币（不是以外币兑换的人民币）投资经营企业和与我方合资经营。合作经营企业，一般也不作利用外资。

【旅游人数】 指来我国参观、访问、旅行、探亲、访友、休养、考察、参加会议和从事经济、科技、文化、体育、教育、宗教等活动的外国人、华侨、港澳台同胞的人数。不包括外国在我国的常驻机构、如领使馆、通讯社、企业办事外的工作人员和来我国常住的外国专家、留学生等。

【旅游外汇收入】 指国内各部门为来我国旅游的外国人，华侨、港澳台同胞提供商品和劳务而得到的外汇收入。包括供应商品、饮食和提供住宿、交通、邮电、文化娱乐，导游等各项服务所得的全部外汇收入。

16 金融和保险

资料整理人员：董树平

16—1 银行信贷资金来源

（年末余额）

单位：亿元

负　债　项　目	1993年	1994年	1995年	1995年比年初+、-额
总　　计	**1 355.09**	**2 037.60**	**2 277.87**	**234.42**
一、各项存款	**796.85**	**1 043.77**	**1 325.60**	**274.99**
企业存款	277.86	445.22	542.30	94.52
#活期存款	251.27	395.88	446.82	50.80
定期存款	26.59	49.34	95.48	43.72
财政性存款	24.44	30.59	27.95	-2.62
#财政存款	11.45	15.12	12.70	-2.40
机关团体存款	12.99	15.47	15.25	-0.22
城镇储蓄存款	385.57	556.58	739.18	180.12
#定　期	296.95	418.96	568.59	135.92
农村存款	40.42	5.40	5.43	0.01
信托类存款	0.93	2.81	5.40	1.03
其他类存款	67.62	3.17	5.34	1.86
二、金融债券	**3.02**	**2.96**	**2.03**	**-0.83**
三、国家投资债券	**-0.01**	**-0.01**	**-0.01**	**…**
四、代理政策性银行贷款基金		**56.10**	**128.08**	**71.52**
五、金融机构同业往来	**171.06**	**613.24**	**418.13**	**-181.28**
#拆入资金	150.25	223.07	274.88	50.86
六、汇兑在途资金	**164.38**	**-239.33**	**-176.17**	**63.01**
七、所有者权益	**60.37**	**59.50**	**54.56**	**-3.64**
#实收资本	54.49	51.38	52.63	-0.51
八、结　益	**5.45**	**-1.79**	**-29.25**	**-30.17**
九、其　他	**153.40**	**503.15**	**554.93**	**40.84**

16—2 银行信贷资金运用

（年末余额）

单位:亿元

负 债 项 目	1993年	1994年	1995年	1995年比年初 +、-额
总 计	**1 355.09**	**2 037.60**	**2 277.87**	**234.42**
一、各项贷款	**1 161.00**	**1 396.82**	**1 750.41**	**350.41**
短期贷款	883.41	1 039.22	1 219.11	178.97
#工业贷款	367.84	415.88	466.13	49.56
商业贷款	413.02	471.10	577.70	102.92
#农采贷款	167.87	306.69	312.90	75.11
建筑业贷款	21.61	23.28	27.83	4.33
农业贷款	39.33	29.14	35.52	6.78
乡镇企业贷款	27.53	34.25	40.26	6.03
私营及个体贷款	1.78	2.39	1.90	0.65
三资企业贷款	8.80	17.36	23.06	6.46
其他短期贷款	3.48	45.81	46.71	2.24
中长期贷款	235.51	328.04	380.70	53.19
#技术改造贷款	117.05	146.70	180.62	33.41
基本建设贷款	101.60	121.64	135.81	14.39
其他中长期贷款	16.87	59.71	64.27	5.39
信托类贷款	2.51		3.65	0.85
其他类贷款	19.54	29.56	146.95	117.41
二、有价证券及投资	**17.15**	**56.16**	**85.22**	**26.73**
三、国家投资债券贷款	**3.31**	**2.84**	**2.69**	**−0.15**
四、代理政策性银行贷款	**7.69**	**56.24**	**128.08**	**71.52**
五、金融机构同业往来	**135.07**	**506.65**	**278.80**	**−220.57**
#拆出资金	100.07	169.21	208.41	39.30
六、金银占款	**1.94**	**0.83**	**4.86**	**4.03**
七、外汇占款	**−7.07**	**−2.50**	**2.65**	**0.94**
八、库存现金	**20.09**	**20.55**	**24.98**	**4.29**

16—3 银行存款和贷款年末余额

单位:亿元

年份	存款余额	#企业存款	#城镇储蓄存款	#农村存款	贷款余额	#工业存款	#内贸贷款
1952	2.57	1.04	0.26		0.98	0.14	0.64
1957	4.17	1.05	0.69	0.97	13.30	1.00	10.71
1965	15.39	5.45	1.39	3.26	33.54	2.92	23.32
1970	25.82	9.45	2.12	5.01	54.89	10.67	29.18
1975	37.69	14.61	3.74	6.80	70.50	18.67	14.51
1978	42.16	13.67	4.91	5.62	96.78	29.04	50.39
1980	72.21	20.77	8.85	8.45	120.44	35.67	60.11
1985	163.27	67.71	41.24	13.14	319.81	94.32	121.56
1986	221.55	88.60	58.01	16.17	396.64	127.60	126.58
1987	258.59	105.30	84.67	16.27	464.16	145.35	141.34
1988	285.47	111.97	112.19	17.88	519.22	167.90	163.40
1989	332.05	113.31	146.09	20.70	599.03	201.35	199.44
1990	406.56	135.94	192.61	25.66	732.77	252.53	243.84
1991	505.43	165.96	244.49	29.87	850.22	291.24	270.47
1992	617.96	211.85	302.92	32.56	983.48	320.90	300.14
1993	796.85	277.86	385.57	40.42	1 161.00	367.84	413.02
1994	1 043.77	445.22	556.58	5.40	1 396.82	415.88	471.10
1995	1 325.60	542.30	739.18	5.43	1 750.41	466.13	577.70

16—4 银行现金收支

单位:亿元

年份	收入合计	#商品销售收入	#服务事业收入	支出合计	#国家工资支出	#农产品收购支出	#行政管理费支出	投放回笼差
1952	9.04			9.51				+0.47
1957	22.69	15.79	1.17	22.62	5.72	5.37	2.15	-0.07
1965	30.20	21.57	2.31	31.22	7.84	7.44	1.83	+1.02
1970	39.50	28.23	2.14	38.79	11.05	4.31	2.55	-0.71
1975	50.40	36.34	4.03	50.94	15.06	5.45	3.76	+0.54
1978	59.36	42.70	4.87	60.75	19.29	5.69	4.38	+1.39
1980	87.84	60.11	6.78	89.87	24.31	11.25	6.31	+2.03
1985	230.17	127.25	15.94	238.24	40.31	45.23	17.90	+8.07
1986	281.99	149.66	19.13	289.81	50.72	61.05	19.93	+7.82
1987	375.92	179.23	24.59	382.90	57.33	70.10	26.05	+6.98
1988	509.81	221.61	30.91	538.31	68.39	69.60	38.18	+28.50
1989	544.62	212.52	33.81	562.82	77.34	65.13	38.67	+18.19
1990	626.24	229.82	39.25	665.10	89.76	90.60	44.95	+38.86
1991	767.57	261.11	47.76	814.56	105.30	85.50	55.95	+46.99
1992	1 022.54	292.81	62.33	1 089.03	120.06	70.64	79.88	+66.49
1993	1 564.39	360.77	89.90	1 629.22	150.09	101.34	120.18	+64.83
1994	2 297.21	456.67	123.99	2 364.86	227.04	156.58	148.70	+67.65
1995	3 219.38	583.76	162.14	3 264.14	269.86	187.65	186.54	+44.76

16—5 银行现金收入

单位:亿元

项目	1990年	1991年	1992年	1993年	1994年	1995年
收入合计	**626.24**	**767.57**	**1 022.54**	**1 564.39**	**2 297.21**	**3 219.38**
商品销售收入	229.82	261.11	292.81	360.77	456.67	583.76
#县及县以下	17.54	21.73	20.14	21.62	22.12	23.84
服务事业收入	39.25	47.76	62.23	89.90	123.99	162.14
税款收入	5.23	5.96	7.17	9.74	13.25	17.38
农村信用社收入	26.41	28.93	29.34	46.82	71.04	78.91
乡镇企事业收入	6.80	8.51	10.66	16.46	31.66	51.54
#商品销售	2.58	3.12	3.90	5.01	7.26	11.00
服务事业	0.62	0.80	0.89	1.25	2.05	2.64
城乡个体经营收入	3.69	4.63	5.59	10.65	23.45	44.33
储蓄存款收入	258.25	335.86	497.79	817.65	1 254.92	1 813.17
其他金融机构收入	7.69	9.90	13.98	29.53	72.07	127.37
汇兑收入	6.94	8.16	10.13	11.75	14.58	24.41
其他收入	38.51	51.06	81.36	150.98	214.42	292.92
金融债券收入	3.65	5.69	11.49	20.13	21.17	23.44
投放(+)或回笼(-)	38.86	46.99	66.49	64.83	67.65	44.76

16—6 银行现金支出

单位:亿元

项目	1990年	1991年	1992年	1993年	1994年	1995年
支出合计	**665.10**	**814.56**	**1 089.03**	**1 629.22**	**2 364.86**	**3 264.14**
工资、资金支出小计	169.14	198.91	239.11	305.30	424.95	502.26
国家工资支出	89.76	105.30	120.06	150.09	227.04	269.86
国家职工奖金支出	14.59	17.81	23.95	32.99	44.93	51.23
国家对个人其他支出	33.22	40.09	52.08	67.83	83.49	99.34
部队存款支出	3.11	3.53	4.27	5.23	7.59	9.36
集体工资、奖金支出	21.51	23.73	28.24	34.15	42.53	47.22
集体对个人其他支出	6.96	8.45	10.51	15.00	19.37	25.25
对农村支出	142.01	149.12	145.68	183.06	270.94	333.99
农副产品采购支出	90.60	85.50	70.64	101.34	156.58	187.65
农信用社支出	41.47	51.59	58.83	61.38	77.56	94.07
乡镇企事业支出	9.94	11.97	16.21	20.34	36.80	52.27
#工资性支出	2.15	2.44	3.16	3.58	5.43	6.42
工矿产品收购支出	3.60	4.49	6.26	9.79	12.06	18.22
行政管理费支出	44.95	55.95	79.88	120.18	148.70	186.54
城乡个体经营支出	4.67	6.60	8.49	14.73	24.62	37.64
储蓄存款支出	236.32	319.52	494.24	805.29	1 192.30	1 763.60
其他金融机构支出	8.94	10.49	12.44	25.25	42.79	63.23
汇兑支出	7.34	9.30	13.08	20.54	31.69	48.38
其他支出	42.36	52.83	80.49	134.59	202.21	289.57
金融债券支出	5.77	7.33	9.35	10.48	14.59	20.71

16—7 保险机构与业务

项目	单位	1990年	1991年	1992年	1993年	1994年	1995年
一、保险机构数	个	**137**	**151**	**420**	**479**	**558**	**578**
省级公司	个	1	1	1	1	1	1
地市级公司	个	15	15	16	16	17	14
县(市)支公司	个	71	71	72	128	149	140
市辖区办事处	个	50	64	331	334	391	390
其他					·		33
二、年底实有职工人数	人	**4 398**	**4 887**	**5 710**	**6 986**	**7 271**	**7 355**
三、国内自办业务							
(一)承保额							
企业财产险	亿元	552	670	758	766	791	1 007
运输工具险	亿元	124	144	255	251	291	324
家庭财产险	亿元	66	94	358	163	704	96
(二)保费收入	万元	61 859	75 989	106 087	132 339	157 551	195 550
财产险	万元	38 801	44 299	54 077	70 604	88 432	110 814
农业险	万元	1 487	2 368	3 142	3 277	2 601	2 563
短期人身险	万元	3 083	3 432	5 309	10 832	10 223	12 739
返还性人身险	万元	18 488	25 890	43 559	47 626	56 295	69 434
(三)储金余额	万元	12 286	25 205	47 080	62 383	45 231	39 402
(四)已决赔案件数	件	1 262 054	1 309 801	2 501 039	9 309 271	5 954 669	4 055 522
(五)已决赔款金额	万元	31 124	52 648	54 738	88 770	92 362	113 248
财产险	万元	18 242	31 259	29 606	56 590	55 571	72 729
农业险	万元	1 529	2 776	2 508	2 654	1 918	2 608
短期人身险	万元	1 501	2 057	3 102	6 615	5 757	8 125
返还性人身险	万元	9 852	16 556	19 522	22 911	29 116	29 786
(六)满期给付	万元	4 763	9 687	16 180	46 123	38 302	26 963
四、国内代办与合办业务							
保费收入	万元				42	172	1 293
储金余额	万元	851	2 300	10 644	26 750	12 407	843
赔款金额	万元	124	144	173	7 146	9	22
满期给付	万元	2 128	4 154	16 257	4 654	14 069	1 285
五、涉外业务							
保费收入	万元	5 015	9 091	7 347	8 707	9 737	11 075
赔案件数	件	1 622	1 226	1 342	2 741	3 333	3 466
赔款金额	万元	1 544	2 041	4 847	4 735	8 909	8 616

主要统计指标解释

【存款】 企业、机关、团体或居民根据可以收回的原则，把货币资金存入银行或其他信用机构保管并取得一定利息的一种信用活动形式。根据存款对象的不同可划分企业存款、财政存款、机关团体存款、对外贸易存款，城镇居民储蓄存款、农村存款等科目。

【贷款】 银行或其他信用机构根据必须归还的原则，按一定利率，为企业、个人等提供资金的一种信用活动形式。我国银行贷款，分流动资金贷款固定资产贷款以及农户贷款等科目。

【现金支出】 指银行向市场支出的现金，亦称货币投放。主要的投入方式有工资支出、农副产品收购、工矿产品收购、行政事业管理费、储蓄存款支出等。

【现金收入】 指银行把市场流通中的货币通过某种方式吸收回银行，亦称货币回笼，其主要的回笼方式有：商品销售收入、服务事业收入、税款收入、储蓄存款收入等。

【保险金额】 也称承保额。是指保险人承担赔偿或者给付保险金责任的最高限额。

【保险费】 指保险人为承保一定的保险责任向被保险人收取的费用。

【财产保险】 指以被保险人自有的或为他人保管的财产作为保险标的保险。

【农业保险】 指以种植业、养殖业在生产过程中，遭到自然灾害、意外事故所造成的经济损失为保险标的保险。

【人身保险】 是以人的生命和身体为保险对象的一种保险。

【赔款支出】 指被保险人所投保的保险标的发生了在承保责任范围内的意外事故，遭到了损失，保险人给被保险人的赔款补偿。

【满期给付】 指长期性业务到期后，保险人退给被保险人的储金。

教育、科技和文化 17

资料整理人员：来万萍　刘晓明
刘　静　尹建章
刘公发

17—1 各级各类学校数

单位:所

学校分类	1990年	1991年	1992年	1993年	1994年	1995年
普通高等学校	63	62	61	61	61	57
#地方院校	36	35	35	35	35	33
普通中等专业学校	222	225	223	232	233	239
#中　师	35	35	35	35	35	35
普通中学	4 737	4 560	4 320	4 176	4 027	3 761
#初　中	4 091	3 937	3 707	3 578	3 437	3 186
城　市	510	524	520	573	565	671
县　镇	348	334	261	267	258	216
农　村	3 233	3 079	2 926	2 738	2 614	2 299
高　中	646	623	613	598	590	575
城　市	280	273	274	278	286	316
县　镇	149	147	138	137	144	121
农　村	217	203	201	183	160	138
职业中学	451	491	499	511	455	414
初　中	126	147	162	175	149	130
城　市	5	6	8	7	5	6
县　镇	5	6	7	6	6	6
农　村	116	135	147	162	138	118
高　中	325	344	337	336	306	284
城　市	117	145	144	158	140	140
县　镇	73	71	70	69	71	65
农　村	135	128	123	109	95	79
小　学	32 309	31 710	31 183	30 965	30 293	29 422
城　市	2 067	2 483	2 085	2 305	2 283	3 000
县　镇	1 822	1 733	1 430	1 537	1 513	1 387
农　村	28 420	27 494	27 668	27 123	26 497	25 035
特殊教育学校	34	45	50	53	56	59
幼儿园	3 914	3 060	2 808	3 305	3 291	3 486
工读学校	7	7	7	6	6	5
技工学校	160	173	183	194	194	196

17—2 各级各类学校在校学生数

单位:人

学校分类	1990年	1991年	1992年	1993年	1994年	1995年
普通高等学校	130 355	129 889	137 168	156 023	170 128	182 703
#地方院校	47 581	47 886	52 023	58 303	62 828	68 013
普通中等专业学校	145 811	150 103	167 960	204 051	236 556	299 284
#中　师	30 579	26 678	26 436	30 307	35 288	44 107
普通中学	2 115 639	2 197 046	2 273 218	2 274 961	2 368 939	2 475 861
#初　中	1 772 975	1 858 598	1 936 194	1 960 113	2 041307	2 108 402
城　市	366 119	403 400	436 130	466 081	480 851	567 811
县　镇	195 474	214 315	183 703	194 265	202 160	178 331
农　村	1 211 382	1 240 883	1 316 361	1 299 767	1 358 296	1 362 260
高　中	342 664	338 448	337 024	314 848	327 632	367 459
城　市	125 245	132 753	137 833	140 092	151 524	194 044
县　镇	108 073	104 361	99 865	95 119	105 661	106 153
农　村	109 346	101 334	99 326	79 637	70 447	67 262
职业中学	129 022	137 997	147 172	147 955	152 044	170 353
初　中	40 012	46 701	53 560	55 149	55 258	54 401
城　市	1 731	2 214	2 785	2 840	1 721	2 281
县　镇	2 618	2 217	3 105	3 129	3 428	3 959
农　村	35 663	42 270	47 670	49 180	50 109	48 161
高　中	89 010	91 296	93 612	92 806	96 786	115 952
城　市	37 690	43 748	49 495	53 056	56 838	79 074
县　镇	22 531	21 967	20 758	22 494	23 044	23 115
农　村	28 789	25 581	23 359	17 256	16 904	13 763
小　学	6 230 606	6 154 958	6 124 238	6 239 081	6 461 601	6 741588
城　市	879 555	888 265	902 136	1 001 290	1 043 181	1 299 498
县　镇	534 066	492 582	435 542	470 623	504 547	488 988
农　村	4 816 985	4 774 111	4 786 560	4 767 168	4 913 873	4 953 102
特殊教育学校	1 838	2 778	3 252	4 856	5 404	6 888
幼儿园	764 436	923 363	955 852	1 122 531	1 054 692	1 081 822
工读学校	186	197	116	93	104	100
技工学校	83 083	93 193	87 440	95 633	106 772	109 772

17—3 各级各类学校招生数

单位:人

学 校 分 类	1990年	1991年	1992年	1993年	1994年	1995年
普通高等学校	38 024	38 641	43 355	54 469	52 859	54 226
#地方院校	15 904	15 996	16 910	21 662	20 784	21 594
普通中等专业学校	48 931	52 415	64 294	87 438	95 384	115 007
#中 师	9 467	9 224	10 249	13 232	14 657	17 665
普通中学	785 143	813 679	840 022	843 640	884 652	934 182
#初 中	666 252	698 540	725 052	734 935	758 951	784 593
城 市	134 913	143 399	152 417	156 321	167 289	198 349
县 镇	73 696	78 793	65 314	69 195	71 759	62 980
农 村	457 643	476 348	507 321	509 419	519 903	523 264
高 中	118 891	115 139	114 970	108 705	125 701	149 589
城 市	44 835	44 852	47 839	50 293	57 615	76 947
县 镇	35 709	34 151	34 288	32 765	41 630	43 166
农 村	38 347	36 136	32 843	25 647	26 456	29 476
职业中学	54 592	55 960	60 613	60 899	62 583	69 961
初 中	17 089	18 958	22 026	22 649	21 275	20 716
城 市	649	1 195	1 215	1 270	617	937
县 镇	818	776	1 291	1 220	1 579	1 326
农 村	15 622	16 987	19 520	20 159	19 079	18 453
高 中	37 503	37 002	38 587	38 250	41 308	49 245
城 市	15 329	17 626	20 544	21 369	22 852	33 883
县 镇	9 907	8 973	8 922	9 794	11 241	9 214
农 村	12 267	10 403	9 121	7 087	7 215	6 148
小 学	1 003 126	1 023 167	1 087 537	1 185 837	1 253 905	1 289 448
城 市	143 680	142 101	155 730	186 922	201 316	256 580
县 镇	84 105	84 180	81 480	91 373	101 393	92 890
农 村	775 341	796 886	850 327	907 542	951 196	939 978
特殊教育学校	859	955	815	1 819	1 229	1 672
幼 儿 园	…	596 147	686 793	768 144		833 382
工读学校	58	69	31	24	76	25
技工学校	32 823	36 007	32 062	35 331	40 835	40 601

17—4 各级各类学校毕业生数

单位：人

学校分类	1990年	1991年	1992年	1993年	1994年	1995年
普通高等学校	36 979	37 437	34 814	35 041	38 304	41 675
#地方院校	13 850	15 410	11 940	14 683	15 830	16 176
普通中等专业学校	39 548	47 525	47 692	49 472	47 760	52 245
#中　师	10 213	12 158	10 160	8 473	8 242	9 402
普通中学	639 910	573 360	602 994	635 305	632 658	677 385
#初　中	517 078	461 028	493 980	524 946	532 035	578 537
城　市	105 100	100 959	115 035	134 810	140 671	164 450
县　镇	56 172	49 059	48 845	52 692	55 103	50 976
农　村	355 806	311 010	330 100	337 444	336 261	363 111
高　中	122 832	112 332	109 014	110 359	100 623	98 848
城　市	41 997	42 191	43 582	46 633	43 294	50 757
县　镇	38 742	35 371	32 703	33 427	31 951	28 109
农　村	42 093	34 770	32 729	30 299	25 378	19 982
职业中学	36 179	34 956	37 408	38 471	38 812	41 340
初　中	8 745	8 080	8 864	10 455	10 397	11 107
城　市	545	598	1 023	821	443	546
县　镇	815	548	628	531	599	834
农　村	7 385	6 934	7 213	9 103	9 355	9 727
高　中	27 434	26 876	28 544	28 016	28 415	30 233
城　市	9 545	11 650	14 164	14 161	15 713	18 835
县　镇	6 863	6 718	6 222	7 051	7 111	6 653
农　村	11 026	8 508	8 158	6 804	5 591	4 745
小　学	899 610	917 711	954 739	939 952	913 179	907 560
城　市	140 827	147 237	158 784	162 557	171 003	193 790
县　镇	80 501	80 792	70 467	73 588	72 517	64 105
农　村	678 282	689 682	725 488	703 807	669 659	649 665
特殊教育学校	89	183	228	259	385	532
幼儿园		406 121	533 858	618 341		
工读学校	57	68	94	29	41	25
技工学校	25 637	26 559	25 848	27 900	31 068	34 558

17—5 各级各类学校教职工数

单位：人

学校分类	1990年	1991年	1992年	1993年	1994年	1995年
普通高等学校	63 315	65 038	66 327	66 108	65 500	65 989
#地方院校	16 386	17 386	18 080	18 313	18 458	19 261
普通中等专业学校	28 323	28 081	28 653	30 172	31 146	33 061
#中　师	5 957	5 038	4 595	4 830	5 104	5 450
普通中学	199 516	206 295	210 233	211 366	212 143	214 686
教育部门办	165 630	172 452	175 253	178 527	181 491	185 700
其他部门办	21 957	22 561	23 388	22 360	22 153	21 148
集体办	11 929	11 282	11 592	10 479	8 451	7 449
私　立					48	389
城　市	55 270	59 546	62 006	65 357	66 695	76 545
县　镇	30 572	31 306	28 722	29 709	30 309	26 944
农　村	113 674	115 443	119 505	116 300	115 139	111 197
职业中学	16 297	17 389	18 464	18 858	17 845	17 390
教育部门办	12 724	13 414	14 200	14 714	14 080	13 596
其他部门办	2 395	2 881	3 107	3 179	3 006	3 114
集体办	1 178	1 094	1 157	965	759	680
城　市	5 643	6 181	7 003	7 536	7 388	7 974
县　镇	3 399	3 484	3 226	3 590	3 461	3 461
农　村	7 255	7 724	8 235	7 732	6 996	5 955
小　学	334 985	334 667	336 728	337 973	338 750	343 246
城　市	52 992	55 142	56 924	60 916	61 943	74 533
县　镇	30 368	28 541	25 396	27 588	28 127	26 164
农　村	251 625	250 984	254 408	249 469	248 680	242 549
特殊教育学校	635	865	965	1 071	1 164	1 482
幼儿园	47 838	51 591	52 284	52 125	48 314	47 833
工读学校	119	119	117	110	110	79
技工学校	18 003	18 506	18 649	18 319	18 486	18 196

17—6　各级各类学校专任教师数

单位：人

学 校 分 类	1990年	1991年	1992年	1993年	1994年	1995年
普通高等学校	24 624	24 763	24 757	24 583	24 512	25 220
#地方院校	7 129	7 248	7 486	7 581	7 699	8 143
普通中等专业学校	14 407	14 217	14 465	15 030	15 688	17 124
#中　师	3 424	2 940	2 699	2 813	3 039	3 353
普通中学	154 388	160 528	164 556	165 810	168 781	171 408
#初　中	124 998	130 508	134 103	136 401	139 637	141 902
城　市	29 020	31 589	33 084	35 743	36 901	42 652
县　镇	14 479	15 067	13 151	13 969	14 391	12 580
农　村	81 499	83 852	87868	86 689	88 345	86 670
高　中	29 390	30 020	30 453	29 409	29 144	29 506
城　市	11 501	12 181	12 716	12 925	13 159	15 319
县　镇	8 882	9 003	8 842	8 675	8 985	8 238
农　村	9 007	8 836	8 895	7 809	7 000	5 949
职业中学	11 306	12 077	13 091	13 398	12 902	12 643
初　中	3 043	3 600	4 330	4 478	4 166	3 783
城　市	114	145	230	243	197	187
县　镇	204	189	250	262	267	289
农　村	2 725	3 266	3 850	3 973	3 702	3 307
高　中	8 263	8 477	8 761	8 920	8 736	8 860
城　市	3 696	3 966	4 476	4 809	4 881	5 380
县　镇	2 018	2 101	1 949	2 190	2 127	2 095
农　村	2 549	2 410	2 336	1 921	1 728	1 385
小　学	295 710	295 177	296 386	298 769	301 662	305 852
城　市	45 167	47 148	48 459	52 271	53 230	64 191
县　镇	27 057	25 015	22 327	24 096	24 903	23 271
农　村	223 486	223 014	225 600	222 402	223 529	218 390
特殊教育学校	411	569	658	757	821	1 080
幼儿园	29 622	34 505	36 619	36 895	35 205	35 264
工读学校	60	55	50	54	59	36
技工学校	8 182	8 566	8 793	8 756	8 878	9 026

17—7 高等学校分类别情况

单位:所、人

学校分类	1990年				1991年			
	学校数	在校生数	招生数	毕业生数	学校数	在校生数	招生数	毕业生数
总计	**63**	**130 355**	**38 024**	**36 979**	**62**	**129 889**	**38 611**	**37 437**
综合大学	2	12 698	3 363	3 379	2	12 430	3 415	3 557
理工院校	20	57 657	15 974	15 107	20	58 479	16 572	15 537
农业院校	2	4 458	1 398	1 494	2	4 615	1 390	1 171
医药院校	9	11 917	2 889	2 880	9	11 701	2 879	2 706
师范院校	9	21 241	7 609	7 541	9	20 277	7 288	8 093
财经院校	4	5 885	1 787	1 428	4	6 311	2 011	1 459
政法院校	2	2 826	762	863	2	3 045	791	564
体育院校	1	1 176	338	383	1	1 148	350	341
艺术院校	2	743	252	231	2	720	248	261
民族院校	2	4 856	1 474	1 275	2	4 786	1 438	1 495
短期职大	10	6 898	2 178	2 398	9	6 377	2 229	2 253

学校分类	1992年				1993年			
	学校数	在校生数	招生数	毕业生数	学校数	在校生数	招生数	毕业生数
总计	**61**	**137 168**	**43 355**	**34 814**	**61**	**156 023**	**54 469**	**35 041**
综合大学	2	11 672	3 659	3 666	2	13 754	4 755	2 669
理工院校	19	61 180	19 181	16 183	19	69 809	23 492	14 888
农业院校	2	5 051	1 610	1 156	2	5 910	2 223	1 345
医药院校	9	12 011	3 283	2 870	9	13 319	4 157	2898
师范院校	9	22 721	7 250	4 799	9	25 412	9 281	6 574
财经院校	4	6 972	2 264	1 627	4	7 941	2 873	1 877
政法院校	2	3 092	975	924	2	3 844	1 528	770
体育院校	1	1 163	362	348	1	1 189	392	368
艺术院校	2	901	384	198	2	1 038	420	270
民族院校	2	5 099	1 497	947	2	5675	1 980	1 382
短期职大	9	7 306	2 890	2 096	9	8 132	3 368	1 992

学校分类	1994年				1995年			
	学校数	在校生数	招生数	毕业生数	学校数	在校生数	招生数	毕业生数
总计	**61**	**170 128**	**52 859**	**38 304**	**56**	**182 703**	**54 226**	**41 675**
综合大学	2	14 877	4 292	3 184	3	20 617	5 875	4 582
理工院校	19	76 069	22 578	15 943	17	82 427	23 873	18 605
农业院校	2	6 608	2 151	1 413	2	7 147	2 210	1 720
医药院校	9	14 509	4 258	2 927	7	12 778	3 247	2 404
师范院校	9	26 508	8 966	7 891	8	25 848	8 343	7 014
财经院校	4	8 694	2 683	1 881	4	9 707	2 896	2 155
政法院校	2	4 655	1 569	757	2	5 413	1 554	792
体育院校	1	1 312	479	355	1	1 578	640	374
艺术院校	2	1 008	339	357	2	1 047	364	318
民族院校	2	6 571	2 074	1 490	2	6 961	1 953	1 525
短期职大	9	9 317	3 470	2 106	8	9 180	3 271	2 186

17—8 中等专业学校分类别情况

单位：所、人

学校分类	1990年				1991年			
	学校数	在校生数	招生数	毕业生数	学校数	在校生数	招生数	毕业生数
中等技术学校	**187**	**115 232**	**39 464**	**29 335**	**190**	**123 425**	**43 191**	**35 367**
工业学校	62	44 865	14 315	9 045	60	50 486	16 787	12 334
农业学校	21	14 616	4 481	2 183	23	15 791	5 328	3 955
林业学校	5	2 332	923	333	5	2 714	986	582
医药学校	35	25 465	8 024	6 751	35	24 829	7 634	8 032
财经学校	31	18 635	8 303	7 863	31	19 554	8 469	7 200
政法学校	10	3 032	1 244	1 690	11	2 669	1 247	1 333
体育学校	8	2 521	802	504	8	2 876	888	570
艺术学校	11	2 821	1 019	698	12	3 184	1 291	937
其他学校	4	945	353	268	5	1 322	561	424
中等师范学校	**35**	**30 579**	**9 467**	**10 213**	**35**	**26 678**	**9 224**	**12 158**
#幼儿师范	4	4 118	1 604	1 368	4	3 378	1 367	1 209

学校分类	1992年				1993年			
	学校数	在校生数	招生数	毕业生数	学校数	在校生数	招生数	毕业生数
中等技术学校	**188**	**141 524**	**54 045**	**37 532**	**197**	**173 744**	**74 206**	**41 000**
工业学校	63	59 319	22 008	13 933	66	72 334	29 584	15 721
农业学校	22	17 788	6 926	4 824	23	23 198	9 795	4 791
林业学校	5	3 402	1 437	717	5	4 243	1 900	904
医药学校	33	25 057	8 528	7 064	37	30 025	11 945	8 120
财经学校	30	23 018	10 060	7 390	31	30 760	15 038	7 968
政法学校	10	3 005	1 313	1 342	9	2 728	1 363	1 194
体育学校	8	3 149	986	696	8	4 004	1 772	874
艺术学校	12	3 695	1 224	799	12	4 363	1 739	1 037
其他学校	5	3 091	1 563	767	6	2 089	1 070	391
中等师范学校	**35**	**26 436**	**10 249**	**10 161**	**35**	**30 307**	**13 232**	**8 473**
#幼儿师范	4	4 288	1 661	1 156	4	3 896	1 734	1 098

学校分类	1994年				1995年			
	学校数	在校生数	招生数	毕业生数	学校数	在校生数	招生数	毕业生数
中等技术学校	**198**	**201 268**	**80 727**	**39 518**	**204**	**255 177**	**97 342**	**42 843**
工业学校	69	86 477	32 670	15 036	70	109 989	40 133	16 968
农业学校	23	29 073	11 942	4 826	23	37 664	15 267	6 236
林业学校	5	4 997	2 227	1 090	5	6 793	2 780	1 129
医药学校	36	31 576	12 533	6 845	36	36 974	12 923	6 946
财经学校	30	33 580	14 824	8 453	33	43 427	17 840	7 763
政法学校	9	2 827	1 373	1 043	9	3 273	1 735	1 329
体育学校	7	5 136	2 026	887	7	6 506	2 560	1 120
艺术学校	13	5 034	1 998	975	14	6 950	2 568	925
其他学校	6	2 568	1 134	363	7	3 601	1 536	427
中等师范学校	**35**	**35 288**	**14 657**	**8 242**	**35**	**44 107**	**17 665**	**9 402**
#幼儿师范	4	4 225	1 803	920	4	4 193	1 605	777

17—9 各级各类学校专任教师学历分类

单位:人

学历分类	1990年	1991年	1992年	1993年	1994	1995年
一、中等专业学校	**14 407**	**14 217**	**14 465**	**15 030**	**15 688**	**17 124**
高等学校本科毕业及以上	6 798	7 057	7 438	8 153	8 588	9 496
高等学校专科毕业及本专科肄业两年以上	5 541	5 229	5 255	5 319	5 576	6 050
高等学校本专科肄业未满两年的	108	246	256	191	161	173
中专、高中毕业及以上	1 960	1 685	1 516	1 367	1 363	1 405
二、技工学校	**8 182**	**8 566**		**8 758**	**8 878**	**6 534**
高等学校本科毕业及以上	1 708	1 860		2 030	2 175	2 041
高等学校专科及本科肄业	3 844	4 098		4 188	4 228	3 604
中专及技校	1 841	1 803		1 847	1 776	725
高中及其他	789	805		693	699	164
三、职业中学	**11 306**	**12 077**	**13 091**	**13 398**	**12 902**	**12 643**
高等学校本科毕业及以上	1 797	1 967	2 205	2 327	2 383	2 410
高等学校专科毕业	5 448	6 023	6 676	6 976	6 978	7 171
中专、高中毕业的	1 726	4 087	4 018	4 095	3 541	3 062
四、普通中学	**154 388**	**160 529**	**164 556**	**165 810**	**168 781**	**171 408**
高等学校本科毕业及以上	22 459	24 413	26 482	27 490	29 306	30 295
高等学校专科毕业	58 750	69 833	75 724	80 004	85 587	94 185
中专、高中毕业的	69 345	66 283	62 350	58 316	54 158	46 928
五、小　　学	**295 710**	**295 177**	**296 386**	**298 769**	**301 662**	**305 852**
中师、高中毕业及以上的	217 066		244 036	248 902	253 791	263 274
六、幼儿园(不包括园长)	**29 622**	**34 505**	**36 619**	**36 895**	**35 205**	**35 264**
中师、高中毕业及以上的	17 861	26 404	27 712	28 099	27 230	16 478

注:幼儿园的教师中"中师、高中毕业及以上的"数据1991年—1994年包括了有专业合格证书的教师。

17—10 大学、中专专任教师职称情况

单位:人

职　　称	1990年	1991年	1992年	1993年	1994年	1995年
普通高等学校专任教师数	**24 624**	**24 763**	**24 757**	**24 583**	**24 512**	**25 220**
正高级	932	989	1 192	1 797	1 782	2 092
副高级	5 215	5 131	5 457	6 433	6 280	7 013
中　级	9 077	9 215	9 659	9 578	9 956	9 576
初　级	902	1 841	1 667	1 576	4 773	4 960
无职称	8 498	7 587	6 782	5 199	1 721	1 579
中等专业学校专任教师数	**14 407**	**14 217**	**14 465**	**15 030**	**15 688**	**17 124**
副高级	1 463	1 259	1 358	1 669	2 200	2 470
中　级	4 493	4 074	4 192	4 980	5 716	6 644
初　级	4 419	5 125	5 516	5 721	6 485	6 713
无职称	4 032	3 759	3 339	2 660	1 287	1 297

17—11 各级各类学校校舍建筑面积情况

单位:万平方米

项　　目	1990年	1991年	1992年	1993年	1994年	1995年
中等专业学校	**319.52**	**364.84**	**355.61**	**412.84**	**499.73**	**552.32**
中等技术学校	248.20	306.10	298.88	346.30	413.66	456.26
中等师范学校	66.46	58.74	56.73	66.54	86.07	96.06
普通中学	**1 509.29**	**1 537.73**	**1 691.67**	**1 761.29**	**1 868.52**	**2 013.25**
城　市	424.21	424.66	481.64	529.38	581.07	709.97
县　镇	247.29	250.08	247.56	269.34	284.71	261.04
农　村	877.79	862.99	962.48	962.57	1 002.74	1 042.25
职业中学	**147.74**	**156.65**	**176.44**	**190.74**	**185.11**	**204.21**
城　市	48.40	47.93	61.57	72.86	75.19	94.68
县　镇	36.03	37.70	36.89	41.49	38.01	43.97
农　村	63.31	71.02	77.97	76.39	71.91	65.56
小　学	**2 400.12**	**2 432.32**	**2 550.66**	**2 657.91**	**2 742.21**	**2 934.09**
城　市	311.13	331.32	345.26	402.17	438.60	562.38
县　镇	192.48	195.73	173.51	192.51	212.06	211.93
农　村	1 896.51	1 905.27	203.19	2 063.23	2 091.55	2 159.78

注:1990年中等专业学校包括成人中等学校。

17—12 初中毕业生和小学毕业生升学率

年份	初中毕业生升学率			小学毕业生升学率		
	初中毕业生数（万人）	高级中等学校招生数（万人）	升学率（%）	小学毕业生数（万人）	初级中等学校招生数（万人）	升学率（%）
1957	3.67	1.64	44.8	18.32	6.45	35.2
1965	7.60	3.75	49.4	29.60	24.95	84.3
1975	49.25	31.26	63.5	116.05	110.11	94.9
1978	98.80	43.33	43.9	132.37	119.46	90.3
1980	52.23	25.04	47.7	107.64	88.93	82.6
1985	49.92	19.13	38.3	104.89	69.21	66.0
1986	54.38	20.90	38.4	101.14	70.68	67.9
1987	57.17	20.45	35.8	101.43	67.53	66.6
1988	58.98	18.71	31.7	83.66	60.80	71.9
1989	53.79	16.43	30.5	84.34	61.40	72.8
1990	51.71	16.78	32.5	89.96	66.63	74.1
1991	46.10	16.76	33.0	91.77	69.85	78.1
1992	49.40	17.93	36.3	95.47	72.51	78.2
1993	52.49	19.61	37.4	94.00	75.75	80.5
1994	53.20	16.70	31.4	91.32	78.02	85.4
1995	57.85	14.96	25.9	40.76	78.46	86.4

17—13 小学学龄儿童入学率

年份	学龄儿童数（万人）	已入学学龄儿童数（万人）	入学率（%）
1952	…	…	47.40
1957	…	…	57.57
1965	545.42	481.32	87.80
1975	629.50	611.00	97.10
1978	616.86	597.73	96.90
1980	594.80	576.86	97.00
1985	496.69	489.38	98.50
1986	492.01	486.03	98.78
1987	489.01	483.18	98.81
1988	486.48	480.56	98.78
1989	482.05	476.42	98.83
1990	485.00	480.32	99.04
1991	556.39	549.35	98.73
1992	571.44	563.44	98.60
1993	574.54	566.84	98.66
1994	599.47	593.88	99.08
1995	637.12	632.34	99.24

17—14 各级各类学校服务的人口及每万人口中在校学生数

项目	单位	1990年	1991年	1992年	1993年	1994年	1995年
每一学校服务的人口数							
普通高等学校	万人	86.34	87.85	90.4	91.64	92.73	101.26
成人高等学校	万人	63.25	71.67	72.5	74.53	76.44	79.07
普通中等专业学校	万人	24.50	24.21	24.7	23.89	24.28	24.15
成人中等专业学校	万人	18.01	18.91	19.7	17.47	18.73	18.99
普通中学	万人	1.45	1.19	1.3	1.33	1.40	1.53
职业中学	万人	12.06	11.09	11.0	10.94	12.43	13.94
小　学	万人	0.16	0.17	0.2	0.18	0.19	0.20
幼儿园	万人	1.39	1.78	2.0	1.69	1.72	1.66
每万人口中的学生数							
普通高等学校	人	23.97	23.8	24.9	27.90	30.08	31.65
成人高等学校	人	21.22	18.9	16.7	21.80	29.27	29.62
普通中等专业学校	人	26.81	27.6	30.5	36.49	41.82	51.85
成人中等专业学校	人	21.29	15.3	17.2	20.09	24.64	25.79
普通中学	人	388.95	403.4	412.3	406.93	418.78	428.94
职业中学	人	23.72	25.3	26.7	26.46	26.88	29.51
小　学	人	1 145.48	1 130.0	1 110.7	1 116.02	1 142.28	1 167.97
幼儿园	人	140.54	169.7	137.4	200.79	186.45	187.42

17—15 各级各类学校每个专任教师负担的学生数

单位:人

项目	1990年	1991年	1992年	1993年	1994年	1995年
普通高等学校	5.3	5.0	5.5	6.3	6.9	7.2
普通中等专业学校	10.1	10.0	11.6	13.6	15.1	17.5
#中　师	8.9	9.0	9.8	10.8	11.6	13.2
普通中学	13.7	14.0	13.8	13.7	14.0	14.4
#初　中	14.2	14.0	14.4	14.4	14.6	14.9
高　中	11.7	11.0	11.1	10.7	11.2	12.5
职业中学	11.4	11.0	11.2	11.0	11.8	13.5
#高　中	10.8	11.0	10.7	10.4	11.1	13.1
小　学	21.1	21.0	20.7	20.9	21.4	22.0
幼儿园	25.8	27.0	26.1	30.4	30.0	30.7

17—16 各级学校女学生和女教师数

单位:万人

项目	1990年	1991年	1992年	1993年	1994年	1995年
一、女学生数	**387.79**	**389.96**	**399.16**	**407.67**	**426.08**	**453.65**
高等学校	3.53	3.37	3.60	4.21	4.72	5.38
中等专业学校	6.10	6.44	7.31	9.17	10.75	14.27
普通中学	83.22	87.33	94.29	94.93	99.88	106.53
职业中学	5.28	5.68	6.40	6.55	6.76	7.63
小学	289.66	287.14	287.56	292.81	303.97	319.84
二、女学生占学生总数%	**44.07**	**44.24**	**45.10**	**45.19**	**45.37**	**45.96**
高等学校	27.06	25.98	25.58	26.99	27.74	29.43
中等专业学校	41.84	42.90	43.51	44.93	45.43	47.68
普通中学	39.34	39.75	41.48	41.45	42.16	43.03
职业中学	40.96	41.18	43.51	44.26	44.47	44.81
小学	46.49	46.65	46.95	46.93	47.04	47.44
三、女教师数	**16.39**	**16.70**	**17.30**	**17.68**	**18.10**	**21.89**
高等学校	0.64	0.66	0.65	0.67	0.70	0.73
中等专业学校	0.48	0.48	0.50	0.52	0.56	1.31
普通中学	3.84	4.13	4.27	4.35	4.46	6.01
职业中学	0.24	0.27	0.31	0.33	0.32	0.47
小学	11.19	11.16	11.57	11.81	12.06	13.37
四、女教师占教师总数%	**32.44**	**32.95**	**33.70**	**34.16**	**34.57**	**34.55**
高等学校	26.04	26.56	26.43	27.24	28.57	28.82
中等专业学校	33.30	33.79	34.26	34.67	35.66	39.72
普通中学	24.86	25.74	25.94	26.24	26.42	28.01
职业中学	21.62	22.60	23.98	24.63	24.80	27.25
小学	37.82	37.82	39.02	39.52	39.97	38.96

17—17 各级各类成人学校在校学生数

单位:万人

各类学校	1990年	1991年	1992年	1993年	1994年	1995年
成人高等学校	**11.54**	**10.31**	**9.21**	**12.19**	**16.56**	**17.10**
广播电视大学	2.26	2.79	1.77	2.29	3.45	3.11
职工大学	0.77	0.61	0.70	0.79	1.06	1.17
管理干部学院	0.25	0.21	0.25	0.42	0.75	1.02
教育学院	1.54	0.91	0.86	1.94	2.01	0.77
独立函授学院	0.41	0.30	0.22	0.20	0.25	0.24
普通高等学校办函授部、夜大学	6.31	5.44	5.34	6.42	8.83	8.92
干部专修科		0.05	0.07	0.13	0.21	
成人中等学校	**60.42**	**92.01**	**123.61**	**143.66**	**133.36**	**134.76**
中等专业学校	11.44	8.32	9.46	11.23	13.94	14.89
中学	1.22	0.83	0.82	1.10	0.89	0.88
技术培训学校	47.76	82.86	113.33	131.33	118.53	118.99
成人初等学校	**45.59**	**22.68**	**26.08**	**17.22**	**20.30**	**15.07**
职工初等学校	0.16	1.02	1.00	2.41	0.21	0.44
农民初等学校	45.43	21.66	25.08	14.81	20.09	14.63
#扫盲班	14.22	14.09	18.49	13.10	17.17	11.19

注:成人高等学校的学生数是本、专科学生数;成人中等专业学校1991年的学生数是经批准列入招生计划,学制二年以上的学生数。

17—18 成人教育基本情况

单位:所、人

项　　目	1990年	1991年	1992年	1993年	1994年	1995年
成人高等学校数	72	76	76	75	74	73
在校学生数	52 271	103 142	92 060	121 889	165 552	170 991
招生数	13 612	27 205	36 019	52 077	70 678	56 543
毕业生数	28 071	48 054	38 378	30 274	30 402	50 463
教职员工数	10 076	10 796	11 235	10 987	11 234	12 830
#专任教师数	4 739	4 604	4 761	4 855	5 207	5 809
成人中等学校数	302	288	280	320	302	304
在校学生数	114 354	83 201	94 635	112 315	139 372	148 864
招生数	31 024	35 780	44 711	50 468	61 559	66 417
毕业生数	49 506	56 843	30 509	28 271	49 030	53 599
教职员工数	13 471	13 903	13 970	14 352	13 582	13 672
#专任教师数	7 082	6 833	7 208	7 439	7 174	7 633
成人中学学校数	134	60	102	47	113	79
在校学生数	12 183	8 328	8 236	10 971	8 881	8 794
招生数	9 969	21 141	8 212	10 426	19 229	7 408
毕业生数	6 950	21 279	9 752	11 645	117 606	6 713
教职员工数	612	405	590	353	908	528
#专任教师数	405	258	398	164	442	209
成人技术培训学校数	1 221	4 585	7 631	8 023	8 370	9 118
在校学生数	477 588	828 562	1 133 343	1 313 322	1 185 259	1 189 854
招生数	423 858	1 211 550	1 634 907	1 547 623	1 207 217	1 661 649
毕业生数	459 999	1 698 303	2 030 029	1 988 735	1 768 209	1 992 889
教职员工数	4 461	9 825	11 032	12 497	10 846	14 145
#专任教师数	2 858	4 071	5 417	6763	5 487	7 346
成人初等学校数	2 595	3 951	2 800	3 664	5 120	6 535
在校学生数	455 917	226 759	260 779	172 202	202 996	150 660
招生数	341 128	224 659	264 665	157 684	212 749	136 226
毕业生数	410 793	230 072	236 240	166 041	221 131	172 353
教职员工数	3 205	4 992	3 063	4 008	5 284	5 451
#专任教师数	1 691	1 651	1 725	1 815	2 734	3 329

17—19 研究生基本情况

单位:人

项目	1990年	1991年	1992年	1993年	1994年	1995年
高等学校在校研究生数	6 411	6 157	6 629	7 789	9 837	11 091
攻读博士学位研究生	628	763	986	1 176	1 565	1 941
攻读硕士学位研究生	5 721	5 326	5 618	6 498	8 193	9 084
研究生班研究生	71	68	25	115	79	66
招收研究生数	2 116	2 103	2 370	3 200	4 063	3 732
攻读博士学位研究生	215	315	357	369	657	710
攻读硕士学位研究生	1 857	1 788	2 013	2 716	3 394	3 022
研究生班研究生	44			115	12	
毕业研究生数	2 346	2 248	1 802	2 020	2 007	2 343
攻读博士学位研究生	125	146	134	200	251	324
攻读硕士学位研究生	2 144	2 091	1 625	1 795	1 708	2 006
研究生班研究生	77	11	43	25	48	13
科研单位在学研究生数	309	252	247	267	306	345
攻读博士学位研究生	46	45	48	56	72	93
攻读硕士学位研究生	263	207	199	211	234	252
招收研究生数	76	72	95	98	105	134
攻读博士学位研究生	12	11	19	21	25	43
攻读硕士学位研究生	64	61	76	77	80	91
毕业研究生数	126	123	89	68	65	98
攻读博士学位研究生	4	9	11	10	7	22
攻读硕士学位研究生	122	114	78	58	58	76

17—20 教育事业经费支出和基本建设投资情况

单位:万元

项目	1990年	1991年	1992年	1993年	1994年	1995年
教育事业经费支出总计	114 540.4	120 226.0	187 799.5	178 091.1	253 072.1	284 900.9
#高教支出	13 456.9	10 997.4	54 453.1	22 668.0	27 852.8	36 985.0
普教支出	101 083.5	109 228.6	133 346.4	155 423.1	203 749.6	223 328.4

注:该表不包括中央属院校和其他部门办教育情况。

17—21　科学研究与开发机构、人员、经费收支情况

项　　目	机　构 (个)	职　工 总　数 (人)	#科学家与工程师	#从事科学活动人员	经　费 收　入 (万元)	#政府拨款	经　费 支　出 (万元)	#基建投资
1994年总计	**1 325**	**62 938**	**25 680**	**38 014**	**387 874**	**46 704**	**172 713**	**14 186**
一、自然科学和技术领域	**1 178**	**60 895**	**24 195**	**36 088**	**386 378**	**45 430**	**171 273**	**14 138**
县级政府部门属	248	7 159	653	2 202	10 405	1 172	6 317	747
地、市、州级政府部门属	165	9 776	3 094	5 044	18 303	3 088	18 345	481
省政府部门属	40	6 128	2 720	3 764	14 208	4 986	15 639	1 527
国务院部门属	33	13 164	6 258	8 238	108 317	22 408	101 594	6 657
高等院校属	313	6 310	5 602	6 310	22 333	10 046	21 186	3 997
#非主管部门批准	213	3 535	2 644	2 644				
中科院武汉分院属	7	1 994	1 231	1 289	6 723	3 730	8 212	728
民营科技机构	372	16 364	4 637	9 241	206 089			
二、社会、人文科学领域	**147**	**2 043**	**1 485**	**1 926**	**1 496**	**1 274**	**1 440**	**48**
#政府部门属	9	529	382	412	943	849	875	
#高等院校属	138	1 514	1 103	1 514	553	425	565	48
1995年总计	**1 788**	**57 499**	**26 708**	**36 308**	**279 681**	**48 508**	**175 360**	**15 207**
一、自然科学和技术领域	**1 634**	**55 342**	**24 873**	**34 284**	**277 416**	**46 695**	**173 350**	**15 141**
县级政府部门属	230	6 214	627	2 060	7 560	997	6 374	598
地、市、州级政府部门属	144	9 113	2 863	4 758	22 818	3 496	22 685	1 267
省政府部门属	39	5 720	2 730	3 586	18 997	6 038	17 648	1 642
国务院部门属	34	12 707	6 387	7 805	106 353	21 643	96 730	6 630
高等院校属	378	7 438	6 212	7 438	24 210	9 999	22 357	4 036
#非主管部门批准	284	4 816	3 061	4 816				
中科院武汉分院属	7	1 914	1 210	1 130	7 243	4 522	7 556	968
民营科技机构	802	12 236	4 844	7 507	90 235			
二、社会、人文科学领域	**154**	**2 157**	**1 835**	**2 024**	**2 265**	**1 813**	**2 010**	**66**
#政府部门属	9	535	393	402	1 073	959	1 043	
#高等院校属	145	1 622	1 442	1 622	1 192	854	967	66

注:① 科学家与工程师指中级及以上职称人员;政府拨款包括科研事业费、主管部门专项费、国家计委、科委专项费、国家自然科学基金、国务院其他部门专项费、省、市、区专项费等;经费支出总额包括内部支出经费、专项基建实际投资完成额;高校基建投资为"仪器设备费";高校机构职工总数包括发展人员、研究生。

② 1995年科委属仅含独立核算科研机构。

③ 1994年全省民营科技机构实有数为2 647家。上述统计数据仅限于抽样调查的372家民营科技机构(其中年技工贸总收入50万元以上的民营科技机构抽样比为100%)。1995年民营科技机构数据为802家抽样调查数。

17—22 科研课题规模与投入

项　　　目	研究课题（个）	当年实际投入经费（万元）	参加课题组人员折合全时（人年）
1994年总计	**9 989**	**34 956.7**	**20 396**
一、自然科学与技术领域	**8 689**	**34 627.9**	**18 244**
地、市、州级政府部门属	458	2 087.9	1 409
省政府部门属	473	1 553.4	1 304
国务院部门属	1 368	11 948.9	3 997
高等院校属	5 936	15 038.0	10 602
中科院武汉分院属	454	3 999.7	932
二、社会、人文科学领域	**1 300**	**328.8**	**2 152**
#政府部门属	89	37.8	158
#高等院校属	1 211	291.0	1 994
1995年总计	**10 349**	**41 701.2**	**20 848**
一、自然科学与技术领域	**8 876**	**41 106.7**	**18 337**
地、市、州级政府部门属	455	1 985.6	1284
省政府部门属	493	2 293.5	1 445
国务院部门属	1 476	15 221.0	4 353
高等院校属	6 043	17 408.1	10 365
中科院武汉分院属	409	4 198.5	890
二、社会、人文科学领域	**1 473**	**594.5**	**2 511**
#政府部门属	111	57.0	173
#高等院校属	1 362	537.5	2 338

注：1994年后课题经费为经费支出。

17—23 研究与开发机构科学著作论文

项　　　目	单　位	1990年	1991年	1992年	1993年	1994年	1995年
一、出版科学专著	**千字**	**89 510**	**80 342**	**224 382**	**164 189**	**127 412**	**210 078**
自然科学和技术领域	千字	86 650	75 252	208 287	151 669	117 242	198 698
社会、人文科学领域	千字	2 680	5 090	15 320	12 520	10 170	11 380
在出版科学专著中							
译成外文	千字	100	4 522	75	14 279	3 120	1 520
二、发表科学论文	**篇**	**10 871**	**13 952**	**17 120**	**17 927**	**20 286**	**19 849**
自然科学和技术领域	篇	10 631	9 893	11 630	15 834	14 224	16 424
社会、人文科学领域	篇	240	4 059	4 633	2 093	6 060	3 425
在发表论文中							
国外发表	篇	138	796	857	1 451	1 167	1 278

注：1990年译成外文均不含高校数；1991年前各年科学专著与科学论文均不包括高校社会人文科学数；1991年后社会，人文科学专著，因不能折算千字数，而未列入。

17—24 申报登记省、部级以上成果分类及经济效益

单位:项

项目	1990年	1991年	1992年	1993年	1994年	1995年
成果总类	**480**	**520**	**570**	**550**	**571**	**500**
一、按成果水平分类						
国际首创/领先	2	4	8	10	6	4
国际先进	48	50	66	48	58	48
国内首创/领先	159	198	244	225	252	236
国内先进	222	214	235	248	255	212
省内首创/领先	49	54	17	19		
二、按成果类型分类						
基础理论研究	33	50	. 30	30	51	30
应用开发研究	442	449	518	493	489	446
其　他	5	21	22	27	31	24
三、按成果产业属性分类						
工业类成果	250	213	336	252	251	207
农业类成果	79	71	57	82	80	71
医学类成果	113	150	110	107	112	147
其他类成果	38	86	67	79	46	21
四、按成果完成单位分类						
高等院校完成	152	155	239	195	214	163
研究单位完成	121	137	99	121	124	92
厂矿企业完成	139	107	108	112	103	101
其他单位完成	68	121	124	122	130	144
五、经济效益　(万元)						
本年度新增产值	19 801.37	58 214.07	54 506.39	39 008.53	107 341.52	85 777.42
本年度节约资金	226.02	2 099.11	7 073.13	3 727.15	7 499.09	17 694.32

注:1993年以后的“按成果产业属性分类”改为“按成果应用行业分类”。

17—25 科学进步奖授奖情况

单位：项

行业	1993年	一等奖	二等奖	三等奖	1994年	一等奖	二等奖	三等奖	1995年	一等奖	二等奖	三等奖
合计	**174**	**10**	**45**	**119**	**211**	**12**	**64**	**135**	**195**	**10**	**61**	**124**
机械	14	1	4	9	21	2	6	13	21	3	6	12
电子仪器仪表	9	1	3	5	13	1	5	7	10		3	7
化工	9	1	3	5	11	1	3	7	8		4	4
冶金	6	1	1	4	9	2	2	5	9	1	2	6
地矿	1			1	3			3	2			2
轻工	12		3	9	12		4	8	11		5	6
纺织	3	1		2	4		2	2	1			1
医疗卫生	27	1	7	19	29	1	10	18	30		11	19
医药	4		1	3	3		2	1	5		2	3
农牧	21	1	7	13	29	2	6	21	25	2	7	16
水产	2	1		1	6		2	4	6		2	4
林业	7		1	6	7		2	5	6		2	4
城乡建设	2		1	1	2		1	1	2			2
环保	5		2	3	2		1	1	2			2
工程建设设计	1			1	2			2	1			1
建材	4		1	3	3			3	2	1	1	
水利电力	7		3	4	7	1	3	3	5		3	2
交通运输	6		2	4	6		2	4	6		1	5
标准计量	8		1	7	4		1	3	4	1	1	2
自然灾害测报	4		1	3	3	1	2		3		1	2
公安、安全	3		2	1	4		1	3	4		2	2
成果推广引进吸收					20	1	6	13	19	2	4	13
软科、科技管理情报	11	1		10	6		2	4	10		3	7
文化体育	6	1	1	4	5		1	4	3		1	2
计算机应用	2		1	1								

17—26 高等院校科技人员情况

单位:人

学科分类	1993年	高级职称	中级职称	1994年	高级职称	中级职称	1995年	高级职称	中级职称
科技活动人员合计	**59 429**	**13 722**	**23 357**	**61 045**	**14 816**	**24 569**	**62 305**	**16 756**	**25 353**
自然科学	7 352	2 557	2 924	8 232	2 772	3 317	7 470	2 666	3 071
工程与技术	13 290	3 752	5 791	14 496	4 207	6 168	14 572	4 758	6 086
医学科学	10 319	1 663	3 539	11 004	1 891	4 097	11 327	2 313	4 099
农业科学	1 181	349	502	1 162	304	484	1 164	354	479
人文社会科学	19 280	4 682	8 354	22 696	5 603	9 984	24 086	6 608	11 031
其他科学	4 188	694	1 767						
未分学科	3 819	25	480	3 455	39	519	3 686	57	587
研究与发展人员合计	**21 852**	**6 949**	**6 185**	**21 330**	**7 596**	**8 144**	**20 245**	**8 264**	**7 614**
自然科学	3 441	1 366	986	3 167	1 260	1 302	3 195	1 366	1 207
工程与技术	8 074	2 524	2 500	8 541	3 295	3 392	7 859	3 279	3 095
医学科学	5 335	1 119	974	5 149	1 223	1 743	4 081	1 300	1 524
农业科学	713	260	200	730	290	257	798	318	288
人文社会科学	3 260	1 411	1 231	3 743	1 528	1 450	4 312	2 001	1 500
其他科学	1 029	269	294						

注:研究与开发人员包括全时人数与非全时人数。资料来源于教产年报2表。1990年后研究与开发人员中包括文科院校数。

17—27 高等院校研究开发机构、人员情况

学科分类	机构(个)			研究发展人员(人)		
	1993年	1994年	1995年	1993年	1994年	1995年
合计	**451**	**451**	**523**	**5 468**	**5 347**	**5 599**
自然科学	74	66	74	906	868	815
工程与技术	141	152	190	2 323	2 142	2 401
农业科学	37	56	52	600	668	656
医学科学	72	39	62	934	1 042	854
其他科学	127	138	145	705	627	873

17—28　科学技术协会组织与活动

项　　　　目	单位	1990 年	1991 年	1992 年	1993 年	1994 年	1995 年
一、机构与人员							
1. 省直学会	个	132	135	134	122	85	101
会　　员	人	163 444	288 086	244 464	195 082	186 618	198 641
#科学家与工程师	人	115 495	92 394	66 921	135 749	124 321	158 068
外国会员	人	10	1 313	213	25	104	3
2. 地、市、州学会	个	715	685	701	492	452	434
3. 省 科 协	个	1	1	1	1	1	1
地、市科协	个	15	15	15	14	14	12
县(区)科协	个	71	71	71	70	67	89
厂矿科协	个	287	308	318	28	28	28
厂矿科协会员	人	91 834	106 712	69 264	31 250	31 250	
二、学术活动							
地以上科协、学会学术活动	次	3 490	2 230	2 723	2 434	1 869	1 235
#学术报告	次	1 737					
国内学术会议	次	1 616	1 338	1 942	2 165	1 778	1 194
国际学术会议	次	137	427	216	269	208	41
参加人数	篇	245 950	82 880	129 382	100 141	33 840	91 392
论 文 数	次	30 521		37 727	30 561	23 254	18 059
省直学会学术活动	次	1 201	1 807	1 001	882	1 070	494
#学术报告	次	523	423				
国内学术会议	次	658	1 338	774	732	940	477
国际学术会议	次	70	427	104	150	130	17
参加人数	人次	79 870	85 757	38 808	35 897	31 010	30 865
论 文 数	篇	13 330		19 313	14 249	14 217	13 971
三、科普活动							
县以上科协、地以上学会举办							
科普讲座	次	27 833	12 797	11 907	1 884	1 540	17 213
科普展览	次	1 825	1 523	1 287	1 694	837	13 675
科普橱窗	次	278			9 675		
四、科技咨询							
县以上科协、地以上学会							
完成科技咨询合同数	项	11 769	8 230	7 033	3 379	2 537	3 176
#决策咨询	项	744	493	610	456	481	2 484
技术开发	项	280					
技术转让	项	121					
合同总金额	万元	5 510.82	3 085.82	8 930.3	8 220.69	5 905.60	11 500.64
咨询净收入	万元	1 433.03	486.62	312.4	338.15	815.07	
上缴科协与学会	万元	79.7	51.44	69.12	65.28	81.75	
五、科技培训							
地以上科协、学会举办进修学院	个	22	19	44	18	19	
举办培训班	个	4 960	2 512	3 254	1 994	1 577	2 070
培训人次	人次	402 759	237 448	449 102	125 180	137 996	127 360
#科技人员	人次	66 224	29 034	102 548	14 753	10 943	

17—29 大中型工业企业技术活动经费筹集、支出情况

单位：万元

项　　目	1990年	1991年	1992年	1993年	1994年	1995年
技术开发经费筹集额	**60 882**	**93 717**	**146 989**	**151 774**	**158 474**	**229 905**
上级拨款	2 588	2 162	3 016	9 456	12 300	11 830
专项贷款	10 075	20 504	28 162	25 542	33 749	48 029
企业自筹	44 029	65 654	108 442	106 033	109 424	165 390
接受外单位委托	2 003	1 744	1 417	8 865	2 317	3 184
其　他	2 187	3 653	5 952	1 878	684	1 471
技术开发经费支出总额	**57 133**	**75 698**	**112 452**	**165 485**	**156 492**	**208 682**
#开发新产品用款	23 572	31 241	43 009	32 930	50 003	87 157
技术改造经费支出	89 966	119 909	133 364	196 390	273 292	535 621
技术引进经费支出	103 227	23 757	39 092	48 932	94 949	
消化吸收经费支出	1 248	2 213	2 835	1 819	6 369	
购买国内技术经费支出	1 144	3 414	1 549	462	2 710	

17—30 大中型工业企业技术开发人员、机构、项目情况

项　　目	单　位	1990年	1991年	1992年	1993年	1994年	1995年
大中型工业企业数	个	551	591	702	780	811	922
从事技术开发人员数	人	36 289	39 129	36 776	41 571	46 654	63 340
#科学家和工程师	人	13 491	14 677	14 640	15 741	16 446	25 602
企业办技术开发机构数	所	396	448	474	441	507	587
享受独立科研院所优惠政策的机构					36	27	16
#有经常性开发任务	所	360	408	415		332	445
有较稳定经费来源	所	291	350	362		226	308
有一定试验测试条件	所	373	410	434		302	339
技术开发项目数	项	1 525	1 674	1 633	1 517	3 050	5 414
开发项目当年经费支出	万元	25 222	41 810	44 616	78 075		208 682

17—31 国有经济单位自然科学技术人员

单位:万人

年份	总计	工程技术人员	农业技术人员	科学研究人员	卫生技术人员	教学人员
1978	22.02	7.53	1.22	1.47	7.07	4.73
1981	31.67	10.07	1.56	1.53	10.10	8.41
1985	40.09	15.40	1.72	1.51	12.46	9.00
1986	41.70	16.12	1.73	1.46	12.67	9.72
1987	45.20	18.23	1.88	1.26	13.17	10.66
1988	49.15	19.91	2.08	1.23	14.31	11.62
1989	53.95	22.96	2.23	1.24	15.50	12.02
1990	56.14	24.44	2.34	1.30	16.09	11.97
1991	86.85	24.85	2.03	1.50	16.75	41.72
1992	89.20	25.53	2.15	1.53	17.26	42.73
1993	92.75	25.58	2.36	1.51	18.44	44.86
1994	97.18	27.73	2.48	1.53	19.18	46.26
1995	97.87	28.15	2.54	1.48	19.14	46.55

注:1991年后自然科技人员中的"教学人员"包括社会和自然科学领域及小学教师人数。

17—32 专利受理量、批准量及分布状况

单位:项

项目	受理量					批准量				
	1990年	1992年	1993年	1994年	1995年	1990年	1992年	1993年	1994年	1995年
合计	**1 238**	**1 806**	**1 950**	**1 985**	**2 004**	**721**	**744**	**1 560**	**1 051**	**1 017**
发明	220	362	410	432	384	61	59	103	65	55
实用新型	969	1 345	1 458	1 421	1 430	610	661	1 372	942	868
外观设计	49	99	82	132	190	50	24	85	44	94
在合计中										
个人	854	1 358	1 476	1 489	1 472	451	497	1 122	759	730
大专院校	71	92	105	102	117	65	55	90	67	54
科研单位	79	88	83	93	84	51	52	84	54	41
工矿企业	164	145	166	134	229	125	102	157	100	95
机关团体	70	123	120	167	102	29	38	107	71	97

17—33 技术贸易机构与人员情况

单位:人

分类	机构(个)	从事技术贸易人员	#专职	专职科技人员	#高级职称
1994 年合计	**3 881**	**119 327**	**55 567**	**55 987**	**9 140**
全民所有制	1 602	82 814	34 942	35 362	5 438
集体所有制	1 629	28 708	16 682	16 474	3 156
私营	390	3 241	1 864	1 802	233
个体或合伙	140	551	409	381	39
其他	120	4 013	1 670	1 968	274
1995 年合计	**4 079**	**122 162**	**62 279**	**61 231**	**9 662**
全民所有制	1 631	82 139	37 334	37 191	5 399
集体所有制	1 734	29 925	18 792	17 657	3 211
私营	372	2 939	1 903	2 190	316
个体或合伙	113	555	348	365	48
其他	229	6 604	3 904	4 128	688

17—34 各类技术合同签定及执行情况

项目	合同数(项)	合同金额(万元)	实现金额(万元)
1990 年	**7 056**	**30 272**	**20 140**
技术开发合同	918	7 929	2 627
技术转让合同	1 184	9 010	4 204
技术咨询合同	1 059	1 583	1 380
技术服务合同	3 895	11 751	11 876
1994 年	**7 316**	**115 265.08**	**86 414.59**
技术开发合同	1 316	43 470.48	24 169.89
技术转让合同	1 290	21 455.28	14 618.94
技术咨询合同	1 260	7 632.62	6 673.31
技术服务合同	3 450	42 706.70	40 952.45
1995 年	**7 727**	**125 911.59**	**89 556.24**
技术开发合同	1 422	37 365.16	20 841.11
技术转让合同	2 418	38 263.18	23 763.67
技术咨询合同	1 203	12 633.20	9 542.66
技术服务合同	2 684	37 650.05	35 408.80

17—35 全省技术买卖情况

单位:项

卖方 \ 买方	合计	工业企业	科研机构	各级管理部门	技贸机构	个人	其他
1994 年	**7 316**	**4 623**	**437**	**740**	**439**	**574**	**503**
科研机构	2 049	1 402	62	259	68	86	172
大中专院校	988	748	71	69	50	17	33
工业企业	1 442	1 077	57	107	99	52	50
技术贸易机构	2 611	1 253	244	289	209	375	241
个人及合伙	89	50	3	2	11	23	
其　他	137	93		4	2	21	7
1995 年	**7 727**	**4 912**	**355**	**950**	**290**	**654**	**566**
科研机构	2 088	1 127	93	481	43	41	303
大中专院校	1 946	1 553	91	213	60	12	17
工业企业	1 135	843	38	71	82	45	56
技术贸易机构	2 064	947	129	160	100	545	183
个人及合伙	44	23	2	3	5	10	1
其　他	450	419	2	22	0	1	6

17—36 受让技术社会经济目标

单位:项、万元

项　目	1990年		1994年		1995年	
	项数	金额	项数	金额	项数	金额
合　计	**7 056**	**30 272**	**7 316**	**115 265.08**	**7 727**	**125 911.59**
陆地、海洋和大气的开发与估价	9	24	75	577.07	749	10 244.12
民用宇宙空间	9	23	10	4 477.19	12	264.01
农业、林业和渔业的发展	1 139	1 794	430	7 708.82	543	7 628.84
促进工业的发展	3 883	17 934	3 695	59 848.76	2 819	45 935.38
能源的生产、储存和分配	289	2 393	456	11 742.46	580	12 893.02
交通、通讯事业的发展	261	1 443	808	14 819.49	472	14 461.20
教育事业的发展	50	77	56	558.38	92	887.05
卫生事业的发展	88	1 034	77	2 064.43	276	1 862.81
社会发展和社会经济服务	494	1 958	936	5 284.20	971	7 765.88
环境保护	111	161	103	1 207.13	175	1 101.01
经济的全面发展	64	106	106	299.05	34	198.59
其他目标(民用)	621	1 497	536	3 529.93	887	11 026.73
国　防	38	1 827	28	3 148.17	117	11 642.95

17—37 国家级"丰收计划"实施情况

项目	单位	1990年	1991年	1992年	1993年	1994年	1995年
计划项目数	项	10	8	13	4	9	4
种植计划面积	万亩	975	510	510	280	425	150
牲猪计划养殖头数	万头	30	30	160			160
完成种植面积	万亩	1 820.42	1 101.5	1 118.5	285.7	489.7	158.6
完成牲猪养殖头数	万头	126	121.3	195			195
经费收入	万元	103.3	103.3	95.0	61	322	167
# 拨　款	万元	30.3	30.3	56.2	35	90	89
周转金	万元	40.6	40.6	38.8	26	232	78
贷款息金	万元	33.4	33.4	16.86			
参加县数	个	69	69	45	30	35	23
获奖数	个		8	8	8	9	6
获奖单位	个		105	90	105	75	50
获奖个人	人		195	221	220	240	190

17—38 "星火计划"、"火炬计划"实施情况

项目	单位	星火计划			火炬计划		
		1990年	1994年	1995年	1990年	1994年	1995年
一、项目数	**个**	**200**	**123**	**125**	**15**	**27**	**10**
国家级项目	个	43	30	32	8	11	4
省级项目	个	157	93	93	7	16	6
二、总投资	**万元**	**14 637**	**38 394**	**59 937**	**4 854**	**11 172**	**6 847**
国家级项目	万元	3 129	15 306	23 059	2 720	5 079	2 900
省级项目	万元	11 508	23 088	36 878	2 134	6 093	3 947
1. 拨(借)款	万元	1 010	1 230	673	360	223	292
国家级项目	万元	60	90	10	120		
省级项目	万元	950	1 140	663	240	223	292
2. 贷　款	万元	6 108	16 352	14 740	1 910	4 435	2 000
国家级项目	万元	1 675	7 102	8 860	1 060	3 505	1 100
省级项目	万元	4 433.8	9 250	5 880	850	930	900
3. 自　筹	万元	7 518.2	20 812	44 524	2 584	6 514	4 555
国家级项目	万元	1 394	814	14 189	1 540	1 574	1 800
省级项目	万元	6 124.2	12 698	30 335	1 044	4 940	2 755

17—39 科学情报文献机构情况

项目	单位	1990年	1991年	1992年	1993年	1994年	1995年
机构	个	18	17	14	12	12	12
职工总数	个	615	620	573	577	614	609
# 科学家与工程师	人	292	267	235	253	309	329
其他科技人员	人	209	248	237	225	200	158
经费收入总额	千元	6 669	8 527	8 027	10 922	12 276	15 292
# 政府拨款	千元	5 353	6 823	6 475	7 717	7 899	9 345
经费支出总额	千元	5 810	7935	8 416	10 572	11 501	14 800
# 劳务费	千元	1 738	1 823	1 647	2 491	4 082	4 482

17—40 地震观测及地方地震工作情况

项目	单位	1990年	1991年	1992年	1993年	1994年	1995年
职工总数	**人**	**681**	**679**	**673**	**667**	**643**	**597**
# 专业技术人员	人	437	454	436	443	428	396
高级技术人员	人	66	73	78	97	112	94
地(市、州)级地震局	个	13	14	14	15	14	18
重点县地震办公室	个	7	12	12	12	17	13
地方地震工作人员	人	91	104	81	114	117	122
地震观测台(网)人员	人	61	62	78	80	65	65
# 观测技术人员	人	48	48	63	64	50	54
地震台站	个	10	10	11	11	11	11
# 基准台	个	2	2	2	2	3	4
地壳形变及物理探测工作情况流动观测	网、点	236	218	206	53	32	77

17—41 气象部门基本情况

	单位	1990年	1991年	1992年	1993年	1994年	1995年
一、气象观测人员总数	**人**	**511**	**486**	**465**	**412**	**411**	**400**
地面观测	人	440	426	405	360	356	343
高空观测	人	46	35	36	29	31	31
坜达观测	人	25	25	24	23	24	26
二、气象台站总数	**个**	**85**	**85**	**85**	**86**	**86**	**86**
气象台	个	10	10	10	10	10	10
气象站	个	73	73	73	74	74	74
独立农试站	个	2	2	2	2	2	2
三、卫星云图接收站点数	**个**	**2**	**1**	**1**	**1**	**1**	**2**
极轨卫星	个	1	1	1	1	1	1
同步卫星	个	1	1	1	1	1	2
接收卫星云图图片数	张	3 500	3 800	4 200	4 500	12 000	14 000
使用云图单位数	张	4	4	4	4	4	22
四、拥有计算机数	**台**	**279**	**308**	**339**	**360**	**346**	**421**
中小型机	台	5	6	6	7	7	8
微型机	台	90	107	138	189	217	279
袖珍机	台	184	195	195	164	122	134
五、拥有雷达数	**部**	**12**	**12**	**12**	**12**	**12**	**11**
701测风	部	4	4	4	4	4	4
3厘米	部	5	5	5	4	4	3
5厘米	部	1	1	1	2	2	2
10厘米	部	2	2	2	2	2	2
其他	部						

17—42 农牧系统地、市、县研究机构及人员情况

项　　目	机构数	年末职工人数（人）	# 行政干部	# 技术干部	# 大专毕业	# 中专毕业	# 工　人
1994 年合计	**110**	**9 154**	**239**	**1 218**	**597**	**631**	**7 697**
1. 农 科 所	80	7 691	164	886	427	483	6 641
地　市	12	1 128	35	365	215	174	728
县　市	68	6 563	129	521	212	309	5 913
2. 特 产 所	23	934	58	216	110	101	660
地　市	5	533	26	126	75	42	381
县　市	18	401	32	90	35	59	279
3. 畜牧兽医研究所	7	529	17	116	60	47	396
地　市	2	175	3	69	45	[illegible]	103
县　市	5	354	14	47	15	[illegible]	293
1995 年合计	**123**	**9 479**	**269**	**1 338**	**641**	[illegible]	**7 872**
1. 农 科 所	81	7 971	208	960	464	532	6 803
地　市	14	1 253	34	407	233	189	812
县　市	67	6 718	174	553	231	343	5 991
2. 特 产 所	36	1 036	44	277	119	148	715
地　市	7	544	28	130	79	47	386
县　市	29	492	16	147	40	101	329
3. 畜牧兽医研究所	6	472	17	101	58	33	354
地　市	3	186	5	78	51	19	103
县　市	3	286	12	23	7	14	251

17—43 技术监督计量事业基本情况

年 份	机 构（个）	职工人数（人）	# 专业技术人员	经费收入（万元）	经费支出（万元）	固定资产（万元）	# 仪器设备	计量器具检定台（万套件）	# 衡 具	# 强制检定
1979	88	1 118	420	261	255	593		37.93	26.45	
1980	88	1 211	327	308	306	1 667	512	60.27		
1985	107	1 668	356	640	515	3 234	1 402	145.72	35.50	
1986	108	1 898	474	946	784	3 472	1 563	110.30	29.94	
1987	101	2 180	659	1 163	982	3 814	2 161	83.58	41.87	
1988	104	2 603	1 067	2 384	2 002	5 019	2 453	97.79	41.51	
1989	104	2 852	1 209	2 870	2 448	5 858	3 019	103.92	39.05	79.42
1990	105	3 299	1 409	3 063	2 610	7 994	3 760	136.19	67.71	118.28
1991	107	3 433	1 458	3 051	2 774	8 425	3 971	152.90	64.39	119.88
1992	105	4 161	1 692	3 976	3 680	9 607	4 070	149.96	67.04	111.87
1993	104	4 169	1 755	4 150	4 010	14 043	4 183	144.46	62.52	106.08
1994	103	4 879	2 006	6 165	6 154	13 368	4 531	135.81	55.09	113.14
1995	167	6 275	2 121	10 095	10 374	21 213	6 327	149.80	63.70	139.97

注：1995 年含技术监督标准事业数据。

17—44 档案事业基本情况

项　　目	单位	1990年	1991年	1992年	1993年	1994年	1995年
1. 机构数	个	212	211	220	228	230	230
#档案馆	个	112	99	124	130	134	135
2. 专职人员数	人	3 064	3 544	4 410	4 802	3 522	3 325
#副研究馆员以上		36	51	72	214	122	136
馆　员	人	479	583	641	836	876	924
助理馆员	人	699	1 061	1 210	1 265	1 119	980
管理员	人	747	880	997	1 348	435	323
3. 馆藏档案卷宗	个	8 907	8 988	8 996	11 140	13 787	14 258
案　卷	万个	368.64	402	377	380	394	527
案卷总长度	万米	5.03	5.30	6.01	6.17	6.64	8.20
零散文件长度	米	442	411	245	373	494	339
馆藏资料种数	万种	12.24	12	17	17.5	17.5	
馆藏资料册数	万册	96.39	94.5	104	108	120	145
4. 本年度利用档案人次	万人次	45.80	31	31.64	37.64	25.14	27.00
利用档案卷次	万卷次	88.24	104	84.78	94.3	60.35	55.00
利用资料册次	万册次		36	5.01	24	18.41	8.00
5. 本年编研档案资料							
公开出版种数	种	47	57	30	41	31	31
公开出版字数	万字	1 075.53	976	486	351	722	452
内部参考种数	种	746	1 289	121	411	603	362
内部参考字数	万字	2 576.3	2 921	540	861	2 432	1 828
库房面积	万平方米	11.31	12.90	13.46	13.59	12.81	17

17—45 标准事业基本情况

项　　目	单位	1990年	1991年	1992年	1993年	1994年	1995年
质量监督机构	个	57	58	85	85	85	85
固定人员	人		1 319	1 019	1 019	1 019	
制定标准	项	47	29	25	10	17	15
修定标准	项		5				
废止标准	项		829	25			
当年采用国际标准	项	261	277	257	240	197	
受检产品质量监督	种	389		74	135		92
质量监督检测	批次	15 579		16 060	11 193	14 300	29 105
标准文件馆藏	万件	17.1	17.7	18.27	18.92	19.54	20.6

17—46 文化事业机构、人员数

单位:机构:个　人员:人

项　　目	1990年	1991年	1992年	1993年	1994年	1995年
电影事业机构	7 041	6 937	6 766	6 321	6 138	5 356
电影放映单位	6 465	6 388	6 243	5 903	5 648	4 959
艺术事业机构	263	201	195	194	192	192
# 剧　团	108	109	105	104	104	105
# 剧　场	90	92	90	90	88	87
文物事业机构	121	123	123	124	125	128
# 博 物 馆	85	86	86	87	89	88
图书馆事业机构	101	101	100	101	101	100
群众文化事业机构	1 849	1 891	1 838	1 845	1 926	2 048
# 群众艺术馆	16	16	15	15	15	13
文化馆(站)	1 833	1 875	1 823	1 830	1 911	2 035
电影事业人员数	22 839	22 800	22 075	20 831	20 432	18 333
# 电影放映单位人员	18 446	18 818	18 170	17 210	16 535	14 580
艺术事业人员数	9 668	9 364	9 294	9 465	8 888	9 264
# 剧团人员	6 900	6 871	6 794	6 429	6 366	6 566
# 剧场人员	2 256	2 493	2 500	3 036	2 522	2 698
文物事业人员数	1 884	2 016	2 279	2 254	2 172	2 351
# 博物馆人员	1 140	1 297	1 274	1 418	1 412	1 452
图书馆事业人员数	1 815	1 901	1 963	1 983	2 037	2 054
群众文化事业人员数	6 101	6 118	6 036	6 352	6 717	6 718
群众艺术馆人员	662	659	675	674	654	663
文化馆(站)人员	5 439	5 459	5 361	5 678	6 063	6 055
# 乡镇文化站			2 340	2 266	2 213	2 295

17—47 公共图书馆发展情况

项　　目	单　位	1990年	1991年	1992年	1993年	1994年	1995年
机 构 数	个	101	101	100	101	101	100
藏 书 数	万册	1 222	1 319	1 343	1 372	1 408	1 445
书架单层总长度	万米	57	35	33	91	36	38
发放借书证数	万个	33	35	35	37	40	40
图书流通情况							
人　次	万人次	548	537	497	1 028	484	558
册　次	万册次	960	808	554	507	507	540
为读者服务举办各种活动							
次　数	次	1 032	1 754	791	744	717	1 053
参加人数	万人次	65	34	24	29	26	47
当年新购图书	万册	43	45	40	30	34	29
图 书 费	万元	256	282	290	252	275	404

17—48 公共图书馆藏书及分类情况

单位:万册

年份	合计	#外文	古籍	新书籍
1986	1 096	156	88	1 008
1987	1 129	30	93	1 036
1988	1 156	160	96	1 060
1989	1 198	158	96	1 102
1990	1 227	161	97	1 125
1991	1 319	84	97	1 222
1992	1 343	80	96	1 247
1993	1 372	83	97	1 275
1994	1 408	81	97	1 311
1995	1 445	82	97	1 356

17—49 图书、杂志、报纸出版基本情况

项目	单位	1990年	1991年	1992年	1993年	1994年	1995年
一、图书出版种数	**种**	**2 546**	**2 397**	**2 603**	**3 067**	**3 593**	**3 028**
新出版	种	1 827	1 646	1 671	2 133	2 345	1 379
总印数	千册	402 517	306 025	312 627	317 356	330 002	352 067
总印张	千印张	1 418 989	1 195 666	1 321 005	1 322 128	1 453 899	1 582 826
1. 书籍出版种数	种	2 104	2 009	2 117	2 579	3 074	2 553
#新出版	种	1 484	1 289	1 390	1 850	2 130	1 238
总印数	千册	274 427	176 575	176 228	178 980	181 530	182 099
总印张	千印张	977 116	717 067	731 974	756 643	774 688	805 695
2. 课本出版种数	种	313	300	436	431	494	463
#新出版	种	220	221	240	227	191	128
总印数	千册	121 703	128 710	134 470	135 850	147 356	169 582
总印张	千印张	421 465	468 204	543 223	563 292	663 723	772 389
3. 图片	种	129	97	50	57	25	13
#新出版	种	123	136	41	56	21	13
总印数	千册	6 387	740	1 929	2 526	1 030	386
总印张	千印张	13 573	5 937	20 481	27 546	12 972	4 462
4. 活页小件印品	千印张	6 835	4 458	5 327	2 193	2 284	280
二、杂志出版种数	**种**	**254**	**253**	**269**	**296**	**317**	**337**
平均期印数	千册	6 078	6 578	7 315	7 035	7 089	8 357
总印数	千册	73 456	82 195	93 944	91 074	92 564	113 893
总印张	千印张	119 523	196 692	229 786	229 146	234 893	292 170
三、报纸出版种数	**种**	**84**	**91**	**93**	**98**	**107**	**113**
平均期印数	千份	4 454	4 660	4 665	4 644	4 535	4 930
总印数	千份	623 820	621 060	655 870	636 710	635 170	721 590
总印张	千印张	442 470	459 748	488 107	688 520	829 876	967 191

17—50 电影、艺术活动、群众文化活动、图书馆及博物馆活动情况

项　　目	单　位	1990年	1991年	1992年	1993年	1994年	1995年
电影活动							
放映场次数	场	1 300 000	1 167 959	938 000		130 000	112 000
观众人数	千人次	559 940	7 480 420	332 740		21 850	10 744
年人均观看次数	次	10.42	10.28	5.96		0.4	0.2
艺术活动							
年表演场次	场	13 100	12 000	10 900	9 900	12 286	13 100
观众人数	千人次	10 620	10 653	10 548	10 202	12 786	16 681
年人均观看次数	次	0.20	0.19	0.20	0.18	0.20	0.23
群众文化活动							
举办展览个数	个	1 166	1 042	852	1 188	1 527	1 863
举办训练班结业人数	万人次	4.90	4.1	4.5	5.1	6.6	5.4
图书馆活动							
图书流通人次	千人次	5 480	5 366	4 970	10 275	4 841	5 583
图书流通册次	千册	9 600	8 075	5 539	5 070	5 079	5 400
人均年借阅册数	册	0.18	0.15	0.10	0.09	0.09	0.09
人均年借阅人数	次	0.10	0.10	0.09	0.18	0.09	0.10
博物馆活动							
现有陈列展览个数	个	145	161	195	197	163	246
参观人数	千人次	2 089	1 797	1 960	2 066	1 789	2 231
人均年参观次数	次	0.04	0.03	0.04	0.04	0.03	0.4

17—51 艺术表演团体、群众艺术馆、文化馆经费情况

项　　目	单　位	1990年	1991年	1992年	1993年	1994年	1995年
艺术表演团体							
补贴团体	个	107	108	105	104	104	105
国家经费补贴	万元	1 962	1 992	2 351	2 674	3 200	3 459
业务及其他收入	万元	941	1 074	1 094	1 355	1 977	2 550
#演出收入	万元	427	412	485	544	784	1 075
总 支 出	万元	2 774	2 943	3 364	4 022	5 525	6 368
第三产业增加值	万元	1 549	1 724	1 982	2 416	3 648	3 979
经费自给率	%	33.92	36.49	32.52	33.69	35.78	40.00
群众艺术馆、文化馆(站)							
总 支 出	万元	1 487	1 773	1 837	2 475	3 286	3 885
#预 算 内	万元	895	1 162	1 137	1 350	1 873	2 016
#业 务 费	万元	286	307	304	347	450	550
修 缮 费	万元	219	177	315	270	260	418
第三产业增加值	万元	684	753	934	1 422	2 152	2 355

注:本表各项指标仅指文化厅系统内的。

17—52 文化、文物事业经费支出及基本建设情况

单位:万元

项目	1990年	1991年	1992年	1993年	1994年	1995年
文化、文物事业经费支出总计	**10 923**	**12 465**	**16 714**	**20 239**	**26 150**	**29 384**
文化事业	9 908	11 109	14 918	17 340	22 979	25 423
艺术表演团体	2 774	2 944	3 364	4 022	5 525	6 368
艺术表演场所	1 525	1 878	2 329	2 951	4 685	4 558
图书馆	1 109	1 235	1 361	1 840	2 330	2 371
群众文化	1 706	1 774	2 106	2 600	3 396	4 036
中等专业学校	218	269	308	456	916	1 179
干部训练	80	104	117	141	191	236
其他文化事业	2 496	2 905	5 333	5 330	5 937	6 674
文物事业	1 015	1 356	1 796	2 899	3 171	3 961
博物馆	573	713	963	1 336	1 688	1 818
文物事业机构	305	488	590	1 282	826	1 483
其它文物事业	137	155	243	281	657	660
文化、文物基本建设完成投资	**2 407**	**3 152**	**5 078**	**6 745**	**7 282**	**9 076**
文化事业	1 887	2 564	4 136	5 708	5 544	7 656
文物事业	516	588	942	1 037	1 738	1 420

17—53 广播、电视机构人员数

单位:个、人

项目	1990年	1991年	1992年	1993年	1994年	1995年
机构个数	**14 699**	**19 001**	**20 821**	**19 362**	**19 575**	**18 801**
行政机构	92	92	91	93	91	90
业务机构	14 607	18 909	20 730	19 270	19 484	18 711
人员数	**16 463**	**17 266**	**18 526**	**14 417**	**18 798**	**23 192**
#固定职工数	12 576	12 902	13 422	19 096	14 766	20 599
#专业技术人员	11 485	11 903	12 435	13 052	14 612	11 426
#编辑记者人数	1 213	2 373	2 541	3 131	3 470	4 678

17—54 广播、电视基本情况

项目	单位	1990年	1991年	1992年	1993年	1994年	1995年
广播电台	座	58	64	65	68	69	70
广播电台节目套数	套	60	66	67	71	75	78
广播电台平均每日播音时间	时、分	427°57′	474°58′	502°42′	526°05′	565°01′	616°40′
中短波发射台和转播台	座	28	32	33	34	34	32
中短波发射功率	架/千瓦	51/822.6	59/828.9	54/890.9	53/840.7	52/840.60	57/836.6
电视台	座	31	38	40	47	53	56
电视台节目套数	套	31	39	41	48	55	58
电视台平均每周播出时间	时、分	1 216°46′	1 438°30	1 958′16	2 115°19′	2 573°46′	2697°53′
电视发射台和转播台	座	1 025	1 234	1 237	1 275	1 338	1 424
#一千瓦以上发射台和转播台	座	42	45	49	53	50	55
发射功率	架/千瓦	1 233/258.6	1 410/300.4	1 536/299.4	1 623/310.6	1 649/302.4	1 684/312.6
#一千瓦以上	架/千瓦	70/299.2	81/265.8	86/264.4	100/271.2	91/260	89/272
广播人口覆盖率	%	86.77	86.7	86.77	86.77	86.77	87.00
电视人口覆盖率	%	84.36	84.36	86.20	86.20	86.20	86.50
县(市)广播台站	个	105	105	93	92	82	83
村通播率	%	64.10	59.32	66.35	55.00	60.06	43.30
广播喇叭总数	万只	240.15	236.13	235.8	240.07	184.82	153.08
入农户率	%	24.80	24.40	24.15	22.00	18.19	14.93
事业经费支出	万元	7 090.96	8 392.36	11 347.83	12 770.57	15 799.00	21 077.97
基本建设投资完成额	万元	4 348.86	3 423.00	4 644.00	4 418.43	4 801.8	3 023.91

17—55 广播、电视节目构成

单位:%

项目	1990年	1991年	1992年	1993年	1994年	1995年
广播电台						
日均播音时间	100	100	100	100	100	100
#自办节目时间	71.89	72	71.71	73.56	76.67	78.74
新闻	16.82	16.67	16.62	16.03	11.23	13.40
专题	16.16	16.37	18.28	18.92	15.83	25.97
教育	6.26	5.85	5.82	6.00	4.69	7.21
文艺	46.29	46.49	44.32	43.27	30.29	39.84
其他	14.47	14.62	14.96	15.78	14.42	13.58
电视台						
周播音时间	100	100	100	100	100	100
#自办节目时间	33.63	45.34	48.25	62.32	66.69	78.04
新闻	9.05	10.74	7.62	8.09	5.09	7.70
专题	3.81	6.29	5.82	7.55	4.72	9.18
教育	0.63	0.77	2.42	2.92	1.75	3.85
文艺	76.14	63.65	64.23	62.67	42.53	64.03
其他	10.37	18.55	19.91	18.77	14.12	15.24

注:1994年末包括专转频道的节目。

主要统计指标解释

【普通高等学校】 指按照国家规定的审批程度批准举办，通过全国统一招生考试，招收高级中等学校毕业生和具有同等学历者，实施高等教育、培养高等专门人才的学校，包括大学、专门学院、专科学校和短期职业大学。

【成人高等学校】 指按照国家规定的审批程度批准举办，招收在职高中毕业或同等学历者，利用多种形式对成人实施高等教育，培养相当普遍高等学校专科或本科毕业水平的专门人才的学校。包括广播电视大学、职工高等学校、农民高等学校、干部管理学院、教育学院、独立函授学院以及普通高等学校举办的函授、夜大学等。

【小学学龄儿童入学率】 指调整范围内已入小学学习的学龄儿童占校内外学龄儿童总数（包括弱智儿童在内，但不包括盲聋哑的儿童），计算公式为：

$$\text{小学学龄儿童入学率}=\frac{\text{已入学的小学学龄儿童数}}{\text{校内外小学学龄儿童总数}}\times 100\%$$

【技术开发机构】 指主要从事提供国家、国内第一次出现的新的产品、工艺、材料、方法等和为新的技术成果应用提供完整的技术规范设计图纸，样品和操作规程的机构。

【从事科技活动人员】 指各种研究与开始课题（项目）组织人员；各类科技服务人员（如从事图书、情报、咨询等工作的人员）；管理人员；实验室、试验性工厂（车间）、农场的工人等。

【科学家工程师】 指大学毕业及以上文化程度和其他具有高、中级职称的从事科技活动人员。

【其他技术人员】 指中专、大专毕业和具有初级职称的从事科技活动人员。

【自然科学技术人员】 指已取得科学技术职称，或大学、中专的理、工、农医等自然科学技术的研究、教学、生产（事业）技术方面工作的专业人员和在机关、企业、事业中从事科学技术业务管理工作的专业人员。

【工程技术人员】 指在国民经济各行业从事工程技术工作的自然科学技术的专业人员，包括：高级工程师、工程师、助理工程师、技术员和未评定职称的技术人员。

【农业技术人员】 指在国民经济各行业从事农业技术工作的自然科学技术的专业人员，包括：高级农艺师、农艺师、助理农艺师、技术员和未评定职称的技术人员。

【卫生技术人员】 指在国民经济各行业从事卫生医务工作的自然科学技术的专业人员，包括：正副主任医师、主治医师、医（护）士和未评定职称的技术人员。

【教学人员】 指在国民经济各行业从事自然科学技术方面的教学活动的专业人员，包括：正副教授、讲师、助教、教师和在中学从事自然科学技术方面的教学活动人员。

【发明】 专利法所称的发明是指对产品、方法或者其改进所提出的新的技术方案。

【实用新型】 专利法所称的实用新型是指对产品的形状、构造或者其结构所提出的适用于实用的新的技术方案。

【外观设计】 专利法所稀薄的外观设计是指对产品的形状、图案、色彩或者其结果所作出的富有美感并适于工业上应用的新设计。

【新产品】 是指采用新技术原理、新设计构思、生产的全新产品或在结构、材质、工艺等某一方面比老产品有明显改进，从而显著提高了产品性能或扩大了使用功能的产品，其范围包括：1. 本企业本年在免税期的新产品；2. 已开发成功本年投产但未享受免税的产品。

【文化事业机构】 指从事专业文化工作和为专业文化工作服务的单独核算、独立建制的单位。不包括文化主管部门直属单位举办的其他行业和各部门的业务文化组织。

【艺术表演团体】 指从事戏曲、音乐、舞蹈、杂技等专业艺术表演、有独立帐户、实行单独核算的团体。不包括半工半艺、半农半艺的业余剧团。

【电影放映单位】 指具有放映机器设备、固定或不固定的放映场所与专职或兼职的放映技术人员，经文化行政部门登记批准，经常为一定的观众对象映出电影的机构。包括经批准对外开放进行营业、并与电影发行放映管理机构分帐的专用放映单位或军委系统租片单位在内。

【电影观众人数】 指各类型放映单位及军委系统租片单位映出的观众人数。一个观众连续看了一部长片和短片专场规定的短片，为二人次。

【艺术表演观众人数】 指售票、包场演出或民族地区免费演出的艺术表演观众人数。不包括彩排审查和内部观摩演出的观看人次数。

体育、卫生、社会福利和其他 18

资料整理人员：来万萍

18—1 体委系统职工人数

单位:人

人员分类	1990年	1991年	1992年	1993年	1994年	1995年
总计	**4 716**	**4 855**	**5 255**	**5 672**	**5 659**	**5 414**
#教练员	951	942	921	931	928	959
等级裁判员	1 652	1 724	2 212		1 709	1 381
运动员	878	932	938	910	816	700
科技人员	31	35	27	49	37	35

18—2 体委系统体育场、馆、池、房基本情况

项目	单位	1990年	1991年	1992年	1993年	1994年	1995年
体育场使用场地个数	个	25	31	49	40	52	37
使用场次	次	3 002	13 362	13 287	22 688	13 602	11 506
体育馆使用场地个数	个	16	19	31	24	34	25
使用场次	次	1 890	2 213	6 865	5 183	6 285	7 816
室内游泳使用场地个数	个	9	11	9	9	10	5
使用场次	次	3 320	1 136	3 858	1 465	3 143	2 213
室外游泳使用场地个数	个	65	69	40	24	46	36
使用场次	次	2 375	13 574	6 047	3 516	7 074	7 092
有固定看台灯光球场使用个数	个	45	47	47	55	55	48
使用场次	次	4 730	7 137	12 514	31 611	11 055	9 485

注:本表场、馆、池、房数据为体委年报数,系指当年实际使用的体委系统场馆房数。

18—3 等级裁判员、运动员人数

单位:人

项目	1990年	1991年	1992年	1993年	1994年	1995年
等级裁判员合计	**1 652**	**1 724**	**2 219**		**1 709**	**1 381**
国际裁判						
国家级裁判			7		5	14
一级裁判	357	322	427		276	280
二级裁判	486	437	611		437	452
三级裁判	809	965	1 174		991	635
等级运动员合计			**1 352**	**838**	**782**	**1 535**
国际运动健将			7	3	4	3
运动健将			21	36	14	24
一级运动员	35	9	317	216		40
二级运动员	88	140	435	174	302	197
三级运动员	256	285	359	237	335	702
少年级运动员	139	134	213	172	127	569

18—4 体育竞赛成果情况

项目	单位	1990年	1991年	1992年	1993年	1994年	1995年
世界比赛获奖牌数	**枚**	**10**	**15**	**22**	**17**	**17**	**25**
金牌	枚	9	5	14	10	12	16
银牌	枚	1	5	4	5	4	9
铜牌	枚		5	4	2	1	
亚洲比赛获奖牌数	**枚**	**51**	**38**	**3**	**36**	**42**	**22**
金牌	枚	37	25	3	23	25	18
银牌	枚	7	10		3	12	3
铜牌	枚	7	3		10	5	1
全国比赛获前六名情况							
第一名	人	52	59	39	23	36	38
第二名	人	50	40	42	23	26	35
第三名	人	40	42	35	18	28	34
第四名	人	29	31		20	21	32
第五名	人	31	35		15	24	31
第六名	人	38	22		20	25	16
破、超纪录情况							
破、超世界纪录							
项数	项	6	5	7	3		2
人数	人	6	3	3	3		2
次数	次	7	5	16	11	6	2
破、超全国纪录							
项数	项	5	8	4	3		
人数	人	5	4	12	3		
次数	次	6	8	8	8	8	

18—5 群众体育活动情况

项目	单位	1990年	1991年	1992年	1993年	1994年	1995年
国家体育锻炼标准达标人数	人	3 860 133	4 610 572	5 689 369	5 808 841	5 825 953	5 727 882
举办县及县以上运动会次数	次	3 403	3 320	3 915	2 349	2 673	2 034
参加运动会运动员人数	人	907 110	864 700	731 383	706 855	640 865	762 423
训练体育干部人数	人	11 303	14 787	1 451	917	58 446	2 162

18—6 卫生机构数

单位:个

年份	总计	医院	# 县及县以上医院	疗养院、所	门诊部、所	专科防治所、站
1952	2 198	104	103	8	1 770	5
1957	11 566	158	137	17	9 381	287
1965	10 863	789	202	27	9 613	201
1970	7 847	16 003	234	10	1 500	104
1975	5 381	1 834	347	2	3 079	39
1978	5 940	1 817	355	6	3 626	42
1980	6 146	1 827	376	12	3 785	52
1985	9 885	1 853	417	12	7 486	67
1986	9 780	1 810	430	12	7 415	67
1987	9 797	1 834	440	11	7 406	66
1988	9 995	1 970	465	11	7 463	67
1989	10 241	2 007	473	11	7 666	68
1990	10 472	2 024	483	11	7 878	70
1991	10 509	2 111	502	11	7 824	74
1992	10 590	2 115	507	11	7 903	73
1993	10 268	2 139	523	12	7 526	73
1994	9 762	2 147	516	12	7 002	84
1995	9 744	2 119	523	11	7 020	84

年份	卫生防疫站	妇幼保健所、站	药品检验所、室	医学科学研究机构	其他卫生机构
1952	7	10	1		293
1957	21	542	1	1	1 158
1965	86	80	2		65
1970	106	54	5	2	63
1975	99	85	83	6	154
1978	107	92	88	6	156
1980	110	97	88	7	168
1985	111	96	87	7	166
1986	113	96	87	7	173
1987	114	96	87	8	175
1988	115	98	87	8	176
1989	119	96	87	9	178
1990	120	96	87	9	177
1991	122	98	87	7	175
1992	119	96	86	8	179
1993	149	96	87	8	178
1994	149	97	87	8	176
1995	151	95	85	8	171

18—7 卫生机构人员数

单位:万人

年份	总计	卫生技术人员	#医生	中医	西医师	西医士	#护师、护士	每千人口医生数(人)
1952	3.57	3.46	1.74	1.31	0.26	0.17	0.20	0.63
1957	6.42	5.33	2.64	1.84	0.33	0.47	0.40	0.86
1965	8.60	7.13	3.48	1.76	0.85	0.87	1.32	0.99
1970	10.30	8.33	4.15	1.86	1.22	1.07	1.83	1.03
1975	15.05	11.85	4.91	1.74	1.63	1.55	2.05	1.11
1978	17.84	14.06	5.82	1.88	2.02	1.92	2.24	1.27
1980	19.94	15.59	6.32	1.82	2.59	1.91	3.09	1.35
1985	23.58	18.48	7.27	2.22	3.09	1.95	3.77	1.47
1986	24.32	18.95	7.52	2.20	3.32	2.01	4.12	1.51
1987	24.88	19.43	7.73	2.22	3.64	1.86	4.87	1.53
1988	25.52	20.01	8.35	2.29	4.63	1.43	4.87	1.62
1989	26.02	20.42	8.52	2.25	4.95	1.32	5.29	1.63
1990	26.75	20.92	8.68	2.19	5.09	1.40	5.66	1.62
1991	27.51	21.55	8.79	2.18	5.11	1.50	5.97	1.62
1992	28.24	22.15	9.02	2.20	5.18	1.65	6.25	1.64
1993	28.91	22.46	9.16	2.12	5.48	1.57	6.49	1.64
1994	29.31	22.84	9.38	2.04	5.64	1.65	6.64	1.66
1995	29.55	23.20	9.58	1.98	5.79	1.76	6.83	1.68

18—8 卫生机构床位数

单位:万张

年份	总计	医院	#县及县以上医院	疗养院、所	其他卫生机构	每千人口医院床位数(张)
1952	0.90	0.52	0.52	0.18		0.19
1957	2.10	1.38	1.35	0.17		0.45
1965	4.14	3.13	2.45	0.31		0.89
1970	6.14	5.56	2.84	0.18		1.38
1975	9.90	9.02	4.33	0.02		2.05
1978	11.52	10.34	4.94	0.07		2.26
1980	12.59	11.22	5.41	0.20		2.40
1985	14.70	11.52	6.80	0.20	2.98	2.34
1986	14.50	11.71	7.05	0.18	2.61	2.35
1987	15.26	12.01	7.31	0.18	2.89	2.37
1988	15.73	12.60	7.74	0.18	2.95	2.45
1989	15.96	12.82	7.97	0.19	2.99	2.45
1990	16.34	13.16	8.27	0.19	2.99	2.45
1991	16.52	13.43	8.50	0.21	2.88	2.47
1992	16.62	13.46	8.58	0.22	2.84	2.44
1993	16.30	13.48	8.71	0.21	2.61	2.41
1994	16.13	13.40	8.73	0.21	2.52	2.36
1995	15.78	13.08	8.58	0.20	2.50	2.29

18—9 各类卫生工作人员数

单位：人

人员分类	1990年	1991年	1992年	1993年	1994年	1995年
合计	**267 548**	**275 060**	**282 361**	**289 113**	**293 138**	**295 515**
医院	182 490	190 859	196 731	204 343	208 530	210 766
县及县以上医院	118 718	124 439	128 539	132 236	133 928	135 708
中医院	11 386	12 218	13 093	13 734	14 249	14 909
区乡卫生院	58 518	60 908	62 661	65 182	68 022	68 500
其他医院	5 254	5 512	5 531	6 925	6 580	6 558
疗养院、所	1 271	1 489	1 371	1 480	1 627	1 409
门诊部、所	44 450	42 212	42 344	39 261	37 812	37 647
专科防治所、站	6 218	6 634	6 841	7 296	7 448	7 764
卫生防疫站	7 602	7 815	8 128	8 630	8 721	8 875
妇幼保健所、站	4139	4 373	4 697	4 998	5 259	5 755
药品检验所、室	1 098	1 105	1 131	1 179	1 185	1 230
其他卫生事业机构	6 376	6 541	6 753	3 720	3 736	3 810
医学科研机构	810	709	786	726	739	777
高等医药院校	6 489	6 648	6 680	7 046	7 019	7 020
中等卫校	3 762	3 853	3 908	6 445	6 536	6 510
个体开业	2 843	2 786	2 991	3 989	4 526	3 952

18—10 县及县以上医院业务工作开展情况

项目	单位	1990年	1991年	1992年	1993年	1994年	1995年
机构数	个	474	493	491	523	502	523
诊疗总人次数	万人次	6 287.2	6 336.2	6 291.5	5 804.4	5 666.9	5 764.8
#门、急诊人次数	万人次	6 018.0	6 095.1	6 026.3	5 572.4	5 434.8	5 460.2
出院人数	人	1 456 545	1 516 793	1 545 978	1 531 726	1 478 088	1 477 141
#出院病人数	人	1 290 272	1 345 421	1 391 154	1 384 726	1 338 852	1 351 072
#治愈	人	974 410	998 552	1 028 185	1 010 351	967 287	951 871
死亡	人	16 831	17 018	17 126	16 968	16 151	15 606
治愈率	%	75.6	74.2	74.0	73.0	72.2	70.5
病死率	%	1.4	1.3	1.3	0.9	1.2	1.2
病床平均周转次数	次	18.5	18.6	18.7	14.5	17.8	17.8
病床平均工作日	日	286.4	280.7	278.1	208.3	245.2	247.5
病床使用率	%	78.5	76.9	76.0	57.1	67.2	67.8
出院者平均住院日	日	15.2	14.6	14.5	13.9	13.2	13.3

18—11 农村村级卫生组织情况

项目	单位	1990年	1991年	1992年	1993年	1994年	1995年
行政村数	村	32 579	32 604	32 582	33 265	32 746	32 661
无卫生室的村	村	5 246	5 062	5 390	4 759	4 345	4 249
村设置的医疗点数	个	30 036	30 109	29 968	31 664	32 281	31 817
#村或集体办	个	6 995	8 574	9 922	11 141	11 248	13 230
乡村医生或卫生员联合办	个	3 670	3 714	3 558	7 160	7 083	7 313
乡卫生院设点	个	888	900	1 111	1 400	1 478	1 526
个体办	个	6 523	5 933	6 168	10 440	10 733	8 178
其他	个	354		543	1 523	1 723	1 570
乡村医生和卫生员人数合计	人	59 760	60 033	60 617	63 813	61 205	61 324
#乡村医生	人	33 429	33 712	35 786	43 087	42 379	43 288
卫生员	人	26 331	26 321	24 831	20 726	18 826	18 036
合计中:会接生	人	19 369	19 243	19 554	23 964	9 112	8 411
农村接生员数	人	22 171	21 481	20 000	19 393	17 012	15 747

18—12 全省法定报告传染病的发病及死亡情况

病名	1994年			1995年		
	发病率(1/10万)	死亡率(1/10万)	病死率(%)	发病率(1/10万)	死亡率(1/10万)	病死率(%)
总计	**223.14**	**0.81**	**0.36**	**241.88**	**0.72**	**0.30**
#病毒性肝炎	86.94	0.26	0.30	86.98	0.24	0.27
痢疾	87.33	0.09	0.10	104.13	0.08	0.08
伤寒副伤寒	8.98	0.01	0.12	9.42	0.007	0.08
淋病	9.18			10.16		
梅毒	0.04			0.12		
脊髓灰质炎	0.01					
百日咳	0.50			0.49		
白喉				0.007		
流脑	0.55	0.07	12.70	0.47	0.04	9.33
猩红热	0.47			0.44		
出血热	4.11	0.13	3.15	4.16	0.12	2.93
狂犬病	0.09	0.09	100.00	0.05	0.05	100.00
钩端螺旋体病	3.06	0.08	2.46	2.57	0.10	3.78
乙脑	2.61	0.07	2.68	2.35	0.07	2.94
疟疾	7.92			9.73		
炭疽				0.004	0.002	50.00

18—13 部分城市十种主要疾病死亡构成及顺位

顺位	1992年		1993年		1994年		1995年	
	死亡原因	占死亡总数%	死亡原因	占死亡总数%	死亡原因	占死亡总数%	死亡原因	占死亡总数%
1	脑血管病	29.17	脑血管病	27.91	脑血管病	28.21	脑血管病	29.7
2	恶性肿瘤	18.27	恶性肿瘤	18.97	恶性肿瘤	19.15	恶性肿瘤	10.8
3	呼吸系病	15.77	呼吸系病	14.61	呼吸系病	12.91	心脏病	12.8
4	心脏病	12.88	心脏病	11.37	心脏病	12.66	呼吸系病	12.5
5	损伤和中毒	7.55	损伤和中毒	7.70	损伤和中毒	8.00	损伤和中毒	7.6
6	消化系统	3.34	消化系统	3.53	消化系统	3.90	消化系病	3.4
7	肺结核	1.54	泌尿生殖系病	1.52	泌尿生殖系病	1.47	内分泌系病	1.6
8	内分泌系病	1.43	传染病	1.47	内分泌系病	1.46	泌尿生殖系病	1.47
9	肺结核	1.42	肺结核	1.40	肺结核	1.24	精神病	1.34
10	传染病	1.38	内分泌系病	1.35	精神病	1.16	新生儿病	1.20
	合计	**92.15**	**合计**	**91.23**	**合计**	**90.16**	**合计**	**89.61**

注：1987年及以后均采用《国际疾病(ICD 2)》法进行。

18—14 部分农村十种主要疾病死亡构成及顺位

顺位	1992年		1993年		1994年		1995年	
	死亡原因	占死亡总数%	死亡原因	占死亡总数%	死亡原因	占死亡总数%	死亡原因	占死亡总数%
1	呼吸系病	26.03	呼吸系病	23.33	呼吸系病	24.19	呼吸系病	22.70
2	脑血管病	19.76	损伤和中毒	16.62	脑血管病	22.04	脑血管病	21.98
3	损伤和中毒	16.25	脑血管病	16.06	损伤和中毒	15.37	损伤和中毒	15.59
4	恶性肿瘤	10.09	恶性肿瘤	10.44	恶性肿瘤	10.32	恶性肿瘤	11.08
5	心脏病	7.91	心脏病	9.70	心脏病	8.07	心脏病	9.84
6	消化系统	6.15	消化系统	7.19	消化系统	6.82	消化系病	6.29
7	新生儿病	2.23	新生儿病	2.79	新生儿病	1.75	新生儿病	1.88
8	传染病	2.14	传染病	1.91	泌尿生殖系病	1.67	泌尿生殖系病	1.60
9	肺结核	2.01	肺结核	1.75	肺结核	1.38	肺结核	1.53
10	泌尿生殖系病	1.31	泌尿生殖系病	1.45	传染病	1.24	传染病	1.47
	合计	**93.88**	**合计**	**92.99**	**合计**	**91.61**	**合计**	**93.96**

18—15 工 会 组 织 情 况

年份	工会基层组织数(个)	全省已建工会的基层单位职工与会员人数(万人)				工会专职工作人员人数(万人)
		职工人数	#女职工	会员人数	#女会员	
1952	3 667	6.27	1.43	35.98	7.20	0.17
1957	7 758	103.11	23.48	69.90	13.99	0.33
1964	10 248	126.12	25.98	89.48	17.52	0.54
1970	14 952	210.72	57.18	135.52	38.64	0.72
1975	18 872	280.22	83.18	174.72	56.24	0.87
1978	21 224	32 298	99.74	197.24	78.80	0.96
1980	22 802	387.95	139.20	299.41	94.91	1.04
1985	25 286	484.68	192.32	404.58	156.62	2.76
1986	26 789	483.00	190.19	413.88	162.34	2.81
1987	29 529	530.44	211.44	459.27	179.37	2.94
1988	32 098	548.74	222.40	483.20	188.66	3.22
1989	33 373	555.85	224.20	487.69	190.15	3.60
1990	33 990	559.00	227.00	498.00	198.00	3.40
1991	34 270	569.01	231.91	513.62	204.92	3.96
1992	33 972	545.00	226.00	492.00	201.00	3.47
1993	33 441	537.47	221.48	480.60	193.06	3.72
1994	28 459	582.84	243.52	511.84	208.05	2.86
1995	28 461	564.34	230.90	511.11	207.49	1.81

注:①因文革期间工会统计中断,表中1970、1975、1978年数据根据年平均增长值推算
②1994年工会基层组织数不包括"双停"企业数。

18—16 社会福利事业、企业单位机构及人员数

单位:机构:个
人员:人

项目	机构			人员		
	1993年	1994年	1995年	1993年	1994年	1995年
全省合计	**5 483**	**5 534**	**5 340**	**83 576**	**83 976**	**80 272**
一、社会福利事业单位	3 104	3 066	2 970	12 955	13 280	13 607
民政部门办	180	181	186	4 890	5 138	5 321
社会集体办	2 924	2 885	2 791	8 065	8 142	8 286
二、社会福利企业单位	2 253	2 325	2 219	68 270	68 207	64 046
民政部门办	344	320	305	16 529	15 598	15 235
社会集体办	1 909	2 005	1 914	51 741	52 609	48 811
三、烈士纪念建筑物管理单位	37	35	35	493	510	522
四、收容遣送单位	19	20	20	340	367	361
五、殡葬事业单位	89	88	89	1 518	1 612	1 736

18—17 社会福利救济主要费用情况

单位:万元

项目	1990年	1991年	1992年	1993年	1994年	1995年
全省合计	**23 565**	**24 644**	**27 340**	**28 496**	**33 204**	**39 772**
国家支出	9 947	10 173	10 566	11 896	14 305	16 382
集体供给	13 618	14 471	16 774	16 600	18 899	23 389
一、优抚对象补助金额	**13 323**	**13 353**	**14 152**	**15 333**	**18 499**	**21 927**
国家支出	7 133	7 339	7 495	8 266	9 825	11 104
集体供给	6 190	6 014	6 657	7 067	8 674	10 823
二、困难户得救济金额	**1 463**	**1 991**	**3 037**	**1 811**	**1 761**	**1 859**
国家支出	534	565	565	606	620	685
集体供给	929	1 426	2 472	1 205	1 141	1 174
三、社会散居孤老残幼供养金	**5 418**	**6 139**	**6 566**	**7 170**	**7 766**	**9 764**
国家支出	640	720	788	926	1 135	1 410
集体供给	4 778	5 419	5 778	6 244	6 631	8 354
四、城乡各种福利院支出	**3 361**	**3 161**	**3 586**	**4 182**	**5 178**	**6 222**
1. 光荣院	342	380	413	487	637	894
国家支出	312	349	372	414	547	789
集体供给	30	31	41	73	90	105
2. 城乡社会福利院	3 019	2 781	3 173	3 695	4 541	5 328
国家支出	1 329	1 201	1 347	1 684	2 178	2 395
集体供给	1 690	1 580	1 826	2 011	2.363	2 933

18—18 社会救济对象享受补助、救济情况

单位:万人

项目	1990年	1991年	1992年	1993年	1994年	1995年
国家临时救济困难户人(次)数	111.79	144.21	125.65	101.01	113.69	104.04
#农业人口	78.87	106.84	90.63	93.40	105.94	96.48
困难户得到国家定期定量救济人数	1.49	1.90	1.15	1.47	1.53	1.51
#农业人口	0.93	1.37	0.48	0.69	0.58	0.56
社会散居孤老残幼得到国家定期定量救济人数	2.07	1.95	1.90	1.98	1.88	1.91
社会散居孤老残幼得到集体补助人数	14.86	15.83	15.51	14.91	14.81	14.65
#农业人口	10.16	10.98	10.68	13.15	13.01	12.84
精减退职老弱残职工得到救济人数	2.53	2.56	2.43	2.43	2.37	2.37
享受原工资40%救济人数	1.55	1.58	1.58	1.56	1.53	1.53
享受定期定量救济人数	0.98	0.99	0.85	0.86	0.84	0.84

18—19 社会福利企业基本情况

年份	民政部门办				社会办			
	单位（个）	职工（人）	#残疾职工	产值（亿元）	单位（个）	职工（人）	#残疾职工	产值（亿元）
1985	76	10 563	3 254	0.81	909	19 317	14 325	0.94
1986	87	11 292	3 695	0.82	1 375	26 831	16 875	1.67
1987	102	11 256	3 753	0.89	1 190	26 711	19 112	1.66
1988	151	12 641	4 368	1.41	1 576	40 720	39 761	3.71
1989	221	14 411	6 778	1.69	1 591	41 150	25 866	4.15
1990	255	15 030	5 123	1.61	1 608	46 007	19 363	4.89
1991	257	15 147	5 459	1.98	1 512	44 438	20 361	5.45
1992	308	15 724	5 564	2.83	1 765	51 294	22 878	7.55
1993	344	16 529	6 502	1.26	1 909	52 035	30 363	3.96
1994	320	15 598	5 759	1.26	2 005	52 609	35 290	4.75
1995	305	15 235	5 472	1.18	1 914	48 811	34 620	3.77

注：1993 年、1994 年产值为增加值。

18—20 婚姻登记和离婚情况

年份	准予登记结婚（对）	初婚（人）	再婚（人）	离婚（对）	离婚率（‰）
1980	348 003	676 633	19 373	6 129	0.26
1985	373 015	730 106	15 924	6 481	0.26
1986	402 315	785 319	19 311	6 322	0.25
1987	417 552	809 808	25 296	6 660	0.26
1988	362 654	698 447	26 861	7 389	0.29
1989	413 460	801 171	25 749	9 203	0.35
1990	408 688	790 477	26 899	9 477	0.35
1991	424 708	820 092	29 324	9 584	0.35
1992	463 279	897 899	28 659	10 793	0.39
1993	425 276	822 044	28 508	11 937	0.43
1994	457 324	884 817	29 831	12 910	0.46
1995	482 063	930 832	33 294	13 340	0.46

18—21 刑事案件发、破案情况

指　　标	单位	1990年	1991年	1992年	1993年	1994年	1995年
刑事案件发案总数	件	166 630	181 546	108 391	103 857	97 359	85 876
#重大案件	件	22 764	25 882	20 756	23 923	24 777	26 071
刑事案件破案总数	件	99 604	118 940	75 439	79 912	79 664	73 831
#重大案件	件	15 507	18 058	14 194	16 840	18 624	21 058
刑事案件破案率	%	59.8	65.5	69.6	76.9	81.8	86.0
重大刑事案件破案率	%	68.1	69.8	68.4	70.4	75.2	80.8

18—22 城市交通事故与火灾情况

指　　标	单位	1990年	1991年	1992年	1993年	1994年	1995年
交通事故处理发生件数	起	6 862	7 204	7 271	7 969	7 651	8 336
死亡人数	人	2 267	2 544	3 115	3 178	2 972	3 401
受伤人数	人	4 937	4 926	5 031	5 330	4 647	5 353
折合经济损失	万元	738	852.9	1 866.43	3 205.07	3 417.01	4459.73
火灾发生数	起	1 757	1 365	1 287	1 018	1 404	1 393
死亡人数	人	73	96	94	69	80	64
受伤人数	人	206	162	132	227	99	86
折合经济损失	万元	3 368	1 327	1 453	1 755.00	2 315.34	3 220.86

18—23 检察批捕、起诉情况

单位:人、件

项目	1990年	1991年	1992年	1993年	1994年	1995年
审查批捕情况						
受理批捕	51 213	36 745	34 531	31 298	40 094	31 122
批准逮捕	42 700	30 584	28 469	25 909	33 054	25 257
检察机关追捕	775	2 085	387	392	407	272
不逮捕	2 791	395	1 818	1 569	1 989	1 545
审查起诉情况						
受理起诉案件数	31 385	23 959	23 257	17 665	21 689	21 240
受理起诉人数	55 803	39 056	38 791	30 994	35 188	33 532
起诉案件数	24 686	18 342	17 542	14 701	19 052	15 930
起诉案件人数	42 587	29 251	28 360	24 520	30 426	24 404
免诉案件数	2 622	2 211	2 670	1 012	2 653	1 921
免诉案件人数	4 487	3 399	4 097	2 211	4 133	2 949
不起诉案件数	66	45	33	18	28	26
不起诉人数	221	128	95	50	89	43
检察机关追诉案件人数	468	227	167	161	156	132

注:此表各数含公安机关和检察机关自侦部门批捕起诉数。

18—24 调解民间纠纷分类

项目	调解纠纷(件)				各种纠纷所占比重(%)			
	1992年	1993年	1994年	1995年	1992年	1993年	1994年	1995年
合计	**334 504**	**364 809**	**353 849**	**313 562**	**100**	**100**	**100**	**100**
婚姻	50 630	54 355	49 068	43 894	15.1	14.9	13.9	14.0
继承	15 788	18 966	18 156	18 642	4.7	5.2	5.1	6.0
赡扶、抚养	23 560	25 477	26 305	25 993	7.0	7.0	7.4	8.3
房屋、宅基地	28 675	31 919	31 213	28 281	8.6	8.7	8.8	9.0
债务	33 109	40 864	41 276	34 337	9.9	11.2	11.7	11.0
生产经营	43 716	45 120	45 356	41 516	13.1	12.4	12.8	13.2
损害赔偿	28 304	28 925	29 952	25 186	8.5	7.9	8.5	8.0
家庭	32 623	32 906		30 456	9.8	9.0		9.7
邻里	51 683	59 014	53 696	43 915	15.4	16.2	15.2	14.0
其他	26 416	27 263	58 827	21 342	7.9	7.5	16.6	6.8

18—25 律师、公证、调解工作基本情况

项目	单位	1990年	1991年	1992年	1993年	1994年	1995年
一、律师工作							
律师事务所	个	150	148	164	187	253	281
律师工作人员	人	1 624	2 160	3 012	3 286	3 726	3 190
#取得律师资格	人	779	1 348	1 403	1 639	1 917	2 067
专职律师	人	622	867	827	1 015	1 194	1 593
兼职律师	人	157	145	170	247	312	297
聘请担任常年法律顾问的单位	处	5 535	5 829	6 680	7 787	9 055	12 763
民事代理	件	15 452	6 440	7 315	8 478	10 553	13 190
刑事辩护	件	15 326	11 060	10 536	8 878	10 016	8 836
非诉讼事件	件	5 406	14 665	19 824	29 678	32 502	35 542
涉外法律事务	件	273	395	546	371	643	582
解答法律询问	万件	13.07	11.72	9.70	10.93	10.39	9.91
代写法律事务文件	万件	2.07	1.89	1.73	2.05	2.09	2.38
二、公证工作							
公证机构	个	101	101	104	114	116	116
公证人员	人	659	628	638	703	730	746
#公 证 员	人	386	341	386	379	396	404
公证员助理	人	105	107	83	132	120	144
办理公证文件	万件	22.12	21.11	27.92	25.41	50.81	25.68
#涉外公证	件	7 134	8 607	10 357	12 584	14 351	22 915
三、人民调解工作							
司法助理员	人	2 608	1 925	2 600	2 256	2 154	2 652
#专职司法助理员	人	1 790	1 840	1 851	2 028	1 872	1 788
人民调解委员会	万个	4.88	5.01	4.91	4.99	5.07	5.09
调解人员	万人	37.33	52.37	57.98	59.37	59.19	55.87
受理纠纷总数	万件	40.91	36.57	35.19	36.48	35.38	32.53
调解民间纠纷总数	万件	38.69	34.67	33.45	34.88	33.93	31.36

18—26　涉外公证文书分类情况

单位:件

分　　类	1990年	1991年	1992年	1993年	1994年	1995年
合　　计	**7 134**	**8 607**	**10 357**	**12 584**	**14 351**	**22 915**
出　生	1 349	1 631	1 793	2 023	2 324	3 302
学　历	819	1 348	2 115	1 848	2 166	2 742
经　历	738	505	496	627	445	654
生存和居住	8	13	11	246	107	183
死　亡	29	48	76	94	107	101
收养子女	30	35	73	51	113	331
亲属关系	813	1 017	1 221	1 150	1 726	1 929
婚姻状况	814	1 083	1 254	1 354	1 565	1 920
继承权	6	7	2	28	27	13
遗　嘱	2		126	65	5	31
职　称			132	253	218	337
国　籍			110	55	21	49
法人资格			38	64	48	46
委托书	30	55	85	124	374	359
公司章程			4	18		9
副本与原本相符			835	1 804	1 881	2 672
营业证书			11	7	19	25
声明书	56	65	100	106	85	136
其他经济合同			7	21	187	142
受、未受刑事处分	765	1 034	1 077	1 159	1 513	2 267
其　他	1 675	1 811	791	1 487	1 141	5 667

18—27 “三废”排放和处理综合利用情况

分　　类	单　位	1990年	1991年	1992年	1993年	1994年	1995年
一、废水排放总量	**万吨**	**259 699**	**265 510**	**261 241**	**274 201**	**287 666**	**300 598**
工业废水排放总量	万吨	162 302	153 420	144 625	141 251	142 685	139 938
#符合排放标准的	万吨	85 709	86 688	88 541	80 706	83 943	86 342
排放达标率	%	52.8	56.5	61.2	57.1	58.8	61.7
工业废水处理量	万吨	103 758	84 326	106 156	104 932	115 274	118 213
工业废水处理率	%	61.8	60.6	70.2	68.1	71.9	75.2
二、废气排放总量	**亿标立方米**	**3 416**	**3 892**	**3 645**	**3 971**	**4 295**	**4 485**
1．燃料燃烧废气排放量	亿标立方米	1 955	2 193	2 031	2 143	2 360	2 394
#经过消烟除尘的	亿标立方米	1 361	1 494	1 470	1 592	1 801	1 741
消烟除尘率	%	69.6	68.1	72.4	74.3	76.3	72.7
2．生产工艺过程中废气排放量	亿标立方米	1 461	1 689	1 893	1 819	1 935	2 042
#经过净化处理的	亿标立方米	1 054	1 224	1 321	1 333	1 466	1 597
净化处理率	%	72.1	72.4	69.8	73.3	75.7	78.2
三、废气中污染物排放量							
二氧化硫	万吨	55.6	47.8	48.9	48.8	51.7	54.0
烟　　尘	万吨	47.2	45.0	35.7	43.9	42.2	43.2
四、工业粉尘产生量	**万吨**	**139.0**	**139.1**	**143.1**	**139.5**	**138.7**	**148.2**
1．已回收的	万吨	108.0	107.7	116.3	113.5	116.2	124.4
工业粉尘回收率	%	77.7	77.4	81.3	81.4	83.8	83.9
2．工业粉尘排放量	万吨	31.0	31.4	26.8	23.0	22.5	23.8
五、工业固体废物产生量	**万吨**	**1 799.0**	**1 844.4**	**1 889.0**	**1 901.5**	**1 999.8**	**2 063.1**
已处置的	万吨	254.0	359.9	722.0	687.2	306.6	267.0
工业固体废物处置率	%	14.1	19.5	38.2	36.1	15.3	12.8
已综合利用的	万吨	763.0	993.6	1 108.0	1 031.7	1 071.9	1 157.6
工业固体废物综合利用率	%	42.4	53.9	58.7	52.2	52.9	55.5
已贮存的	万吨	731.0	796.9	677.0	646.9	692.1	665.94
工业固体废物贮存率	%	40.6	43.2	35.8	34.0	34.6	32.28
工业固体废物排放量	万吨	91.0	50.2	21.0	24.9	58.4	16.27
六、历年工业固体废物堆存总量	**万吨**	**9 851.0**	**10 337.0**	**11 323.0**	**11 478.6**	**11 393.5**	**13 498.1**
工业固体废物占地面积	万平方米	1 220.0	997.7	1 068.0	1 227.9	1 325.8	1 388.45
七、锅炉总数	**台**	**10 880**	**4 172**	**4 064**	**4 009**	**3 970**	**3 994**
#已达标的	台	4 605	3 047	3 069	3 101	3 279	3 335
锅炉蒸吨数	蒸吨	33 820	26 973	27 605	29 271	31 924	31 697
#烟尘排放达标的	蒸吨	19 893	21 856	23 884	25 365	28 561	28 250
八、工业炉窑	**座**	**3 356**	**3 280**	**3 171**	**3 098**	**2 894**	**2 980**
烟充排放达标的	座	1 662	1 642	1 765	1 818	1 820	1 904
九、三废综合利用产品产值	**万元**	**28 416**	**46 842**	**51 705**	**72 367**	**83 565**	**97 058**
三废综合利用利润	万元	9 291	12 248	13 121	23 829	33 695	28 563

18—28 企、事业单位污染治理情况

项目	单位	1990年	1991年	1992年	1993年	1994年	1995年
一、汇总单位数	**个**	**991**	**1 071**	**1 062**	**712**	**580**	**613**
二、企业事业污染治理资金使用合计	**万元**	**18 051**	**24 326**	**23 800**	**23 086**	**24 000**	**27 433**
基本建设资金	万元	5 568	7 869	1 963	2 423	1 276	3 540
更新改造资金	万元	6 222	5 978	8 543	5 271	8 252	8 893
综合利用利润留成	万元	209	1 146	1 363	1 486	2 082	1 604
环境保护补助资金	万元	2 531	4 585	5 432	5 903	5 568	5 430
#贷　款	万元	2 149	2 252	2 565	1 831	2 823	3 143
其　他	万元	1 372	4 748	6 500	8 003	6 822	7 966
三、企事业污染治理资金使用情况							
治理废水	万元	5 637	10 274	11 152	7 703	8 806	12 042
治理废气	万元	9 891	7 852	10 302	11 549	11 151	9 164
治理固体废物	万元	1 371	4 119	1 166	2 670	2 476	5 293
治理噪声	万元	534	900	614	703	613	583
其　他	万元	618	1 181	567	451	954	351
四、当年安排治理项目	**个**	**1 545**	**1 559**	**1 495**	**1 159**	**1 007**	**939**
治理废水	个	450	470	441	360	311	305
治理废气	个	758	674	660	473	405	367
治理固体废物	个	119	128	133	113	111	121
治理噪声	个	139	176	184	164	137	109
其　他	个	79	111	77	49	43	37
五、当年竣工项目	**个**	**1 312**	**1 261**	**1 263**	**1 011**	**871**	**832**
治理废水	个	353	367	374	301	251	256
治理废气	个	662	540	556	414	360	339
治理固体废物	个	99	104	109	93	96	96
治理噪声	个	126	156	158	156	116	106
其　他	个	72	94	66	47	48	35
六、当年竣工项目累计完成投资额	**万元**	**12 116**	**22 460**	**21 376**	**21 710**	**18 821**	**23 239**

18—29 排污费征收、使用和污染赔(罚)款情况

项　　目	单　位	1990年	1991年	1992年	1993年	1994年	1995年
交纳排污费单位	个	4 072	4 603	4 979	5 640	7 726	9 409
本年征收排污费数	万元	7 823	8 438	9 642	10 191.5	11 778.7	13 870.4
超标排污费	万元	6 430	6 770	7 797		8 409.0	9 609.7
治理污染源	万元	4 037	4 193	4 629	5 075.9	4 230.4	5 384.5
综合治理补助	万元	676	293	299	199	246.5	232.6
购置监测仪器	万元	287	215	338	397.9	328.5	487.9
其　　他	万元	1 430	2 069	2 540	3 090.2	3 603.6	4 477.7
污染事故	次	98	111	50	57	70	62
污染赔款总额	万元	362	70.7	34.5	29.7	35.9	77.7
污染罚款总额	万元	45	7.2	1.1	2.9	6.2	7.6

18—30 各地区企、事业单位废水处理设施情况

项　　目	单位	1990年		1994年		1995年	
		合　计	#企　业	合　计	#企　业	合　计	#企　业
汇总企事业单位数	个	1 016	937	1 018	900	1 038	921
处理设施数量	套	1 923	1 820	2 042	1 910	1 886	1 765
总 投 资	万元	49 590	48 691	73 775	69 137	85 469	80 707
处 理 量							
实际处理废水量	万吨	104 503	103 758	117 891	115 274	120 753	118 213
#达 标 的	万吨	84 132	83 376	34 234	32 325	36 839	34 750
运行费用	万元	7 320	7 192	12 349	11 661	14 885	14 112
污染物去除量							
汞及其无机化合物	吨	1.00	1.00	0.02	0.02	0.03	0.03
镉及其无机化合物	吨	2.23	2.23	3.40	3.40	2.23	2.23
六价铬化合物	吨	39.28	39.27	57.0	57.0	42.0	42.0
砷及其无机化合物	吨	19.34	19.34	20.8	20.8	10.1	10.1
铅及其无机化合物	吨	26.57	26.57	21.4	21.4	42.4	42.4
酚(挥发酚)	吨	855.45	855.43	1 896.2	1 893.8	2 940.8	2 940.7
氰 化 物	吨	78.23	78.23	303.0	303.0	108.7	108.7
石 油 类	万吨	1.15	1.15	5.17	5.2	2.5	2.5
其　　他	万吨	55.13	55.13	158.66	158.1	41.2	40.25

18—31 环境保护系统科研成果基本情况

单位:项

项目	1990年	1991年	1992年	1993年	1994年	1995年
一、科研成果总数	**31**	**12**	**18**	**9**	**9**	**3**
环境管理	12	4	5	5	6	
环境工程技术	7	6	5	3	1	
环境分析测试	7		3		1	
环境生态	3		1			
环境基准、标准		1	1	1		
环境医学		1				
其他	2		3		1	
二、获奖科研成果总数	**19**	**7**	**10**	**6**	**3**	**14**
省(部)级	7	1	3	1	1	3
地、市级	12	6	7	5	2	11

18—32 全省当年建成投产的建设项目"三同时"执行情况

项目	单位	1990年	1991年	1992年	1993年	1994年	1995年
一、应执行"三同时"的建设项目	个	**306**	**432**	**458**	**432**	**417**	**245**
二、应执行"三同时"的建设项目投资总额	亿元	**12.72**	**43.73**	**41.15**	**78.45**	**44.33**	**33.6**
#环保工程投资	亿元	0.32	2.05	1.60	3.70	2.35	1.5
三、"三同时"执行情况							
实际执行项目数	个	221	311	318	400	361	227
检查项目投资总额	亿元	11.66	30.53	24.47	72.22	41.81	
#环保工程投资	亿元	0.64	1.48	1.14	3.62	2.20	
执行项目中合格的	个	217	272	310	367	302	211
检查项目中未执行"三同时"的	个	4	39	8	33	59	
四、新增处理利用"三废"能力							
废水	万吨/日	6.34	48.36	7.97	47.18	4.86	31.45
废气	万标立方米/时	2 979.10	512.45	324.1	1 038.04	508.08	265.00
固体废物	万吨/年	5.63	96.02	28.93	228.17	73.97	47.22

主要统计指标解释

【等级运动员人数】 指经考核正式批准授予等级运动员称号的人数。运动员等级分为国际级运动健将、运动健奖、一级运动员、二级运动员、三级运动员、少年级运动员。

【等级裁判人员数】 指经考核正式批准授予等级裁判员称号的人数。裁判员等级分为国际裁判、国家级裁判、一级裁判、二级裁判、三级裁判。

【体育场】 指有400米跑道（中心含足球场），有固定道牙，跑道6米以上，并有固定看台的田径场，以看台容纳观众人数分：甲级25 000人以上，乙级15 000人，丙级5 000人，丁级5 000人以下。

【体育馆】 指有固定看台可供篮球、排球、羽毛球、乒乓球、体操等项目训练活动用的室内场地。以看台容纳观众人数分：甲级6 000人以上，乙级4 000人，丙级2 000人，丁级2 000人以下。

【医院】 指名称为医院、设有固定床位能收容病人住院并能为病人提供医疗、护理服务的医疗机构包括县及县以上医院、农村乡卫生院、其他医院三部分。按所属性质分为卫生部门、工业及其他部门、集体所有制三类。其中县及县以上医院业务性质分为综合医院和专科医院。

【卫生技术人员】 指卫生事业机构支付工资的全部固定职工和合同制职工中现任职务为卫生技术工作的人员。包括中医师、西医师、中西医结合、高级医师、护师、中药师、西药师、检验师、其他技师、其他中医、护理员、中药剂员、西药剂员、检验员、其他初级卫生技术人员。

【医生】 指经卫生部门审查合格，从事医疗工作的专业人员，分为中医医生和西医医生。包括卫生技术人员中的中医师、西医师、中西医结合高级医师、中医士、西医士和其他中医。

【社会福利事业单位】 指集中收养社会孤老、残、幼的机构。包括由民政部门管理的社会福利院、儿童福利院、精神病人福利院和城镇集体办的福利院，以及农村集体举办的敬老院。儿童、缺乏生活自理能力的残疾人员和精神病人。

【社会福利事业单位收养人数】 包括民政部门管理的和城镇农村集体举办的社会福利事业单位中收养的老人、少年儿童、缺乏生活自理能力的残疾人和精神病人。

【社会福利企业单位】 指以安置城镇有一定劳动能力的盲、聋、哑和肢体残疾人员就业为目的，享受国家减免税待遇的全民或集体所有制企业。包括福利工厂、福利商业服务业、假肢厂和安置农场等单位。

【农村五保户】 指农村中既无劳动能力、又无经济来源孤老、幼、残家 庭户。由集体供养，做到保吃、保穿、保住、保医、保葬（孤儿保教）。

【双扶户】 包括被扶持的优抚户和贫困户，主要是对具有一定劳动能力且生活困难的两户给予一定的救济金以扶持其通过生产自救达到脱贫的目的。

【律师工作者】 批受聘参加法律顾问处工作，担任法律顾问、刑（民事）代理人、刑事辩护人，办理非诉讼事件、解答法律询问、代写法律事务文书等主要律师业务的专职法律工作者和兼职律师。

【公证人员】 指在国家公证机关依法办理公证事务的司法人员。包括公证员、助理公证员和在公证处工作的其他人员。

【办理公证】 指公证处处内办结的公证文书件数。公证文书等按司法部规定或批准的格式制作。包括国内公证和涉外公证两部分。其中国内公证分为经济合同公证和民事法律关系公证两大类。

【调解人员】 在人民调解委员会担负调解民间一般民事纠纷和轻微违法行为所引起的纠纷的工作人员。包括调解委员会的委员和调解小组的调解员。

【调解民间纠纷】 指调解委员会依照法律规定，根据自愿原则，用说服方法调解民间发生的有关民事权利和义务的争执，促成当事双方达成协议和谅解、解决纠纷。包括婚姻家庭纠纷、财产权益纠纷等。不包括法院受理调解的民事案件数。

【废水排放总量】 包括生产废水和生活污水。生产废水指企、事业单位在生产、科研过程中向外环境排放的所有排放口的废水量总和。生活污水指城镇居民区和企、事业单位职工集中居住区排放的污水量。

【工业废水排放量】 指经过企业所有排放口排到企业外的生产废水总量，包括外排的直接冷却水和矿区超标排放的有害有毒矿井地下水，但不包括外排的间接冷却水（清污不分流的应计算在内）。

【符合排放标准的工业废水量】 指全面达到国家标准的外排工业废水量（包括经过处理和未经处理的）。但不包括虽经处理仍未达到国家排放标准的工业废水。国家尚未正式颁布标准的，以地方制订的标准为准。

【工业废水处理量】 指经过各种水处理装置净化处理后的外排工业废量和处理后回用的工业废水量。（包括虽经处理仍未达到国家或地区标准的外排工业废水量和回用工业废水量）。

【废气排放总量】 指燃料燃烧和生产工艺过程中排放

的各种废气总量，以标准状态下每年万标立方米表示。

【燃料燃烧过程废气排放量】 指燃煤、油、气锅炉及工业窑炉在燃烧过程中所排废气的总量。

【生产工艺工程废气排放量】 指生产工艺过程中排放的废气总量。

【净化处理的废气量】 指生产工艺过程中排放的废气经过各种处理装置净化、处理的量。

【工业粉尘排放量】 指生产工艺过程中排放的固体微粒重量。

【工业粉尘回收量】 指经过各种回收处理装置回收的工业粉尘和尘泥量（包括干法和湿法）。

【工业固体废物产生量】 指工矿企业、事业单位在生产（试验）过程中产生的工业固体废弃物总量，不包括矿山开采的剥离废石和气掘废石（煤矸石除外）。

【工业固体废物处理量】 指以填埋、焚烧等方式最终处理的工业固体废物量。

【工业固体废物综合利用量】 指已用作农业肥料、造田、生产建筑材料，以及其它方式综合利用的工业固体废物量（不包括填埋和焚烧量），利用量由原产固体废物的单位统计。

【“三废”综合利用产品产值】 指企业利用“三废”作为主要原料生产和回收利用的产品产值。

【“三废”综合利用利润】 指企业利用“三废”作为主要原料生产和回收利用的产品出售后所得的利润额。

【污染治理项目名称】 指由国家、部门、地方、企业安排的污染治理项目，包括当年新建的续建的废水、废气、废渣、噪声及其他治理项目。

【企事业污染治理资金】 指企事业单位当年实际完成的各项治理资金。

【污染事故】 指由于某种原因引起的、偶然的、突发性的向环境排放污染物，从而造成污染的损害，其直接经济损失在千元以上的事件。

地、市、州主要指标　19

资料整理人员：刘艳丽　唐惠蓉
冯坤林　蒋宇飞
邹玮炜　常　迅
何志华　李文强
王兴华　朱　焰

19—1 地、市、州国内生产总值

(1995年)

单位:亿元

地、市、州	国内生产总值	第一产业	第二产业	第三产业	人均国内生产总值(元)
合计	**2 391.42**	**619.77**	**1 029.85**	**741.80**	**4 162**
武汉市	606.91	60.74	294.67	251.50	8 609
黄石市	70.64	7.40	38.00	25.24	5 113
十堰市	141.51	29.01	73.43	39.07	4 199
荆沙市	328.52	156.88	98.48	73.16	4 196
宜昌市	217.05	52.96	111.80	52.29	5 462
襄樊市	337.99	103.35	157.96	76.68	6 205
鄂州市	76.53	12.66	38.94	24.93	7 723
荆门市	89.46	27.53	42.39	19.54	7 945
孝感市	209.97	87.23	66.24	56.50	3 669
黄冈市	210.90	83.96	78.94	48.00	3 038
咸宁地区	101.24	40.02	35.57	25.65	2 865
恩施自治州	62.20	30.53	15.24	16.43	1 674
随州市	77.94	20.84	27.05	30.05	4 934
潜江市	80.76	18.82	31.74	30.20	8 574
仙桃市	94.08	22.93	34.95	36.20	6 306
天门市	96.64	28.35	32.43	35.86	5 903
神农架林区	1.88	0.53	0.61	0.74	2 383

注:本表按当年价格计算,地市州相加不等于全省合计数。

19—2 地、市、州国内生产总值指数

(1995年,上年=100)

单位:%

地、市、州	国内生产总值	第一产业	第二产业	第三产业
合计	**114.6**	**108.9**	**118.9**	**112.7**
武汉市	116.7	109.5	115.9	119.8
黄石市	113.8	113.3	111.4	117.9
十堰市	96.6	100.0	89.4	118.0
荆沙市	113.1	108.3	123.7	106.0
宜昌市	129.5	114.5	133.6	134.0
襄樊市	115.3	111.1	120.5	108.3
鄂州市	135.9	119.8	140.0	137.1
荆门市	136.3	124.3	145.1	135.3
孝感市	122.9	107.6	135.8	127.5
黄冈市	128.5	108.4	149.6	127.8
咸宁地区	114.5	106.3	127.4	108.8
恩施自治州	110.5	110.0	113.8	107.4
随州市	113.2	113.1	111.8	114.8
潜江市	123.7	124.7	124.8	121.8
仙桃市	134.1	128.1	139.4	132.0
天门市	140.3	122.3	139.8	156.0
神农架林区	125.7	103.2	135.2	137.9

19—3 地、市、州全部行政、事业服务业全额单位财务状况

(1995 年)

单位:万元

地、市、州	经费实际支出	预算外支出	专用基金支出	专项资金支出	年末固定资产原值
武汉市	363 093	95 646.4	19 901.7	25 778.8	844 823.4
黄石市	33 877.7	18 468.8	3 599.3	1 790.0	145 316.0
十堰市	62 555.2	15 934.1	1 823.2	4 239.8	193 040.6
荆沙市	110 802.8	42 146.9	5 743.7	8 439.3	330 338.1
宜昌市	98 905.7	23 544.0	3 594.5	9 475.9	218 929.7
襄樊市	85 059.4	21 843.9	2 491.0	5 750.5	213 305.7
鄂州市	14 771.0	2 081.7	813.2	6 223.5	42 541.9
荆门市	20 031.4	16 281.6	846.6	1 746.9	65 504.0
孝感市	74 716.8	25 672.1	3 044.2	6 566.6	270 120.1
黄冈市	84 581.0	26 808.9	2 114.7	8 907.2	160 796.5
咸宁地区	59 026.8	19 537.9	1 125.5	3 917.5	146 045.4
恩施自治州	55 027.6	12 536.7	2 625.2	4 495.4	117 950.0
随州市	13 432.2	7 783.0	137.8	714.4	45 107.8
潜江市					
仙桃市	13 781.6	2 473.6	880.5	1 000.3	18 361.7
天门市	14 351.1	9 935.5	532.6	3 659.4	38 238.9
神农架林区	2 766.0	573.4	51.3	237.7	8 835.3

19—4 差额、自收自支事业单位财务状况

(1995 年)

单位:万元

地、市、州	上年结余结转本年数	本年收入合计	业务(事业)收入	业务(事业)支出	本年拨入的差额补助费
武汉市	46 769.7	507 137.4	312 000.8	377 839.5	30 390.9
黄石市	1 547.2	31 681.7	20 933.0	23 153.1	1 876.1
十堰市	172.7	49 491.0	30 469.5	40 483.0	2 968.7
荆沙市	1 572.3	130 464.6	74 140.2	103 627.2	5 888.7
宜昌市	562.7	95 638.3	79 719.6	63 052.4	8 485.6
襄樊市	−8 065	112 079.2	65 114.2	79 343.9	6 641.1
鄂州市	0	10 996.9	9 664.5	8 190.2	2 935.7
荆门市	−644.6	28 706.5	23 375.9	20 315.1	1 135.9
孝感市	387.6	50 014.5	39 871.0	42 823.3	1 858.3
黄冈市	407.4	78 187.1	58 059.0	59 297.8	3 635.4
咸宁地区	−67.8	2 844.2	1 827.0	2 509.6	295.8
恩施自治州	1 771.3	17 561.5	13 268.1	14 281.3	3 223.8
随州市	2 329.3	4 935.1	3 214.3	3 473.6	87.5
潜江市					
仙桃市	123.1	1 774.3	1 003.4	1 589.1	107.1
天门市	−442.2	16 122.8	13 615.4	14 032.7	533.9
神农架林区	−6.6	52.8	48.1	70.7	16.7

19—4 续表　　(1995年)　　单位:万元

地、市、州	业务(事业)收支结余	专用基金支出	专项资金支出	年末固定资产原值	已提折旧的固定资产原值	当年提取折旧
武汉市	99 813.9	60 016.3	12 179.9	574 664.9	122 001.7	17 948.4
黄石市	1 351.0	1 720.0	499.5	82 961.4	5 478.2	934.1
十堰市	−279.6	7 777.9	1 445.9	45 520.0	9 564.8	1 022.3
荆沙市	8 310.6	7 890.0	3 406.3	182 888.2	44 921.4	4 506.4
宜昌市	29 774.5	6 263.5	4 994.9	126 102.1	25 235.1	3 156.9
襄樊市	19 832.9	6 316.7	1 765.1	227 518.5	48 038.5	28 170.1
鄂州市	2 371.5	2 432.5	307.5	16 910.4	6 011.3	1 166.3
荆门市	−1 623.5	2 067.5	1 647.2	104 635.2	51 228.3	1 933.9
孝感市	3 750.5	5 009.5	2 858.0	86 232.1	28 929.8	4 600.8
黄冈市	6 210.8	4 819.0	3 407.3	97 066.6	24 385.5	2 393.1
咸宁地区	−57	166.1	136	4 914.3	1 413.5	149.9
恩施自治州	2 678.0	3 326.0	1 539.2	714.3	24 401.6	2 785.0
随州市	763.8	41.4	33.3	15 641.3	1 265.2	477.4
潜江市						
仙桃市	137.1	57.8	31.9	3 117.4	1 314.9	321.7
天门市	−664.9	1 121.3	977.3	31 736.7	24 846.7	363.5
神农架林区	−9.6	16.1		216.2	1.7	1.7

19—5 服务企业和企业化管理的事业单位财务状况

(1995年)　　单位:万元

地、市、州	资本金合计	流动资产合计	固定资产合计	固定资产原值	累计折旧	资产总计
武汉市	917 556.1	12 787 093.2	533 324.3	493 815.7	119 938.2	17 748 557.9
黄石市	259 076.5	1 046 719.5	69 361.5	35 567.8	9 337.5	1 450 255.4
十堰市	81 716.0	1 843 043.1	92 444.9	62 276.4	15 896.0	2 539 613.3
荆沙市	83 844.7	1 748 874.0	97 795.2	75 104.6	14 767.6	2 573 365.7
宜昌市	131 076.7	2 264 687.0	131 339.6	127 445.7	24 194.2	3 689 619.5
襄樊市	168 847.1	1 603 647.4	65 193.2	58 744.0	13 977.0	2 436 770.8
鄂州市	36 132.6	579 672.2	187 866.9	187 125.9	6 465.7	834 606.3
荆门市	18 958.2	553 214.1	28 570.1	33 263.6	4 862.2	792 337.1
孝感市	66 696.4	1 084 467.6	66 900.7	43 415.7	9 787.9	1 557 589.6
黄冈市	83 851.4	1 405 608.2	85 993.3	88 325.3	11 419.0	1 668 214.6
咸宁地区	5 743.2	87 119.3	9 313.8	5 494.7	723.0	111 387.1
恩施自治州	73 835.8	667 359.8	34 126.6	30 147.6	7 123.0	846 169.2
随州市	8 952.9	21 821.3	57 021.7	15 534.4	2 325.1	280 720.1
潜江市						
仙桃市	1 575.1	15 087.2	442.7	268	97.7	18 811.7
天门市	10 797.5	245 620.4	12 628.8	15 105.4	2 476.6	262 904.7
神农架林区	476.0	4 742.4	892.4	1 099.2	224.2	5 719.4

19—5 续表 (1995年) 单位:万元

地、市、州	流动负债合计	长期负债合计	主营业务收入	营业成本	营业费用	业务税金及附加
武汉市	13 707 577.0	1 820 245.9	1 947 591.4	1 731 275.7	172 222.1	39 349.0
黄石市	960 510.5	352 666.1	160 163.3	128 182.4	16 326.3	4 689.8
十堰市	1 916 186.1	535 351.5	275 410.7	217 242.0	29 487.2	8 968.0
荆沙市	1 738 982.3	559 291.1	263 518.6	218 396.0	28 664.4	6 393.4
宜昌市	2 260 430.1	652 703.1	344 560.4	244 350.3	38 284.3	15 510.5
襄樊市	1 678 798.6	517 984.3	235 786.1	197 046.7	19 512.2	7 820.6
鄂州市	560 438.4	250 020.2	84 416.9	72 101.8	8 694.2	2 748.5
荆门市	526 622.5	200 344.7	91 185.4	83 469.6	3 341.9	2 178.3
孝感市	1 035 693.0	678 802.5	149 765.7	124 594.3	16 818.7	3 806.0
黄冈市	1 182 759.3	385 250.4	207 409.1	129 755.4	29 766.6	7 622.3
咸宁地区	82 652.2	22 775.2	8 185.0	8 551.1	1 905.7	229.3
恩施自治州	614 292.4	104 909.9	88 215.9	64 081.3	14 136.1	2 478.8
随州市	163 263.3	108 468.9	43 839.5	39 948.7	5 082.6	1 698
潜江市						
仙桃市	10 373.5	7 272.3	5 825	3 385.2	2 228.6	64.5
天门市	149 213.3	109 038.7	40 236.5	34 346.5	5 046.0	1 300.4
神农架林区	4 926.0	910.7	894.2	689.3	151.4	43.5

地、市、州	主营业务利润	管理费用	利润总额	应交所得税	应付利润	本年应付工资	本年应付福利费
武汉市	−18 991.3	96 607.3	−69 312.8	16 877.3	7 365.8	55 467.0	8 506.3
黄石市	790.9	7 056.8	−844.9	236.4	201.9	4 426.5	620.9
十堰市	621.8	11 835.7	−147.2	275.5	−344.2	9 408.8	1 772.9
荆沙市	7 198.4	16 565.0	1 425.7	213.3	419.5	13 497.2	1 863.0
宜昌市	19 599.8	17 764.0	−4 514.7	1 152.8	130.0	14 851.8	2 050.5
襄樊市	−4 859.1	25 535.7	2 385.5	227.9	690.6	15 426.5	61 033.3
鄂州市	363.2	5 279.6	−1 962.5	29.2	99.5	3 970.0	584.4
荆门市	2 194.5	4 673.8	−673.5	10.1	92.1	2 864.4	308.1
孝感市	−7 569.2	15 278.3	−5 913.1	166.3	106 783.4	6 135.6	957.0
黄冈市	3 567.6	11 676.9	−4 699.5	144.0	988.0	12 821.1	1 316.7
咸宁地区	−2 521.1	806.1					
恩施自治州	108.7	8 258.1	2 397.0	150.1	48.7	4 651.4	881.3
随州市	−2 889.8	108.4	−4 194	104	58.9	2 085	268.9
潜江市							
仙桃市	21.1	14.7	6.0			105.8	15.8
天门市	−456.4	1 091.8	−2 170	55.1	428.1	1 278.1	340.1
神农架林区	10.1	61.5	−108.2	1.9		104.9	19.3

19—6 地、市、州人口数

单位:万人

地、市、州	1990年	1991年	1992年	1993年	1994年	1995年
总计	**5 439.29**	**5 512.33**	**5 579.85**	**5 653.48**	**5 718.81**	**5 772.07**
武汉市	669.75	677.03	684.46	691.69	700.01	710.01
黄石市	130.61	133.10	134.74	139.76	142.67	145.32
十堰市	326.81	329.80	331.58	334.11	335.85	338.19
荆沙市	749.18	759.57	768.32	778.28	787.95	795.24
宜昌市	386.21	389.34	392.10	394.93	396.34	398.39
襄樊市	508.79	515.48	524.23	532.23	540.34	549.10
鄂州市	91.61	93.07	95.00	97.01	98.29	99.92
荆门市	103.91	105.02	105.73	106.92	107.88	109.26
孝感市	535.80	546.47	554.23	562.74	568.50	576.00
黄冈市	657.76	666.17	673.35	682.36	689.88	698.69
咸宁地区	323.67	330.90	336.20	343.90	350.43	356.36
恩施自治州	359.38	361.93	364.82	368.10	370.24	372.97
随州市	143.89	146.92	150.96	154.00	156.71	159.22
仙桃市	138.44	141.06	143.17	145.17	147.98	150.47
天门市	153.34	155.41	157.54	159.77	162.59	164.86
潜江市	86.66	87.73	89.39	91.61	93.22	95.14
神农架林区	7.75	7.83	7.81	7.88	7.90	7.99

注:本表总计数是人口抽样调查推算数,地、市、州为公安年报数。

19—7 1995年地、市、州人口数

单位:万人

地、市、州	总人口				
		男	女	农业人口	非农业人口
总计	**5 772.07**	**2 975.33**	**2 796.74**	**4 257.83**	**1 514.24**
武汉市	710.01	366.37	343.64	303.33	406.68
黄石市	145.32	75.30	70.02	78.40	66.92
十堰市	338.19	178.73	159.46	258.54	79.65
荆沙市	795.24	405.54	389.70	601.52	193.72
宜昌市	398.39	205.61	192.78	293.65	104.74
襄樊市	549.10	281.40	267.70	409.37	139.73
鄂州市	99.92	51.13	48.79	72.14	27.78
荆门市	109.26	55.79	53.47	81.16	28.10
孝感市	576.00	294.72	281.28	488.54	87.46
黄冈市	698.69	363.17	335.52	586.54	112.15
咸宁地区	356.36	183.63	172.73	276.87	79.49
恩施自治州	372.97	194.63	178.34	334.67	38.30
随州市	159.22	81.42	77.80	127.66	31.56
仙桃市	150.47	77.92	72.55	111.37	39.10
天门市	164.86	84.28	80.58	129.79	35.07
潜江市	95.14	48.14	47.00	65.47	29.67
神农架林区	7.99	4.39	3.60	5.67	2.32

注:本表总计数为1%人口抽样调查推算数,地、市、州为公安年报数。

19—8 地、市、州按经济类型分职工人数

(1995 年底)

单位:万人

地、市、州	合计	国有经济单位职工	#女职工	#合同制职工	城镇集体经济单位职工	#女职工	其他经济单位职工	#女职工
总计	**7 423 759**	**5 691 172**	**2 194 158**	**2 317 545**	**1 378 805**	**651 781**	**353 782**	**168 977**
#武汉市	2 136 068	1 590 970	647 191	422 173	423 212	220 123	121 886	59 679
黄石市	329 732	232 585	84 851	174 060	59 157	28 046	37 990	15 635
十堰市	408 674	312 347	111 596	170 424	81 924	36 987	14 403	5 564
荆沙市	870 001	658 127	257 096	296 541	166 068	77 574	45 806	24 173
宜昌市	545 745	446 974	163 706	214 665	61 792	28 560	36 979	17 295
襄樊市	670 977	488 868	193 787	267 986	134 311	62 878	47 798	21 937
鄂州市	139 173	95 708	36 388	52 566	35 499	15 669	7 966	4 631
荆门市	155 884	128 794	49 509	78 216	23 018	12 165	4 072	2 108
孝感市	468 954	357 226	134 455	173 299	105 172	40 189	6 556	3 110
黄冈市	491 828	397 032	144 803	130 237	81 891	32 134	12 905	5 959
咸宁地区	353 763	287 399	112 433	151 323	58 142	27 059	8 222	4 491
恩施自治州	201 758	174 762	55 062	29 636	25 981	9 316	1 015	420
随州市	113 684	87 852	35 459	16 403	25 377	11 248	455	221
仙桃市	110 601	71 761	28 164	38 801	35 493	17 089	3 347	1 857
天门市	104 515	81 107	30 222	45 726	21 082	9 662	2 326	1 360
潜江市	181 413	149 616	62 741	36 576	29 997	17 176	1 800	575
神农架林区	12 086	11 163	3 740	4 111	913	321	10	1

19—9 地、市、州按经济类型和隶属关系分的职工人数

(1995 年底)

单位:万人

地、市、州	职工人数	#国有经济单位职工	#城镇集体经济单位职工	国有经济单位职工人数	
				中央单位	地方单位
总计	**7 423 759**	**5 691 172**	**1 378 805**	**1 092 873**	**4 598 299**
#武汉市	2 136 068	1 590 970	423 212	354 029	1 236 941
黄石市	329 732	232 585	59 157	52 476	180 109
十堰市	408 674	312 347	81 924	118 794	193 553
荆沙市	870 001	658 127	166 068	33 413	624 714
宜昌市	545 745	446 974	61 792	134 499	312 475
襄樊市	670 977	488 868	134 311	77 159	411 709
鄂州市	139 173	95 708	35 499	4 610	91 098
荆门市	155 884	128 794	23 018	35 661	93 133
孝感市	468 954	357 226	105 172	35 751	321 475
黄冈市	491 828	397 032	81 891	22 474	374 558
咸宁地区	353 763	287 399	58 142	20 041	267 358
恩施自治州	201 758	174 762	25 981	17 723	157 039
随州市	113 684	87 852	25 377	3 598	84 254
仙桃市	110 601	71 761	35 493	3 567	68 194
天门市	104 515	81 107	21 082	3 156	77 951
潜江市	181 413	149 616	29 997	59 883	89 733
神农架林区	12 086	11 163	913	680	10 483

19—10 地、市、州职工工资总额及平均工资

(1995年)

地、市、州	职工工资总额(万元)	国有经济单位	城镇集体经济单位	其他经济单位	平均工资(元)	国有经济单位	城镇集体经济单位	其他经济单位
总计	**3 456 323.0**	**2 827 480.2**	**451 406.3**	**177 436.5**	**4 685**	**4 991**	**3 308**	**5 093**
#武汉市	1 127 756.0	915 749.4	146 332.2	65 674.4	5 327	5 781	3 534	5 514
黄石市	152 100.1	110 801.3	18 862.8	22 436.0	4 598	4 775	3 135	5 814
十堰市	233 191.0	187 296.6	35 518.5	10 375.9	5 733	6 031	4 324	7 394
荆沙市	353 183.3	276 768.4	55 411.3	21 003.6	4 088	4 236	3 348	4 648
宜昌市	274 908.5	234 556.6	22 328.9	18 023.0	5 081	5 280	3 654	5 044
襄樊市	278 559.4	219 644.3	38 260.6	20 654.5	4 199	4 541	2 895	4 342
鄂州市	59 261.2	46 280.3	10 065.4	2 915.5	4 380	4 994	2 894	3 715
荆门市	78 673.4	69 067.7	6 799.5	2 806.2	5 132	5 428	3 075	7 137
孝感市	172 159.0	141 448.1	28 216.8	2 494.1	3 699	3 985	2 717	3 794
黄冈市	174 374.9	146 167.8	24 181.8	4 025.3	3 597	3 736	2 971	3 321
咸宁地区	131 675.3	111 612.0	16 834.7	3 228.6	3 746	3 909	2 896	4 087
恩施自治州	75 493.7	66 822.3	8 242.7	428.7	3 772	3 852	3 211	4 326
随州市	45 870.7	37 741.9	7 921.9	215.9	4 132	4 368	3 277	4 756
仙桃市	45 188.8	32 797.4	11 259.4	1 132.0	4 068	4 522	3 198	3 367
天门市	43 791.6	35 374.3	7 675.5	741.8	4 236	4 413	3 633	3 553
潜江市	93 030.1	83 248.5	9 157.5	624.1	5 109	5 555	3 012	3 458
神农架林区	4 758.8	4 472.1	284.1	2.6	3 960	4 026	3 160	2 889

19—11 地、市、州职工及离(退)休、退职人员保险福利费用

(1995年)

单位:万元

地、市、州	职工及离(退)休、退职人员保险福利费用	# 国有经济单位	# 城镇集体经济单位	国有经济单位职工保险福利费用	中央	地方
总计	**966 964.9**	**835 231.5**	**105 911.5**	**295 956.1**	**95 385.3**	**200 570.8**
#武汉市	424 402.6	369 140.7	42 544.4	103 128.8	27 052.5	76 076.3
黄石市	47 211.2	39 722.0	4 614.8	13 479.7	4 602.9	8 876.8
十堰市	26 443.8	23 356.9	3 086.3	9 062.3	2 502.0	6 560.3
荆沙市	85 605.4	68 476.1	14 018.5	28 415.4	3 615.7	24 799.7
宜昌市	84 531.3	71 952.0	8 463.9	33 068.7	14 137.7	18 931.0
襄樊市	64 590.3	53 905.3	8 750.3	22 945.5	7 545.5	15 400.0
鄂州市	11 283.2	9 696.3	1 478.7	4 181.2	449.1	3 732.1
荆门市	15 861.5	13 738.6	2 070.1	8 553.1	4 661.6	3 891.5
孝感市	34 096.5	28 884.3	4 813.9	10 909.6	2 557.3	8 352.3
黄冈市	40 497.4	34 310.1	6 091.4	13 398.6	1 871.7	11 526.9
咸宁地区	25 100.0	21 871.4	2 902.0	8 278.0	1 262.1	7 015.9
恩施自治州	19 453.5	17 093.2	2 323.6	6 062.2	1 196.9	4 865.3
随州市	9 753.9	8 169.1	1 584.8	3 766.8	465.0	3 301.8
仙桃市	8 824.3	8 041.4	742.8	2 828.5	305.1	2 523.4
天门市	7 254.6	5 840.5	1 404.2	2 540.1	300.0	2 240.1
潜江市	6 979.1	6 149.0	830.1	2 196.0	202.1	1 993.9
神农架林区	1 540.7	1 481.3	59.4	565.1	81.6	483.5

19—12 地、市、州全社会固定资产投资

单位:亿元

地、市、州	1990年	1991年	1992年	1993年	1994年	1995年
全省总计	**144.44**	**168.19**	**240.73**	**383.18**	**593.07**	**826.50**
武汉市	38.87	43.79	68.28	119.03	211.55	323.71
黄石市	5.21	6.58	13.00	15.49	16.23	18.33
十堰市	6.83	10.52	13.14	17.36	30.14	30.51
荆沙市	22.61	26.94	34.88	50.48	47.71	56.61
宜昌市	18.29	19.96	29.80	56.98	98.35	130.53
襄樊市	11.63	13.80	26.03	28.88	35.73	42.50
鄂州市	2.52	5.29	4.64	9.36	11.60	26.41
荆门市	3.65	3.96	7.39	10.62	13.01	18.04
孝感市	12.17	9.61	14.12	18.63	24.42	46.19
黄冈市	6.16	9.05	13.16	16.91	25.58	38.23
咸宁地区	4.16	4.98	7.27	10.07	14.86	19.61
恩施自治州	3.36	4.56	6.39	7.97	9.41	10.35
随州市					6.34	8.20
仙桃市					7.07	10.61
天门市					8.42	10.50
潜江市					4.27	11.80
神农架林区	0.27	0.6	0.39	0.54	0.53	0.49
跨地区	8.71	8.76	8.24	20.86	27.85	23.89

19—13 地、市、州国有经济单位固定资产投资

单位:亿元

地、市、州	1990年	1991年	1992年	1993年	1994年	1995年
总计	**100.35**	**119.07**	**182.86**	**275.84**	**401.16**	**518.76**
武汉市	33.64	38.14	61.32	94.45	138.65	190.14
黄石市	3.99	5.36	11.87	10.40	10.07	11.23
十堰市	5.07	7.90	9.78	12.86	22.27	21.58
荆沙市	11.09	14.67	22.50	31.69	32.24	31.42
宜昌市	13.27	14.24	22.56	41.80	77.37	101.27
襄樊市	7.02	7.38	11.78	16.12	29.13	22.90
鄂州市	1.25	3.80	6.36	8.66	9.46	22.98
荆门市	1.98	2.39	2.93	6.23	9.20	10.70
孝感市	6.85	5.08	8.31	12.04	14.41	32.60
黄冈市	2.29	4.04	7.12	8.80	11.12	13.90
咸宁地区	2.77	3.57	5.04	5.86	10.30	12.93
恩施自治州	2.15	3.44	4.75	5.61	6.85	7.26
随州市					3.86	2.64
仙桃市					2.91	3.69
天门市					1.82	2.67
潜江市					2.27	6.58
神农架林区	0.26	0.32	0.31	0.46	0.39	0.38
跨地区	8.72	8.74	8.23	20.86	27.85	23.89

19—14　地、市、州按经济类型分的全社会固定资产投资

（1995年）

单位：亿元

地、市、州	合计	国有经济				集体经济		
		单位	＃基建	＃技改	＃房地产开发	单位	城镇	农村
总计	**826.50**	**518.76**	**333.05**	**128.23**	**45.92**	**72.58**	**26.73**	**45.85**
武汉市	323.71	190.14	90.41	67.40	29.14	14.49	5.04	9.45
黄石市	18.33	11.23	5.93	4.56	0.68	0.99	0.73	0.26
十堰市	30.51	21.58	12.30	7.33	1.61	5.45	4.77	0.68
荆沙市	56.61	31.42	23.43	6.50	1.31	9.03	2.61	6.42
宜昌市	130.53	101.27	85.56	8.66	6.04	8.10	3.30	4.80
襄樊市	42.50	22.90	11.79	7.46	1.05	5.74	1.94	3.80
鄂州市	26.41	22.98	15.44	3.84	3.49	1.19	0.82	0.37
荆门市	18.04	10.70	7.07	3.40	0.10	1.86	0.57	1.29
孝感市	46.19	32.60	28.18	3.18	0.96	5.30	1.26	4.04
黄冈市	38.23	13.90	9.39	3.61	0.30.31	8.21	2.39	5.82
咸宁地区	19.61	12.93	8.16	4.00	0.28	1.19	0.30	0.89
恩施自治州	10.35	7.26	5.14	1.93	0.04	0.74	0.17	0.57
随州市	8.20	2.64	1.29	0.88	0.23	1.69	0.83	0.86
仙桃市	10.61	3.69	1.75	1.15	0.46	3.33	1.50	1.83
天门市	10.50	2.67	1.56	0.98		1.18	0.06	1.12
潜江市	11.80	6.58	2.73	2.17	0.15	4.07	0.43	3.64
神农架林区	0.49	0.38	0.23	0.12		0.03	0.01	0.02
不分地区	23.89	23.89	22.69	1.06				

地、市、州	其他经济				城乡私人	城镇	农村
	单位	＃基建	＃技改	＃房地产开发			
总计	**135.26**	**33.29**	**22.70**	**68.92**	**99.90**	**41.23**	**58.67**
武汉市	92.79	21.09	5.77	58.89	26.29	17.06	9.23
黄石市	4.96	1.96	2.40	0.60	1.14	0.64	0.50
十堰市	1.65	0.34	0.62	0.49	1.83	0.41	1.42
荆沙市	3.54	0.24	2.17	0.92	12.62	5.02	7.60
宜昌市	12.53	3.50	2.52	5.81	8.64	3.36	5.28
襄樊市	5.78	1.79	2.38	1.17	8.07	2.81	5.26
鄂州市	1.49	0.09	0.91	0.44	0.75	0.40	0.35
荆门市	3.92	0.60	3.23	0.02	1.57	0.13	1.44
孝感市	0.91	0.10	0.08	0.21	7.38	2.05	5.33
黄冈市	2.89	0.85	1.30	0.11	13.22	5.54	7.68
咸宁地区	0.84	0.39	0.21	0.24	4.66	1.47	3.19
恩施自治州	0.11	0.09	0.01		2.24	0.87	1.37
随州市	1.83	1.83			2.03	0.11	1.92
仙桃市	0.90		0.46		2.69	0.33	2.36
天门市	0.89	0.38	0.51		5.76	0.69	5.07
潜江市	0.22	0.03	0.13	0.02	0.95	0.31	0.64
神农架林区					0.07	0.04	0.03
不分地区							

19—15　地、市、州国有经济单位基本建设投资

单位:亿元

地、市、州	1990年	1991年	1992年	1993年	1994年	1995年
合　　计	**56.78**	**68.08**	**111.50**	**123.01**	**249.53**	**333.05**
武汉市	14.16	17.78	32.40	46.39	58.24	90.41
黄石市	2.73	3.35	8.79	7.12	5.35	5.93
十堰市	2.57	4.69	4.94	7.06	13.98	12.30
荆沙市	5.93	8.06	13.85	20.62	22.60	23.43
宜昌市	8.67	8.59	15.75	32.64	63.33	85.56
襄樊市	3.78	4.49	6.90	8.83	11.41	11.79
鄂州市	0.62	1.27	2.88	80.4	5.89	15.44
荆门市	10.74	0.83	1.64	3.70	6.50	7.07
孝感市	4.87	3.21	5.76	4.00	10.10	28.18
黄冈市	1.45	2.60	4.56	5.82	7.75	9.39
咸宁地区	1.86	2.49	3.60	4.47	6.04	8.16
恩施自治州	1.44	2.17	3.14	4.05	3.93	5.14
随州市					2.88	1.29
仙桃市					1.39	1.75
天门市					1.20	1.56
潜江市					1.11	2.73
神农架林区	0.23	0.29	0.15	0.44	0.30	0.23
不分地区	7.73	8.26	7.14	19.82	27.53	22.69

19—16　地、市、州国有经济单位技术改造投资

单位:亿元

地、市、州	1990年	1991年	1992年	1993年	1994年	1995年
合　　计	**33.30**	**37.32**	**52.79**	**71.12**	**107.37**	**128.23**
武汉市	15.45	16.24	22.90	33.66	55.48	67.40
黄石市	0.98	1.64	2.76	2.81	4.01	4.56
十堰市	2.28	2.86	4.17	5.52	7.41	7.33
荆沙市	3.28	3.85	5.38	6.09	5.73	6.50
宜昌市	1.56	2.12	4.91	6.47	8.44	8.66
襄樊市	2.74	2.28	3.45	4.77	6.66	7.46
鄂州市	0.42	1.23	1.21	2.10	2.45	3.84
荆门市	1.08	1.15	1.11	1.64	2.49	3.40
孝感市	1.30	0.98	1.43	2.88	3.25	3.18
黄冈市	0.54	1.13	2.09	2.17	2.45	3.61
咸宁地区	0.60	0.83	1.19	0.93	3.42	4.00
恩施自治州	0.44	0.99	1.37		2.69	1.93
随州市					0.79	0.88
仙桃市					0.39	1.15
天门市					0.56	0.98
潜江市					1.08	2.17
神农架林区	0.01	0.02	0.05	0.02	0.05	0.12
不分地区	0.65	0.21	0.77	0.73	0.02	1.06

19—17　地、市、州财政收入

单位:万元

地、市、州	1990年	1991年	1992年	1993年	1994年	1995年
合　　计	**778 496**	**950 874**	**941 355**	**1 150 707**	**774 641**	**996 864**
省　　级	47 766	126 237	71 376	79 186	95 432	115 703
武 汉 市	296 266	362 117	351 297	427 138	241 551	288 353
黄 石 市	31 288	31 736	34 843	53 315	26 302	28 553
十 堰 市	38 833	42 396	48 793	67 377	32 924	44 314
荆 沙 市	87 088	84 941	93 057	77 155	58 161	79 645
宜 昌 市	57 548	61 251	69 555	86 570	53 662	70 111
襄 樊 市	66 515	70 140	78 465	84 192	49 268	64 662
鄂 州 市	13 372	14 524	16 811	19 312	11 684	16 439
荆 门 市	14 258	15 389	16 539	19 301	12 554	17 291
孝 感 市	38 048	39 784	45 153	51 610	31 365	41 224
黄 冈 市	36 048	42 477	47 553	58 719	47 506	66 953
咸宁地区	23 132	26 573	29 584	35 040	22 159	29 713
恩施自治州	27 810	32 188	37 729	41 410	19 042	28 131
随 州 市				13 228	14 974	23 325
仙 桃 市				15 132	22 111	29 196
天 门 市				10 901	15 133	26 606
潜 江 市				10 189	20 172	25 934
神农架林区	524	521	600	932	641	711

19—18　地、市、州财政支出

单位:万元

地、市、州	1990年	1991年	1992年	1993年	1994年	1995年
合　　计	**848 242**	**995 273**	**989 659**	**1 145 771**	**1 372 044**	**1 624 296**
省　　级	238 602	321 741	258 451	284 566	279 234	333 374
武 汉 市	155 791	198 051	180 647	200 033	260 815	313 718
黄 石 市	17 122	17 017	19 126	39 563	47 172	47 425
十 堰 市	38 662	41 716	49 228	61 678	79 292	92 062
荆 沙 市	87 594	86 558	100 359	81 714	104 357	127 072
宜 昌 市	59 241	62 303	71 078	89 660	107 663	119 004
襄 樊 市	61 581	61 525	68 302	68 007	83 540	97 023
鄂 州 市	9 180	11 004	12 550	15 886	18 367	24 683
荆 门 市	12 034	13 440	14 097	16 414	21 062	25 655
孝 感 市	44 603	42 258	55 436	58 922	74 177	81 715
黄 冈 市	47 514	53 627	65 231	74 491	88 245	111 831
咸宁地区	32 129	34 897	40 065	45 991	50 143	57 407
恩施自治州	42 419	46 209	52 950	57 729	69 124	72 284
随 州 市				14 902	19 735	29 164
仙 桃 市				13 152	25 567	30 667
天 门 市				11 673	16 117	27 739
潜 江 市				9 480	24 322	30 272
神农架林区	1 769	1 927	2 139	2 650	3 112	3 201

注:1. 1992年以前按原行政区划分。

2. 从1994年开始,全国实行分税制财政体制,收入口径有所变化。

19—19 地、市、州居民消费水平

(1995年)

地、市、州	居民消费(亿元)	非农业居民	农业居民	居民消费水平(元)	非农业居民	农业居民
合计	**1 122.60**	**557.77**	**564.83**	**1 954**	**3 759**	**1 325**
武汉市	236.83	188.89	47.94	3 359	4 710	1 577
黄石市	38.39	25.25	13.14	2 778	4 181	1 690
十堰市	57.34	31.07	26.27	1 701	3 992	1 013
荆沙市	182.45	80.32	102.13	2 330	4 406	1 700
宜昌市	96.40	43.72	52.68	2 426	4 261	1 787
襄樊市	128.89	51.63	77.26	2 366	3 783	1 893
鄂州市	22.90	10.60	12.30	2 311	3 925	1 706
荆门市	29.31	11.41	17.90	2 603	3 767	2 175
孝感市	88.23	26.40	61.83	1 542	3 017	1 275
黄冈市	110.91	31.08	79.83	1 597	2 875	1 362
咸宁地区	54.21	21.35	32.86	1 534	2 747	1 197
恩施自治州	37.33	8.77	28.56	1 005	2 331	855
随州市	36.96	15.07	21.89	2 340	3 387	1 929
潜江市	34.88	15.41	19.47	3 702	5 222	3 009
仙桃市	31.86	14.09	17.77	2 135	2 824	1 789
天门市	32.69	9.81	22.88	1 997	2 974	1 750
神农架林区	1.07	0.47	0.60	1 359	2 082	1 071

19—20 地、市、州居民消费水平指数

(1995年,按可比价格计算)

地、市、州	居民消费指数 (上年=100)	非农业居民	农业居民	居民消费水平指数 (上年=100)	非农业居民	农业居民
合计	**111.8**	**116.3**	**107.8**	**109.4**	**108.5**	**107.3**
武汉市	115.4	115.6	114.9	113.9	112.8	115.1
黄石市	113.1	117.2	105.9	110.0	111.1	105.1
十堰市	114.5	119.7	109.2	113.8	111.4	110.7
荆沙市	116.2	121.8	112.3	115.1	117.3	112.3
宜昌市	119.6	118.2	120.9	119.1	112.4	122.2
襄樊市	114.5	113.8	114.9	112.7	108.5	114.4
鄂州市	102.6	90.5	116.0	101.0	85.8	115.8
荆门市	123.5	117.1	127.7	122.2	112.1	127.9
孝感市	115.4	118.4	114.3	114.1	116.1	113.0
黄冈市	116.8	124.2	114.3	115.4	108.7	115.3
咸宁地区	119.6	121.6	118.4	115.1	109.8	116.3
恩施自治州	108.9	109.9	108.6	108.2	105.6	108.3
随州市	120.5	149.7	106.9	118.5	135.9	108.3
潜江市	135.9	128.5	142.6	131.8	126.3	141.5
仙桃市	122.0	118.7	124.6	119.9	116.8	122.4
天门市	130.7	168.4	119.8	128.7	120.5	126.1
神农架林区	128.6	129.7	127.8	128.4	125.7	129.2

19—21 地、市、州乡村劳动力

单位:万人

地、市、州	1994年	#农林牧渔业劳动力	#工业劳动力	1995年	#农林牧渔业劳动力	#工业劳动力
合　　计	**1 826.21**	**1 379.52**	**121.68**	**1 810.44**	**1 329.18**	**130.91**
武　汉　市	124.71	86.06	14.77	123.51	84.22	14.70
黄　石　市	26.99	17.60	3.87	25.87	16.45	3.69
十　堰　市	112.58	90.42	5.35	111.43	87.45	5.47
荆　沙　市	252.85	206.61	14.32	252.46	197.93	15.99
宜　昌　市	139.39	110.12	9.29	136.55	105.71	9.84
襄　樊　市	170.45	133.10	9.90	167.88	129.01	9.78
鄂　州　市	36.87	23.48	5.44	35.34	22.37	4.86
荆　门　市	39.31	30.69	3.79	36.05	27.25	3.73
孝　感　市	226.31	168.73	11.11	227.54	165.27	12.52
黄　冈　市	250.32	177.12	14.43	247.90	169.20	17.52
咸宁地区	97.52	71.43	6.56	96.74	67.58	7.26
恩施自治州	160.54	137.41	3.53	161.01	134.24	3.80
随　州　市	50.88	35.75	5.75	49.91	33.27	6.22
仙　桃　市	58.11	33.22	7.26	59.20	33.34	7.44
天　门　市	55.75	41.18	3.71	55.99	40.44	4.93
潜　江　市	21.66	14.79	2.57	21.04	13.64	3.13
神农架林区	1.97	1.81	0.03	2.02	1.81	0.03

19—22 地、市、州耕地面积

地、市、州	1990年		1994年		1995年	
	年末耕地面积(千公顷)	人平耕地(亩)	年末耕地面积(千公顷)	人平耕地(亩)	年末耕地面积(千公顷)	人平耕地(亩)
合　　计	**3 476.78**	**0.96**	**3 375.60**	**0.90**	**3 358.01**	**0.88**
武　汉　市	240.11	0.54	228.29	0.49	225.75	0.48
黄　石　市	42.32	0.49	39.96	0.42	39.7	0.41
十　堰　市	207.27	0.95	197.14	0.88	194.44	0.86
荆　沙　市	622.84	1.25	610.60	1.16	590.98	1.11
宜　昌　市	275.72	1.07	265.80	1.01	264.98	0.10
襄　樊　市	429.00	1.26	416.71	1.16	415.64	1.14
鄂　州　市	44.33	0.73	41.00	0.63	40.90	0.61
荆　门　市	98.59	1.42	96.49	1.34	112.00	1.54
孝　感　市	296.41	0.83	290.76	0.77	289.86	0.75
黄　冈　市	335.85	0.77	320.74	0.70	317.96	0.68
咸宁地区	192.22	0.89	189.19	0.81	188.78	0.79
恩施自治州	291.61	1.22	289.10	1.17	288.70	1.16
随　州　市	99.63	1.52	98.40	0.94	98.10	0.98
仙　桃　市	108.29	1.17	104.50	1.06	104.50	0.98
天　门　市	110.63	1.08	108.90	1.00	108.50	1.71
潜　江　市	73.39	1.27	69.72	1.12	69.02	0.63
神农架林区	8.57	1.66	8.30	1.58	8.20	1.54

19—23 地、市、州农、林、牧、渔业总产值及指数

单位:亿元

地、市、州	绝对数			指数		
	1993年	1994年	1995年	1993年	1994年	1995年
合计	**501.17**	**786.84**	**988.53**	**106.7**	**109.8**	**114.1**
武汉市	48.50	72.38	94.34	107.9	109.8	112.0
黄石市	6.85	9.65	11.94	104.5	107.7	106.2
十堰市	21.72	34.33	43.43	105.3	102.1	106.7
荆沙市	110.70	199.07	242.21	109.9	120.7	113.1
宜昌市	39.29	62.45	80.26	101.9	107.7	116.4
襄樊市	68.02	120.06	155.08	115.2	119.7	113.0
鄂州市	8.94	14.52	18.42	116.1	117.8	123.2
荆门市	14.55	28.39	39.42	104.0	131.7	124.1
孝感市	53.29	95.82	124.45	109.3	116.0	115.0
黄冈市	61.28	97.81	119.17	107.4	112.1	108.9
咸宁地区	28.67	47.07	59.42	108.6	115.9	111.2
恩施自治州	24.75	35.75	48.32	98.4	104.7	111.0
随州市	22.96	27.56	30.07	124.1	82.0	112.6
仙桃市	20.12	27.37	37.47	112.2	95.1	125.9
天门市	18.92	29.27	41.58	109.0	119.6	122.0
潜江市	13.00	19.76	28.61	110.1	123.0	127.6
神农架林区	0.67	0.70	0.84	103.6	100.4	103.2

注:本表按当年价格计算。全省合计数为调整数,故地、市、州相加不等于合计数。

19—24 地、市、州农、林、牧、渔业总产值

(1995年)

单位:亿元

地、市、州	合计	农业	林业	牧业	渔业
合计	**988.53**	**612.12**	**28.33**	**268.10**	**79.98**
武汉市	94.34	56.27	0.62	26.44	11.01
黄石市	11.94	6.82	0.17	3.35	1.60
十堰市	43.43	24.85	3.61	13.54	1.43
荆沙市	242.21	143.47	4.74	68.42	25.58
宜昌市	80.26	52.70	3.20	21.15	3.21
襄樊市	155.08	98.25	4.53	47.03	5.27
鄂州市	18.37	11.67	0.10	3.69	2.91
荆门市	39.42	24.98	1.24	8.69	4.51
孝感市	124.45	76.84	2.70	34.68	10.23
黄冈市	119.17	71.76	4.63	29.18	13.60
咸宁地区	59.42	38.03	2.77	13.71	4.91
恩施自治州	48.32	31.33	3.03	13.78	0.18
随州市	30.07	20.18	1.17	7.63	1.09
仙桃市	37.47	22.15	0.27	10.47	4.58
天门市	41.58	24.91	0.23	13.36	3.08
潜江市	28.61	17.05	0.26	8.73	2.57
神农架林区	0.84	0.51	0.08	0.25	

注:本表按当年价格计算。全省合计数为调整数,故地、市、州相加不等于合计数。

19—25 地、市、州农、林、牧、渔业中间消耗

(1995年)

单位:亿元

地、市、州	合计	农业	林业	牧业	渔业
合计	**349.22**	**197.71**	**8.91**	**119.81**	**22.79**
武汉市	33.60	18.78	0.26	11.45	3.11
黄石市	4.54	2.32	0.07	1.76	0.39
十堰市	14.70	6.62	1.24	6.57	0.27
荆沙市	85.33	47.76	1.54	27.89	8.14
宜昌市	27.12	14.29	0.66	11.32	0.85
襄樊市	51.73	30.60	1.24	18.36	1.53
鄂州市	5.71	2.84	0.09	2.09	0.69
荆门市	11.77	6.60	0.33	3.76	1.08
孝感市	37.22	16.98	0.77	16.72	2.75
黄冈市	35.21	18.77	1.29	12.28	2.87
咸宁地区	17.64	10.47	0.44	5.47	1.27
恩施自治州	17.51	10.47	0.75	6.27	0.03
随州市	9.39	5.39	0.31	3.51	0.19
仙桃市	14.53	5.90	0.19	5.94	2.50
天门市	13.23	6.00	0.17	6.47	0.58
潜江市	9.79	2.49	0.06	6.67	0.57
神农架林区	0.31	0.16	0.03	0.12	

注:全省中间消耗为调整数,故与地、市、州合计数不等。

19—26 地、市、州农、林、牧、渔业增加值

(1995年)

单位:亿元

地、市、州	合计	农业	林业	牧业	渔业
合计	**639.31**	**414.41**	**19.42**	**148.28**	**57.19**
武汉市	60.74	37.50	0.36	14.99	7.90
黄石市	7.40	4.50	0.10	1.59	1.21
十堰市	28.73	18.23	2.36	6.98	1.16
荆沙市	156.88	95.71	3.20	40.53	17.44
宜昌市	53.14	38.41	2.55	9.83	2.36
襄樊市	103.35	67.66	3.29	28.67	3.73
鄂州市	12.66	8.83	0.01	1.59	2.22
荆门市	27.65	18.38	0.91	4.93	3.42
孝感市	87.23	59.86	1.93	17.96	7.48
黄冈市	83.96	53.00	3.34	16.90	10.73
咸宁地区	41.77	27.56	2.34	8.24	3.64
恩施自治州	30.81	20.86	2.28	7.52	0.15
随州市	20.68	14.79	0.86	4.12	0.90
仙桃市	22.93	16.25	0.08	4.52	2.08
天门市	28.35	18.91	0.06	6.89	2.49
潜江市	18.82	14.56	0.20	2.06	2.00
神农架林区	0.53	0.35	0.05	0.13	

注:全省增加值为调整数,故与地、市、州合计数不等。

19—27 地、市、州农、林、牧、渔业商品产值

(1995年)

单位:亿元

地、市、州	合计	农业	林业	牧业	渔业
合计	**603.00**	**342.33**	**13.74**	**187.67**	**59.26**
武汉市	63.96	34.23	0.22	20.90	8.61
黄石市	7.95	3.92	0.09	2.68	1.27
十堰市	19.15	8.94	1.81	7.41	0.99
荆沙市	145.17	80.99	2.49	46.71	14.98
宜昌市	43.11	27.20	1.32	12.55	2.04
襄樊市	95.91	57.30	2.30	32.21	4.09
鄂州市	10.00	5.70	0.01	2.19	2.10
荆门市	26.94	16.90	0.81	6.11	3.12
孝感市	78.25	42.52	1.47	25.57	8.68
黄冈市	65.11	30.71	2.18	23.04	9.18
咸宁地区	31.49	16.60	1.55	9.13	4.21
恩施自治州	18.36	11.57	0.69	5.95	0.15
随州市	19.24	12.01	0.66	5.80	0.77
仙桃市	28.73	15.11	0.04	9.05	4.53
天门市	29.33	15.93	0.08	11.76	1.57
潜江市	19.41	10.26	0.08	7.32	1.76
神农架林区	0.22	0.12	0.03	0.06	

注:全省合计数为调整数,故地、市、州相加不等于合计数(下表同)。

19—28 地、市、州农村非农行业产值

(1995年)

单位:亿元

地、市、州	合计	农村工业	#乡办工业	建筑业	运输业	批发、零售贸易餐饮业
合计	**1 727.53**	**1 244.31**	**600.35**	**176.04**	**128.28**	**178.90**
武汉市	361.59	240.98	71.28	29.76	28.68	62.17
黄石市	52.53	35.28	8.28	6.76	4.93	5.56
十堰市	57.46	41.59	17.42	5.34	3.34	7.20
荆沙市	302.73	220.03	110.18	25.72	20.88	36.10
宜昌市	172.47	97.31	41.27	25.28	20.27	29.60
襄樊市	419.02	304.76	94.71	39.92	29.12	45.22
鄂州市	86.88	69.11	21.21	7.91	3.12	6.75
荆门市	93.22	72.85	18.74	7.16	5.10	8.10
孝感市	210.39	153.99	37.54	30.08	12.10	14.22
黄冈市	374.78	300.24	52.65	23.23	17.91	33.40
咸宁地区	95.10	67.46	22.59	7.82	10.72	9.10
恩施自治州	19.81	11.67	4.58	2.42	2.31	3.41
随州市	92.81	85.44	21.28	2.52	2.20	2.65
仙桃市	131.98	123.00	59.65	3.81	2.47	2.69
天门市	121.07	82.98	29.11	8.92	5.62	23.54
潜江市	102.49	71.60	26.42	11.39	5.84	13.67
神农架林区	0.34	0.25	0.18	0.02	0.02	0.05

19—29 地、市、州农业机械拥有量

（1995年）

地、市、州	农业机械总动力（万瓦特）	大中型农用拖拉机		小型及手扶拖拉机（台）	大中型机引农具（台）	小型及手扶拖拉机机引农具（台）	农用水泵（台）
		混合台	万瓦特				
合计	**1 174.34**	**71 157**	**147.76**	**154 747**	**28 531**	**154 764**	**265 575**
武汉市	140.31	7 658	16.56	10 620	1 993	9 980	30 895
黄石市	20.64	1 548	2.90	234	257	136	4 806
十堰市	41.56	3 457	6.52	1 085	976	783	2 770
荆沙市	230.24	11 185	26.36	35 336	5 091	20 680	79 563
宜昌市	87.45	5 900	11.92	14 796	715	10 829	18 383
襄樊市	107.47	10 844	21.91	28 777	12 481	45 097	14 129
鄂州市	28.71	994	1.95	968	34	1 080	5 892
荆门市	30.35	1 741	3.35	9 452	821	6 020	10 627
孝感市	100.15	6 410	12.16	9 056	691	6 676	25 575
黄冈市	114.89	8 577	16.42	8 846	1 615	22 139	23 553
咸宁地区	69.15	3 447	6.45	5 758	853	7 212	15 364
恩施自治州	33.88	2 813	5.02	1 697	62	668	1 492
随州市	32.95	2 689	5.02	10 276	1 127	13 492	5 037
仙桃市	61.70	962	2.86	4 940	709	2 289	11 712
天门市	41.15	1 483	4.12	8 009	395	6 816	9 532
潜江市	32.26	1 299	3.96	4 892	696	864	6 233
神农架林区	1.48	150	0.28	5	15	3	12

地、市、州	机动脱粒机（台）	碾米机（部）	磨面机（部）	轧花机（部）	榨油机（台）	农用汽车（辆）
合计	**112 526**	**128 163**	**85 981**	**18 025**	**22 767**	**15 771**
武汉市	9 366	6 508	3 379	3 810	1 513	3 854
黄石市	2 544	1 527	930	145	331	571
十堰市	14 101	12 488	13 720	211	1 889	713
荆沙市	17 068	20 212	5 422	2 814	2 599	1 757
宜昌市	6 128	12 466	16 657	722	2 160	2 122
襄樊市	16 079	10 556	7 830	875	2 507	696
鄂州市	3 418	1 143	765	310	232	512
荆门市	2 840	2 637	1 102	214	520	367
孝感市	13 089	9 228	5 816	1 653	1 600	616
黄冈市	10 044	18 240	10 882	3 956	3 536	749
咸宁地区	2 279	9 142	3 903	409	1 511	1 017
恩施自治州	146	9 277	7 812	6	1 369	831
随州市	4 149	5 879	3 568	496	1 155	336
仙桃市	2 918	3 127	776	263	307	895
天门市	4 574	3 917	2 360	1 988	329	265
潜江市	3 676	1 763	690	153	1 157	411
神农架林区	107	53	369		52	59

19—30 地、市、州农业机械化、用电、化肥、水利情况

(1995年)

地、市、州	农业机械总动力（万瓦特）	当年实际机耕面积（千公顷）	农村用电量（万千瓦小时）	化肥施用量（折纯量）（万吨）	有效灌溉面积（千公顷）
合计	**1 174.34**	**796.24**	**473 641.88**	**228.41**	**2 172.08**
武汉市	140.31	39.15	86 580	13.79	191.6
黄石市	20.64	1.11	30 440	1.65	24.64
十堰市	41.56	10.43	13 898.86	8.11	36.64
荆沙市	230.24	78.47	75 761.45	43.89	435.56
宜昌市	87.45	40.29	29 952.54	24.07	106.23
襄樊市	107.47	187.40	28 479.4	28.45	230.81
鄂州市	28.71	14.71	22 265	3.80	35.4
荆门市	30.35	34.14	11 200.07	8.19	95.54
孝感市	100.15	122.30	30 576.26	17.51	249.31
黄冈市	114.89	110.06	47 867.76	26.16	263.80
咸宁地区	69.15	24.15	35 492.03	9.82	120.26
恩施自治州	33.88	1.70	11 459.14	14.78	48
随州市	32.95	65.61	6 951.98	5.75	83.43
仙桃市	61.70	41.29	21 872.23	8.78	91.87
天门市	41.15	15.21	10 448	6.61	108.50
潜江市	32.26	10.22	9 775.02	6.98	50.39
神农架林区	1.48		622.14	0.07	0.1

19—31 地、市、州粮、棉、油产量

单位：万吨

地、市、州	粮食		棉花		油料	
	1994年	1995年	1994年	1995年	1994年	1995年
合计	**2 422.10**	**2 463.84**	**45.00**	**58.60**	**137.77**	**189.44**
武汉市	170.85	173.01	4.17	4.53	8.48	11.16
黄石市	29.96	30.86	0.07	0.07	1.45	1.61
十堰市	108.85	101.69	0.03	0.02	3.86	4.76
荆沙市	504.29	512.12	16.67	18.72	27.35	38.04
宜昌市	163.38	167.33	2.79	3.43	13.69	17.41
襄樊市	347.14	360.28	4.54	7.13	20.29	27.50
鄂州市	31.12	35.75	1.06	1.24	1.93	3.07
荆门市	95.32	105.13	1.26	2.33	5.44	9.06
孝感市	264.23	272.43	4.42	4.93	8.65	11.58
黄冈市	286.79	291.77	5.73	6.23	21.37	28.02
咸宁地区	137.34	138.95	0.67	0.77	5.65	8.36
恩施自治州	133.10	136.88	0.01	0.01	6.63	8.68
随州市	105.07	107.50	2.37	2.52	2.33	2.86
仙桃市	81.26	84.13	2.55	3.13	4.05	6.39
天门市	62.94	64.95	4.65	6.04	3.41	5.10
潜江市	42.70	52.70	2.17	2.60	3.17	5.79
神农架林区	2.02	2.23			0.03	0.04

注：粮食、棉花产量全省合计数为调整数，故地、市、州相加不等于合计(下表同)。

19—32　地、市、州主要农作物产量

（1995年）

单位：万吨

地、市、州	粮　食	# 稻谷	# 小麦	# 玉米	# 薯类	# 大豆	棉　花	油　料	# 花生
合　计	**2 463.84**	**1 730.71**	**363.60**	**150.18**	**135.23**	**39.45**	**58.60**	**189.44**	**27.28**
武汉市	173.01	144.68	15.84	3.23	2.84	2.97	4.53	11.16	1.60
黄石市	30.86	25.04	2.56	0.26	2.26	0.40	0.07	1.61	0.19
十堰市	101.69	19.79	34.07	24.43	15.80	4.88	0.02	4.76	0.84
荆沙市	512.12	429.12	51.89	10.69	5.44	6.11	18.72	38.04	1.71
宜昌市	167.33	83.92	18.71	34.76	23.76	1.94	3.43	17.41	2.31
襄樊市	360.28	185.59	127.59	21.09	12.53	5.80	7.13	27.50	7.52
鄂州市	35.75	29.51	4.11	0.45	0.89	0.32	1.24	3.07	0.15
荆门市	105.13	87.03	15.05	0.43	1.02	0.65	2.33	9.06	0.24
孝感市	272.43	222.99	40.72	0.30	1.54	2.05	4.93	11.58	3.36
黄冈市	291.77	245.03	30.63	0.38	9.68	2.59	6.23	28.02	6.65
咸宁地区	138.95	114.26	4.87	3.21	12.00	3.02	0.77	8.36	0.77
恩施自治州	136.88	36.88	10.31	43.97	42.16	2.23	0.01	8.68	0.71
随州市	107.50	70.35	33.89	0.37	1.28	0.59	2.52	2.86	0.53
仙桃市	84.13	71.25	6.41	2.22	1.34	1.38	3.13	6.39	0.16
天门市	64.95	46.06	10.80	0.57	1.76	2.78	6.04	5.10	0.36
潜江市	52.70	39.88	7.28	2.73	0.26	1.65	2.61	5.79	0.20
神农架林区	2.23	0.04	0.27	1.08	0.67	0.10		0.04	

地、市、州	# 油菜籽	# 芝麻	麻　类	# 苎麻	糖　料	# 甘蔗	烟　叶	# 烟烤
合　计	**146.24**	**15.07**	**8.14**	**3.42**	**73.58**	**73.58**	**11.11**	**6.74**
武汉市	7.99	1.56	0.23	0.23	4.65	4.65	0.01	
黄石市	1.12	0.30	0.10	0.10	0.17	0.17		
十堰市	2.31	1.50			0.02	0.02	0.23	0.10
荆沙市	34.47	1.86	2.95	0.19	33.78	33.78	0.02	
宜昌市	14.64	0.30	0.02	0.01	0.57	0.57	1.26	0.69
襄樊市	15.79	4.18	1.18	0.19	4.09	4.09	1.75	1.69
鄂州市	2.36	0.56	0.02	0.02	4.84	4.84		
荆门市	8.55	0.26	0.03		2.89	2.89		
孝感市	7.44	0.78	0.41	0.01	2.66	2.66	0.18	0.18
黄冈市	20.08	0.96	1.60	0.35	5.63	5.63	0.07	0.07
咸宁地区	6.60	1.00	0.02	1.60	4.24	4.24		
恩施自治州	7.73	0.03	0.02	0.02	0.22	0.22	7.56	3.98
随州市	1.79	0.53	1.29	0.01	0.34	0.34	0.04	0.04
仙桃市	5.68	0.56	0.16	0.69	4.84	4.84		
天门市	4.30	0.44	0.11		1.84	1.84		
潜江市	5.35	0.24			2.78	2.78		
神农架林区	0.03							

19—33 地、市、州大牲畜、羊、猪年末存栏、出栏、肉产量

(1995年)

地、市、州	大牲畜存栏(万头)	#牛	羊存栏(万只)	#山羊	年末生猪存栏(万头)	#能繁殖母猪
合计	**413.86**	**409.45**	**263.23**	**260.04**	**2 449.11**	**157.92**
武汉市	22.81	22.71	3.16	3.01	142.08	6.29
黄石市	3.48	3.47	0.26	0.26	35.22	1.73
十堰市	31.12	30.82	34.20	34.19	145.80	6.42
荆沙市	41.32	40.08	12.66	12.51	383.42	22.14
宜昌市	23.77	23.63	25.12	25.00	243.14	17.85
襄樊市	93.79	93.28	90.30	88.03	319.37	26.78
鄂州市	3.31	3.31	0.15	0.15	23.88	0.95
荆门市	9.71	9.65	4.44	4.44	53.70	2.45
孝感市	42.57	41.86	15.16	15.12	212.54	10.78
黄冈市	44.81	44.72	10.75	10.72	243.10	16.50
咸宁地区	17.36	17.36	10.05	10.05	126.40	7.10
恩施自治州	33.15	32.59	35.26	35.02	257.58	18.40
随州市	28.67	28.61	16.82	16.77	67.10	3.58
仙桃市	4.58	4.44	0.45	0.40	62.87	5.27
天门市	7.46	7.07	1.73	1.73	81.83	8.52
潜江市	4.91	4.82	0.71	0.68	45.52	2.93
神农架林区	1.03	1.03	1.98	1.94	5.56	0.23

地、市、州	年内出栏肉猪(万头)	年内出栏羊(万只)	出笼禽(万只)	肉类总产量(万吨)	#猪肉产量	#羊肉	禽蛋产量(万吨)
合计	**2 981.48**	**197.46**	**22 457.83**	**279.97**	**239.60**	**2.78**	**87.92**
武汉市	170.59	3.59	2 480.18	19.77	15.92	0.05	9.43
黄石市	29.57	0.10	288.15	2.51	2.24		0.39
十堰市	136.08	17.10	448.84	12.56	11.14	0.26	2.72
荆沙市	618.72	18.53	4 805.01	55.13	46.99	0.23	20.50
宜昌市	279.79	14.29	1 185.90	23.16	20.60	0.19	2.80
襄樊市	373.49	83.23	3 500.5	38.41	29.75	1.21	11.98
鄂州市	30.59	0.25	276.2	3.00	2.66		1.06
荆门市	72.34	2.90	942.14	7.59	6.45	0.06	3.08
孝感市	213.53	10.98	3 525.9	23.64	19.79	0.15	12.25
黄冈市	258.10	6.16	1 198.59	25.45	23.05	0.08	5.23
咸宁地区	159.37	4.19	407.15	14.29	13.71	0.05	1.73
恩施自治州	224.60	13.83	163.03	16.26	15.63	0.19	1.22
随州市	91.21	18.27	570.0	8.79	6.86	0.26	2.78
仙桃市	101.00	0.17	592.47	8.30	7.57		4.62
天门市	118.86	1.95	1 002.62	10.27	8.56	0.02	4.95
潜江市	100.25	1.33	1 066.29	10.52	8.38	0.02	3.16
神农架林区	3.39	0.59	4.86	0.32	0.30	0.01	0.02

19—34　地、市、州生猪年末存栏和年内出栏头数

单位:万头

地、市、州	生猪年末存栏头数			生猪年内出栏头数		
	1990年	1994年	1995年	1990年	1994年	1995年
合计	**2 063.55**	**2 339.13**	**2 449.11**	**1 714.30**	**2 516.17**	**2 981.48**
武汉市	126.72	153.17	142.08	124.08	159.47	170.59
黄石市	34.87	32.77	35.22	26.34	30.14	29.57
十堰市	141.35	145.61	145.80	93.66	115.79	136.08
荆沙市	304.63	363.88	383.42	308.95	527.70	618.72
宜昌市	245.79	238.62	243.14	233.43	255.65	279.79
襄樊市	214.17	311.34	319.37	149.53	296.92	373.49
鄂州市	22.74	22.24	23.88	17.43	24.50	30.59
荆门市	51.44	46.51	53.70	40.88	57.79	72.34
孝感市	170.65	198.54	212.54	125.29	174.88	213.53
黄冈市	235.19	232.60	243.10	177.57	222.13	258.10
咸宁地区	116.45	119.64	126.40	100.59	136.22	159.37
恩施自治州	215.19	234.44	257.58	143.44	195.25	224.60
随州市	49.88	63.89	67.10	34.61	73.47	91.21
仙桃市	45.43	51.96	62.87	51.00	71.40	101.00
天门市	49.56	71.95	81.83	52.47	101.14	118.86
潜江市	34.60	46.53	45.52	32.52	70.35	100.25
神农架林区	4.89	5.44	5.56	2.52	3.37	3.39

19—35　地、市、州水产品产量

单位:万吨

地、市、州	1990年	1991年	1992年	1993年	1994年	1995年
合计	**70.98**	**69.63**	**81.63**	**101.29**	**129.41**	**150.91**
武汉市	11.30	11.39	12.60	14.83	17.75	21.74
黄石市	1.08	1.31	1.51	1.92	2.24	2.73
十堰市	0.70	0.76	0.74	0.96	1.66	1.89
荆沙市	19.27	18.19	21.45	26.65	33.38	40.70
宜昌市	2.51	2.61	2.84	3.38	4.06	4.84
襄樊市	2.12	2.30	2.70	3.55	5.94	7.94
鄂州市	1.97	2.07	2.42	3.13	4.08	4.93
荆门市	2.39	2.81	3.37	3.98	5.15	6.80
孝感市	7.20	6.43	7.99	9.77	12.54	16.09
黄冈市	7.75	8.14	9.48	12.53	17.07	21.65
咸宁地区	5.25	5.19	5.61	6.51	7.42	9.13
恩施自治州	0.17	0.14	0.19	0.20	0.23	0.25
随州市	0.89	1.06	1.32	2.01	2.16	2.51
仙桃市	5.01	4.09	5.42	6.66	8.20	10.02
天门市	1.56	1.25	1.76	2.49	3.40	5.50
潜江市	1.80	1.89	2.23	2.72	4.13	5.23
神农架林区						

注:1995年水产品产量合计为调整数,故地、市、州相加不等于合计(下表同)。

19—36 地、市、州水产品生产情况

（1995 年）

地、市、州	水产品产量（万吨）	#成　鱼	养殖面积（千公顷）	养殖产量（万吨）	鱼　苗（亿尾）
合　计	**150.91**	**141.44**	**533.75**	**131.69**	**373.84**
武汉市	21.74	21.60	96.21	20.65	51.92
黄石市	2.73	2.66	12.89	2.60	3.92
十堰市	1.89	1.65	18.09	1.38	2.48
荆沙市	40.70	36.87	99.02	33.35	117.5
宜昌市	4.84	4.72	18.54	4.18	9.98
襄樊市	7.94	7.63	39.72	6.73	17.37
鄂州市	4.93	4.58	18.64	4.22	1.26
荆门市	6.80	6.51	20.49	5.70	8.60
孝感市	16.09	15.31	55.27	13.53	31.67
黄冈市	21.65	18.21	54.61	17.07	68.19
咸宁地区	9.13	8.67	52.57	7.92	15.50
恩施自治州	0.25	0.25	2.21	0.19	0.53
随州市	2.50	2.49	14.00	2.16	5.50
仙桃市	10.02	9.55	13.01	9.05	17.20
天门市	5.50	5.31	9.76	4.86	12.04
潜江市	5.23	4.90	8.72	4.28	10.18

19—37 地、市、州主要土特产品产量

（1995 年）

单位：万吨

地、市、州	茶叶	#绿毛茶	蚕茧	#桑蚕茧	水　果	#桃子	#柑桔	#苹果	白木耳（公斤）	黑木耳（公斤）
合　计	**3.90**	**3.05**	**2.24**	**2.23**	**114.70**	**14.59**	**58.14**	**3.21**	**39 655**	**1 372 477**
武汉市	0.10	0.09			4.55	0.81	0.71		870	350
黄石市					0.26	0.01	0.21			
十堰市	0.08	0.08	0.01	0.01	5.84	0.28	4.30	0.12	1 152	623 992
荆沙市	0.05	0.04	0.03	0.03	21.81	2.72	9.87	0.03		86 288
宜昌市	0.66	0.63	0.17	0.17	39.38	0.57	32.99	0.07	1 645	56 272
襄樊市	0.26	0.26	0.22	0.22	16.04	4.24	0.99	2.35	3 000	523 400
鄂州市	0.03	0.03			0.36	0.10	0.19		2 000	
荆门市	0.01	0.01			1.67	0.20	0.96			5 813
孝感市	0.09	0.09			4.98	3.46	0.07	0.05	3 310	19 265
黄冈市	0.53	0.50	1.69	1.69	2.98	0.46	1.60	0.07	1 800	8 062
咸宁地区	1.03	0.39	0.01	0.01	2.55	0.23	2.04			
恩施自治州	0.97	0.84	0.09	0.09	4.25	0.17	2.52	0.05		1 671
随州市	0.09	0.09	0.02	0.01	3.20	0.88	0.10	0.46	5 000	34 000
仙桃市					2.79	0.27	0.63			
天门市					2.57	0.13	0.89			
潜江市					1.41	0.05	0.07		20 878	
神农架林区					0.06	0.01		0.01		13 364

19—38 地、市、州人平粮、棉、油、猪、水产品生产水平

(1995年)

单位:公斤

地、市、州	粮食	棉花	油料	肉类	水产品	禽蛋
按总人口平均						
合计	**429**	**10.2**	**33.0**	**48.6**	**26.3**	**15.3**
武汉市	245	6.4	15.8	28.0	30.84	13.4
黄石市	214	0.5	11.2	17.5	18.94	2.7
十堰市	302	0.1	14.1	37.3	5.60	8.1
荆沙市	647	23.6	48.1	69.6	51.42	25.9
宜昌市	421	8.6	43.8	58.3	12.18	7.1
襄樊市	661	13.1	50.5	70.5	14.58	22.0
鄂州市	361	12.5	31.0	30.3	49.76	10.7
荆门市	968	21.4	83.4	69.9	62.66	28.4
孝感市	476	8.6	20.2	41.3	28.12	21.4
黄冈市	420	9.0	40.4	36.6	31.18	7.5
咸宁地区	393	2.2	23.7	40.4	25.84	4.9
恩施自治州	368	0.02	23.4	43.7	0.68	3.3
随州市	680	15.9	18.1	52.0	15.87	17.6
仙桃市	564	21.0	42.9	55.6	67.15	30.9
天门市	397	36.9	31.2	62.7	33.61	30.2
潜江市	560	27.6	61.5	111.7	55.58	33.6
神农架林区	281		5.0	40.6	0.15	2.2
按农业人口平均						
合计	**578**	**13.8**	**44.5**	**65.6**	**35.4**	**20.6**
武汉市	569	14.9	36.7	65.0	71.5	31.0
黄石市	397	0.9	20.7	32.3	35.1	5.0
十堰市	392	0.1	18.4	48.4	7.3	10.5
荆沙市	850	31.1	63.2	91.5	67.6	34.0
宜昌市	568	11.6	59.1	78.6	16.4	9.5
襄樊市	861	17.0	65.7	91.8	19.0	28.6
鄂州市	496	17.2	42.6	41.6	68.4	14.7
荆门市	1 296	28.7	111.6	93.6	83.9	38.0
孝感市	560	10.1	23.8	48.6	33.1	25.2
黄冈市	498	10.6	47.8	43.4	36.9	8.9
咸宁地区	504	2.8	30.3	51.8	33.1	6.3
恩施自治州	410	0.02	26.0	48.7	0.8	3.7
随州市	837	19.6	22.3	64.0	19.5	21.7
仙桃市	760	28.3	57.8	75.0	90.6	41.7
天门市	497	46.2	39.0	78.5	42.1	37.9
潜江市	813	40.1	89.4	162.2	80.7	48.7
神农架林区	393		7.0	56.8	0.2	3.0

19—39 地、市、州造林面积和主要林产品产量

(1995年)

地、市、州	造林面积（千公顷）	#用材林	#经济林	育苗面积（千公顷）	林材采伐量（万立方米）	竹材采伐量（万根）
合　　计	**271.63**	**99.32**	**136.69**	**7.48**	**112.80**	**24 804.45**
武 汉 市	8.12	4.45	1.82	0.72	1.15	62.35
黄 石 市	3.00	1.96	0.86	0.05	0.17	129.55
十 堰 市	48.95	8.83	24.28	1.34	19.81	1 798.60
荆 沙 市	24.62	14.48	6.84	1.13	13.96	2 604.69
宜 昌 市	19.15	4.17	12.72	0.19	14.69	2 319.28
襄 樊 市	25.67	5.34	16.94	0.90	16.73	3 107.00
鄂 州 市	2.13	1.03	0.52	0.02	0.07	20.00
荆 门 市	4.58	1.54	2.03	0.08	2.11	1 300.00
孝 感 市	23.19	9.97	11.55	0.67	5.09	2 492.46
黄 冈 市	30.02	13.75	13.91	0.79	7.23	2 160.02
咸宁地区	23.50	13.65	9.28	0.62	9.25	6 209.25
恩施自治州	37.76	7.88	28.36	0.30	14.43	2 158.64
随 州 市	16.28	9.12	6.49	0.16	0.65	306.2
仙 桃 市	1.11	0.97	0.14	0.16	2.10	6.55
天 门 市	1.78	1.22	0.27	0.11	2.58	10.83
潜 江 市	1.35	0.77	0.44	0.20	1.97	116.03
神农架林区	0.45	0.20	0.25	0.04	0.81	3

地、市、州	生漆（公斤）	油桐籽（吨）	油茶籽（吨）	乌柏籽（吨）	核桃（吨）	五倍子（吨）
合　　计	**372 635**	**21 507**	**13 247**	**16 190**	**2 229**	**1 137**
武 汉 市		142	246	68		38
黄 石 市		27	212			
十 堰 市	13 845	7 727	168	187	523	400
荆 沙 市		595	242	918	45	102
宜 昌 市	31 467	2 108	101	2 256	445	184
襄 樊 市	2 465	2 104	1 229	1 512	543	18
鄂 州 市		49	128			
荆 门 市	1 015	90	25	116	30	23
孝 感 市		711	689	4 686	6	5
黄 冈 市		3 575	3 626	3 956	8	12
咸宁地区		551	5 558	15		
恩施自治州	320 550	2 612	514	1 294	416	281
随 州 市		1 204	509	1 182	78	73
神农架林区	3 293	12			135	1

19—40 地、市、州乡及乡以上按轻、重工业分的工业总产值

(1995 年)

单位:亿元

地、市、州	轻工业	以农产品为原料	以非农产品为原料	重工业	采掘工业	原料工业	加工工业
合计	**1 168.60**	**961.82**	**206.78**	**1 617.11**	**87.15**	**655.33**	**874.63**
武汉市	225.28	174.37	50.91	472.63	1.43	293.81	177.40
黄石市	36.05	25.74	10.31	93.26	6.43	67.22	19.61
十堰市	20.48	15.78	4.70	226.86	1.47	21.56	203.83
荆沙市	196.42	162.34	34.08	135.66	10.94	31.57	93.15
宜昌市	74.60	64.64	9.96	120.07	8.16	44.53	67.38
襄樊市	174.74	148.94	25.80	147.12	6.76	33.80	106.56
鄂州市	19.85	15.20	4.65	43.62	2.41	26.79	14.42
荆门市	23.08	20.81	2.27	75.55	2.49	57.66	15.40
孝感市	79.82	62.74	17.08	66.69	3.60	31.15	31.94
黄冈市	78.21	63.49	14.72	77.39	5.50	15.56	56.33
咸宁地区	49.25	43.34	5.91	38.91	4.96	12.16	21.79
恩施自治州	21.89	20.11	1.78	10.34	1.25	4.91	4.18
随州市	31.70	28.95	2.75	23.92	1.79	1.49	20.64
仙桃市	62.12	48.90	13.22	23.79		4.34	19.44
天门市	34.85	30.67	4.18	16.77	0.06	1.60	15.11
潜江市	39.91	35.46	4.45	43.54	29.52	6.60	7.42
神农架林区	0.35	0.34	0.01	0.99	0.38	0.58	0.03

注:本表按当年价格计算(下表同)。

19—41 地、市、州乡及乡以上按经济类型和企业规模分的工业总产值

(1995 年)

单位:亿元

地、市、州	国有经济	集体经济	其他经济	大型企业	中型企业	小型企业
合计	**1 563.21**	**886.00**	**336.50**	**989.59**	**412.01**	**1 384.11**
武汉市	501.86	111.25	84.80	396.96	91.46	209.49
黄石市	60.91	21.19	47.21	65.72	24.39	39.20
十堰市	183.30	46.35	17.69	185.15	21.38	40.81
荆沙市	129.31	161.87	40.89	46.48	53.73	231.86
宜昌市	117.67	50.99	26.01	54.40	53.22	87.05
襄樊市	149.05	135.59	37.23	69.37	53.57	198.93
鄂州市	27.67	25.24	10.56	19.39	6.74	37.34
荆门市	73.47	18.76	6.40	52.06	9.38	37.19
孝感市	77.80	59.65	9.06	28.53	20.49	97.49
黄冈市	70.41	69.04	16.15	11.40	28.22	115.98
咸宁地区	46.82	33.76	7.59	10.54	15.86	61.77
恩施自治州	25.57	6.17	0.49		9.92	22.31
随州市	21.68	29.06	4.88	8.99	7.57	39.06
仙桃市	19.72	57.50	8.69	6.13	4.29	75.49
天门市	11.56	31.48	8.58		6.30	45.32
潜江市	45.27	27.93	10.25	34.47	4.89	44.09
神农架林区	1.14	0.17	0.03		0.61	0.73

19—42 地、市、州全部独立核算工业企业主要经济指标

(1995年)

单位:亿元

地、市、州	企业单位数(个)	工业增加值(生产法)	全部职工年平均人数(万人)	流动资产年平均余额	固定资产原价
合计	**21 021**	**611.30**	**379.84**	**1 322.96**	**1 806.93**
武汉市	3 683	184.08	101.28	458.08	586.60
黄石市	718	23.91	22.41	83.37	99.91
十堰市	1 095	44.61	25.27	162.38	172.29
荆沙市	2 531	56.92	42.98	106.60	138.85
宜昌市	1 751	48.34	31.39	119.03	248.42
襄樊市	2 126	70.95	39.26	113.15	138.21
鄂州市	498	14.44	9.13	26.94	38.37
荆门市	380	20.35	7.64	23.64	56.24
孝感市	1 851	29.01	20.91	51.00	81.32
黄冈市	1 900	38.15	22.17	43.39	53.20
咸宁地区	1 684	18.14	18.41	34.08	52.47
恩施自治州	939	9.40	6.88	19.46	29.84
随州市	559	8.00	6.60	16.61	13.75
仙桃市	510	18.84	9.73	19.58	19.56
天门市	442	7.56	5.83	11.38	10.21
潜江市	310	18.12	9.52	33.45	65.31
神农架林区	44	0.48	0.43	0.82	2.38

地、市、州	固定资产净值年平均余额	产品销售收入	# 产品销售税金及附加	利润总额	利税总额	本年应交增值税
合计	**1 007.75**	**2 066.38**	**40.09**	**52.26**	**181.57**	**88.22**
武汉市	275.44	587.20	12.32	17.00	62.71	33.32
黄石市	50.49	92.26	0.67	0.90	6.03	4.39
十堰市	89.93	194.15	1.63	5.52	12.76	5.60
荆沙市	86.03	224.54	2.49	4.35	13.87	6.60
宜昌市	166.07	156.35	2.74	3.95	14.82	8.10
襄樊市	84.76	221.81	5.21	7.54	21.15	8.35
鄂州市	23.89	45.92	0.43	0.47	2.96	2.06
荆门市	29.21	72.33	3.35	4.57	11.45	3.53
孝感市	51.07	101.83	2.35	1.44	8.00	4.19
黄冈市	34.90	106.05	2.99	1.76	8.03	3.22
咸宁地区	31.69	64.70	1.17	0.06	3.78	2.39
恩施自治州	17.34	24.47	3.06	—0.45	3.99	1.33
随州市	7.81	30.42	0.22	0.53	1.47	0.72
仙桃市	13.69	55.92	0.52	2.14	4.43	1.78
天门市	5.96	35.25	0.24	1.11	2.72	1.32
潜江市	37.75	52.17	0.67	1.40	3.34	1.26
神农架林区	1.72	1.01	0.03	—0.03	0.06	0.06

19—43 地、市、州国有独立核算工业企业主要经济指标

(1995年)

单位:亿元

地、市、州	企业单位数(个)	工业增加值(生产法)	全部职工年平均人数(万人)	流动资产年平均余额	固定资产原价
合计	**4 229**	**361.24**	**212.21**	**903.49**	**1 382.74**
武汉市	912	143.48	64.23	357.25	509.92
黄石市	120	10.76	12.02	38.05	52.91
十堰市	271	30.14	16.73	134.40	146.36
荆沙市	504	22.16	19.85	50.05	81.68
宜昌市	393	29.97	19.10	74.57	178.43
襄樊市	365	31.71	20.10	66.37	96.18
鄂州市	97	6.58	4.47	15.92	28.43
荆门市	84	15.35	4.92	17.87	47.51
孝感市	276	17.62	11.46	35.14	62.70
黄冈市	393	14.65	10.98	26.70	33.13
咸宁地区	368	9.98	10.58	23.23	38.40
恩施自治州	213	7.75	4.40	16.51	25.28
随州市	69	2.50	2.48	10.05	7.39
仙桃市	54	2.59	1.85	5.58	8.06
天门市	56	1.73	1.71	4.55	4.91
潜江市	41	13.85	6.96	26.50	59.15
神农架林区	13	0.42	0.37	0.75	2.30

地、市、州	固定资产净值年平均余额	产品销售收入	# 产品销售税金及附加	利润总额	利税总额	应交增值税
合计	**724.28**	**1 176.62**	**27.19**	**24.40**	**109.80**	**58.10**
武汉市	223.63	442.79	10.02	13.66	51.68	28.00
黄石市	28.07	42.90	0.28	−0.78	1.52	2.01
十堰市	74.00	149.30	0.43	2.68	5.79	2.68
荆沙市	49.60	81.81	0.55	0.97	4.65	3.09
宜昌市	112.58	94.01	1.52	3.29	9.45	4.64
襄樊市	55.37	95.89	3.78	0.96	8.83	4.09
鄂州市	16.20	23.30	0.17	0.36	2.04	1.51
荆门市	23.53	56.44	2.89	3.33	9.04	2.82
孝感市	37.41	53.39	1.59	0.41	5.08	3.09
黄冈市	21.10	43.43	1.70	0.06	3.55	1.79
咸宁地区	22.69	33.16	0.71	−0.58	1.84	1.66
恩施自治州	14.62	19.27	2.90	−0.46	3.62	1.18
随州市	3.39	12.42	0.03	0.03	0.35	0.29
仙桃市	5.38	10.27	0.06	0.41	0.84	0.37
天门市	2.16	6.96	0.08	0.10	0.39	0.20
潜江市	32.90	30.41	0.45		1.08	0.63
神农架林区	1.65	0.87	0.03	−0.04	0.05	0.05

19—44 全省民用机动车年末拥有量

(1995 年)　　　　单位:辆

地、市、州	汽车总计	载客汽车	#大型	载货汽车	#大型	专用载货汽车	其他专用汽车
合计	**348 915**	**149 606**	**21 654**	**180 457**	**104 745**	**5 611**	**3 487**
武汉市	113 270	54 906	8 491	53 070	29 517	2 242	1 603
黄石市	15 112	5 338	923	9 093	5 740	228	137
十堰市	19 579	7 303	1 192	11 391	6 575	245	291
荆沙市	32 605	13 501	1 897	17 671	9 958	830	178
宜昌市	35425	12 973	1 560	21 265	11 059	361	349
襄樊市	30 927	11 095	2 224	18 625	11 440		
鄂州市	6 690	2 492	385	3 830	2 767	37	119
荆门市	9 697	3 492	404	5 613	3 373	247	70
孝感市	14 267	7 614	846	6 250	4 233	137	83
黄冈市	17 908	8 249	1 016	8 952	4 977	294	75
咸宁地区	15 044	6 241	986	7 706	5 182	516	98
恩施自治州	9 781	4 409	465	4 996	3 032	128	
随州市	4 517	1 345	250	3 024	1 502	33	27
仙桃市	3 873	1 659	293	2 011	1 498	39	
潜江市	7 876	2 841	385	4 267	2 425	207	355
天门市	3 461	1 455	252	1 823	872	58	30
神农架林区	657	286	33	349	263	9	
省直	8 226	4 407	52	521	332		

地、市、州	特种汽车	轮胎式拖拉机	#手扶	摩托车	#轻便摩托	其他机动车	载货挂车
合计	**9 754**	**37 394**	**8 505**	**26 700**	**26 923**	**39 070**	**10 415**
武汉市	1 449	16 593	6 506	46 496	5 211	3 555	2 507
黄石市	316	748		4 194	63	756	10
十堰市	349	1 219	19	13 662	1 691	1 981	370
荆沙市	425	842	52	35 561	2 031	6 743	390
宜昌市	477	698	363	48 017	4 227	6 247	59
襄樊市	1 207	8 483	197	23 122	4 265	3 970	3 584
鄂州市	212			1 974	158	978	216
荆门市	275	458	27	12 550	3 355	1 531	505
孝感市	183			9 454	1 441	3 346	1 193
黄冈市	338	3 704	1 004	22 065	555	2 746	352
咸宁地区	509	2 434	215	17 177	1 589	3 624	390
恩施自治州	150	1 242	83	8 495	825	1 537	60
随州市	88	638	22	10 366	457	151	243
仙桃市	164	84	13	2 824	193	1 322	135
潜江市	206	251	4	5 161	724	303	178
天门市	95			2 976	102	265	223
神农架林区	13			162	36	15	
省直	3 298			3 545			

19—45 地、市、州邮电业务量

(1995年)

地、市、州	邮电业务总量（万元）	函件（万件）	报纸期发数（万份）	公众电报（万份）	长途电话（万张）	市内电话（户）	农村电话（户）
合计	**298 049**	**41 362**	**496**	**450.1**	**32 059**	**1 383 500**	**374 497**
武汉市	129 065	17 593	153	100.3	12 347	623 236	32 891
黄石市	11 730	672	12.3	13.3	1 406	51 111	7 172
十堰市	11 809	1 848	28.6	34.7	1 566	56 124	9 523
荆沙市	26 312	3 018	47.4	48.0	2 808	127 377	64 658
宜昌市	19 270	1 098	30.0	38.8	2 634	89 405	21 333
襄樊市	21 010	1 974	38.6	38.4	2 289	113 430	37 890
鄂州市	6 060	702	8	5.4	755	19 289	7 628
荆门市	5 247	602	9.3	8.8	527	23 820	10 925
孝感市	15 115	1 812	50.9	36.1	2 001	61 261	35 893
黄冈市	19 449	4 684	36.2	38.4	2 034	70 129	47 552
咸宁地区	10 478	1 432	29.9	23.9	1 445	49 043	21 614
恩施自治州	6 022	928	15.7	32.8	554	35 525	11 725
随州市	3 595	702	11.1	9.4	340	16 941	10 750
仙桃市	4 692	541	7.3	6.4	547	17 894	19 266
潜江市	3 444	236	7.1	4.9	397	13 024	19 397
天门市	4 367	2 903	10.0	9.4	377	13 770	15 624
神农架林区	308	369	0.6	1.0	32	2 121	656
省直	77						

19—46 地、市、州邮电通信网

(1995年)

地、市、州	邮电局所（处）	农村投递线路（公里）	邮路总长度（公里）	#航空邮路	长话电路（路）	公众电报电路（路）
合计	**2 373**	**197 618**	**61 057**	**14 889**	**40 645**	**506**
武汉市	329	12 468	31 909	14 889	24 648	180
黄石市	43	2 367	642		2 130	15
十堰市	176	19 914	3 830		3 276	45
荆沙市	309	21 435	2 776		7 324	39
宜昌市	197	18 532	3 741		5 491	51
襄樊市	274	16 532	3 633		2 848	33
鄂州市	35	1 878	272		647	1
荆门市	44	3 381	656		737	9
孝感市	184	19 298	2 227		2 894	31
黄冈市	255	27 469	2 850		4 209	31
咸宁地区	168	15 098	2 018		3 525	22
恩施自治州	172	24 442	4 737		2 647	34
随州市	38	3 830	508		491	2
仙桃市	74	3 335	378		394	6
潜江市	25	2 867	237		424	2
天门市	39	2 323	336		418	3
神农架林区	11	658	307		107	2

注：长话电路、电报电路是未折半数据。公众电报电路中：省内二级电路未折半。

19—47 地、市、州按行业分的社会消费品零售总额

(1995年)　　单位:亿元

地、市、州	总额	批发零售贸易业	餐饮业	制造业	其他
合计	**931.80**	**615.30**	**68.72**	**53.71**	**194.07**
武汉市	302.61	205.22	24.23	11.80	61.36
黄石市	30.57	19.92	2.90	1.82	5.93
十堰市	44.11	28.47	2.66	1.19	11.78
荆沙市	125.32	67.88	10.14	11.28	36.02
宜昌市	75.19	50.34	5.69	3.96	15.20
襄樊市	73.56	46.43	4.26	7.19	15.68
鄂州市	16.80	11.03	0.75	0.04	4.97
荆门市	20.43	14.53	1.57	1.37	2.96
孝感市	51.92	35.88	3.72	3.36	8.96
黄冈市	50.81	36.49	3.76	3.68	6.88
咸宁地区	30.96	21.03	1.93	2.15	5.85
恩施自治州	17.50	11.99	0.85	0.99	3.66
随州市	20.58	17.61	0.90	0.25	1.82
仙桃市	28.90	18.94	2.67	3.69	3.59
天门市	24.54	17.67	1.47	0.25	5.15
潜江市	17.19	11.33	1.16	0.69	4.01
神农架林区	0.84	0.54	0.03	0.01	0.25

19—48 地、市、州按经济类型分的社会消费品零售总额

(1995年)　　单位:亿元

地、市、州	总额	国有经济	集体经济	个体经济	其他经济
合计	**931.80**	**259.59**	**166.03**	**279.23**	**226.95**
武汉市	302.61	56.58	50.45	76.63	118.95
黄石市	30.57	11.16	4.51	8.29	6.61
十堰市	44.11	12.12	6.61	11.76	13.62
荆沙市	125.32	41.68	21.96	42.19	19.49
宜昌市	75.19	21.25	10.92	23.11	19.91
襄樊市	73.56	29.31	16.24	13.17	14.84
鄂州市	16.80	5.72	2.57	3.85	4.66
荆门市	20.43	8.38	4.05	5.51	2.49
孝感市	51.92	16.78	10.18	23.06	1.90
黄冈市	50.81	17.64	12.19	14.38	6.60
咸宁地区	30.96	10.31	5.32	10.19	5.14
恩施自治州	17.50	5.79	3.19	6.27	2.25
随州市	20.58	7.85	5.26	7.45	0.02
仙桃市	28.90	3.99	4.51	20.40	
天门市	24.54	5.40	5.64	6.17	7.33
潜江市	17.19	5.35	2.38	6.41	3.05
神农架林区	0.84	0.29	0.07	0.38	0.10

附　　录

企　业　简　介

中国铁路物资武汉公司

中国铁路物质武汉公司是新中国成立后，国家和铁道部最早组建的铁路物资企业之一，担负着为铁路的运输、生产、基建、科研、教育的物资供应任务。自1953年成立以来，作为全国铁路九大物资公司之一，将价值数以百亿计的各类物资源源不断地供应到全国近6万公里铁路线和路内几乎所有的局、厂、院、校。

公司现有职工412人，下设金属、非金属、机电、配件、废钢铁回收、仓储、运输等业务机构和多种经营公司，遍及鄂、豫、湘、琼四省。公司在武汉南大门设有仓储基地——武汉公司材料厂。20万平万米料场，14栋现代化仓库，长1.7公里的4条铁路专用线，22台起重设备，起重吨位228吨，运输设备12台，运输吨位91吨，实现了装卸作业机械化，库房储料托盘化，数据处理微机化，同时，具有钢板剪切、冲压、高压油管制作和硬质合金刀头刃磨加工能力。

及时、齐备、质量良好地供应物资是公司的神圣使命；

“宁可自己千辛万苦，不让用户一时为难”是公司特有的风格；

服务第一，用户至上是公司赖以生存和发展的宗旨；

开拓经营、优质服务、强化管理、勇创一流是公司企业精神的高度概括。

“八五”期间，公司生产经营不断迈上新台阶，各项经济技术指标不断被刷新，累计完成物资供应总值73亿元，实现销售收入57亿元，均创造历史最高纪录，自1993年以来，一直列湖北省物资流通行业大中型企业排行榜榜首，企业荣获“火车头”先进集体和全路优秀企业称号，并被湖北省政府授予“最佳文明单位”，总经理郝全源被授予全国“五一劳动奖章”。

目前，武汉公司正按照国家“九五”计划和2010年的战略目标，着手制订企业发展的中长远规划，本着“开拓经营、优质服务、强化管理、勇创一流”的企业精神，不断开拓市场，扩大规模，在建立社会主义市场经济中，为铁路运输事业的大发展，为整个国家的发展与振兴，继续为社会各界用户提供更优质的服务。

法人代表(总经理):郝全源
地址:武昌紫阳路
电话:8843129
传真:027—8843129
邮编:430060

武汉马应龙药业股份有限公司

武汉马应龙药业股份有限公司前身为创建于明朝万历年间的马应龙生记药店，1956年公私合营为马应龙制药厂，1966年正式更名为武汉第三制药厂，1993年改组为武汉马应龙药业股份有限公司。1995年6月中国宝安集团股份有限公司通过购买53.8%的国有股权而控股武汉马应龙药业股份有限公司，使公司走上了规范化的股份制企业之路。

武汉马应龙药业股份有限公司位于风景秀丽的武汉市武昌南湖，占地面积9.6万平方米，是以生产软膏为主并能生产十多种剂型的综合性制剂企业，软膏剂生产能力和工艺水平在国内名列前茅。在国内外市场较有名气且独家生产的产品有：马应龙麝香痔疮膏、马应龙八宝眼膏、龙珠软膏、芬迪凝胶、思泰口服液、奇应内消膏等，其中拳头产品马应龙麝香痔疮膏自问世以来受到国内外患者的充分依赖，产量居国内同类产品首位，并远销欧、美及东南亚各国。

1995年公司领导班子按照“稳定、挖潜、调整、提高”的经营方针，通过引入中国宝安集团的竞争机制和激励机制，在经济效益和社会效益上有了很大发展。全年实现工业总产值4097万元，比1994年增长21.1%，实现利税1290万元，比1994年增长58.1%，净资产回报率为30.8%，比1994年的23.4%增加7.4个百分点。1995年在湖北省医药工业企业中实现利税为第三名，被湖北省统计局列入湖北省最大的200家工业企业之列，被武汉信誉评级委员会专家评审委员会评为信用AAA级企业，被湖北省医药总公司、省人事厅评为“全省先进医药企业”。1996年4月，经国内贸易部审查批准，被确认为“中华老字号”企业。

1996年是公司改制后的第二年，也是“九五”计划的第一年。在新的形势和机遇下，“马应龙”人的目标是实现经济超常规发展，并最终跨入国内大型药业集团行列。因此，公司要尽快实现经济增长方式从粗放型向集约型的转变，通过转变原有的企业经营机制，形成有利于节约资源、降低消耗、增加效益的企业经营机制，有利于自主创新的技术进步机制。1996年公司将实现税后利润1100万元，下一步的目标是：在本世纪内使“马应龙”成为国内医药界举足轻重的明星企业。

法人代表：陈平
地址：武昌南湖
电话：7395276
传真：027—7391523
邮编：430064

湖 北 铝 厂

一、企业概况

我厂是一家以铝炼为主体兼有铝合金加工的中型联合企业。始建于1966年，投产于1970年。现有职工2280人，其中：高级职称9人，中级职称95人。位于湖北省安陆市汉丹路88号。企业占地面积290260平方米，建筑面积为128607平方米，是湖北省冶金工业总公司直属的重点骨干企业之一。在省委、省政府的关怀下，在省冶金工业公司的大力支持下，我厂自筹资金及申请银行贷款，投入1.5亿元，完成了四次较大技术改造，使铝冶炼生产能力由改造前的10KA电解系列产能2500吨，发展成为现在60KA电解系列产能20000吨，增长产能7倍；铝加工生产能力由原500吨发展到7730吨，增长14.44倍；固定资产由原900万元发展为15238万元，增长了16倍。1995年，我厂以市场为轴心，紧紧抓住铝价上扬的机遇，内抓成本，外抓市场，取得较明显的经济效益。完成工业总产值(不变价)28480万元，较上年增长了34.97%；实现销售收入38992.40万元，较上年增长59.00%；实现利税2240万元，较上年增长35.43%；其中：利润1051万元，较上年增长55.70%。资产负债率为69.06%，较上年降低6.01个百分点，销售利润率为22.7%，较上年下降0.05个百分点；总资产报酬率为12.67%和上年持平，资本收益率为97.79%，较上年提高13.25个百分点，流动比率为73.08%，较上年提高21.86个百分点；速动比率为64.68%，较上年提高27.76个百分点。“八五”期间企业效益以逐年提高，除强化企业管理，主要受益于企业上规模、上水平。

二、企业生产设备状况及产品实物质量

1、湖北铝厂铝电解生产系列为60KA侧插自焙阳极电解槽136台，所有电解槽在九四年起已全部实行微机监控，使电解槽的电流、电压、效应等均在微机的受控状态中生产，对优化铝电解的电耗指标有明显的成效。铝电解系列设计电流强度为60KA，电流效率为87.5%。电解槽分列为三个生产车间，实有槽数136台，1995年底开动槽数为133台，大修周转槽数3台。我厂电解系列设备属国内一般水平，电解系列监控微机属国内先进水平设备。

2、铝型材生产设备有1600吨、800吨×2、600吨、1200吨共五台，其中1600吨、800吨属国内一般水平，1200吨、800吨、600吨属国内先进水平设备；氧化着色生产线年生产能力3000吨两条，属国内一般水平。

3、管材生产设备有轧管机一台，管材拉伸机6台，属国内落后水平设备。

4、我厂产品实物质量均采用国际标准组织生产，并已通过湖北省标准局认证。一九九五年重熔铝锭优等品12605吨，优等品率为91.04%，合格率为100%；铝及铝合金冷拉管优等品462.900吨，优等品率为100%；铝及铝合金建设型材4997.8吨，优等品率为100%；铝及铝合金热挤压工业型材合格品327.800吨，合格率为100%；铝及铝合金热挤压管合格品为38.400吨，合格率100%。

三、湖北铝厂铝电解主要技术经济指标完成情况

湖北铝厂与全国铝行业68家企业相比，一九九五年的铝锭产量为24位，主要技术经济指标中的直流电单耗为37位，交流电单耗为29位，而铝锭综合交流电单耗则跃进了第18位，我厂在全国同行业中居中上水平，居湖北省同行业之首。在全国同类60KA中小铝厂中居前10名。湖北铝厂之所以能取得较好指标水平，主要是“八五”期间充分发挥现有供电设施挖潜方面做了些工作；一是铝锭产能由原15000吨/年，发展到20000吨/年，由于产能的增长系统电压也随之增大，从而使整流效率由原来“八五”的91.5%增至“九五”的94%，九五年提高到94.5%，处在供电设备最佳状态之中。二是“八五”期间企业对电解单槽电压，效应报警装置实行了微机控制，从而使生产工艺参数得到了较好的控制，电解节电收效好。综合上述两个方面的主要因素整流效率提高供电质量的改善，企业在节电降耗方面成效是较明显的。

四、主要经济效益指标

湖北铝厂由于企业规模能力的完善配套，企业管理不断完善，经济效益逐年转好，在全省铝及铝加工行业中排名比较1994年销售收入为第二名，1995年为第一名；资产总额94年为第三名，95年为第一名；资本收益率94年为第一名；95年为第一名；实现利润94年为第一名，95年为第四名。

五、企业经营策略及“九五”发展规划

湖北铝厂“九五”的发展思路是：以党的十四届五中全会为指针，以市场为导向，以产品质量为龙头，以经济效益为中心，以优化结构为重点，提高产品技术含量和附加值，实行自力更生和借助外力并举，实现滚动发展，挤身大型企业行列。其目标是：一、在管精管细的前提下，搞好产品结构调整，坚定不移地学邯钢经验“模拟市场核算，实行成本否决”，全厂争创效益，人均产值翻一番，销售收入过10亿元；二、以工资总额增长幅度低于企业生产率增长速度为前提，职工生活福利提高，住房改善，人均收入提高80%；三、企业向集团化发展，建立现代企业制度，形成自主经营，自负盈亏，自我发展，自我完善的新机制，开拓国内、国外两大市场；四、企业产品质量、消耗、效益等方面的技术经济水平有明显提高，大力推进IS09000系列标准的贯标工作，狠抓质量体系文件运行和实物质量提高，实施名牌战略，提高产品市场信誉，树立良好形象，使企业能力达到或接近国内同行业先进水平；五、职工队伍素质提高，两个文明建设同步发展，保持省双文明单位省现场管理样板企业荣誉，争取跨入综合管理先进企业行列。

法人代表：梁志仁厂长、高级工程师
地址：湖北省安陆市汉丹路88号
电话：(0712)5222266
传真：(0712)5223888

利川卷烟厂

利川卷烟厂隶属于中国烟草公司湖北省公司，是一个集农、工、贸于一体的综合性卷烟生产企业。现在固定资产1.6亿元，占地面积27万平方米，年生产能力40万大箱，主要产品

"金卡云利"、"特醇云利"、"盖云利"、软"云利"、"玉塔"、"山茶"、"同根"、"325"畅销全国22个省、市、自治区,深得客户青睐。

1995年,该厂认真贯彻上级公司"依靠科技、调整结构、提高档次、增加效益"的指示,大打结构攻坚战,取得了产值、收入、贷款回笼等几项主要经济指标均超历史最好水平的成绩。全年共生产卷烟16.54万箱,实现现价产值28030万元,比历史最好水平增加3034万元,上升12.14%;销售收入25362万元,超出历史最好水平311万元;回笼货款25422.4万元,超历史最好水平4634.4万元,增长22.3%,入库税金8270.96万元,收购烟叶89668担,各项经济指标均跨入了行业100强之列。

高楼大厦起自基石,企业效益源于管理,利川卷烟厂能在短暂的时间内重现生机,主要得源于如下具体措施:一是力创精品名牌,提高了产品竞争力,重点是抓好了与云南联营开发产品,走上了一条"借梯上楼"的好路子。同时始终坚持以效益为导向,积极调整了产品结构,升档创优;二是强化了企业管理,提高了企业整体素质。重点是在外争宽松的同时狠练了内功,深化了企业三项制度改革,狠抓了节能降耗,技术改造与职工教育,努力降低了成本费用,提高了经济效益;三是坚持科技兴烟,办好了基地,保证了精品名牌的优质原料;四是加大销售,健全制度,实行了销售数量,货款回笼,销售结构,销售费用与销售人员收入挂钩,舞活了龙头,增加了效益,求得了企业的较快发展。

目前,利川卷烟厂正以其崭新的姿态,迈着沉稳而开拓的步伐,向市场经济的纵深前进,正在走向灿烂辉煌的明天。

法人代表(厂长):葛希江
地址:湖北省利川市清江大道129号
电话:282027
传真:282027
邮编:445400

湖北省宜昌富磷化工(集团)有限责任公司

湖北宜昌富磷化工(集团)有限责任公司成立于1994年11月,是由原宜昌磷肥厂和原宜昌殷盐磷矿矿务局,以"强强联合"的方式整体合并发展起来的跨地区、跨行业的国有大型企业。

本公司现有从业人员5000名,在册员工2855名,拥有总资产2.96亿元,工业占地面积1180余亩。集团公司下辖5个分公司,5个子公司,1个化工设计研究所,18家租赁(兼并、联合、参股)企业和45个生产经营实体。1995年实现工业总产值1.9亿元,实现利税1344万元。

本公司具有年产磷原矿50万吨(联办矿15万吨),普钙35万吨,磷精矿13万吨,硫酸14万吨,磷矿粉6万吨,复混肥5万吨,碳铵8万吨,合成氨2万吨,硫铁矿3万吨,硫酸钾1万吨,黄金矿1万吨,工业硅6000吨,增塑剂3000吨,农药1500吨,氟硅酸钠1500吨,食品添加剂3000吨,氨基磺酸2500吨,盐酸笨肼300吨,钢塑轻质墙板15万平方米,余热发电1500万千瓦(装机容量)的生产能力;具有年货物周转量8万千吨公里的汽车运输能力;具有化工矿山机电设备安装与维修、房地产开发、建筑安装、建材制造及经销、家俱制作及经销、餐 饮服务、旅游服务、信息服务等多种门类的经营服务项目。

本公司主导产品产量、质量在湖北省乃至全国同行业名列前茅,"葛洲坝"牌普钙为1995年度中国公认名牌产品,磷精矿为1994年度国家级新产品,氟硅酸钠为化工部优质产品,在1995湖北省首届工业精品名牌展销会上又分别荣获了金奖、银奖、精品奖。

本公司所属的宜昌磷肥厂、矿山分公司1990年分别荣获湖北省先进企业称号;宜昌磷肥厂1994年11月被国家环保局评为实施排放大气污染物许可证制度先进企业;矿山公司1991年荣获化学工业部授予的"清洁文明矿山"称号,1994年被化工部评为档案管理先进单位；矿山分公司下属神农磷矿1989年被化工部评为部优工程，下属花果树矿选矿厂是国内第一个重介质选矿厂，是国家“七五”期间科技攻关项目。集团公司1995年还荣获了全国化肥生产先进单位、化工部清洁文明工厂、湖北省化肥生产先进企业、宜昌市思想宣传工作先进单位等荣誉称号。本公司拟在“九五”发展期内，坚持以矿为龙头，以肥为基础，以矿肥、矿化、化建结合为主线，横向发展，纵向延伸，从矿石采选、运输、制肥、制酸到磷化工、硅化工、精细化工，形成产品链，带动产品群，并推动其他产业和产品的发展。到2000年实现“双三百”发展目标即建成百个工业生产厂家、百个参股控股公司、百个经营服务网点，形成百万吨级矿石开采、百万吨级化肥加工、百万吨级水泥配套的生产能力；实现销售收入55亿元，实现利税7.8亿元。

本公司可供合资、合作开发的项目有饲料磷酸氢钙、甜蜜素、有机磷、高浓度专用复合肥等。

法人代表(总经理)：黄孝平
地址：湖北省宜昌市西坝和平路20号
电话：0717－271816　271979　271939
传真：0717－271979
邮编：443002

京西明珠耀江汉
——京山县杨丰镇

京山县杨丰镇位于京山县西南角，地处江汉平原末端。杨丰集镇始建于明朝中叶，至今约有五百年历史。1987年杨丰镇在改革大潮中应运而生，由原来的区辖乡升格为镇建制。建镇八年来，杨丰发生了日新月异的变化，已成为京山县西南重镇，被誉为“京西明珠”。1995年，全镇工农业总产值达19132万元，其中工业产值达13860万元，农业产值达5272万元，农业产值中的多种经营产值达2649万元，农民人均年纯收入2252元，集贸市场成交额1082万元。

杨丰地处三县(市)两场的交界处，东邻五三农场，西望沙洋，西北、西南分别与钟祥、天门两市相毗邻，地理位置特殊。汉宜公路横穿东西，永杨路、扬何路贯通南北，交通较为发达。因而杨丰镇成为周围三县(市)、两场十多个乡镇(分场)的中心乡镇，也是荆沙、荆门、武汉等大中城市交叉辐射的中心地带。优越的交通地理位置，为全镇对外开放和经济发展提供了有利的条件。

全镇辖1个居委会，12个村，共有6205户，22913人，9363个劳动力，总耕地面积34000亩，其中棉田面积24000亩。劳平耕地3.6亩，劳平棉田2.5亩，是一个人口稠密、劳多田少的乡镇。按现阶段农业生产力水平，全镇劳动力资源总量除满足目前农业生产外，还有常年性剩余劳动力2800个，季节性剩余劳动力4100个。在劳动力资源中，具有初中以上文化程度的占64%，其中中专、高中以上文化程度的占29%。充裕的劳动力资源完全能够满足我镇开展多种开发性生产和经营的需要。

全镇国土面积40平方公里，平均海拔34米，属亚热带季风气候区，具有四季分明，光、热、水充沛的气候特征。年平均太阳辐射总量112千卡/平方厘米，年平均日照对数为2000小时，年平均降雨量1150毫米，年平均气温17℃，无霜期240天。全镇地势平坦，土地肥沃，含有丰富的有机质和氮、磷、钾及各种土壤矿物质，土质好，土壤温度适中。湿润的气候和肥沃的土地为经济的发展创造了良好的自然条件。

全镇主产棉花，麦—苞—棉兼作。建镇以来，农业连年丰收，主要农、牧、渔、林产品持续稳产高产。棉花总产在3600吨以上，粮食(小麦)总产5900吨以上，牲猪出栏32000头以上，家禽出笼20万只以上，禽蛋产量500吨以上，水产品产量280吨以上，水果产量700吨以上，蔬菜产量18000吨以上，苞谷2000吨以上，黄豆1000吨以上。此外，加工生产棉饼5000吨以上，棉壳1500吨以上。丰富的农、牧、渔、林产品为发展农副产品加工业提供了充足的原料。

建镇以来，杨丰镇十分注重基础设施建设。先后兴建了小商品市场、集贸市场、畜禽交易市场，开通了与全国联网的程控电话，扩建了11万伏的变电站和年供水80万立方米的自来水站；兴建了客运站、医院门诊大楼等公益设施。集镇形成了四条街、八条路的格局，街道下水道、路灯、花坛、绿化带等配套设施齐全，环境优美。日益完善的基础设施为经济的发展创造了良好的环境。经过几年的创业，全镇形成了棉花种植业、畜禽养殖业、农副产品加工业等“三业”并举，全面发展的经济格局。棉花单产连年过双百，多次荣获全市双百棉建设先进乡镇，总产一直位居全省50强之列。1995年，单产达到303斤，位居荆沙市第一名。以鸡、猪、牛、养殖为主体的多种经营生产向企业化、规模化发展。特别是杂交鸡的推广在全省率先获得成功，受到省畜牧局的充分肯定，被誉为全省杂交鸡生产第一镇。镇村企业形成以油脂化工业、面粉加工业、建筑建材业、酿酒业、棉纺织业等五大行业为主的工业群体。全镇现有工业企业135家，其中产值过百万元的59家。优质食用油、面粉、荆丰牌系列酒等产品畅销湖北、湖南、河南、江西等省市。商贸经济日趋活跃，近几年来，集贸成交额以每年34%的速度递增，杨丰市场已成为周边乡镇(分场)农副产品的集散地。上述情况表明，农工贸全面发展的经济格局为杨丰经济腾飞打下了坚实的基础。

杨丰镇党委、镇政府制定了一系列优惠政策，实行全方位开放。镇党委书记肖凤兰、镇长杨先国率全镇人民热忱欢迎国内外各界人士前来投资开发。

镇党委书记：肖凤兰
镇长：杨先国
地址：京山县汉宜公路167公里处
电话：07269—736120

湖北省潜江市自来水公司

潜江市自来水公司始建于1976年，是一个以净化水为主要生产、经营产品的全民事业单位。公司现有干部职工265人，下辖5科1室和7个二级生产经营单位，其中包括2座水厂，日供水能力9万立方米，Φ100mm以上主干管网168公里，供水面积28.5平方公里，供水人口21万，供水普及率100%，1995年底拥有固定资产2800万元(扩建工程2300多万元正在施工未计)。

公司在近20年的生产、经营、建设、管理过程中，始终坚持“团结、求实、服务、开拓、奋进”的企业精神，牢牢把握城市发展、供水先行的原则，充分实施超前发展战略，累计投资2000多万元用于供水设施、供电设施的兴建及其管网的改造，使供水能力、供面积、供水人口、供水普及率实现了历史的飞跃。同时，公司党政一班人着力在管理上下功夫，对内强化以岗位责任制为核心的管理，对外强化供水市场的管理，使公司的管理走上了规范化、法制化的管理轨道，不仅如此，公司还以湖北城乡建设潜江培训中心和设在公司的湖北省乡镇供水协会为依托，广泛开展供水管理，供水技术人才的培训工作，为全省输送了大批乡镇水厂管理、技术人才。公司连续10多年被市委、市政府授予“红旗单位”和“双文明单位”称号。1990年荣获“湖北省省级管理先进企业”称号。

公司自成立以来十分重视科技人员的培养，现在各类科技人员46人，且科研成果十分丰厚，其中：应用新技术开发乡镇自来水工程”项目获湖北省“星火科技”二等奖、国家“星火科技”三等奖，“小水厂设计”获国家建设部三等奖、省建设厅二等奖，设计并指导施工的潜江浩口自来水公司荣登“全国百佳乡镇水厂”榜首。公司于1995年荣获湖北省科委“星火示范企业”称号。公司经理、省劳动模型郑友贤同志获“星火科技带头人”称号；1996年公司获“科技先进单位”称号。

为彻底改变水源危机，公司在泽口开发区

征地50亩，开始实施自来水扩建工程计划，目标是在本世纪末新建日产10万立方米水厂，总投资2334万，元，按分期建设到位的要求，1995年初建成了日前2万立方米水厂并投入运行，极大地改善了泽口经济技术开发区的投资环境，满足了泽口重点工程建设、生产用水的需要，1000mm，长9800米泽口至园林城区的输水管道已破土动工，计划于1996年底完工并投入运行，届时，将从根本上解决因水资源缺乏而引起的城区供水紧张矛盾。

法人代表(经理)：郑友贤
地址：汗江市园林环城路92号
电话：230372　245883
邮编：433100

鄂西烟叶复烤厂恩施市烟叶产销公司

厂长(经理)小传　袁国林，46岁，高中毕业后上山下乡来恩施。1970年参加工作，当过工人、副班长、班长、副工段长、工段长、车间副主任、主任，1984年任副厂长，然后上大学就读于武汉大学经济管理系。毕业后，任恩施市烟草公司副经理、副局长、鄂西烟叶复烤厂副厂长，1989年任鄂西烟叶复烤厂厂长，1992年任恩施市烟叶产销公司经理、鄂西烟叶复烤厂厂长兼党委书记、恩施市烟草专卖分局局长。经济师。省烟草学会会员。

企业简介：鄂西烟叶复烤、恩施市烟叶产销公司位于恩施土家族、苗族自治州首府所在地恩施市。是一个集农工贸、产销供为一体的国有烟草企业。现有职工670名，各类专业技术人员131名。其中，具有中高级职称22名，固定资产5000万元，城区占地面积119405平方米，下属十七个烟草站、八十余个烟叶收购网点。

鄂西烟叶复烤厂、恩施市烟叶产销公司致力于恩施市烟叶生产技术指导及物资供应、烟叶收购及专卖管理、烟叶复烤加工及经销。该企业自1984年创建、1992年机构合并以来，充分利用恩施市种植烟叶得天独厚之自然条件，紧紧依靠市委、市政府的正确领导，坚持贯彻执行国家烟草专卖法规和上级主管部门的一系列文件精神，科技兴烟、主攻质量、努力开拓国际国内市场，锐意改革、强化内部管理，在厂(司)干部职工及农民技术员奋力拼搏和全市近6万户烟农的辛勤耕耘下，谱写了一曲又一曲烟草发展的壮丽篇章。1995年实现工业总产值6261.5万元(90年不变价)销售收入1.12亿元。

在烟草市场竞争日益激烈面前，恩施烟叶已在国际、国内建立了较为稳定的销售市场，白肋烟不仅受到广东、福建等沿海地区及东北、华北、西玮部地区多家卷烟厂的亲睐，而且出口海外，深受香港、东南亚、欧美等国烟草制造商的称赞。由于产品销路畅通，货款回笼及时，给企业带来了良好的经济效益。

"九五"期间，计划年种植烟叶16万亩，收购量40万担，并将对打叶复烤生产线进行技术改造，总投资2950万元，该项目经国家烟草专卖局烟计(95)第160号文件批准，计划九七年竣工投产。

海阔凭鱼跌，天高任鸟飞。愿鄂西烟叶复烤厂、恩施市烟叶产销公司这只鄂西南山中的金凤凰展翅高飞、前程万里。

法人代表：袁国林
地址：湖北省恩施市航空路62号
电话：8224500
邮编：445000

武昌区药材公司

武昌区药材公司由享誉二百多年的中药老店《刘有余堂》发展改建而成，地处长江第一桥桥头、武昌黄鹤楼脚下。

武昌区药材公司是经营中药材、中药饮片、中成药、滋补保健品、西药制剂、医用卫生材料等药品的专业化公司。公司拥有四个批发部、十五个零售商店，总营业面积2400平方米，遍布武昌地区，形成批零兼营的销售网络，担负着武汉地区部分医院、厂矿、大专院校、居民的用药、保健工作。

多年来，公司本着“认真负责，热情接待，方便购买，保证质量”的服务宗旨，在经营中，绝不销售假冒伪劣商品，严格执行《药品管理法》及《实施细则》，具有较好的商业信誉和一定的购销实力。销售、利润、入库税金连续多年以两位数的幅度增长，名列武汉市七城区前矛，为繁荣武昌地区的经济和发展中药事业作出了贡献。

襄樊工业品贸易中心

襄樊工业品贸易中心，是鄂、豫、川、陕毗邻地区经营规模较大、幅射能力较强、服务功能齐全的一家综合性批零兼营的国营商业企业。现占地4.5公顷，拥有营业展厅1.5万m^2，仓库1.8万m^2，固定资产3200万元，职工697人，下设十四个经营公司，两个中型商场，经营揽拓针织、纺织、服装、家俱、鞋帽、百货交通器材、机电设备、装饰建材、黄金饰品等生活、生产资料，常年经营品种达三万多个。1995年购销额达5个亿，实现利税1000余万元，连续八年在襄樊市商业系统位居第一名，历年来多次荣获省市“文明单位”、“优质服务最佳单位”、“物价计量信得过单位”、“全国商业信誉企业”、“AAA级信用优良企业”、连续十年被评为商业系统“红旗单位”，1990年被省政府批准的“省级先进企业”，也是襄樊市国营商业企业中唯一的国家二级企业。1996年，襄樊工贸中心的购销额将达到6个亿，从而使企业的经营规模、服务质量、效益水平，迈向了全新的高速发展阶段。

襄樊工贸中心总经理胡子武、党委书记付文超、副总经理彭道军、梁静波、尹树森、张平华、周德富、胡光银、党委副书记韩志华等党委一班人将继续深化改革，带领工贸中心全体员工，向更深的双文明建设迈进，到2000年，各项经济指标均达到翻一番的好水平。

法人代表：胡子武
地址：襄樊市长征东路133**号**
电话：(0710)3441616
邮编：441001

三峡卷烟厂

三峡卷烟厂原名宜昌雪茄烟厂，地处长江三陕西陵峡口——宜昌，这里曾诞生中国最早的民族卷烟厂——宜昌茂大卷叶烟制造所。三峡卷烟厂以振兴地方经济为已任，扬民族之精神，承传统生产工艺，溶现代科技，一跃成为现代化卷烟工业企业、三峡经济开放区内一颗闪耀明珠。

该厂占地14万平方米，建筑面积8.9万平方米，固定资产原值13592万元，净值10618万元，拥有卷烟和雪茄烟两条生产线，专业生产设备400余台(套)，引起英、德等国的制梗丝生产线和帕西姆、佛克卷接包生产线达到当今国际先进水平。工厂年生产能力25万箱，为国家中二型企业。

该厂遵循市场经济规律，精益求精，拥有多档次、多品种、多规格、多风味能满足各种消费需求的产品群。主要生产牌号有晓曦塔、三峡明珠、世界波、通乐、沁芳、宜昌、金草、三游洞等，晓曦塔、宜昌牌多次被评为湖北省优质产品，并被评为湖北省著名商标，“金草7805”荣获巴黎国际博览会金奖。该厂产品除畅销大江南北外，部分产品还打入乌克兰、俄罗斯、南非、越南等国家和地区，年出口两万多箱，创汇100多万美元，多次荣获湖北省烟草出口先进企业称号，并被中国烟草进出口公司列为卷烟出口基地企业。

该厂一九九五年生产、销售卷烟13.7万箱，创不变价产值3.02亿元，创销售收入2.86亿元，实现税利8513万元，上缴国家财政6150万元。“八五”期间，共生产、销售卷烟70万箱，创不变价产值12.3亿元，销售收入11亿元，上缴国家财政2.76亿元，经济效益较“七五”翻了一番。该厂因此连续多年雄居全国500家最佳经济效益企业、中国100家最大烟草加工企业、湖北省100家最大规模和最佳经济效益企业行列。

法人代表(厂长)：舒宜根
厂址：湖北省宜昌县城
电话：821389　822558
传真：822095
电挂：3533

荆门市第四水泥厂

荆门市第四水泥厂位于马良镇南麓的仙女山脚下，始建于1984年，是在邓小两湖炸堤分洪后，根据省委、省政府指示为安排灾区人民就业而兴建的。初建时设计能力仅为年产4.4万吨矿渣硅酸盐水泥。1988年兴建一条年产1200吨黄磷生产线，1993年在市政府的支持下又兴建了一条年产8.8万吨的水泥生产线。现工厂年设计能力为水泥13.2万吨，黄磷1200吨。占地面积25万平方米，有职工650人，固定资产2830万元。生产的主要产品有325＃、425＃、525＃系列硅酸盐水泥、工业黄磷。产品各项指标均达到和超过国家部颁标准。黄磷1989年被省外贸定为出口免检产品。1995年该厂生产水泥13万吨，销售收入2900万元，实现利税370万元。

企业管理上，该厂从92年就提出了实现工厂“小四化”(即职工住宅旅馆化、职工食堂餐馆化、上班办公化、工厂园林化)的口号。通过在企业内部推行规范化管理，现已实行了职工住宿旅馆化、食堂餐馆化。

为提高企业素质，该厂十分注重科技和人才，建成了自己的职工技术学校，为提高师资队伍和厂内各类专业技术力量，从95年开始每年选派5－10名职工到大中专院校就硅酸盐工艺、工业微机、机电一体化、财会、企业管理进行2－3年的脱产进修。为企业今后的发展奠定人才基础。为改造企业生产环境，1996年该厂又投资2070万元对原有的4.4万吨水泥线生产进行扩建改造，改造扩建中工业防尘，环境污染的防治作为重点。水泥产品使用“仙女山”牌商标执行GB1344—92标准。工业黄磷含磷量在99.9％以上，二硫化碳不溶物小于0.1％、89年被省外贸定为出口免检产品、曾出口日本、新加坡等国家。

法人代表(厂长)：杨宝忠
地址：荆门市马良镇
电话：(0724)531061
邮编：448261

湖北省京山机械厂

湖北省京山机械厂位于京山县新市镇鸭山路3号，是机械工业部定点生产轻小型液压机械的专业工厂、部出口扩权企业，湖北省机械产品外贸出口基地，属国有制中型企业。

我厂生产适用于车间、商场、仓库、车站、码头等场所的CBY系列手动液压搬运车，是一种高效率的作业机械，作业时无电无磁、不产生磁场火花，特别适宜于搬运易燃易爆物品，产品以出口为主，行销西欧、北美、东南亚等二十几个国家和地区、获得产品出口欧洲CE、GS认证标志。此外，京山机械厂(金茂仓储器材有限公司)还能生产各种手动液压装卸车、液压圆桶搬运车、平衡重式电瓶叉车等二十五种规模的产品，产品质量、出口销量在全国同行业中处于领先地位。

机械厂是湖北省普通机械制造业五十强企业；是县直企业综合实力十强企业。

法人代表：黄加林
地址：湖北省京山县新市镇鸭山路3号
电话：(07269)221237
传真：222988
邮编：431800

宜昌市旭光棉纺织厂

宜昌市旭兴棉纺织厂是湖北省重点纺织企业之一，位于长江三峡西陵峡口。该厂现拥有四家鄂港合资控股公司、五个生产工场、两个辅助车间和一系列三产剥离公司，并参股了三个协作配套企业和两个联营企业。

该厂现拥有总资产 3.5 亿元。主营中、高档纯棉精梳纱；各种支别的涤棉、麻棉、化纤纱；高支高密高档棉、涤棉垣布。兼营仓储、运输、汽修、建材、饮食加工、纺织器材等。该厂主导产品远销欧美、日本、东南亚、港澳等国家和地区，年外贸出口值达 1.3 亿元以上，年创汇 1500 多万美元，其中飞中牌棉纱系列产品在国际上享有较高知名度。

法人代表为现任厂长张涛，现年 38 岁，毕业于武汉纺织工学院，具有丰富的理论知识和较全面的实践经验，并有志于率领全体职工乘着现代企业制度省级试点的东风，顽强拚搏，壮大该厂经营业绩。

法人代表(厂长)：张涛
地址：宜昌市伍临路 11 号
电话：551364—2102
传真：551550
邮编：443001

中国人民解放军第三五一零工厂

三五一零工厂(汉口针织厂)是总后中国新兴(集团)总公司所属的一个综合性大型针织企业。工厂座落于华中腹地素有九省通衢之称的湖北省武汉市桥口路 75 号。东临武汉市汉口中山大道，南傍汉水，北依京广铁路干线，交通电讯十分方便。

工厂创建于一九五零年，现任厂长刘继云，在册职工三千余人，固定资产 1.22 亿元，年销售收入达 2 亿元，利税居同行业先进水平，技术力量雄厚，具有织造、染整、印花、绣花、成衣等全套专用设备。工厂十分重视产品质量，已建立了完善的质量保证体系。

工厂生产军品、民品、外贸针织类产品。主要产品有绒布、棉毛、汗布类产品及羊毛衫、袜子、线手套、缝纫线、编织带等 20 多个系列品种。其中，87 草绿绒衣裤、78 草绿绒衣裤、涤纶线、人造丝帽风带、锦纶夹底棉线袜、全棉绒布手套多次被评为部和省优质产品。外贸产品远销日本、美国、俄罗斯、丹麦、挪威、波兰、澳大利亚、罗马尼亚、香港等十多个国家和地区，在国内享有盛誉。1989 年工厂已晋升为二级企业，目前正加紧进行企业内部配套改革，进一步面向市场，向优化结构要效益，向规模经济要效益，向现代管理要效益，向科技进步要效益。力争产品再上高档次，效益再上新台阶。

法人代表：刘继云
地址：武汉市桥口区桥口路 75 号
电话：3785981—391
传真：3784544
邮编：430033

武穴市化工总厂

湖北武穴市化工总厂是生产普钙、磷铵等化肥为主的国家大型工业企业，现有职工 1200 人，其中工程技术人员 140 人，固定资产 7000 余万元。主要产品有硫酸、普钙、磷铵、复合肥、复混肥、氟硅酸钠压力容器、余热发电等，并自有一支技术装备先进的锅炉安装队伍，主导产品达到相当规模，磷铵、普钙等化肥系列产品在国内广大农资市场享有盛名。

该厂始建于 1970 年，当时仅有职工 200 人，产值 60 万元。“七五”、“八五”期间，企业确立了“规模经济增实力，管理改革双推动”的滚动发展战略，相继新建立了 3 万吨磷铵、2 万吨复混肥、6.5 万吨复合肥、1500KW 余热发电等项目，并使普钙、硫酸分别由 5 万吨和 2 万吨扩建成17万吨和10万吨的生产规模。企业的固定资产、产值、销售收入、利税年年递增，经济实力与发展后劲不断增强。自1987年以来，企业相继获得了“省级文明单位”、“化工部清洁文明工厂”等30多项省、部级以上的荣誉称号，1990年晋升为“国家二级企业”，1995年跨入“国家大二型企业”行列。1995年企业实现产值1.16亿元，销售收入1.17亿元，利税1800余万元。

“九五”期间至下世纪初，企业将继续以化肥为主导，扩建磷铵等工程，开发饲料氢钙、合成氨、水泥等系列产品，力争在“九五”末把企业建设成为产值达5亿，利税过亿元的特大型化工骨干企业。

武穴市化工总厂党委书记、厂长陈洪岩竭诚与海内外朋友精诚合作，携手共创美好明天。

法人代表（厂长）：陈洪岩
厂址：湖北省武穴市田镇盘塘
电话：(07239)542366
传真：(07239)542455
邮编：436405

中南橡胶集团公司

中南橡胶集团以中南橡胶集团公司为核心企业，拥有分布在国内12个省、市、自治区的成员单位32家，是跨行业、跨地区、跨所有制的集科、工、贸为一体的大型工业集团。在集团成立之际，国务院总理李鹏亲笔题名“中南橡胶集团”。

中南橡胶集团公司前身为中南橡胶厂，是1966年经国家计委和化工部批准兴建的国有大型一档橡胶制品加工企业，1995年被国家经贸委确定为1000家重点联系企业。公司现有职工4400余人，其中各类专业技术人员730余人，占地面积53万M2，拥有资产总值6.6亿元，各种设备1300台(套)，已形成年产值6亿元的生产能力，产值、销售收入、利税等各项经济指标及综合效益一直居全国橡胶管带行业前列。

公司生产各种输送带、传动带、摩托车胎、印刷橡皮布、胶管、汽车橡胶棶件、工业胶板、输电带、橡胶杂件、力车胎等500多个品种、规格的产品。产品销往国内二十八个省、市、自治区，部分出口中东、中亚及东南亚地区和国家。三十年来，中南橡胶集团公司累计上交国家和地方政府积累近4亿元，是国家建厂投资的6倍。

“质量立业，科技兴业”是中南橡胶集团公司的发展方针。先后研制、鉴定了60多种新产品，获得了50多项科技成果，14种产品获国家、部、省优质产品称号，3种产品获国家银质奖，5种产品被评为国家级重点新产品。优质产品品种数和产值率在全国橡胶管带行业中名列第一；曾先后获得化工部和湖北省质量管理奖、承包先行单位、双文明先进单位、科技进步先进单位、思想政治工作优秀企业等多项荣誉。一九九五年完成工业总产值20174万元，比上年增长18%；实现销售收入23561万元，比上年增长43.2%；实现利税1334万元。

长期以来，公司坚持高起点、大规模开展技术改造，“八五”期间投资近400万美元引进四条生产线，使企业技术装备水平上了一个档次。从日本引进的鼓式硫化机，汽车配件关键生产设备和技术，技术改造促进了产品的升级换代，形成了在市场上叫得响的拳头产品和名牌产品。

“九五”期间，公司将投资5亿元，重点抓好技术改造与技术开发，建成国内第一流高强力输送带基地和第一流的汽车橡胶配件生产基地，亚洲第一流的印刷橡皮布生产基地和湖北省第一流的摩托车胎生产基础。

中南橡胶集团公司决心在“九五”期间和未来的2010年时期内把集团公司建成为全国“高、精、尖、新”橡胶制品的研究开发和生产基地，使集团跻身全国500家大型工业企业行列，成为国内知名企业集团。

法人代表（经理）：牟欣
地址：湖北省宜昌市中南路

电话：(0717)357383
传真：(0717)355629
邮编：443003

襄阳县碾米制粉总公司

企业领导人小传章顺运，男，生于1950年，高中文化，经济师，中共党员，现任襄阳县碾米制粉总公司党总支书记、总经理。

章顺运同志1981年受命于危难之际，担任襄阳县双沟镇面粉厂厂长，经过十五年艰苦卓绝的奋斗，把昔日亏损20多万元、濒临倒闭的小厂办得红红火火。在仅有一个面粉车间的基础上滚动发展，目前，已成为融技、工、贸为一体的粮油工业综合性公司，资产总额达3826万元。

企业从1991年以来，多次受到国家、省、市、县政府及有关部门的表彰，章顺运总经理也先后多次被省政府授予"优秀企业家"，被县委授予"优秀党员标兵"等称号。

挖掘科技潜力
提高市场竞争能力

襄阳县碾米制粉总公司是一家粮油工业综合性公司，辖有三个子公司一个加工厂，即油脂分公司、粮油贸易公司、粮油工业技术咨询公司和米面加工厂。

公司拥有年生产能力65000吨，主导产品为米、面、油三大系列产品，年经营量150000吨；拥有大中型粮油加工厂的设计、安装、调试、老厂的技术改造，先进工艺的引起及粮油工业技术咨询等多种经营能力。

襄阳县碾米制粉总公司近年来取得了较好的经济效益和社会效益，连续三年产值、销售实现翻番。九三年，公司被国家体改委乡镇企业库授予"四星级企业"，九四年中国乡镇企业评价排序荣获"中国食品行业最大规模乡镇企业100家第44名，首次全国乡镇企业行业最佳经济效益100家第18名，九五年被湖北省经济评价中心授予"湖北省食品工业五十强企业"、"跳跃式发展百强企业"，被省农行授予"特级信用企业"，被省工商局授予"重合同守信用单位"，被县政府授予"十强乡镇企业"、"明星企业"等荣称。

襄阳县碾米制粉 总公司之所以取得了如此辉煌的成绩，主要是因为公司领导班子精诚合作、团结一致，注重科技进步，狠抓规模经营及质量管理工作。

一、注重科技进步、增强企业活力

几年来，襄阳县碾米制粉总公司大力推进技术进步，增强企业的"造血"功能。公司坚持以现有的生产条件为基础，通过大量的市场调查，采用国内外先进工艺，引进新技术进行技术改造和设备的更新换代。几年来，共投入技改资金2000多万元，上技改项目6个，提高了产品的质量和产量，降低了消耗，仅此一项，年新增产值4000多万元。与此同时，公司注重培养自己的技术工人，采取办培训班、送出去深造等方式培养了一批优秀技术人才。在达标创优活动中；技术尖子和生产骨干脱颖而出，有的成了工人技师，有的被提拔为公司分管技术的领导。这些技术人才促进了公司的经营管理。几年来，公司的生产装置都能做到平稳操作，并且能够及时处理突发故障，保证了安全生产，使公司的经济指标和技术指标一年迈上一个新台阶。

二、建造航空母舰，增强企业实力

高投入才有高产出，大规模才有大效益。为了使企业经得往市场经济的惊涛骇浪，并得以生存发展，襄阳县碾米制粉总公司舍得花资金培植新的经济生长点，促使企业上规模、上档次、增实力。

95年，该公司投资1000多万元筹建了浸出油生产线，年生产菜油、豆油115万吨。产品自投放市场以来，公司效益明显提高，年新增产值6000多万元。目前，该公司又着手筹建色拉油及精米项目，以达到精加工、深加工、出精品、创名优的目的，争取与国际市场接轨。

近年来，该公司以米、面、油三大产品为主导产业向外辐射，形成产业化开发链，创名牌产品，扩大市场占有率，努力提高农业产业的整体效益。

三、完善质量检测体系，增强企业竞争力

质量是产品的生命，是企业生存的保证。为确保产品质量，公司不断完善质量管理制度，推行质量否决权，开展质量管理基础知识的普及教育，增强干部，职工的质量意识，配备专人专班抓产品质量，从原材料进厂到产品出厂均按国标严格检验，不合格产品坚决不入库、不出厂。九二年以来，该公司产品连年获襄樊市质量监督检验所产品合格证书。可靠的质量受到客户的信赖，产品畅销陕西、河南、广东、武汉等省市。

法人代表：章顺运
地址：襄樊县双沟镇永吉北街8号
电话：2871468
邮编：441111

武钢二炼钢综合加工厂

武钢二炼钢综合加工厂位于武汉市青山区武钢厂区内，占地6529M2，水陆交通运输极为便利。该厂始建于1979年12月，最初有职工12人，借贷资金400元，外援一台切铝机，在荒地上搭起简陋的临时工棚进行铝块加工。其后的十七年间，该厂经历了由安置型企业向经营安置型企业的转变与发展，添置了大量设备，开拓新产品，扩大经营范围，不断提高生产服务质量，培训管理、技术人员，增强生产能力，达到了拥有职工477人，固定资产500万元，年总产值61300万元，产品品种达47个的生产规模，形成了一个集生产冶金辅料、机械加工、工程检修于一体的综合性工厂。其中保护渣系列产品是二炼钢综合加工厂的主导产品，曾于1985年获国家发明三等奖；同年该厂开发研制的脱硫剂填补了武钢炼钢辅料的空白；在浇钢工艺改进后，该厂又研制了中包填补砂，大罐引硫砂等。上述产品的成功，使连铸机开浇成功率有了较大的提高，为全连铸生产提供了优质服务。目前，该厂研制生产的保护渣新品种连铸结晶器用颗粒保护渣，不但适应了武钢二炼钢厂的连铸生产，还能适应具有世界九十年代先进生产工艺水平的武钢三炼钢厂的高拉速年铸生产，将替代同类进口产品。

厂长徐征自1990年就任以来，在历届领导班子工作的基础上，以“为用户提供尽善尽美的服务”为企业宗旨，带领全厂职工从强化企业内部管理入手，紧紧依靠科技进步，使产品质量连年提高，广受用户赞誉。优良的企业素质，先进的机器设备，雄厚的技术力量，科学的经营管理，上乘的产品质量，使武钢二炼钢综合加工厂在社会上声誉倍增：九五年该厂荣获湖北省“其它制造行业五十强”称号，被中国企业形象认定委员会授予“中国企业最佳形象”称号，并被武汉市青山区工商管理局评为九五年度“重合同守信用”单位。

法人代表：徐征
地址：青山区厂前武钢炼钢综合加工厂
电话：6892800
邮编：430083

铁道部襄樊内燃机车工厂

襄樊内燃机车工厂是中国铁道建筑总公司所属的国家大型一档工业企业，位于湖北省襄樊市以东（距市中心约10公里）、肖湾火车站以北（相距约0.5公里）。

襄樊内燃机车工厂是中南地区唯一的厂修东风4型内燃机车厂家、16V240柴油机气缸套定点生产厂家，同时又是国家定点的汽车改装厂家，具有年厂修东风4型内燃机车150台、制造16V240柴油机气缸套8000组的生产能力；同时，可批量改装4.5吨～15吨自卸汽车、8号集装箱运输车、1.5吨和3吨厢式货车；批量生产油田、矿山开采用的大型液压油缸及各种型号自卸汽车油缸等。

全厂占地111.69万平方米，建筑面积25.

9万平方米，其中，生产车间10.72万平方米，库房2.14万平方米，职工住宅7.24万平方米，单职工宿舍1.68万平方米。厂区被汉(口)十(堰)公路复线南北分开，生产区和主要生活区集中于北半部分。

工厂固定资产原值15276万元，拥有各种机械设备2854台，其中大型精密机床58台、金属切削机床289台。锻压设备65台、铸工设备16台、起重运输设备218台、设备能力大体符合生产要求。

厂内公路与汉十公路(316国道)和汉十公路复线相通，铁路专用线于肖湾车站同汉丹线接轨，由厂区西南铁路大门单线进入生产区，线路总长10872米，可直接进入7个生产车间及料场。

全厂职工总数4120人(女工职1446人)，其中工人3206人，工程技术人员332人；有各种专业技术职称的职工758人，其中高级职称32人，中级职称221人。

工厂拥有职工学校、子弟学校(小学部、中学部)、幼儿园(托儿所)、职工医院各1所。职工住宅共分为3个家属区，单身职工宿舍共15栋，除第5家属区一部外，其它家属区及单身职工宿舍均在工厂北半部门。

1995年，该厂继续在厂内推行模拟市场核算，推进“模拟市场”与外部市场的接轨，取得了初步成效：

全年完成工业总产值12035.6万元(1990年不变价，下同)，为年度计划的115.5%，比上年增长16.6%；实现销售收入15951.2万元，为年度计划的107.4%，比上年增长17.9%；全员劳动生产率10403元/人年，为年度计划的130%，比上年增长41.6%；实现利润66.4万元，为年度计划的147.6%，比上年增长32%；上缴税金460.88万元，比上年增长2%；上交管理费183.77万元，比上年增长41.4%；机车厂修134台，为年度计划的103.1%，比上年增长16.5%；自卸车改装857台，为年度计划的155.8%，比上年增长29.1%；外揽油缸生产182套，为年度计划的121.3%，比上年增长42.2%；缸套生产4502组，为年度计划的100%。

本年度，工厂自行研制开发的15号级自卸车、1.5吨和3吨厢式零担运输车，顺利通过省级鉴定，达到国内同类产品的先进水平；设计生产的YZ－315型液压油缸试验站，不仅填补了工厂液压油缸型式试验中的空白，而且满足了油缸批量生产的需要。此外，完成一级备品开发生产16项。设备更新改造69项，有8项成果获中国铁道建筑总公司工厂局科技进步奖。科技进步和技术改造使工厂万元产值能耗与上年度相比下降13.8%。工厂被中国铁道建筑总公司评为“八五”科技进步先进单位，和全路“八五”节能先进单位。

1995年，该厂保持了湖北省“文明单位”称号和“重合同守信誉企业”称号。

中国有色金属工业第十五冶金建设公司

1995年，是十五冶继续登高、又获丰收的一年。

1、市场不断拓宽，主要经济技术指标大幅度增长。1995年，该公司占有冶金、有色、能源、交通、建材、化工、民用高层、轻工等十一个专业的建筑市场，并取得了工程施工总承包一级和对外经营资质，全年完成总产值6.09亿，全员劳动生产率4.44万元，实现利税2398万元，分别较上年增长16.7%、18.4%、10.9%，承建的巴基斯坦山达克铜金冶炼厂提前于年底建成投产，全年无工亡事故。

2、改革和管理工作取得成效。以建制试点和贯标为契机，全面实施项目管理、两层分离，组建项目经理部28个和劳务、物资、设备租赁等市场，推行全员劳动合同制，形成内部退养与结构、档案、计件、包干等工资支付形式；完善质量总守册和程序文件，管理工作加强，质量稳步提高，合格率100%，优良率31.3%，获省部优质工程2项，获国家级优秀QC成果1项，省部级优秀QC成果4项。

3、技术进步取得新成果。十五冶注重科技是第一生产力，一面抓全面培训，培训率32%，其中举办微机培训4期计106人，并已用于财务、人事、档案、预算、设备、设计等领域，其中财务已甩掉手工帐，并经有色总公司财务部验收合格；一面抓技术开发，全年实现开发、推广、技措、合理化建设104项，其中包括运用高碳钢丝预应力强拉技术，攻克大型筒仓和三连体群仓无井架液压滑模，高层建筑和高级装修技措提高，产生经济效益1036万元，技术进步效益率为1.7%，内中有一项获部级科技进步奖，一项获国家级工法；还注重增加装备，全年自筹资金2195万元，添置大型施工机械220余台，使固定资产始终保持在亿元以上，增加了企业竞争手段。

4、两个文明一起抓，企业知名度不断提高。十五冶坚持两个文明一起，两个成果一起要，不断加强各级班子建设，做好思想政治工作，培养职工"开得动、打得响、过得硬"的企业精神，职工收入稳定增长，生活福利逐步改善，企业保持稳定局面，促进了生产的发展，公司95年荣获武汉市重点工程建设先进单位，湖北省优秀企业，全国先进施工企业等光荣称号。

法人代表（经理）：郭嗣华
地址：湖北省黄石市沿湖路375号
电话：224961
传真：220495
邮编：435000

蛇屋山金矿

蛇屋山金矿位于湖北省嘉鱼县陆溪镇境内，是省地矿局第四地质大队经过5年时间探明的一个埋藏浅、储量大、品位低、含泥量高的强氧化金矿床。

蛇屋山金矿是我国发现的第一个大型红土型金矿床，它与世界上第一大红土型金矿——西澳洲布丁顿金矿有许多相似之处，但这种低于现行岩金工业指标的红土型金矿床是否属于工业金矿曾引起有关方面和许多专家的关注，为此，蛇屋山金矿试验场在省、县两级政府的大力支持下，自1992年成立以来，在试验室和小型工业试验的基础上，进行了一系列的连续性堆凌工业试验，试验结果表明：蛇屋山金矿是一个易采易选，浸出率高，消耗低，周期短，效益好的大型金矿床，93、94两年产成品金均突破2000两，年均扣税超过120万元，各项技术经济指标均达到国内先进水平，95年企业被授予"湖北省原材料工业五十强企业"、"嘉鱼县工业企业强"、"湖北省黄金生产先进企业"称号，各级政府和领导对矿山的开发步伐十分重视，嘉鱼县委、县人民政府把蛇屋山金矿列入县三大工程之一，冶金部黄金局焦智局长、省冶金工业总公司杨经录总经理多次到局视察，并作了重要指示，要求矿山加大工作力度，加快开发步伐，尽快把蛇屋山金矿建设成为年产万两黄金的大型黄金企业，为促进湖北黄金事业的发展，繁荣地方经济作出积极的贡献。蛇屋山金矿现为省、县联营企业，拥有固定资产420万元，生产能力为年处理矿石6万吨、全矿干部职工145人。在联营双方主营部门的正确领导下，在各级组织的关怀和支持下，目前蛇屋山金矿二期建设前期工作已圆满完成了可行性研究、立项、环境评价、初步设计和投资评估等工作，二期建设总投资4960万元年处理矿石31.2万吨，年产黄金1.4万两、年均扣税1200万元，还贷期5.2年（含基建期1.5年），建成后将成为湖北省黄金生产骨干企业。

法人代表（经理）：杨和平
地址：嘉鱼县陆溪镇
电话：(07256)891306
传真：4349
邮编：437222

武汉长伟国际航运实业有限公司

武汉长伟国际航运实业有限公司成立于

1995年7月，系由“中国长江航运集团总公司”以其下属“长江集装箱运输公司”为基础，与台湾“中国航运股份有限公司”共同投资组建的合资企业。公司注册资金8000万元人民币。目前拥有46—270TEU各类江海集装箱船舶二十余艘，总载箱量1500TEU，总载重量近30000吨。主要从事长江沿线及近海的国际集装箱运输、散杂货运输及集装箱仓储中转和集装箱公路运输业务。公司自去年成立以来，半年时间完成集装箱运输量15000TEU，创产值3000多万元，该年度被湖北省社会经济评价中心、省统计局评为湖北省运输行业跳跃式发展百强企业之首。

现阶段经营方式为：开辟长江沿线各港至下游各开放港口的集装箱定期班轮航线，目前以开辟武汉/上海间每周定期集装箱运输班轮；并着手在武汉筹建集装箱及散杂货仓储站，承接仓储业务，并提供集装箱公路运输服务。根据业务需要，开辟长江开方港之间的远洋定期班轮，以包租形式提供船舶，作为长江各港口间的集装箱专业运输。

公司目前在南京设有办事处，在上海设有分公司，承揽与公司经营项目相关的业务。在广东省深圳市设有公司——金瀚海海运实业有限公司，经营广东沿海至港澳航线及东南亚的集装箱运输船舶租赁和船员劳务外派等业务。

武汉长伟国际航运实业有限公司秉承客户至上的经营方针，以“中国长江航运集团总公司”在长江的雄厚运力为后盾，加之“中国航运股份有限公司”的宏观经验，愿为长江流域各客户提供“安全、快捷、准时”服务。

董事长：蔡　驱　**副董事长**：彭荫刚（台湾）
总经理：何汉林
电话：027—5416223
传真：027—5416232
地址：武汉市江岸区沿江大道89号六楼

恩施工具厂

我厂系机械工业部定点生产金属切削刀具的专业厂，生产工艺先进，产品质量稳定，技术力量雄厚，产品按“GB”及“ISO”标准生产。主要产品有：车刀条、各类普通型麻花钻、英寸制麻花钻，加长，超长系列麻花钻、抛物线深孔钻、扩孔钻、锪钻、建工钻、中心钻。各类铰刀、立铣刀、键槽铣刀、锯片铣刀、角度铣刀等五十多个品种。其中小规格锥柄钻及各类加长、超长和长杆系列刀具更具特色。同时还承接制造各类复杂刀具和异型刀具。

本厂产品行销国内二十九个省、市、自治区。远销香港、澳大利亚、美国、蒙古、苏联、西德以及东南亚各地。为了适应市场需要，更好地就近为广大客户服务。本厂不惜投入大量资金，在全国九省市设立了销售服务网点，欢迎各客户使用我厂产品。

法人代表（厂长）：王安国
地址：恩施市工农路72号
电话：224864
邮编：445000

十堰市裕华商场

裕华商场隶属于市供销合作联合社，开业于1990年11月。现有职工310人。商场拥有固定资产750万元，营业面积5300多平方米，主要经营：日用百货、黄金饰品、五金交电、化工建材、轻纺织品、家用厨具、家俱、农资用品等25000多个品种，批零兼营。是全市五大综合性豪华型商场之一。

开业六年来，商场始终坚持“把忠诚献给车城，把微笑留给顾客”作为经营宗旨，以“面向十堰，服务二汽，辐射四邻”为发展战略。顺应改革潮流，不断强化经营管理，使得效益一年上一个新台阶。91年，实现商品销售2178万元，利润17.3万元，税金74万元；商场以一流的服务，优质的商品赢得了社会的广泛赞誉，先后多次被上级有关部门授予“重合同守信用”、“文明门店”、“物价计量信得过”单位等光荣称号。92年被授予全国供销系统“百强商场”及湖北省“百强企业”称号；93年又被评为“社会公认满意商场”。

法人代表(经理)：杨　泽
地址：十堰市公园路38号
电话：654833
邮编：442000

锦华电子有限公司

公司座落于国家级自然风景区内——湖北省蒲圻市三国赤壁古战场陆水风景区。京广铁路，107国道，长江黄金水道纵贯南北，交通便利，水电十分充足。

公司是经国家批准，与香港科研工业器材有限公司共同组建专门生产高频小公差石英晶体器件，从美、日等国引进一条国内最先进的石英晶体谐振器生产线，配套三十台高压釜。占地面积三万余平方米，拥有固定资产五百一十八万美元，年产值一千三百万美元，年生产人造水晶（压电、光学、工艺）二十吨，HC—49u、um系列高频小公差晶体器件五百万支，产品技术性能优良，畅销美、日等国。

公司“九五”发展战略：立足高频石英晶体器件，开拓工艺水晶制品，现备有八百余平方米现代化厂房，配有中央空调，水电设施齐全，环境优雅。

董事长总经理龙泽华竭诚欢迎海内外客商前来携手开发新产品，以真诚为本、奋发求实，以科技创新、快速发展、面向全国、走向世界。

法人代表(董事长兼总经理)：龙泽华
地址：湖北省蒲圻市陆水风景区
电话：(07255)223468　221358
传真：(07255)224841
邮编：437300

湖北省蕲春县化肥厂

湖北省蕲春县化肥厂始建于1970年，经过23年扩建改造，现已成为县级大型综合化工企业，具有年产2万吨合成氨、1万吨三元素复混肥、3千吨粗甲醇、5千吨精甲醇及200吨喹乙醇等能力。总厂下设：氮肥分厂、有机化工分厂、复混肥分厂和锅炉安装公司、经销公司、劳动服务公司以及14个管理科室。

全厂占地7万平方米，建筑面积2.7万平方米。拥有700名职工，其中技术人员32人，高级工程师3人。现在固定资产2600万元，总装机容量7000千瓦，年产值3700万元，利税100万元。该企业连续获省地县级“无泄漏工厂”、“质检认证”、“重合同守信用”、“财务达标”、“安全生产”等合格证书。1991年采用九十年代国内先进水平“全低变”新技术取得成功，并向全国16个省市40多个同行厂家推广，赢得好评。

法人代表(厂长)：李星祥
地址：蕲春市蕲州镇李时珍大道62号
电话：07237—504391
邮编：436315

石首市棉花总公司

石首市棉花总公司下设六个棉花公司、三个轧花厂、一个棉纺厂(3.5万纱锭)、一个物资贸易公司。现有干部职工2100多人，其中经济师51人，助理经济师72人，工程师33人，助理工程师29人，技术员19人，会计师22人，助理会计师29人,统计师6人,助理统计师6人,政工师12人,助理政工师8人,审计师2人。近年来,年收购棉花均在25万担左右,加工籽棉40万担,年纺纱5000多吨,销售总额26300万元,完成工业产值14760万元,实现利税643万元。现有固定资产2000多万元,流动资金1000多万元。

长期会来,公司以立足本职、发展生产、支援农业为已任,有效地利用16万亩棉田面积,为国家提供25万担的棉花资源。

法人代表(总经理):夏守英
地址:湖北石首市建设路160号
电话:274534
邮编:434400

黄冈市七一商场

七一商场地处古城黄州闹市中心,现有职工205人,下设1个主场,4个分场,批零兼营副食百货、服装鞋帽、针纺织品、五交化、日杂土特产等18000余种商品。

近几年来,商场坚持"经营围着市场转、服务围着顾客转、管理围着效益转、全场围着职工转"的四转经营管理方针,取得了良好的经济效益和社会效益。1995年完成销售3200万元,利税328万元,商场先后荣获省级"特级信用企业"、"消费者满意商场"、"双文明单位"、"重合同守信用企业"等殊荣。

商场今后的发展思路是:发展中求稳健、稳健中抓发展。走横向联合,跨行业经营。目前正在武汉购买房屋开办新的连锁店。总经理倪敬东携商场全体员工,竭诚欢迎海内外工商企业来我场洽谈合作事宜。

诚招天下客,誉从信中来。

法人代表(总经理):倪敬东
地址:黄冈市胜利街5号
电话:0713—351971
邮编:436100

湖北省工业建筑总公司工业设备安装公司

湖北省工业建筑总公司工业设备安装公司创建于1953年,系国家一级安装企业。

该公司曾承建过我国第一个原子能反应堆、兵器部内蒙第一、二机械制造厂、沈阳电缆厂、北京人民大会堂、国家第一、二汽车制造厂、北京亚运村工程、前苏联驻华使馆供热站、广东新会双水电厂、湖北大峪口荆襄磷矿电厂、武汉经济技术开发区神龙轿车工程等许多有影响的国家及地区重点建设项目。

该公司1990年被授予"省级先进企业"、1991年晋升为"国家二级企业"。并先后荣获"全国优秀施工企业"、"全国500家最大经营规模和最佳经济效益(排名第112)建筑企业"、"湖北省文明单位"等称号。

法人代表(经理):杨其鹤
地址:湖北省十堰市汉江路55号
电话:661455
传真:665294
邮编:442000

湖北宜药集团有限责任公司

湖北宜药集团有限责任公司是1995年4月经宜昌市人民政府批准,由原宜昌制药厂进行规范化改制而成立的。该公司是国家大型企业,是中国100家最大医药工业企业之一,拥有五个子公司、若干分公司,其中子企业民康制药厂、三峡制药厂为国家中型企业和湖北省骨干制药企业。公司总资产5.34亿元,净资产2.22亿元,主导产品维生素C出口东南亚、欧洲及美国等地,新产品V_C钙也打入日本市场,各种中西药制剂畅销国内市场，享有良好的质量信誉。利胆醇胶丸两次荣获国家银质奖，纺生素C等20多个产品荣获部、省优质产品称号。

法人代表：李宝山　　**经理**：李正洪
地址：宜昌市西陵二路59号
电话：6737767
传真：6734313
邮编：443000

湖北省华阳企业集团

湖北省华阳企业集团位于新兴的汽车城十堰市，是1992年经省政府批准成立的首家地方企业集团，1993年被国家经贸委批准为大二型企业。

本集团现有固定资产1.37亿元，职工3021人，专业技术人员485人，其中高级技术人才135人，占地面积500亩。1995年实现工业总产值2.17亿元，销售收入2.21亿元，利税1850万元，利润1200万元。是一个融科研、开发、生产、流通、信息、服务于一体，科工贸、农工商全面开发，跨地区、跨行业综合经营的大型企业集团。

华阳集团以生产经营汽车零部件、汽车改装及其它机械加工为主，同时从事房地产开发、建筑安装工程构件、装饰装璜、汽车修理、、汽车货运、水产养殖、物资贸易等多种经营生产活动。

法人代表(总经理)：陈守全
地址：湖北省十堰市朝阳路127号
电话：651231
传真：666194
邮编：442000

黄冈市中兴实业集团公司

黄冈市中兴实业集团是由黄砂总公司、鄂东中兴房地产开发总公司、石油化工燃料公司、中兴地方建筑材料有限公司、中美合资湖北安琪发制品有限公司、中外合资湖北兴裕磨料磨具公司、上海齐申实业公司、深圳齐兴贸易公司等八家企业组成集科、工、贸于一体，拥有固定资产2000余万元，年开发房地产2万平方米，年生产红砖3000万块，人发制品50万套，花刚石磨具600万块，商品混泥土10万平方米，年创工业总产值5000余万元，利税200余万元，是黄冈市建材行业唯一的一家国家二级企业，多次被省委、省政府授予“双文明单位”称号，历年被评为先进企业。

法人代表(总经理)：童文卿
地址：黄冈市黄州沿区路147号
电话：(0713)386896　386549
传真：386895
邮编：436100

湖北省黄冈鑫宇建设集团公司

鑫宇建设集团公司是1994年经原黄冈地区行署批准成立的国有二级建筑施工企业。注册资金1937.75万元，在册职工2670人，有职称的工程技术人员189人，公司内设三总师办公室、公司办公室等8个职能部门，下属分公司22个，子公司11个。主要经营工业与民用建筑，30米跨度以内，100米以下构筑物施工，各种热工窑炉、装饰装璜工程、市政道路桥梁、桩基工程施工。公司业务已遍及鄂东、武汉、宜昌等地，还幅射到广东、上海、河南、山西、四川等省。公司经营宗旨：互诚互信、用户至上、质量第一。业务开拓一处交一方朋友，发展一方市场建一座丰碑。

法人代表(经理):方战峰
电话:(0713)359716 356274
电挂:1142
传真:354415
邮编:436100

郧阳食品饮料酿造开发公司

郧阳食品饮料酿造开发公司位于武当之麓、汉江之滨、紧邻车城十堰,座落县城衬地——城关电视发射塔东侧,交通十分便利,是全国保护消费者权益优秀企业。

公司拥有厂区面积2500平方米,固定资产200多万元,先进设备一应俱全,地窖发酵、自动灌装。主要产品有郧府枸杞系列酒、郧府米酒、粮液、特曲黄酒、汽水饮料等六大类,都深受消费者好评,尤其枸杞系列酒以其天然滋补营养成份,深受市场欢迎,畅销鄂、豫、陕等十多个省市地区,三年来连续获得中国中部技术交流会金奖、全国保护消费者优秀成果博览会金奖,中国国际新优技术成果金奖和中国国际食品博览会金奖。

法人代表(经理):张正有
地址:郧县城关电视发射塔东侧
电话:(07291)232784
邮编:442500

湖北华祥玻璃钢集团公司

湖北华祥玻璃钢集团公司是湖北华祥集团的核心企业,国内玻璃钢行业骨干企业,省消防产品定点生产单位。1995年在全国玻璃钢行业500多家生产企业中,华祥玻璃钢公司规模居第四十位,在湖北省居首位。

公司拥有固定资产400多万元,现有职工125人,其中工程师5人,助理工程师、技术员、技师40多人。技术力量雄厚,并且与全国多所大专院校、科研单位合作,不断引进技术与人才,开发新产品。最近,又从美国进口目前世界上最先进的玻璃钢专业生产设备,生产高档玻璃钢汽车配件、卫生洁具、座椅及拼装式饮用水箱。

公司的主导产品——玻璃钢冷却塔、水箱、通风管等被评为荆沙市名优产品。

法人代表(董事长、总经理):平卫祥
地址:湖北省洪湖市万全镇
电话:782255 782266

湖北新兴汽车车厢厂

湖北新兴汽车车厢厂、洪湖市不锈钢制品分厂,是一家综合性生产经营企业,目前该厂拥有干部职工485人,各类专业技术人员55人。1995年完成产值5500万元,销售4850万元,创利税415万元,分别比上年增长54%、62%、87%,是洪湖市"明星乡镇企业"、"洪湖市重合同守信用企业",1990年被省企业局授予"先进管理企业",经理赵光禄同志是荆沙市优秀乡镇企业家。

洪湖市不锈钢制品厂是洪湖市唯一生产不锈钢自动伸降旗杆、电脑伸缩门、高档装璜等产品的专业厂家。

湖北新兴汽车车厢厂主要生产东风、解放及农用汽车系列、车厢总成,产品质量获云汽、南汽、柳汽等用户的好评。

随着汽车工业的发展,本厂新增厂区23000平方米,使用了100天时间扩建生产车间3300平方米,投入资金350万元,可望"九五"期间产值达二亿元,利税2千万元。

法人代表(经理):赵光禄

地址:洪湖市万全镇红桥
电话:782258

湖北省凯乐塑管股份公司

湖北凯乐塑管公司是国家轻工总会、水利部、邮电部生产塑管的专业定点厂家。该公司为中国轻工行业优秀企业,省级文明单位,省工商行政管理局授予"重合同守信用"称号。

该公司主要挤塑设备从西德引进,年生产能力2万吨。主导产品"凯乐"牌系列塑管于1995年7月被省政府认证为"精品";产品畅销云南、广西、四川、广东、福建、湖北等27个省市,产品被广泛用于农田灌溉、人畜饮水、化工、建材、邮电通信等10多个领域。

公司董事长、总经理、党委书记朱弟雄自93年以来,先后被评为省十杰青年、省劳模、省优秀党员、省有突出贡献中青年专家。

法人代表(总经理):朱弟雄
地址:公安县城关
电话:(07265)224409
传真:225379
邮编:434300

蒲圻市水泥总厂

蒲圻市水泥总厂位于蒲圻火车站西侧,北距武汉131公里,南临岳阳市99公里,东连京广线,有铁路专用线进厂,西接107国道,有环城大道相通,离长江赤壁码头30公里,水陆交通方便,地理条件优越。主要原料石灰石矿和粘土矿,品质优良、储量丰富、得天独厚。日产700吨水泥热料窑外分解工艺线采用新型、高效节能水泥生产技术,具有当今国际水平,是国家重点建设项目,总投资1.5亿元,属国家中型——一档企业。全厂干部职工900人,其中专业技术人员250余人。本厂"兴蒲牌"普通硅酸盐水泥严格按GB175—92标准生产,年产425#、525#早强型高标号普通硅酸盐水泥30万吨,产品具有早期强度高、碱含量低、砼碱骨料反应小、质量稳定,还可根据用户需要生产"大霸"、"道路水泥"、"灌椿水泥"等其它品种水泥,可满足重点建设需要,是国家基本建设理想的优质产品。

法人代表(厂长):钱应新
地址:蒲圻市沿河大道45#
电话:224963
邮编:437302

湖北飞达玻璃股份有限公司

湖北飞达玻璃股份有限公司系湖北省轻工最大的日用玻璃生产企业之一,省轻工出口产品重点厂。该公司始建于1958年,依托本地优质石美砂资源优势,经过近四十年的艰苦奋斗,现发展为国家中型企业。公司占地18万m^2,资产总额9683万元;拥有职工1800人,其中工程技术人员183人;有七座较为先进的玻璃窑炉,十三条自动生产流水线,主要设备365台(套);形成年产瓶罐玻璃、器皿玻璃、建材玻璃(宝石蓝、压花)、钢化玻璃四大系列玻璃出口七万吨的生产能力。其主导产品"晶峰"、"环宇"牌玻璃瓶罐,桅灯罩等多次获部、省优,产品畅销全国,远销美国、香港、东南亚等十几个国家和地区。公司竭诚欢迎海内外同仁前往合作、投资。

法人代表(总经理):明林生
地址:湖北蕲春县蕲州镇西门街一号
电话:503396
传真:503895
邮编:436315

湖北长江地毯股份有限公司

湖北长江地毯股份有限公司是生产各类簇绒地毯的专业厂家，分别于85年、91年和94年成功地引进了英国科布尔公司和美国大幅可公司五条簇绒地毯生产线，可生产羊毛、尼龙、腈纶及丙纶为原料，幅宽3—4米，绒高7—12毫米的各色圈绒、割绒、圈绒提花、割绒提花地毯，年生产能力350万平方米。所生产的“骏虹牌”、“兰花牌”簇绒地毯为防潮、防蛀、防噪、平整耐磨、着地舒适、回弹力强、色泽鲜艳等特点，畅销全国27个省、市、自治区。92年获全国消费者信得过产品奖，95年被评为全国地毯类质量第二名。

法人代表（总经理）：朱宝安
地址：石首市南岳山路8号
电话：273020
传真：275020
邮编：434400

石首市农业生产资料公司

本公司是全国农资系统先进单位。以经营农资为主导、兼营农副产品、生活资料等多种业务的综合性贸易企业。公司下设8个分公司、3个生资站、5个经营部、1个中心商场、1个汽车运输队。共有员工383人。公司以服务“三农”为宗旨，设立供应网点113个，建有11所庄稼医院，3000亩试验示范基地，11所农民技术夜校，全心全意为农民提供物资与技术一体化服务。公司总资产3480万元，占地面积97800平方米。其中：营业面积23000平方米，仓储面积18000平方米。公司多次被评为质量信得过企业，首创农资商品销售质量信誉保险。拥有良好的信贷信誉，多年被评为“AAA级信用企业”。年商品经营额达8000多万元。

法人代表（经理）：毛有才
地址：石首市建设路3号
电话：(07264)273452
邮编：434400

郧阳卷烟厂

郧阳卷烟厂筹建于1987年，1991年8月被国务院批准并纳入国家计划。是国务院委托国家烟草局、国家烟草总公司的重点扶贫企业。目前已形成一个以卷烟生产为主体，建筑、运输、包装加工、商业、服务全面发展的综合经济实体。厂区面积11万平方米，建筑面积2.5万平方米，固定资产5000万元。流动资产6000万元，职工450人。拥有卷烟生产设备210台（套）。具有独立研制开发生产烤烟型、混合型、雪茄型等型号卷烟的技术能力，目前主要产品有“丰城”、“游武当”、“汉宫”、“永芳”四大系列八个品种。产品工艺达标率、合格率、销售率均达100%。其中“丰城”牌香烟以其尖端的技术含量和高雅独特的产品风格领先同行。“游武当”、“汉宫”香烟相继荣获“中国公认名牌”、“中国首届国际食品博鉴会金奖”、“湖美暨武汉市场首选理想品牌”、“湖北省消费者满意杯金奖”。

法人代表（厂长）：李光军
地址：湖北省郧县城关
电话：(07291)233180
传真：(07291)232063
邮编：442500

湖北省荆州电动工具厂

湖北省荆州电动工具厂是生产电动工具的专业厂，中国建设机械协会、中国机床协会会员单位。现有职工400人，获工程师以上职称的专业技术人员占职工总人数8%，主要产品有混凝土振动机构、砂轮机、小型发电机三大系列三十多个品种，年生产能力超过2万台。注册商标"荆剑牌"。是荆州地区"管理先进企业"，"石首市重合同守信用"先进单位。

工厂坚持"质量第一"的办厂方针，产品一直受到用户好评，其中小型发电机和振动器系列荣获湖北省优质产品称号。

本厂位于鄂南湘北交接地带的石首市区，与京广大动脉和长江水道毗邻，境内主干公路交错，可与全国各地贯通，水陆交通方便快捷。

法人代表（厂长）：刘先林
地址：湖北省石首市东方大道17号
电话：(07264)272480、273420
邮编：434400

湖北省嘉鱼县床单厂

本厂地处鄂南嘉鱼县境内，山清水秀，风光宜人，水陆交通便利。

本厂创建于1952年，占地面积4.28平方米，建筑面积3.61万平方米，现有职工1948人，其中工程技术人员186人，具有高级职称11人；拥有固定资产2896万元，织机276台，引进瑞士HM5VF2750/32000平网印花机，西德5621型长环蒸化机各一台，新建成圆网印花生产线一条，形成年产床单350万条，7/C套件100万套的能力，可年创产值一亿元，创利税1000万元。"鱼跃"牌各类规格的纯棉印花床单"设计新颖，花型活泼，层次清晰，质地优雅"，曾两次被中纺部评为优质产品，荣获国家、省、地各种质量奖52次。1988年评为省级先进企业，1989年晋升国家二级企业，属国家二级计量单位，信用特级企业，纺织部"三无"企业，湖北省设备管理先进单位，省级文明单位。

法人代表（厂长）：张东明
地址：湖北省嘉鱼县鱼岳镇沙阳大道78#
电话：(07256)323544
传真：(07256)323180
邮编：437200

武汉抗菌素厂

本厂建于1958年，系国家医药局定点生产抗生素的骨干厂家。固定资产已达6680万元。1992年被国家确定为大二型企业。

本厂生产黄鹤牌盐酸土霉素于83年、88年获国家银质奖，黄鹤牌土霉素于85年获湖北省优质产品奖、黄鹤牌洁霉素的产品质量在全国同类产品中处于领先地位。B—胡萝卜素生产开发已被国家经贸委正式立项，目前处于中试阶段。

本厂产品畅销世界二十多个国家和地区，年创汇1000万美元，1988年被武汉市命名为武汉市出口商品生产基地。

1995年工厂共完成工业总产值1.3亿元，实现销售收入1.2亿元，分别比上年同期增长30%、42%。1996年将继续保持较高的增长速度。

法人代表（厂长）：熊家祥
地址：武汉市硚口区建一路2号
电话：3833836
邮编：430034

湖北省石首水泵厂

石首水泵厂属国家二级企业，是机械部石化通用机械行业定点生产厂，省机械工业厅重点企业，具有产品自营进出口权。

工厂拥有固定资产1537万元，各种专(通)用设备168套。铸铁件年生产能力3000吨，铸钢件年生产能力1000吨，年工业总产值3000万元。生产的"扬子江"牌水泵产品有22个系列，220多个品种规格。主要产品有IS型、SH型清水泵、D型多级泵、BZ型渣浆泵、BS

型砂石泵、PH型灰渣泵、PN型泥浆泵、IM型化工泵、E型单螺杆泵等。

“七五”期间，引进了捷克西格玛公司单螺杆泵设计、制造技术，产品有8个规格、27个品种。“八五”期间，又引进了德国埃索公司树脂砂成套设备生产线。

法人代表：徐荣和
地址：湖北省石首市中山　路80号
电话：(07264)273410
传真：(07264)273426
邮编：434400

湖北省嘉鱼钢管厂

该厂位于鄂南鱼米之乡的嘉鱼县，水陆交通十分便利。全厂固定资产近2000万元，职工580人，主要生产“龙泉”牌低压流体输送用高频焊接钢管，热镀锌管，受压器管，家俱管，自行车管和各种异型焊管，年生产压力为7万吨。目前生产五吨、六吨和八吨三种型号柴油自御车，具有年产改装汽车1000辆能力。全部按一汽集团技术标准和工艺要求生产，验收。

工厂现为国家二级计量单位、省级文明单位，取得“质量信得过出口商的证书”，被评为重合同守信用先进单位，1994年被评为全省冶金工业五十强企业和实现利税最多的黑色冶金工业企业第13名。本厂热忱为用户服务，欢迎各界客商垂询。

法人代表(厂长)：杨德星
地址：嘉鱼县鱼岳镇凤凰大道114号
电话：323740
传真：323633
邮编：437200

湖北省嘉鱼县棉麻总公司

我公司现有职工728人，下设5个棉站，3个油厂和棉花综合加工厂、麻茶分公司、宾馆等，年收购棉花2750吨、苎麻1500吨，加工产值3300万元，销售收入5800万元，上缴税金180万元，实现利润26万元，属棉麻油产购加销一条龙，贸工农一体化的综合型企业。近十年，连续获得省地县多种荣誉称号，公司全体员工竭诚欢迎海内外人士光临惠顾！

法人代表(总经理)：汤继平
地址：湖北省嘉鱼县鱼岳镇
电话：(07256)323306　323806
邮编：437200

中国人民解放军第三五零九厂

三五零九工厂是总后勤部中国新兴(集团)总公司所属的一家集棉纺织业、毛纺织业、制线业于一体的综合性纺织大型企业。始建于1950年，占地39公顷。现有职工6000余人，拥有纱、线锭93496枚，气流纺904头，涡流纺240头，布机700台，梳网棉絮生产线一条。西德进口全自动络筒机2台，年产纱、线18000吨，布3000万米，棉絮12万床，年销售收入3.3亿元，1988年，该厂跨入国家二级企业，并先后荣获全国环境优美工厂，全国设备管理优秀单位，全国思想政治工作优秀企业，全军先进企业，国家一级计量单位，全国燃料节约一级先进单位，全军及武汉市质量管理奖，武汉市党风建设先进单位等60多种荣誉称号。该厂一贯坚持质量第一、信誉至上的方针，热忱欢迎国内外客商来厂洽谈业务，在平等互利的基础上，实现共同发展。与三五零九工厂合作用将使您十分满意和愉快。

法人代表(厂长):雷东林
地址:湖北省汉川县马口镇
电话:(027)4872606,(0712)8512288
传真:(027)4873509),(0712)8513509
电报:湖北汉川　3332
邮编:432301

宜昌市恒通运输公司

宜昌市恒通运输公司是国有中型专业运输企业,下设运输、港埠、修理、水陆客运服务、旅游、商贸、建筑安装、公水铁联运及石油经销等17个子公司。公司现有职工2240人,其中各类专业技术人员154人。资产总值为10583万元。该公司主要从事客货水陆运输、港口装御、仓储、汽车一类修理、市内客车出租、客货联运服务、停车住宿、汽车配件及石油销售等经营业务,并拥有各式豪华多功能长途旅游客车数十辆,中、高档客游轮5艘,码头3座、泊位7个,汽车维修场地1700平方米,各类机具100多台(套)。1994年,该公司被湖北省企业评价协会评定为"最大的交通企业第8名",1995年评定为"最大的交通企业第4名"、"湖北省最好经济效益的运输企业第3名"。96年4月被宜昌市委、市政府授予"红旗单位"。

法人代表(总经理):董新利
地址:宜昌市中山大道256号
电话:(0717)552180
传真:(0717)552295
邮编:443001

湖北京龙纺织有限公司

湖北京龙纺织有限公司是1988年经中纺部和省计委批准兴建的,并于1989年投入生产。1992年与香港龙联投资有限公司合资,引进两台西德生产的自动落筒机,配套了一条精梳生产线,形成了3.16万纺纱锭的生产规模,拥有固定资产4500万元,流动资金2500万元。可生产国际国内市场需要的不同支别的精梳无结头纱、涤棉混纺纱和普梳高、中、低档纯棉纱。我公司生产的纱品质优良,一等品达到95%、二等品以上品率达到100%,畅销全国各地,由于公司重合同守信用被开户行授予"一级信用单位",1995年生产各类不同纱38000吨,实现销售额9800万元,创利税860万元,连续多年被县委县政府授予"明星企业"、"红旗单位"。

法人代表(董事长兼总经理):陈德华
地址:京山县新市镇绀弩大道31号
电话:220508　221527
传真:223121

湖北福临化工股份有限公司

我公司始建于1970年,由原天门磷肥厂、天门化工厂合产并为天门化工总厂,1994年改制成湖北福临化工股份有限公司。现有职工1000多名,各类专业技术人员87人,资产总额4454万元,占地面积68840平方米,年产硫酸4万吨,过磷酸钙11万吨,复混肥6万吨(其中45%彩色复合肥2万吨),塑料编织袋350万条,氟硅酸钠550吨,羊毛防蛀剂50吨,年规模产值亿元。公司先后获"化工部红旗单位"、"省级先进企业"、"省工商行AAA级信用企业"、"湖北省消费者满意企业"、"第六届全国经营之光杯金奖单位"以及地市"文明单位"、"红旗企业"等光荣称号。

法人代表:万义发
地址:湖北省天门市岳口镇
电话:711168
邮编:431702

湖北省潜江市制药厂

我厂始建于1970年，经过二十余年的艰苦创业，由过去的小型作坊，逐步发展成为目前的占地面积70000平方米，固定资产6000万元的国家中型制药企业，湖北省重点制药企业。现拥有职工1200余人，其中专业技术人员150多人，各种制药设备260台(套)，拥有原料药、塑料包装、平板纸品及凡士林等四个分厂和一个合资公司。以生产的眼药在国内最多、最全，于93年被国家医药局确认为最大的"国家眼科用药生产基地"。

目前我厂已形成以滴眼剂为主导，以小儿用药和抗病毒用药为两翼，以化学原料药为基础的生产格局。95年创工业总产值9000多万元，96年力争创产值1亿2千万元，利税6百万元。我厂先后荣获"省科技进步先进单位"、"省经济效益先进单位"、"省双文明先进单位"、"市文明单位"、"质量信得过单位"等诸多光荣称号。

法人代表：叶继革
地址：湖北省潜江市和平街173号
电话：(07262)243735
传真：(07262)242605
邮编：433100

湖北东联汽车部件厂

湖北东联汽车部件厂是国家定点生产汽车部件的厂家之一。1993年被评为湖北省"百强企业"第十一名。1994年被评为荆沙市、洪湖市"十强企业"，1995年荣获湖北省"十强企业"称号。

我厂生产的东风系列车架和"鹰达"牌车厢总成及30多个品种的汽车零部件畅销全国各地，所有产品均获"部优"，其中东风系列车架和"鹰达"牌系列车厢总成、备胎架、升降器等主导产品获"湖北省名牌产品"、"湘鄂边区特级产品"荣誉称号。

湖北省东联汽车部件厂设备齐全，技术先进，实力雄厚。厂区占地面积66000平方米，建筑面积34000平方米。拥有各类设备300余台(套)，固定资产2883万元，自有资金4864万元，职工879人，其中具有高、中、初级技术职称人员占30%；1995年创产值1.2亿元，利税1234万元。

湖北东联汽车部件厂座落在湖北省洪湖市郊，位于驰名中外的淡水湖泊——洪湖北岸。水陆交通十分便利。洪湖历史悠久，古迹很多，亦是观光游览的好场所。我厂坚持信誉第一，质量第一的经营宗旨。厂长赵光汉率全厂全员热忱欢迎五湖客商、四海朋友莅临东联指导工作，洽谈业务，为我国汽车制造业携手共进。

法人代表(厂长)：赵光汉
地址：湖北洪湖市万全镇黄丝路68号
电话：(07213)782251
邮编：433207

鄂州市鄂城钢板弹簧厂

鄂州市鄂城钢板弹簧是一家生产国产汽车钢板的专业性厂家。建于1987年，现拥有职工268人，专业技术人员29人，固定资产650万元，拥有各类设备76台(套)，并配有一整套具有先进性能的汽车板簧检测系统，年生产汽车钢板万吨以上，产品畅销全国十六省、市。分别被省、市、区级部门授予"全省跳跃式发展百强企业"、"湖北省重合同讲信誉企业"、"明星企业"、"先进集体"等荣誉称号。

我厂濒临武黄公路，交通便利，我厂本着"质量第一，用户至上"的服务宗旨，竭诚恭迎广大用户。

法人代表(厂长)：艾仁喜
地址：鄂州市新庙桥洞
电话：(0711)751140

邮编：436004

中国第一冶金建设公司

中国第一冶金建设公司（简称一冶）是以从事大型工业与民用建筑安装为主的全民所有制工程施工总承包一级企业，成立于1954年，现有职工27000人，拥有资产总额123891万元，各类机构设备4095台（套），在全国500家最大经营规模建筑企业中排名前20位。1995年完成企业总产值15.19亿元，实现利税5736万元。一冶自成立以来转战全国19个省、市，建成了包括武钢双四百万吨系统工程在内的一大批冶金工程、其他工业工程及公用、民用、市政工程，创出了大量优质工程，其中武钢新三号高炉工程获得了中国建筑工程鲁班奖殊荣。一冶具备对外经营权，大力开拓国际市场，在8个国家和地区承包了工程和劳务输出，合同总金额达9209万美元。一冶多次被评为全国及省、市优秀施工企业、文明单位、重合同守信用单位等。

法人代表（经理）：曹典读
地址：武汉市青山区和平大道1274号
电话：(027)6859500
传真：(027)6865838
邮编：430081

湖北化纤集团有限公司

湖北化纤集团有限公司是国内唯一生产粘胶纤维产品系列化的国家大型一档企业，是原纺织部重点布点兴建的化纤基地。现为国家百家建立现代企业制度试点单位之一。1995年7月，经湖北省人民政府批准为国有独资公司。同年8月，省人民政府授予“综合管理先进企业”和“样板企业”。拥有资产9.2亿元，净资产2.7亿元，员工8029人，占地200万平方米，主要生产设备6500台（套）。重要生产岗位均采用微机控制；从国外引进的关键设备具有国际先进水平。拥有年产3.5万吨化纤浆粕、1.4万吨粘胶短纤维、6200吨粘胶长丝、2000吨聚酯工业丝、1500吨玻璃纸、5000吨二硫化碳、国防高科技产品粘胶基碳纤维原丝，以及为化工部“九五”重点工程子午化轮胎配套的年产6000吨涤纶帘子布一条龙生产能力。主导产品“银环”牌粘胶长丝、粘胶短纤以及聚酯帘子布分别获得国家级新产品称号。1995年产品综合产销率为98.0%，畅销29个省、市，并出口欧、美和东南亚等10多个国家和地区。

法人代表（董事长）：王海峰　**总经理**：赵培桐
地址：湖北省襄樊市
电话：(0710)3225390
传真：(0710)3225398
邮编：441133

湖北省天门农药厂

天门农药厂位于天门市皂市镇西北角，始建于1966年，为国有企业。现有职工500余人。其中各类专业技术人员58人，固定资产1200万元，全厂占地面积7.73万平方米。是湖北省农药定点生产厂家之一，为集原药合成、制剂加工于一体的省级中二型企业。

我厂现有合成产品7个，年合成能力960吨，加工生产设备在全省同行业中居领先水平。品种为粉剂、乳剂、悬浮剂、颗粒剂四种剂型，产品有杀虫剂、杀菌剂、植物生长调节剂和除草剂40余个，年加工能力为15800吨。产品行销国内二十多个省区，部分产品打入国际市场，有着良好的信誉。

“八五”期间，我厂完成工业总产值15750万元，销售收入8500万元，实现利税537万元。“九五”期间，将以农药为基础，以精细化工为主导，以农药、医药、染料中间体为一体，开创综合发展新格局，与沙隆达紧密联合，利用大企业及科研单位的优势，内引外联，系列开发，集团发展，规模经营，扩大产品在国际市场的占有率。其产、销、利、税将保持30%的递增速度。

法人代表(经理)：刘政柜
地址：天门市皂市镇
电话：811998
邮编：431700

湖北省荆门麦芽厂简介

湖北省荆门麦芽厂是生产啤酒麦芽的专业厂家。产品“楚金源”麦芽，采用“劳斯曼”和“萨拉丁”工艺相结合的方法组织生产，具有糖化时间短、糖化力强、色度低、a—氨斟氮指标适宜等特点，各项理化指标均达到QB1686—93优级标准，于1991年3月被评为“湖北省优良产品”。产品畅销湖北、湖南、江西等省市20多个啤酒厂家，深受用户青睐。

我厂现有职工258人，其中专业技术人员45名。拥有先进的生产设备和雄厚技术，下辖两个分厂。固定资产1423万元，年生产麦芽能力21000吨，1995年6月，荆门市委市政府授予“先进基层党组织”、“文明单位”和“最佳文明单位”，1996年省人民政府授予“文明单位”。我厂属湖北省大型麦芽厂，是荆门市重点乡镇企业之一。

江山机械厂简介

湖北江山机械厂是国家一档综合性机械加工企业，拥有资产3亿多元。主要产品汽车变速箱、改装车、液压油缸、耐磨合金管及停车机械等，并可从事各类机械产品的加工和制造，是国家二级计量单位和一级理化检测机构。

法人代表(厂长)：王崇安
地址：湖北省老河口市
电话：(0710)8542818
传真：(0710)8542244
邮编：441813

湖北省嘉鱼县酿造有限责任公司

法人代表(经理)：殷先勇
地址：嘉鱼县鱼岳镇岳公路51号
电话：323731
邮编：437200

湖北蒲圻起重运输机械有限责任公司

法人代表(经理)：王汉明
地址：河北大道108#
电话：(07255)222236
邮编：437300

湖北金安纺织股份有限公司

法人代表(经理)：黄鑫凤

地址:公安县城关长江路
电话:(07265)225394
传真:226983
邮编:434301

天门市棉机锯片厂

厂长:陈望生
电话:(07261)223565
地址:天门市竟陵大道 320 号
邮编:431700

天门市铝型材厂

厂长:谭建康
电话:(07261)223776
地址:天门市竟陵大道 320 号
邮编:431700